国际文化版图研究文库

颜子悦　主编

# 论美国的文化

## 在本土与全球之间双向运行的文化体制

〔法〕弗雷德里克·马特尔　著

周　莽　译

商务印书馆
SINCE 1897 The Commercial Press

2013年·北京

Frédéric Martel

**De la culture en Amérique**

# 国际文化版图研究文库总序

人类创造的不同文明及其相互之间的对话与沟通、冲突与融合、传播与影响乃至演变与整合，体现了人类文明发展的多样性统一。古往今来，各国家各民族皆秉承各自的历史和传统、凭借各自的智慧和力量参与各个历史时期文化版图的建构，同时又在总体上构成了人类文明发展的辉煌而璀璨的历史。

中华民族拥有悠久的历史和灿烂的文化，已经在人类文明史上谱写了无数雄伟而壮丽的永恒篇章。在新的历史时期，随着中国经济的发展和综合国力的提升，世人对中国文化的发展也同样充满着更为高远的期待、抱持着更为美好的愿景，如何进一步增强文化软实力便成为摆在我们面前的最为重要的时代课题之一。

为此，《国际文化版图研究文库》以“全球视野、国家战略和文化自觉”为基本理念，力图全面而系统地译介以20世纪为主的人类历史进程中各文化大国的兴衰以及诸多相关重大文化论题的著述，旨在以更为宏阔的视野，详尽而深入地考察世界主要国家在国际文化版图中的地位以及这些国家制定与实施的相关文化战略与战术。

烛照着我们前行的依然是鲁迅先生所倡导的中国文化发展的基本思想——“明哲之士，必洞达世界之大势，权衡较量，去其偏颇，得其神明，施之国中，翕合无间。外之既不后于世界之思潮，内之仍弗失固有之血脉，取今复古，别立新宗。”

在这一思想的引领下，我们秉持科学而辩证的历史观，既通过国际版图来探讨文化，又通过文化来研究国际版图。如此循环往复，沉潜凌空，在跨文化的语境下观照与洞悉、比较与辨析不同历史时期文化版图中不同文明体系的文化特性，归纳与总结世界各国家各民族的优秀文化成果以及建设与发展文化的有益经验，并在此基础上更为确切地把握与体察中国文化的特性，进而激发并强化对中国文化的自醒、自觉与自信。

我们希冀文库能够为当今中国文化的创新与发展提供有益的镜鉴，能够启迪国人自觉地成为中华文化的坚守者和创造者。唯其如此，中国才能走出一条符合自己民族特色的文化复兴之路，才能使中华文化与世界其他民族的文化相融共生、各领风骚，从而更进一步地推进人类文明的发展。

中华文化传承与创新的伟大实践乃是我们每一位中国人神圣而崇高的使命。

是为序。

颜子悦

2011 年 5 月 8 日于北京

# 中译本序言

美国是世界上为数不多的、制定并实施以确立自身全球霸权地位为目标的国际文化战略的几个国家之一，本书与《主流——谁将打赢全球文化战争》互文参照、互为表里，深刻地揭示了这一战略框架的来龙去脉。

众所周知，美国是一个由多民族多种族构成的国家，必然存在着文化和价值观方面的差异，那么，美国的文化体制又是如何协调与平衡这种差异，从而使得文化多元化成为美国的意识形态，并最终形成各民族各种族认同的美国文化的呢？本书对此做出了言之有据的论述和鞭辟入里的分析。

今年的6月中旬，笔者与作者马特尔先生在东南大学艺术学院围绕"美国主流文化的运行机制"展开对话的过程中对美国文化表达了如下的看法：

无论在任何意义上，研究20世纪以降的国际文化版图及其历史的变迁，都无法忽视美国文化的存在。美国文化成为世界主流文化是美国精心策划，并在不断地调整其国际文化战略和战术的基础上，经过近一个世纪的努力而形成的。二战以后，美国同时发动了针对前苏联的文化冷战和针对法、德等欧洲文化列强的知识冷战（参见《舞者的背叛——冷战时期的文化霸权之争》，戴维·考特著，牛津大学出版社2008年版；《美国在欧洲的知识冷战》，沃尔科·R．伯格翰著，普林斯顿大学出版社2001年版），并在这两场冷战中大获全胜，美国文化随之覆盖了国际文化版图的大片疆域，从而成为影响世界的主流文化，同时也将对21世纪的今天产生或积极或消极的影响。

所谓积极，就是美国一个世纪以来对各种文化的吸收和消化的能力极强，超乎常人的意料。正如马特尔在本书中指出的，美国文化实际上是商业和“反文化”、前卫和雅文化、数码艺术和全套的无限丰富的族群“亚文化”混合并存的文化体制，它的功能特征是极其的有效而稳定并且善于协调同步。这也是为什么至今所有对抗美国文化霸权的尝试皆未获成功，这样就出现了一个异常吊诡的现象：几乎所有国家的大众一边批评美国文化，又一边消费美国文化。所谓消极，就是在全球化的进程中极其严重的美国化倾向，这种单一文化的大行其道，极易形成令人担忧的帝国主义文化霸权，势必会在客观上削弱和损害人类文化的多样性。

当然，美国在其全球文化战略的框架下，在不同的历史时期在应对多个国家和地区的反美思潮或运动时，不断地摸索与探讨相对完备的应对之策，这就是美国的大学、研究所或者以基金会为后盾的智库经常研究的课题——反美主义（anti-Americanism）。客观地看，这是这个国家以一种相对科学而系统的并且跨学科的方式，进行研究而形成的抵御和化解外来的文化抵抗、诋毁以及抨击的全美利坚民族的整体的心理机制。

与此相应，美国的各个历史时期的战略家们还制定了旨在维护美国霸权地位、强化美国在各个领域影响力的文化战略与战术。通过与眼、耳、鼻、舌、声、意等相关联的各类文化产品，形成一种通感联觉的美学效果，来塑造美国的国家形象、传播美国的价值观念，同时在各个目标国悉心打造并固化一个整体的以美国价值观和意识形态为标准的社会文化环境，又在这个国家的精英阶层逐步构建并内化为一个亲美的文化心理结构。这就可以解释为什么在一些国家和地区的大部分民众为捍卫本民族的价值观和国家利益的反美呼声愈来愈高之际，这个国家的精英阶层里的大多数人却保持着令人讶异的“选择性”沉默。反讽的是，这些精英却罔顾自己民族的历史与传统、罔顾具体的国情，时常以美国化的标准来衡量所在国家的各个领域的诸多现象或者存在的问题，时常试图以美国化的标准来制定并实施治国方略（参见《进口的国家——从观念的引进到制度的克隆》，贝特朗·巴迪著，法国法亚尔出版社1992年出版），并不断地以居高临下的口吻表达自己对该国政府的批评乃至批判的立场。譬如，1980年代的日本就出现了这种“师美之计被美制”的文化现象（参见《战后日本的美国软实力》，松田武著，岩波书店2008年出版；《美国的国际文化战略》，渡边靖著，岩波书店2008年出版）。

得益于各个历史时期全方位的反美主义的研究，美国的战略精英们不断地对其战略战术进行适时的调整与修正，从而在客观上确保了美国在本土与全球之间双向运行的文化体制持续地产生最大化的效能。正是由于这种高效，美国国内的诸多艺术奖项如奥斯卡、格莱美、托尼等便成为国际大奖，进而使得美国顺理成章地在全世界确立了以美国为中心的文化艺术评价标准。与此同时，相当多的国家和地区的文化产业领域的决策者和从业者又自觉和不自觉地按此标准进行文化艺术产品的创作和生产。这又在总体上推助了美国的文化体制在本土与全球之间的快速而高效的双向运行。

马特尔先生撰写本书所秉持的理念是相当明晰的：“我们研究美国的文化，是为了捍卫我们民族的文化。”抱持着这种法兰西的民族情怀，他历时4年走遍美国35个州110个城市，行程20多万公里，进行了700多次的访谈，采访了几乎所有的博物馆、大剧院、交响乐团、大学艺术中心、大学出版社、慈善基金会、非营利机构、社区等与文化相关的各个层次各个领域的主要负责人，查阅了无数的档案资料，其中的434份是从未公开的档案资料，获得大量真实而精确的第一手的珍贵资料。他以一个法国人敏锐而独特的视角，看到了美国人所没有看到的美国。

毋庸置疑，这是迄今为止第一部也是唯一的一部全面深入研究美国文化及其运行体制的当代巨著。法文原著由法国历史最悠久的出版重镇——伽俐玛出版社出版，甫一出版便引起法国乃至欧洲学术界和文化产业界的高度关注，该著作也成为法国制定文化政策的重要参考。马特尔先生因此被誉为研究美国文化的当代托克维尔。

本书的字里行间处处舒透出作者一贯的幽默诙谐的文风，书中描绘的诸多风云变幻的历史场景、党同伐异的政治争斗、错综复杂的人际冲突以及出人意表的文化事件等，每每令人忍俊不禁、掩卷深思。

作者曾经针对美国戏剧的现状撰写了《戏剧在美国的衰落》一书，揭示了在当今美国文化影响世界并几乎垄断各种艺术门类的情况下，为什么戏剧成为唯一例外的真正原因。笔者曾向作者当面指出而他也表示同意：传统意义上的戏剧表演（acting）的确在美国呈衰落之势，然而，从以“被人注视的行为皆为表演”为理念的人类表演学的角度看，美国在国际舞台上以文化艺术的各种形式呈现于外的“表演”（performance）既未衰微，也不会退场，而是以编、导、演三位一体的角色，时而运筹帷幄，时而登台亮相……

“心事浩茫连广宇，于无声处听惊雷”，无数的事实证明，国家利益至上是绚丽多姿、颇具魅惑力的美国文化的永恒信条。

本书中文版的出版承蒙诸多友人的热忱相助和无私支持，在此笔者向他们表示最诚挚的谢意。同时感谢作者马特尔先生主动为我们标示出本书最新版本中的添加文字，这些文字代表了他研究美国文化的最新思想成果。

颜子悦

2012 年 12 月于北京

# 目　录

## 第二部分 文化社会

# 前 言 7

我承认我在美国所看到的远不仅止于美国而已。

——亚历克西·德·托克维尔：
《论美国的民主》

“Crossroads of the world”：对于美国人而言，时代广场就是世界的十字路口。的确如此。在纽约，在百老汇大街与46街的夹角，在时代广场中心，我们正处在世界的十字路口的十字路口。一位赤膊牛仔半裸着，穿着背带裤，抱着吉他，戴着得克萨斯礼帽，正在一首接着一首地唱着歌，摆着姿势，兴味阑珊。作为娱乐产业的象征吉祥物、美国演艺行业签约的临时艺员、电视连续剧的主角，赤膊的牛仔在众人面前扭摆着身体。这位追捕从土气的牧场里逃脱的野牛的牛仔，他迷失在那里，与他对抗的只有一些塑料的印第安人，在街角的迪斯尼商店里只卖三美元。这位柏油路上的牛仔，他演出是为了挣几个零花钱，因为在时代广场总会有某个赤膊的牛仔不请自来，以至于人们疑心他是否受到纽约市旅游局的暗地资助，为的是不让游客们失望。在鸣着喇叭的黄色计程车、排成三列的豪华轿车与骑警中间，他的声音微不可闻，路人看着
他，对于如此货真价实的场景赞叹有加，如临梦境，MTV 中的情景成 8
为了现实。Here we are：我们到了时代广场了。这是美国文化的十字

路口。

文化吗？匆忙的旅行者看到的是时代广场的那些闪耀的东西：那是在百老汇的42座商业化的剧院中的某一家正在上演的音乐剧，剧中有英俊的水手亲吻姑娘们，姑娘们抬起腿来作为回应，她们排成一排，排成著名的歌舞女郎的踢腿阵。所有这些剧院都麇集在那里，因为就像美国政府“文化部”的首位“部长”、《西区故事》（*West Side Story*）的制作人罗杰·史蒂文斯所解释的那样：“同一规则适用于剧场和商场：开设超级市场的最佳场所就是开设在另一家超市的旁边。”

这些剧院超市同样拥有各自的广告牌，巨大的广告牌照亮天空，宣传迪斯尼的演出、Calvin Klein 的内衣，或者是巨型的电视屏幕在直播 ABC、CNN 和 MTV。

在这里，文化首先是商业。据说文化是主流（mainstream*）的，即大众的和占主导地位的文化。在这座永远的不眠之城里，市场在各个层级上都占据主导地位。在时代广场的正式界限，在42街与53街之间，我们看到一家令人咋舌的大型维真零售店（Virgin Megastore），自称全世界最大的娱乐商店，在店内的三个楼层，DVD货架上正在出售像《蜘蛛侠2》这样名闻遐迩的大片，流行乐货架在出售斯克里蒂·波利蒂的一张标题为《雅克·德里达》的唱片，（微小的最近刚被关闭的）
9 古典音乐货架在出售电影《泰坦尼克号》的原声唱片。距离维真咫尺之遥，有一间大型迪斯尼商店，人们在那里可以买到成打的狮子王；有一间麦当劳，是“世界上光临人数最多的一家”；有一家“玩具反斗城”，是美国最大的玩具店，人们在那里观赏长颈鹿杰弗里。杰弗里、狮子王和赤膊牛仔，它们是消过毒的“迪斯尼化”的时代广场的象征，它们在那里是为了给人以梦想，让人忘记在这些商店现在的位置曾经存在一些剧院，它们如今已经被铲平。

但是，时代广场并不可归结为民谣土风或者剧院的广告牌。人们在那里还进行着一些更为严肃、更能赢利的事业。在俯瞰着这一街区的那

---

* 此处频繁出现的一些英文词语或表述在本书522至526页的词汇表中列出；文中注释汇集于本书500至521页。

些摩天大厦中，传媒与娱乐业跨国集团的办公室毫不招摇地隐身其间，这些娱乐产业的真正的权力场所选择了时代广场作为其总部。在那里有那些大机构如维亚康姆、新闻集团，在时代广场更北边一点是时代华纳，是派拉蒙、环球影片公司和20世纪福克斯这些电影公司的纽约办公室，还有它们控制的电视台CNN、ABC以及Fox的演播厅，尤其还有在具有战略意义的百老汇街与44街的夹角上的音乐电视台（MTV）。在时代广场，还有洛氏电影院线，马库斯·洛伊在1920年代曾经在那座大厦指挥米高梅公司和好莱坞的大部分生意；还有出版业的跨国集团贝塔斯曼及其子公司蓝登书屋；还有哥伦比亚广播公司及其子公司西蒙舒斯特公司；还有索尼—博德曼的唱片公司。不要忘记还有报业：包括严肃的《纽约时报》，时代广场就是由它而得名的，该报为日刊，拥有80名文化版记者，每天关于艺术和娱乐的内容多达十来个版面；报业中最著名的刊物是《时代周刊》、《娱乐周刊》、《金钱》、《烹饪之光》， 10
当然还有《名利场》——名副其实的充斥着浮华的刊物，这一名称是否正是对时代广场的一种隐喻呢？

要想理解美国的文化体制，时代广场便是一个很好的出发点，但是仅这一个点并不够。不应该仅止于民谣土风或者那些象征物，而是要懂得抬眼去看那些不那么显眼的写字楼，去探究那些不为人熟知的幕后机构。但是必须从“世界的十字路口”出发，从这个生命中枢走往其他的方向。所有这些路径最终都会将你带回到时代广场，带回到“主流”文化，但是这其中的旅途值得迂回一游——这便是本书所建议的旅程。

我们可以从时代广场的中心开始这一旅程，从著名的42街走到西330号，刚好路过AMC影城，那里有85间放映厅，足以让新版的《星球大战》每日放映40场。纽约文化事务处（Department of Cultural Affairs，DCA）就设在此处，没有大张旗鼓，也不显山露水。这个规模庞大的机构领导着纽约市的文化事务，每年拥有1.31亿美元的预算，位居美国公共文化预算的第一位，此外还要加上令人觊觎的提供给各个艺术机构的每四年8.03亿美元的各种专项资金，用于它们的更新和发展。与那些大机构和娱乐产业相反，DCA仅限于资助“学术”文化、前卫艺术、黑人和拉美“亚文化”，它管理着34座公共建筑，其中容纳了纽约最具影响的各种机构，从大都会艺术博物馆到布鲁克林音乐学院，中间经过卡内基音乐厅。逆着时代广场“主流”的方向，纽约文化事务处如同美国各州和各城市几百家公共艺术事务处一样，都是负责
11 资助高品位的文化的，它们资助艺术电影而非大众化的产品，资助文学戏剧而非商业戏剧，资助戏剧演员而非电影演员，资助所有人们在美国更愿意称为“艺术”而非“文化”的东西。

如果我们从46街返回时代广场，也回到了纽约演员公会的总部，它是无所不能的戏剧演员工会。出人意料，我们发现这个工会垄断着美国职业戏剧演员的雇佣活动，为其会员提供失业和疾病保险方面的保障。戏剧与交响乐和歌剧一样，属于美国的以工会会员为主体的行业，虽然这是一个所谓的没有企业联合组织的国家。因此，从旅途的起点开始，在我们调查的开端，我们就不断地陷入那些自相矛盾的境地。

与此咫尺之遥，在42街西11号，我们发现一所神秘的“尖端数码应用中心”（Center for Advanced Digital Application）。攻读电影的学生们来这里熟悉数字化的后期制作和特技效果。要想获得艺术学硕士（Master of Fine Arts）——美国人正在使这一新学位成为被全球艺术家认可的学位，在那里如同在其他所有美国大学的电影学院一样，学生们要学习由乔治·卢卡斯创立的“皮克斯动画制片厂”的专业人士、迪斯尼的数码动画专家和梦工厂SKG（其中“S”是史蒂文·斯皮尔伯格的首字母缩写）的制片人开设的课程。非营利目的的大学与商业产业之间的衔接桥梁便在此现身了。

百老汇街东边与43街的交叉路口上，我们可以继续旅程：《纽约客》的总部就设在那里，这是美国重要的文化周刊，它代表着“交叉”（类型的混合），悉心地破解着“主流”文化，它用人们喜闻乐见的方式论及精英文化或者高品位文化，在这里被称作“雅文化”（high cul-
12 ture）。在这座位于时代广场的大厦中，我们的确处在美国文化模式的十字路口，艺术与娱乐混合在一起，文化与商业的边界趋于模糊，风格类型的混合成为规范。从《纽约客》所在的第20层的巨大玻璃观景窗放眼俯瞰，时代广场、纽约城和世界犹如一道新的地平线舒展开来，新的世界全景令人难以望到尽头。这就是美国文化多重侧面的全景图。

从《纽约客》大楼一直向东，即可通往纽约公共图书馆（公共只是字面上的），就其藏书量而言，这个纽约的大型私人图书馆是世界上藏书最丰富的图书馆之一。迈进两头巨狮守卫的大门，我们进入一个考究的场所，这里免费对所有人开放。里面有精美的装饰着蒂芙尼台灯的阅读桌，此处几百位读者的沉静与时代广场的喧嚣恍若隔世。图书馆的北边一些，沿着美洲大道上行到53街，便来到了纽约大型的现代艺术博物馆门前，这里收藏有毕加索的《阿维尼翁姑娘》和梵高的《星空》。

现代艺术博物馆，简称 MoMA，向北三条街，绕着时代广场转半圈，那里是卡内基音乐厅，在这座音响效果让人叹为观止的交响音乐厅里，所有演绎古典音乐的著名女歌唱家、最辉煌的指挥家以及那些爵士乐和流行乐的代表人物们都曾经演出过：柴可夫斯基本人、卡拉斯、托斯卡尼尼、艾灵顿“公爵”、弗兰克·辛纳屈和朱迪·嘉兰，风格类型的混合始终如一。

再向北一些，沿着百老汇大街这条绵长的大道，便到达林肯中心，这是一座精英文化的殿堂，汇集着纽约交响乐团、纽约芭蕾舞团、大都 13
会歌剧院和15个左右的各类大厅，包括音乐厅、剧场、图书馆、学校和一家重要的艺术与实验电影的放映厅。值得注意的是，爵士乐这种黑人文化的象征，对于以白人为主体的观众而言，它已经被擢升为经典文化产品。然而，也与美国的其他各地一样，界限是模糊的，林肯中心与商业文化之间的区别并不总是十分明显：《时代广场》是纽约交响乐团的招牌人物——乐队指挥伦纳德·伯恩斯坦的音乐剧《在镇上》中的一首著名歌曲，而林肯中心的戏剧学校所教授的课程是如何为百老汇的音乐剧制作布景和音乐。

然而，惊奇不仅来源于学者艺术与大众文化的衔接，惊奇还来源于前卫艺术与“反文化”曾经长期选择时代广场作为据点。那是在时代广场的贫民窟里，是在这个街区被迪斯尼粉饰之前，在毒品与性用品商店之间，产生了楠·戈尔丁的《性依赖的叙事曲》（*Ballad of Sexual Dependency*）中的某些照片和“文化战争”中的那些极端的艺术家的作品。里根和乔治·布什这样的极端保守的共和党右翼指控这些艺术家为色情或同性恋情色，审查他们的作品，并在他们称作“文化战争”的时期取消了对前卫艺术的资助。但是，抵抗是猛烈的，“反文化”变得比以往更为彻底。因此，美国文化体制造就了一切及其反面，造就了最好的和最坏的。它比人们通常认为的更加复杂、更加矛盾，而我们才只是在漫长旅程的起点上。

要试图把握这种复杂性，必须从时代广场出发，乘坐“A 线地铁”(A Train)，这条地铁线路从布鲁克林到哈莱姆，快捷地穿越纽约，“A Train”成为艾灵顿“公爵”和艾拉·菲茨杰拉德的爵士乐的标准代称。
14 一方面，向北边，A 线通往哈莱姆黑人区，通向黑人社区、亚文化和那些梦想成为主流文化明星的黑人子弟。另一方面，朝向南边，仍然乘坐 A 线，可以通往纽约大学，与所有重要的美国大学一样，这里培养艺术家，有自己出色的剧院，有时纽约大学的摄影棚堪比好莱坞的大公司。更往南一些，可以前往布鲁克林音乐学院，这是前卫文化的府邸，主要接受纽约市的资助，它是黑人街区内文化多元性的另一个象征。非营利目的的大学、社区以及艺术机构，同样属于美国文化的组成部分。

从时代广场出发，还可以走别的路，乘别的列车，踏上别的旅途去发现美国的文化体制。乘美国铁路公司的火车向南前往华盛顿，去追寻联邦艺术事务处这个微型文化部的历史，从它在肯尼迪和约翰逊时代的乱局中的诞生——本书以此作为起点，到它在尼克松和卡特的黄金时代，一直到它在里根和布什时代的衰落。对这段历史的追寻，按照现任“部长”，一位由乔治·W．布什任命的诗人的说法，促使大家意识到在美国与欧洲之间关于文化与艺术资助的问题存在着一些本质的差异。

然后，我们从时代广场乘车去波士顿，这一次是向北走，去发现美国精英文化，美国久负盛名的交响乐团、重要的美术馆和那些父子相继就读其中的大学，比如哈佛和麻省理工。欧洲文化在那里备受重视，并得到成千上万追求社会地位的富有的捐赠人的资助，这些人梦想着用自己的姓氏来命名一座博物馆或者剧院，以对抗时间或者超越死亡。

15 通过这一旅程，可以在深层次上弄明白这些非营利的“私人机构”的独特性质，弄明白既独立又符合普遍利益的“捐赠”的道理。必须看到这一特殊模式和这些独特的资助方式是如何结合起来的，看到一些合作是如何产生的，多种自主的行动又是如何最终形成“体系”的。

这便是本书提出的问题以及确立的主旨。

渐渐地，探寻美国文化的旅程让我们渐行渐远。必须像那些拓荒者一样，像那些牛仔和那些好莱坞的制片人一样，启程奔赴西部，奔赴俄亥俄、威斯康星和加利福尼亚州的那些重要的公立大学去追寻艺术的激情；必须把握底特律和圣路易斯黑人社区、新墨西哥州和得克萨斯州拉美裔集居区的创造力和活力；必须理解福音派教堂里的“基督摇滚”歌手、“乡村”乐手或阿帕切保留地的印第安人，面对美国文化产业的统一化，他们是如何加以抗拒的。

随着路程的延展，随着我们的发现，我们的调查在惊奇与着迷之间摇摆。在科罗拉多和得克萨斯，他们用汽车牌照税来资助文化；在密苏里州或堪萨斯州，他们通过黑人街区的复兴或文化旅游业来资助艺术；在美国的十来个城市，他们用六合彩或旅馆住宿费的征税来补贴艺术博物馆和交响乐团。在旅程的这一个阶段，在联邦与地方的艺术事务处之间，可以发现给予文化的间接的公共资助，虽然这些资助是隐蔽的或者不敢叫作补助的。

在跨越美国的旅途上，我这个来自欧洲的旅行者对博物馆、乐团以及
大学的财富感到晕眩。相反，我这个欧洲人对于城市周边广阔郊区的文化 16
荒漠感到惊讶，人们称近郊区为“suburbs”，称远郊区为“exurbias”。我跟随着图书馆员，看他们用图书车将书籍送到肯塔基州最贫穷村庄的居民们手中，这令我赞叹不已，而看到密西西比州或者田纳西州的福音教派团体如何以所谓“美国价值”的名义对艺术进行审查时，这又令我无比震惊。我惊叹于各大城市前卫艺术群体的活力，又震惊于艺术家们的拮据的生活条件和医疗保险的缺失，他们只能白天在咖啡馆当侍者，晚上才能登台演出。因此，必须尝试理解美国社会的某些特征在文化体制的整体模式下如何发挥作用——慈善精神、社区自主、大学的活力、中产阶级的重要性、巨大的远郊中心城区、地理上的迁移性、与欧洲有所区别的顾虑、对新生事物的信仰，当然首当其冲的是黑人问题。最后，在本书的结尾，我们将能够回答一个核心的问题：在美国为何没有文化部？

*

本书是探究美国文化体制的一种尝试。本书的目标是理解美国的文化政策，甚至是在政府不起直接作用的情形下文化运行的机制。与此同时，解释各自独立的私人企业、公共机构、非营利机构、富有的慈善
17 家、大学和社群所构成的庞大的同盟体如何最终形成“政策”。这些追求各自利益、相互竞争又相互协作的行动个体如何产生出一种普遍利益，如何合力构成一套异常高效的完整体系？

为了让这套欧洲人很陌生的体制变得易于理解，必须迂回绕到那些显而易见的表象的背面；必须揭示那些重要的间接补贴、那些非常注重艺术的不以营利为目的的法律章程、那些借助众多税收名称而进行的变相资助、那些完全“去中心化”的元素、大学的创新资源和推动少数族群以及前卫艺术家进行创新的力量。既非公共的，又非私人的；既非独立于国家，又非真正地受市场支配，这一体制如何出人意料地最终产生一种多元性的文化，这往往是一种真正的“文化行为”，这就是本书的主题。

为了研究的顺利进行，应当破除那些反美的偏见，而这些偏见近些年来恰巧倾向于关注文化问题。一方面，美国人想象自己是与欧洲人正好相反的，纯朴、友善、富有建设性，对于未来的创造持开放眼光，而非禁锢于既往的艺术，创造的是一种多种形式的、年轻的和大众的文化。另一方面，欧洲人将“美国文化”想象为一种自相矛盾的修辞，像让—吕克·戈达尔在电影《局外一帮》中所认为的那样，以为一个去卢浮宫的美国人必然是想打破9分43秒参观完卢浮宫的记录。一方面，欧洲精英艺术的追求遭到美国人的拒绝；另一方面，梦想着失落的乐园——欧洲人的昔日辉煌——的欧洲人捍卫文化的“特异性”，他们
18 感觉自己的天堂受到了威胁——欧洲艺术对抗着美国娱乐的一统天下。在多个方面，欧洲文化政策皆遭受美国幽灵的困扰，而自视为一座陷入围困的艺术城堡。

面对这种二元对立，笔者的职责即本书的目标，便是直面现实，不带先入之见，用事实来破解那些偏见，但是当这些原本以为是偏见的观

点被证实为正确的时候，则会毫不犹豫地用事实去充实这些严肃的观点。首先要提供信息，还原出事实、数字、可信资料的复杂性——唯有从切实的基础出发才能讨论文化体制各自的得失功过。批判继而着迷，惶惑继而惊讶，本书尝试着从历史档案和田野调查的描述出发，即便不能做到保持中立，当然这是不可能的，至少做到整体的平衡，首先要以研究的缜密与调查的严谨为依据。这一研究方法对于研究者来说是最为至关重要的，对于欧洲的研究者来说则更加如此。

在美国进行文化发现之旅，这对于一个欧洲人来说是事关重大的。在欧洲，人们对美国文化体制几乎一无所知：必须就近去观察，进行长久地调研，才能尝试理解它是如何运作的，然后才能得出相关的结论。因此，问题不是对美国文化给出一种田园牧歌式的或者批评的观点来更好地肯定欧洲人的某种立论，也不是对读者应该思考什么和应该从本书提供的事实中得出什么结论给出一些诠释。本书的立场是信任读者及其对欧洲情况的了解，让读者能够从书中的对比中进行推论，从而得出自己希冀的结论。

与此同时，本书应当还能对一些更积极的研究计划有所帮助。本书旨在让读者了解美国的文化体制，以便更好地捍卫我们的民族文化。只 19
有能为欧洲的艺术家、文化事务负责人、当选人和活动家们，包括世贸组织和联合国教科文组织，提供全面详实的资料和分析，才能帮助他们进行国家之间的谈判，如同我们在下文将要看到的那样——提供斗争的武器去对抗美国文化霸权，只有成为保护文化多元性和欧洲文化的工具，本书的写作才有意义。在想要盲目地抗拒“美国敌人”之前，必须先了解这位兄弟兼敌人，本书就是从这个原则出发的。

在探索之旅的过程中，我们发现美国同样可能是一个非凡的灵感源泉。通过破解这一体系，我们不仅能理解美国人是如何主宰世界文化的，而且可以真切地看出造成欧洲艺术困境的原因。而且，美国甚至能够以更为令人惊讶的方式为我们指出应该走的道路，比如要想增进创新的自主，应该找到一些新的资助和新的受众，或者想象出一些手段来抗拒“娱乐”的千篇一律。所以，美国的文化体制既是榜样，又是反面样本，有时候它是可以遵从的榜样，但往往它是应当避免的例子。美国文化体制只能让欧洲人产生一些错综复杂的感触。总之，本书抱持着一种关注，即在关注美国文化的同时，同样关心欧洲的文化。

关于大家将要读到的这本书，还有最后一点要说。本书依据的是笔者一次持续四年的在美国进行的实地考察。本书依据在 35 个州和 110
20 座美国城市进行的采访。本书还依据 434 份未发表过的档案文件，这些文件是从美国各届总统和各州文化事务处、大大小小的基金会以及数不清的文化机构的档案中收集来的。

这一次跨越地域、人物和档案——首先是穿越美国的漫长历险，不断丰富着本书的内容，以至于在以下的篇幅中，肯尼迪或布什的顾问的每一句话、每一次提及黑人街区的某个剧院或者荒漠中的阿帕切部落的某个博物馆，都依据着这次跨越美国的超过 20 万公里的旅途中的每一次会面。若非每页都依据实地考察或者根据对所谈情况的了解，那么这本书将会是另一副模样了。

大量的信息让人们最终能够理解——这将是本书的第一部分——一种公共政策是如何被人们设想出来、付诸施行，却又在最后被人遗弃的。然后，在本书第二部分，这些信息将使人们能够解释一场声势浩大的“文化行动”——选择这个表述是为了区分出那些由私人基金会和独立机构进行的非政府性质的计划纲领如何诞生，文化体制如何能够具体地运作。如果说国家不是直接的动力，那么文化社会就成了美国艺术生活的推动力，因为文化社会中千百个独立的行动个体和同样数量众多的独立而微小的“政治”团体所形成的力量尤为强大。可以说虽然美国的文化部并不存在，但是文化生活却比比皆是。

# 第一部分

# 文化政策

# 第一章　美国的文化部？ 23

> 对于我们的国家和我们的文明的未来，没有什么事情比充分承认艺术家的地位更为重要……。我对这样一个美国充满信心，它将奖励艺术的成就，如同我们奖励商业或者政治上的成就。我对这样一个美国充满信心，它将赢得全世界的尊敬，不仅仅由于它的力量，还由于它的文明。
>
> ——约翰·F．肯尼迪（1963 年）[1]

先于他人，阿瑟·施莱辛格在 1950 年代就感到一种巨大的文化不安全感。面对正在赢得胜利的大众文化、在美国兴起的电视业以及企图主宰世界文艺的斯大林派的共产主义者，施莱辛格感到恐惧。作为美国知识精英的象征，他以往对自己那么有信心，如今他却产生一种文化劣势感。他一直关心思想界和文艺界，他差点被任命为新总统约翰·F．肯尼迪的特别文化顾问。

施莱辛格是中欧一个皈依了基督新教的犹太家族的继承人，他于 1917 年出生于工业为主的俄亥俄州的哥伦布市。“中西部人”出身的施
莱辛格从他的风格和精神上很快自我认同为波士顿人，他变成纽约人则 24
是出于必要，他一直在寻找自我。他在马萨诸塞州最好的学校里完成学业，还在读高中的时候就撰写了一篇题目为《知识分子：一个值得尊敬的词语》的论文。“Highbrow”这个词，字面意思为“高额头”，引申义为“知识分子”，是对施莱辛格所处的圈子的概括，即精英主义和文艺贵族，而且，人们谈到“highbrow culture”，即指学术文化。总之，

就年轻的施莱辛格而言，他的履历属于典型的知识分子的历程。1934年9月，他自然是进入了哈佛大学。那时他17岁，他是1938届的。肯尼迪是1940届毕业生。

在那时，与今天一样，进哈佛读书都是父子相承。美国知识精英的再生产模式完美地运转着，连同它对妇女的排斥、它对种族比例的限定，甚至大学因其人数限定而具有公开的反犹主义。但是，施莱辛格只是有一个犹太名字而已，他是新教徒，如同他父亲一样，他父亲正是哈佛所造就之人才的最后代表。在他那部以绘声绘色的文笔撰写的回忆录《20世纪里的一生》（*A Life in the 20th Century*）中，施莱辛格以很长的篇幅回忆自己的人生历程，回忆自己学术、政治和文化的成长年代。

在哈佛，在1930年代，学生们以家族姓氏相称，他们不说脏话，系着领带。如果他们出门，他们会戴一顶帽子——冬天戴灰色的硬礼帽，夏天戴软礼帽。施莱辛格对首位不戴礼帽的美国总统肯尼迪颇为不满，肯尼迪在1960年代促使了这一风尚的消亡。在哈佛，甚至在全世界最具精英主义的大学内部，等级关系仍占主导：每个人都属于各自的“兄弟会”和秘密社团。新教徒的精英阶层有其自身的精英：施莱辛格处于峰顶，在登峰造极的顶点。

在他的回忆录中，施莱辛格提醒我们，清教徒“执着地恐惧着某个
25 人在某个地方会幸福快乐”。在哈佛这座基督新教的庙堂中，如果人们有热忱，他们会不事张扬地表露出来：那时人们使用swell（一流的）这个词，就像1960年代用terrific（极好的）和今天大家用cool（酷）或hip（时髦的）一样。在波士顿，那时离婚仍是丑闻。所以，这位年轻人是借助间接的方式，即借助于书本来想象自己的人生，想象幸福的。他是，并且以后一直是一个仰仗书本的人。在哈佛，他大量阅读欧洲小说，而这强化了他的劣势感，虽然他带着更多的骄傲之情去阅读美国的经典作品，尤其是约翰·多斯·帕索斯的《美国》三部曲、福克纳的《喧哗与骚动》，同大家一样他阅读菲茨杰拉德的《了不起的盖茨比》。但施莱辛格真正爱好的是历史，在哈佛，他可以听那些美国最重要的历史学家们的课程。17岁时，这位年轻人过于把自己当回事了，那时虽然他还没有写作任何东西，但是他已经知道自己是一个“知识分

子”。

艺术是这种杰出社会地位的一个主要构成部分，尤其是在波士顿。波士顿美术馆、波士顿交响乐团和海顿协会是当地精英的象征。施莱辛格常常光顾这些地方，但是他的兴趣较少在于音乐、歌剧或者舞蹈，更多在于戏剧或者电影——在那个时代，这两种艺术彼此压制和敌对。

那时，一出戏的入场券价值 4 美元，而一部电影则是 25 美分。施莱辛格将自己全部的闲暇都投入到文化中（在他的回忆录里很少提到运动）。他成为大学文学刊物《哈佛呼声》（*Harward Advocate*）的剧评人，西奥多·罗斯福和 T．S．艾略特的最早的文字都是在这份刊物上发表的。施莱辛格自知是大家族的继承人。他在波士顿看演出，对于那些不来新英格兰州演出的剧作，他就到纽约去看：乘坐夜间的轮船，船上有美味的晚餐、舞会和爵士乐。那真是一个截然不同的时代。

在纽约，他喜欢奥森·威尔斯的《浮士德》，喜欢舞台上的汉弗莱· 26
鲍嘉——那时候，电影明星们还在百老汇登台演出。当然，他还喜欢音乐剧，这是施莱辛格真正喜爱的戏剧。在其回忆录中，当他提到那些 1930 年代的歌曲，我们可以看出他情绪的涌动。但是，我们也感到他的劣势感的隐现：面对英国戏剧的辉煌，面对美国“严肃”戏剧的名不正言不顺，面对音乐剧及其浅显的快乐，尤其是面对莎士比亚，施莱辛格并不太感到自豪。他尽量宽慰自己，对自己说美国“戏剧”比贵族化的、精英的英国“戏剧”更加通俗。因此，他酷爱“无产者的”戏剧：比如著名的《等待老左》（*Waiting for Lefty*），这是 1930 年代的宣传鼓动作品，在“Strike！Strike！”（罢工！）的喊声中，包括施莱辛格在内的百老汇的观众们冲上台去。

然后是电影。施莱辛格在回忆录中写道：“电影不仅是一种 20 世纪特有的形式，它就是十足的美国——唯一的美国因之为世界做出巨大贡献的艺术。”因此，在他的文化嗜好中，电影很快便超越了戏剧。同 1930 年代的人们一样，他受到电影的影响，永远陶醉于他年轻时代电影院里厚厚的红地毯、金色的墙壁和芬芳的空气，施莱辛格将自己与明星们认同：当他看到《纽约—迈阿密》中的克拉克·盖博，他便不再穿贴身内衣；为了模仿汉弗莱·鲍嘉和格劳乔·马克斯，他很快戴起领结。施莱辛格是一个摩登少年，如今他还有当年的影子。他接着说道："我对1930年代的那些电影的记忆比我在上个星期看过的电影记得更清楚[2]。"后来，施莱辛格选择"克里斯蒂娜"作为他第三个孩子的名字，
27 用来纪念葛丽泰·嘉宝（《克里斯蒂娜女王》）。在1960和1970年代，他成为几家报纸的影评人，甚至成为1964年戛纳国际电影节的评委。

那个时代的知识精英与流行文化的关系是颇为有趣的，因为这一关系的开放性超乎人们的想象。虽然他心仪欧洲文化，并且是彻头彻尾的"知识分子"，但施莱辛格同样真心地喜爱流行文化连同其自然伴随的东西以及它在大众中的成功。因为，早在那个时代，美国人在全世界的影响力不仅仅因为它的电影、西部片和音乐剧，还因为爵士乐——这是又一种真正属于美国的艺术形式。在1930年代，施莱辛格喜爱摇摆舞和"大碟"，即罗斯福年代的电影原声唱片。对于一名哈佛学生，听爵士乐并非难事：那些著名的乐手在大学的音乐厅或者波士顿的爵士乐俱乐部演出。施莱辛格同样喜爱流行音乐，特别是平·克劳斯贝，他是1930年代的当红男声，就像后来1940年代的弗兰克·辛纳屈，1950年代的"猫王"埃尔维斯·普雷斯利和1960年代的鲍勃·迪伦。

他是喜爱流行文化的，他很早便承认爵士乐的艺术价值，甚至为好莱坞电影辩护，反驳美国精英阶层的批评，精英阶层当时尚未将电影视为艺术。在这一点上，施莱辛格领先于时代，领先于同时代的知识分子。但是，他不信任大众文化，更不信任中产阶级文化这种介于两者之间的文化，它既不"高雅"（精英主义），也不"低俗"（通俗），而是一种中间阶层的中庸文化。在这一点上，施莱辛格仍然是非常精英主义，非常崇尚欧洲的。

28 在欧洲驻留，这正是他那个阶层的所有美国人的梦想。1938年，他决定到欧洲去待一年，在载着他驶往欧洲的轮船上，这位年青的哈佛毕业生梦想着英国戏剧和法国文学，虽然他同样为希特勒思想在旧大陆的蔓延感到忧心忡忡。在巴黎，他阅读了马尔罗的作品，读的是英译本，他很早就读到，很快就读完：他被《人类命运》和《希望》的英雄主义迷住了。他甚至以为找到了自己的使命，即成为美国的马尔罗。

1939年回到美国后，施莱辛格当了记者，遇到他的第一任妻子

（她是画家，他的第二任妻子是雕塑家），他开始投入一部历史著作的写作计划，直到在战争期间接到动员令。在他的回忆录中，他对在1942 年第一次观看《北非谍影》有精彩的描写，他记得在放映中整个影院的人都鼓掌、起立并唱起《马赛曲》，他自己也不例外。1942 年至1943 年，施莱辛格先是担任情报与宣传部内刊的撰稿人，然后在 1943 年 5 月被战略情报局招募，这是美国的情报部门，主要负责秘密行动和情报管理。施莱辛格属于为情报部门效力的知识分子，做了许多研究、政治评论和有关国防的分析。随后一年，他被派往欧洲，最先在伦敦，登陆战役后，于 1944 年 10 月到达巴黎，在那里他为美国情报部门工作，直到 1945 年。在他的回忆录中，他未详细叙述在欧洲的工作，但是我们从字里行间猜得出他在那里可并不只是观光的。

回到美国后，施莱辛格开始寻找自己的道路。他交游甚广，是一个有修养的人，比以往任何时候都更加葆有乐观精神。在他那多姿多彩的
生活篇章中，1945 年这一年是由怀疑开始，而必然是以回归哈佛为终 29
结。施莱辛格那时已经与报界的大人物有来往，他开始在《生活》与《财富》这两家属于美国报业巨头亨利 · 卢斯的刊物上发表文章。尤其是在《生活》周刊上，他在 1946 年发表一篇批判美国共产党的长文。这篇早在“冷战”开始之前就有所预兆的文章里，他描述了共产党借助其在工会中施加的诱惑而对美国进行渗透，认为共产党已经渗透进联邦政府内部。这位情报机构曾经的合作者没有丧失对情报档案与国土安全的敏感。他特别写道：“共产党对美国左派的道德结构发动了总攻[3]”。他将赤色威胁从谍报和渗透扩展到思想与文化领域。因此，远在共产党成为美国的死敌之前，施莱辛格就成为共产党的死敌。

他对报业感兴趣，但却不见得打算以此为业。吸引他的首先是历史。从 1947 年起，这位哈佛毕业生开始在母校任教，也开始了他非凡的历史学家的职业生涯，出版了几部巨著，尤其是有关富兰克林 · 罗斯福和“中左派”的著作，他在其中探讨如何在不采用极权主义手段的情况下来对抗极权主义[4]。渐渐地，施莱辛格确定了自己的政治见解，它们从此不再改变。他从 1930 年代起一直是罗斯福派，很快就成为肯尼迪派，他一生都保持为中左派，正如他对自己的界定，他既是彻底的

反法西斯主义者，又是“自由派的反斯大林主义者”。

除了著书立说，他还撰写文章，很快他的文章就不计其数了。施莱辛格到处发表文章，最先是在《党人评论》（*Partisan Review*）上，正值
30 该刊变得极其反共，同时极其敌视大众文化的时候[5]。在这一点上，施莱辛格与当时所有“纽约知识分子”的意见是一致的，从他的著名朋友玛丽·麦卡锡到破除偶像崇拜的德怀特·麦克唐纳，还有汉娜·阿伦特，他准备与阿伦特创办一个刊物。他同时在《新共和》（*The New Republic*）和半月刊《记者报》（*The Reporter*）上发表文章，《记者报》如今有些被人淡忘了，当时却汇集了非共产党的左派：在该报的长期合作者中有未来的肯尼迪的文化顾问奥古斯特·赫克舍，未来的肯尼迪的国家安全顾问和福特基金会会长麦乔治·邦迪，甚至还有后来福特基金会负责文化事业的会长麦克尼尔·劳里。施莱辛格、赫克舍、邦迪和麦克尼尔·劳里是1960年代和1970年代对美国文化政策最具影响力的四个人。

在这一时期施莱辛格发表的几十篇文章里，在《记者报》上发表的一篇未引起重视的文章是引人入胜的。这篇文章题目为《娱乐对阵民众》，与同时代的无数文章一样，它证明了美国精英阶级对于大众文化的恐惧。施莱辛格写道：“电视以一种骇人的方式将大众传媒手段带到我们的房舍、我们的生活之中，对我们的文化造成影响。”更加严重的是，“媒体的拥有者不相信美国是多元社会，是由多样性构成的……。他们针对的是一个千篇一律的受众群和最小公约数”。因此，施莱辛格为公众的“淡漠”和“被动”担心：“通过剥夺公民们的选择权，传媒的拥有者剥夺了他们的主动性；最终，个体仅仅喜爱自己习惯于拥有的东西。”他引述乔治·奥威尔、托克维尔，他评论大卫·理斯曼具有时代影响的著作《孤独的人群》，施莱辛格希望个体仍旧保持为“自主
31 的”，希望大众传媒的正面作用胜过其给民主与艺术带来的威胁[6]。对大众文化的恐惧，这一主题是知识分子在1950年代挥之不去的念头，它同样多次出现于施莱辛格的回忆录中，他总在怀念“现场”戏剧和电影院不受电视威胁的时代。该做些什么呢？施莱辛格着迷于高品质的欧洲文化，他准备进行斗争：美国同样应当拥有自己的“雅文化”。美国

应当诞生自己的文学，应当与欧洲文化旗鼓相当，应当创造出一种高品质的戏剧和一种优秀的电影，虽然他知道流行文化的影响同样属于美国文化的母体。在所有这些问题上，施莱辛格已经变成一位“纽约知识分子”了。

在他的书籍、文章和教学中，即意念与思考的世界中，施莱辛格不可能完全放弃有所作为的行动。作为赋闲的反共主义者和国际事务专家，他拥有最佳的履历，他在1948年被任命为欧洲“马歇尔计划”负责人的顾问。在巴黎任职期间，他负责创办情报与分析部门。这一使命是短期的，但对于施莱辛格的职业生涯具有决定性的作用。这一使命导致他在数年之后参加“文化自由大会”，这个知识分子和艺术家的组织构成美国在欧洲的文化与意识形态政策的中坚力量。这个委员会最初是由中央情报局资助的，后来由福特基金会支持，它在欧洲组织知识分子对共产主义思想进行抵抗。阿瑟·施莱辛格是美方在其中出力的一位关键人物，这就证明他在欧洲与美国知识分子和艺术家的交流占据了核心位置。据说他是一位“冷战战士”：此后在很长时间里施莱辛格真正的 32
职业是领导文化领域的冷战[7]。

虽然置身于国际舞台，施莱辛格却在国内政治领域里更加活跃。在整个1950年代，他都是哈佛的历史学教授，他很快便进入民主党知识分子的核心，哈佛大学在那个时代一直是民主党的中枢。按照通行的说法，他是一个“egg-head”：字面的意思是“蛋头”——大致是说一位知识分子，带有这个词暗指的有点自以为是的精英主义和优越感。在“玉玺学会”（Signet Society）这个哈佛很挑剔的俱乐部里，施莱辛格会见政坛、文坛要人和知识分子。他已经卷入其中，杜鲁门总统联络他，要他为自己写几篇演讲稿。但是，很早就促使他行动的是他与阿德莱·史蒂文森的关系，他是在1946年从纽约到芝加哥的卧铺火车上遇到史蒂文森的。他觉得这位伊利诺伊州州长、未来的民主党党魁睿智而且机灵，他同时被他的公众服务意识吸引了。于是，他逐渐开始为其效力，这种政治友谊持续了整个1950年代，一直到史蒂文森两次败给艾森豪威尔之后，施莱辛格归附于肯尼迪。在1960年的初选中，施莱辛格属于放弃史蒂文森而选择了肯尼迪的那些人，他们帮助这个波士顿出身的小子打败了年老的芝加哥出身的民主党党魁。这一段经历至关重要。因为史蒂文森代表着民主党左派及其理念，他被看作一位知识分子，虽然肯尼迪嘲笑他，称自己“一个星期读的书超过史蒂文森一年读的[8]”。肯尼迪在1960年代中经过漫长而艰苦的努力来赶超他的对手史蒂文森，并将他边缘化，随后去对抗民主党人尼克松，肯尼迪依靠少数知识分子
33 和新闻记者，阿瑟·施莱辛格就是其中的一员。他努力赋予肯尼迪一种新的声音，即一些新的理念。必须让肯尼迪具有一种新的左派言论，这是旧的左派难以做到的；虽然还谈不上“新左派”（New Left），但不管怎样，肯尼迪设想出“新的左派”，只是未发明出这个名称罢了。他的新论调和对一些诸如反贫困、人类苦难和经济困难的社会论题的选择由此而来[9]。

所以，早在1959年，施莱辛格就在为肯尼迪效力。他已经有着不凡的经历，他是美国最有声望的历史学家之一，是民主党新左派的思想家，是与全世界名人都有联系的知识分子：对于肯尼迪而言，他是一座金矿。所以，自然而然地，他成为这位总统候选人与知识分子的联络人，成为他文艺政策的思想家，不要忘了他的“笔”，因为他已经写过一些演讲稿，提供引文和国际事例、震撼的隽语和深度的分析。因此，1961年7月，他成为白宫的“常驻知识分子”，有着美国新总统的特别顾问的辉煌头衔。

## 约翰·F.肯尼迪与文化

“一位不存幻想的理想主义者”，这就是肯尼迪，据说这是他的自况[10]。这位新总统酷爱读书，渴望了解事实和技术性的报告，喜好宏阔的视角，他总是想让自己成为一个有思想的人。但他是一个亲近文字的人，他与知识分子接近，总的来说他与作家们更投缘，他不太关心艺术，但是却在选战期间大谈艺术。音乐家们令他心烦，他在剧院里昏昏欲睡。更不用说那些舞蹈家，那些当代画家或者歌剧演员了，他对他们
34 深恶痛绝！即便他曾经学着欣赏当代印象派画展，他妻子杰基拽着他去看那些展览，但是他本身的文化更倾向于弗兰克·辛纳屈、电影《北非谍影》或《斯巴达克斯》，尤其是《詹姆斯·邦德》，而非任何“arty”

（自负艺术之名的）或“actionless”（无所作为）的东西。他在讲演中引用诗句，那是因为他是在使用顾问们替他准备好的引文，他阅读书籍，但那主要是一些历史传记、时事论文、经济研究——当然还有施莱辛格的那些著作[11]。

究其实，美国的这位新总统具有大众的极端保守派的文化趣味，这与人们倾向于确立的肯尼迪神话相去甚远。然而，他坚信美国是无计划的，因为1950年代的福利社会已经转变为一种干瘪、乏味而又缺乏集体价值的社会。这个社会同样丧失了文化感：在他1960年夏关于“新边疆”的选战讲演中，肯尼迪试图凭借“有创见的”领袖和“想象力”来重新赋予国家以“辉煌”。不久之后，肯尼迪所依据的民主党的总统竞选纲领包含有一个艺术方面的提案。破天荒，民主党真正致力于创立“一个顾问性的联邦艺术事务局，以便评估、发展和拓展美国文化资源”。总统候选人自己在与强大的戏剧工会“演员权益保障协会”的报纸的一次简短访谈中，重复了这一想法，并确认了他是支持创立一个联邦文化基金会的。这是一个转折点[12]。

肯尼迪的选战按照“美国方式”进行，完全以攻势为中心，强调效率、青春、创造。但是，一旦以微弱多数当选，肯尼迪很快便明白他从美国人民手中得到的总统任期不是为了施展那些新想法的，而是不得 35
不延续其共和党前任艾森豪威尔的政策来取得成功。他的就任仪式预定于1961年1月20日，肯尼迪从刚刚就任起就竭力取得优势。如同所有人反复提到的，首次，一位“本世纪出生的”美国总统取得了权位。世代之间的断裂必然反映在行为之中。从此，这种断裂从语言中体现出来。

就职仪式那一天，肯尼迪突出了象征的意义：他让黑人女低音玛丽安·安德森唱国歌。他还请诗人罗伯特·佛洛斯特朗诵了一首诗，似乎是将他的总统任期置于思想和想象的更新的旗帜之下——正如这位作家所宣告的“一个诗歌与权力的新的黄金时代”。而且，“作为对他们的重要地位的认可”，他邀请155位作家、艺术家和知识分子参加就职仪式。恕我仅列举其中的少数：作家威廉·福克纳、约翰·多斯·帕索斯、欧内斯特·海明威、奥尔德斯·赫胥黎、约翰·斯坦贝克和圣琼·

佩斯；戏剧家田纳西·威廉斯和阿瑟·米勒；艺术家亚历山大·考尔德和马克·罗斯科，还有音乐家阿隆·科普兰、伊戈尔·斯特拉文斯基、伦纳德·伯恩斯坦和查尔斯·明希。后来，女哲学家汉娜·阿伦特说，肯尼迪邀请诗人与艺术家参加就职典礼及其白宫晚宴，他是力图“扩展公共领域的空间”。不管怎样，这些邀请取得了巨大成功，象征性地推出了肯尼迪时代的基调：青春、优美、创造、典雅。这是将约翰·肯尼迪这位哈佛1940届毕业生的哈佛人精神与他妻子杰奎琳的风雅的混合。肯尼迪属于善于利用自己的时代的那种人[13]。

他的就职演说本身仍属美国历史上最著名的演说之一，他在演说中
36 提到艺术——这在一篇如此简短的文字里并非微不足道。肯尼迪说：“一个新的时代就此开启……。让我们促使两个阵营去努力借助科学之奇迹，而非科学的可能之恐怖。让我们一同探索群星，征服沙漠，消灭疾病，开发海洋和鼓励文艺与贸易。”随后，他补充了下面这几句在他短暂生涯中最著名的话，如今它们被镌刻在波士顿以肯尼迪命名的巨大的总统图书馆的大理石之上：“这一切不会在最初的1000日内实现。这在本届政府的存在之日内也不会实现，或许甚至在我们在这个行星上的有生之年内也不会。但是我们为何不开始呢，从今天开始……我们的使命的成败是掌握在你们手中，而非掌握在我的手中，亲爱的同胞们……那么，我亲爱的美国人民：不要问国家能为你做什么——而要问你能够为国家做什么。[14]”

其简洁令人联想到林肯的就职致辞，在这段简短的文字中，肯尼迪顺带提到艺术。这是否意味着美国文化政策的一个好的开端呢？

文化政策吗？在肯尼迪的就职典礼上简要提及，在民主党纲领中做出许诺，由诗人罗伯特·佛洛斯特加以歌颂，文化将会成为“政策”吗？艺术在这位新总统的日程安排中会占有一席之地吗？

1960年代初，五个因素解释了美国总统何以前所未有地投入艺术
37 领域：即1950年代末的文化繁荣；国际形势逼迫美国重新获取对苏联的知识优势；肯尼迪必须将有关教育和文化的内容纳入他的“新边疆”计划；杰奎琳·肯尼迪所起的作用；美国文化精英对大众文化的恐惧。

“文化爆炸”（Cultural boom）：这一表述很出名，甚至成为对1960年代美国的一种俗套的说法。在数不清的文章中都可以见到这一表述，后来的研究大大消减了其现实性，然而在这一表述之外却有当时的一些统计数字证明了人们对在美国增加文化实践和增加艺术供给的乐观态度。在1960年代初，美国的统计数字显示：5000个剧团，754个歌剧团，200个舞蹈团，1401个交响乐团，在一代人的时间里博物馆的数量翻了两番[15]。文化实践大为增长：博物馆访问数字大为增加，现代舞极大地发展，古典唱片和书籍的购买量也在增加。而且，肯尼迪毫不犹豫地重复了这些表述，即在那时“每年听音乐会的人要比看棒球比赛的人更多”，或“弹钢琴的人比拥有钓鱼许可证的人更多[16]”。但是，这些统计数据将数量与品质混杂在一起。业余文化是活跃的，但是专业文化却是稀少的。比如，纳入统计数据中的1401个交响乐团中，只有58个是常设的和职业的；至于剧院，只有56个是严肃的和常年经营的。而美国一些整片的地区在艺术方面仍是荒漠，文化繁荣是一种媒体宣传的说法，实际上还看不出来。

但是，这并非最重要的。要想理解肯尼迪在艺术方面的思想演变，
应该更多关注国际舞台，一如既往，施莱辛格是一支绝好的晴雨表。 38
1961年4月12日，在肯尼迪任职后的几个星期，一个关键性的事件发生了：宇航员尤里·加加林乘坐苏联“东方”（Vostok）号宇宙飞船进入环地球轨道。在发射“史普尼克”号人造卫星四年之后，苏联此次在科技上的胜利在美国引起了一场广泛的自我批评运动，批判用于研究的经费不足，认为美国必须弥补在对俄国人的知识与文化战争中的落后。当肯尼迪看到“冷战”粗暴地侵入了他的全部政策，主导了他的总统任期（“猪湾”登陆、柏林墙、越南战争开始、对古巴的封锁），文化知识领域成为关键的领域。这一时期的许多文件证实了肯尼迪及其顾问们给予美国在1960年代必须发起的针对苏联的文化和知识的攻势以取得优先地位——施莱辛格对于这一问题多次进行报告[17]。肯尼迪总统本人说：“我们的国家拥有丰富和多样的文化遗产。我们应当为当代美国人能够为艺术世界做出的贡献中的这种生命力、创造力和巨大的多元性感到骄傲。如果说不管以任何方式我们都必须跻身世界的领导地

位，那么我们民族生活的这一领域就不可以被忽视或者漠不关心[18]。”

在“冷战”机构的核心，首先有国务院即美国的外交部，国务院在1950年代在文化领域多有作为，在肯尼迪任期里则更是加倍努力，它让艺术家、舞蹈家和作家们环游世界。但是，这显然是不够的，因为苏联自称是知识分子与艺术家的祖国。肯尼迪必须做出反应，通过证明
39 真正的艺术和诗人的自由更多地存在于美国这片土地上，来纠正苏联的这一形象。因此，在美国对艺术创造的保护成为一种必要，这是反对苏联宣传的一种具有国际视野的武器。

肯尼迪内心的这种确信的最佳例证就是他在阿姆赫斯特学院的演讲，当时他是去那里向诗人罗伯特·佛洛斯特致敬的。这篇演讲稿发表于总统遇刺的前几天，是唯一一篇如此长篇幅地明确了肯尼迪赋予艺术家在美国社会中的地位的演讲：“罗伯特·佛洛斯特的名字如今镌刻在我们时代和美国的花岗岩碑石上。他既是一位艺术家，也是一个美国人。一个民族既昭显于它所造就的人，也昭显于它所尊崇的人，它所铭记的人……。艺术家如此忠实于他个人对于现实的认识，他终归成为个人思想与感性反对滥权的、或宗教裁判所式的社会、或反对过分弄权的国家的见证。对于我们国家和我们文明的未来，我认为没有什么比完全承认艺术家的地位更为重要的了。为了让艺术滋养我们文化的根，社会必须让自由的艺术家完全遵从他自己的想法，不管这种想法会将他引向何方。我们永远不要忘记，艺术不是一种宣传形式，它是一种真理形式……。在一个自由的社会里，艺术不是一种武器，它不应属于论战或者意识形态领域。从任何方面看，艺术家们都不是思想的工程师。在别处，情形可能有所不同。但是，在一个民主社会里，一位艺术家、一位作曲家的最大责任就是保持做他自己……。为自己的真理观而效力，艺术家是在为自己的民族效力……。我相信这样一个美国，它将不会畏惧优雅与美好。我相信这样一个美国，它将奖励艺术上的成就，就像我们奖励那些商业或政治的成就一样。我相信这样一个美国，它将不懈地将
40 艺术的可能性推广到所有公民。我相信这样一个美国，它将赢得全世界的敬意，不仅仅因为它的武力，而且因为它的文明[19]。”

## 杰基·肯尼迪与“蒙娜丽莎”

从更具个人性的方面来讲，要解释这位新总统对于文化的投入，还有杰奎琳·布维耶·肯尼迪的因素。总统年轻的妻子很快明白她在丈夫的文化机制中能够起到的作用，尤其因为她自身的品位与出身，她对文艺是很关注的。引用戴高乐的话，杰基的“魅力”在肯尼迪1961年6月对法国的正式访问中即具有多重效果：戴高乐与肯尼迪在凡尔赛宫近乎皇家气派的晚宴上，法国报界被穿着“纪梵希”丝绸长裙的杰基迷住了；美国总统在一次新闻午餐会开始时展现的幽默感：“我不认为跟你们见面是毫无用处的，我就是陪杰奎琳·肯尼迪逛巴黎的那个男人，我喜欢这个角色[20]。”

正是借这个契机，杰基·肯尼迪与法国文化部长安德烈·马尔罗结成友谊，在戴高乐接见肯尼迪的时候，马尔罗陪她参观了巴黎的各大博物馆。而一年以后，马尔罗于1962年5月来到美国访问。

总之，这是一次奇怪的访问，是令人难以索解的，后来《蒙娜丽莎》的出国展览也一样，不排除是美国人刻意“选择”了马尔罗。邀
请《人类命运》的作者的计划（肯尼迪说自己曾经读过《人类命运》） 41
并非偶然：这是国务院，也是白宫精心准备的——不仅仅是由杰奎琳·肯尼迪计划的。实际上，如同档案所揭示的，马尔罗很早就被肯尼迪的团队认同为亲美派，在“冷战”与法国“人民阵线”的共产主义诱惑的时期，他是对戴高乐的一个突破口，是一个可以信赖的反共者[21]。按照特别顾问阿瑟·施莱辛格的建议，肯尼迪早在1961年夏天就决定邀请马尔罗，为了使这种关联不太显眼，他选择以哈佛大学的讲座为借口，随后是到华盛顿进行“非官方”的停留。这次访问先是被取消，最终在1962年5月进行，随后是在白宫受到最高规格的礼遇，批注为“Full red carpet treatment”（全程红地毯待遇）。所安排的红地毯的接待活动还真不少：先是肯尼迪用新闻通报宣布马尔罗的正式访问，明确访问是“应肯尼迪总统与夫人的个人邀请”；然后肯尼迪组织了一次对马尔罗著作的媒体推介活动，只有斯大林在1930年代为作家安德烈·纪德进行的推介活动能与此相媲美；随后，肯尼迪派副总统约翰逊去纽约

迎接马尔罗；几天之后，由杰奎琳·肯尼迪督导在华盛顿对于马尔罗的接待，并让人精心准备总统的发言。马尔罗的来访成为一次准国事访问，美方竭力奉承这位法国文学的明星。他是戴高乐派中最为亲美的，虽然，他并非戴高乐派中最为反共的。

借此机会，肯尼迪夫妇在华盛顿隆重接待了马尔罗夫妇，除了与总统的单独会谈之外，马尔罗还受宠若惊地得到一场社交晚宴的殊荣，就
42 像肯尼迪的就职典礼一样，宴会邀请了170名文化界名人，从舞蹈家乔治·巴兰钦到电影导演伊利亚·卡赞，还有作家阿瑟·米勒、剧作家田纳西·威廉斯、画家马克·罗斯科、作曲家伦纳德·伯恩斯坦、作家索尔·贝娄、慈善家戴维·洛克菲勒、小提琴家伊萨克·斯特恩，当然不能忘了当时生活在美国的法国诗人亚历克西·莱热（圣琼·佩斯）。马尔罗被迷住了，但是他对于肯尼迪夫妇的喜爱并不是因为他的来访，而他的来访则是因为他的喜爱。在他访问期间，这位部长在私下里说："不管怎样，这是第一次一个国家向全世界推出了一些感性神话，它的地下世界、它的恋人、盗贼和杀人犯。"他还说过，这次是公开说的："我认为一种新文化正在形成，我们感觉到它的出现已经有一段时间了，如果我们对它少一些偏见的话，我们会更多地感受到它，这就是大西洋文化[22]。"最后，当他回到法国之后，他给总统写了一封短信："请允许我感谢约翰·肯尼迪先生对我的接待，我至为感动，我对美国总统充满感激[23]。"马尔罗善于辞令，他喜欢受到奉承。

在马尔罗访美期间，向法国借展《蒙娜丽莎》的事情确定下来。美国人所称的"蒙娜丽莎"（Mona Lisa，mona 只有一个 n），她的旅行计划得到马尔罗的同意，因为他将法国视作一个传教国家，认为只有当这个国家向世界发言之时它才成其为伟大。虽然受到卢浮宫馆员们的激烈批评，但是马尔罗兑现了自己的诺言，这幅画在1963年7月受到了美国人的隆重欢迎。这次值得记忆的访问标志着重要的一步，人们还记得再次踏上美国土地的马尔罗在开幕发言中的机巧："人们曾经说到这
43 幅画离开卢浮宫所冒的风险。这些风险虽然夸大其词，但却是真实存在的。但是，曾经在阿罗芒什登陆的那些小伙子——更不用说在他们之前20年那些来法国参战的人，他们所冒的风险肯定更大。他们中间最普

通的那些人，也许正在听我说话，我要对他们说，我不用提高嗓门，我要告诉他们，总统先生，您今晚所致以历史的敬意的这幅杰作正是由他们挽救下来的[24]。”

马尔罗部长出人意料地向在诺曼底阵亡的美国士兵们表达敬意，年轻的总统显然大为感动，他的回答同样精彩，充满了外交隐语：“部长先生，在美国，我们感谢世界第一文化大国法国应允这次借展……。但我还是想明确地说，我们为这幅画而深表谢意，我们将继续努力发展独立的艺术力量和我们自身的实力。部长先生，这幅画是法国人民派到我们这里来的第二位女士，虽然它留在美国的时间比自由女神像要短暂，然而我们同样表示感激……。我们感谢法国政府不仅派遣来一件他们最珍视的艺术作品，而且派来他们的一位最杰出的公民[25]。”

1963 年的一段时间里，美国为《蒙娜丽莎》而举国若狂：派出了 1300 名记者，超过 170 万参观者涌向华盛顿和纽约去观看《蒙娜丽莎》的神秘微笑。在华盛顿的国家美术馆，参观者们拥挤成三列，他们最多有权在作品前停留 12 秒钟。在纽约的大都会艺术博物馆，队伍排到了第五大道，他们出版了一些明信片，所有参观者都免费入馆。意味深长的是，构成美国首次真正的“轰动性”的展览的是一次法国展览[26]。 44

还剩下最后一个问题，是至关重要的：由美国权力最高层陪同的马尔罗以及《蒙娜丽莎》的这些奇怪来访，对于肯尼迪的新文化政策具有怎样的影响呢？虽然马尔罗和肯尼迪很少直接交流，但是我们吃惊地看到法国在文化政策上的认识——即使当时在法国也是新的认识——如此深刻地启发了肯尼迪的顾问们。问题是要弄清楚马尔罗是否向美国“出售”或者尝试出售他正在为法国设想着的文化模式。不论这是他的计划，还是他的抱负，都是有可能的：他在各次访问华盛顿期间所进行的讨论倾向于证实了这一点，其后的数次通信往来也让这一点变得可信[27]。短期来看，他的影响对于肯尼迪的顾问们是具有意义的，1960 年代肯尼迪的许多文化思想都是继这些访问之后而产生的。长期来看，很难看出这些交流的真实后果，因为美国的文化政策方案表现得与法国模式相去甚远。马尔罗对于美国模式的影响可能属于“一厢情愿”（将他的愿望当成了现实）。

这是冷战意识形态的产物，是1950年代末文化繁荣的后果，或者仅是杰基的个人喜好促使美国新总统在文化上的投资，以上各种原因兼而有之。还要加上时代的特征、“青年”文化的诞生和美国文化艺术精英对于大众文化的恐惧。

45 电视尤其令人感到忧虑。在肯尼迪参加选举前不久，阿瑟·施莱辛格在1960年春季有一篇有趣的文章，提议用一种“国家的文化政策”来应对“电视问题”。施莱辛格哀叹：“从这篇文章发表之后，在艺术层面上电视一度是呈螺旋形下降的。”虽然他肯定了几项宏图大计的尝试，但他承认电视在艺术供给方面的失败，他毫不迟疑地谈及文化的贬值。他主张制定规章，促使人们可以将一些标准强加给各个电视频道，随后他扩展了自己的见解，重新提议建立“联邦艺术问题咨询委员会”(Federal Advisory Council on the Arts)，这一类似于联邦级别的关于艺术问题的咨询委员会，目的是保护文化并策划提供一些补贴。虽然，他认为美国政府的介入应当受到限制，但是施莱辛格的文章可以总结为以下几个具有预示性的句子：“鉴于我们这个富足社会的问题越来越多的是质量问题，而越来越少的是数量问题，我们应当期待文化问题成为民族首要关注的对象，使文化得以成为民族追求的目标[28]。”这篇文章并非独树一帜，但是它显示出施莱辛格挥之不去的偏执念头，即保护“艺术”来应对电视和大众文化。这是这个时期美国知识分子的最大忧虑，在知识界的刊物上对于这个话题多有提及。在某种程度上，这将成为肯尼迪政府关注的问题。

同时，肯尼迪并不等于施莱辛格。虽然新总统与他的顾问同样关心改善教育与文化，但是如何寻求媒体与艺术之间的平衡，寻求1960年
46 代青年文化与旧精英阶层的“雅文化”之间的平衡始终属于需要解决的复杂的问题。肯尼迪倾向于将艺术当作工具，因为他很早就明白了文化对于他的总统任期的价值，他想给他的总统任期加上一些文化魅力。这促使他采取行动，在文化方面造成了比他最初所设想的要更为深远的影响。如同他作为有创造力的领袖在选战中不断重复的那样，他想要让美国重返辉煌，捍卫“美国生活的品质”，重新获得“想象力”。

早在1961年夏天，阿瑟·施莱辛格就在总统的授意下，在白宫组织了关于文化问题的会议，甚至于创建了一个顾问和部长的咨情小组，取名为“文化攻势”。在这些想法的指引下，于总统就职仅几个月之后，阿瑟·施莱辛格在1961年秋季向总统提出了“文化政策”的草案——这一提法被用于他的几份报告中[29]。施莱辛格提出的计划分为几个步骤，肯尼迪批准了他的这位顾问的战略计划，任命了一位文化顾问；随后，准备创建一个隶属于总统管辖的艺术委员会，就像肯尼迪在选战中曾经做过的那样；最后，通过一种象征性的方式，借助安德烈·马尔罗来访的一系列的成功，将白宫的大门向知识分子和艺术家们敞开。美国历史上第一次，基于冷战的考量、对大众艺术的恐惧以及杰基的庇护，一种文化政策被设计出来了。

## 肯尼迪的文化顾问

奥古斯特·赫克舍在得到任命后不久，在《纽约客》杂志上解释说：“上个月我还一无所知；这个月，我是一个新手[30]”。这位被约翰·肯尼迪在1962年3月任命为自己的白宫文化幕僚（英文 Special consult- 47
ant on the arts，即艺术特别顾问）的人无疑是具有幽默感的，但是他并非艺术领域的新手。

奥古斯特·赫克舍写过多部诗歌、随笔和传记作品，与雷蒙·阿隆合作撰写了一部有关法国和美国关系的著作，他是一位人文主义的文人[31]。他兼顾大学、艺术、报纸以及政治，这个人是肯尼迪周围幕僚的绝佳范例，一半是知识分子，一半是社交家。他有出众的大学履历，从耶鲁到哈佛，再加上他在二战中在阿尔及尔的完美无缺的经历，与施莱辛格一样他曾在美国情报部门工作。这一切使他成为著名的纽约社会研究新学院（New School for Social Research）的院长，随后担任耶鲁大学出版社的社长。作为记者，他从1948至1956年出任《纽约先驱论坛报》的杰出的主编。至于艺术领域，他以行政管理而闻名，他是十多个博物馆和剧院的管理委员会的成员或者主席。赴白宫任职以后，他将成为纽约州的文化“部长”以及纽约市的文化副市长[32]。所以，奥古斯特·赫克舍具有这一职位的理想背景，担任新总统的文化顾问，这一职位此前在白宫是史无前例的。总之，他是第一位。

然而，肯尼迪任命奥古斯特·赫克舍的最可能的理由，不只是他在艺术领域的能力和他的交际人脉，而是他过去的政治履历。他实际早已归附肯尼迪，他因此而得到犒赏。

赫克舍最初是右翼的人。这位英国国教信徒每周都去做礼拜，他很
48 早就是人们所说的自由共和派的人。赫克舍是共和党的真正的智囊，在整个1950年代他始终忠于右翼温和派。在艾森豪威尔的任期中他一直参与党的纲领的筹划，尤其是作为《纽约先驱论坛报》评论员在报界支持艾森豪威尔的斗争，虽然他从未“进入团队”。他的评论员文章是被中右派当作晴雨表的。

随着美国右派变得强硬，特别是因为尼克松的实力上升，曾经在1952年支持过艾森豪威尔的赫克舍与共和党决裂了，他在1956年11月投靠民主党候选人阿德莱·史蒂文森，如同其他新的皈依者通常的做法一样，他渐渐成为一名激进的民主党的捍卫者。尽管在1956年史蒂文森又败在了艾森豪威尔手下，但赫克舍仍旧忠于民主党。尽管如此，在两年后他仍旧应艾森豪威尔的请求撰写了一篇重要的关于《美国文化的品质》的文章，并被载入对艾森豪威尔执政年代的总结[33]。

临近1960年总统大选时，赫克舍更倾向于民主党一边，但他仍旧是史蒂文森的人——他在初选时是肯尼迪的对手。肯尼迪的幕僚们，以阿瑟·施莱辛格为首，在那个时期都很关注这些“史蒂文森的人”，为的是弄清楚哪些人可能倒向肯尼迪阵营。就目前档案所提供的信息来看，还难以弄清楚赫克舍是否早在1960年初就归顺了肯尼迪，也很难弄清他在肯尼迪初选获胜后是否追随了他的选举活动[34]。赫克舍即便起过作用，但他的作用在1960年的选战中是有限的，而且我们知道肯尼迪从未真正相信过赫克舍的忠诚，他始终疑心他——似乎这怀疑是错误的——仍旧是共和党的人[35]。同时，考虑到大选在即，肯尼迪宣布要将
49 民族利益置于拥护者的利益之上，这促使他向一些共和党人敞开内阁之门，让联邦调查局的局长——即著名的埃德加·胡佛——留任。那么，任命一位继承了艾森豪威尔和史蒂文森道统的文化幕僚又有何不可呢？

是阿瑟·施莱辛格在1961年夏末提名奥古斯特·赫克舍的，他随

后在1961年11月22日一份给总统的报告中明确地推荐他。施莱辛格回忆："我心目中这个位子的人选是奥古斯特·赫克舍……。他结合了极强的艺术感性与在政府必需的运作方式上的务实精神[36]。"肯尼迪采纳了这一想法，1961年12月5日致信赫克舍明确了这一职位："一段时间以来我思考着，想弄清楚联邦政府如何能够担负起它在文化方面的责任。直到此前，我们曾经尝试通过一系列的孤立的措施来做到这一点。而今，我认为是寻求更为系统化的方法的时候了。首先，我们需要知道在哪些领域中文化政策可以对文化生活有所影响。所以，我们必须从盘点现存的一切与公共艺术或税收政策相关的问题开始。这种盘点会让我们对现存的资源、未来在文化领域的政策的可能性以及局限性有一个概念。显然，联邦政府至多只能在文化事务中扮演边缘的角色。但是，至少要让联邦政府尽量完成其使命。因此，我觉得对付这一问题的最后手段是在白宫拥有一位临时'顾问'来进行这一盘点工作，同时向我提出建议。我设想着的是一次严肃的调查，需要不动声色地进行，因为在咨询工作完成之前，不可能宣布任何的决定。您的经验和您的关注中心使您尤其具有担当这一使命的资格[37]。"

"奥吉"（如大家对奥古斯特·赫克舍的称呼）立即接受了总统的 50
提议，在与施莱辛格几番交流之后，他与总统的第一次会面安排在1961年12月，原先预定于1962年3月正式任命的，但却由于《纽约时报》封面文章的泄密，不得不在预计的时间之前提前予以公布[38]。在与肯尼迪会谈时，赫克舍接到了三重使命：创建一个隶属白宫的文化部门；准备一份给总统的关于"政府与艺术"的报告；最后，建立联邦艺术问题咨询委员会，艾森豪威尔政府在执政的最后年代曾经向国会提出建立这个委员会，但未能获得国会的投票通过。最后一项，象征的意义更多一些，奥古斯特·赫克舍还必须负责推出"国家文化中心"（National Cultural Center）项目，这是艾森豪威尔率先在1958年设想出来的，但肯尼迪一掌权就将这一想法据为己有。位于华盛顿市中心的波托马克河河岸上的这座巨大的文化中心，必须完全用于舞台表演艺术。后来，作为对遇刺总统的敬意，中心在1964年1月由约翰逊总统重新命名为"肯尼迪演艺中心"（John F. Kennedy Center for the Performing

Arts)，这一机构如今是美国联邦首都一个主要的艺术窗口。

虽然进行一系列的社交行动并任命临时的文化顾问，但是肯尼迪在文化政策方面的最初想法仍然是比较有局限性（如果不称之为模糊的话）。他没有整体规划——甚至也没有局部规划。艺术在他的日程上绝对不及晚餐重要。他充分了解美国历史和公共生活的机制，他感到政府
51 在这一领域的介入注定是“边缘的”——这正是他在与奥古斯特·赫克舍第一次会谈时一再重复的词。总统再次提醒说：“最明智的做法是让你们的工作不动声色地进行。”“除了简单地笼络艺人、零星的帮助和对一些特殊或者辉煌的既存事实的认可，肯尼迪对于联邦政府在文化领域的任何介入都是持怀疑态度的”，赫克舍回忆说。如同其前任们，也如同其后任们一样，肯尼迪认为在美国组织艺术活动应当是各州、各城市负责，特别是由慈善机构负责。虽然，他与许多美国人不同，他并非认为“任何联邦政府的钱都会自然导致联邦政府的控制”，但是他仍然坚信政府只能够在文化领域起到有限的、间接的以及边缘的作用。对于他而言，唯有这种既“去中央化”又依靠个人捐赠的美国方式才能保障美国文化体制的自由、活力和多元[40]。

然而，虽然肯尼迪一揽子地拒绝联邦政府有任何大规模的卷入，但总统的思想是向新思维和大胆的行动开放的。他是一个有逻辑的人，缺少激情。他不碍于意识形态的偏见或传统的重负，他懂得转换视角，并制定有利于文化的法律，形成一种联邦的文化政策。虽然肯尼迪看不太清楚这将会成为什么样子，但是，如果问题涉及改善“美国生活方式”或者在冷战时期重新恢复美国的“辉煌”，他准备走得更远。特别是，肯尼迪感觉到其中涉及的文化产业中的经济规模和就业人数；他关心的是艺术人群的扩大，他相信有必要保护联邦遗产并注意去尽可能好地装
52 潢公共建筑。不管怎样，联邦政府是最具活力的建设者，是首屈一指的出版商和最大的公共空间艺术的购买者。而且，在艺术领域中给出一些强有力的信号，提高民众的整体文化水平，他认为这是必不可少的。肯尼迪认为一个国家的地位是与其文化地位联系在一起的：甚至他坚信文艺的健康反映着社会的健康。在他短暂的任期中，肯尼迪始终坚持这一

路线：一个伟大民族应当拥有一种高品质的文化。这一想法反映出“卓越”的概念——这是总统常常重复的词——是始终与肯尼迪对文艺问题的看法联系在一起的，在他去世之后，这仍是从约翰逊到尼克松执政时期联邦政府整个文化政策的基础。而且，关注艺术、资助“卓越”，这证明了美国是一个伟大“文明”——如同安德烈·马尔罗对他提示的那样。

承认并资助“卓越”：波士顿和纽约的知识精英接收到了这一信号。卓越，就是这一精英阶级。各大博物馆、交响乐团、地区芭蕾舞团、人称“常青藤联盟”的知名大学的领导人汇聚于此，精英阶级就是他们。东海岸的这些艺术家与知识分子此后将永远感激这位年轻总统以这样的方式认可了他们的地位、他们的文化乃至他们的生活。

从许多方面看，虽然联邦政府不应卷入文化政策，这并非其职权范围内的事，但是联邦政府却可以起到边缘的但具有建设性的作用。肯尼迪准备在这些局限下有所作为。他的这一言论鲜少改变，不断地重复着，直到他去世之前依然如此：“联邦政府不能负担对文化的资助，因为在我们国家这是由公民社会和个人捐赠者们去担当的角色。但是，联邦政府却肯定可以通过帮助建立有利于文艺发展的条件来起到重要的作 53
用，比如扶助知识与科学[41]。”

还必须走得更远吗？施莱辛格和赫克舍认为有此必要：他们计划在第二阶段提议创建一个联邦艺术事务处，形同微型的美国文化部。虽然，肯尼迪在选战中承诺了这一点，但是不知道肯尼迪今后会怎样想。这一话题在他任期的头两年几乎没有重新进入议事日程。不管怎样，对于任何人来说这都不是一个首要关注的问题。

在此期间，“顾问”赫克舍一直生活在纽约，他是在华盛顿的肯尼迪身边的有影响力的文化幕僚吗？这很难讲。赫克舍不属于亲信：他很少见到总统。然而，他渐渐成为白宫文化机构中不可或缺的人物，他一直与总统的主要幕僚们沟通对话，他拥有见到杰奎琳·肯尼迪的特权。首先是赫克舍的办公室，他身边拥有一个小团队在经营总统与艺术家之间的关系，对写给总统的各种申请做出答复，不会忘记任何周年纪念日，也不会忘记任何致辞，更不用说那些悼念词了。不论是詹姆斯·鲍德温还是伦纳德·伯恩斯坦给总统写信，都是由奥古斯特·赫克舍来准备由总统签署的回信。不论是作曲家理查德·罗杰斯庆祝60岁生日，是作曲家伊戈尔·斯特拉文斯基庆祝80岁生日，还是诗人卡尔·桑德堡庆祝85岁生日，肯尼迪都寄给他们一封信，而信是由赫克舍准备的。当小提琴家伊萨克·斯特恩获得奖项时，是杰奎琳·肯尼迪向他发出庆
54 贺电报，而电文是由这位艺术问题特别顾问准备的。任何时机都不会被错过，不论涉及某个美国艺术周、国家戏剧日、哈特福德交响乐团的一次首演；不论是在好莱坞博物馆，还是西雅图的保留剧目轮演剧团，每一次都会有总统的一封电报送达。同样，官方晚宴一个接着一个，招待获奖作家、有影响力的知识分子或者必须笼络的名流，这些人都是经过精心挑选的。至于那些获得过诺贝尔奖的美国人，他们所有人都在1962年4月29日被邀请到白宫，有49人参加，在晚宴结束之际，他们听着肯尼迪的评价，他将他们的光临称作“最了不起的人类知识与天才的集会，是白宫前所未有的，也许只有托马斯·杰斐逊在白宫独自午餐的那个时代是个例外”。同样，艺术家们的来访也由杰奎琳·肯尼迪专门安排，首先是法国剧作家让—路易·巴罗在1962年到美国进行的轰动媒体的访问。最后，总统在他的官方旅行中选择由一些知识分子和艺术家时常陪伴身左右。

在大选获胜后两年，任期几乎过半的时候，在这一阶段有两个问题是肯尼迪始终关心的。在1962年8月6日与赫克舍和施莱辛格的一次谈话中，总统询问他们：联邦政府与各州在文化方面到底做些什么？有哪些部委真正干预？艺术真正享受到的税收减免有哪些？其他欧洲国家如何组织它们的文化？要想弄清楚这些问题，总统需要数字、信息，他不想没有弄清问题就有所行动。他再次向赫克舍提到他想要一份关于这些问题的详细报告，他的文化顾问将自己的主要时间都花在这件事上，
55 他投入到大规模的调查中。他咨询了许多人：一些专业人士、文化机构的负责人和艺术家；他在白宫接待来访，走遍全国各地。与肯尼迪嘱托他的相反，这件工作的进行是“大张旗鼓”的，赫克舍到处进行公开演讲，多次发布专访。特别是，他试图让总统在众多的发言中不忘记提

及艺术，首先是在被称为《关于联邦状况的发言》的重要的年度国情咨文中。肯尼迪听从了，同意在几乎每次讲话中都插入一句半句由幕僚们精选的句子："与我们的实力同等重要的是我们的教育质量……。所以我支持一些想要改善我们的教育质量、激励艺术的法律提案。"这是微不足道的，却又是意义重大的。

### 大都会歌剧院的冲突

除了那些演说和讲究排场的晚宴，肯尼迪政府很快就在艺术和许多其他方面遭遇到了现实问题。在文化方面，转折早在 1961 年夏天"大都会歌剧院"乐手们罢工的时候就发生了。在工会协商失败后，1961 年至 1962 年演出季被取消，500 名雇员受到解雇的威胁，而不满情绪扩展到国内另外三个大乐团。因此，女高音蕾昂泰茵·普莱斯和女中音莉塞·史蒂文斯呼吁肯尼迪总统来挽救演出季。立刻，肯尼迪委托他的劳工部长阿瑟·J．戈德堡（他任命戈德堡是因为他与强大的工会组织美国劳工联合会—产业工会联合会［AFL-CIO］关系密切）作为危机调停人，这是联邦政府首次介入这类社会冲突。在他与各工会进行的由白宫严密控制的长达十天的紧张磋商中，肯尼迪的劳工部长意识到大都会 56
歌剧院资金的拮据和舞台演出行业的脆弱。戈德堡本人是一位音乐爱好者，他受到了这次事件的很大影响，当他最终得到工会的同意而在 1961 年秋季停止罢工的时候，他决定不仅止于此。当演出季恢复，他在大都会歌剧院（MET）的舞台上朗读肯尼迪的信函时，他公布了劳工部对于加强舞台演出行业的一系列建议。戈德堡巧妙地承认了冲突双方均有合理性：他认同乐师们的要求，他说他们薪酬太低，同时他说他理解歌剧院的经营方，的确"只要幕布一拉开"他们就赔钱。因此，他认为联邦政府介入来摆脱冲突是合理的，特别是因为这个问题出现于全国的几个乐团中。他做得更为巧妙，戈德堡在后来被称作《戈德堡宣言》的部长谏言中提出整个"共同体"在文化方面的责任的概念，这责任的履行是通过来自于慈善机构、私有企业和政府的混合的资助系统。通过这两个关键性表述——共同体责任（community responsibility）使得每个人都对艺术的现状负有责任，而"资助的多样性"可以共同出力，让资金来源多元化——我们得到了对美国文化模式的过去与未来的特征的精要概括。但是，这也是公共补贴“私人”文化机构的想法第一次被提出，虽然这些机构同大都会歌剧院一样都是非营利性的。经
57 由肯尼迪的劳工部长口中说出，对文化的公共资助取得了强烈反响，也见证了一次重大的断裂。

实际上，戈德堡重新思考和调整了脆弱的平衡，这种平衡使得美国的文化资助直到 1960 年代初都还能够成为可能。要想让多元性得到保障，让创作者的自由得以保留，戈德堡认为必须使艺术能够得到六种不同的资金来源：首先是观众通过门票的方式，这是“资金支持的主要来源和民主制文化的母体”，传统上慈善机构在美国“起着关键作用，因为艺术往往超前于公众品味或者与之相反，所以艺术在尚未被民众喜爱的时候需要支持”。但是在这两种传统的资助形式之上，戈德堡补充了另外四种新的来源：商业企业应当对这一产业多加投资；工会应当更强大、更负责；各州和各城市应当发展自身的文化政策；最后，联邦政府首次作为一个有影响力的因素出现。这份宣言的背后建立起来的是现今仍旧存在的美国艺术资助的多元体系。

多亏了乐师工会的这次胜利，劳工部长成为肯尼迪文化政策中的一个关键人物。艺术行业的经济规模如今令总统倍感兴奋：保卫艺术转而让美国经济具有活力。如同戈德堡所描写的，问题“不在于我们拥有的艺术家太多，而在于我们拥有的工作机会太少”。在这条路线上，肯尼迪与戈德堡非常接近。然而，《戈德堡宣言》却以这样一条建议结束：
58 尽快建立一个联邦艺术问题咨询委员会来引导政府和资助文化行业[43]。

## 一个“国家艺术委员会”？

在合众国总统手下建立一个国家艺术委员会并非水到渠成的事情。肯尼迪在选战中做出过承诺，在 1962 年 2 月他给国会的《关于教育》的咨文中再次做出许诺，早在 1962 年初就对报界宣布过，建立委员会的事情立刻引发艺术家、专业人士的广泛的声援运动，比如一些负责任的政治家致信肯尼迪恭喜他投入这个遭人忽视的领域。最初的想法如同报界所披露的那样，是创建一个由 21 个成员组成的联邦委员会，其使

命是充当国会与总统的幕僚。然而，这种时机尚未成熟的披露却并不符合所有人的口味。尽管几位国会议员不断地支持文化政策，国会却不愿投身这样的冒险。阻滞的因素是巨大的：如同人们戏称的，著名的“traffic cop”（交通警察）即负责决定国会讨论议程的委员会坚决拒绝将这一法律议案提交国会辩论，因为在他们看来，“选民们不关心艺术”。至于那位被认为将要主持这个咨询委员会的部长，则自称感到为难，虽然觉得这是一个不错的想法。更糟糕的是，某些知名文化机构否定创建一个此类委员会的想法，因为“这会对艺术造成很大的危险”，因为这会导致“将艺术家们纳入体制内或者加以控制”，这会产生一些“国家文化委员”，将会普遍地危及“艺术家的创作自由”。这些机构大 59
声疾呼，让人们了解他们的反对意见。

文化咨询委员会的简单议案刚刚被设想出来，就遭到了桎梏。肯尼迪的幕僚们最初倾向了相信立法途径，甚至在 1962 年准备鼓励提交一个由一些“热爱艺术”的议员们支持的大胆的法律议案，但如今他们却向后撤退了。1963 年春季，他们屈服了，虽然绕开了国会，但是减小了法案文字的象征影响力。肯尼迪本人无意在一个微不足道的议案上冒险，他关注一些在他看来更为关键的关于教育和老年人疾病保险的法案，他做出决断：必须放弃议会道路，而通过总统法令的方式行事。

要想理解这一战略性的后退，必须了解总统在议会中的操作余地其实相当狭窄。尤其是众议院，它传统上是反对扩大联邦的权力的，在肯尼迪总统任期中众议院是一个主要障碍。因为即便民主党在众议院占上风，但他们中多数人来自“Deep South”（南方腹地），对于国内政策问题，尤其是关于黑人、教育和文化问题，他们往往投票赞同共和党。与共和党结盟的南方民主党保守派占主导的国会解释了为什么肯尼迪在社会事务、民权、教育和文化领域遭遇立法上的失利。在这些方面，总统长久地局限于象征符号和夸夸其谈。暂时搁置他在文化问题上最初的愿望，他正是考虑到了实际的状况。

肯尼迪做出了决断，问题不再是让国会投票通过法案。因此，这个 60
被认为会引导国会的负有盛名的委员会变成一个仅仅隶属于总统的普通

的委员会。通过一道普通的行政命令，总统在 1963 年 6 月 12 日独自创立了自己的国家艺术委员会。继他的命令之后，他发布了一份广为传播的公告："创建这个委员会意味着艺术将第一次在联邦政府级别得到代表……。福利国家的概念不仅应当适用于社会和经济的考量，还应适用于文化与审美价值。我们拥有负责福利，负责科技、健康和教育进步的联邦事务处，为何我们不开始对艺术加以同样的关注呢？……美国的文化生活很健康，因为它是多元的、有活力的和去中心化的，它曾经得到富有的捐赠者们的支持，他们的支持经常是非常慷慨的。我希望仍然保持这种状况，但是要想回应短期和中期的需要，这已经不再足够。通过创建这个'总统艺术问题咨询委员会'，我们希望民族的发展因此又迈进了一步[44]。"将文化纳入福利国家，肯尼迪的表述对于美国而言是大胆的，而且，他的表述确实被认为是大胆的。

不事张扬的文告和肯尼迪的发言受到报界、艺术家和众多文化机构的热烈欢迎，尽管最初人们对此有所保留。寄往白宫的数百封信函见证了这一政治新闻引起的热潮。甚至肯尼迪在民主党初选时的对手之一，
61 成为多数派领袖的休伯特·H. 汉弗莱，也在参议院发言中欢迎肯尼迪的决定："这是美国文化史上的一个重要的里程碑[45]。"

虽然并非一个长久的机构——不到两年时间，约翰逊总统撤销了这个长时间受到争议的著名的"委员会"，但这曾经是使今后支持艺术的立法建设成为可能的第一块基石。

1963 年 6 月，奥古斯特·赫克舍为已经完成的工作而感到骄傲，他最终向肯尼迪提交了关于艺术的报告。用 80 页的篇幅，他描述了联邦政府在文化中的作用。出乎众人意料，联邦的"文化政策"要比人们所想的更加广泛，它遍布于各部委构成的错综复杂的格局中，遍布联邦的各个部门和事务处。赫克舍详细描述了印制"文化"邮票联邦邮政的艺术活动，他描述了那些用艺术作品装饰的公共建筑；那些由政府批准给慈善家的税收优惠；那些国务院的国外活动或内务部支持印第安人文化的活动；社会事务部对盲人艺术家的扶助；军队的交响乐团和海军的摄影师，还不要忘了国会图书馆的那些活动。接着，报告提出肯尼

迪政府的目标，以自我庆贺的语气，甚至带着赫克舍自己的奇怪的志得意满的情绪，报告统计所有完成的工作。最后是他的建议，最新颖的是创建一个国家艺术基金会，类似一个拥有独立预算的联邦事务处，可以让它给艺术家和文化机构发放补贴。

报告受到报界的欢迎，白宫再次收到数百封表示支持的信函[46]。如 62
同他起初宣布的那样，奥古斯特·赫克舍同时递交了他的辞呈。肯尼迪总统高兴地接受了他的请辞："我毫不怀疑你的工作将会被视为发展进程中的一个重要里程碑，我们的政府开始在文化方面负起责任[47]。"在施莱辛格这方面，他在给肯尼迪的一份绝密报告中用一种平素没有的玩世不恭的语气对赫克舍的工作提早感到欣慰，这可能从某个方面反映出肯尼迪的政治目标："我认为赫克舍为政府做了一件出色的工作。他完满地完成了任务，让人觉得本届政府对于艺术的深度关切，同时不会让我们做出任何保证，而且不用与任何人结盟[48]。"

在礼赞声中，却没有人注意到为艺术问题创建一个总统委员会离肯尼迪最初的许诺差得很远。同样，赫克舍的报告仍然保持了防御的姿态，代表了人们称为一个有想象力的保守派的大胆建议。赫克舍的最大雄心就是延续美国资助文化的惯有道路——将这些道路拓宽，也许让它们更加多元，但并非改变道路。人们仍然吃惊地看到这份报告多么具有局限性，起码它没有考虑到 1960 年代的新情况和那个年代的青年，对中产阶级的文化需求只字未提，尤其是它同样没有预见到民权运动，虽然在肯尼迪任期中民权已经成为时事焦点，它没有预见到随之而来的黑人和少数族群对自由、自己的文化和多元性有何期待。这份文件仍旧局限于纽约、波士顿和华盛顿，忽视了这个国家的其他四分之三的区域。 63
报告企图侧重一个理想化的美国的文化遗产，这样的美国早在 1963 年就不复存在了。因此，这份报告尚未发表就已经过时，一位比肯尼迪还要保守的总统，他对艺术的兴趣更少，但他却将在大胆与想象的道路上走得更远。

赫克舍离开之后，白宫不紧不慢地尝试为他物色一位继任者。肯尼迪按照联邦调查局的建议排除了《新共和》报前主编、记者迈克尔·斯特雷特的候选人资格，原因是他与共产党的关系，他年轻时有共谍嫌疑，最终，拉美事务顾问理查德·古德温成为这个职位的预定人选[49]。而且，他已经在与阿瑟·施莱辛格一起准备艺术家与知识分子的名单来组成肯尼迪的“委员会”。这份名单存在几十个版本，到1963年11月22日才确定下来。

真是历史的讽刺，那一天，施莱辛格刚刚在一份报告中向肯尼迪提出了名单的最终版本，而在当天上午的《纽约时报》就泄露了古德温的正式任命，这仍有待于总统批准。但是，总统正准备去达拉斯，他没有时间任命新的文化顾问，夹着任命书的那个信件摆放在他的办公桌上。这个委员会和古德温的任命都不会有了：在达拉斯，在美国，在全世界，此时此刻，已经是惊愕万分，肯尼迪刚刚遇刺了。

64 就任总统千日之后，肯尼迪的去世让这位（那个时代）美国历史上最年轻总统的纲领未能实现。尽管有过一些讲演和强硬的道德姿态，但是在内政问题、黑人问题、社会、教育和文化问题上肯尼迪并没有取得多大成绩。可以说他在艺术问题上的作为主要是“守成的”——创作自由、艺术问题咨询委员会、白宫盛大的文化晚会——而非是“进取的”。肯尼迪的实用主义使他无法在议会领域进行冒险，尤其是为了一些他事先就知道会失利的事业。同时，可以做出假设，如果他再次当选获得第二个任期，肯尼迪可能会习惯于自己在艺术问题上的大胆妄为，他会希望建立某种最起码的联邦文化政策。然而，他和他的继任者们都不想建立某种美国式的文化部，也不想将任何文化负责人提升为部长。尽管他钦佩马尔罗，但肯尼迪一直反对建立一个有自己的官员和补贴的文化行政管理机构，因为他认为行政机构会将艺术变成体制，会催生行政科层系统，这对于创作的活力与艺术家的自由将是有害的。在这一点上，肯尼迪为继任者们确定了路线：将不会有美国文化部。

究其实，肯尼迪接触艺术问题主要是将其作为他的外交政策的一个元素，他想要恢复美国的辉煌，他并没有将艺术问题当作一种公共政策。艺术问题是他赢得冷战的计划的一个附属部分，并非一个内政主题。当时处于冷战最激烈的年代，那样的环境解释了为什么肯尼迪赋予象征物即艺术以核心的地位，面对一个对文化事务不太有兴趣的国会，从预算来看，这不花任何钱，从政治上看，也不存在任何风险。

人们还可能对遇刺的总统提出其他批评：他倾向于魅惑文化，而非 65
他的顾问施莱辛格所喜爱的“艺术”。人们感到肯尼迪更愿意与玛丽莲·梦露相伴，而不是同那些抽象的表现主义的画家们相处，她在巨大的麦迪逊花园广场为总统吟唱生日歌。而且，在其他许多问题上，千日执政的成果显示出艾森豪威尔与肯尼迪任期之间更多的是延续，而非断裂。断裂的发生是在更晚的时候，是在1965年至1968年间约翰逊执政期间。从艾森豪威尔到肯尼迪，共识大于分歧，从根本上看，两者在艺术问题上的决策也符合这种解读。

肯尼迪在立法上的成果是微乎其微的——他悲剧性的死亡使人忘记了这一点，然而矛盾的是，他的遇刺造成的创伤却使国会曾经拒绝的法案得以通过。肯尼迪的文化建树不在立法上，甚至也不在政治上，其成果在于想法和象征，他的总统任期从不缺乏象征意义。世所罕见，一位身着燕尾服的总统与穿着高档时装的总统夫人参与如此之多的文化活动，他们频繁外出去观看戏剧、展览，去听音乐会，总是有一大群记者和摄像师陪同，将他们总统的这些休闲活动报告给美国内地的人们。鲜有如此众多的艺术家受到白宫的邀请，白宫在这个短暂的总统任期中成为真正的美国“名人录”（who’s who），鲜有如此多的音乐家和戏剧家在那里演出，这么多舞蹈家在那里跳舞。从美国芭蕾舞团为科特迪瓦总统来访表演《比利小子》，到小提琴家伊萨克·斯特恩为马尔罗来访演
奏，以及杰罗姆·罗宾斯——《西区故事》的编舞——为伊朗国王跳 66
舞，曾经流亡西班牙的反法西斯的大提琴手帕布罗·卡萨尔斯为波多黎各总督表演独奏，肯尼迪年代仍旧因为这些神奇的晚宴和这种沽名钓誉的政策而深深印刻在人们的记忆之中，即便后来人们才知道，肯尼迪讨厌歌剧、芭蕾舞和戏剧！

然而，肯尼迪辉煌而又微薄的成绩并不仅仅在于象征，它同样在于想法。虽然他没有发明“艺术委员会”的构想（这是由艾森豪威尔提出的），也没有建立一个大型文化基金会的想法（美国国家艺术基金会是由他的继任者约翰逊创建的），甚至华盛顿后来以肯尼迪命名的“国家文化中心”的想法也不是他的，而是在他之前就有人设想出的，但是

在他的总统任期中，这三个方案变得成熟了。比如，约翰逊后来设立的美国国家艺术基金会（National Endowment for the Arts）与约翰逊的许多大手笔如出一辙，是肯尼迪“新边疆”运动的产物。这并非要抹杀约翰逊在政治上的灵活性，但是这些文化决策过程中的转折点、灵感乃至精神是属于肯尼迪的。这位总统虽然没有完全发现它，但是他在欧洲的公共补贴体制与完全的市场自由之间寻求一条“美国的文化道路”，这并非是微不足道的。

就此而言，文化是肯尼迪年代的一条主线，这位总统在作为候选人的时候还不知道这一点，但他已经预感到了。他在当选前几天写下这几句话，它们如今被镌刻在华盛顿的约翰·F．肯尼迪演艺中心的黑色大理石上：“在公共生活的实现与艺术的进步之间，存在一种联系，难以解释却容易感受到它。伯里克利的时代同样是菲迪亚斯的时代；美第奇
67 家族的洛伦佐的时代，同样是莱奥纳多·达芬奇的时代；伊丽莎白女王的时代也是莎士比亚的时代。而现在宣扬的公共生活的新边疆或许同样将是美国文化的新疆界[50]。”

1963年11月24日，国会山。星条旗覆盖的遇害的年轻总统的棺木离开了华盛顿国会大厦，由骏马载着，在众多国家元首和数万美国人的陪伴下，走向阿灵顿军人公墓，他将长眠于一簇长明的火焰之下。那一天，在人群中，某个人问利文斯通·比德尔，一位年轻的民主党议员助理，那时他已经是关于艺术问题的法案的起草者，后来在吉米·卡特任期成为国家艺术基金会的主席：“林登·约翰逊懂得艺术吗?”

# 第二章　艺术事务处的诞生 69

> 艺术是国家最珍贵的遗产……。艺术与文学属于人民，因为归根结底还是人民创造了艺术。
>
> ——林登·B.约翰逊（1965年）

“上午的时候我在房地产行业工作，剧院的人正在睡着，而晚上他们在剧院的时候，房地产行业的人却在休息。”说这话的人是罗杰·史蒂文斯，他不是人们想象中会成为美国首位文化“部长”的知识分子或艺术家。这不是一个有想法的人，甚至不是一个搞政治的人，他是房地产经纪人！

罗杰·史蒂文斯首先是一个成功的生意人，这意味着他是一个实用主义者，理智而执着，同时也乐于冒险。他1910年出生于底特律，如果不称其为美国梦的漫画图解的话，这个没有大学文凭的“白手起家的人”就是美国梦的化身。大萧条让他家破产，那时他20岁，他学会了没有钱却能活下去，他竭尽全力挣钱——挣许多钱。最初他在福特工厂的流水线上工作，随后成为周薪12美元的加油站工人，很快他对房地产产生兴趣。1930年代在底特律，这可不容易。史蒂文斯缺少启动资金，但他洞悉房地产市场的奥秘，他具有疯狂的胆量：他不去买进，反 70
而卖出，他没有钱，他更愿意与那些有钱的人进行巧妙的资金筹集，他因而成为不动产操作的专业掮客。在30岁时，他已经存了50多万美元。

战争迫使史蒂文斯的事业一度中断，他回到迈阿密的海军服役，他在那里无聊至极，多亏该市的公共图书馆，他每天读一本小说：乔伊斯、菲尔丁、普鲁斯特、托马斯·曼、皮蓝德娄，尤其是1930年代美国青年喜爱的作家托马斯·沃尔夫。后来，史蒂文斯可以严肃地这样说："文学使我成为现在的我，我在生意中的成功归功于文学。"停战使他重返房地产行业，这一次由于他冒险的本能，他初次获得一些真正的成功，所以这要归功于书本的教诲。在几年中，他成为专业从事房地产投资的最著名的经理人之一，他不仅在底特律，而且在芝加哥、西雅图买进和卖出数十座摩天大楼，在纽约他成功地购进几座高档宾馆，很快，他最大的成功便是购买了帝国大厦。

虽然他在战前并不真正关注戏剧，但在1940年代末他与底特律的"地区"剧院有来往，在1949年决定投资一部莎士比亚的戏剧。在运作中他损失了4.5万美元，但是他仍然成功地让这出戏在百老汇上演。他定居在纽约，决定过着白天当房地产经纪人，晚上当戏剧制作人的双重生活。

最初，他企图买进44街百老汇的那座古老而辉煌的贝拉斯科剧院，但是铩羽而归。他毕竟是一个讲究实际的人，他退而投资一部简单剧
71 作——让·季洛杜的《沙伊奥的疯女人》。这一次，他获得了剧评人大奖，他从中发现了自己的使命，这个美国中西部人此时得到了戏剧的启发。而其他人则对他的所作所为却更多地持批评态度，他们认为史蒂文斯是"积习难改的赌徒生意人"的典型代表，他对百老汇的"娱乐魅惑"投下赌注，就像他从前在底特律豪赌不动产一样。

总之，史蒂文斯在此后的12年的时间里变成了人们绕不开的戏剧制作人。在1950年代末，他往往在百老汇同时上演15部戏剧，相当于同时代戏剧产量的近四分之一。他还将他当房地产经纪时学会的秘诀引入商业戏剧的行业，这招致创作者们的抨击，却赢得其他制作人的钦佩，他们欢迎将这种崭新的商业实用主义渗透到不稳定的耗费钱财的戏剧界。史蒂文斯是最早明白百老汇必须使用商业技巧来增加供给和刺激需求的人之一，认为有必要将大量生产和发行的方法用于戏剧界从而避免资金短缺和发行场所的不足。史蒂文斯的方法，也许就是他的成功之道，仍旧在于确保一些能够获得商业成功的项目并同时关心戏剧的品质。因为，1950年代的百老汇仍具备这种可能性，百老汇愿意为一些

艰深的作品去冒险，虽然这些作品不能确保商业上的成功。生意人仍旧忠实于自己赌博的习惯，这是最不利的，有时却又是最有利的。

作为制作人，史蒂文斯从1940年至1987年之间在百老汇制作了超过200部戏剧和音乐剧，最初的知名作品有《四季之人》、《茶与同情》、《热铁皮屋顶上的猫》，特别是当时取得巨大成功的《西区故事》。

1950年代末，戏剧成为史蒂文斯的挚爱，他既关心百老汇的流行 72
特性，同时也通过努力让美国认识让·季洛杜、让·阿努伊和贝克特，通过翻新一些经典作家如田纳西·威廉斯、T．S．艾略特或尤金·奥尼尔的剧作，通过栽培一些美国的新作家如戈尔·维达尔来关注一些更艰深的作品。史蒂文斯与人共同创建美国莎士比亚剧团，他是大都会歌剧院董事会成员，甚至是福特基金会的“戏剧顾问”。这一古怪的履历的主线，也解释了他这种文化饥渴的动因：史蒂文斯总是说艺术赋予他的生命以一个新的维度，让他富有，他的职责仅仅是提供给他人同样的机会。总之，这是一种文化政策。

政治恰恰是史蒂文斯后来的另一挚爱，他早从1950年代中期就“出于好奇”而投身于政治了。他解释说：“我想看看政治是如何进行内部运作的。”1952年，与所有文化界人士一样，与许多中西部的美国人一样，因为自己一直是民主党，史蒂文斯支持阿德莱·史蒂文森，这位美国左派总统大选的种子选手，后者一直是一位运气欠佳的候选人。史蒂文斯将自己在金融界和百老汇的人脉提供给他使用，为他的选战筹集经费。1961年，肯尼迪总统注意到了这个笨手笨脚的人，他朴实无华，有些难于交往，为了奖赏他为民主党筹集资金，总统任他挑选驻外大使的职位或者领导一个联邦政府的机构。而史蒂文斯更倾向于文化，肯尼迪于1961年9月任命他为未来的华盛顿“国家文化中心”的董事会主席，用美国慈善家的话来说，这就意味着史蒂文斯将负责找到必要 73
的私人资金来进行建设。对于一个始终来往于艺术和房地产之间的人来说，这是一个理想的职位。

在肯尼迪遇刺之后，当“国家文化中心”被重新命名为“约翰·肯尼迪演艺中心”时，史蒂文斯在美国的精神大萧条时期不计成本地为新总统约翰逊出力。从1950年代，他就认识约翰逊了，他最终于1964

年春季加入了他的白宫团队，他被任命为总统文化顾问，他接受了这一职位，但同时要求保持作为志愿者的身份。一年以后，约翰逊委托他主持国家艺术基金会，这个全新的联邦艺术事务处。

一个房地产经纪人，一个生意人如何能入选成为总统文化顾问，接着成为美国的准文化部长呢？史蒂文斯对于同时是戏剧制作人、百万富翁和文化部长的想法并不太吃惊，毕竟这是在美国，他很简单地回答了这个问题："我被召唤到白宫，因为人们知道我能够顺利运作交给我的项目。"在他虚假的天真中，这个回答没有说出其中最关键的原因：在1960年代的转折时期，很少有人如此深程度地处于美国政治、金融和文化生活的交叉点上，特别是很少有人能够对民主党的资金做出如此巨大的贡献。

史蒂文斯以自己的方式很好地概括了约翰逊的执政年代。首先，他是一个一直从事共和党的职业的民主党人。再者，他是1952年至1956年间民主党的资金委员会主席，他曾经支持，包括用个人资金支持阿德
74 莱·史蒂文森1956年的选战，肯尼迪1960年的选战，当然还有约翰逊1964年的选战。为了让国会里那些一直担心动用公众的金钱而且常常对艺术持保留态度的民主党人放心，史蒂文斯是理想的人选：他在生意上的认真态度，他作为民主党"资金募集人"的可贵的政治热忱以及他对于文化的相对保守的态度，使他成为最受青睐的人选。极左派则另当别论，他们恰如其分地批判，在人们认为应当帮助那些非营利机构和高品质艺术以免在市场中覆灭的时候，却任命了一个代表"百老汇商业成功"的人。《民族》杂志公开表示了惊讶："难以想象他竟然是这个必须将文化从商业锁链中解放出来的职位的最佳人选。"

总统与民主党人对艺术问题抱持着怀疑的心态，让他们放心的是史蒂文斯与他们相像。他与约翰逊有着相同的对于前卫艺术的有限的爱好，他们不太喜欢知识分子，这些人让总统和他感到心烦。史蒂文斯爱好歌剧，但他对当代音乐没有热情；他喜欢印象派，但他对现代艺术的那些抽象倾向没有信心，他喜爱更有男子气的艺术。在他家里，他在乔治镇——这是华盛顿最高雅的街区的宏伟的红砖宅邸中，他拥有一幅莫奈、一幅夏加尔和一幅郁特里罗，但是却没有弗兰西斯·培根，也没有

安迪·沃霍尔。然而，他是一位不倦的旅行者，他也是一位不倦的阅读者，他为此度过许多不眠之夜。在他最喜欢的作家中，有安德烈·马尔罗，他首先喜欢他的《反记忆》，他不断提及此书。“我们在美国对艺术与艺术家的帮助比马尔罗在法国所做的更多”，史蒂文斯甚至这样说，75
带着一丝吊诡的趣味，他将自己视为约翰逊的马尔罗了[1]。

**林登·约翰逊和文化**

约翰逊因为意外而成为总统，他需要帮助。在美国历史上，政治的过渡期从未来得如此突然，如此困难。1963 年 11 月 22 日，他在几分钟内成为美国总统，那时他本来已经无望当选总统了。结果，其后漫长的几周时间是缓慢的过渡期，最初他保留了肯尼迪的合作者们。

在这一巨大的创伤期，文化问题显然不是处在论争的中心。然而，事情却如此令人惊讶，在 1963 年 11 月 29 日，即肯尼迪遇刺一周后，在给约翰逊总统的一份总体报告中，阿瑟·施莱辛格总结了文化政策问题，他鼓励新总统本着延续性的思路来继续前任的工作。“问题是了解您是否愿意继续艺术问题上的这种努力。我真诚希望您希望这样做。”在用来解释这种文化志愿所援引的论据中，施莱辛格强调“施政风格不应是单调和平庸的，可以通过在国内确定卓越的标准，从而在国外证明美国文明的品质时变得高雅”。继而，他明确说，在艺术领域的一次大胆行动“可以使我们探索一些支持艺术的新的公共的和私人的资源和方法”，这是一件重要的事情，因为今后的艺术“在美国经费相当的不足，公众最新的需求的增长超过供给，导致艺术机构陷入窘迫的境况”。76
最后，在一条非常有策略的、极其玩世不恭的意见中——主要是针对一位南方的当选的总统，施莱辛格补充说，政府在文化中的行动“能够加强政府与艺术和知识界的联系，这一点是不可忽视的，因为 1964 年 11 月总统选举的成败取决于谁将在纽约、宾夕法尼亚、加利福尼亚、伊利诺伊和密歇根获胜”。施莱辛格通过引用肯尼迪的话来结束报告：“在后人眼中，美国作为文明社会的成功将更多地通过其公民在艺术、建筑、文学、音乐和科学上的创造来加以判断[2]。”

约翰逊对与肯尼迪的延续性问题特别敏感，已经考虑表现出自己的特色，他不太欣赏施莱辛格威吓的语气，更不要说他对肯尼迪的引用，他尤其不愿听命于已故总统的那些幕僚。同时，作为优秀的政治家，他本能地感觉到文化问题的价值。因此，他以自己的方式做出回应：并非回应施莱辛格，让他出力，或者将向他表示过这种意向的奥古斯特·赫克舍召唤到身旁，而是请几个更为可靠的人——应理解为他的“亲信”聚集到身边，为他提出一些关于这个领域的建议。

1964 年 1 月，约翰逊亲信的幕僚——阿贝·福塔斯、杰克·瓦伦蒂和埃里克·戈德曼在春季多次就艺术问题开会。“专门”为总统组成一个文化委员会，这些可靠的人让一些专家如小提琴家伊萨克·斯特恩和副国务卿卢修斯·巴特尔加盟他们的工作，他们还听取一些名人的意见，他们幽默地在私下里自封为“文化阴谋参与者[3]”。但是，他们的工
77 作进行得不够快，至少在那些肯尼迪的前幕僚的眼中是这样。施莱辛格哀叹约翰逊的低效率，他辞职了；至于奥古斯特·赫克舍，他不同意新总统准备改变由肯尼迪和他提出的立法核心，他决定提出辞职（他已经向肯尼迪提出过辞职），随后在《纽约时报》上吵吵闹闹地做了几个星期的自我解释。他对于未能被新的团队所任用感到遗憾，他肯定地说艺术“有严重的衰落的危险，鉴于约翰逊政府内的拖沓和混乱，艺术有可能变得可以忽略不计[4]。”

作为约翰逊的半官方的幕僚和老友，阿贝·福塔斯对赫克舍的愤怒和傲慢大加嘲讽。尤其是，自 1 月份以来，他作为独立分析人士多次在无人知晓的情况下就文化问题向约翰逊提交报告。以他主导的那些非正式的会议为起点，他甚至在 1964 年 1 月 29 日一份题为《文化纲领》的长篇报告中建议总统“为联邦政府采取一种新的文化政策”。总的来说，他建议改进由赫克舍设想的机构从而比肯尼迪的时代更进一步，特别是因为肯尼迪的初始方案甚至还没有产生。报告对肯尼迪时代进行了严肃的回顾，肯尼迪的提议没有被国会采纳，甚至在白宫也没有变成具体的方案，因为艺术委员会从未工作过，其成员甚至没有得到任命。阿贝·福塔斯建议通过总统法令来加强机构的地位和作用，先任命一位真正的白宫总统顾问，这一次必须是全职的岗位。由此，他提名罗杰·史蒂文斯[5]。

这就是具体的建议，但是，更主要的内容还在其他方面。杰克·瓦
伦蒂和阿贝·福塔斯是约翰逊最亲信的幕僚，从这一时期起，他们坚信
总统应当在艺术问题上留下印记，他们在一份新的报告中建议他以自己 78
独立的方式比肯尼迪走得更远，确定“自身的风格和人格”。约翰逊被
他的两位幕僚的论据说服，他们是他的朋友，而肯尼迪的顾问们的辞职
令他恼火，约翰逊立刻让人们了解到他将“继续白宫在艺术这个重要领
域的投入”的意图，他在 2 月份确认：“我希望很快将宣布一些建议。”
1964 年 4 月 16 日，他在一次新闻发布会上发布的新计划中，表述了自
己“文化政策”的重心，任命罗杰·史蒂文斯为自己的文化顾问。肯
尼迪的那一页被翻过去了。

如果要找出肯尼迪在文化领域对约翰逊政府的影响，只要看看
1964 年 11 月当选之后新总统的就职仪式就够了。1965 年 1 月 20 日，
约翰逊决定邀请 50 来位美国作家和艺术家。一份白宫的新闻通报明确
说：“总统继续由肯尼迪总统在 1961 年开创的传统，邀请创作、演艺和
文学领域的精英。”出席就职典礼的有作曲家阿隆·科普兰、伊戈尔·
斯特拉文斯基、伦纳德·伯恩斯坦和理查德·罗杰斯，有音乐家洛林·
马泽尔、伊萨克·斯特恩和鲁道夫·塞尔金，作家索尔·贝娄、罗伯
特·洛威尔，画家贾斯珀·琼斯、爱德华·霍普，舞蹈家乔治·巴兰
钦、阿尔文·艾利、玛莎·葛莱姆等等。为了超过肯尼迪，就职典礼当
晚，约翰逊毫不犹豫地在白宫举行了一场音乐会，伊萨克·斯特恩与国
家交响乐团进行演奏，同时举行了一场舞蹈演出，编舞将当时风靡的双 79
人舞搭档搬上舞台：玛戈特·芳婷与鲁道夫·努里耶夫。这是一种
象征。

就这样，在他的新总统任期的第一天，出身于俄国或苏联的流亡名人伊戈尔·斯特拉文斯基、伊萨克·斯特恩、鲁道夫·塞尔金、乔治·巴兰钦和鲁道夫·努里耶夫纷纷展现在了令人炫目的聚光灯下，林登·约翰逊继肯尼迪之后，确认了文化仍是冷战时代自由的象征和外交的武器。

## 1964 年的美国文化

美国历史上将第一次开始一种真正的联邦文化政策，在回顾约翰逊想要进行的关于艺术的奇特的立法工作的过程之前，先谈一谈这一政策诞生的历史时刻。

1964 年的美国在艺术领域呈现着前所未有的面貌，“艺术”前所未有地与大众文化相冲突。闲暇时间大为增加，电视的主导地位、介于民谣复兴与鲍勃·迪伦为代表的抗议歌曲之间的青年文化的发展，以及已经出现的摇滚和流行乐，让 1960 年代成为一个重大的断裂时期。在种族歧视和不久前出现的种族骚乱的背景下，黑人问题仍是美国的主要问题，1964 年马丁·路德·金获得诺贝尔和平奖。美国经济具有令人难以置信的活力（1960—1963 年间国民生产总值 5% 的年增长率），而无比的繁荣却受到青年与左派的质疑，对于他们而言，生活远不只是简单地获取物质财富。

80 流行文化被产业化并发展成为大众文化，但是却与对艺术的渴望之间存在某种形式的矛盾。同时，文化的普及被提上日程，这一口号本身也造成了两者之间模棱两可的关系。约翰逊与所有在他之后的美国总统一样，不想将“人人享有的文化”的思想落在实处。

艺术发展困难，缺乏资金，这在舞台演艺行业显得比其他地方更加严重。随着“外百老汇”（off-Broadway）戏剧诞生、露天音乐节和现代舞的发展，演艺文化在 1960 年代慢慢离开精英文化的场所，走向公园、“外外百老汇”（off-off-Broadway）的第三戏剧界的剧场和大型文化中心。绘画本身不再局限于由纽约的弗里克兄弟或者华盛顿的菲利普斯作为私人收藏，而是开始在美术馆采取大型回顾展的形式和已有的“轰动性”展览的形式向大众展示。渐渐地，人们从爱好艺术的富有的私人捐赠者过渡到因为公共关系而关注艺术的私有企业的董事会。“私人爱好艺术的微弱声音正在被淹没于文化时尚的喧嚣中”，作家拉塞尔·莱恩斯在 1965 年发出如此哀叹。

随着演出场所的增加和制作成本的不断攀升，舞台演艺业试图寻找一些新的资金来源。在文化需求空前高涨的同时，文化供给却大受影响。在百老汇，年制作数量从1920年代的280部滑落到1930年代的150部，跌落到1960年代的不足100部（如今不足40部）。虽然，美国在1960年代有1400个交响乐团，754家演出歌剧的团体和近200个舞蹈团，但多数情况下这些艺人都是业余的。至于那些美术馆，它们正处于严重的危机之中。这些演变与困难不仅属于美国，它们或多或少是 81
所有西方国家都在经历的，但是它们首先出现在美国，而且如此严重！人们谈到了舞台演艺业犹如地狱般的螺旋式的下降。

两部著作适时地指出了这一行业的困难，这两份研究报告打破了1960年代的乐观主义，诊断出一次严重而持续的危机。

早在1965年，普林斯顿大学的两位年轻的经济学家威廉·鲍莫尔和威廉·鲍恩就在其著作《表演艺术：经济学的两难问题》的开头写道："在舞台演艺界，危机似乎是一种长期的生活方式。"这本书成为1960年代末最著名的关于文化的著作之一。在这一开拓性的研究中，他们分析了作为舞台演艺行业的特点的"两难问题"，即被钳制在生产成本的增加与生产率或收入的增长的不可能性之间。然而，这一深渊将继续加深，因为它是结构性的，而非事件性的——这成为他们研究的新颖之处。鲍莫尔与鲍恩用了很长的篇幅关注演艺行业的特殊性，尽管已经产业化，尽管有大众文化和新科技，但是这个行业仍旧而且将依然是一种手工行业。正是这种手工业劳动同时造成演艺业的独特性和它的核心问题。"没有人能够做到减少演出舒伯特的一个45分钟的四重奏的劳动成本"，该书的作者们解释说。怎么办？经济学家的解决方案引人震惊，他们解释说舞台演艺行业陷入恶性循环，既不可能减少制作成本，也不可能增加收入。从科学的计算入手，鲍莫尔和鲍恩证明，要想补足赤字，门票的价格必然在未来十年上涨70%，按照这一看法，这将造 82
成观众数量大为下降，必然又会造成门票价格的增长。所以，唯一的解决办法就是增加观众人数，按照他们的研究，相对于潜在的观众人数，现有的观众数量仍然很少。尤其是要在美国的那些文化供给几乎不存在的地方扩大观众人数，舞台演艺现在仍然范围很小，即使在1960年代末，仍然局限于大城市内。此外，应当将艺术向民众阶层和少数族群开放，目前这些人还接触不到艺术。这份报告宣扬舞台演艺的普及，它是一个转折点。连续几年，这部著作一直是美国艺术界的圣经[6]。

1960年代中期的第二份报告是“洛克菲勒兄弟基金”的报告。这份报告没有获得同样的国际性的成功：它太具美国特点，无法成为国际性的。它在美国的影响却相当可观，原因何在？第一次，一份出自于美国慈善业圣殿的文件认为非商业的艺术行业处于危险之中，认为对文化机构的捐赠是不足的，如果想要挽救艺术，就必须求助于一些新的资金来源。这份报告在引论中肯定说：“对于大多数美国人，甚至对于那些生活在城市里的人们，舞台演艺，一部戏剧、歌剧、音乐会或者芭蕾舞仍然是完全陌生的经验。”这份报告是由一个研究小组在全国进行调查的成果，它提供的许多资料证实了文化生活的大发展和艺术机构的增加。但是，最后的总结是负面的：年轻艺术家的培训不足，业余艺人不可能进入专业队伍，票房收入越来越重要从而迫使人们放弃冒险，而风
83 险却是内在于创新行为的。然而，这份报告强调，“文化的普及与艺术的追求并非不可兼容”。只要“伴随引导”观众，在中小学校发展艺术教育，在大学校园激发文化活力就足够了。洛克菲勒的报告始终受到基督教社会人文主义的影响，这是美国那些大型慈善基金会的特色。当然，最让人感兴趣的是所提出的建议：这份文件呼吁慈善界接受一个高品质艺术的美国的挑战。“非营利部门、个人、基金会、企业是艺术机构存活和发展的主要责任人，”报告如此强调。报告的作者们关心的是保有文化资助中的美国特色，同时还有艺术家们的自由，他们认为两者兼顾只能靠慈善来保障，但作者们主张增加各州和各城市的补贴，首次建议谨慎地求助于联邦政府。其实，洛克菲勒报告是对慈善界的警告，为的是让他们关心艺术，否则他们将被他人超越。归根结底，这还是一种对文化普及的颂扬，让人吃惊的是这份报告出自于一个美国精英主义的殿堂，特别是报告中这一经常被人引用的表述：“艺术不是为了少数特权者服务的，艺术应该是人人可以企及的……。文化的位置不是处于社会的边缘，而是处于社会的中心，因为文化不仅是一种娱乐形式，文化对于我们的福利和幸福是至关重要的[7]。”

问题提出来了。随着这两份报告的出炉，实际情况得到了描述，其中的统计数字证实了问题的严重性。除了从学术角度提出问题之外，还 84
有来自另一个层面的努力，即国会的院外游说集团。

一些专业组织已经存在数十年了，在工会或联合会的级别捍卫艺术家和文化机构的权利。比如，美国乐师联盟（American Federation of Musicians）、美国图书馆协会（American Library Association）、美国博物馆协会（American Association of Museums）在那个时代已经是聚集了数以千计的会员的有实力的专业组织。演员权益联合会是非常有影响力的戏剧演员工会，从1913年起就存在了，在1960年代拥有几万名会员，同时垄断着百老汇的人员雇佣。

但是，直到1960年代之前，文化行业并未形成“院外游说集团”。在美国，一个院外游说集团不只是一个联合会的专业组织或一个与文化业的雇主协商集体协议的工会。院外集团是一个捍卫行业权利并施加压力的团体，在华盛顿的国会中或各州议会外围进行斗争，让议会采纳一些法律或者得到一些补贴。这两类组织之间的差别在于美国联邦法律中非常明确，因为工会和协会是明文规定不被允许从事“游说”的，而第二类组织却具有这种使命。

从1963年开始，形式发生演变。艺术家所属的各个工会开始在国会进行有效的游说工作，雇佣院外说客来捍卫关于艺术的立法。同时，拥有近30万会员的美国乐师联盟鼓励会员致信议员们来捍卫同类的立法活动。

但是，主要是随着交响乐和博物馆的专业联盟的介入，气候改变 85
了。在此之前，这些组织一直远离有关创建文化事务处的政治论争，而且它们经常反对创建一个美国文化部，同时强烈反对给予艺术机构公共补贴，因为它们关注于保护自身的独立性和艺术家的自由。但是当交响乐团与博物馆的资金稳定性受到损害的时候，在1960年代后半期，这些组织对一些新的想法、一些新的资金来源更加接受了。1964年至1965年，虽然还存有一些保留态度，但是思想在转变，特别是在曾经坚决反对任何联邦资金的美国交响乐团联盟（American Symphony Orchestra League）。

与此同时，在强大的工会组织“美国劳工联合会—产业工会联合会”内部出现更具意义的转变，通过“雇员的福祉”的话题，通过当时美国改善“生活质量”这一时代经典口号，“劳联—产联”更多介入关于艺术问题的论争。工会被动员起来支持那些从1950年代被不断提出的却从未在国会讨论过的创建联邦文化事务处的法律提案。如同“劳联—产联”的机关报所解释的：“如今工会是一种有组织的机构，是美国社会的有机部分。在赢得了对劳动者的承认之后，在给予雇员们在引导国家经济事务上的发言权之后，如今工会运动有暇将它巨大能量的一部分用于关注教育和文化，这同样是工会使命的一部分[8]。”

如果说这些最广泛的组织被动员起来支持文化，那么一些更专业的
86 组织则同样通过结成院外集团来这样做。比如，在戏剧界，1961年在福特基金会的推动下建立起一个团体——戏剧传播集团（TCG）来捍卫那些非营利目的的剧团。TCG独立于国家，但却作为一个公益组织形式，它既是一个在华盛顿为支持美国戏剧而斗争的政治组织，又是一种职业代表机构和一个传播戏剧作品的联合会。

这一戏剧界特有的运动很快在所有艺术门类中被复制，美国各协会的动员能力与结社能力真是无穷无尽的。在歌剧界创建了美国歌剧协会（Opera America），在舞蹈界建立美国舞蹈协会（Dance USA），尤其是多亏洛克菲勒基金会的资助，各地的当地艺术组织建立起来，从此结成联盟，成为1960年代庞大的美国支持艺术的游说团体。

工会的动员、强大的专业组织的发展和真正的文化院外游说团体的形成，标志着1960年代中期的一个重要转折。通向国家艺术基金会的道路打开了。

## 国家艺术基金会

“Let us begin”（让我们开始），1961年1月，肯尼迪在他著名的就职演说中这样说。三年之后，1964年4月，约翰逊在他对国民的讲话中谦卑地说：“We must continue”（我们必须继续）。他确实接过了肯尼
87 迪的火炬，但也有进步：“走新路”，“向前走”，“提出新建议”，新总统重复着这些话。约翰逊宣告最“进步”的政府到来，具有整个美国

历史上民权方面的最伟大纲领（“废除的不是几条种族歧视，而是所有种族歧视”，约翰逊这样说），而且立即发起“反贫困的战争”。他还说想要致力于教育，在所有城市建设公共图书馆，这是此前各界美国政府都没有做过的事情。

几周之后，1964 年 5 月 22 日，在对密歇根大学学生的演讲中，约翰逊所设想的社会有了具体内容，总统围绕着“Great Society”（伟大社会）的概念发出了他的总统任期的口号。他宣布：“这是建设一个更好的社会，一个‘伟大社会’的战役吗？为了证明我们的物质进步只是我们由此可能建设一个更好的社会的出发点吗？……‘伟大社会’是美国孩子都应当能够找到知识来丰富自己的精神和拓展才能的地方，在这里人们的闲暇成为自我修养和思考的好时机，而不是对于无聊或躁动的恐惧，在这里人类的事情不仅是为肉体需求和商业必要而服务的，而且是为对美好的渴望和社会责任感而服务的[9]。”

计划是庞大的：除了消灭贫穷、苦难和种族主义，它还旨在改善美国人的生活品质和他们的文化。几个星期之后，约翰逊总统做出更为明确的表态：“历史教导我们，如果我们想要实现我们所有人都为之努力的‘伟大社会’，那么艺术也应该得到发展和繁荣[10]。”作为“伟大社会”的一个独立部分，艺术被提高到与教育和民权同等的高度。

当然，不应对他的口号做字面理解，也不可夸大约翰逊在他的政策 88
中赋予文化的地位。艺术永远只是他的政策的一个次要的主张，一个附属品。但是，新总统在他对美国的雄伟梦想中留给了艺术小小的一席之地，这一事实同样具有意义。

1963 年 11 月 22 日，在总统座机“空军一号”上。林登·约翰逊在从达拉斯飞回华盛顿的总统座机上，他站在他的妻子与杰基·肯尼迪之间，他抬起了右手。按照宪法的规定，他宣誓成为美国总统。在机舱深处，在另一个机舱里，约翰·F．肯尼迪的遗体已经安息在棺木中，刺杀刚刚过去几个小时。这张著名的照片上，在新晋总统的右手边，微微弯下腰的那位是杰克·瓦伦蒂。

瓦伦蒂来自于一个意大利裔家庭，1921 年在休斯敦出生。虽然他在哈佛求学，在战争中是轰炸机驾驶员，但是他仍然忠实于得克萨斯，怀揣着名校的文凭和漂亮的军人勋章，他回到了那里。他最初在《休斯敦邮报》工作，他撰写过一篇歌颂林登·约翰逊的文章，约翰逊当时是得克萨斯州参议员，已经是国会的一位领导者。约翰逊写信感谢他，随后要同他会面。从那时起，即 1957 年，他们的友谊就开始了，并且随年愈增。杰克·瓦伦蒂将自己的人脉和他的智巧提供给约翰逊来用于参议院选举和 1960 年的总统选举。瓦伦蒂负责对外联络，这是他的专长。他导演约翰逊的媒体发言，打理他的形象，让他在电视短片播出前进行
89 排练。在肯尼迪初选获胜后，瓦伦蒂仍然忠于约翰逊，这是人们所称的“得克萨斯精神”。而且，他喜欢约翰逊的活力，以及他“人情味”的一面。在 1960 年至 1963 年约翰逊担任副总统期间，他们的关系始终没有中断，他为约翰逊效劳，有时当副总统回到得克萨斯的斯通沃的牧场时，他们会在那里见面。

1963 年 11 月 22 日，约翰逊请求他前往达拉斯会合，他是随总统到那里去的。因此，瓦伦蒂身处总统车队之中，当车队行驶到达拉斯市中心的“西蒙斯隧道”时，刺杀发生了。下面的事情就属于历史研究的范围了。杰克·瓦伦蒂讲述道：开道的骑摩托车的警察惊慌失措，迅速地将他们带离了现场。应约翰逊的请求，联邦调查局的特工将他带到达拉斯的沃斯堡机场的总统座机上，当约翰逊出现时，机上三十来人整齐得如同一个人一样同时起立，立即称他为“总统先生”，稍后是约翰逊在机上宣誓成为美国总统，然后直升机在夜里将他们从华盛顿空军机场载到白宫，而瓦伦蒂在此之前还未到过白宫呢。

早在飞机上，约翰逊就对瓦伦蒂说：“我希望你对我在安德鲁斯（华盛顿空军基地）着陆时应当讲的内容提供一些想法[11]。”杰克·瓦伦蒂尚未明白发生了什么，他在一夜之间加入了新总统的“班子”，负责对外联络工作。在其后的三个月中，他昼夜住在白宫四楼的一个套间里，审阅约翰逊所有的讲话，负责协调他的日程安排，组织他的每次电视发言，同时他已经在同国会的主要领导人准备 1964 和 1965 年关于民
90 权、移民、社会事务、艺术和教育的重要法案。所有这些政治与社会法案早已列入约翰逊 1964 年 1 月发布的关于“联邦状况”的讲话，他讲

到了他想要国会通过的这些法案。杰克·瓦伦蒂审阅这次总统的讲话，正是在他提交给约翰逊的关于一个微不足道的事件的发言的草稿中，他注意到了后来具有远大前程的几个字，即“伟大社会”。约翰逊正在寻求能够标志约翰逊时代的“主打语”，就像标志罗斯福时代的“新政”，如同肯尼迪时代的“新边疆”，约翰逊至此取得了这个后来变得很有名的口号。根据杰克·瓦伦蒂的讲述，总统觉得这个表述如此之妙，意味深长，以至于他“温柔地抚摸着这个句子”。约翰逊最终决定围绕着这一口号来建构自己的全部政策。

1963 年至 1965 年期间，总统特别顾问杰克·瓦伦蒂同样负责追踪那些关键议员，他们是制定和废除法律的人。同约翰逊的议会顾问一起，他在白宫不停地接待参议员和众议员们，邀请他们共进午餐，及时答复他们的任何请求，在需要的时候让他们与总统见面。“即时服务”（Instant service）和“红地毯”（Red carpet）：这就是瓦伦蒂对待那些受青睐的议员的方法。在这些议员中，有那些倾向于投票给共和党的南方民主党人，当然还有那些对于形成多数派至关重要的共和党温和派。“伟大社会”有关民权、社会权利、教育和文化的所有决定性法案，都是由杰克·瓦伦蒂负责进行铺垫，扫除障碍和拉拢关键议员。“辅佐总统”，这就是他的职责和使命。“辅佐”这个漂亮的词在美国经常用于“幕僚”的意思。同时，瓦伦蒂在约翰逊身边一直是一个不从众的人，据说他是一位“maverick”（特立独行者）。

1966 年，杰克·瓦伦蒂决定离开白宫去就任他向往已久的职位， 91
即 MPAA 主席。在 MPAA 这个不太讨人喜欢的缩写之下隐藏着美国最有实力的一个院外游说组织，即美国电影协会（Motion Picture Association of America）。在美国，这个职位的人选不是因为与总统亲近才被任命的，而是由电影业的“巨头”们通过选举产生的，它们各自在董事会里选派一位代表。他们为何选择瓦伦蒂？因为他们要在国会周围拥有一位绝无仅有的游说者，一个能够与大使们和外交部长们说得上话的人，因为他们想要由一个左派的人来推动、确定一种在新闻和色情审查方面更加自由的、新的“自我审查系统”。杰克·瓦伦蒂从中看到了自己的使命，虽然他仍旧是约翰逊非正式的幕僚，他提交给总统多份报告和信函以此来表示自己的忠诚和感念，特别是在越南战争最困难的那些时刻。他一直领导美国电影业，直至2004年退休[12]。

## 约翰逊文化政策的源起

美国已经成熟到可以在艺术领域拥有一种更加大胆的政策了，杰克·瓦伦蒂和约翰逊的新的文化幕僚罗杰·史蒂文斯对此确信无疑。

他们如此乐观的理由不乏政治上的计谋。关于艺术的法令将确保总统在一个微不足道却可以加以扩展的领域中的曝光度。通过艺术的折射作用，新政府可以预期，通过使用一系列的论据来挖掘几大资源和吸引
92 到不同的人脉。“为美国文明寻求卓越”的论据吸引着那些怀念肯尼迪的人；冷战以及为文化自由而斗争的论据可以讨好那些共和党人；创造就业岗位的经济学论据将在城市和城镇民主党人中间引起强烈反响；最后，雇员们的休闲与福利的论据则会吸引那些工会和怀念“新政”的人。当然，还有更多的内容。在艺术领域投资，对于约翰逊来说，这是他大肆剪除东海岸的批评者的一个手段，即那些被他嘲讽地称作“纽约帮”的人，那些谴责他欠缺文化和他的得州“土佬”做派的人。像肯尼迪一样树立一些象征，扶植艺术，举行社交晚宴，约翰逊希望安抚疑心重重的精英阶级，虽然他们在选票上无足轻重，却具有极强的危害能力。

他们希望借用一个次要的法案的幌子，造成滚雪球式的政治效果，即在幕僚们给约翰逊的报告中所说的“雪球效应”。应该这样来理解这位新总统在艺术领域略显自我矛盾的投资，以及他在这一领域的成功——至少约翰逊政府的有效机制在因越南战争而被迫瘫痪之前是成功的，越战导致这位过晚地受人爱戴又过早地遭人厌弃的总统退出了总统大选。

在这一大环境背景下来看，说约翰逊首要关注文化是言过其实的。他是一位政治家，他在政治上想吸引必要的选票。其实，关于教育的法案是他在1965年的时候更加关注的。而文化在他眼中并不同样重要：他将案卷交给了史蒂文斯，由瓦伦蒂来审阅。罗杰·史蒂文斯后来解释说：“约翰逊实际上让我一个人来筹备艺术委员会。当然，在那些著名

的提交总统的报告中，我向他报告一切我认为对他来说重要的事情，如
他所愿，只用一页的篇幅。”至于约翰逊对于艺术的个人兴趣，史蒂文 93
斯则有所迟疑：“好吧。当然人们应当记得，随着他越来越深地卷入越
南战争，他就越来越难以关注内部事务。但是，只要某件事情是重要
的，他就明确地支持我。自然，我经常见到约翰逊夫人，她对艺术很感
兴趣[13]。”

如果说文化不是约翰逊任期内需要优先考虑的问题，或者说文化仅仅是他竞选时使用的一个工具而已，那么，为什么在美国的历史上最终只有约翰逊和罗斯福在他们的总统任期内才通过了伟大的关于文化的法律呢？答案与一个名叫阿贝·福塔斯的人有关。

与史蒂文斯和瓦伦蒂一起，阿贝·福塔斯是约翰逊手下第三位关乎
文化的重要人物。与总统一样，福塔斯最早是“新政”的支持者。他
俩与文化的关系从属于他们在罗斯福时期的政治履历。约翰逊和福塔斯
的经历相似：两者都是南方人，在大萧条时期步入政治。在1930年代，
约翰逊是得克萨斯州青少年联邦项目的管理者，而福塔斯本身就是罗斯
福的合作者，是“新政”文化项目的一个关键人物。当约翰逊意外地
成为总统时，阿贝·福塔斯回归政坛，之前他曾经当过律师，他立刻找
回了青年时的理想。国家介入对艺术家的扶助，对于他来说这是不言而
喻的，这是罗斯福精神的特点。同时，他比任何人都了解操作上的限
度：他知道“新政”的文化提案曾经被国会毁掉，他也知道南方的议 94
员们拒绝联邦政府对艺术领域有任何介入，这便是这一法案的政治沿
革。剩下的问题就是如何让国会通过法案的政治策略。在这一点上，由
约翰逊为他自己的战略做主。

这是延续性中的变化吗？虽然约翰逊渐渐地将肯尼迪在文化问题上的想法收归己有，虽然他毫无疑问地享受到了他的前任铺就的道路，但是他同样将肯尼迪的法案加以深化。其实，约翰逊想在文化、社会和民权问题上走得更远，但是他采用了另一种策略。我们看到，民主党与共和党在这些主题上没有分歧，但是在每个阵营里，“自由派”与“保守派”却存在分歧。约翰逊正因为了解这些才能当选得克萨斯州参议员，

南方各州的民主党人通常与共和党的保守派一起投票反对联邦政府有更多的介入。在艺术问题上，他们相信市场是唯一有效的经济原则，相信国家必须对艺术家抱持“放任”的态度。而约翰逊明白他可以依靠大城市中的共和党人，因为选票的原因，他们更倾向于支持文化，比如纽约州共和党参议员雅各布·贾维茨，他的积极支持艺术就证明了这一点。

因此，约翰逊在教育和文化问题上选择采用“斜线”政策，他通过两种方式而有所创新：决定将文化问题和大学问题混合起来，为的是创造一个艺术与“人文学科”（文学和人文学科）的双重事务处，希望将两个法案的支持者结合起来，压制反对派；随后，便投身于真正的向
95 国会议员的游说工作。与 1960 年代初肯尼迪的有些业余的浪漫主义相反，约翰逊奉行讲求效率的实用主义。

将艺术与大学合为一处，这总归是一个奇怪的结合！虽然这个想法并不新鲜，但约翰逊是第一位愿意拿着这唯一的一份文件去面对国会的总统，有点模仿科学界已有的国家科学基金会的模式，这份文件将造就一个艺术和文学的大型基金会，即国家艺术与人文学科基金会（The National Foundation on the Arts and the Humanities）。这一母体随后分裂为两个不同的实体：国家艺术基金会和国家人文学科基金会。尽管这两个事务处之间的错综组合和分权困难，约翰逊采用的战略被证明是正确的。因为，如同约翰逊的设想，新法案可以依赖有效的和多元的院外游说：除了艺术界之外，这个拥有两个脑袋的事务处将各大学（在 1960 年代中期，美国大学已经超过 500 万学生和几十万教师）和知识分子吸纳进来，在肯尼迪的任期里，知识分子没有为文化问题动员起来，但这一次他们坚信这个双重事务处关系到他们自身的利益。大学存在于各个州和各个行政区，它们构成有组织的、强大的和有效的游说集团，可以在当地直接面对每个议员。与“人文学科”相结合，艺术在严肃与可信方面也赢得了好处。

还有最后一个理由促使约翰逊向文化领域挺进，那就是议会的原因。引用杰克·瓦伦蒂的话，在国会中约翰逊可以“摆脱那个一直威胁

着他的肯尼迪家族的幽灵[14]”。必须回过头来谈一下这个问题，这在新
总统的心理上似乎具有决定性的影响。 96

约翰逊解释说：“从历史书籍中学到的一切都让我确信，殉道者们为了某个事业而死去。但是，肯尼迪的‘事业’不完全明确。这是我的工作。我必须拿起已故总统的纲领，并赋予它存在的理由。是为了赋予他的死以某种意义[15]。”虽然话说得很漂亮，但并没有表达出竞争精神，类似于复仇心理，这是他心中无可避免的。既然肯尼迪竭力想让国会采用他的法案却失败了，那么约翰逊就要在国会获得成功。

约翰逊出生在得州一个最贫穷最偏僻的地区，这位南方人一直很难得到美国东北部政治和知识精英的接纳，直到 1960 年代，这一著名的美国“国家权力结构”都在深刻影响着美国。与肯尼迪相反，他不是出自负有盛名的“常青藤联盟”的名校，也不是在青年时期就习惯于阅读《纽约时报》或《新共和》。因此，由肯尼迪的幕僚们开始，他们早在 1964 年春季就远离他，这一“国家权力结构”长久以来将约翰逊看作“粗鲁吵闹的”一类人。

但是，约翰逊并没有自卑感，相反，他对自己平凡的出身、实践中获得的教育，以及与得克萨斯乡下人的亲近而感到骄傲，他保持了人们称作“Taxas-sized ego”（得克萨斯大小的自我）的得州乡下人的强大的自我。这就解释了他为什么一直对“肯尼迪风格”混合着钦佩与厌弃，这种风格混合了气度、节庆、夸夸其谈和由艺术家参加的晚宴，这是一种约翰逊讨厌的“姿态”，他将其视作社交，看不出其中有什么信念，特别是在民权方面的信念。但是，他从肯尼迪那里将政治的灵活性保留
了下来。不管怎样，肯尼迪在 1960 年初选时击败了他，他也应当从肯 97
尼迪的成功中得到启示。

约翰逊投身文化领域，他知道自己是在学习肯尼迪。他知道美国上流社会的左派因此将会支持他，而且通过对肯尼迪时代的呼应，他知道他的法律提案将不可抗拒。还应该说，早在 1964 年总统大选时，美国的选票版图就在演变：南部各州由于大的“罗斯福式的联盟”，往往是民主党的天下，它们正倒向右翼，这正好是在约翰逊支持民权运动以后。因为来自南方，新总统比任何人都了解他已经无奈地将南方交给了

共和党，所以他必须用东北部的选票来弥补损失，正是要在肯尼迪的地盘上重新获得选票。选票版图的这一演变促使他捍卫艺术方面的立法工作，除了出于选举策略考虑之外，还有作为得州人的报复心和做得比前任更好的争胜心。既然肯尼迪已经对他发起了挑战，那么约翰逊现在想要独放异彩。

但是，约翰逊绽放光彩的方式迥然不同。他的方式不是通过社交，而是通过议会。相对于肯尼迪的智巧和文化虚饰，约翰逊反之利用自己的议会技巧，而这正是肯尼迪所欠缺的，也是他在立法上成绩欠佳的原因所在。1937 年至 1949 年作为得克萨斯州议员，约翰逊在国会里学会了很多。那时在地方上他是坚决捍卫罗斯福法案的有力同盟者。当选为得州参议员后，他在 1949 年到 1961 年间担任了两个任期：那是约翰逊在国内的上升期，他登上了议会中的所有阶梯。凭借进行庞大工程的能力以及罕有的议会技巧，约翰逊在参议院留下了自己不可磨灭的印记，
98 这为他赢得了“参议院之主”的持久称号。约翰逊比他之前和之后的任何美国参议员都懂得如何驾驭参议院。一旦成为总统，诸多的品质综合起来让他能够成功，他使国会通过了美国历史上在社会问题上的几个最大胆的法案，关于社会保障住房、增加最低工资、教育、移民、老年人医疗保险和贫困家庭与土著人健康资助，以及关于黑人民权的两个最著名的法案。

然而，约翰逊同样了解在美国宪政体系中的总统作用的有限性以及总统在立法实践中有限的操作空间。他幽默地解释说：“当我 26 年前第一次到国会的时候，我今天办公桌上的一切早就已经在那里了。”因为他无意将他的计划强加于人，他决定采用全方位吸引议员的政策。后来《纽约时报》一位记者坚称：“约翰逊正在得到他想从国会得到的一切，也许除了废除共和党之外，之所以如此是因为他尚未努力这样做[16]。”

美国大多数总统在任期内只花有限的时间向议会提交咨文，而约翰逊则反其道而行之。作为总统，他继续与议员们来往，保证从白宫对议会生活进行某种微距操纵。他给他们去电话，给他们写信，向他们提交咨文，记录下他们的优点、缺点、癖好，每天阅读国会会议记录，这与其他任何美国总统都截然不同。几乎每周二、三晚上，他都在白宫开设

晚宴，宴请一些议会团体。与所有总统一样，他拉拢那些国会的领导 99
者，而更为鲜见的是，他将恩宠扩展到那些最籍籍无名和最孤立无援的议员。所有人都感觉受到“约翰逊的礼遇”，经常是通过杰克·瓦伦蒂的斡旋：他们受到抚慰、奉承、威胁，始终受到操纵。通过结成联盟和给予恩惠，约翰逊在白宫引领着国会。

对效率的偏执、对力量对比的本能把握、坚韧的说服力、对于善变的议会多数派在欲望与恐惧之间不断波动的适应，这一切就是约翰逊的方法。杰克·瓦伦蒂证实：“约翰逊的强项就是他对国会运作机制的亲密的、敏感的、几乎是本能的认识[17]。”在近 25 年里，这一方法得到精炼，使他成为一位具有无比力量的有策略的总统，虽然他经常缺乏想法，虽然他与共和党一起陷入泥潭。甚至于我们可以将伟大的艺术批评家哈罗德·罗森堡的精彩之语用于约翰逊，他喜欢说一个政治家是“一位不思想的知识分子”。

罗杰·史蒂文斯、杰克·瓦伦蒂、阿贝·福塔斯、总统本人和少数倾向文化的议员，这便是关于艺术的法案的主角。但是，还有两个次要人物值得投以短暂的关注，因为他们也对即将展开的艰难的文化辩论有所贡献。

似乎这已经成为习惯，第一位便是总统夫人。确实，从埃莉诺·罗斯福直到杰基·肯尼迪，美国“第一夫人”或者副总统夫人往往在文化问题上处于先锋位置，她们有时甚至造就了她们的丈夫的文化政策。
而且，这一运动并未停止，它将在吉米·卡特的任期（副总统蒙代尔的 100
夫人起着主要作用）、罗纳德·里根任期（南希·里根）和比尔·克林顿任期（希拉里·克林顿与蒂珀·戈尔无所不在）继续。约翰逊夫人，通常被称作“瓢虫”（Lady Bird），同她的前任们一样喜好艺术。她关注艺术家们，每次与丈夫观看演出后都对他们倍加问候，她完成了一项“社交陪衬”的工作。最后这一点也是传统的内容，因为总统夫人同样被赋予“社交秘书”的职责，即她与一个小团队担当白宫的“慈善”工作。第一夫人还负责操办官方的午餐和晚宴，如果设有“社交娱乐办公室”的话，她与这个办公室联系在一起，她通常掌控这个办公室。按照美国的旧传统，第一夫人不和议员们一起工作，在极少数的情况下才访问“Hill”，即国会山。

从立法角度来看，从 1965 年 1 月起，约翰逊的副总统休伯特·霍雷肖·汉弗莱的作用更加重要。在这里，约翰逊—汉弗莱组合与肯尼迪—约翰逊组合相比，这种比较在艺术问题上是有趣的，因为这一比较在某种程度上是以方向的逆转构成的。肯尼迪是东海岸人，受到艺术家和知识分子的爱戴，而约翰逊被降为南方民主党人的角色，是灵活的议员，但学识平庸，汉弗莱在约翰逊身边的角色则有些像肯尼迪在前任班子中的角色。因为休伯特·汉弗莱首先是艺术家与知识分子的朋友，而且对于约翰逊来说尤为重要的是，汉弗莱代表民主党左派。他的中间名字令人联想到莎士比亚笔下哈姆雷特的知识分子伙伴*，这位明尼阿波
101 利斯的年轻市长当选明尼苏达州参议员，成为 1948 年民主党大会以来美国左派文坛的宠儿，他在大会上挺身捍卫民权，揭露南方赞成种族歧视的民主党人。这位黑人的伟大捍卫者，他也是整个 1950 年代和 1960 年代没有结果的文化立法运动的一位主要推动者。约翰逊更愿意让他当副总统而不是鲍比·肯尼迪，他是约翰逊的“左派”保证。同时，汉弗莱没有约翰逊的那种适应能力，也没有他的那种议会妥协意识。他从来不懂得调和自己的温和左派的热情洋溢，去适应 1960 年代中期美国的现实——战争、城市骚乱、中产阶级的日益庞大，这使他在 1968 年总统选举中败给尼克松。出于策略或者玩世不恭，约翰逊在自己的任期中将他限制于那些次要问题：那些阴险的委员会、应酬性的旅行……，以及艺术问题。

## 国家艺术基金会之战

早在 1964 年秋季，总统的文化提案已经准备就绪，主要行动人也

* 霍拉旭是哈姆雷特唯一的诚挚仁厚而又始终不渝的朋友，听见哈姆雷特的疯言疯语，他也不离不弃。而作为小人，便是哈姆雷特幼时的伙伴罗森格兰兹、吉尔登斯吞。他们有着“少年时候亲密的友谊”，有着“始终不渝的友好精神”，但是他们作为新国王的臣子，也有“任务”在身，他们的内心曾经肯定经历过矛盾，最后还是权力的引诱使他们放弃了友谊。——译者

已经各就其位。提案是在白宫由阿贝·福塔斯、罗杰·史蒂文斯和杰克·瓦伦蒂起草的，有一小群热心议员助阵，受到关注艺术的副总统休伯特·汉弗莱的热情支持，受到以此为消遣的“瓢虫”的鼓励，一个大型的文化事务处的创建工作启动了。在 1964 年秋季大选获胜后，约翰逊感觉自己地位已经足够巩固，可以就这一问题与国会相争，现在他已经摆脱了肯尼迪，可以在立法工作中留下自己的印记。但他是清醒的。

在策略上，约翰逊小心地步步为营，分批进行。法案被组织为两篇 102
单独的文字：首先，从 1964 年夏季起，创建一个“国家艺术委员会”，即通过国会来认可肯尼迪设想的“委员会”；然后，在 1965 年提出建立一个“国家艺术与人文学科基金会”，这一法案更加困难，因为这不仅是对艺术家们给予承认，而且给予他们一个事务处和一些补贴，国会对此并不乐见。

1964 年的年中，如同约翰逊所预计的那样，以纪念肯尼迪为名而建立“全国艺术委员会”的提案比较容易地被众议员接受了。首次，一个文化的“提案”在国会中的支持者超过反对者。当然，也有一些玩笑话，比如共和党人保罗·芬德利（伊利诺伊州议员）预言联邦的计划将资助“从韩德尔到流行乐，从勃拉姆斯到披头士，从交响乐到脱衣舞，从柴可夫斯基到脱衣舞”的任何东西[18]。但是，提案经过讨论，未加太多保留地在 1964 年夏季被两院投票通过了，总统签署了这份法令，将使国家艺术委员会在 1964 年 9 月 3 日诞生。几个星期之后，委员会成员由约翰逊任命，主席为罗杰·史蒂文斯（最初以为会是左派知识分子苏珊·桑塔格，但最终因为联邦调查局的建议，她被排除在外了）。肯尼迪用了三年时间都未能实现的事情，约翰逊用了几个月就做成了。

基金会的创建则是另外一回事。很早，这就是总统文化顾问罗杰·史蒂文斯的首要关注，他早在 1964 年 8 月 20 日就在大西洋城（新泽西
州）的民主党大会上发言，会上约翰逊毫无悬念地当选 1964 年 11 月大 103
选的正式候选人，而他的文化顾问则强调关于艺术的立法工作的重要

性。因此，1964 年民主党的纲领中重提这一想法，约翰逊要以这份纲领来面对总统选举。在这份题为《一个国家，一个民族》的著名的文章中，有一小段话与文化有关："通过让美国人可以更好利用他们的闲暇，通过承认艺术上的成就标志着一个文明的伟大，我们将鼓励对艺术进行更广泛的支持[19]。" 1964 年底，在他再次当选后，总统决定着手创建联邦文化事务处的立法提案的准备工作。罗杰·史蒂文斯提交给他的报告已经提到预算与发放补贴的金额方面的计划。约翰逊就哪怕最微小的细节都给出了建议。

1965 年 1 月，在他关于"联邦状况"的讲话中，约翰逊走得更远："我们正处于通往'伟大社会'的道路的起点……世界事务将继续要求我们的活力和勇气。但是今天，我们还应当更多关注美国本身的生活。"接着，总统进一步明确："我们应当承认和鼓励那些民族想象力和知识的尖兵。"然后，他做出承诺："为了帮助推动和褒扬创新，我将提议建立国家艺术基金会。"

整个 1965 年春季，罗杰·史蒂文斯为了逐一说服那些议员，他每天都在白宫和国会大厦之间奔走。虽然写的比说的好，而写的又不如想的好，但史蒂文斯仍然给人留下了深刻的印象。史蒂文斯被人们看作是总统的亲信，他身材高大迫人，但矫健灵活，他懂得逐个诱惑那些议
104 员，虽然他不是总能清晰地表述自己的意思。因此，对于他所缺乏的东西，他用他的直觉来弥补。

渐渐地，将"艺术"与"人文"结合的想法浮现出来，因为这可以令更多议员归附，这个想法最终被约翰逊定义为战略。罗杰·史蒂文斯回忆："我们觉得通过将议员们对艺术和人文学科的支持结合起来，我们可以确保胜算[20]。"一个拥有彼此独立而平等的两个"委员会"和两个"基金"的基金会被设想出来，两个事务处之间通过某种机制结合起来，确保它们的运作，同时使它们相对于其他联邦事务处的使命能够进行协作。这一计划将产生一个"国家艺术与人文学科基金会"和两个事务处，"国家艺术基金会"（NEA）和"国家人文学科基金会"（NEH）。这三个基金会将各自拥有一个"委员会"来进行领导，各有一个执行主席，各有一个团队来实施各种政策。

对于一些人来说，在几个层级上的这种错综组合，其潜在的想法是确保基金会对于政府和国会具有真正的独立性——这是美国任何大学政策和艺术政策的基础思想。但是联邦政府拒绝对此做出承诺，与这一基础思想相对应，艺术家的自由和独立性是一个真正美国特色的固执想法，我们下文将会看到，它将不断被人提到，不断受到嘲弄。

1965 年 3 月 10 日，约翰逊总统向国会提交了一份法律提案，为的是建立一个“国家艺术与人文学科基金会”。于是，法案的混乱历程开始了，在立法程序的迷宫中开辟自己的道路。从 1965 年春季起，提案 105
就在国会被讨论，被修正。在几个星期的延期后，1965 年 6 月 10 日参议院投票通过提案，没有出现任何严重的阻碍。

相反，在众议院，事情变得复杂起来。早在 6 月 24 日，讨论提案的委员会就要求重新撰写提案。在经过修正后，提案最终在 1965 年 9 月 13 日进行全体讨论，但却遭到来自共和党议员的阻挠，他们使用各种议会武器来延迟投票。

面对众议院的复杂局面，约翰逊通过致信议长而亲自介入，他解释说法案应当被投票通过，“即使众议院要一直讨论到天亮[21]”。罗杰·史蒂文斯随后证实：“因此，历史记住了是约翰逊总统本人直接负责建立了国家艺术与人文学科基金会。”

两天以后，法律提案重新回到众议院，引起反对派再次抵制。不足法定人数，打回委员会，进行修正：他们不惜一切手段来延迟议会进程。众议员格罗斯是艾奥瓦州的共和党议员，他在辩论中大出风头。一开始，他对太迟了解到这个提案的存在而公开表示遗憾，他说，若非如此，“我会穿着燕尾服和舞鞋来，以便着装更适宜”。由此，他引入一条修正意见，让人在定义艺术的段落中补充：“棒球、壁球和扑克牌”。这一修正意见被驳回。

稍后，格罗斯再次进攻，要求人们在法案中更好解释“舞蹈”这个词，提出一条修正案，从“收腹”和“放松”出发，更不忘记腹部 106
的“旋转”和其他“子虚乌有”的东西，他以此对舞蹈提出了一种非常随意的定义。以“肚皮舞女修正案”的名义，这条修正案在人们的狂笑中得到讨论，在捍卫艺术的众议员汤普森通过玩弄“芭蕾舞”(ballet) 这个词的文字游戏来进行反对之后，这个修正案最终被众议员否决：“今天非常令人惊奇的事情是一个重要的州的杰出议员居然不懂得肚皮舞女与一个草包之间的区别 (a belly dancer and a bale of hay)”。对此，艾奥瓦州的议员回答说：“主席先生，我希望他所说的这位杰出的议员这次不会看到他的话被篡改。他所说的这位艾奥瓦州的杰出议员对于肚皮舞女与草包之间的区别有着模糊的认识。”对此，弗兰克·汤普森做出让步，他回答：“我应当纠正一下自己的错误，我同意，艾奥瓦州杰出的议员显然有着模糊的认识。”众议员们笑得流出眼泪。

格罗斯再次发起攻击，他辛辣地让人们注意：“顺便说，在这份法律提案中，有另外一种艺术没有得到承认，我认为它应当得到承认。那就是在美国国库赤字 3250 亿的时候却要将纳税人的 2000 万美元装入口袋来用于这项事务的艺术[22]。”但是，这一次，在 1965 年 9 月 15 日夜里，提案最终由众议员以 251 票对 128 票通过。次日，参议院确认通过同一法案，从而终结了这一历程。

1965 年 9 月 29 日，为自己的胜利感到骄傲的约翰逊总统为法令的正式签署组织了盛大的仪式。那一天，副总统汉弗莱、一百多名国会议
107 员、艺术委员会的新成员以及一些作家和艺术家——其中有弗兰克·卡普拉、爱德华·霍珀、格利高里·派克（但没有亨利·米勒，他因为越南战争而谢绝邀请）出席在白宫被称作“玫瑰园”的大厅进行的签署仪式。在讲演中，约翰逊感到欣慰：“艺术是国家最珍贵的遗产。因为我们是通过我们的艺术作品向自己和他人揭示内心的观念，它作为民族在指引我们。如果没有观念，民族就消亡……。在美国，我们并未总是善待艺术家和知识分子，他们是我们的观念的创造者和守护者。科学家经常获得豪华的公寓，但是艺术家和作家们却仍旧生活在地下室。”

尽管有这样热情洋溢的演讲，约翰逊在文化政策方面仍旧忠于“美国精神”。作为总结，他提醒人们艺术应当首先依靠慈善，依靠富有的捐赠人，在公共层面更多依靠各州和城市而非联邦政府。“我们国家的艺术是诞生于街区与社区的。在数不清的美国城镇中生活着数以千计的

籍籍无名的天才……。艺术与文学属于人民，因为归根结底还是人民创造了它们[23]。”

那一天，约翰逊不仅限于承认了艺术，这是他之前的任何美国总统都不曾做过的。带着南方人特有的实用主义，他还趁机大胆提出了几个具体的建议。他不仅宣布创办一个国家剧院、歌剧院和芭蕾舞团，而且成立一个美国电影学会（American Film Institute），由此与美国的传统挥手告别。在一个始终拒绝在联邦级别对什么是文化做出定义、拒绝正式成立和资助“公共”剧院或歌剧院的国家而言，这些宣言是大胆的。108
但是，约翰逊发动的四个计划中，只有美国电影学会最终问世。美国不会有“国家”剧院、芭蕾舞团和歌剧院。

关于艺术的立法受到文化界专业人士和报界的欢迎，事情远不止于此。因为一个次要的法令，媒体上歌功颂德的文章铺天盖地，与此同时，上百封信件涌向白宫庆祝法令的通过。如同《纽约时报》评论员文章中明确指出的：“在一个自由社会里，在艺术与政府之间不一定存在对立。每个寻求追逐自己目标的人都应当尊重他人的自由领地[24]。”

国家艺术基金会（NEA）一旦成立，就要加快步伐开始行动。罗杰·史蒂文斯同时是委员会和事务处的主席，他如今掌握了全权。首先，他必须找到办公地点，找到人员，自然还有资金。从 11 月起，国家艺术基金会被安置在 G 街，在联邦首都的中心。进行了第一批招募之后，六个多月便达到三十来人的规模。史蒂文斯还选择了利文斯顿·比德尔担任国家艺术基金会的副主席，他一直是佩尔参议员的议会助理。后来他在吉米·卡特的任期成为国家艺术基金会主席。

事务处渐成雏形，但也不乏问题的存在。虽然任务浩大，但国家艺术基金会的使命却依然模糊：必须对此加以明确。这是史蒂文斯主持的国家艺术委员会的职责。委员会第一次会议在白宫举行，约翰逊短暂地参加了会议，委员会在第一次会议上就按照总统的建议提出了一些想 109
法：在大学里发展艺术、修订版权法、建议增加联邦的政府建筑的国家订购、为艺术家创立奖学金、帮助电视台创作文化节目、美国正式参与威尼斯双年展。

事务处组织起来，甚至接受一些艺术作品，比如抽象画家罗伯特·马瑟韦尔的捐赠，他赠送一幅画来支持联邦政府所做的努力。罗杰·史蒂文斯对于现代艺术没有热情，他选择展出这幅画的地点，不是在他自己的办公室，而是放在接待厅。尽管如此，所有人都被这幅作品所吸引，它挂在墙上两个星期，直到马瑟韦尔再次来到国家艺术基金会。罗杰·史蒂文斯于是指给他看那幅画以及所选的位置，问他：“你觉得合适吗?”马瑟韦尔回答：“很好。不过我建议稍作调整。”史蒂文斯颇感惊讶，他问道：“什么?”于是，马瑟韦尔走近那幅画，画面上交织着色彩和任意的线条，他小心地将画倒转过来。也就是说把它挂正了[25]。

除了由总统直接任命的这位新老板的好脾气、计划的摇摆不定和多变的想法，罗杰·史蒂文斯的国家艺术基金会从一开始就确定了它从此恪守的几个重要原则。首先，通过艺术家和专业人士组成的评委会来保证其中立性，评委会负责授予奖学金和补贴，以便避免国家艺术基金会
110 即国家的任何直接介入。另一方面，补贴只限于给非营利目的的组织，而不是给商业的文化企业。同样，鼓励每个州和每座城市建立事务处，以便尽快将联邦一级开展的进程“去中心化”。最后，是全部规章的特色，即倾向于用“配合公共捐款按比例认捐”（matching fund）的方法来激活慈善事业。这是罗杰·史蒂文斯在忠于美国精神的基础上对于文化政策的一种全新构想。

“配合公共捐款按比例认捐”的规则差不多是这种全新方式的文化建构的原型。这是什么意思呢？这种技术是从慈善业继承下来的，它规定授予公共补贴给某个文化机构的同时必须要求该机构通过其他资金来源找到同等数目的资金。这个概念根植于美国模式，意味着要确保文化的存活和自由，文化必须不由单一的来源资助，而是依靠多样的和交叉的资金来源资助，这些来源相互补足，相互结合，相互平衡（即“to match”[配比]）。比如，国家艺术基金会同意资助波士顿美术馆的一个项目，条件是这个大美术馆必须为同一个项目从某个基金会或者当地富有的捐赠人那里得到相等的一笔资金。通过这一途径，首先是激活慈善业，因为国家补贴只充当其他资金的引子。另一方面，是让国家避免持

久地卷入而变得要为文化机构的存亡负责。最后，这种“配合公共捐款按比例认捐”的方式受人青睐，因为从美国人的观点看，这似乎是唯一能够确保艺术家和机构的自由的方法，他们不单一依靠国家，不归附于国家，不会成为国家下属的官僚体系。这一模式的捍卫者们断言，只有 111
这种资金多样化才能确保文化的活力、多元性和能量。

因此，国家艺术基金会（National Endowment for the Arts，简称NEA）不像欧洲观察者可能以为的那样，它并非类似一个微型的美国文化部。NEA首先是一个事务处，它效仿慈善业的模式，而不是效仿国家干预的模式，它的名字本身——“endowment”（捐款）就证明了这一点。问题并不是去产生一种由某个部长鼓吹的文化政策，在美国永远不会让政府去负责文化。相反，一切都倾向于避免让国家去做选择：一切都在于分权给各州而非交给联邦政府，分权给评委会而非交给代理人和官员，同时通过“配合公共捐款按比例认捐”的做法分权给其他出资人。从这一角度看，NEA不同于某些欧洲国家文化政策的光辉年代，又比如，法国在同一时期在“第四个计划”中采用了“文化规划”的表述。为了突出美国的这种特殊性，还必须明确指出NEA可以接受私人捐赠。虽然，捐赠很少见，但是这种可能性一定会令目瞪口呆的欧洲人更加吃惊：一个联邦事务处竟然可以接受富有的慈善家的捐款，并且以这些人的名义将捐资重新分发出去！

总之，国家艺术基金会成立时主导的论据绝不是在欧洲建立类似的部委或事务处时通常所用的论据：在美国，问题不是补贴艺术，而是支持私人的主动性和慈善业，是增加当地的扶助，是培育市场。在任何情况下都不可取而代之。尽管这非常矛盾，但经过很长时间的艰难才建立
起来的国家艺术基金会却明确地肯定了在美国不存在文化部。 112

这是美国历史上前所未有的经验，国家艺术基金会逐步建立起来了。罗杰·史蒂文斯的一个最早的倡议是继续建设华盛顿的“国家文化中心”，这是肯尼迪支持的项目，约翰逊为了向他表示致敬，在他遇刺后几周将它重新命名为“约翰·F.肯尼迪演艺中心”。这是一项错综复杂的任务，因为这一计划在艾森豪威尔的任期就设想出来了，但是这

个庞大的文化中心却一直难以问世。罗杰·史蒂文斯是这项计划的主要执行者，既是董事会主席又是国家艺术基金会（NEA）的主席，如同他所解释的："那些富有的民主党人认为不应该由国家资助这个项目，而那些富有的保守派却对此不感兴趣，因为'华盛顿'这个词对于他们而言是某种诅咒[26]。"但是，因为重新命名来作为对遇刺总统的国民纪念，捐赠者的钱从1963年末开始源源不断，国会本身也同意资助建设。以至于最初设想为以私人为基础的这个小项目渐渐变成花费5000万美元的准政府性质的巨大冒险。约翰·F.肯尼迪演艺中心如今仍是美国少有的部分由联邦出资的文化机构之一。

除了这座巨大的殿堂之外，国家艺术基金会的作用经常是实实在在的。针对美国文化面临的经济问题，法律要求国家艺术基金会进行一些目标明确的援助。因为经费有限，事务处尝试将补贴引导向一些关键项
113 目，而非以平均方式来分配预算。首先是救急，比如在必须拯救受到破产威胁的美国芭蕾舞剧团的时候。然后，就需要更加留有余地了，应该确定标准、召集评委了，要制定一些纲领以缔造一个真正的联邦事务处。

罗杰·史蒂文斯为了将文化更大程度地"去中心化"，他不断地在全国各地旅行，行程长达几万英里，经常是他自己出资来支付路费：从底特律到布法罗，从普罗维登斯到迈阿密海滩，他进行了几十次访问，做了几百场演讲。如果只记录下他演讲中的一个主题，那么必须指出罗杰·史蒂文斯虽然曾经是房地产经纪人和百老汇流行音乐剧的制作人，但他却是"雅文化"的热情捍卫者。虽然他有时欢迎大众文化通过流行乐、书籍或电影进行扩张，虽然他有时关注业余实践，但是史蒂文斯首先关心的是帮助杰出的艺术家发行作品，让人们了解他们，他遵照的是地道的欧洲传统。史蒂文斯的国家艺术基金会并不真正相信艺术具有流行形式，不太关注民间文化，他坚信文化问题是一个从上游进行教育的问题（所以要培养美国年轻人爱好美术和舞台艺术）和从下游进行传播的问题（必须增加在中小学的巡回演出和节目）。所以，他想要帮助扩大有教养的观众群，让尽可能多的人接触到高品质的作品。罗杰·史蒂文斯的行动路线完全沿着肯尼迪偏爱的一个主题："为美国文明寻

求卓越”。在他的演讲中，他不断重复说必须鼓励严肃戏剧，增加专业的交响乐团，创作“具有真正艺术品质”的舞蹈，发行一些基于“高 114
雅追求”的电影，让所有人都能接触到那些有思想的伟大的作品。

卓越？这不仅仅是史蒂文斯的异想天开。这首先是法令的精神。正式的立法文件明确表达，国家艺术基金会的创立是为了帮助“本质上具有艺术和文化意义的创作……，重点在于支持和鼓励专业的卓越”。稍后，法令再次明确，国家艺术基金会应当帮助“那些将会鼓励和扶助艺术家达到职业的卓越水平的项目[27]。”

在美国，更不用说在议会，这种对“雅文化”的高调定义是全新的。暂时性地，在长久的斗争之后，这一定义获得了国会的投票通过，似乎是被所有人接受了。但是，这只是暂时的停战而已。

### 越南战争的阴影

林登·约翰逊在艺术问题上的成功，及其在创建国家艺术基金会方面取得的杰出成就，并不能掩饰他在总统任期内的困难。与他之前的罗斯福和肯尼迪一样，约翰逊的内政曾经是独立于国际局势的，但是自从越南战争“美国化”以后，内政与国际局势这两个主题便倾向于混同。

从1965年起，约翰逊成为知识分子和艺术家们的批判对象，这是他整个总统任期的特色。由约翰逊隆重召集的“白宫艺术节”就是很好的例子。

这是一场“完全的灾难”：总统的朋友和幕僚埃里克·戈德曼用这样的话总结他身为组织者的这次“艺术节”的故事。这是约翰逊任期 115
之初制订的一个计划，1965年6月确定的，是要以独特的方式将白宫变成一个热闹的文化中心，有表演、朗读和展览，观众由国内几百名文化界的领军人物组成。晚上，在白宫的招待会和晚宴上，约翰逊将要对到场的当时美国最重要的艺术家们讲话。计划的意图是回到肯尼迪的魔力年代，计划是丰富而可观的：白宫“东厅”的戏剧演出有田纳西·威廉斯和阿瑟·米勒的两个片段；“国家宴会厅”的音乐演出是伦纳德·伯恩斯坦的歌剧《老实人》；舞蹈演出是吉恩·凯利亲自参加的他的一个芭蕾舞剧的片段；索尔·贝娄的朗读；还有电影，计划在“西翼”

放映希区柯克的《西北偏北》、伊利亚·卡赞的《码头风云》或者弗雷德·津内曼的《正午》片段。在白宫的走廊中还会展出一些独特的画作，从爱德华·霍珀到马克·罗斯科，从杰克逊·波拉克到贾斯珀·琼斯，从威廉·德·库宁到罗伯特·劳森伯格，还有将在“南草坪”上布置 11 座大型的雕塑，这片著名的草坪就在总统办公室的窗下。

在艺术节的前几天，当时美国文学界的摇滚明星、国民诗人罗伯特·洛威尔，被约翰逊邀请去朗读他的几首诗，他向总统致以公开信：“当上周有人打电话给我，要我去白宫参加艺术节，我恐怕有些过于仓促地接受了这一诱人的提议。那时我认为这是一个纯属艺术的场合，虽
116 然任何严肃的艺术家都知道不可能得到官方荣誉而又不或多或少卷入其中的。经过一个星期的考虑，我认为我的良心不允许我接受这份礼貌的邀请。我今日以公开信来表达，因为我参加的消息已经在报纸上公布，因为您这届政府的那些令人吃惊的行为。虽然我对您在内政方面促使国会通过的那些法令和您在这方面的想法满怀热情，但是我对您的外交政策只能感到最大的惊愕和厌恶……。我们有不知不觉地突然变成一个沙文主义国家的危险，我们可能正在滑向最终的核灾难……。在我们所处的令人焦虑的而且可能是决定性的时刻，我认为如果不参加白宫艺术节，我会对您更有用，能更好地为我的国家效力。”

这封信登载在 1965 年 6 月 3 日《纽约时报》头版，是一个导火线。最初同样接受了总统邀请的一些作家和艺术家也改变了主意，他们宣布退出以揭露约翰逊的越南政策，比如雕塑家亚历山大·考尔德，虽然他的一个作品就展示在白宫的门口。另一些人，比如哲学家汉娜·阿伦特，作家玛丽·麦卡锡和菲利普·罗斯，画家菲利普·古斯顿和马克·罗斯科，以及二十来位作家，其中包括六位普利策奖得主，他们签署一封电报来支持洛威尔的立场，表达他们对战争的反对，希望公众舆论不要将这次白宫艺术节混同为“艺术家群体对政府外交政策的认可”。

总统被艺术家们的态度激怒了，他不想落入他们为他设下的陷阱。但是又能怎么办呢？约翰逊先是怪罪了他的幕僚们，指责他们出了艺术
117 节这么个荒唐的主意，而当初他是鼓励这样做的。然而，很难取消艺术节，这样总统就有可能被当作艺术和言论自由的审查者和敌人，但如果

保留艺术节，则有可能在白宫内发生丑闻。约翰逊很好地归纳了眼下的局面："一些艺术家通过拒绝到场来羞辱我；另一些人则通过到场来羞辱我。"约翰逊暴怒，现在他骂那些艺术家"婊子养的"，称那些知识分子是"东海岸的亲肯尼迪的当权派"，他们批评他的外交政策，他们都是"白痴"，他表示艺术节期间他将留在他的得州牧场，命令联邦调查局仔细筛选166位受邀者的名单，这样他才暂时对局势感到满意。他这样做毫无用处，只会错误地让一些艺术家没有机会出席，比如女摄影师贝雷妮丝·阿博特，她无意进行批评，而且这样做并不能控制那些可能的捣乱者，如作家德怀特·麦克唐纳。

在1960年代中期，德怀特·麦克唐纳是一位著名的美国知识分子。他是文学记者、电影批评家、刊物创刊人，是一位所谓的"纽约知识分子"。最早，他是托洛茨基派，很长时间以来他都是大众文化的激烈批评者，却从1960年代开始转向文化左派，成为"新左派"的一个代表人物。最初，出于发自内心的反共思想，他对越南战争缄默不语，在1964年之后逐渐加入反战。于是，他频繁出入校园，出版一些反对征兵的文章，开始攻击约翰逊政府。1965年，他接到白宫的邀请，这是一个梦寐以求的借口，让他有所行动，实现一场政治"即兴剧"，让人们谈论他。

他与《纽约书评》的主编鲍勃·西尔弗斯一同策划行动，西尔弗 118
斯同他一样认为存在"一种道德义务来攻击艺术节"，麦克唐纳选择接受约翰逊的邀请，意图在白宫内让大家签署请愿书，引发丑闻。他撰写了一份抗议信让出席艺术节的人们在上面签名："我们想要明确一点，我们参加白宫艺术节并非我们远离罗伯特·洛威尔的勇敢立场，也并非支持政府的外交政策。相反，我们对于我国最近在越南的行为与罗伯特·洛威尔一样痛心。"麦克唐纳不满足于在艺术节期间进行请愿，根据约翰逊的幕僚们的说法，他"穿得像流浪汉一样"如约而至，在白宫内组织抵抗，散播混乱，对政府倍加痛斥和嘲讽。他甚至辱骂演员查尔顿·赫斯顿是"好莱坞不入流的奴才"，因为他拒绝在递给他的请愿信上签字，大概还因为他是共和党人，因为他演了《宾虚》。

但是，对于约翰逊来说噩梦尚未结束，他最后决定短暂出席艺术节。诗人马克·范多伦负责主持艺术节，尽管已经71岁，但他选择当着总统的面向未到场的作家罗伯特·洛威尔致敬。至于索尔·贝娄，他也在发言中明确地谈到洛威尔。另一位受邀来朗读他的小说的作家，他更愿意放弃自己的小说，作为替换，他在一片寂静中朗读了名为《广岛》的一部作品的片段。

119 在那晚简短的讲话中，总统仅仅缺乏热情地赞扬了艺术家们的独立性，加上一句对这些创作者的嘲讽："你们的艺术不是一件政治武器。"报界对此欢欣鼓舞，详细复述了艺术节上发生的每件事，艺术节彻底失败。

艺术节、洛威尔事件和德怀特·麦克唐纳的"活动"标志着约翰逊与知识分子和艺术家的关系的一个转折点。从此以后，随着越南战争加剧，总统与被他不太宽宏大量地称为"那帮人"的人，即纽约艺术节和知识分子之间的关系受到了持续的影响。渐渐地，在随后的任期里，他在白宫的晚宴上更愿意由那些古典舞的舞蹈家陪伴，据说他们不那么反叛，不像那些作家和思想家[28]。

## 约翰逊之谜

其实存在着某种约翰逊之谜，他当选以及最后的失败的情况都不太令人明了。美国内战以来第一位来自南方的当选美国总统，怎么可能成为了民权方面重大立法项目的首倡者？怎么可能关心关于艺术问题的离奇的立法活动？他怎么可能成为美国所通过的最具野心的艺术法令的缔造者？怎么能够想象约翰逊这位被纽约知识分子称为得克萨斯"土佬"的人与舞蹈家玛莎·葛莱姆和音乐家"公爵"艾灵顿、伊萨克·斯特恩和鲁道夫·塞尔金为伍，就像1968年11月在他任期的最后几周仍在做的那样？确实存在诸多令人费解的约翰逊之谜。

120 在选举失败以后，他的这个谜仍在继续。在新罕布什尔州民主党的初选中约翰逊的支持率大大地降低，外交政策越来越陷入越南战争的陷阱，最终在1968年3月末总统宣布他将不参加选举。虽然心不甘情不愿，但是他必须将总统的职位让给司法部长约翰·F．肯尼迪的弟弟罗伯特·肯尼迪，而罗伯特却在1968年6月4日加州初选获胜的当晚遇刺。作为最后的补救办法，约翰逊的对手、他的副总统休伯特·汉弗莱代替罗伯特成为总统候选人。但是，他无法匹敌共和党候选人理查德·尼克松，尼克松左手有纳尔逊·洛克菲勒，右手有罗纳德·里根：最终尼克松获胜。不管怎样，对于艺术问题，尼克松在1968年10月接受《华盛顿邮报》采访的时候表现出了善意。既然民主党与艺术界之间的鸿沟已然形成，为什么要害怕尼克松呢？到底为什么？

在约翰逊总统任期结束时，在他自己作为国家艺术基金会主席的任期结束时，罗杰·史蒂文斯得出乐观的结论："历史上第一次，美国证明了艺术是美国生活的有机部分。这一新的关注应该成为这个国家、总统和国会的骄傲的来源。"在另一个场合，史蒂文斯补充说："我认为我们今后可以说艺术界不再像从前那样担心政府介入文化可能会危害文化自由。"最后，在更晚的一次叙述中，罗杰·史蒂文斯可以毫不夸大地肯定："1964年到1968年之间，艺术从边缘过渡到我们国民生活的中心，艺术从此成为一个公共问题。联邦政府在文化中的角色从怀疑和 121
偏见过渡到热情的支持和接纳[29]。"

在正面的成绩之上，也许还应该加上几点不足。首先，应该相对地看待联邦政府的投入。在国会批准400万美元给国家艺术基金会的时候，福特基金会宣布承诺给美国各交响乐队的资金就超过8000万美元。与此同时，在纽约、芝加哥和旧金山，市长们也在用一些比国家艺术基金会更多的预算补贴文化。

可以用另一种方式看待国家艺术基金会最初的成绩，那就是看到这个新的事务处主要致力于一些能够让富裕阶层感兴趣的艺术样式。尽管约翰逊表示想要再度弘扬罗斯福精神，但国家艺术基金会是东北部精英阶级和文化当权派的产物。令人吃惊的是，在肯尼迪任期与约翰逊任期，民众阶层并不属于政府文化关注的范围，更不用说少数族群，他们在国家艺术基金会初期是缺位的。而约翰逊时代，美国内政中涌现了大规模的种族骚乱，骚乱首先于1965夏在洛杉矶的华兹区燃烧起来。令人惊讶的是，华兹区的骚乱竟然发生在支持黑人投票权的历史性的法案刚刚通过五天之后。事实上，约翰逊本人也没有回过神来，他的传记作者们描写了他的绝望和震惊，他拒绝相信，甚至拒绝阅读来自洛杉矶的警方和后来军方的电报，这些报告叙述了破坏的规模和遇难者人数(1965 年 8 月 11 日到 17 日之间，34 人死亡，1072 人受伤，4000 名黑人被投入监狱，超过 977 座建筑被击毁或遭到破坏)。马丁·路德·金
122 同样被吓坏了，他不久之后前往华兹区，穿行在废墟中，在为民权斗争十来年之后，他意识到黑人混乱无措的状态在美国仍在持续。在瓦砾中的一个小平台上的即兴演说中，金宣布："美国各处的黑人们必须拉起手来……"，"烧掉一切！"群众中的一个人喊道。马丁·路德·金不受干扰，他接着说："……一起以一种有创造力的方式进行努力。"

1966 年相继发生了 43 次种族骚乱，接着在 1967 年的前 9 个月又发生了 164 次，其中包括恐怖的纽瓦克和底特律骚乱。1968 年 4 月 4 日马丁·路德·金遇刺后，美国 122 个城市又发生了骚乱。所以，约翰逊时代在国际层面以越南战争为标志，而在内政方面以黑人骚乱为标志。

面对如此悲剧性的局面，面对在"市中心街区"内的巨大的紧张局面和黑人民众的这种深度的动荡，国家艺术基金会无所作为。大概一个微不足道的事务处没有什么可以采取行动的手段，但令人吃惊的是我们没有看到任何针对黑人的文化计划。文化可以成为武器，虽然有限，虽然是边缘性的，但毕竟是可以用于补充解决黑人聚居区问题和尝试避免骚乱的武器，这是一种可以设想的提议，但是却没有人动过这个念头。同时，在所有的美国总统当中，约翰逊是在黑人民权问题上走得最远的一位，民权曾经是他首要关注的问题，是他最大的立法成就（1964 年的《民权法案》，1965 年的《选举权法案》，1968 年的《公平住房法》）。他关于文化的计划没有民权方面的考量，这也许并不表明是总统的一种遗忘或者选择，而是那个时代的特点。1965 年，文化还不被
123 看作对黑人进行融合的社会与政治措施中的一种可能的元素。

国家艺术基金会是由肯尼迪手下的阿瑟·施莱辛格这样的"雅文化"代表人物设想出来的，由慈善家奥古斯特·赫克舍支持，由百万富翁罗杰·史蒂文斯创建的，他们都是美国白人清教徒知识分子的权力结构的象征人物，基金会是冷战的产物，是反抗大众文化的武器和精英阶级为保护"自己"的文化而进行的尝试。

# 第三章　美国文化政策的源起（1960 年之前） 125

> 曾经，这个国家的人们从未想象过历史的艺术遗产可能属于他们或他们可能拥有保护这一遗产的责任……。但是，最近几年来，他们看到大厅里满是由美国人创作的绘画。
>
> ——富兰克林 · 罗斯福（1941 年 3 月）

1969 年冬。纽约格林威治村。在惠特尼美术馆的旧建筑的台阶上，国家艺术基金会的负责人站立在纽约的寒风中。一个接着一个，一些老艺术家到来，缓慢登上台阶。这一事件的组织者，国家艺术基金会副主席迈克尔 · 斯特雷特回忆："我们站在台阶上方，看到所有的老前辈到来。他们中很多人已经多年没有见面了。他们无法相信华盛顿的两个官僚想要为他们举行纪念活动。在晚会结束前，有许多欢笑，也有许多泪水。"

那一晚，国家艺术基金会（NEA）为曾在 1930 年代为罗斯福的
"公共事业振兴署"（WPA）的文化计划效过力的仍然健在的人们组织 126
了一次盛大的纪念会。借口是一部书的出版，这本书叙述了那些"新政"艺术项目的历史，其目的更多的是政治上的，意在证明 WPA 与 NEA 之间的延续性。这是一道跨越时代的桥梁。这同样是美国历史上两大联邦艺术事务处之间关系的仅有的象征。

那一晚，NEA 追溯过去，追念 1965 年之前美国的"文化政策"，从而衡量已经走过的历程，是对过去的回归[1]。

## 从杰斐逊到罗斯福

从美国的诞生到1929年的经济危机，美国文化政策上的重要时刻并不多。人们主要记取这个国家的“国父”们关于艺术的几种漂亮的说法，但很少有具体行动，很少对艺术作品进行国家订购，没有国家剧院也没有国家歌剧院，没有政治决策，更鲜有法案出台。长久以来，军乐队是美国联邦文化政策的唯一体现。

1801年，白宫有过一个艺术计划，这多亏了身为建筑师、音乐家和作家的托马斯·杰斐逊。几位画家受国会委托完成一些关于美国革命的人物画，以便在国会大厦展示，但是这一政策局限于军事纪念的目的。此外，詹姆斯·史密森遗赠的巨额个人财产被用来创立了华盛顿的史密森学会，这是美国的第一个博物馆，是美国少见的公共博物馆之一。

127 在立法条文方面，议会的作为更加有限。在联邦政府级别建立艺术委员会的所有提案，虽然数量极少，但是都遭遇国会的坚定拒绝和议员们的嘲笑。当然，一个“美术委员会”最终于1910年由国会建立，然而其活动仅限于就华盛顿单个城市的公共建筑计划提供意见，而这些意见纯属建议性质。

在文化领域一直的无所作为中，唯一重要的例外就是1800年建立国会图书馆，这是如今全世界藏书量最大的图书馆。这是美国议会想要建立的，最初旨在收集议员们可能需要的书籍，但是从一开始就是向文学、艺术和音乐敞开大门的。

直到富兰克林·罗斯福就任总统之前，国家在艺术上的介入，虽然并非不存在，但至少是边缘性的，除了邮票的选择和几座联邦公共建筑的设计。如果与同一时期其他西方国家相比，这种态度是独特的，它使得美国特立独行，并成为持续至今的一个现象。虽然历史学家们用以解释这种对艺术保持沉默的原因不多，却比较有说服力：通常大家一致解释说，新英格兰的清教徒移民的清教教义和新教道德，他们将天主教的瞻礼音乐和视觉表现看作多余的装饰，直到18世纪晚期他们都拒绝任何舞台表演，还有费城贵格会教徒崇尚苦行以及一切从简，再加上拓荒者们的“实用”心态，他们看不出艺术有任何用处，这一切共同造成了这种沉默。“扬基”（北方佬）和“牛仔”的心态一样，虽然是美国开拓时代两种相反的形象，“扬基”甚至更加远离艺术，即便他们生活在纽约，他们仍在继续着“开拓边疆”的神话，他们的关注在“遥远 128
的西部”。总之，存在着这样一种拓荒者的认识，认为城市导致腐败，导向演艺，而农场和牧场才是理想的化身。艺术至少对一部分人而言是一种记忆中的经历，所以并非是美国人民必需的。

而且，整个 19 世纪的文学传统都是围绕着文化个人主义的想法建立起来的，艺术家应当过特立独行的生活，直到他能够找到一种所有人都能理解的共同的语言，这使他既成为艺术家又成为公众人物。在拉尔夫·沃尔多·爱默生的《文化》一文以及其他散文中，我们再次看到了这一想法，他相信“勇敢者”的个人灵感，他拒绝国家介入艺术，艺术从精神上是个人主义的，虽然更倾向于精英主义的个人主义。沃尔特·惠特曼则更加倾向于反智主义，更加倾向于民粹主义，他是美国诗人的象征，他 1871 年在《民主远景》中写道，欧洲文学的“源头在宫廷”，“让人感觉到君王的恩宠的味道”。要想与欧洲决裂，美国人必须采取“一种文化纲领”，它不局限于“唯一一个社会阶层、沙龙和演讲厅，而是扩展到实际生活，到西部，到劳动者，到农场、工程师的现实中去，到中下层妇女的现实去，一种足够博大，能包容最广阔的人类疆域的文化”。按照惠特曼的看法，这样的文学既崇尚个人，又尊重大众。

因此在 19 世纪的美国，艺术被视作欧洲“贵族的”残余，是旧大陆的颓废的、无意义的、奢侈的一种证明，与应当指引新大陆的美国人的简朴与理性精神相矛盾。因为美国首先要让自己成为欧洲的反面：美 129
国属于人民，而非属于一个精英阶级。虽然艺术有时可能得到慈善界的鼓励（主要是从 19 世纪末开始），但国家不能用属于大家的钱来资助艺术，因为艺术是一些针对少数人的活动。在美国，国家与艺术之间的隔绝将艺术实践与文化归之于私人领域。国家尤其不应该对于艺术有所看法，不应发出判断，也不应提供资金，这样做的话等于有所选择。文化依旧属于私人领域。

还应该补充的是，18 世纪末形成的美国政治模式对国家不信任，特别是对联邦政府不信任，在宪法中体现为联邦制度的建立，将所有社会、教育和文化问题下放到各州一级。各州在文化方面同样选择无所作为。

因此，很早美国国会便认为文化不是国会的事情，不应该指望国会来资助艺术。比如，19 世纪中期一位议员用了一个很具代表性的表述：“如果不动用公款，艺术在这个国家就无法繁荣的话，那么我们就让艺术消亡好了。”不论是南北战争，还是第一次世界大战，都未能改变这一传统，要等到富兰克林·罗斯福上台，局面才彻底改变。

## “联邦 1 号”

富兰克林·罗斯福似乎说过：“哈莉·弗拉纳根是仅次于我妻子的
130 美国最有势力的女人，她是我的劳工部长。”哈莉·弗拉纳根 1890 年出生于南部的达科他，曾在艾奥瓦州的格林内尔学院就读，这是位于中西部大平原上的一所男女合校的大学，拓荒者精神在那里仍然鲜活。同时，她在那里遇到哈里·霍普金斯，未来罗斯福手下的关键人物，她投身于戏剧，写作了她最早的几个剧本，后成为导演。虽然她最喜爱的首先是舞台剧的教学。

剧作家、教育家和文化行政主管，弗拉纳根像是美国的让·维拉尔*。她在美国是公共戏剧精神的化身，这种梦寐以求的对艺术与民众的混合，是民众的却不是民粹的，首先是在欧洲孕育起来的。随后，她在瓦萨尔学院（仅限招收女生）领导一个前卫戏剧计划，她开始制作一些古典戏剧，通过使用新技巧来将它们现代化。她主要致力于培训和教学，为她所在的社区服务，让业余爱好者能够发展出他们自己的表达方式。1935 年 5 月，哈里·霍普金斯邀请她到白宫见面。霍普金斯提议她领导联邦戏剧计划，这是公共事业振兴署最有力的项目之一，是富兰克林·罗斯福新近创建的“新政”的最大的社会文化计划。

---

* 让·维拉尔，Jean Vilar，1912—1971，法国戏剧导演。他于 1947 年创办的阿维尼翁戏剧节是欧洲乃至世界范围内最重要的戏剧艺术节之一，这个每年都举办一次的戏剧盛会被誉为“推动法国文化艺术的复苏与发展，让高雅的戏剧艺术走出殿堂、走入民间”的重要舞台。——译者

富兰克林·罗斯福是 1929 年经济危机之后听天由命的人。当这位纽约州的州长 1933 年入主白宫的时候，美国经济已然崩溃，国家政治结构正在解体。

总之这位民主党的总统是一位奇特的人。一方面，罗斯福是财富与精英的产物：他是哈得孙河谷的贵族，是共和党总统西奥多·罗斯福的 131
远房表亲（他娶了西奥多的侄女埃莉诺），他就读于最好的学校，野心勃勃，他是特权阶级的象征。另一方面，他后来染上一种儿童疾病（脊髓灰质炎），因此双腿瘫痪，根据所有传记作者的说法，这赋予他以社会责任感和对弱势群体的本能的深切同情。他是对抗命运的英雄，因为不能正常行走，他乘着车进行选战，他比其他人懂得更早开发收音机的潜力。他的名言："我们唯一恐惧的就是恐惧本身"，罗斯福用这句话来激励美国人重拾信心。他小心地回避惹人不快的问题（宗教、黑人的种族隔离、禁酒令），他因其社会纲领而当选总统，目的是在大萧条中帮助穷人和那些在 1929 年危机中破产的人，就是约翰·斯坦贝克在《愤怒的葡萄》中描写的那些人。当他在芝加哥接受民主党候选人提名时，罗斯福宣布："我向你们承诺，向自己承诺，给美国人民一个新经济政策。"几个星期之后，1932 年 11 月，他的胜利是一场真正的海啸，开始了人们所说的"罗斯福大同盟"。

罗斯福早于 1933 年至 1935 年建立整体社会纲领时，将文化内容包含其中的想法就已出现了，虽然起始这个部分还显得微不足道。罗斯福不太喜欢戏剧，他更喜欢收集邮票和船模，而非绘画和音乐，他的休闲活动仅限于刻苦运动加强手臂与上身的力量，他为何决定要帮助艺术家们？伟大的历史学家理查德·霍夫施塔特给出一种决定性的答案：那是为了实验。罗斯福说过："国家需要一些持续的实验，如果我没有弄错 132
它的脾性的话，国家要求大胆。选择一种方法并进行尝试，这属于常识。如果失败了，必须坦白承认，并尝试其他的东西。但是，首先，必须有所尝试。"

随着失业率逼近 30% 和银行系统的破产，罗斯福别无选择。他没有明确的经济学教条，也没有意识形态的偏见。他不喜欢那些"抽象思维的人”，总是更喜欢具有“大众情感”的凭直觉行事的人。他对新想法的适应能力极强。因此，当“新政”的最初纲领被设想出来的时候，当人们告诉他画家和音乐家也在失业；当他收到来自受大萧条危害的艺术家们的几百封绝望的信件时；收到破产的剧院经理们的电报时；收到陷入苦难生活的作家们的电报时，罗斯福立刻明白自己应该做些什么。有更多“抽象思维”的政治家对于投身某种文化纲领可能会犹豫不决，因为他知道资助艺术不是联邦政府的特长；更“审慎”的政治家可能会推迟行动，因为他面对着想象中会持反对意见的国会，而他又不愿撇开国会。而罗斯福在不征询国会意见的情况下，他“尝试”了。对于国家在艺术中应当扮演的角色，他没有任何预设的想法。“为什么不呢”，他说。“不管怎样，他们是人。他们应当活下去。我想他们唯一懂得做的事情就是画画：肯定有些公共场所是希望有一些画的。”画家们因此被纳入“新政”的计划，他们与水管工和出租车司机一样，所
133 有人都是平等的，只要他们没有工作。这是巧妙的回应，绝妙的美国实用主义，这是罗斯福的直觉特点的绝佳例子[3]。

这就是“新政”的精神。这不是一种事先想好的政策，而是一种正在进行的实验，一系列即兴之举，一些快速采纳的计划，有时同样突然被放弃。美国的“福利国家”（Welfare State）就是在这些年里产生的，建立其退休体系、失业救济、最低工资制度，并终结童工劳动。虽然许多法案没有完全实行或者随后被废除，但“新政”的那些社会法案是美国历史上最重要的社会保障立法。同时，这些伟大的“经济复兴”计划的特点仍然是对于扶助的恐惧和相信劳动是美德。“做好自己的一份工作”（We do our part）是随处可见的口号，说明每个人都应当在自己的层次上为国家出力。甚至在“新政”期间，美国人可以接受国家更多地介入，但是这种介入是与私人企业、农场、工业和美国人自己劳动中重新建设国家的信心的恢复同步进行的。这其实是以公益劳动为交换的工作福利制的鼻祖，也是福利救济的起源。

早在 1933 年秋，为了减轻美国的失业问题，罗斯福开展合同雇用创造就业的伟大计划，修建学校、道路和公园，超过 400 万人，其中很多是年轻人，他们因此在 1933 年 11 月到 1934 年 4 月间成为联邦政府

的雇工。在这些新劳动者中，许多艺术家得到招募，他们经常是去学校里教书或者从事一些多少与自己的才能有关的工作。1933 年至 1934 年间的第一次就业潮获得了些微的成功。

但是，从 1935 年起，罗斯福发起了“第二次新政”，比上一个计划 134
更加左倾，更加大胆，创立“公共事业振兴署”（以缩写 WPA 而闻名）。其目的始终是让数以百万的失业者重新就业，但是这一次国会和白宫雄心勃勃，为计划通过了巨额预算，想方设法使计划得以开展。由 WPA 修建了 600 座飞机场，建造和修缮 11 万个学校、火车站和邮局，建成 80 万公里道路和十万座桥梁。不要忘了“大古力”（Grand Coulee），哥伦比亚河上的这座大坝，它生产廉价的电力，供应中西部和加利福尼亚的大部分地区，这是美国历史上最庞大的公共项目之一。

领导 WPA 的人叫哈里·霍普金斯。他曾经担任国际红十字会和结核病协会的负责人，他是罗斯福总统任期中的关键人物，是总统的主要心腹，是总统在第二次世界大战期间最亲近的合作者之一。霍普金斯富有想象力和超凡的胆识，从一开始他就预见了 WPA 的文化空间，因为他知道艺术可以变成出色的普通民众的教育工具，尤其可能成为雄心勃勃的反失业斗争计划的一个重要组成部分。他还知道文化可以宽慰大萧条之后辛酸而焦虑的美国人，重新赋予他们某种统一。与罗斯福相反，霍普金斯还是一位文化人：他喜欢接触艺术家，沉浸于戏剧和音乐中，
他捍卫一种旨在更新与扩展美国民主的艺术观念。他相信创作者的社会 135
责任，相信通过艺术家与民众的相互接触来推动艺术进步。在这一点上，他代表了“新政”有些模糊的理想，而杰克逊、奥森·威尔斯和理查德·赖特这些因 WPA 而崭露头角的人物却是让人们去认真看待这种理想了。这一计划的主导思想，它在政治上的合理性理由，仍然是就业。霍金斯说：“最初，这的确是一个折中计划：是为需要工作的劳动者提供就业与为美国提供文化之间的妥协，重点放在社会保障方面[4]。”

为了证明罗斯福关注文化，霍普金斯为这些艺术计划起了一个足以传之后世的名字：Federal Project Number One（联邦 1 号计划），后来更多以“联邦 1 号”为人所知。这样，他设想出了美国文化史上最重要

的公共计划。

诗人与其他创作者在大萧条时期形同于公务员，“联邦1号”雇佣了几万名艺术家，他们分散在五个计划中：“联邦作家计划”给将近7000名作家发放薪酬（其中有纳尔逊·阿尔格林、索尔·贝娄、罗伯特·佛洛斯特、哈罗德·罗森堡与两位重要的黑人作家拉尔夫·埃利森和理查德·赖特）；“联邦艺术计划”通过为公共建筑完成一些作品来帮助几千名雕塑家和画家继续他们的职业，其中有马克·罗斯科和杰克逊·波拉克，而几百名摄影家，其中包括贝雷妮丝·阿博特，他们为危机中的美国留下纪录；“联邦音乐计划”对匹兹堡和布法罗交响乐团的成立做出了贡献，它发出作品订单，比如向阿隆·科普兰订购作品，通过每月举办5000场音乐会为16000名职业乐师发放薪水；后期的“联
136 邦舞蹈计划”尝试激发现代舞的活力。但是“联邦1号”的最著名的计划，也是最受争议的计划，就是“联邦戏剧计划”。

## “我们必须拥有一种真正的艺术戏剧”

1935年5月16日，哈莉·弗拉纳根在白宫受到哈里·霍普金斯的接见，在共同的求学时代他就认识这位戏剧活动家，对她向所有人推广戏剧的热情留有深刻的印象。他尤其看重她身上教育家和不倦的脚踏实地的斗争者的一面。约见的目的很明确：霍普金斯建议她来领导“联邦戏剧计划”。

埃莉诺·罗斯福与她之前和之后的第一夫人都不同，她是艺术的保护者，她当晚就接见了哈莉·弗拉纳根，她同样被弗拉纳根吸引了，她对她说：“唯一的问题是弄明白是否到了美国继欧洲之后能够将戏剧看作教育的一个有机部分的时候了。如果这必须由公民们投票通过，那么还可能不是时候。由于清教徒与戏剧演出的关系的影响，戏剧大概将是最后被人们接受的艺术。但是，既然国会对照顾处于困境的人们投了信任票，那么岂非至少有机会一试[5]？”

的确，为何不进行尝试呢？哈里·霍普金斯确定WPA的文化纲领的大致方向的时候，他考虑到“新政”初期的一些失利。此后，最重要的是仅仅雇佣有资质的人，在他们职业本行的范围内雇用他们（比如

让一个画家去画画，而非去河上修水坝）。这种尝试背后的想法是试图保留卓越计划，即使这一计划最终使文化变得让所有人都易于接受。137

通过在 1935 年 7 月宣布发起“联邦戏剧计划”，哈里·霍普金斯旨在“在美国创造一类新的戏剧”：一种“自由、成熟、没有审查”的戏剧。为此，他打算集中力量用于高品质喜剧。为了说服弗拉纳根接受这一挑战，他说：“这个计划必须由一个从一开始就看出这一计划的公共利益而不是金钱利益的人来领导。它必须由一个不仅仅关注商业戏剧的人来领导。我了解你十年来的剧作，这是一些有关美国生活的作品。我想要的是一件美国的成就，而不仅仅是纽约的成就。我想要一个熟悉而且关心国家其他地区的人，这正好是适合你的职位[6]。”

具体说来，最初的想法是在纽约、洛杉矶、芝加哥、波士顿、新奥尔良建立五个大剧院。这是一些配有剧团的专业剧院，完全由 WPA 出资，从这些远离中央的据点出发，剧团在五大地区进行巡回演出，刻意在各州和各城市的一些更小的剧场演出。公立大学的剧团也被委以使命，它们发掘和帮助一些年轻的剧作家，他们的剧作将搬上地区剧院的舞台。在 1935 年 11 月《戏剧艺术》杂志上，哈莉·弗拉纳根在接受了这一挑战之后热情地概括了这一计划：“在美国各地，我们都需要一些实验剧团，一些新剧作，需要发现一些新的剧作家。必须将重点放在地区和当地的作品。我们需要哈莱姆区、圣路易斯和亚拉巴马的黑人剧团。我们需要一种适应于新时代的和前所未有的形势的戏剧。我们还必 138
须拥有一种真正的艺术戏剧。”

实验是整体活力的核心，从这个角度看，对黑人戏剧的重视是有意义的。南方仍然由种族隔离主导，在这一时代背景下，这样的承诺，而且是使用公共资金，这实际上对应着一种大胆甚至冒险的联邦政策。

从根本上讲，计划的主导思想是产生新的观众。虽然这一使命是在华盛顿从意识形态层面上确定的，但是在实践上它很快有了非常具体的形式。在医院、修道院和童子军营，喜剧演员络绎不绝。在退休疗养院、青少年教养院，甚至在弹药库，那些近乎免费观看联邦戏剧计划的剧作的人中有许多在此之前从未看过舞台剧。所针对的民众不仅是“照顾不周的”民众比如农民或工人，还有黑人、非法农业工人或者无家可归者。联邦戏剧计划多次同警方一起进行戏剧实践，以此来限制醉酒司机的不谨慎行为，或者为上肢残疾儿童设计出一种木偶戏。而且，主题本身也是非常规的：关于梅毒或黑人住房困难的一些剧作被搬上舞台，还有一些剧作是关于田纳西农村地区供电、农民贫困问题或组织工会的重要性。不要忘记广播剧，在那个时代广播剧以“空中剧场”的名字
139 得到了很大发展。通过所有手段让所有公众接触到戏剧，这种考虑自然导向了一种不太严格的戏剧。华盛顿的联邦戏剧计划的领导层当然支持一种替代大众文化的戏剧，但是许多当地的经理人为了拥有观众，他们倾向于模仿商业剧团，甚至有时倾向于寻求成功和收益。

文化上奋进的志愿精神从未让人忘记就业的重要性。在华盛顿，霍普金斯和弗拉纳根还强加了一些补贴的使用规则，补贴的90%必须用于支付薪酬，而将其余的各项开支包括行政费、推广费和装潢费等限制在10%以内。“我们在这里是为了就业。最初如此，最终也如此。一直如此。WPA就是工作——别忘了这个[7]”，霍普金斯对弗拉纳根一再强调。

估计有近2500万美国人在1935年至1939年间看过联邦戏剧计划的戏剧。近1.3万名戏剧演员和技术人员被招募，在31个州里创作了近830部戏。巨大的数量上的成功之上，必须加上质量层面的更大成就。虽然由“新政”推出的几十名新艺术家中有阿瑟·米勒，后来的电影导演约翰·休斯顿、尼古拉斯·雷和约瑟夫·罗西，但是奥森·威尔斯最能代表联邦戏剧计划的成就和局限。他实现了令人难忘的《麦克白》的“伏都教”版本和哈莱姆黑人剧团的清一色黑人的角色分配，以及用穿着现代服装的《裘里斯·凯撒》影射墨索里尼的法西斯主义的意大利。尤其是，他导演了《大厦将倾》（*The Cradle Will Rock*），这部支持工会和反商业化的音乐剧，大大地激怒了罗斯福，以至于联邦戏剧计划从这部戏中退出。因此，奥森·威尔斯辞职并重新创作剧本，他发起了自己的剧团“水星剧团”，使其首场演出成为独立戏剧的一件大
140 事，拒绝审查和政府对创作的任何干涉！的确，联邦戏剧计划的许多作品都是进步的：国会中的那些反对“新政”的人立刻将之理解为“共产主义的”。

“联邦 1 号”存在了不足十年，但它在美国历史上的影响却是持久的。它的终止有着多重原因：首先，经济衰退要求重新恢复预算的平衡，随后，战争迫使人们关注其他事情，造成了失业的突然下降，再后来，罗斯福的去世使“新政”的这些最新计划失去了它们的缔造者，最后，也可能是最初的原因，那就是意识形态之战。

WPA 的任何计划都没有受到过像“联邦戏剧计划”这么多的批评。早在 1938 年，国会的保守派就整体审视了“联邦 1 号”的计划，他们尤其批判了由政府出资的那些剧作。著名的国会非美活动调查委员会（House Committee on Un-American Activities）审查了由 WPA 制作的戏剧和书籍。实际上，透过这种突然针对文化的暴力，所针对的是整个 WPA 以及在其之上的“新政”。这解释了为何罗斯福在短暂抗拒之后很快牺牲了那些最受争议的计划。他宣布：“我总不能同意所有热情的年轻人都开始在司法部的公共建筑上绘制列宁像吧[8]。”

在公开听证中，许多行政管理上的混乱受到国会的指摘，国会揭露某种“官方艺术”正在形成，一些作品由于它们的政治化、反美或淫秽而遭到猛烈批判。哈莉·弗拉纳根被不客气地召去，她徒劳地捍卫那些剧作的品质，她遭到严厉的询问：“你给我们解释一下这个作家马洛 141
是谁，让我们获得适当的参照。他是共产党吗？”“联邦戏剧计划”吗？按照对 WPA 进行调查的委员会主席的说法，这是一个“共产党的老巢”，“散布的共产主义宣传比共产党自身所做的还要多[9]”。

弗拉纳根尽力为自己辩护，她回顾了计划所做出的成绩，创作的剧本的数量、观众的数量、村镇和黑人街区的戏剧。她提供了一些数字，而那些指责她的人却想知道一些人的姓名。她解释了联邦戏剧计划为何是“美国文化的实验室”，她坚持让大家去看已经实现的实验，尽管有错误，但应该从“美国文化的未来视野”来看待。人们开始怀疑她是共产党，因为她曾经在俄国学习斯坦尼斯拉夫戏剧，这时她感到自己的辩解是徒劳的，她在自己的观点上毫不让步。她用下面这些豪迈的话总结了她具有进攻性的发言：“我看到了所有的一切，我深深地相信如果任何人将这些成就与我们最初的绝望和无力感进行比较的话，他会相信联邦戏剧计划将有能力改善美国人的生活和文化。”作为结束语，她说道：“联邦戏剧成功了，因为它的肠胃深处带有对饥饿的回忆[10]。”

像是提前到来的麦卡锡主义，在漫长而激烈的听证之后，“联邦1号”于1939年6月30日被国会解散，它的各个组成部分被下放到各州，“联邦戏剧计划”除外，它立刻被完全废除。埃莉诺·罗斯福已经成为重要的艺术保护人，她很伤心，在一封令人感动的信中，她对哈
142 莉·弗拉纳根写道：“对于联邦戏剧的结束，我比我所能表达出的更加伤心。”她向弗拉纳根“实现的巨大工程”致敬，虽然她丈夫富兰克林·罗斯福没有做什么事情来阻止解散她最珍爱的计划。哈莉·弗拉纳根则尝试继续斗争，她请求罗斯福成立一个国家一级的艺术部，但如同人们所能猜到的那样，她的提议没有结果。于是，她致信所有地区的领导人，她在信中揭露关于“联邦戏剧”的一再重复的谎言，要求他们“继续努力让国家投入美国戏剧”，她用下面的话结束信件：“保持勇气。”1942年春，所有其他计划都终止了。美国的文化雄心成为过去[11]。

WPA和“联邦1号”都未能在美国产生文化政策。因为想在萧条时期减少失业，罗斯福首先构建一种就业政策。这是一个给美国人提供工作的计划，而非资助创作的计划。那个时代的关键词是罗斯福不断使用的“救济”而不是“文化”。

罗斯福从未想过“新政”以及对艺术的公共开支应该成为一种永久政策。对于他来说，这是对抗失业的一段插曲。他的“联邦1号”构想出一种公共戏剧，并非依照欧洲模式，也不是基于某种独特的美学理论，而是按照美国模式，即就业、行动和经济增长的模式。有些人希望WPA的文化计划能够被国会重新采纳，成为战后联邦文化政策的原
143 型，国会明确拒绝了这种想法。我们可以饶有兴趣地看到保守派议员用来摧毁“联邦1号”的论据——低俗、共产主义、华盛顿中央集权、艺术政治化——后来再次涌现，几乎是用同样的言辞，比如在1950年代反对国务院的提案的时候，以及1990年代初反对国家艺术基金会的时候。

相对于市场而言，成绩也并不突出。面对大众文化，“新政”的计

划没有太大分量：相对于同时代《生活》杂志的摄影师，WPA 的公共摄影师影响力有限；相对于开始占据时代广场的摩天大楼的那些广告牌，艺术家们的壁画的反响有限；由联邦作家计划出版的地区指南没有同时代发明出来的 25 美分的袖珍本图书成功，而联邦戏剧计划没有改变百老汇和好莱坞的进程。更糟的是，WPA 没有建立任何广播电台、任何电影公司、任何唱片公司或者国家大剧院。通过毁掉 WPA，国会象征性地向市场屈服，在这个事务处终结以后，市场比以往更加占据主导地位。

虽然如此，不应该低估这次经验的益处。随着罗斯福的文化计划，数不清的艺术家涌现出来并在战后成名，除此以外，应该看到“联邦 1 号”对美国社会中“文化门类”的出现有所贡献，那就是致力于“文化”的活动、演员、人员的集合。特别值得关注的是，这是美国历史上过去被看作无关紧要的活动和无用的奢侈的艺术家的职业第一次变成一个被接受的职业，以至于罗斯福决定让这些文化工作者走出失业。 144

1930 年代受到民众阶层（和黑人少数族群）进入美国文化的影响，既是作为消费者，又是作为生产者，WPA 的哲学同样与此分不开。的确，在美国这是“左派”艺术文化对于美国文化的整体第一次具有真正的影响。在大萧条的过程中，艺术家、作家、电影人在工会组织的社会运动中加入劳动者的行列，当然也与共产党会合。有趣的是，虽然有时是不情愿的，国家通过“联邦 1 号”同这一社会运动联合起来，大众文化产业从定义上讲虽然是商业化的，但它同样参与进来。沃尔特·迪斯尼公司的动画师在街头罢工游行，比莉·哈乐黛演唱的《奇怪的果子》（*Strange Fruit*）成为反对针对黑人施以私刑和 1930 年代的种族隔离的伟大歌曲，“公爵”艾灵顿制作《欢欣鼓舞》（*Jump for Joy*）的极端音乐，纺织工人在百老汇的传奇性的剧作《如坐针毡》（*Pins and Needles*）中演出，人们欢迎《等待老左》这部当时在百老汇有名的工人戏剧。随着 WPA 的口号“Chicken in every pot and fine arts in every home”（家家锅里有鸡肉，户户屋中有美术），美国历史上民众首次如此大规模地投身文化，既是为了产出文化，又是为了在日常生活中体验文化。

“联邦1号”的文化计划持久地影响了文化界，至少是在象征层面上。在1960年代，在肯尼迪与约翰逊的任期中，在涉及尝试构想一种联邦文化政策的时候，人们不断地援引WPA这几个有魔力的字母。这
145 种迷恋却有着一种必然结果：若是不被当作一件丑恶的事情，这个例证一直以来引起的仇恨和WPA的恐怖幽灵也是经常被那些反对有任何国家文化政策的人作为反面事例挂在嘴上的。吸引或者反感，这一经验最终成为某种象征，它为1930年代以来所有关于对文化的公共介入的讨论定下了调子。

最本质的东西也许在别处。WPA不仅仅是一个社会计划或者一个政治例证，它首先是一个国家计划。通过“联邦1号”的工作，美国艺术家们意识到自己相对于欧洲艺术家的独特性，他们首次以独立的方式来自我界定。WPA引导美国去寻求一种“属于自己”的文化。从哈莱姆的复兴到格林威治村，从爵士乐大流行到新现代绘画，从乔治·格什温到阿隆·科普兰，从比莉·哈乐黛到“公爵”艾灵顿，美国在这十年里找到了艺术史上自己的“声音”，它是特别的而且已经是大众的。WPA标志着一种独特的、民族的文化意识形态的诞生。

富兰克林·罗斯福1941年为华盛顿国家美术馆（National Gallery of Art）揭幕，这是美国少有的“公共”美术馆之一，他以此很好地概括了这种意识的形成。他在美国参战之前的几个月进行了重要演讲，这标志着美国在文化方面的劣势感的终结。在这一点上，这是一个重要的转折点，预先宣告了二战胜利后全球文化的美国化。罗斯福说：“曾经，这个国家的人们从未想象过历史的艺术遗产可能属于他们或他们可能拥
146 有保护这一遗产的责任。几代人之前，人们对美国人说——作家、批评家和教师们不断重复这一点——艺术对于美国和他们自己来说是陌生的东西。这是某种来自另一个大陆的，来自另一个时代的，不属于他们的东西……。但是，最近这几年来，他们看到大厅里满是由美国人创作的绘画。有些绘画是高品质的，有些不是，但是全都是他们自己国家的，是有人情味的、热情的和鲜活的。从此，这个国家的人们知道，不论人们过去是怎么教导他们的，艺术现在不仅是能够拥有的东西，而且是可

以从事的事业。而构成艺术的东西，正是人们从事的艺术，而非人们占有的艺术。”说过这番话，罗斯福继续说，就像是要面对受威胁的欧洲艺术去开辟新时代：“这便是为何美国人民要关注古老的艺术遗产——这个世界遭到武装侵犯，一些国家被入侵，一些人被囚禁，他们的作品被毁掉。这便是为何美国人如今接受荷尔拜因和丢勒这样的德国画家的作品、波堤切利和拉斐尔这样的意大利画家和凡·戴克和伦勃朗这样的荷兰画家的作品、接受那些著名的法国人、西班牙人的作品。这便是为何美国人如今接受了对于过去的艺术作品负有责任，那就是以美国人民的名义去捍卫人类精神和思想的自由，即产生了伟大艺术作品和全部科学的自由，我们应该保证这些自由不被完全毁灭[12]。”

富兰克林·罗斯福的这些话在今天的欧洲人听来，就像是一条有些令人痛苦的预言。罗斯福讲，不仅美国不再是“乡巴佬”，而且开始创造自己的文化，这种文化将在后来的几十年中主导世界，最令人感动羞辱的是，美国人今后将上升到“文明”和欧洲艺术的伟大保护人的地 147
位，在欧洲战火纷飞的时候欧洲人将受到自由的国度的欢迎。罗斯福永远站在那里，在华盛顿的这座巨大的美国公共美术馆里，在意大利文艺复兴和法国印象派的画作中间，他朴实无华，勇于实验，他的直觉超过知性，他让人们明白文化的欧洲这一篇章已经翻过去了。

## “冷文化”

自罗斯福执政时期产生的 WPA 的结束到约翰逊执政时期联邦艺术事务处的诞生，1943 年至 1965 年经常被看作美国文化政策上“无所作为”的年代。政府的不关注、国会的轻视、被搁置的报告、没有结果的法律提案以及从未投票通过的预算，冷战时期成了一个“冷文化”的时期。然而，虽然在内政上如此，但是在外交上却不一定。

美国关于文化的官方话语最初是为了 1930 年代大萧条后的就业问题和后来 1940 年代的反纳粹斗争，在 1945 年之后则调整为用以应对共产主义的新危险。罗斯福的社会思想结束了，问题不再是将艺术家“公务员化”，现在要重新以创作自由为中心。

从罗斯福到里根，美国经历了冷战，就像是一次生存方式上的十字

军东征，与在军事上一样，美国要在艺术上打赢对苏联的“文化冷
148 战”。无可避免地，在杜鲁门的任期，特别是在艾森豪威尔的任期里，文化成为将“美国民主福音”扩展到国外并尝试在那里赢得亲美派的一种手段。这是国际文化交流的重要年代，或多或少受到国务院的远程遥控，或多或少由中央情报局就地领导。本书的主题不具体涉及美国的这种外交文化政策，对此的讨论可以成为一本单独的论著。此处，只需提及这种外交文化政策在杜鲁门和艾森豪威尔年代在国内产生的反响。因为，在任何历史时期，美国都没有如此程度地混同国内与国外文化问题，两者从未这样混杂过。

早在罗斯福的任期就设想出国内与国外文化攻心战的最初元素。1942 年，一个“文化交流”计划——实际是纯粹的宣传——在“战争部”内部发起，不久，一个“文化合作”计划在国务院里制定。引用一位国务院高官的话，目的是向国外证明，“向所有认为美国是一个物质主义者的国家的那些人证明，这个产生杰出的科学家和工程师的国家同样产出一些有创造力的艺术家[13]”。在这种战争宣传的逻辑下，美国人已经利用了他们的所有潜能，他们动员了好莱坞、唱片公司、各大出版社，建立“美国之音”电台，甚至鼓励推广一些展览会。这些措施的核心内容就是创作自由。

给艺术家自由，用美国的话来说，就是避免行政的任何干预、政府
149 的任何控制，更明确地讲，即在内政中将对文化的资助交给慈善业、基金会和市场。担心中央集权可能会阻碍所有美国人都能接触到文化，担心官僚体系产生的一些上层建筑会消灭责任与创新；担心国家独断艺术标准而导致文化的政治化：这一切共同地限制着国家卷入文化。这背后针对的当然是共产主义的模式。

1940 年代末和 1950 年代初，文化在美国成为“赤色恐慌”（Red Scare）的同义语。共和党在寻求一种武器来批判民主党，他们在议会发起一些公开听证，目的是证明罗斯福和杜鲁门政府容忍甚至鼓励了共产党的颠覆行为。在参议院，一位来自威斯康星州的共和党人约瑟夫·麦卡锡，一个出身于乡村基督教家庭的小布尔乔亚，在众议院的非美活动调查委员会，他们转而对付好莱坞，借口是赤色分子已经渗透到电影

产业。在“新政”期间在联邦戏剧计划中进行创作的或者在好莱坞处于“前卫”地位的许多艺术家如今被传唤到议会作证，讲述他们与共产党的所谓的“蜜月期”，揭发他们过去的“同路人”。一方面，领导职业电影演员的主要联合会电影演员工会（Screen Actors Guild）的罗纳德·里根对 1947 年开始的迫害听之任之，而伊利亚·卡赞则同意揭发他的电影界的朋友们；另一方面，与此相反，剧作家阿瑟·米勒拒绝提供名单，他援引美国宪法第五修正案，该修正案允许不回答讯问。拒绝表明自己政治主张的十个人（“好莱坞十人”）在非常具有攻击性的听 150
证之后被关进监狱，这些听证会让非美活动调查委员会中最强硬的成员之一理查德·尼克松一举成名。

从 1947 年国会举行第一次关于共产主义问题的听证会到 1954 年约瑟夫·麦卡锡最终被参议院免职，1.5 万人受到排挤和列入黑名单——他们中有音乐家乔治·格什温、伦纳德·伯恩斯坦和阿隆·科普兰，作家欧内斯特·海明威、诺曼·梅勒和阿瑟·米勒，还有建筑师弗兰克·劳埃德·赖特。

但是，到处看到共产党的这种恐慌不仅限于好莱坞和这象征性的十个人。“美国之音”电台也遭到国会的审查；各美国使馆的图书馆被清除了可疑书籍；在大学、工会、法庭、各州和各城市中，大家都在努力清除自己内部的真正的或子虚乌有的共产党；至于国务院，他们很快就取消了阿尔图罗·托斯卡尼尼的国际巡回演出，原因是他指挥的交响乐团中的 101 位成员中有四位具有亲共“态度”。

麦卡锡主义最自相矛盾的一页，或许也是最讽刺的一页，就是由国会进行的反对现代艺术的、特别是反对所谓“抽象表现主义”运动的战役。

这场斗争是自我矛盾的，因为它的目的是打击那些不代表美国精神的、或被怀疑为共产党的艺术家，然而抽象表现主义却是现代艺术中最具美国特色的，它很好地代表了冷战时期美国的意识形态——自由和个 151
人主义，而且它比之前的任何其他造型艺术运动都更加有助于定义美国的文化认同，在文化方面，它是美国主要的冷战武器。

抽象表现主义是在大萧条结束时在纽约兴起的，其主要代言人马克·罗斯科和杰克逊·波拉克接受了罗斯福任期里由 WPA 建立的联邦艺术计划的奖助金。这一运动同样以“纽约画派”的称呼而闻名，它部分地是一种对“新政”之初那些艺术家主张的有些天真的写实主义的回应，是对 WPA 或多或少地强加的政治程式的反对。对于“联邦 1 号”的领导者来说，“新政”的艺术家被设想为社会工作者，他们应当是现实的，应当“教育”民众，选择一些接近平民生活的主题，并因此通过强调艺术的教育和社会功能而有助于将艺术扩展到尽可能多的人。与此相反，抽象表现主义的画家们想要更加非政治化，他们不追求写实，他们更加关注自己内在的和独特的艺术手段，而不是关注当代民众的苦难。他们参照欧洲移民艺术家如马塞尔·杜尚、安德烈·布勒东、马克·夏加尔、胡安·米罗、萨尔瓦多·达利和彼埃·蒙德里安，他们立即将自己定位为一种“前卫”艺术，它的极端性不是政治上的，而是美学上的。他们蓄意晦涩和让人不易理解，他们从画作中消除了任何主题，靠自己的直觉和性情来指引，他们创造的艺术与美国中产阶级的趣味无法相容，他们并不关心“教育”民众。作为世界公民，抽象表现主义的画家想让自己国际化，他们的目的不是推出美国的国家神
152 话，而那些“新政”艺术家却更加土气，更多地发掘本土遗产、本土记忆和民俗。最后一点，抽象表现主义采取的是战后美国的模式，捍卫自由和个人主义，他们信任市场、富有的收藏家和私人画廊，而不是 WPA 的补贴及其宣传鼓动。

在艺术史上，这一代美国画家的成熟——巴内特·纽曼、威廉·德·库宁、阿希尔·高尔基、弗兰兹·克莱因、克利福特·史蒂尔和罗伯特·马瑟韦尔，以及罗斯科和波拉克构成了 20 世纪的一个重大转折。如同艺术史家们经常描述的那样，这一转折反映为现代艺术的地理转移，从它的战前之都巴黎转移到战后之都纽约，这一胜利在很大程度上在其后五十多年都保持有效。

很早，国务院就尝试将这一现代艺术流派变成工具，用来向国外推广美国价值。必须说，从美国官方宣传的角度来看，这些艺术家具有双

重优势：一方面，他们的抽象作品呈现出与克里姆林宫强加给苏联艺术家的“社会现实主义”程式与天真有着切实的决裂；另一方面，它们表现出最大的表现自由，没有意识形态，表现出一种打破传统的自发性，批评家哈罗德·罗森堡的著名表述对此有很好的定义，他称之为“行动绘画”（action painting）。作为一个开放的不从众的社会的象征，抽象表现主义尤其证明了美国与苏联在宣传中所表现的完全相反，它在艺术上不可能被定性为简单的“一潭死水”。现代艺术博物馆的馆长阿尔弗雷德·巴尔后来用这个绝妙的表述来定义这种艺术：抽象表现主义 153
是一种“艺术的自由事业”[14]。

正是出于宣传的目的，国务院 1946 年决定资助两个展览计划，旨在让国外了解美国艺术。第一个计划（“美国实业界艺术赞助计划”[American Industry Sponsors Art]）在于让美国富有的收藏家借给国务院的作品在全世界，尤其在欧洲巡展。虽然这一计划规模有限，但是展览普遍受到欢迎。

相反，第二个计划（“推进美国艺术计划”[Advancing American Art]）在于购买 79 部美国现代艺术作品，其中包括几部抽象表现主义作品，计划的目的是将它们送到国外展出。而且，1946 年秋季，展览在纽约大都会艺术博物馆举行时，受到评论界的热烈欢迎。

这种灵活的外交政策无疑对于某些国会中的共和党议员来说太过于微妙而难以理解了，他们在 1947 年对抽象艺术发起猛烈的批评。这场运动的领袖是密歇根州的共和党议员乔治·唐德罗，他发起一次真正的战役，要清除美国艺术中他认为是新共产主义阵线的东西，这一次针对的是现代艺术。对于他来说，所有能动的东西都是赤色的。在 1950 年代，唐德罗相当于后来 1990 年代的杰西·赫尔姆斯：两个狂热的疯子，话语中夹缠着道德说教，扮演着驱魔者的角色。一开始，唐德罗在全体会议上反对利用抽象表现主义的作品在海外代表美国。对于他来说，“那些‘主义’的黑骑士”，那些“未来主义、立体主义、达达主义、 154
表现主义、超现实主义”的艺术家，他们属于共产党的阴谋，旨在破坏美国的道德基础：“所有这些‘主义’都来源于国外，在美国艺术中真不应该拥有它们的位置。”唐德罗补充说：“在俄国的黑心肠里孕育的阴险的密谋在美国成为对艺术的一种威胁。”他揭露这个“文化第五纵队”的欧洲源头，他将这一阴谋与某种“社会主义艺术”的概念联系在一起，揭露他们想要建立一个“计划”来支持一种“永久基础上的政府艺术纲领”。唐德罗解释说：“现代艺术是共产主义的，因为它是畸形的和丑陋的，因为它不歌颂我们伟大的国家、我们快乐而有笑容的人民和我们的物质进步。它不用简单的、显而易见的词语，不用所有人都能明白的词语来歌颂我们神奇的国家，这种艺术让人不快。从事这种艺术的或推广这种艺术的那些人是我们的敌人。”在审查之后，参加国务院的画展的 47 名艺术家中的 18 名出席了非美活动调查委员会的众议院听证会，其中的三人曾经是共产党员[15]。

虽然共和党旨在通过这种反文化战略来动摇民主党的杜鲁门政府，但是那些学院派的画家却利用了这个机会来同现代绘画算账。至于保守派的报纸，他们在打民粹牌，揭露这些艺术家的“道德疏失”和“共产主义渗透”。因此，从国会到报界，包括传统艺术界，由国务院资助的现代艺术的境外展览在不求甚解的民族主义的背景下变成美国战后最激烈的争论之一。

155 杜鲁门总统不太关心是否应该对现代画家表示什么支持，他立刻与展览划清界限，尖刻地揭露这些被涉及的艺术家，说他们为了画画而“远离画布，从远处泼油彩……如果这也是艺术，那我就是教皇了[16]”。一个月以后，新国务卿乔治·马歇尔更加过火，他干脆让人取消计划，没收画作。他宣布纳税人的钱绝不再用来资助任何现代艺术展览。在纽约惠特尼现代艺术美术馆的最后一次展出后，这些作品最后在 1947 年拍卖，为政府收回了 5544 美元，是最初投资的十分之一，不足它们后来售价的几百分之一。展览的发起是为了展示美国向现代开放和保护艺术家自由的面貌，它却反过来对国务院不利。总之，此事以失败而告终，甚至变成灾难性的自食其果，虽然在杜鲁门任期里仍然保持着艺术独立于政治的官方路线。

尽管被联邦政府放弃，美国抽象艺术在整个 1950 年代却继续由大的私人基金会和大博物馆进行推广。纽约的现代艺术博物馆（MoMA）

对于将这一流派确立为现代艺术的象征有着特别的贡献。各个基金会继续开展着原本由国务院开始的工作，这些基金会甚至受到中央情报局的秘密资助。

MoMA 的国际计划为何要接过火炬，它又如何能够承担这项工作？
要想弄明白这一过渡，必须看到这一时期 MoMA 与国务院之间存在的相 156
互渗透的关系，不可忽视这个博物馆很大程度上是受到洛克菲勒兄弟基金会的支持的。纳尔逊·洛克菲勒本人曾先后任 MoMA 董事长和副国务卿，MoMA 的新馆长勒内·德·阿农古曾经负责国务院美洲司的艺术部门。

借助洛克菲勒兄弟基金会的一笔 62.5 万美元的捐赠，1952 年 MoMA 发起一个国际计划，纳尔逊·洛克菲勒安排自己一个曾经的国务院的合作者来负责这一计划，他与中央情报局应该也有关系。

MoMA 的国际计划以推介抽象表现主义的画家为使命：一些展览被送往欧洲，特别是“美国现代艺术展”，它在八个欧洲大城市巡回，展览中包括 12 位抽象画家。几年之后，1958 年至 1959 年，MoMA 推出“新美国绘画展”，这次新画展巡回八个欧洲城市，仍旧是由洛克菲勒兄弟基金会出资，展览伴随有一个目录，目录前言由阿尔弗雷德·巴尔撰写，他是 MoMA 的首任馆长，是一位抽象表现主义的重要捍卫者。在这篇取悦中央情报局的反共的文章中，巴尔写道：“大多数抽象表现主义的艺术家在大萧条的十年中曾经天真地受到共产主义的吸引，共产党的手腕和操纵以及社会现实主义本身让他们幻灭了[17]。”

必须在这一整体背景下来定位一个有趣的事件：MoMA 回购了威尼斯双年展的美国馆。这一点值得说一说，这是美国文化体制的特色。 157

双年展的美国馆建于 1930 年，最初由纽约的一些画廊出资，在二十来年的时间里持续以独立方式经营，虽然一些大美术馆如纽约惠特尼现代艺术博物馆、华盛顿国家美术馆和 MoMA 曾受邀在该馆推介艺术家。1952 年至 1953 年，谈到了国务院回收该馆的问题，但那时候现代艺术正遭到右派麦卡锡主义者的批判，美国国务院更倾向拒绝承担责任。因此，它倾向由一些基金会和独立机构共同管理的替代计划。1954

年，MoMA 买下了威尼斯的美国馆（还有圣保罗双年展的美国馆），在十年中负责选拔和资助“官方”的美国艺术家。MoMA 自由地选择艺术家，并资助他们的展览。1958 年，马克·罗斯科首屈一指；1960 年则是菲利普·古斯顿和弗兰兹·克莱因。在这一现代艺术的世界大聚会上，美国是唯一没有政府场馆代表的国家，却是由一个“私立”场馆来代表。

这一事例是很能说明问题的，而且在此后将不断重复。国务院于 1964 年回收了威尼斯馆，但是在 1966 年，由于反对越战的抗议活动，国务院被迫将经营权转让给史密森学会，这个囊括了华盛顿各博物馆的公共机构。从 1976 年起，一个独立的专业组织“美国艺术联盟”（American Federation of Arts）用国家艺术基金会的少量的补贴收购了美国馆，后来从 1980 年开始它的经营权归属费城的宾夕法尼亚大学的当
158 代艺术学院。随后，经营权落入康奈尔大学艺术博物馆的赫伯特·约翰逊手中，后在 1986 年被古根海姆美术馆收购，该馆经营这座建筑并加以维护，但奇怪的是它并不组织双年展。实际上，参展艺术家的挑选从 1987 年起就落入一个委员会手中，这个委员会由皮尤慈善基金会和洛克菲勒基金会管理，与国家艺术基金会和国务院都有联系。如今，美国馆继续属于“古根海姆美术馆”，它似乎有意出售，但是艺术家的挑选是由“古根海姆”领导下的一个由六位独立馆员组成的小组进行的。

这一事例具有启示性：联邦政府几乎从未管理过这个最重要的世界当代艺术展的美国馆，它将这一责任转让给那些大博物馆、大学美术馆或大型基金会[18]。

MoMA 是独立的私人博物馆，在传播现代艺术上起到过核心作用，当美国政府由于国会中持反对意见的议员而无法去做的时候，它实际承担着属于美国整体利益的一项使命。在许多方面，由 MoMA “以美国的名义”来操作，这种自相矛盾的运作却被证明比由一个联邦事务处来进行更具说服力。然而，后来人们了解到这些展览是间接由中央情报局通过一些基金会来资助的。

如果说在冷战时期美国文化史上存在着自相矛盾，那首先是对自由

价值观的推广与对民主的捍卫，是通过一些秘密手段而非民主手段在世界上传播的。在这一时期的整个过程里，中央情报局这个创立于 1947 年的美国新情报部门的确曾经起到过关键作用，它的作用到后来才被人 159
们认识到。从 1940 年代起，中央情报局“文化活动处”的存在是冷战的一个独特的构成部分。的确，矛盾的是，正是国会拒绝现代艺术的“愚蠢”促使美国情报部门巧妙地在文化领域内投资。中央情报局用掩护身份和秘密资金进行工作，不会遇到与国务院相同的问题，国务院必须将政策向国会汇报。在 1950 年代，中央情报局在局长艾伦·杜勒斯的推动下进行了许多这方面的活动。在思想层面，中央情报局资助重要的文化自由大会，这是一个汇集了欧美人士的知识分子“同仁”团体，中情局还资助一份在伦敦出版的有影响力的左派刊物《遭遇》（*Encounter*），这正是这些知识分子的交汇点。在文化层面，中情局支持一些艺术巡展，影响好莱坞的电影拍摄，帮助传播古典音乐和当代音乐，包括帮助赫伯特·冯·卡拉扬[*]和伊丽莎白·施瓦茨科普夫[**]重获声名，捍卫一些美国作家，尽管他们对美国持批评态度，但中情局让他们被欧洲了解（杜鲁门·卡波特、塞林格和索尔·贝娄），中情局尤其承担了向国外传播美国抽象艺术的工作。

曾任纽约 MoMA 总干事的托马斯·布雷登在 1950 年加入中情局，他是中情局负责监察文化关系的人。如同他在后来一次采访中所解释的（这次采访的存在本身就是令人惊奇的），不同观点和颠覆性的艺术作品得到了中情局的容忍，只要“它们是被定位在冷战的整体框架中

---

[*] 赫伯特·冯·卡拉扬，Herbert von Karajan，1908 年 4 月 5 日—1989 年 7 月 16 日，出生于奥地利萨尔斯堡，20 世纪殿堂级的指挥大师，在乐坛执掌指挥棒长达 70 年。他在 1933 年 4 月加入纳粹党，1935 年初成为当时德国最年轻的音乐总监。1945 年二战结束后，盟军调查其前纳粹党员的身份并禁止在德国和奥地利进行演出。1947 年 10 月起，他重执指挥棒，迅即成为欧洲乐坛上屈指可数的中坚。1979 年 10 月，他率领柏林爱乐乐团在北京的工人体育馆举行了三场音乐会，最后一场与中央乐团合作演出，其间，他指挥了莫扎特、勃拉姆斯、贝多芬与德沃夏克等作曲家的交响曲，反响热烈、盛况空前，对于 1980 年代古典音乐在中国内地的普及起到了积极的推动作用。——译者

[**] 伊丽莎白·施瓦茨科普夫，Elisabeth Schwarzkopf，1915—2006，德国女高音歌唱家，她被视为 20 世纪后半叶女高音领域的杰出人物之一，尤其擅长莫扎特和理查德·施特劳斯的歌剧演绎。她因在 1940 年 3 月加入纳粹党而在二战后颇遭物议。在她漫长而辉煌的歌唱生涯中，曾经多次与包括卡拉扬、卡尔·伯姆在内的大师级指挥家合作过歌剧演出。——译者

的[19]”。在其他方面，中情局通常是反民粹主义的，在那个时期它更倾
160 向于反麦卡锡主义，中情局可以信任一些艺术家或知识分子，不管他们是“前卫”也好，曾经是共产党也罢，只要他们代表着言论自由就好，这是与“铁板一块”的苏联社会相反的。在中情局的领导人看来，重要的根本不是麦卡锡时代的美国内部争论，不是去弄清楚人们战前是否是共产党，重要的是如何能够对战后欧洲的艺术与知识分子群体施加影响。在这一框架内，杰克逊·波拉克在1930年代是共产党并不碍事；中情局看重的是他的作品是抽象的，他代表一种新的非政治化的艺术，他有着同样的冷战信念，即捍卫艺术家的绝对自由和艺术的自由。

虽然，因为缺少整体可信的情报而无法说出其规模，无法说出有哪些艺术家曾经获得资助，也无法说出真实的目的为何，但是由美国情报部门进行的这种文化外交无疑一直是边缘性的。相反，我们现在知道的是他们使用的组合方法：中情局资助一些美国私人基金会，再由这些基金会去资助那些多次组织展览和文化交流的独立机构。这是多么自相矛盾的事！致力于文化自由和追求真理的政策竟然是在秘密中进行的，有时甚至在谎言中进行的。

总之，这种货真价实的“反共智慧”的独特与大胆令我们感到吃惊。加上国务院以及一些基金会和重要的美国艺术机构的活动，这构成美国文化与华盛顿制定的外交政策之间的独特联合。这显然证明了，随
161 着他们意识到美国现代艺术成为世界的创作核心，结束了他们对于欧洲人的劣势感，美国懂得在外交政策中利用文化。那些反对抽象现代艺术并一直反对当代艺术的国会议员，他们应当从中得到教训。

虽然我们认为它们渗透了文化机构，但不应夸大美国情报部门或者国务院的影响，深入分析将证明这是错误的。之所以那些基金会和MoMA这样做，那同样也是因为他们从内心深处相信美国的艺术家自由的思想，因为在1950年代他们的骨子里是反共的。让一些同样拥有美国价值观的私人和独立的机构来领导美国的外部文化政策，这也是美国的力量所在。这种干预模式在今天仍然广泛实行[20]。

## 反对现代艺术的杜鲁门

杜鲁门在现代艺术上的失利伴随着他的文化宣传的其余方面的成

功。从 1950 年 4 月起，总统在著名的关于“真理”的讲话中陈述了一种新战略：对于他而言，冷战“首先是人的精神战斗”。如果美国能够“让人们理解真理”，那么它将在冷战中取胜。经过几次没有成果的尝试（比如在欧洲传播抽象艺术），国务院尝试另一种战略，具有更多的想象力，将知识分子与艺术的影响混合起来。一方面，通过“富布赖特计划”（名字来自阿肯色州民主党参议员 1946 年投票通过的法案）鼓励知识分子和大学教授的交流，另一方面，创立一个庞大的文化交流计划，旨在抵制苏联在欧洲的宣传。想法是纠正共产主义的宣传中所大肆传播的美国形象，共产主义这将美国人宣传为一个完全缺乏文化的道德说教的民族。以“史密斯—蒙特法案”（Smith-Mundt Act）为名的法 162
案，动员所有可资利用的教育、资讯和宣传的手段，来与苏联进行大规模的文化与心理对抗。受到国务院赞助的成吨的报纸、书籍、大量的美国学术报告，很快就充斥了欧洲。1946 年以来的那些双边贸易协定正是在这一背景下签订的，这些贸易协定都确定了美国产品自由流通的条款，从而破除了贸易保护主义和欧洲国家的进口配额。这些协定使得美国音乐、电影得以加快传播，至少让出版物的流通得以加速[21]。

这些最初协定的自然延伸是1948 年发起的“马歇尔计划”。这是史上罕见的政治与经济的战略，这个计划提供了一个庞大得惊人的西欧经济与政治重建计划，具有更加模糊且不为人知的一种文化内容。与所提供的大规模的经济援助相对称，“马歇尔计划”旨在向欧洲传播“美国的生活方式”（个人自由、市场经济、社会擢升机会、民主制度），伴随财政援助的是一系列文化内容，它使得数百成千的美国电影、广播节目和展览重新铺满欧洲。政治宣传和商业传播相辅相成。将美国文化传播到国外的同时，也在推广好莱坞、百老汇和国内受到资助的艺术家。

在内政中迫害那些具有颠覆性的艺术家的时代，关于艺术的立法工 163
作并未取得任何进展。但是，早在 1949 年就有几位议员动员起来鼓励联邦政府资助文化。在整个 1950 年代，一些这类法律提案被提交，为此而多次举行的国会听证会，要么是为了按照欧洲模式发起一个“艺术部”，要么至少是为了创建一个国家剧院。正是在这些辩论中，几位年轻议员脱颖而出，他们是未来国会中重要的艺术保护人，他们使约翰逊任期内国家艺术基金会的诞生成为可能：他们是纽约共和党参议员雅各布·贾维茨，阿肯色州民主党参议员威廉·富布赖特，新泽西州民主党众议员弗兰克·汤普森，还有明尼苏达州民主党众议员休伯特·汉弗莱。

但是他们所有的尝试都失败了，被议员们的嘲笑以及流行报纸嘲弄国家共产主义的玩笑打败了。尤其是在关于文化的这次公开讨论中，所有反对者都在重复着，美国宪法没有赋予华盛顿的联邦政府任何文化职能，而且不管怎样，慈善、基金会和市场可以比国家更好地负责艺术。

甚至在民主党人的圈子里，对文化进行公共资助也同样不得人心。至于那些重要的文化的专业联合会，诸如美国交响乐团联盟、艺术家工会、博物馆和整个艺术家群体，他们也没有被更多地动员起来支持任何联邦文化政策，他们更愿意努力筹集富有捐赠者和慈善组织的资金。除
164 了有些名人比如音乐家皮埃尔·蒙特和阿图尔·鲁宾斯坦（两个都是欧洲人），许多艺术家在1960年代之前仍然公开反对公共资助文化和建立一个文化部。他们中的多数人，从爱德华·霍珀到托马斯·哈特·本顿，包括“公爵”艾灵顿，他们往往都拒绝国家介入文化。一位艺术家甚至宣布他欢迎存在一个文化部，因为那样他就知道敌人在哪里了！人们认为只有基金会和个人捐赠可以让艺术家充分拥有自由。

杜鲁门这方面则同国会一样认为“文化”和“政府”是两个互不兼容的概念。虽然他喜欢滑稽剧和音乐，甚至在白宫弹钢琴，喜欢同劳伦·白考尔合影，但在他的两个任期里没有为文化做过什么。他在这方面寡言少语，但是他参与了关于现代艺术的辩论，这是说明问题的：“我并不奢望成为一个艺术家或艺术批评家，但是我属于认为所谓的现代艺术仅仅代表懒汉们的酒后眩晕的那些人。”杜鲁门在一次新闻发布会上同样嘲笑过“火腿和鸡蛋之类的艺术家”——这是对现代艺术的一种影射[22]。

当然必须指出，国会里共和党反对现代艺术的麦卡锡主义也令他不愿冒险涉足这一领域：使用公共资金来资助艺术，这让人过多联想到欧洲模式，这是十足的“非美”思想。特别是，杜鲁门明白1950年代不能同罗斯福建立WPA的1930年代相比：美国现在是一个重要的经济强

国，电视机的数量从 1946 年的 17000 台发展到 1957 年的 4000 万台，文化变成了大众文化，他认为艺术家不再需要他。 165

总之，杜鲁门没怎么支持过那些旨在用公款来资助文化的法律提案。他仅限于在 1951 年他的第二个任期结束时，要求 1910 年以来就悄无声息的无关痛痒的美术委员会提交一份关于艺术现状的报告，将这一委员会从长眠中唤醒。因此，在委员会开始行动的时候，他已经离任，看不到任何报告。1950 年代在艺术方面确实是冷寂的。

**德怀特·艾森豪威尔**

随着德怀特·艾森豪威尔在 1953 年 1 月接替哈里·杜鲁门，事情改变了性质。这位将军是第二次世界大战的主角，虽然他是共和党（他选择理查德·尼克松为副总统），但他倾向于温和派。他出身平凡，他经历美国陆军的所有军阶，直到在诺曼底登陆中指挥盟军部队（这令他闻名欧洲，使他熟知英国，并让他对自己帮助解放的法国人怀有感情）。战后，杜鲁门任命他为“北约”总司令——艾森豪威尔不是一位意识形态专家，他可以为一位民主党的总统效力。甚至有人说他一生从未投过票。在 1948 年成为纽约哥伦比亚大学校长时，他看起来像是一位中间派的知识分子，人们认为他爱好艺术（他确实是业余的写实主义画家）。由于缺少具有可信度的候选人，同样因为 20 年来的各次大选的失败而消沉，1952 年共和党因为他的名声可以有利党的事业而选择了他。他顺利当选了。

他最初在文化方面的作为是有争议的：在就职典礼上，他取消了预 166
定在华盛顿举行的官方音乐会上演奏的阿隆·科普兰的曲子《林肯像》，借口是科普兰可能与共产党有关。几个月之后，约瑟夫·麦卡锡的过火行为最终造成他的失败，他被参议院免职。1954 年秋，随着民主党在议会中期选举中的获胜，最终促使艾森豪威尔决定采取中间立场，他认为白宫不应该成为“一党的机构”。当然，总统继续坚决捍卫“小城镇”的美国——这是他最鲜明的形象——和商业资本主义，他重复他的新国防部长“通用汽车”前总裁的话：“对于我们国家合理的就是对通用汽车合理的，反之亦然。”在白宫，这种阳刚风格体现为几次私人电影的放映，电影是艾森豪威尔当选那年上映的，片名叫《正午》(1952年)。总统大概在加里·库珀的名言里能看到自己的影子："男人就要做男人该做的事"。

但是，艾森豪威尔现在也有所创新了，对于一个共和党人而言，在社会问题上他表现得更加主观独断。"在涉及到金钱的时候，我是保守派；在涉及到人的时候，我是左派[23]"，艾森豪威尔这样说。为了给他的计划一种"人文的"的解释，他任命一个温和派主持最高法院，而且他勇敢地捍卫黑人。在艺术方面，艾森豪威尔忠实于他对慈善和市场的信心，反对扩大福利国家的势力范围，他无意利用联邦政府预算资助文化。他被一些"经理人"和商人包围着，身边没有人能为他与艺术
167 家们建立真正的联系。尽管如此，他早在1953年就在办公桌上看到杜鲁门要求"美术委员会"提交的报告，委员会缺乏热情地列举了文化现状。当然，委员会的主要建议是拒绝成立"美术部"："我们认为我们国家的文化生命力，从长期看，依赖于私人机构和个人的主动……。在这方面，我们没有来自政府的对艺术活动的中央控制，就像许多国家中存在的那样。因为这个原因，委员会反对成立一个美术部或者将目前分散的由政府各事物处有效管理的活动统一领导的想法[24]。"尽管这是一个否定的意见，艾森豪威尔仍然保留了报告中的有关华盛顿城的两个次要建议：增加对囊括了城中大多数重要的"公共"博物馆的史密森学会的公共资助，创立了一个命名为"国际文化中心"的大型综合建筑。

后一个计划在国会各分支委员会里已经辩论多年，提出的创建提案从未得到采纳，多亏了这次艾森豪威尔开放绿灯，这一计划再次得以推动。设想是在美国的首都建造一个大型的多门类的文化综合建筑：一个音乐厅来接待那些世界上最好的乐队，一个"国家"剧院来上演最重要的剧作，一个芭蕾舞团，还有一个总统大厅来用于大型招待会。这一次，艾森豪威尔亲自在国会推动立案，经过几次有分歧的辩论和许多让步，法案最终被两院通过，由总统在1958年9月签署。长期反对法案
168 的一位议员此时解释了自己态度的转变："我们国会中的所有人都喜欢显示自己纯粹、自信，就像那些玉米种植业者和那些在棚屋里长大的自学成才的孩子。因为打这张牌，所以他们总是容易嘲笑任何有文化的事

物。我为自己也参与了这种哗众取宠的行为而表示歉意，但是我认为，总统先生，在这个国家我们已经达到这样一个成熟程度，这种态度不合时宜了。迟早有一天，我们会变得成熟，再也不会嘲笑那些属于知识和文化的事物[25]。”

具体说来，华盛顿市中心的一大片地块被联邦政府转让出来，它属于找到金钱来资助这一庞大的文化中心的建设和未来的运营的私人捐赠者。艾森豪威尔任命了中心的最终的管理者：他们中有一个前足球教练和总统自己的告解神父！这一计划直到 1964 年才实现，中心被国会重新命名为“肯尼迪演艺中心”，以此来向年轻的遇刺总统致敬。

与华盛顿提出这些倡议的同时，艾森豪威尔笑容可掬地向艺术家们发出信息，他反对审查现代艺术，他发表了支持文化的几个演说。1954 年在纽约现代艺术博物馆 25 周年之际，他发出首个关于这一主题的信息——这篇文字本身标志着与拒绝艺术的杜鲁门的决裂：“对于我而言，这个周年纪念是一个机会，可以回忆我们应当永远牢记的一个重要原则。艺术自由是一种根本的自由……。只要艺术家还自由地带着真诚和信念在创作，那就存在着艺术中的健康的争论和进步。这样，天才的人才有可能为其他人构思出杰出的作品[26]。”

几个月之后，1955 年 1 月在给国会的年度国情咨文中艾森豪威尔
走得更远，他首次宣布自己支持建立一个关于艺术的联邦咨询委员会， 169
总统解释说：“联邦政府应该更多地给予艺术和其他文化活动以官方认可[27]。”虽然总统的这一信息的好处是引起 1950 年代末议会密集的艺术立法活动，但是创建这个委员会的提案却被国会断然拒绝。一位议员总结说：“不应更深地搜刮美国工人们满是补丁的口袋来负担补贴所谓的与美术相关的多种计划和无穷多的项目的奢侈挥霍[28]。”总统的文化建树在内政方面是微乎其微的。如果与艾森豪威尔的前任们相比，罗斯福除外，艾森豪威尔的成绩也是不容忽视的。尤其是，如果我们关注于这一时期密集的外交活动的话。

对于杜鲁门年代全方位的本能的反共，艾森豪威尔在 1953 年之后带来了更智慧和更实用的风格。不仅仅要进行“宣传”：按照当时的说

法，今后必须投入一场“心理战”。总统立刻决定解冻一笔500万美元的紧急资金来向国外传播美国文化，首先是向拉丁美洲传播。虽然这笔钱最终大多用于资助体育活动，但这笔预算同样使小提琴家伊萨克·斯特恩，还有伊利亚·卡赞导演的由蒙哥马利·克利夫特主演的《九死一生》，特别是让完全由一个黑人团队创作的乔治·格什温的音乐剧《波
170 吉与贝丝》可以在全世界巡回演出，并受到包括苏联在内的国家的欢迎。在将一名著名的俄国流亡音乐家、一个土耳其反共流亡者的戏剧和第一部黑人音乐剧送往苏联的时候，国务院明白自己在做什么：美国的多元文化主义、种族主义的结束和艺术家的自由得以大张旗鼓地宣扬。

在同一时期，随着“美国新闻署”（USIA）的成立，文化交流被重新组织起来。新闻署集中了美国政府驻外的文化处，它立刻自我定位成一个更加开放而温和的事务处，因为杜鲁门年代的宣传工作进行得更加隐蔽。新闻署得到的指示是对美国生活的描述要“客观”，新闻署督导美国使馆文化专员们的工作，负责那些境外的美国文化中心和图书馆，在国外增加英语学习中心，资助书籍的翻译。新闻署仍旧对现代艺术展不信任，当它笨手笨脚地尝试补贴某个展览的时候，它会重新招致非议。国务院则投入到吸引欧洲人的重大行动中，出借美国博物馆拥有的画作，派出几十个乐队和芭蕾舞团，甚至还有百老汇制作的音乐剧（《窈窕淑女》）。在“文化冷战”最激烈的年代，巡回演出和展览、知识分子交流仍频繁发生。这个年代显示出美国的宣传变得更加灵活和更加注重文化，这在很大程度上是艾森豪威尔总统执政时期的成果。同时，现代艺术仍然经常构成问题，那些得到鼓励去捍卫美国文化色彩的艺术家越来越时兴和极端，那些联邦官方的事务处便越来越多地将工作委托给博物馆或者基金会，目的是不出现在第一线。

171 值得注意的一点是，在最早的国务院的文化交流中最初爵士乐的引人争议的缺席，虽然它是扎根于美国的艺术。这一选择尤其令人惊讶，因为斯大林在苏联禁止爵士乐，直到他死后这种音乐才在苏联得到准许。国务院的理由似乎是，因为爵士乐是大众的，所以它在被认为是精英主义的欧洲人眼中缺乏“声望和分量”。但是，1955年之后，爵士乐被列入了巡回演出的节目表中，为的是强调美国人的反种族主义，虽然

白人爵士乐手与黑人乐手所花费的国务院的差旅费是同样的，但这些白人爵士乐手的人数却是极少的。

1960 年末，艾森豪威尔总统发布一份 1960 年代的计划，它标志着时代精神："美国人的目标，60 年代的行动纲领"。百余名知识分子和专家聚集在纽约哥伦比亚大学准备这份应当伴随艾森豪威尔第三次当选的计划。在此期间，在初选中，共和党人却更倾向于理查德·尼克松来代表该党参加 1960 年 11 月的总统选举。艾森豪威尔退出政治生活，但他的报告虽然已经变得没有用处，却仍旧被公布了。

《美国人的目标》中发表的文字中有一篇奥古斯特·赫克舍的文章，这位记者兼作家与艾森豪威尔亲近，但他此时却倾向于民主党。他的文章名为《美国文化的品质》，他的文章对"大众文化"的实力上升及其导致的普遍的平庸感到忧虑。按照赫克舍的说法，美国正在变成一个机械的军事化的物质主义社会，它因此忽视艺术的重要性。面对大规模的消费，公众"开始在想艺术的消费方式与其他产品的消费方式不应 172
该有什么不同。因为在购买牙膏的同一个超级市场里购买书籍，人们很可能开始既考虑包装，又考虑产品"。赫克舍承认，问题全在于平衡，他自称同样喜爱大众文化。但是对于他来说，"一个发展到顶峰的工业文明仍旧应该证明它可以培育和支持一种丰富的文化生活"。在 1950 年代大规模消费的美国，他的这些立场已经是非常规的了，赫克舍捍卫慈善界与企业更多地介入文化的举措，他不再排斥公共补贴："在下一个十年里，在美国我们当然应该能够为建立适宜培育艺术的系统，贡献出与我们为推动健康与科学而贡献得同样多的智慧[29]。"

在艾森豪威尔总统任期结束时写出以上这几行文字的人，他已经带来了第 35 任美国总统约翰·F. 肯尼迪的"新边疆"中的几个想法，而正是赫克舍成为了肯尼迪的文化幕僚。他的文章及其不久之后的行动为约翰逊执政时期国家艺术基金会的诞生做好了准备，而尼克松在 1968 年出人意料地准备不仅要捍卫这个联邦文化事务处，而且要加强它：1968 年至 1980 年间，国家艺术基金会将度过它的美好年华。作为推广"美国民主福音"和赢得亲美派的手段，文化仍旧前途光明。

# 173 第四章　国家艺术基金会的黄金时代

在这个国家，我们没有文化部，而且我希望我们永远没有。我们没有官方艺术，而且我祈祷我们永远不会有。

——吉米·卡特[1]（1978 年）

南希·汉克斯曾经解释说：“帮助掌握权力的人会帮助我们改善世界。”如果必须用一个人物来说明慈善与企业界在美国文化政策中的影响力，南希·汉克斯是很具有代表性的。因为她就是对“美国精神”的漫画图解——具体而言就是她代表着洛克菲勒家族。

南希·汉克斯，1927 年出生于佛罗里达一个来自得克萨斯的殷实的共和党家庭，她度过了优裕的青少年时期：高质量的白人学校、得到呵护的少年期、夏季去英国牛津学习，自然也进了一所知名的私立大学：北卡罗来纳州的杜克大学。在这一时期，杜克大学的“三一学院”还不是男女混校，她只能在校园内男女混合的派对上遇到男生。如同对于她那个阶层的许多美国年轻人一样，大学对于她来说是一个获得解放的地方，是对于他人的开放，是发现学生社团（姐妹情谊）以及与艺
174 术接触的地方。虽然她对古典音乐不太有兴趣，也不太关注书籍，但绘画和舞蹈却是她的挚爱。此时对艺术的发现给她留下了不可磨灭的影响。

1953 年 2 月，20 岁的南希·汉克斯遇到了纳尔逊·洛克菲勒。他是小约翰·D. 洛克菲勒的五个儿子中的老二，是美国最著名的财产继承人之一，是石油巨头约翰·戴维森·洛克菲勒（祖父）的孙子。他

祖父在 19 世纪末和 20 世纪初代表着最著名的美国成功故事。1953 年，生来就是共和党和慈善家的纳尔逊·洛克菲勒成为忠诚效力艾森豪威尔政府的高官，同时他还有着更大的雄心，这是他显赫的姓氏早就注定的。他的晋升迅疾，很快就成为共和党的艾森豪威尔总统手下的关键人物。纳尔逊·洛克菲勒领导着几个委员会，辅佐几位部长，他表现得越来越倾心于社会公正：怀着这种社会意识，他看起来像是左翼的共和党，如果这种说法能说得通的话。正是在这一时期，他向艾森豪威尔建议创建“健康、教育和社会事务部”，这个新的政治实体汇集了几个在“新政”时期设想出来的计划，国会在 1953 年 4 月同意了该部的创立。为了感谢他，艾森豪威尔任命他为特派部长，实际是这个新部的第二号人物，该部管理的是美国的整个国家福利和学校。南希·汉克斯懂得让自己变得不可或缺，她追随着他，成为他的私人助理。

纳尔逊·洛克菲勒与南希·汉克斯之间的恋情只持续了短暂的几年，但是鉴于这两位主角的分量，这一恋情在美国文化政策的历史上仍然是有意义的。通奸是肯定的，因为纳尔逊·洛克菲勒已经结婚——离婚在洛克菲勒家族这样笃信宗教的家庭中是不可选择的，尤其是他的野 175
心是成为美国总统，这一激情却是属于并非经典的布尔乔亚式的恋情。人们称为“洛基”的这个人是南希生活中的第一个男人，他同样爱上了她。欲望的激情转化为知性和职业的关系，他们的关系最终以政治与艺术为中心。这同样是一次美国式的激情，它具有往昔美国神话中的某种东西：那是《飘》中的斯嘉丽·奥哈拉——她具有这个南方女人面对各种敌对情况时令人难以置信的乐观，她在洛克菲勒身上看到了更加远大的前程；那是《北非谍影》中的英格丽·褒曼，这是梦想的却不可能的恋爱的激情。在 1955 年的年中纳尔逊写给南希的一封长达六页纸的情书里（如今被抛弃在汉克斯档案中），这位未来的美国副总统对于未来的“文化部长”用有些夸张的字眼叙述他的爱意：他谈到“神奇”，“水面上的绿色光点”，暗示着基督、美貌、祈祷。在字里行间，他的情书与他的生活一样纠结，他提到他的正妻、经济和军事实力、对工作的信仰，赞扬南希的热忱。哪怕是在他的情书里，纳尔逊仍旧是一个洛克菲勒家族的人。

总之，自1950年代中期开始，南希·汉克斯陪伴在野心勃勃的副部长的左右，与他一起每天工作12个小时，其余时间则走遍了仍然富有乡村气息的美国，美国人选了一位退休将军当总统。在纳尔逊身边，南希·汉克斯发现了国会，随着他一起爬上一个又一个美国政治的阶
176 梯。纳尔逊欣赏她的谨慎、她对工作的热爱、她的忠诚。他不断地给她补偿，至少送给她20件艺术品，价值超过20万美元，因为他是美国最大的收藏家之一，他甚至提出给她洛克菲勒旗下公司的股票[2]。当纳尔逊在1955年被任命为白宫非常令人觊觎的“冷战战略”特别顾问时；当他成为国务院的影子部长来辅佐当时担任正职的国务卿时；当他进行竞选并于1958年当选纽约州州长时，南希·汉克斯一直伴随在他的左右，正式身份为“总统特别顾问的幕僚”或“州长特别助理”。她是幕僚，是亲信，是办公室主任，是忠臣中的忠臣。

在众多身份中，纳尔逊·洛克菲勒——在尼克松辞职后成为美国副总统——继承了“洛克菲勒兄弟基金”的总裁身份，这个重要的基金会与洛克菲勒基金会平行，它管理着来自洛克菲勒家族财产的部分预算。当南希与纳尔逊的关系在1960年代变得疏远时，南希·汉克斯被安排在这个基金会，处于美国慈善界的核心，与纳尔逊既远离又亲近。因为纳尔逊是忠于爱情的，他拥有忠诚的友情：他的情妇将一直是他最好的朋友。

从职业角度看，南希·汉克斯将在之后十年里，从1959年至1969年，在美国一个最著名的基金会中工作，她先后替洛克菲勒家族里的几位兄弟效力，最初是作为纳尔逊的代表，随后是约翰·D．洛克菲勒三世的红人，最后是在劳伦斯·洛克菲勒接任“洛克菲勒兄弟基金会”总裁时担任他的助手。在这个负有盛名的慈善组织内部，作为一名副手，南希·汉克斯很快就开辟出自己的领地：那就是艺术。在这一时
177 期，劳伦斯·洛克菲勒发起一系列对于美国生活和公共政策的前瞻性研究，他将研究的总体建构委托给亨利·基辛格，基辛格当时是哈佛教授，后来成为尼克松手下著名的国务卿。亨利·基辛格解释说：“在那个时期，我倾向于到处分散精力。南希·汉克斯无疑对我有过令人安定的影响力……。她并不企图成为知识分子。这是她的力量所在。她具有

常识，有组织能力，能够用强大的自我来平息男人们的激情。要想让有重要影响的知识分子参与的项目进展顺利，必须拥有一个具有这些素质的人[3]。”实际上，南希·汉克斯为基辛格做了洛克菲勒兄弟基金会的七份报告的协调工作，这些报告是在1959年至1961年间起草的，报告中确立了美国这一时期最具创新型的几个提案，构成肯尼迪与约翰逊总统执政时期社会政策的核心。

但是，在她为之工作的所有报告中，她最关注的是关于文化的报告。在前七份报告成功后，人们考虑起草关于“演艺艺术”的第八份报告，也许这是出自她的倡议，不管怎样，她负责对“舞台演艺”进行整体研究。南希·汉克斯鼓励各个专家团体，在47个城市、八个州和100个私人企业发起调查，她协调这些庞大的调查工作，使这份具有历史性的报告在1965年得以发表，题目为《表演艺术：问题与前景》(*Performing Art*：*Problems and Prospects*)。我们前文已经看到这一报告在美国获得的成功，看到它如何促使约翰逊创立国家艺术基金会。对于南希来说，这是一个转折点：她成为美国“文化政策”的最显著的人物。

由于她在洛克菲勒家族内的工作，南希·汉克斯同样被任命到艺术
委员会联合会（Associated Councils for the Arts）工作，这个组织于1960 178
年代末逐渐将各州的文化事务处联合起来。这个新工作令她更加出名，使她成为在全国代表着文化的人。在她的领导下，联合会向地方的事务处和社区文化组织迅速扩展，在这一时期汇集了不少于600个事务处。

因此，通过她在洛克菲勒基金会内的工作和她领导各个非中央的文化事务处的工作，借助于那份后来与她的姓氏连在一起的有关“演艺”的报告，南希·汉克斯成为美国艺术生活中的核心人物，尼克松在1969年9月任命她为国家艺术基金会主席。她那时41岁。

对南希·汉克斯的任命并不是一个简单的选择。这一任命当然证明了美国慈善界、私人企业界和政治生活之间所存在的相互渗透：从大西洋的这一侧（美国），可以轻易从一方走到另一方，就像在欧洲，有时可以从高级公务员走向政界。尽管如此，汉克斯的任命过程仍然漫长而复杂，国家艺术基金会创立者罗杰·史蒂文斯的继任候选人众多，而且

这位百老汇著名的制作人已经成功地赋予了这个新的联邦事务处以全国规模。而且，人们一度想让他留任，艺术界甚至用他作为沽名钓誉的无形资产，以证明美国的创作自由，但是尼克松很快做了决断：不可能让
179 一个民主党的主要资金筹集者留任一个联邦事务处。因此，罗杰·史蒂文斯于 1969 年 3 月辞去职务，随后的六个多月，这个事务处是没有领导的。

在此期间，尼克松总统并不真正关注这个问题，但是他任命了伦纳德·加门特到白宫，此人是他忠实的朋友，是经验丰富的律师和爵士单簧管乐手。加门特是他的中左派的保障——他是犹太人，是纽约人，而且爱好艺术。总之，这是一种奇怪的友谊：加门特与尼克松相交了很久才弄清楚，他们之间的共同利益和算计要多于他们在思想上的共同点。但是，尽管尼克松为人武断、令人难以琢磨，而且是一个令人反感的反共分子，他认为尼克松是唯一能够在战时领导国家的人。他了解尼克松的好战，虽然尼克松是他的友人。他成为尼克松的特别幕僚之一，正式头衔是“总统特别顾问”，如同阿瑟·施莱辛格之于肯尼迪，杰克·瓦伦蒂之于约翰逊，虽然未经正式任命，伦纳德·加门特的职权领域扩展到从对外联络到尼克松讲稿的起草，从黑人问题到印第安人问题，还包括犹太人问题、妇女问题以及艺术问题。后来，加门特甚至成为“水门”事件中尼克松的主要辩护律师，这证明了他无懈可击的忠诚。根本上讲，伦纳德·加门特在尼克松的任期里是一位罕见的向知识分子和思想开放的顾问，他负责的是如他自己所说的政府生活的更柔性的一面。在一次访谈中，国务卿基辛格用一个出色的表述概括了他的作用：“伦纳德·加门特为总统诠释文化[4]。”

在国家艺术基金会（NEA）暂停的六个月中，加门特曾经尝试将国会中关键议员的看法与总统的愿望加以调和，以便任命一位新的事务处的负责人，但没有成功。提名中列出了一些显赫的姓名，如崭新的
180 “林肯中心”的总裁约翰·D．洛克菲勒三世、纽约大都会艺术博物馆的总裁托马斯·霍温和华盛顿国家美术馆馆长约翰·沃克，但是这些人都婉拒了，他们更愿意保留自己现有的职位，这些职位更令人有成就感而且报酬更高。一段时间，在肯尼迪任期曾经入选却被联邦调查局拒绝

的记者兼慈善家迈克尔·惠特尼·斯特雷特也被加门特提名，甚至得到了尼克松的赞同：此人富有，是艺术收藏家，是曾经有功于建立纽约惠特尼现代艺术博物馆的重要贵族家庭的继承人，他曾是富兰克林·罗斯福的年轻的合作者，曾经是一位有影响的《新共和报》的老板，受到文化界的尊敬。但是，他的名字很快被国会从白宫的名单上划去，评价是："这是一个民主党人。"必须说，迈克尔·斯特雷特这位国际艺术基金会历史上永远的遭淘汰者——尽管如此，他仍在尼克松任期里成为NEA的副总裁，在他年轻时，在他寻求某种更加无产阶级的出身的时候，曾经短暂地加入过共产党，最终成为替苏联效力的间谍[5]。

渐渐地，南希·汉克斯的名字浮现出来。预选是在伦纳德·加门特的坚持下做出的，他欣赏汉克斯在慈善事业中的履历，相信她能鼓励企业界，而且按照尼克松的思想路线，实行一种完全借助于各州、各城市和社区的文化政策。但是，说服尼克松选择她的原因显然是她从基辛格那里得到的支持，她曾与基辛格一起在洛克菲勒兄弟基金会共事。对于尼克松来说，这比任何人的推荐都管用[6]。

我们先看看这一点。南希·汉克斯和基辛格都成了尼克松的合作 181
者，这一事实值得做出解释。两人都来自洛克菲勒身边，即来自共和党温和派，他们与尼克松的强硬派会合，强硬派的核心是在社会问题上的保守和浅薄的反共立场。所以，他们是该党两派折中的象征，这种妥协是在洛克菲勒初选失败、在党内被边缘化之后才与当选后的尼克松达成的。安排中间派的洛克菲勒的亲信去国际艺术基金会，这也属于策略行为，虽然这是对这个刚刚失去对党的控制的思想派别的些许安慰。在国会里，尼克松的那些"强硬"盟友却表现出不太支持对于南希·汉克斯的任命，因此对她的任命不断受到争议。总的来说，由议会批准的过程用了九个月，在此期间国际艺术基金会一直没有主席。尼克松从加利福尼亚的住宅发出一份咨文，他最终做出决断，1969年9月3日宣布任命南希·汉克斯。参议院10月2日批准了此项任命。

## 尼克松与文化

如果说在国家艺术基金会的历史上存在一种矛盾，那就是这个事务处在尼克松执政时期实力上升并达到成熟，这是它最美好的年华。尼克松当选时候的形象是一个不太热情、不太有修养、执着于反共的政治家，他的名字一直等同于迫害那些涉嫌与美国共产党有关的艺术家。在1940年代末，他曾想禁止现代艺术作品，那时他是加利福尼亚州的众
182 议员，他在麦卡锡主义时期非常卖力。从文化的角度看，他在1968年当选并不预示着什么有意义的事情。

但这是误解了他在总统任期最初的那些选择，这些选择比后来人们所说的更为实用主义，其重心仍然距1980年代的共和党联盟相去甚远，共和党的联盟是美国右翼保守派的重要转折。1968年，在政治实践上，尼克松接受了一些妥协，他想给各州更大的权力，尝试进行重新定义政策的中心。后来变得很有名的一个表述据说出自于他："现在我们都是凯恩斯派了[7]。"尤其是，他首先是一个"尼克松派"，其次才是共和党。肯尼迪刺杀案倾向于美化人们对他的记忆，而尼克松在"水门"事件中倒台以及这一事件导致的口诛笔伐则倾向于抹杀了他在总统任期最初几年的更成功的那些侧面。

尼克松的实用主义同样是由两党共同执政的情况决定的。面对休伯特·汉弗莱，尼克松在1968年总统选举中险胜，而第三位候选人乔治·华莱士作为"独立派"竞选人（实际是一个种族主义者）用他获得的1000万张选票打乱了选局，几乎所有的南方州都令尼克松失利。此外，还要看到美国人将国会的多数席位给了民主党，他将不得不与他们协商。这预示着一个艰难的总统任期。

但是，这位曾经的艾森豪威尔的副总统，他已经作为候选人与肯尼迪对抗过，他报了一箭之仇，他有手腕。人们说他变了，成熟了，他远离了年轻时政策上的强硬，他曾经是1950年代的斗犬类的人物，艾森豪威尔不断利用他来干"脏活"。开始的时候，当然，尼克松专注于越
183 南战争，他声称不关注内政。战场上的军力投入庞大，军事开销继续增加：这是因为战争逐步升级。战争随着一系列的轰炸和屠杀平民、阵亡的美国大兵和美国本土大规模的示威而加剧——贾斯珀·琼斯画了著名的一幅画，表现一面美国国旗，讽刺地命名为《无题》。很快，秘密谈判展开，有些身不由己地，尼克松最终成功做到了约翰逊没有做到的

事：1973 年 1 月 27 日，对于美国人来说，巴黎协议终止了越南战争。慢慢撤出了越南的陷阱，缓和、美化与中国的关系，这同样发生在尼克松的时代。作曲家约翰·亚当斯于 1985 年写作了一部歌舞剧《尼克松在中国》，由导演彼得·塞拉斯按照马克·莫里斯的编舞在得克萨斯州休斯敦的大歌剧院搬上舞台。

在内政上，尼克松留下的印记较少。混乱的经济政策、约翰逊反贫困计划的解体、隐含的种族主义策略，这些就是人们谈到的“内政上的墨守成规”。然而，他许诺并奉行“新联邦主义”（New Federalism），他成功地将美国政治重新转向共和党传统上的右翼路线。

新联邦主义：艺术与文化问题重新在这一框架内得到处理。借助于这一灵活战略，尼克松赋予自己一种令人意外的艺术支持者的形象，这一形象最初是正面的。随后，尼克松得到了很好的辅佐。当时负责黑人聚居区和文化问题的加门特如今回忆道：“我当时负责的是我最初开玩笑地称作艺术与骚乱，后来就当真了[8]。”因此，尼克松对艺术的公共投入、他的国会咨文、致艺术家或文化机构的信件、他为更新“国家艺术 184
委员会”进行的提名，还有邀请艺术进行表演的那些“白宫艺术晚宴”，这一切都进行得很有章法和技巧。加里·格兰特的生日、西雅图交响乐团的全国巡演、弗吉尼亚艺术节、为西班牙大提琴家帕布罗·卡萨尔斯颁发奖章、得克萨斯的沃尔斯堡博物馆揭幕，每一场他都会发出一份电报，写去一封信，签名为尼克松。这是由伦纳德·加门特和南希·汉克斯准备的。

这位恪守传统价值的总统总是给人懂得与艺术家对话的印象，虽然比约翰逊要逊色。与肯尼迪一样，他邀请安德烈·马尔罗访问华盛顿，给他与身份相称的礼遇。仍然同肯尼迪一样，他在白宫召开盛大晚宴来庆祝“公爵”艾灵顿的 70 岁生日，他要求邀请“爵士乐的所有大人物”，甚至自己亲自弹钢琴演奏《祝你生日快乐》。“乡村音乐”明星约翰尼·卡什、小提琴家伊萨克·斯特恩、女高音贝弗利·希尔斯来白宫为尼克松歌唱和演奏。这当然不如肯尼迪任期时的那么“魅惑”，但这要比艺术界趋于沉寂要好。历史记录下了一张照片，总统不会在任何事物前退缩，他与“猫王”埃尔维斯·普雷斯利合影，他带着首饰，穿着长上衣，系着乡村摇滚的腰带。尼克松与埃尔维斯：两个彼此陌生的人目光茫然，他们在白宫椭圆形办公室握着手，在美国国旗前面假装着心有戚戚，虽然肩并肩，给人印象却是背靠背，这张照片极好地表现了这一场景的乖张。

尼克松的国务卿亨利·基辛格在回忆录里描写了这些他参加过的晚会，从“公爵”艾灵顿到弗兰克·辛纳屈，他回忆起“水门”事件酝
185 酿的时候：“白宫就像‘泰坦尼克号’：办公室的一部分还漂浮在水面上，但是没有人意识到危险，或者没有人愿意看到危险。乐队继续在演奏着[9]。”

尼克松是刻板的、悲观的、纠结的，在内心里是一个远离乡土的人，他非常喜欢电影。为了散心、消遣，为了重新寻根，他与家人和亲近的幕僚，与那些被称作“加州帮”的人一起，在他总统任期的67个月里看了五百多部电影。而且，他拥有设在白宫的私人电影厅，这是专门为他而设立的。他最喜爱的电影是《80天环游世界》；他的明星导演是约翰·福特；他最喜欢的男演员是约翰·韦恩。但他同样喜欢希区柯克的《迷魂记》；约翰·休斯顿的《马耳他之鹰》；霍华德·霍克斯的《赤胆屠龙》和奥尔森·韦尔斯的《公民凯恩》（我们想象得出“公民尼克松”确实被这部偶像电影中的人物查尔斯·福斯特·凯恩迷住了）。相反，他不太喜欢字幕版的外国长篇电影或者被评级为“R”的影片（17岁以下禁止观看）。人们还说这位后来结局不佳的总统偏爱电影里“大团圆”的结局[10]。

此外，尼克松有自己的文化喜好。在一次少见的单独谈话中，南希·汉克斯告诉他没必要感觉自己不如肯尼迪和约翰逊：“您和帕特（尼克松的妻子）相对于你们的那些前任不应该退居第二位，而是应该占据首位。您同他们一样有修养[11]。”她鼓励他增多演讲，用表示支持的信件来淹没那些艺术家。在做总结的时候，人们可以看到尼克松邀请到白宫的艺术家与肯尼迪一样多，他与他的前任们对文化问题的表态也
186 一样多。而且，尼克松曾经肯定地说自己为艺术所做的工作比前任加在一起的都要多，从国家艺术基金会的预算数额上看，的确如此[12]。

然而，在查询档案和访问见证人之后，我对于这种政策却有了另一种观感。在总统任期之初，一些报告被提交给尼克松，建议他关注艺术，这是出于战略的考虑，而整套的国际文化宣传工作同样由亨利·基辛格进行，基辛格那时是总统在国家安全问题上的有实权的顾问，后来他成为尼克松的国务卿。

在 1969 年 2 月 6 日即尼克松掌权不到两个星期时间的一份报告里，一份文化战略已经提交给他，其中心是向所有人普及文化，与“肯尼迪的那些玩意”的精英主义和以罗杰·史蒂文斯为代表的那些“传统权力结构”的人物明显决裂[13]。一些更具趣闻性的提案也被提出来，却并没有下文。

几个月之后，1969 年 10 月 20 日，南希·汉克斯通过伦纳德·加门特提交给尼克松总统一份报告。加门特并未转交报告，而是写了一份一页纸篇幅的“梗概”。他借机建议如南希·汉克斯所提出的那样将国家艺术基金会的预算加倍，因为这对于艺术界会产生重要影响。加门特明确并强调以争取选票为目的的考虑：“辅助艺术越来越成为一种合理政策[14]。”

与此同时，尼克松的私人朋友钢琴家查尔斯·麦克沃特多次向总统提交咨情报告，尽管他并不正式在白宫任职。在 1969 年 10 月 22 日的一份报告中，他为尼克松设想出一份真正的文化战略。他提到艺术界和那些资助艺术的富有捐赠者：“从战略的角度看，这些人可能比从他们 187
的人数来看更加重要，对于我而言，鉴于他们对政治气候的影响力和他们与媒体的强有力的联系，他们对于尼克松政府是至关重要的。”他接着说：“他们中许多人对尼克松政府的越南政策或与‘军事—工业勾结’有关的东西感到失望和不满。我觉得政府有一个政治与战略方面的大好机会，利用 1971 年预算的筹备工作来大力增加对文化计划的投入。在我看来，国家艺术基金会的预算应该至少翻倍。由总统做出这样的宣示，其影响将是轰动性的[15]。”

两周以后，伦纳德·加门特在 1969 年 11 月 6 日题为《美国的生活品质：总统对于艺术与文学的政策》的一份报告中再次谈及这一问题。加门特在报告中强调利用艺术吸引犹太人、黑人和同性恋者的选举价值[16]。这一次，尼克松"百分之百"地接受了报告。他对加门特的文化战略开放绿灯，同意在关于国家艺术基金会的预算正在进行磋商时让人起草一份总统对国会的特别咨文。他甚至更进一步，他同意了南希·汉克斯提出的在白宫举行关于文化问题的新闻发布会的想法。加门特与汉克斯打赢了，日期定于1969年12月8日。

在接见媒体之前，南希·汉克斯在那一天与总统面谈，由伦纳德·加门特陪同，我们拥有对这次会谈的两份不完整的抄件。按照他自己所
188 说，尼克松似乎对南希·汉克斯说"让艺术遍及全国，走出纽约和加州，让民众能在美国各地都享受到艺术，这是极其重要的"。他偏执地认为艺术被"幸运的少数"（应理解为左派）绑架，尼克松接下来强调应该优先关注青年和教育，他想到自己年少时的贫穷。尼克松有些天真，他停下来，一声不响，看着南希·汉克斯，他脸色变得阴郁，询问她："这可能吗？"南希·汉克斯为再次走进椭圆形办公室而感到激动，她被美国总统的意见触动了，但是她懂得保持冷静，她肯定地说："是的，但是这有代价。"尼克松回答："你将得到我的支持[17]。"

从他首次谈到这一主题，尼克松就确定了框架："我的总统任期的一个重要目标就是继续我们国家的文化发展。我们依赖着坚实的成果：在几乎每个艺术领域，我们的国家在本世纪中都拥有可观的成就。但是联邦政府的作用是作为催化剂：它应该鼓励创新，促进公共和私人领域对于文化发展的努力。我们拥有一个专门的事务处，即国家艺术基金会[18]。"

1969年12月10日是国家艺术基金会历史上的一次真正转折，在给国会的支持国家艺术基金会的咨文中，总统有了更多新意："美国人长久以来就优先关注保卫和改善生活与自由，我们现在到了我们应当同样优先关注'追求幸福'的历史时刻。记录在《独立宣言》里的杰斐逊的这个表述如今采取了捍卫'生活品质'的形式。这意味着一种新的
189 承诺，去保卫和改善我们的环境，赋予我们的闲暇以某种意义，让每个人都可以自由地和完全地表达自己。我们对艺术与文学的关注与支持——特别是让年轻人接触它们，代表着我们对改善所有美国人的生活

品质的承诺中的一个重要部分。为了让这个国家达到文化的完全发展，必须让艺术不再是生活在少数城市中的有限数量的公民的领地……。多元的文化应当在每个地区和社区得到鼓励。”尼克松接着说：“美国的文化生活由一些天才的创作者发展出来，他们得到公共的、慈善的、基金会的和赞助人的支持。联邦政府不能够而且不应该寻求用公共资金来代替这些主要的而且持久的资金来源。但是，联邦政府可以鼓励这些资金来源……。它可以帮助扩大我们文化模式的基础[19]。”

当然，在我们重新阅读这样一份咨文的时候，应该区分出真诚与政治算计。各位美国总统每年向国会提交几十份这类文件，咨文是由他们的团队撰写的，如果他们费心阅读一下，他们并不总是对内容有非常明确的认识。这里涉及的是对外联络问题，尼克松的垮台对他的意图与手段有所揭示。这并不妨碍尼克松的继任者去以这种方式行事，不论他们是共和党还是民主党。

理解尼克松最初的文化成就的答案要从南希·汉克斯以及她与总统的关系这方面来寻找，因为尼克松的这套新的文化虚饰是她的发明。按
照伦纳德·加门特的说法，尼克松曾评价南希·汉克斯说：“她了不起， 190
给她想要的东西[20]。”此外，汉克斯与负责白宫内部联络的加门特一起构成史无前例的搭档，虽然作用不见得超过前人，但至少跟肯尼迪任期的施莱辛格和赫克舍或约翰逊任期的瓦伦蒂和史蒂文斯那样的组合相匹敌。虽然南希·汉克斯从未能直接联络尼克松，而且很少见到他。

很难说南希·汉克斯或者尼克松是相互利用，但在尊重国家艺术基金会与艺术家们的独立的情况下，他们的联盟运转良好。南希·汉克斯这方面，她让这位倾向于滥用职权的总统尊重艺术界的独立原则。汉克斯在这一点上一直很坚定，尼克松假装同意：教育与艺术问题应该与那些政治上的考量分离开来。

尼克松很快就将她看作是一个拥有资源的人，既是政治上忠诚的合作者，一位有意志力的专业人士（他称她是一个能干的女人），又是一个拥有所谓南方魅力的温柔可人的女人。对于一个共和党人而言，这是无价之宝。同时，从其职位来看，国家艺术基金会并非至关重要：他交

给南希·汉克斯一些边缘性的使命，她热情受命，不计代价，希望能从中捍卫国家艺术基金会的事业。配置白宫的圣诞树？这或许并非国家艺术基金会分内的事，但南希·汉克斯执行了任务，她热情而谨慎，趁机谈论一下国家艺术基金会。

汉克斯是尼克松任命的，她知道欠他什么。在这一任命之后的数年间，她不知疲倦，成为他在艺术方面的参照系，为他效劳，如同她在
191 20 年中为纳尔逊及其他洛克菲勒兄弟效力一样。

这是因为她是共和党人，她自感与新总统很接近。与尼克松一样，她曾经在北卡罗来纳州杜克大学学习——我们知道美国人心目中“校友”情谊的重要性。同尼克松一样，她不是一位知识分子，她脚踏实地并且拥有民众智慧（即尼克松推崇的“folk wisdom”）。她不是社交人士，也不像东海岸的那些人一样精于用名人来自抬身价，他们如果不提到一些名人就没法说话，虽然她在美国各个知名的文化机构的董事会和所有人们所说的权力经纪人中拥有坚实的人脉。就她的艺术趣味来说，如果将她与肯尼迪和约翰逊任期中的那些前任相比，南希·汉克斯算是不太讲究的，那些人浸淫于纽约文化，熟悉好莱坞，或者自如地周旋于那些文化领袖和他们在华盛顿的游说集团。南希·汉克斯，她来自南方，而且，当她同意为来自亚拉巴马州的参议员讲话时，她懂得用那里的口音，她喜欢“人们”欣赏的艺术，即所有那些英文用“folk”（民众）来定义的艺术：“folk art”，“folk dancing”，“folk music”。她从不批评大众文化，虽然她同样懂得欣赏“雅文化”，特别是现代舞，她收集艺术品，将她的兴趣传给纳尔逊·洛克菲勒。但是，“前卫”艺术、当代艺术、最具实验性的舞蹈和“外外百老汇”的极端戏剧不是她的首要关注的对象，她畏惧左派的出格行为，这可能会令尼克松不满。她拒绝一切精英主义，却不反对艺术和民间艺术，不反对莎士比亚和刺绣
192（她本人就做刺绣）：她喜爱印第安陶艺和玛莎·葛莱姆、伦纳德·伯恩斯坦和科普兰的《为平凡人作的鼓号曲》。她兴趣广泛，非常“大众”，对于艺术知识甚或好奇心的缺乏，她就用一种对各类作品与艺术家的包容态度来加以弥补，就像这是一个她应该以同等热忱来照顾的大家庭。她对艺术的力量的重视超过对艺术品的兴趣，即艺术作为连接和

重新团结崩解中的美国社会各部分的手段的力量。尤其是，她为人忠诚：属于一种绝对的忠诚——这其实是政治生命的唯一标准。而尼克松比任何美国总统都了解这一品质的可贵，作为回报他完全信任南希。

很大程度上，她在尼克松身边的作用可归结为对外联络：一些咨文、信件，几次演讲稿。总统的想法不切实际，正如后来人们看到的那样，他是在幻想。她鼓励总统打一些那时被称为“长途”的友好电话给艺术家们，去恭喜他们获得某个奖项或者取得的音乐会的成功。当然，尼克松已经习惯对那些棒球或篮球大赛的英雄，以及拳击冠军做一些善意的小举动，但是当艺术家们突然发现自己在同美国总统交谈时，当总统打电话对他们说他喜欢他们最近的演奏或者阅读过他们的新诗集时，他们同样感到吃惊，受到感动。每一次，南希·汉克斯都仔细准备对话。艺术家们受到奉承，有时候他们天真地相信，他们喜欢这些。

其实，文化方面需要付出的工作和所涉及的预算都比较少，这让总统可以放手让人去做。再者，汉克斯和加门特都为他准备好了。总之，
在他与艺术界的对话中，尼克松不如肯尼迪和约翰逊讲究策略，虽然他 193
更加玩世不恭：尼克松不关心艺术，他根本没想过“联邦文化政策”可能是怎样的，而且如果使用这样的字眼对他说起的话，他会拒绝任何这样的提议。国家艺术基金会是约翰逊建立的，并非他的功劳。如果换成他的话，他不会创建这个基金会，他很难想象这具体有何用处。但是现在这个事务处存在着，不如将其为自己所用。没必要解散一个微小而无害的事务处：那样做会失去时间和国会里的一些朋友，却没有任何政治上的好处。所以，尼克松从未想过解散国家艺术基金会，虽然他的几位共和党朋友曾经替他做过这样的设想。据说他在到白宫之前还不知道有这么个事务处存在。但他离开白宫时，他憎恨国家艺术基金会以及这个刚刚逼迫他辞职的国家里的所有知识分子和艺术家。在任期的中间阶段，他是听之任之的。

### 南希·汉克斯的国家艺术基金会

南希·汉克斯真正的首要关注不是尼克松的对外联络，她关注的是国家艺术基金会。从她被任命起，以她感性的一面和她坚强的性格，她

投入冒险，义无反顾。她不仅不饰虚浮，而且高效率：她立刻对事务处怀有巨大的雄心。在纳尔逊·洛克菲勒身边，她学会一条准则：即始终怀有宏图伟略。她的目标是让国家艺术基金会的作用有所演进，让它从边缘走到美国文化生活的中心。首先，她选择在两个关键门类投资，它们一直被罗杰·史蒂文斯领导下的国际艺术基金会忽略：即博物馆和交响乐团。她想要说服它们接受公共补贴，这些文化机构此前一直表现出
194 非常反感国家介入文化。鉴于当时博物馆和交响乐团正在经历前所未有的财政危机，她认为是行动的时候了。从1969年10月起，作为她的信用的初步保证，南希·汉克斯给5个乐团分发各5万美元的补贴。

同时，她想要扩展对艺术的定义，在国家艺术基金会建立之初，艺术仅限于古典舞台演艺艺术，如今定义扩大到乐团和博物馆，而且还扩展到现代舞、视觉艺术、“民间艺术”以及民族和乡村艺术。遵循着尼克松的右翼政治路线，国家艺术基金会的这位新主席的战略在于依靠各州、城市和社群来扩大艺术的受众，对于她而言，这一政治选择是无需感到惊讶的，要知道在尼克松任命她的时候，她正在主持艺术委员会联合会。

南希·汉克斯的雄心与战略必须首先要求增加国家艺术基金会的资金，在约翰逊任期里国家艺术基金会最初的预算让她没有操作余地来扩展新领域。而且，帮助那些大博物馆和交响乐团是极其昂贵的，这是一些耗费预算的机构。

南希·汉克斯和她的新副手迈克尔·斯特雷特——曾经是与她竞争的候选人，最终被任命到她身边工作。1969年至1970年间，当务之急是说服总统和国会从实质上增加国家艺术基金会的预算。虽然很自然地得到了总统的支持，但是并不能指望他会在国会里捍卫国家艺术基金会。南希·汉克斯孤军奋战，早在纳尔逊·洛克菲勒副总统身边工作的时候她就很了解国会，国会不是一个随和的地方，尤其是对于一个女性而言。

195 一开始，南希决定创立一个议会助理的岗位，其职责是帮助她进行在国会的这项游说工作。新招募的国家艺术基金会议会助理与国会的第一回合是与有影响力的共和党众议员帕特·布雷赫尼交锋，与他商谈法

律提案的讨论日程。当议会助理走进他的办公室，众议员看起来很高兴，他用这句话来迎接他："遇到敌人总是高兴的。"接下来是激烈的争论，最终议员说了下面的话："对于这个主题我没有很清楚的认识，但是如果你认为在艾奥瓦州的农民陷入危机的时候你们将得到钱用来支付那些芭蕾舞女，那你们真比我想的还要蠢！"经过几次此类交锋，议会助理请求辞职[21]。

最初的失利给了她教训，南希·汉克斯决定重新将这一事物掌握在自己手中，建立真正的针对国会的议会策略。在其后几年中，南希·汉克斯在国会中进行了前所未有的游说活动，随后向各位州长、各州议员、市长和其他联邦事务处展开游说。所确定的任务归纳为一个词："教导"。她想让议员们明白文化是什么，明白为什么必须支持文化，同时不过多提及增加国家艺术基金会预算，因为她知道她的成功取决于她隐藏这一策略的能力。

时间一天天地过去，她有时遭到拒绝，常常遭到忽视，有时还受到侮辱，她登上国会山，在极度歧视女性的环境中与所有那些被认为至关重要的议员单独会谈，当然这是一些共和党人，但也有一些民主党人，尤其是南方民主党的保守派。在每次约见之前，她都有一张卡片，上面有她所要会见的议员的所有投票情况和国家艺术基金会在他的州里进行 196
的所有补贴的清单。他们中每个人都被列入一个集团：第一集团由那些从未投票反对国家艺术基金会的议员组成（1968 年，在众议院中有 132 人，主要是城市的民主党人）；第二集团由那些从未投票赞成国家艺术基金会的议员组成（众议院中有 94 人，主要是共和党人和来自乡村地区和南方的民主党人）；最后，第三集团包括所有其他人，那些有时投票赞成有时投票反对的"犹豫者"（众议院中有 203 人）。南希·汉克斯的策略是确保第一集团的支持，令她无所期待的第二集团保守中立，试图说服她希望改变立场的第三集团。

比如，面对有实力的参议员佩尔，他属于第一集团，她表现得很温情：他是艺术的出色捍卫者，虽然他极其讨厌现代艺术，不愿意反复听到关于艺术的话题，但是他却说："我每周两三次摘下话筒，打电话给国家艺术基金会的主席；当我打电话时，我要求他半小时后就到我办公室[22]。”面对亚拉巴马州的参议员，他属于第二集团，她懂得在一个小时的时间里为自己的事务处辩解，若无其事地补充说她打算资助戈申（亚拉巴马州）某所学校的一个学生项目，将630公斤汽车保险杠变成一座4米高的镀铬雕塑，表现一只美国鹰徽。面对布鲁克林区的民主党众议员约翰·鲁尼，他属于第三集团，他因为艺术家发起反对他的运动而感到吃惊，南希提醒他作为议员的得票数仍然游移不定，向他保证如果他投票赞成国家艺术基金会，艺术家们将支持他——她知道自己超越权限，她压低声音说她甚至准备让人知道这一点。

不论会见哪位议员，南希·汉克斯都毫不犹豫地带着一张大幅的美
197 国地图出现在国会大厦的办公室，她展开地图，上面有几百个小圆点指示出国家艺术基金会曾经资助过项目的城市。尤其是，她将所有议员联合起来，不论任何旅行，她都在各个途径的城市举行新闻发布会，甚至就在市长或州长的办公室里。她的新闻专员随处陪同她，每次发言都动员当地所有报纸。关于南希·汉克斯的剪报装满华盛顿国家艺术基金会档案馆和北卡罗来纳州汉克斯个人档案的满满的纸箱。主要是一些地区性的和本地的报纸。

在自己的策略分析中，南希·汉克斯看到在共和党政府中艺术的最危险的敌人是南方的民主党，当白宫属于左派的时候，他们还算克制。但是当右派当权的时候，他们便毫不犹豫地发动起来反对文化。因此，她定期访问南方，进行数百次访谈，在一次激烈的辩论中，面对阿肯色州民主党保守派的一个委员会，她毫不犹豫地说：“我是一个南方人，所以我从不说‘no’，我说‘naw’。”她使得在场的人转而支持她，观众们爆发出掌声[23]。

同时，她委托她的野心勃勃的、幸运的副手，就是被人认为是民主党人的迈克尔·斯特雷特去让在华盛顿的那些固执的议员们发现文化。斯特雷特得到了肯尼迪演艺中心的一个包厢，开始若无其事地一晚接着一晚地邀请议员们，由他们的妻子和小团体陪同，在此之前通常由他自己出资邀请他们到他在华盛顿的乔治城上流街区的公馆里进行非正式晚
198 宴。国家艺术基金会不被允许对国会进行严格意义上的院外游说：对于一个联邦事务处而言，这甚至是一条铁律。鉴于此，迈克尔·斯特雷特

并不进行“游说”：他请人赴晚宴，展示他收藏的鲁本斯、拉斐尔和毕加索的画作，分享自己对于古典音乐的热爱，他进行“引导”和“娱乐”。

总共，南希·汉克斯和她的副手在关于1970预算的辩论之前，在1969年最后三个月里会见了150名议员；投票的那一天，一百来名打算反对国家艺术基金会预算的国会议员改变了立场或者弃权。《纽约时报》的乐评论人事后总结说：“汉克斯女士将政治说服的技巧提高到了独特的艺术高度[24]。”

在1970年代，艺术在国会受到几位议员委员会负责人的支持，他们逐渐形成一种真正的联盟，它是兼顾两党的和非正式的，却很有效率[25]。这个议会小集团首先使国家艺术基金会得以存活下来，继而使它在1970年代中期趋向成熟。因为在美国，通过一种对各联邦事务处进行“批准”、“再批准”和“拨款”的恒定机制，国会起着相当重要的作用。

要想概括这一复杂的过程，可以说某个事务处一旦设立，它就必须每年由一个新的法律提案来进行“再批准”，之前要接受听证，之后要在两院投票。这一过程的目的是讨论事务处的目标，确定议会应该同意的某种政策，对获得的成绩进行总结，提出来年的预算。在整个议会进程中，美国总统是参与的，而且给出自己的意见。一旦事务处获得再批 199
准，在一个单独的委员会中相同的辩论和投票进程重新开始，是为了确定划拨的预算。此时，新法律提案仍必须在两院以相同程序投票通过，然后由总统签署。

在1965年至1985年之间，为了“再批准”和“拨款”，国家艺术基金会经过了六轮听证。在每次听证中，委员会的辩论都旷日持久，这些辩论必须由国家艺术基金会的主席未雨绸缪，他出席辩论，而许多专家和艺术家会被征询意见。在这20年中关于国家艺术基金会的六轮听证中，委员会辩论花去了222天。也就是说两院官方通报中发布了7800页内容。

对这些辩论进行汇总是枯燥乏味的事情，但是可以明确地认识到，评委会对于国家艺术基金会颁发补贴的中立立场、补贴发放的地理分布、前卫与当代艺术、联邦政府在艺术领域应起的作用以及文化的普及化这些问题的争论是最多的。必要的时候，南希·汉克斯向总统求助，让他提交咨文让国会签署。尼克松恪尽职守，他进行干预，他断言："因此，在要求你们更多支持艺术的时候，我这样做不仅是因为艺术需要资助。我这样做是因为国家需要艺术——只有艺术——能提供的东西[26]。"

## 发展中的国家艺术基金会

国家艺术基金会政策的核心在于以三种形式分配资金：分发一些补
200 贴给一些非营利性的文化机构；分发一些补助金给一些由专业人士组成的评委会选择的艺术家；给予各州文化事务处和同等的地区与当地机构直接资助。

各种情况下，艺术的选择都是委托给代表机构，以避免国家艺术基金会直接负责决定。在美国这一点是至关重要的：为了让联邦政府的选择更为民主，在各个决策层级和各个艺术门类中建立起一些由艺术家和专家组成的专业人士的委员会。这些独立的委员会是在罗杰·史蒂文斯的任期内设想出来的，称作同仁评委会（peer panels），在南希·汉克斯的任内这已成为普遍做法，这秉承了一种美国精神，不信任政府对于艺术或学术生活的任何掌控，冷战和苏联的反面典型更加强化了这一倾向。因此，对于初期的舒透着些许诗意与无序的气氛，南希·汉克斯带来了一种代议制的和"去中心化"的文化政策的严格性和专业化。

本着相同的精神，在汉克斯的任期里，国家艺术基金会开始为每个计划发布一些"纲要"，目的是确定切实可行的标准和重申遴选的规则：其中首要的是配合公共捐款按比例认捐的原则和必须拥有非营利性的税收地位才能要求得到联邦政府的补贴。与英国的"英国艺术委员会"和法国的"文化部"的做法不同，联邦政府的任何补贴都不可以发给一个私有企业，即便是出版社、电影制片厂或唱片公司。此外，国家艺术基金会不能资助任何文化机构的运营费用，也不能支付其债务，甚至也不能参与不动产投资。

南希·汉克斯同样想使公共文化资助“去中心化”。按照她的想法，尼克松总统在1971年5月要求政府各个分支机构动员起来支持艺 201 术。他的这封信起到到了不同的效果，虽然效果经常很有限，但至少借此可以对联邦政府各部门已经存在的文化行动进行评估。渐渐地，南希·汉克斯发现有几十个部委和事务处介入艺术，却无人知晓，也无人能够协调这一政策。内政部负责各公园内的文化，资助无数的设在公园内的各个博物馆、剧院和在那里举行的艺术节。城市部用很多文化预算来协调组织一种旨在复兴困难街区的雄心勃勃的政策、国务院派遣艺术家出国、卫生部资助医院内的演出、社会事务部资助养老院内的演出，而交通部负责火车站内的艺术品，甚至有时还负责高速路上的艺术作品。至于印第安人保留区、阿巴拉契亚山区居民和黑人族群，他们也从许多事务处和各种措施中得到资助来保护他们的文化。

而国家艺术基金会最大的影响力是针对各州和各城市的。从美国独特的视角看，绝对不可以将政策强加于各州和各城市，国家艺术基金会最初的策略是鼓励州长们、州议员们和市长们投资文化。从这一点上看，任命“艺术委员会联合会”前主席来执掌国家艺术基金会是尼克松的合理的政治选择，这可以将他的“新联邦主义”的理念延伸到艺术领域，因为“艺术委员会联合会”联合了各州、各城市和族群的全部文化事务处。更具意义的是，通过转向各州，国家艺术基金会同样选 202 择了减弱它的“东海岸”精英主义的形象，重新导向“美国内地”文化——中西部、中南部、郊区。这一政治选择同样具有艺术水准的要求：基于支持民间艺术的理念，在南希·汉克斯的任期里，人们开始资助陶艺作坊、爵士布鲁斯俱乐部、地方民俗戏剧、阿帕切和夏延部落制作的手工艺品，另外还有“木雕民艺”，这种用小刀雕刻木头的艺术被看作是爱达荷州的一项重要传统。

“去中心化”和顾及美国内地文化，这种双重关注通过管理行为中的两个重要主题来进行：即增加观众数量和进行巡演。在1960年代中期对美国文化的重要研究中，在对国家艺术基金会所进行的文化实践的早期研究里，美国的艺术生活明显局限于东海岸的大城市（纽约、华盛顿、费城和波士顿）和加利福尼亚的重要城市区域（洛杉矶、旧金山和西雅图的一部分），而两者中间的地区仅存一些文化“孤岛”如芝加哥、底特律和新奥尔良，更宽泛地说还有明尼阿波利斯和圣保罗“姊妹城”，以及两个得州大城市休斯敦和奥斯汀。在多数中小城市，尽管有一些地方特色的民俗文化，职业水平的艺术几乎不存在，虽然爵士乐、蓝调、乡村音乐和摇滚乐有很大发展。多数情况下，特别是当人们离开
203 大的首府的时候，美国在艺术上是贫乏的：在东海岸大城市与中西部（艾奥瓦州、密苏里州、印第安纳州、俄亥俄州、明尼苏达州）和西南部（亚利桑那州、新墨西哥州、科罗拉多州）之间存在着文化供给上的巨大的不平等。至于那些西北山区（俄勒冈州、蒙大拿州、爱达荷州、怀俄明州、南达科他州和北达科他州），那些广阔的平原地区（内布拉斯加州、堪萨斯州、俄克拉荷马州）和南方大部地区，在那个时代仍然是真正的文化荒漠。但即使在艺术上最富足的地区，在传统老城区与近郊区之间也存在着巨大的差距，在近郊区很难找到高质量的艺术活动。更不用说那些黑人聚居区了，在尼克松的任期里，与约翰逊的任期里一样，那里是暴力骚乱的地区。

面对1960年代末期这种令人忧虑的状况，南希·汉克斯决定她的当务之急是让所有美国人都能接触到文化。而且，这一理念也是根植于国家艺术基金会的历史的，因为它写在建立这个事务处的法案之上。具体说来，就是要帮助艺术家入校驻留，资助一些广播和电视文化项目，在舞台演艺方面资助一些全国巡演。

巡演正是将文化供给扩展到全国的一种最合适的手段，对于国家艺术基金会来说，巡演有两大好处：巡演使高品质艺术的传播成为可能，可以对全境进行真正的拉网式的覆盖。在这一点上，国家艺术基金会保持着捍卫文化质量的立场，同时让国会议员们、地方议员和联邦各事务处感到满意。要想实现这种地域上的传播，还必须在当地找到合作者。然而，尽管这可能令人感到吃惊，这个年轻的联邦事务处在那个时代几乎没有什么合作者，来自美国内地的对艺术补贴的请求微乎其微。即便
204 如此，南希·汉克斯和她的助手们开始在全国旅行，去勘察地点，鼓励对话者提出补贴申请。这与1980年代以来的情况正好相反。唯其如此，

巡演成为国家艺术基金会的一大理念，成为其历史上一些最美好的篇章。

在路上，在火车上，在船上，穿越沙漠，行驶在河流上，在 1970 年代的美国，人们竭尽全力将文化带到最偏僻的地方，带给最闭塞的观众。在南希·汉克斯的任期内，国家艺术基金会找到了自己的使命：一些舞蹈团开始乡村巡演，一些“外外百老汇”的剧团被派往堪萨斯和得克萨斯，“西部歌剧团”带着《茶花女》在阿拉斯加的小城市进行巡演——包括 188 人的爱斯基摩人的小村庄。“奥特拉班达木筏剧团”则花了三个月乘着简陋的船只延密西西比河顺流而下，从圣路易走到新奥尔良，他们为农业工人、黑人和中南部的小镇居民演出。但最著名的事例也许要算艺术列车，国家艺术基金会和密歇根州文化事务处让他们从科罗拉多一直走到佛罗里达：这是一座真正的移动博物馆，一些古典画家的名作、现代雕塑家和当代艺术家的作品被挂在六节旧火车厢内。南希·汉克斯对此颇感得意：“如果我们能送人上月球，那么我们一定能让《蒙娜丽莎》走遍全国。”在国家铁路公司同意免费运行的这列火车上，还有一组造型艺术家在路上创作，在每一站都为村镇学校提供创作
实践课：这是一些画家、雕塑家，但也有一些工艺家，他们在旅行中生 205
产稀有的金银器、陶器、首饰，拍摄照片，制作流苏花边。国家艺术基金会的一位负责人解释说：“人们来看的不是塞尚或杰克逊·波拉克。他们来看活生生的画家。”对艺术的宽松定义旨在方便艺术被农村居民理解，至少能够帮助艺术列车找到观众——帮助它行驶下去。如同国会就这一项目进行听证的时候某些议员嘲笑的那样，这是美国少有的一趟准点到达的列车[27]。

通过关注偏僻乡村和小城镇，国家艺术基金会的这位女主席划下了双重的分界线：她使文化普及化，但她同样“引导”了国会议员们。在美国四分五裂的时刻，当旧有的爱国主义和文化霸权的概念开始不再是万能的时候，我们明白国会为何会热情地采纳这些旨在增强文化凝聚力的计划。南希·汉克斯的真诚毋庸置疑，但是显然在她的策略中同样包含着巧妙地诱导国会议员的攻势，因为国会中来自乡村地区的议员在众议院里占据多数。

在南希·汉克斯任期里，国家艺术基金会的几乎所有行动都旨在夸大文化的受众。估计这一时期该事务处全部预算的 50% 被用于文化的普及。国家艺术基金会的计划的名称本身反映了这一关注：“扩展计划”、“妇女计划”、“青年计划”、“监狱计划”、“残疾人计划”，不要忘了还有叫“少数民族报告”的计划，其名称本身就是一种象征。这
206 种明确的政治选择受到国会的批准，受到媒体的欢迎，在美国的国内文化界得到广泛支持。但是，这些举措引起东海岸的那些重要艺术机构的更大的敌对反应，那些博物馆的管理者想知道国家艺术基金会是否更应该专注于资助它们将要举行的伦勃朗或戈雅的展览，而不是尝试保护怀俄明州的早期牛仔岩画，在阿巴拉契亚部落传授编筐艺术或者维系新墨西哥州印第安人拼缝编织制作技术。这些东海岸重要的精英主义文化机构之前曾经反对国家介入艺术，而今他们则要关注保护自己的领地了。

在国家艺术基金会的三十来个主题计划中，有三个能说明问题的范例可以让我们对这个联邦事务处 1970 年代中期的所作所为有一个明确的认识，从总体上看，其创新之处在于：“博物馆计划”是一个传统的资助博物馆的计划，“民间艺术计划”针对的是传统，“艺术家入校计划”专注于艺术教育。

博物馆在约翰逊任期内很少得到资助，而南希·汉克斯将博物馆当作一个首要关注。这些大机构出于利益的考虑归附至这个年轻的事务处，从而开创了人们称作“反补贴的游说活动”的一种相互关系。博物馆公开捍卫国家艺术基金会，为增加国家艺术基金会的预算进行活动，条件是以得到补贴为交换。从一开始，国家艺术基金会倾向的方式
207 局限于三个目的：培养博物馆员、策划教学性质的展览和在各博物馆内部发展教育部门。国家艺术基金会并不笼统地资助博物馆，它选择专注于培训与教育。我们看到这个事务处如何拒绝直接补贴博物馆的运营和人员，它侧重围绕着教学目标的一种针对性的政策。

在介绍“民间艺术计划”的小册子的导言里我们可以读到，“从第一个印第安人直到最晚的移民，我们的国家吸收了全球各地的传统”，这个计划是南希·汉克斯任期里国家艺术基金会活动的第二个范例。它

的目标是三重的：帮助“认识、协助和褒奖”那些“具有权威性的艺术和传统技能”的男人和女人，对延续这种记忆的当地和乡村社区提供资助，通过彰显“我们多重文化遗产的活力和财富”来使全体美国人的生活丰富起来。在选定的计划中，国家艺术基金会突出手工艺的“真实”与“卓越”。计划的负责人解释说：“因为传统艺术是人们可以企及的，所以它们可能让人感觉相对于艺术来说它们的分量不足。但是民间艺术同样稀有，同样复杂，同样难以实现，它们要求与艺术同样的热忱。虽然它们可能对应着影响较小的审美系统，但它们并不缺乏精妙。”在众多计划中，国家艺术基金会在亚利桑那州的迪法恩斯堡资助幼儿园阶段的儿童学习关于纳瓦霍印第安人传统艺术的入门知识；提供奖助金给六位阿拉斯加州的专业制作面具的手工艺人；支付一位民俗学家的工资去乔治亚州南部社群工作；资助一部关于俄勒冈州一位八旬老人的影片，他是最后一位原木小木屋的建造者。民间艺术被国家艺术基金会视 208
为“正在消失”的文化，成为该事务处的一个首要关注，这一计划得到国会的无条件的支持，不论他们是何种政治倾向，有时还受到议员们热情的赞扬[28]。

国家艺术基金会计划的第三个范例是“艺术家入校计划”，早在1966年约翰逊任期里就诞生了，主要具有文学方面的目标：让一些作家到纽约的中小学校里常驻，来活跃写作培训活动，使孩子们参与其中。由于这一计划的成功，南希·汉克斯将其扩展到其他美国城市和其他艺术形式。比如，一些画家、乐师和舞蹈家被动员起来。一年之后，计划又扩展到46个州，扩及一些新艺术活动：电影导演、演员、民歌手、手工艺人和诗人被请进学校。计划无疑反映了时代精神，其成功是说明问题的：1969年有6位作家参加；1976年则有2000名画家、诗人和电影导演在全国7500所中小学里工作[29]。

### “水门事件”

尽管白宫的公关努力获得成功，尽管南希·汉克斯富有热忱，但是在理查德·尼克松1972年再次当选后，他的总统任期的形势迅速地恶化。总统与舆论在越南问题上的分歧加大，伦纳德·伯恩斯坦曾经写过

一部强烈反战的演唱剧《群众》。尼克松受邀去肯尼迪中心观看首演，
209 他拒绝了邀请，引起激烈批判，为首的是那些作曲家，他们不无恶意地指责他将文化与政治混为一谈。不久之后，国家艺术基金会出资建立的"美国电影学会"计划放映科斯塔—加夫拉斯的新电影《围城》，其主旨在于揭露美国干预南美政治。这位电影导演带有一定的宽容，在影片中表现一位成为人质的美国人道主义者被乌拉圭极左派叛军杀害，他（伊夫·蒙当饰演）实际是替联邦调查局工作的。应白宫的请求，影片被肯尼迪中心的总裁取消放映，这再次引起抗议。官方做出的解释让批评者无言：在以一位本身遇刺的美国总统的姓氏命名的文化中心放映一部颂扬杀害美国人的电影是不合时宜的。

尼克松的另一项个人决定在当时不太为人所知：撤除艺术家亚历克斯·利伯曼题为《亚当》的巨型锈铁抽象雕塑，因为尼克松讨厌前卫艺术，深信"这类东西通常不代表美国趣味和文化"（如同我们在白宫一份内部保密报告中读到的）。这个九米高七米宽的作品位于"可可然艺廊"门前，这令总统感到不快，总统从白宫的草坪就能看到它，这真的令他"抓狂"。尼克松命令他的顾问伦纳德·加门特："把它放到我看不到的地方去"，加门特执行他的命令，在竭尽外交手腕之后，在南希·汉克斯的帮助下成功将《亚当》搬到华盛顿波托马克河边一个偏僻的地方。虽然没有太多的负面新闻，但是由于雕塑的体型巨大，花了很多费用。[30]

任何对外联络策略，不管多么巧妙，最终总是要遭遇到现实。随着
210 "水门事件"的曝光，那些曾经显得奇怪的东西变成胡言乱语，那些曾经显得有策略的东西变成受迫害妄想症。1973 年至 1974 年，人们很快就明白尼克松支持艺术家的政策并不反映他自己对于这一问题的观点，虽然他公开支持国家艺术基金会，并引用杰斐逊的话，发表关于"生活品质"的演讲，但是当人们得知他命人秘密监视那些反对他的越南政策的记者、知识分子和艺术家，后来还让人监视那些同情"黑豹党"（Black Panthers）的人的时候。人们发现大家戏称为"柏林墙"的总统亲信组织了混淆视听的活动，设置重重秘密，封堵政府的运行机制，包括文化领域。从 1973 年夏季开始，随着有关"水门事件"的参议院调

查委员会的无休止的听证，报纸不断揭露出真相。受到监听的人的名单越来越长，无穷无尽。尼克松用来对付极左派、报界和各类异见人士的偏执方法看起来令人难以置信。打着保护国家安全的旗号，他妄想恢复秩序，人们得知总统进行了很多不合法的行动，滥用权力。更不用说尼克松为了自我保护和掩盖事实而采用的那些技术手段了，随着丑闻浮出水面，这些都被公之于众了，这种行为模式以掩盖（cover up）这一术语而成名。

最惊人的是尼克松偷偷录下与幕僚们、身边人和来访者的所有谈话，这说明了他患有极度的受迫害妄想症。超过 3800 小时的对话和密谈被这样记录下来。尼克松被要求交出这些录音带给参议院调查委员会，他拒绝了，以三权分立为自己辩解。在最高法院的逼迫下（全票通
过的名为《美利坚合众国诉理查德·尼克松案》的法令），他屈服了， 211
人们吃惊地发现了这些匪夷所思的录音带的内容。

大揭秘的时刻，这些录音揭明了美国政治生活的一部分暗影，大众被揭露出的事实震惊了。知识分子们也一样。尼克松在与当时任总统国家安全顾问的亨利·基辛格的一次谈话中，基辛格解释说他刚刚在白宫的办公室会见被称作“常青藤联盟”的各重要大学的校长，这个联盟集合了哈佛、耶鲁、普林斯顿等美国八所最好的大学。基辛格说：“他们要求见我。”尼克松回答：“妈的。这些婊子养的。我嘛，我将拒绝见他们。他们不配。”基辛格接着说：“他们也要求见您。”尼克松答：“常青藤联盟的校长们？哦，我不会让这些婊子养的再来白宫。绝不。绝不。他们中任何一个都不行。他们完蛋了。常青藤联盟的大学完蛋了。天哪……那么，亨利，绝不要再这样做了，也别再去任何常青藤联盟的大学。绝不，绝不，绝不[31]。”

艺术界与知识分子们同样吃惊。1974 年公布的尼克松总统 1972 年与女儿的一次谈话中，总统劝她离那些艺术家远一些，避开这些他在公开演讲中称为“国家不可估量的财富”的人。他说得更明白，总统对女儿说：“现在，最糟糕的［这个词在录音中不清楚］就是去参与任何与艺术有关的事情……。艺术嘛，你知道——他们是犹太人，是左派——你离这些人远一点[32]。”

艺术界的反应是惊愕与愤怒。忠诚的南希·汉克斯感觉错愕，大概内心中感到受伤，但一如既往地保持着冷静，她仅限于发出一份新闻通
212 稿："汉克斯小姐并未准备正式的通稿。她整天都专注于预算问题，她的日程安排得很满，她还要关注此前的一些其他承诺。她猜想总统及其家人在一整年中对于艺术的支持和他们自身参与的文化活动对这一问题的说服力要超过某份录音的文字记录上的几句话[33]。"

1974 年夏，人们看到了亨利·基辛格在回忆录里称之为"白宫解体"的事件[34]。尼克松被迫接受"弹劾"，这将促使他被罢免，他在几天后于 1974 年 8 月 8 日辞职——美国历史上第一位也是唯一一位。次日中午，他离开白宫，将位子留给副总统杰拉尔德·福特。

**考尔德的《大急流》**

密歇根州，大急流城（Grand Rapids）。美国北部格兰德河畔的这个工业小城里，考尔德的一件抽象作品被竖立起来。这座巨型的金属雕塑——《大急流》，1969 年在国家艺术基金会（NEA）的支持下被安放在这里。此前，当选为众议院共和党议员的当地最抢眼的政治人物杰拉尔德·福特曾经反对建立国家艺术基金会。但是三年之后，考尔德的雕塑竖立起来的时候，他得到某种启示。在国会的一次关于国家艺术基金会预算的听证会上，杰拉尔德·福特自己讲述了他的转变："那时，我根本不懂考尔德是怎么回事，我怀疑今天国会中也没有很多人知道他的名字。对于我们那个城市的许多人而言，竖立一座他的雕塑是一件令人
213 震惊的事情。我要承认，我当时真的不懂，而且我一直都不懂考尔德想告诉我们什么。但是，我可以向国会议员们承认，将考尔德的一件作品竖立在市中心，竖立在一个开发中的区域，这真的有助于城市的复兴……。国家艺术基金会是这个项目的合作者，可以说，这是一次很好的投资。"在 1974 年的一次演讲中，福特总统再次谈到这段插曲："我自己的城市大急流城有幸拥有考尔德一件动态雕塑（mobile）——或者是一件静态雕塑（stabile）？这是一件具有象征意义的艺术品。我将这件事告诉所有访问我们城市的人，甚至是那些负责我安全的特工。我告诉他们不要害怕这件雕塑，它是激发人的，这是一件美丽的吸引人的东

西，我为它骄傲[35]。”

理查德·尼克松倒台后，1974 年 8 月，杰拉尔德·福特意外地成为美国总统，他就任副总统甚至不是选举出的，所有人都将他看作一个“小城镇政客”。他掌权两年多一点，其内政定位于前任的路线之上，他让南希·汉克斯留任。他短暂的任期没有任何显著的变化，很少有什么特别的演讲，虽然他夫人贝蒂·福特经常与伍迪·艾伦和玛莎·葛莱姆一起共进晚餐。

人们认为杰拉尔德·福特在“水门事件”的打击之后给美国政治生活带来某种“文明”气氛，人们也议论他的固步自封。1976 年总统大选临近，杰拉尔德·福特似乎醒觉过来了，这对于在初选中击败共和党内的对手罗纳德·里根是足够早的，他意识到里根在右翼的主张方面对他的威胁很大，但这对于在总统大选中战胜民主党候选人吉米·卡特就为时太晚了。在选战的最后几个月里，他多次声明支持艺术，他有南希·汉克斯辅助，南希竭尽全力争取让他再次当选。共和党右派揭露国 214
家艺术基金会已经成为一个“精英主义”的事务处，面对他们的激烈攻击，杰拉尔德·福特和南希·汉克斯团结一致地做出回应。因为国家艺术基金会的这位女主席知道，如果吉米·卡特当选，她将不会留任。

在国家艺术基金会的历史上，“汉克斯”时期作为其黄金时代远不只是艺术问题，在奇特的尼克松年代，鲜有女性领导某个联邦事务处，并留下如此巨大的影响。她是工作狂，将她的独身生活贡献给了工作（她的私人生活仅限于她与纳尔逊·洛克菲勒的关系的失败，随后几种癌症使她无法生育子女），她的直觉和想象力胜过知性，汉克斯“小姐”完成了一项庞大的工程，她在全国的无数次旅行，仅 1973 年就去过 22 个州，在两届任期内，她在全国进行了几百次开幕剪彩和公开演讲，这些还只是她旅行途中的一小部分。她有时被称作“发电站”或女“强人”，这一表述指的是一个始终充溢着活力、乐观和想法的人，南希·汉克斯比任何一位主席都更大地影响了国家艺术基金会的历史。特别是，她使人们可以确保联邦公共资金资助文化的合法性，她成功地使国家艺术基金会成为一个完全隶属于华盛顿的事务处。在她 1977 年 8

月离职之时，对她的工作有着无数的赞扬之辞，包括民主党总统吉米·卡特。她于1983年1月去世时，许多人的回忆与文章使她成为美国文
215 化政策的一个全国性人物。里根总统向她致以感怀至深的敬意，参议院决定将国家艺术基金会的联邦办公楼重新命名为“南希·汉克斯中心”，这座著名的旧邮政大楼位于华盛顿宾夕法尼亚大道，在国会与白宫之间。

汉克斯年代的成果同样在数字上有所反映：文化事务处的预算从1970年的840万美元发展到1977年的1亿美元。1965年国家艺术基金会拥有28名全职公务员，在1980年南希离任后不久达到245人。

事务处实力的上升却并未遵循欧洲资助文化的模式：这仍旧是符合美国精神的。每一次的介入，南希·汉克斯都会提醒人们慈善业优先于联邦补贴，公共资助只能作为对私人资金的补充。这对于她而言是原则性的立场，是确保艺术的独立、发展和多样性的唯一手段。作为总结，在离职之时，对《纽约时报》记者提出的关于什么是她最大的成就这一问题，她回答：“我鼓励了私人的主导权、私人的主动性和私人的投资方向。”作为结论，国家艺术基金会的女主席补充道：“这是一个根本理念，在我们这里是传统，相对于世界上所有其他政府来说是有差别的。这是行之有效的，因为人们为自己的机构和社群感到骄傲[36]。”

## 吉米·卡特与文化多元主义

美国第39任总统吉米·卡特的当选首先标志着一位“乡巴佬”、
216 内地人、亚特兰大议员、一个南方州的州长的胜利，卡特称自己具有“浸礼派”的骄傲，是一个“花生农”（基督徒过去是花生种植者）。人们可能嘲笑这一说法，但是在那个时代，这样的身份背景仍然可能造就一位美国总统。吉米·卡特代表着美国一个最老的传统，即南方小种植业者的传统：土地、圣经、淳朴美德。

那么文化方面呢？卡特断言自己只对乡村音乐、民谣和摇滚乐感兴趣，也就是说主要对鲍勃·迪伦——他的名字总是被民主党的总统们提到——和他自己的佐治亚州的一个“南方蓝调摇滚”乐队“奥尔曼兄弟乐队”感兴趣。卡特毫不掩饰地给人一种不太有修养的人的形象。

在选战中，这位民主党候选人对于艺术没有说过什么。他刻意采取局外者的立场，他进行极具中间立场且有些民粹色彩的选战，比如在多次出行中，他选择自己提旅行袋或者住在选民家里，而不是住旅店。他的纲领是调和乡村与城市生活，就如同他想要在自己的乔治亚州进行的那样。他同样捍卫普通人，即小人物，这一群体反对那些大公司的利益以及它们在华盛顿的强大的游说团。在这份纲领中，艺术的地位必然有限：卡特仅仅不温不火而又毫无创意地说他“乐于见到政府对于艺术的资助去中心化”，让更多年轻人接触到文化[37]。这一时期，约瑟夫·帕普，一位最知名的美国戏剧家、“纽约莎士比亚戏剧节”的创始人，致信总统候选人吉米·卡特，质询他对于艺术的立场。他很吃惊地收到卡特的答复，建议他加入自己的团队，因为他没有任何文化界的合作者。这一逸事是耐人寻味的[38]。但对于国家艺术基金会而言，这一逸事宣示 217
着时代的转变。

必须说，吉米·卡特时代的美国不再像肯尼迪与约翰逊时代民主党的美国。身为民主党人，如今这意味着借助中左派的思想却利用中右派的手段来让自己当选。身为民主党人，这意味着捍卫某种不同于左派的政治纲领，但这种纲领本着一些极具中间路线的内政思想，其中重新质疑福利国家的想法与减税的想法并行。身为民主党人，还意味着利用南方的选票让自己当选，即利用黑人的选票。最后，身为民主党人，这意味着不信任那些波士顿的知识分子，那些华盛顿的技术官僚和那些纽约的艺术家。非常自然地，卡特身边聚集着一个忠诚的反对东北部当权派的南方派系的团队，甚至他们带着南方口音说“yeah”（是）的方式都与卡特一样。

吉米·卡特的“文化政策”处于这些选举因素的交叉点上，采取的形式属于“精英主义对民粹主义”的论争、拒绝“雅文化”和捍卫大众文化的人们熟知的论调。当选后不久，卡特肯定说他想要去除国家艺术基金会和国家人文教育基金会的“精英主义态度”，要“将它们的计划扩及所有美国人[39]”。在白宫，文化从特定的领域——通常为“第一夫人”的领地扩展到社会工作的领域：吉米·卡特将艺术变成他的城镇政策中的一个分支。对于艺术来说，这是一次革命。

美国文化政策的这一重大转折仍然是一段不太为人了解的历史，它的机理与原因不为人知。但其后果是显著的：卡特完全打乱了国家艺术
218 基金会的平衡，这个事务处改换了航向，这反映为一种新的思考文化的方式。

最初，吉米·卡特并不想做什么，或错或对，他认为美国不再想要一个花费巨大而无效率的福利国家体系，他想终止社会公益政策的扩张。卡特的对外联络顾问，那些“说谎专家”，他们认为他的获胜属于偶然，是“水门事件”与越战的混合结果，但是从根本上看来，在长时期里，美国人抛弃了旧有的民主党的模式，即一个独立于工会、知识分子和少数族群的政党，执着地捍卫一个遭人憎恨的福利国家。他们还认为，中产阶级与民众阶层对于文化仍然持守旧态度，在堕胎问题上和关于种族偏见的论辩中他们持不信任态度。他们分析美国政治，认为美国政治正在不可避免地倒向保守主义和共和党：如果以一个新罗斯福或者新约翰逊的面目出现，卡特一定会失败。

在最初宣布的措施中，卡特侧重公共财政的平衡与紧缩社会福利计划的预算。时机来临之时，他甚至拒绝任何专门支持黑人的措施（他在选战中却对此偏爱有加），因为他不希望支持那些人们越来越多地称之为“利益集团”及其游说团体的人。涉及到联邦政府，卡特表示出对官僚体系的厌弃，毫不掩饰他“清理福利国家的乌烟瘴气[40]”的意愿。他让所有幕僚与部长全部投入到对联邦系统的审计中，包括联邦文化系
219 统，对国家艺术基金会进行审计，这开启了深度重组的序幕。但是，精简联邦政府的工作要比预想的更加复杂，尤其是对于一位不熟悉华盛顿的南方人总统。这位焦虑的总统天真地发明出一套杂乱无章的东西，因为想尝试做太多的东西，却没有确定立法上的要点，他将浪费很多时间，大大丧失可信度。

导致卡特同约翰逊和尼克松一样发生转变的原因是黑人问题。1977年夏，纽约大面积停电事件中，发生了骚乱。那年夏天，布朗克斯区燃烧了，尤其是南布朗克斯整片被毁的街区、废弃的建筑以及废墟的悲惨

景象，这些画面成为美国黑人聚居区骚乱的标志。电影《要塞风云》（*Fort Apache：the Bronx*）和汤姆·沃尔夫的小说《虚荣的篝火》描写了这场噩梦。南布朗克斯区的中心地带，如今黑人们正开始创作出“嘻哈”（hip-hop）和“饶舌”（rap），他们就像凤凰的浴火重生，重建问题似乎无法解决。在那个时代，估计有123个黑人街区濒于毁灭。各大城市的市长激动起来，他们求助于一些紧急的社会援助计划，而黑人领袖们要求重建城市的“马歇尔计划”。卡特受到纽瓦克市的黑人市长的激烈批评。

新总统对于黑人问题持温和态度，不太希望介入这一主题，但他在1977年秋却不得已下决心做出改变，决定投入到城镇政策中去。人们要求他让黑人少数族群融入社会，并为此付出政治与文化上的代价。他的这一政策与他的想法背道而驰，或许是违逆他的意愿的，但他别无选择。

他将斯图尔特·艾森施塔特招到自己身边来，到白宫领导他的内政幕僚团队，这是一位法学家，曾经为约翰逊工作，他后来在克林顿任期 220
担任大使和总统助理。在选战中，斯图尔特·艾森施塔特强调艺术与文化的重要性。

让黑人融入社会，不管怎样这都是一个极为复杂的问题。吉米·卡特不是最适合发起这样政策的人，他不想要也没准备过这样的政策。他和斯图尔特·艾森施塔特摸索着创造出一套如此复杂的机制，他们再次面对各位部长之间如此频繁的内斗，以至于他们花了好几个月才制定出一个计划。

卡特的城镇计划在1978年3月最终被大肆宣传，显得与民主党在此之前的所作所为迥然不同：这个计划针对一个“左派”问题给出了“右派”的回答。尤其是，总统无钱可出。

同一时期，在与众多幕僚和记者一起在直升机监控下访问南布朗克斯区废墟的时候，吉米·卡特走在毁坏的房屋之间（这里后来成为著名的夏洛特街）。他感到绝望，似乎垂下了手臂。他说，联邦政府变得无能为力，公共行动是没有效率的。只有街区组织才能让“自己”街区复活，才能帮助人们重新站立起来。因此，面对黑人聚居区爆发的骚乱，卡特的幕僚们因地制宜地创造出一个计划，更多地将对问题的处理从中央分散到各州和城市一级，通过减税来动员私人企业，求助于各个基金会，同时让各“社区”来自己负责“社区管控”。卡特思想的这最后一个方面就是授权街区组织，以维护遭到社会排斥的个人的自主性，
221 这一思想带有强烈的基督教社区的印记，标志着一个转折点。从1970年代末开始，罗纳德·里根在这些思想之上又补充了企业责任和重新发挥家庭的作用，比尔·克林顿加上了公民社会的复兴，这些思想成为美国城镇政策的框架。

在经济危机时期，动员企业、基金会和社区，这对于卡特来说具有极大的优势，可以兼容他精简政府的政治关注和他的财政赤字，因为这样做花钱不多。在联邦一级，卡特可以仅限于一些象征之举，而文化就是其中之一。

### 吉米·卡特任期内的国家艺术基金会

在卡特政府内，主掌文化的人叫利文斯顿·比德尔。白宫在卡特当选后一年才决定找人接替南希·汉克斯来担任国家艺术基金会主席。比德尔的提名实属不得已而为之，艺术并非新总统的首要关注，政府听凭国会强加了一个人选：比德尔当时是一位民主党参议员的议会顾问。

带有派性的任命立刻导致抗议。批评者指出这一选择旨在争取选票，他们说比德尔不过是那位令他得到任命的参议员的“傀儡”。因为曾经谈及“国家艺术基金会的精英主义”，卡特为此而受到攻击：我们右翼现在谴责这个事务处的民粹主义倾向及其独立性的丧失。

按照报纸的说法，他是“一个穿错衣服的好人”。按照卡特的顾问
222 斯图尔特·艾森施塔特的说法，他是“真正的绅士”。这是吉米·卡特任期里国家艺术基金会主席给人留下的印象，美国文化生活在卡特的任期发生了重大转变。

比德尔是东海岸白人基督新教精英主义的典型，他是一个银行业家族的富有的继承人，曾经就读于普林斯顿大学，这位宾夕法尼亚州的民主党人在约翰逊任期里担任白宫的助理，作为慈善家他主持着费城芭蕾舞团，他是一位深爱欧洲文化的作家。大致说来，这是一位富贵人家的

子弟，他是出于社会地位的考虑而转向艺术的。

这位国家艺术基金会的第三任主席却并非初出茅庐之辈。他经历了联邦文化事务处历史的各个阶段：在约翰逊总统身边，他在白宫亲睹事务处的诞生，作为国会的议员助理，他是事务处的撰稿人之一；他在罗杰·史蒂文斯任职时担任副主席；他在南希·汉克斯时代任国家艺术基金会的议会专员；后来他又担任对艺术问题最具影响力的参议员的议会顾问。所以，长期以来他都跃跃欲试。同时，比德尔是左派的人，而他是由卡特任命的：我们明白他的尴尬处境。正因为这个原因，现在“精英主义”与“民粹主义”之间的辩论开始爆发了，比德尔的整个任期都用来在“雅文化”与大众文化之间周旋。他采用与南希·汉克斯相反的策略：南希因自己身为冲锋陷阵的马前卒而骄傲，为了震慑对手她夸大自己的力量和团队，而比德尔却以弱势为理由替自己辩解，他走的是哀兵必胜的路子。

在吉米·卡特任期，关于族群与文化多元的论争波及国家艺术基金会，其主席利文斯顿·比德尔首当其冲。我们看得出这位戴着厚镜片眼镜、说话带有鼻音的斯文人的内心纠结，他不喜欢冲突，60 岁才登上这样一个显赫的位置，他没有准备好去面对女权主义者的批评、拉美族 223
群的极端要求和黑人运动的辱骂。他喜欢阅读历史小说和观赏古典绘画（还有他妻子的画作，她是一位业余画家），比德尔渴望得到人们的认可。国家艺术基金会，他梦想着这是一个平静的职位，这曾经是一个平静的职位。

面对刚刚出现的拉锯战，他一直不明白其中的关节，但他知道他必须警惕，因为他是民主党人，这位国家艺术基金会的主席避免做出选择。一方面，文化的普及能够让人们接触到所有的重要艺术品，这是那些博物馆的馆长和乐团经理们提议的，他们希望维持国家艺术基金会的预算，这是对他们有利的。另一方面，少数民族和社区强烈要求得到承认——首先是金钱上的承认。他们想让黑人文化被人接受，想打破“欧洲中心的”白人精英主义，破除“雅文化”。首次，对国家艺术基金会、对联邦文化政策的批评不再仅限于右翼——反而首先受到左派的支持。介于左右之间，比德尔开始捍卫有些模糊的企及最好的东西的概念："如果说精英主义意味着最好的，而民粹主义意味着人们可望企及，那么可以将两个词合起来，让人们在艺术方面'企及最好的'[41]。"

这一表述是巧妙的，却空洞无物，如同它所反映出来的那样，比德尔在任期内就是寻找平衡。他是有能力的管理者，却是一位平庸的政客，他既无罗杰·史蒂文斯的敢作敢为，也无南希·汉克斯的优雅与手腕。他继续了汉克斯政策的大方针，有时有所扩展，确保公共资金资助艺术的持久稳定。为了让人们更方便地接触到艺术，他对于针对少数族群的"推广奖助金"有很多投入，这是吉米·卡特所希望的；他增加
224 对各州文化事务处的扶助，以便做到更好的地理分布，这也是国会所希望的。特别是，他大幅增加了对大众与民俗艺术的支持。此处，有另外两位卡特政府的文化人物介入其中，即琼·蒙代尔和约瑟夫·达菲。

琼·蒙代尔是卡特的副总统沃尔特·蒙代尔的妻子。在某种程度上，是她担任了传统上属于"第一夫人"的文化角色，因为罗莎琳·卡特只关心社会事务。蒙代尔是以自己的方式行事的，而且满怀热情：那就是艺术与手工艺。艺术与手工艺——不论制陶、玻璃加工还是木制品——是她的首要关注，她将其中的各种类别一概混同起来。这让她得到"艺女贞德"（Joan of Art）的绰号，尤其从卡特任命她为"联邦艺术问题委员会"名誉主席开始（从理论上讲，这个委员会是位于国家艺术基金会之上的）。琼·蒙代尔解释说："我是一个简朴的人。我做陶器，黏土陶器。"在白宫，她每周二上午上陶艺课，在课上学习用瓦斯烧制陶器。其余时间，她为艺术与手工艺进行游说。她的目的是打破将"雅文化"与大众文化对立起来的界限。她想要将"木工"（woodturning）和"陶艺"（clay works）列入艺术。她还想在全国各地增加脱离博物馆的"公共艺术"，为她称作"艺术与交通工具"的事业而奔走。在吉米·卡特任期，琼·蒙代尔对国家艺术基金会有切实的影响，她帮助人们意识到民间艺术的价值。她的作用依然是社交意义上的，是
225 程式化的。在白宫，严肃的工作是由卡特的那些社会问题顾问们去做的。"艺女贞德"主管副总统官邸，她让人用从马瑟韦尔到沃霍尔的52件美国现代艺术品对它重新装修，在那里她将自己当成杰基·肯尼迪

了，她举行了一些受到艺术家们拥趸的音乐会。国家艺术基金会主席利文斯顿·比德尔记得一次当代音乐会，其间副总统在谈到一位长笛手时突然问他："他正在给乐器调音吗？他在哪里演奏？"比德尔答道："他正在演奏呢，副总统先生。"沃尔特·蒙代尔："我刚才正担心你会这么回答我呢[42]。"

约瑟夫·达菲，被人们称作乔，他又是另一番光景了。他是国家人文学科基金会——国家艺术基金会的姊妹事务处的新任主席，他是吉米·卡特的亲信，是卡特年代精英主义对民粹主义的论战中的一个关键人物。他成长于西弗吉尼亚州一个穷苦矿工家庭，18 岁成为浸礼会牧师（同卡特一样），曾经在耶鲁大学学习神学，随后成为大学教师和大学教师协会的主席，乔·达菲是一位成功的自学成才者。在被任命执掌国家人文学科基金会之后不久，他对尼克松时期国家艺术基金会的副主席迈克尔·斯特雷特说过几句很尖刻但也很能说明问题的话，确证了斯特雷特是 WASP（上层新教徒白人）贵族的象征："你是个婊子养的精英主义者，我们将把像你这样的精英主义者从本届政府里清除出去！你和你那些附庸风雅的朋友们也许还不知道，但你们的日子屈指可数了。新的黎明开始了，人民获得了权力！这才是卡特政府！……我再说一遍：我们将赶走华盛顿的精英主义者……你和你的常青藤联盟的婊子们（各名校知识分子）以为你们会继续用你们自命不凡的方式领导这个国家。我在这里告诉你们，从现在开始，人民将拥有权力，而不再是知识 226
分子。"如今，微笑着，约瑟夫·达菲对这些话加以中和，他声称自己不曾"用这些话"来表达想法。但他却证实卡特年代的核心思想就是打破白人上层的精英主义，让艺术和文学对民众阶层、对黑人和拉美裔开放。如今达菲解释说："我在其中长大的那个美国是由傲慢而附庸风雅的东海岸精英阶层主宰的。必须与这种精英主义决裂，让所有人都能接触到文化，特别是黑人。必须让艺术不再是精英阶层的领地，精英阶层企图以此获得优势，以此获得社会地位。必须让联邦的事务处为美国人民服务，而不再仅限于延续欧洲文化。所以，必须从改革这些事务处开始——然后改变整个体系。"

## 黑人文化

卡特年代之初，国家艺术基金会变成一个重要的事务处。虽然其知名度增加，但是预算有限，这个文化事务处引发了人们的希望、畏惧、觊觎。各个工会希望限制对那些加入某个工会系统的文化机构的联邦资助，中小学教师们向国家艺术基金会要求资金来让班里的学生学习艺术，各大学踊跃获取对它们的业余团体的资助，各州的文化事务处如今希望联邦的事务处不再对批准给它们的资金施加压力，而国会本身也想在"后水门事件"时期重新获得对这个事务处的掌控，它不放过任何削弱政府权力的机会。

227 在这种整体格局中，一个关注点汇集于国家艺术基金会在1970年代倡导的政策的希望与局限：那就是"拓展艺术计划"（Expansion Arts Project）。这一计划大概是国家艺术基金会历史上最新颖，最有意义的。它与其出现的背景不可分割：即种族骚乱蔓延黑人街区的美国。这一计划最初是由南希·汉克斯在尼克松执政时期设想出来的，在卡特的任期里由利文斯顿·比德尔加以普及。

当初，在罗杰·史蒂文斯时代，国家艺术基金会并不关注鼓励少数民族文化，它的使命局限于"雅文化"。经过沃兹、纽瓦克、底特律的骚乱——1965年至1968年的夏季骚乱，南希·汉克斯领导的国家艺术基金会寻求某种手段来鼓励社区就艺术问题动员起来，特别是在黑人街区。经过几次尝试，南希·汉克斯于1971年决心发起一个专门支持少数民族的计划。她没有用国会提出的"新兴艺术"的名称，也没有用"国家艺术委员会"提出的"族群艺术"的名字，南希·汉克斯选择了一种迂回说法："拓展艺术计划"。这一计划由利文斯顿·比德尔在吉米·卡特任期内完善并普及，其预算从1971年的11万美元发展到1979年的810万美元。

"拓展艺术"计划是鼓励街区、黑人聚居区和乡村地区的文化活动。其目标何在？那就是扶植那些脱离"权力结构"与艺术的传统定义的计划。国家艺术基金会想要借此拓展文化的受众，依照其负责人的看法，这必然先要终结从欧洲输入的精英艺术的主导地位。其想法是今

后在文化方面遵循“聚居区内社群所希望的东西，而非我们作为联邦事
务处从外部决定社区应该希望什么”，这一计划的一份宣传册是这样说 228
的。实际上，尽管计划的名称有些隐喻化，这主要是一项针对乡村地区和少数族群的计划，首先是这些族群中的黑人。如今当人们提到这一计划，大多数国家艺术基金会过去的负责人都不再谈到“拓展艺术”，而只是谈到“黑人计划”。

所以，为了“拓展”艺术，国家艺术基金会开始资助黑人聚居区内的一些剧院，支持阿巴拉契亚山的“民间”传统；弘扬印第安人陶艺制作技术，推崇主要在费城黑人街区流行的被称为“祝酒辞”的叙事戏剧；补贴威斯康星州麦迪逊困难街区内表现当地生活场景的墙壁喷绘，上面有农夫、奶牛和玉米。目标是帮助这些社区通过自己独有的艺术经验重新找回自身的认同和骄傲。对于国家艺术基金会而言，“拓展艺术计划”在进行重大的改变。通过支持民众艺术的形式，事务处远离文化传播的传统方式，比如肯尼迪、约翰逊任期，甚至尼克松初期偏重的方式，传统的方式在于让伟大的精神作品被与之远离的民众接触到，借助的手段是普及服务、教育和推广。现在，这种方式被认为是精英主义的，它旨在依靠学校，鼓励大的文化机构走向公众，传播某种卓越艺术。随着“拓展艺术计划”的实施，这种思维受到质疑，几乎受到颠覆：必须从社区的文化实践出发，推崇它们，资助它们，如果足够专业的话，就将由此创作的作品纳入到一些更为体制化的地方。对于国家艺
术基金会来说，这种朝着文化社群精神的演变在精神上与比例上都是新 229
颖的。国家艺术基金会未曾这样强烈地希望捍卫本地文化，想要将艺术标准与受到推崇的艺术品的选择权交到社区手里。因此，作为国家艺术基金会的一个边缘计划开始的“拓展艺术计划”在吉米·卡特任期作为标杆计划兴起，它浓缩了政府的新的文化政策。不久之后，它代表着政府的城镇政策。

卡特的城镇政策是在经过几个月的延迟和犹豫之后于 1978 年 3 月 27 日公布的。这是第一个城镇政策，它包括一系列的文化内容。计划的名称叫“宜居城市”（Livable Cities），计划的制订围绕着一系列内容

各异的措施，其整体效果在于改善“中部城镇”的生活品质——“中部城镇”是在美国语言中指称黑人聚居区的一种新的委婉说辞。经过重新规划，这一计划是著名的“普及艺术计划”的一个扩充的和更加政治化的版本，这一计划被交付给国家艺术基金会。于是，文化事务处一下子被提升到卡特政府城镇政策措施的核心位置。

有时，人们嘲笑这一城镇政策局限于表面，局限于艺术，这是夸大其词了。“宜居城市”计划中采用的手段是在那些困难街区里增加向公众开放的文化空间，主要是博物馆和图书馆，方法在于增加艺术项目的数量。今后，必须扶助业余爱好者的活动，鼓励公共阅读，促使街区学校向艺术开放。与此同时，华盛顿其他一些部委和事务处也被动员起来，所有新近修建的公共建筑都必须将预算的0.5%用于艺术。还有，
230 计划建立“国家艺术专项基金”，让联邦政府能够购买一些艺术家的作品，在公共建筑里进行展示，然而这个计划只进行了提案，遭到了国会的断然拒绝。

与这个直接与城镇相关的计划的同时，吉米·卡特加强了“全面就业与培训法”（Comprehensive Employment and Training Act），旨在资助一些公共和私人就业岗位来提供给失业人员。这一举措受到罗斯福政策的启发，是在尼克松任期内开始的，在卡特任期得到扩展，卡特在原则上不太赞成补贴就业，但出于“去中心化”的考虑，他采用了这一措施。以1977年为例，芝加哥的54个艺术机构借助“全面就业与培训法”（CETA），用230万美元雇佣艺术家。仅仅1979年一年，估计超过10000名艺术家受雇于CETA，每年花费6000万美元。虽然这一独创性的计划在里根刚就任总统时就遭废止，但是它对于1970年代末的那些艺术家是生死攸关的。

在卡特时期多数城镇计划的基调中，我们可以找到他的主导思想，是受到基督新教和慈善业的“授权”思想的启发：让社区（族群）负责任，把权力下放给它们。社区必须负起责任，负责聚居区的生活品质，负责组织聚居区的生存问题。因此，困难街区里的艺术活动被交给当地的行动者。

在一份手写的报告里，吉米·卡特自己向顾问们强调了这种“志愿

的、私人的”性质，强调了“街区责任”。非营利性的黑人社团被鼓励
着动员起来，如果它们真的有所行动，各州都准备帮助它们。“墙壁涂
鸦”艺术、“诗社”、“嘻哈”音乐产生了，那些文化“自立”团体首 231
次受到认真看待。对于吉米·卡特来说，艺术是一种让年轻人不在街上
惹是生非的手段。涂鸦和饶舌音乐进入联邦“官方”的美国文化：这
是一个转折[43]。

## 走向文化多元主义

“拓展艺术计划”与“宜居城市计划”让国家艺术基金会进入了另一段历史。通过向黑人文化开放，向“真实的”文化开放，比如印第安人手工艺、奇卡诺人传统、路易斯安那州法裔“卡真人”音乐和新墨西哥州村庄陶艺，联邦文化事务处冒险涉足它最初没有探寻过的一些领域。

必须说，在1970年代末，支持拓展对于艺术的定义的人在美国变
得人数众多。一些如科内尔·韦斯特这样的大学的黑人学者们，不断地
要求结束“欧洲中心论”文化的垄断，而一些拉美裔、印第安人和亚
裔组织的领导人希望让自身的文化得到承认。国家艺术基金会受到盎格
鲁—撒克逊和新教徒的白人文化模式的启发，那些少数民族的代表们处
于这一模式之外，他们不仅是由于精英文化所产生的艺术而反对精英文
化：他们攻击精英文化是因为它所代表的东西，因为它的本质。他们揭
露联邦的文化政策——他们的说法很巧妙——是一种“给阔佬的福利救
济”。“黑豹党”走得更远：这个组织代表着1960年代末的黑人分离运
动，是联邦调查局的眼中钉，他们不断揭露联邦政府，抨击“黑人青 232
年”缺乏可以认同的美国文化模式。国家艺术基金会被要求对此做出回
答。利文斯顿·比德尔身不由己地身陷其中，他请求“拓展艺术计划”
的负责人（此人本身就是黑人活动家）接待那些最极端的代表，要求
他访问那些黑人街区，同时与那些民族主义的黑人文化组织建立联系。

但压力不仅仅来自于黑人、少数民族和大学校园。在这些年里，压力同样来自于国会。要想解释这一新的关于文化的概念如何得到推广，如何成为美国的新信条，就必须了解其深层的民主的动力。国会是首先

要求普及文化以停止精英主义的“雅文化”保护的，国会现在要求“文化多元”的新概念。在卡特执政末期，议会在1980年12月修正了建立国家艺术基金会的法案，要求国家艺术基金会首先关注“文化多元性”[44]。吉米·卡特当时的文化幕僚阿尔·斯特恩如今证实道：“当国家艺术基金会的资金流向前卫艺术时，在国会就失掉了任何政治支持，道理就是这么简单。扶助黑人文化，这反而确保我们得到一定的支持。”所以，资助社区文化同样如此，对于卡特和国家艺术基金会来说，这是一种让国会感到满意的手段。

在众多黑人议员和许多“黑人议员核心小组”的压力之下，国会同样要求将文化资助中的一定配额给予黑人。在吉米·卡特的任期，国会变成关于评委会、代表性和补贴配额问题的论战的舞台，这一论战从此连绵不绝。首先是黑人、拉美裔、女权主义者的文化领袖，然后是同性恋者，他们要求少数族群在国家艺术基金会的领导层、“国家艺术委
233 员会”和各个颁发奖助金的评委会里具有更高的代表性。透过这些文献，从国家艺术基金会内部以及与白宫往来的报告里，我们可以清楚地看到从1970年代末开始，国家艺术基金会所做的一切都是为了支持印第安人、黑人、拉美裔，任命他们的人到评委会，将他们招募到国家艺术基金会的机构中。对配额的遵守、任命规则、职位分配成为一种偏执。正是在卡特的任期中，美国在就业申请与任命方面的种族倾斜机制开始普及起来。最终在吉米·卡特任期结束的时候，国会在1980年将这些规则定为强制性规则，同样，国会将“文化多元性”制定为国家艺术基金会的目标，强制规定所有的奖助金颁发评委会都必须是反映美国社会的多元性的[45]。

此处，应该指出这些支持少数族群的文件同时伴随着一些新的职业道德规则，它们旨在避免那些“公私利益冲突”（即回避制度）。国家艺术基金会历史的初期，在罗杰·史蒂文斯任期里，补贴的发放是按照一种有些五花八门的方式进行的，没有职业道德的考虑。如果某个评委会成员在讨论发放奖助金比例的过程中，可能表现的过分强调远近亲疏的关系时，大家只是要求他离席回避几分钟。在吉米·卡特的任期内，一些严格的规则制定出来，强制要求所有评委会成员在参加评委会之前

保密呈报所有关于职业、财务和组织关系的信息资料（签署称为《行为守则》和《公私利益冲突回避表格》的文件）。比如，这些复杂的规则禁止任何在某个大学学习过的人参加对该大学颁发补贴的投票；同样，曾经受雇于某个剧院的演员，即便是暂时雇佣，如果该剧院申请奖助金，那么他也不得参与投票。为了专门跟踪这些职业道德问题，还创 234
建了一个办公室，此后这些规则被普遍采用，越来越复杂，后来被汇编成一部评审指南。

在吉米·卡特的任期，国家艺术基金会不得不在残疾人问题上与法律保持一致。残疾人不应当再被排除在文化之外，他们应当与其他常人一样可以完全接触到所有艺术场所。从 1977 年开始，这一目标得到国家艺术基金会彻底的贯彻实施：事务处甚至规定文化场所要想获得任何补贴的话，就必须让所有残疾人都能无障碍到达。1978 年这个规则变成所有受国家艺术基金会补贴的机构的一项强制规定。一份守则被广为散发，它适用于所有人，带有许多关于空间、门宽、电梯通道和消防方面的规定。通过这种对补贴的间接附加条件，国家艺术基金会帮助美国几乎所有文化场所与法律保持一致，让残疾人能够无障碍到达[46]。

国家艺术基金会（NEA）是由波士顿、纽约和华盛顿的那些有修养的精英阶层创建的，他们想要保护“艺术”免受大众文化的影响。而由于历史的诡谲，国家艺术基金会却被推到吉米·卡特城镇政策的核心。对于一个次要的事务处而言，这是一次大变化。对于肯尼迪和约翰逊任期的那些国家艺术基金会的创始人来说，应该让专业人士创作和传播他们的作品。在卡特任期，是由公众和社区做出选择，不仅选择他们想看到的艺术类型，而且确定其标准和选择自身对文化的定义。过去，文化是个人解放的工具，所涉及的是将“雅文化”带进社区，是典型的文化普及。今后，文化从属于一种群体活力，针对的是对某个社群的 235
“授权”，让它承担起责任，让它解放。一方面，是艺术；另一方面，是文化多元。

面对这种变迁，精英阶层的代表们，国家艺术基金会的创始人们，他们试图捍卫自己的模式，但是他们倾向于隐蔽进行，就像是他们已经失去了所有的合理性。他们批评“优秀的标准”降低、哗众取宠或者类别的混杂。比如，肯尼迪从前的幕僚阿瑟·施莱辛格谴责吉米·卡特与尼克松任期担任南希·汉克斯助手的迈克尔·斯特雷特的“民粹主义”的文化选择，揭露国家艺术基金会的“新民粹主义”[47]。但是他们的声音变得微不可闻。

通过侧重文化多元，或者如后来里根所揭露的那样，通过打开文化多元主义的潘多拉之盒，卡特与国家艺术基金会迅速被包抄了后路，被各族群的要求所淹没。“土著美国人”（印第安人）动员起来支持自己受到威胁的文化，女性与同性恋者要求自己的补贴，拉美裔、亚裔美国人、残疾人也一样，甚至老年人也想要自己的文化——老人（seniors）是卡特自己退出政坛之前最后关注的问题。遭到撼动的是肯尼迪与约翰逊时期设想出来的整套思想方式，整个文化等级。对于白人上层精英来说，这是一个时代的终结。美国的重心在改变，从传统的东北部转向南部和西部，卡特此时为美国提供了新的文化面貌：美国变成多色的美国。

在任期届满时，曾经试图同时讨好所有人的吉米·卡特成功地让所有人都反对他。精英阶层不原谅他的民粹主义，共和党揭露其价值观与
236 艺术的没落，少数族群代表揭露他政策的不足与虚伪。在国家艺术基金会，对利文斯顿·比德尔的成绩的评价几乎是同样的说辞。尤其是，卡特的城镇计划和国家艺术基金会的计划常常受到国会的遏制，成为通货膨胀与经济衰退的牺牲品，最后被州长们和市长们予以瓦解，他们不太喜欢让公共补贴来资助一些自主的社群组织，不希望这些组织推出与他们竞争的选举名单，而且这些组织本身并不参与骚乱。

由于无法实行大规模的社会政策，卡特不得不逐渐满足于一些象征。国家艺术基金会就是其中之一。总统任命一些黑人担任一些有威望的职位，最早任命小说家托尼·莫里森到“国家艺术委员会”。但卡特的城镇政策和文化政策都无疾而终，很快被人忘却。

从根本上讲，吉米·卡特未能调和美国人，也就是没能像罗纳德·里根所擅长的那样找到一种“共同”话语。对卡特来说这是具有嘲讽意味的，他在任期结束时受到少数民族的攻击，而他的总统任期却是以

拒绝议会集团和游说团体的要求开始的。在他任职期间，各工会组织捍卫集体利益的“单一”的美国变成了多元的美国，分成几百个利益和族群的集团。民主党尤其难以建立起一种广泛的联盟，难以确定一些普遍价值。出于选举的考虑，民主党提出一揽子属于不同阶层利益的主张，变得依附于少数民族。面对卡特，长期以来与商界和特殊利益集团结盟的右翼开始捍卫一些共同价值：自由、家庭、民族。共和党拥有更多的主题将这些价值统一起来，民主党则有更多的主题将这些价值分 237
化。这正是卡特与里根之间的对立之处，这就是民主党失败的原因所在。

吉米·卡特逐渐忘记自己所有的承诺，放弃了他所设想的伟大的城镇计划，他自食其言，尝试将他最初加以政治化的行政机构非政治化，他最后不再能表现出任何在社会问题和文化问题上的有所作为的愿望。他的一次演讲很能说明问题，被称作《窘迫的演讲》，演讲之后卡特于1981 年离开椭圆形办公室，成为美国历史上最不受欢迎的总统之一。

但是，在 1980 年代初，利文斯顿·比德尔卸任国家艺术基金会主席的时候，美国的文化面貌已经发生巨变。在十年里，专业交响乐队的数量从 58 个发展到 110 个，专业舞蹈团从 37 个发展到 157 个，非营利的专业剧院从 56 个发展到近 400 个，歌剧团从 27 个发展到 45 个。在全国当时有 2000 多个博物馆（其中约 600 个艺术博物馆），有近 10 万个图书馆，在大学中文化得到普及。尤其，十年间职业艺术家的数量估计从 60 万发展到 100 万。这远远超过 1950 年代末期人们乐于说的“文化爆炸”：这是一次真正的艺术的爆发。国家艺术基金会不是这一前所未见的文化发展的唯一领导者，发展早在国家艺术基金会之前就开始了，但国家艺术基金会建设性地扶持和鼓励了这一发展。尽管存在着紧张关系，对于国家艺术基金会而言，1970 年代对应着一个黄金时代。事务处的预算从 1969 年南希·汉克斯成为国家艺术基金会主席时的 840
万美元发展到 1980 年代初比德尔此时离任时的 1540 万美元。 238

美国文化革命的最显著的后果要在纽约、洛杉矶和芝加哥之外去寻找：要去美国内地。在中部各州，在中西部，在广大平原地区，首先是南部地区，文化版图发生了改变。全国各地，一些“地区”剧院诞生了，一些平民芭蕾舞团，一些交响乐团和许多用于艺术的场所在城市社区中和乡村出现了。在15年里，从两个州级文化事务处发展到五十多个，城市的艺术事务处从175个发展到900个。在此期间，文化的“去中心化”发生了[48]。

# 第五章　地方的文化普及 239

> 我们民族的艺术是在城市的街区里诞生的。在我们那些数不清的村庄里生活着成千的不为人知的默默无闻的天才。
>
> ——林登·约翰逊[1]（1965 年）

某一天，纳尔逊·洛克菲勒曾经说过："在纽约资助文化就是搞政治[2]。"这位著名的富有的继承人、热忱的慈善家、出名的艺术收藏家、温和的共和党人，他明白自己在说什么。身为纽约州州长，捍卫艺术，这不仅是一种合理的美学追求，也是一种巧妙的选举技巧。洛克菲勒于 1958 年当选州长，他立刻就明白了这一点：早在 1960 年，他首创了"纽约州艺术委员会"。这是美国各州中第一个真正为文化而设立的事务处，它造成了一种"去中心化"的运动，由于这一事务处受到大多数州的仿效，而这一运动改变了美国公共文化资助的格局。

最初的推动来自于纳尔逊·洛克菲勒，这并非偶然。纽约现代艺术博物馆（MoMA）是由他母亲创建的，在纽约州首府奥尔巴尼的州长办公室里，他拥有毕加索和德加的一些素描与铜版画。为艾森豪威尔总统起草支持联邦文化政策的提案的也是他，同时他得到他的红粉知己南 240
希·汉克斯的帮助，但这份提案遭到国会的拒绝。因此，他当选州长时，他让追随他来到奥尔巴尼的南希·汉克斯从卷宗里重新调出过去的提案。南希·汉克斯回忆："纳尔逊·洛克菲勒当上州长，在他的第一个任期中我的任务之一就是协调各提案的时间安排……。第一年，在议会前夕，洛克菲勒州长对我说：'南希，我忘记了关于艺术的提案。你能否将你在华盛顿准备的旧文件找出来，稍稍修改润色一下。这样，我就可以将它重新收进新的提案[3]。”纽约州的文化事务处便这样诞生了。

尽管州北部农村地区的共和党议员对此提案持保留态度，州议会还是予以通过了，这主要是因为州长机智地提出的一个经济上的论据：议员们从洛克菲勒口中得知纽约在艺术和文化产业中就业的人数比冶金业更多，法案没有什么困难就获得投票通过。虽然这种事务处的创建仍是“试点”，但早在1961年就获得经费，并有了第一位主席。后来，纳尔逊·洛克菲勒却谈到议会对他的提案普遍漠不关心：“要想让议员们认真地接纳这个文化委员会，唯一的办法是提议暂时先设立两年，最终请他们看着个人的面子投票通过。”

纽约州的文化事务处创立于1960年，也就是说比NEA早5年，它
241 在1960年代迅速发展。作为领导机构，它拥有一个董事会，15名志愿董事在经过州议会认可后由州长任命。他们在艺术问题上为州长提供建议，确保事务处的资金的公平分配。主要的工作由一个雇员团队进行，由一名经理人领导，经理人同样是由州长任命的。

纽约州对于文化的预算迅速增加，从1961年事务处创立时的5万美元发展到今天的5000万美元。因此，事务处发展起来，招兵买马，增加活动：仅仅在1961年至1965年这一阶段，事务处合作资助656个艺术代表处，服务于一百多个城市和村镇。事务处随后补贴了布法罗的“艺术公园”、萨拉托加温泉的5100个座位的行为艺术中心、尼亚加拉的当代经典剧目剧院和锡拉丘兹的多元社区艺术活动——遍布纽约州的所有城市。

纽约州艺术委员会的存在及其计划在州议会引起的争论不如国家艺术基金会在联邦一级引起的争议那么大。但我们在州议会看到一些相似的批判，首先是拒绝增加任何地方税收，对于公共资金用于艺术则有所保留。论争主要集中在文化补助在地理上的公平分配，论争采取的形式是城市对抗郊区，更多乡村地区的州北部代表对抗更加城市化的州南部代表。最激烈的批评实际来自于大城市郊区和乡村地区的代表。不要忘
242 记还有纽约设施最差的城市社区的议员，比如皇后区、布朗克斯和布鲁克林区。所有人都动员起来，不是为了阻止州政府介入文化，而是为了

要求自己的份额。从 1974 年开始，在议会的压力下，州事务处被迫根据人口分布来分发补助：纽约州的 62 个郡，类似小省，必须依据各自人口密度按每人每年至少 0.75 美元的额度接受补助。

从 1976 年到 1996 年，纽约州的文化事务处由姬蒂·卡莱尔·哈特领导。她是百老汇有影响的戏剧家莫斯·哈特的妻子，姬蒂·哈特曾经是女高音歌手，后来成为百老汇歌手，是马克思兄弟的《歌剧院之夜》中的女歌手，后来成为演电视连续剧的小明星。她的知名度和对音乐剧的热爱使她能够被共和党与民主党的政治领袖认真看待，他们尊重这位著名的女歌唱家，因而宽待事务处的预算。95 岁高龄的她在纽约上东区的寓所里证实说："我的工作差不多就是为艺术去向州长们和议员们游说。我不断地去奥尔巴尼见他们，我让他们去纽约看演出。因此，我是各任州长的朋友，我管他们全叫'darling'。我还一直是事务处的荣誉主席，在需要的时候，如果预算上有难办的事，我随时准备效劳。"

尽管取得成功，纽约州的文化事务处未能解决美国对于文化进行公共资助在整体上构成的一些问题。应该扶助数量有限的主要位于纽约的"雅文化"的大机构，还是扶助整个州里的小机构？应该支持那种文 243
化：艺术的、教育的、科学的、体育的博物馆，还是动物园、植物园？应该专注于专业的，还是向业余的开放，应该投资中小学的艺术教育还是大学？面对州议会的那些自相矛盾的压力，事务处从未做出决断，它以有限的资金补贴所有人。它的政策是将品质与"发散"结合起来，换言之，就是兼顾卓越与普及，事务处始终寻求在这两个使命之间保持平衡。然而，由于它的早熟与活力，这个事务处在美国文化政策中起到了重要作用，在创建国家艺术基金会的时候，它是所有人记忆中的一个具有决定性的样板，它同样是其他渴望推广文化的各州的一个榜样。

## 各州文化事务处的发展

每一届的美国总统，国家艺术基金会的每一位负责人，都想活跃基层的文化生活。这种对普及性的关注也是宪法上所要求的，因为美国联邦主义的传统并未交付华盛顿专门的文化职能。而且，创立国家艺术基金会的法案也表述了相同内容：创建这个联邦事务处是为了在全国发展文化。法案要求国家艺术基金会将预算中的很大一部分用于这个目的，鼓励每个州建立“州艺术事务处”（State Art Agency），这是获得资助的条件。1965 年，在创建国家艺术基金会的时候，除了纽约和加利福尼亚之外，很少的州拥有活跃的文化事务处。

244 对于国家艺术基金会首任主席罗杰·史蒂文斯来说，首要问题是在各州找到联络人，鼓励他们依照“纽约州艺术委员会”的模式创立事务处。以约翰逊总统的名义，史蒂文斯多次致信各州州长，提醒他们由美国总统领导的文化方面的行动，鼓励各州创建自己的文化事务处。附带的条件是，只有创立了事务处的情况下才能够接受首笔 25000 美元的补助。

1963 年至 1964 年的后肯尼迪时代，虽然影响范围小，但是这些信件对于州长们却具有实际效果。虽然早在 1964 年就已经率先创建了几个州级事务处，但是 1965 年建立了 19 个，1966 年建立了 14 个。有时，创立事务处是州长的个人决定，因此设置在执政机构内部。但是，多数是 1966 年至 1968 年间在立法基础上得到各州议会批准的。数量的增加可以证明资金的流动，虽然爱达荷州建立的事务处在获得补贴之后就解散了！

在罗杰·史蒂文斯致各州长的信中所提出的论据，同样具有文化的经济影响力。国家艺术基金会的主席巧妙地建议他们开展研究来评估这种影响力。多数州在 1960 年到 1970 年间做了这样的研究，这些研究发挥了巨大的作用，让当地议员意识到文化的经济意义。随着这些研究报告的相继发表，被传给地方报纸，这些数字令议员们吃惊。罗杰·史蒂文斯具有思想的延续性，他通过国家艺术基金会发表了一份文化在美国经济中的地位的全国纵览，受到全国性报纸的广泛评论，此后每年都进行更新。

245 国家艺术基金会致力于地区和当地的文化政策，其目的不仅是活跃美国经济，虽然这一论据被事务处的各位领导人广为利用。国家艺术基金会的真正目标是增加文化受众，改善艺术供给的地理分布。在这一领域，现存的 1960 年代中期的统计数字和国家艺术基金会进行的统计证明了巨大的地区差别。所以，对于约翰逊和罗杰·史蒂文斯而言，各州负责起这一问题是至关重要的，国家艺术基金会分配资金的同时，各州建立起自主的文化政策，由它们自己的议会拨款。

在1970年代，各州创建文化事务处的运动在持续着。不到五年时间，1965到1971年间，美国所有州，除了一个州（威斯康星州），都建立了文化事务处，多数事务处同时从国家艺术基金会和自己的州获得资金。

法律要求国家艺术基金会的一部分预算用于地方文化，从一开始就出现了关于这笔资金的分配方式的问题。最初，每个州都由国家艺术基金会提供一份“整体”分发的固定补贴，不管居民数量多少。同时，从一开始，其他专项补贴同样是依据所提出的计划而定。国家艺术基金会的这种选择权不被国会看好，国会本能地对联邦与各州之间的关系极其敏感。因此，议员们在1973年修正了这个法案，迫使国家艺术基金会提高给予每个州的自主分配的资金比例，至少将20%的资金用于非中央的事务处，以公平的方式“无条件”地分发资金。实际上，所设立的配比是将一笔补贴（占国家艺术基金会预算15%）加上根据各州 246
人口数量计算出的一个数额（占剩余部分的5%）。

之所以国会选择对这一争论做出决断，那是因为紧张关系不断加剧，联邦事务处想以捍卫艺术与专业的“卓越”为名主导政策，而各州事务处却并不一定认可在华盛顿由（如同当地人所称呼的）“联邦的人”制定的标准，他们更倾向于捍卫其他类型的标准，同时捍卫自己的独立和自主。由于很多议员不满国家艺术基金会对前卫艺术的盲目支持，国家艺术基金会将更多好处给予当代艺术而非“具象”艺术，因此国会认为应该加强“去中心化”，同时遏止国家艺术基金会的精英主义倾向，可以借此满足议员们的要求。

关于国家艺术基金会的发展方向的论争，揭示了美国民主的一个重大事实：国家艺术基金会与各州和城市的文化事务处在它们政策的确定以及随之而来的主要仲裁权和控制权上是服从于议会的。在美国，在这一问题上，制定规则的不是行政机构也不是各事务处的主席，而是各级议会。即便是最微不足道的细节也是如此。

国家艺术基金会的各任主席关注地方诉求，关注与地区事务处建立真正的“合作关系”，在1970年代他们在许多方面做出让步。各州希望对联邦的事务处有更多的控制，他们让各州自主管理分给它们的来自国家艺术基金会的预算。既然各州批评不征询他们的意见就发放奖助金给定居在他们州内的艺术家，如今评委会向来自不同地区的艺术家和专家
247 开放。各州不再容忍华盛顿决定哪个艺术家应当派往哪个学校，或者选择某个作家到某个城市常住，而华盛顿甚至不能在地图上找到这个城市的位置，国家艺术基金会现在将其两个主要计划完全委托给各州（舞蹈巡演计划和艺术家驻校计划）。

要想理解这场斗争的意义，必须意识到在各州文化预算中联邦政府出资的部分在这个时期仍然很高：在纽约州，联邦的份额占36%，在其他各州平均占70%，在得克萨斯州占96%。后来，国家艺术基金会在文化领域的作用被减弱，一些州有效地接手了自己的预算。如今，各州在文化中的作用，虽然与德国各州或法国各地区相比仍然较弱，但是在美国却超过了联邦政府的作用。尤其，国家艺术基金会从此之后不得不将其预算的40%公平地分配给各州。

## 各地区文化事务处的多元性

斯图尔特·A. 阿什曼是新墨西哥州的“文化部长”。如同他对于自己的定义那样，他是一个“Jubain”（犹太—古巴裔美国人），是一名职业摄影师和业余吉他手，他领导着“文化事务处”，有3600万美元的预算和550名雇员，协调约15个委员会和基金会，督导十来个博物馆、公共图书馆和历史古迹委员会。一名拉美裔民主党的州长比尔·理查德森，他是美国唯一的拉美裔州长，他是在2003年选择创建这个小“文
248 化部”的，为的是更好地保护该州的传统，更好地代表其少数民族，特别是印第安人和西班牙语裔（人口的47%）。因为新墨西哥州如同人们形容的那样，是一个“少数族裔占多数的州”，这个州的多数人口属于少数民族。斯图尔特·阿什曼解释说：“印第安人分散在沙漠，拉美裔延着格兰德河分布，这些人口几个世纪以来就存在于新墨西哥，早于美国存在之前。所以，少数民族想要保护自己的文化，他们的文化如今受到大众文化、美国的‘市郊化’和赌场的侵害。同时，在此生活了14

个世纪的奇卡诺人，他们与刚刚到达的墨西哥人毗邻而居。我们政策的关键是让这种多元性共存。”但阿什曼是美国唯一一个拥有升格到州政府“阁员”级别的文化负责人。各州文化事务处通常既没有这种核心作用，也没有这种影响力。

1970 年代以来，美国所有的州都拥有了州艺术事务处。有多少州，就存在多少管理事务处的法案，这也证明了文化的多元性。除了资金问题和与国家艺术基金会的关系问题，问题还在于这些事务处做些什么。奉行怎样的政策？有怎样的目标？取得怎样的结果？

观察它们的预算及其所作所为，这并不能给问题带来明确的答案。能立即触动喜欢“国家”政策的欧洲观察者的东西，那便是这些事务处的处境、运作、预算乃至名称的五花八门，它们的名字从加利福尼亚州艺术委员会（California Arts Council）到亚利桑那州艺术与人文学科委员会（Arizona Commission on the Arts and the Humanities）各不相同，中间还有路易斯安那州艺术部（Louisana Division of the Arts）、康涅狄格州文化与旅游委员会（Connecticut Commission on Culture and Tourism）、马萨诸塞州文化委员会（Massachusetts Cultural Council）和威斯康星州 249
艺术事务所（Wisconsin Arts Board）。

名称的五花八门之外还要加上组织结构的独特。它们的法律地位因各自相对于议会和州长的操作余地而有所不同。雇员的数量与身份以及展开行动的方式也非常多样，它们的活动有时在一州之内是“中央集权”的，有时是“去中心化”的，将使用州拨款的自由留给各个城市和社区。存在着巨大的多样性，这说明了美国联邦主义的特色：没有任何一个地方事务处与另一个相似，每个事物处都根据地区议会的选择，依据负责人的个性或者依据所出现的不同的机会，一个地区与另一个地区之间差别巨大，有时每一年之间的差别也很大。

应该重新看看其中的一些差别，它们当然对分发的补贴的类型有所影响，而且间接地影响到受到鼓励的艺术类型。我们提到过，每个事务处都拥有独特的法律组合、特殊的运作和独特的组织结构，应当看看这些不同的元素是如何相互作用的。多数情况下，事务处在法律上讲在它们所属的州政府机构中是“自主”的，它们有自己的办公地点（通常是州政府大楼之外）和自己的委员会。相反，虽然很少见，但某些事务处直接隶属于州长办公室。在这种情况下，事务处的领导人往往是州长的政治伙伴，通常是他的非官方的文化幕僚。有时，事务处挂靠在一些中心机构，比如商务部（肯塔基州）、高教部（科罗拉多州）、经济发
250 展部（密苏里州）、旅游部（伊利诺伊州）或历史保护部（阿肯色州），在这些情况下，它们倾向于加大在这些领域的活动。在极少数情况下，事务处可能完全独立于州政府，具有自主的非营利的联合会的地位（佛蒙特州艺术委员会）。

通常，每个事务处都有一个委员会来领导，其成员差不多都是由州长任命（有时必须经议会认可）。委员会成员的背景可能多种多样：有时是州长的朋友、政治盟友、艺术家、文化机构的领导人，通常选择他们是为了在地理意义上代表该州所有的地区。事务处的负责人理论上讲是雇员，或者由主导事务处政策的委员会任命（亚拉巴马州、密西西比州、田纳西州、明尼苏达州、马萨诸塞州），或者直接由州长任命（阿肯色州、新墨西哥州、新罕布什尔州）。至于这些事务处的雇员数量，这同样非常不同：在肯塔基州全职工作的有 21 人，亚利桑那州有 18 人，密苏里州有 15 人，阿肯色州有 11 人，康涅狄格州有 6 人。

关键之处在于关注颁发津贴和做出艺术门类选择的那个人或那些人。在这一问题上，存在多个系统：通常，事务处将责任委托给一些由“同行”组成的独立的评委会，定期更新，遵循一些非常严格的职业道德标准以回避任何“利益冲突”；有时，评委会只进行提议，提议随后接受事务处领导人的准核；有时，是由委员会对评委会的选择做出最后决定的，虽然这种情况很少见；在很少的情况下，是由委员会全权做出决定（北卡罗来纳州）。

尽管有这一职能，但应当提醒大家注意，在美国各文化事务处通常
251 不像在欧洲那样邻近当地议会。文化事务处往往被孤立于一些远离中心的办公楼，它们从未进入各州活动的核心，也从未进入州长的日程表的核心位置，加利福尼亚州艺术委员会主席巴里·赫森纽斯在自己的事务处的预算几乎被完全冻结之后，在提出辞职之前不久，他尖刻而沮丧地

证实说：“我几乎从没见过任命我的那位州长，也没怎么见过州长夫人。”

这并不令人吃惊，这些事务处的预算同样多种多样。例如，纽约州的年预算约为5000万美元，在伊利诺伊州为2000万，得克萨斯州为600万，肯塔基州500万，亚拉巴马州400万（2004年的数字）。当然，这些预算并不说明什么，因为必须根据这些州的规模与人口来进行比较：对于得克萨斯州这样规模的州来说，五六百万的预算显得很可笑，而同样数额的预算对于肯塔基州来说则更有意义。加在一起，各事务处的预算仍然很微薄，因为加起来总数约有3.3亿美元，几乎还不到国家艺术基金会预算的两倍（2005年的数字）。

那么各州文化事务处的使命与计划又是怎样的呢？在这个问题上，让观察者深有感触的是它们所推出的政策与行动的五花八门。自从国家艺术基金会被刻意要求不再介入对各州发放的补贴，便没有再确定过任何整体政策，这在欧洲人看来可能是有问题的，甚至是混乱的象征，但这却普遍被美国人肯定为一种对独立性和效率的保障，并将之视为更大的普及性的源头。当然，存在一些不论在哪个州都相互重复的计划，比如艺术巡回展、艺术家入校授课和艺术家在各城镇和社区的常驻计划。 252
同样，文化遗产有关的活动也经常重复，主导思想是保护那些被定级的建筑和保护历史传承。更为常见的是，一些计划旨在改善艺术教育，这是几乎所有州的首要关注，这一点从艺术教育在美国公立学校中的贫乏的状况即可略见一斑。

在此，必须谈一谈各州事务处的另一个越来越常见的活动，即“州长艺术奖”。这通常是由州长颁发给文化领域最有成就的机构和艺术家的一个奖项。在为文化事务处筹集经费的典礼上，由州长授予一个奖章，更常见的是一份嵌着玻璃镜框的证书。在总是喜好荣誉奖励的美国，此类事件获得的成功让人看出各位州长在文化领域的操作空间很小，他们的经费很少，他们因此被迫颁发一些象征荣誉的奖项。

尽管有这些相互重复的计划，但每个州都拥有自己的组织结构、自己的规则和首要关注。文化政策深植于地区的背景，力图迎合当地的期待和传统。如同新罕布什尔州艺术委员会主席丽贝卡·劳伦斯总结的那样："我们的工作不是证明我们高雅和酷。我们这样的事务处应该首先关注新罕布什尔州，也就是说一个拥有自身文化的农业地区的州。"

所以，各事务处专注于一些针对自己独特社区的计划：亚利桑那
253 州、新墨西哥州和华盛顿州的美洲原住民族群，加利福尼亚州的拉美裔和黑人，亚利桑那州和新墨西哥州的西班牙语裔，阿拉斯加的"土著"，路易斯安那州的法裔卡真人。别的地方，重点放在中小学（亚拉巴马州、佐治亚州、俄勒冈州）、大学（怀俄明州）、教堂（肯塔基州、得克萨斯州、俄亥俄州）甚至于一些社会福利中心（艾奥瓦州）。有时，出于当地人的自豪感和对效率的关注，人们偏爱对大艺术机构的扶助（加利福尼亚州、宾夕法尼亚州），另一些时候，人们更倾向扶助小机构，为的是在当地推动文化的活跃。某些州，主要是那些地域最广阔的州，它们专注于向当地最偏僻的区域进行艺术巡展，为的是增加文化供给（得克萨斯州、堪萨斯州、犹他州、路易斯安那州）；对于其他一些州来说，当务之急是支持一些大型的露天文化节（印第安纳州的民族文化节、亚利桑那州的民谣节、路易斯安那州的黑人爵士音乐节），支持布鲁斯音乐和乡谣音乐（阿肯色州），支持街头戏剧（艾奥瓦州）或民间艺术（怀俄明州）。某些事务处拥有更宽泛的权限：它们干预中小学教学计划，负责中小学艺术教育。有时，这些计划更加夸张：某个州事务处的艺术计划旨在通过创作音乐来帮助企鹅的繁殖，这项计划受到报界的嘲笑，最终被搁置，这证明各州所捍卫的艺术在其使命和定义上相当模糊。

在这种巨大的多元性中，必须对"民间艺术"单独看待。在一个联邦制国家，对地域认同的推动从定义上讲是属于各州的职能，历年来，各州表现得越来越关注推动地区文化，这不仅因为地区的自豪感，而往往是因为州议院的立法强制。

254 长久以来存在一些对"民间艺术"、"民歌"和"民间舞"的支持计划，那是因为国家艺术基金会在1970年代鼓励各州创立自己的"民间"部，招募一位地方民俗的专家。因此，延续这种推动，各地区文化

事务部得到很大的倡议。比如西弗吉尼亚州的艺术事务部因推广当地方言而大出风头，通过命名为“山地遗产周末”的夏令营来让居民们重新寻回祖先的根。设在杰克逊城的“密西西比州艺术委员会”将乡村艺术当作首要关注：在这个州最大的城市只有20万人口，这个事务处专注于在那些最偏僻的村庄进行木偶戏和布鲁斯音乐的演出，致力于保存叙事民谣的传统，这是南方普遍存在的传统，特别是在密西西比的黑人中间。在亚拉巴马州，“传统文化中心”是州文化事务处的一个分支，这个中心专门负责传统音乐：人们在这里录制“自动酒吧电唱机”的布鲁斯音乐，录制“蓝草音乐”，录制汉克·威廉斯及其后继者们的乡村音乐，甚至于录制铁路筑路工人们的老歌。在田纳西州，人们“记录”密西西比河上打鱼的方式；在科罗拉多州，人们资助“牛仔诗集会”，在新罕布什尔州资助“方舞”。多数州都鼓励一些类似的计划，各州的公立大学、报刊也一样，它们推出一些针对那些传统行业的培训，实地的工作伴随着专业著作的发表。

扶植乡村艺术与手工艺的优势在于可以让各州的事务处彼此区别，使自己有别于国家艺术基金会，因为这些事务处突出真正的地区特色。进一步从根本上讲，这符合州长们真实的期待，这些计划引起小城镇和 255
乡村地区议员们的热情。对于一个当地的事务处来说，培植传统艺术、民俗与手工艺，这是在政治层面上形成共识的：即使共和党可能反对各州的文化事务处，但是他们通常会鼓励这些计划，对于他们来说这等于是“普通人”的历史与文化遗产。这是形成共识的，在美国据说这类话题就像是“妈妈做的苹果派”一样是不容置疑的。

还必须补充的是，这种寻根、捍卫民俗和“非正统”的艺术形式的运动发生于1970年代。在南达科他州、堪萨斯州和亚拉巴马州的偏僻地区发起的保护当地文化的斗争，与伯克利校园的学者们要求的“文化研究”、鲍勃·迪伦的歌曲以及拉美裔运动的代言人和印第安部落酋长们的言论，相互对应。但是，从“民间文化”到民俗，只有一步之遥，许多的地区事务处都跨出了这一步。

如今，30年后，各州的文化事务处继续着这场斗争，传承着编织、织毯、制陶和“食物保藏”的薪火，比如在亚拉巴马州，那里的印第安人的传统食谱得到统计和保护，它们的烹制的成分以玉米、四季豆和笋瓜为主料。

尽管这种“民间”热和多种多样的计划，我们可以获得的研究数据显示各州通常在政策上与联邦的区别不大。为了支持卓越与专业，各
256 州与华盛顿的事务处的介入同样多，虽然各州只资助本州的社区和“民间艺术”，但国家艺术基金会也会出钱。要想解释这种相对的雷同，必须指出各州的事务处同国家艺术基金会一样，一直依赖于议会，因为这一类似的原因，如果想要保住预算的话，它们就必须满足议员们的期待。而且，各地的议员们都喜欢那些民众性的计划和传统文化，他们希望更多的艺术教育和民族多元性。他们想避免争议，希望得到大机构的支持，比如博物馆和乐团，因为这些大机构拥有众多参与者和观众。对于一位议员来说，不论是在华盛顿还是密西西比州，重要的始终是“数字”，所有能赢得“数字”的计划都得到支持。

最后，我们还要指出，与人们可能认为的相反，州长所属的政治派别似乎对于这些“去中央化”的事务处和它们的预算的影响力极其微弱。虽然我们经常看到一些民主党人并不关心文化，而一些共和党人真正关注文化（阿肯色州）。但是，却经常是由民主党人建立起最协调的整体文化政策，比如在新墨西哥州。

## 地理上的民主原则

美国文化政策的一个共同特征是关注补贴是否按民主原则进行分配。我们惊讶地看到，在各文化事务处的墙上贴着本州的一些详细地图，事务处的领导者在图上贴着一些彩色的圆形磁铁，证明补贴在地理上尽可能平均地分配到各个县。在伊利诺伊州，甚至印制和发行了一张
257 巨大的海报，上面有发放给每个议员选区的补助的列表。这一民主原则始终得到捍卫，并在许多州被严格地加以实行，它们考虑按照县或者城市，根据人口数量，有时依靠一些复杂的机制性的规则来分配补贴。比如，在得克萨斯州，建立在数学公式上的一套系统让他们能够在考虑到少数族群的同时，取得非常有效的地理分布。相反，在亚利桑那州，无

法做到这样的分布，因为这个州大致上可以概括为两座城市（凤凰城有该州 50% 的人口，而图森城有该州 30% 的人口），其余的地方主要是由沙漠构成：按照县来分配没有什么意义。这里的分配依据其他的基础，同样是按民主原则：在该州存在 16 个印第安人保留区，保留区里生活着不少于 21 个部族；每个部族都拥有一座博物馆，由该州公平地给予支持。

这些州事务处的另一个特色是它们的“慷慨”，这是关键的一点。如果说国家艺术基金会拒绝那些向它提出大量补贴的申请，各州事务处似乎就会资助几乎所有的申请。往往有 80% 到 90% 的补贴申请得到批准（比如得克萨斯州的事务处批准了 90% 的申请）。大家可能对这种“雨露均沾”的做法感到奇怪，这不可避免地会有利于大的文化机构，但是这种“慷慨”同样证明了多元性是最受重视的，而业余团体的项目或者社区文化也没有被人忘记。

如果说从上游来看，人们想要对补贴的分配与分布加以平均的话，那么从下游来看，资助的预算与来源又是怎样的呢？各州文化事务处主要从国家艺术基金会的预算中获得自己的财源，国家艺术基金会预算的 258
40% 必须分配给 50 个事务处，它们的财源还来自当地由州议会投票通过的一些预算。但是，这两大财源近年来大幅下降。国家艺术基金会的预算在 1990 年代因为“文化战争”（我们后文将谈到）而受到大幅削减，当地投票通过的预算在 2000 年至 2005 年间显著减少：科罗拉多州减少 90%；佛罗里达州 78%；罗得岛州 65%；密歇根州 50%；明尼苏达州 40%；新泽西州 23.7%，在像加利福尼亚这样的州则完全被取消，导致事务处负责人辞职，近三分之二的员工被辞退，事务处暂时关闭。这是多么矛盾的局面：加利福尼亚州是好莱坞所在的州，从此之后该州成为美国按照人口比例在公共资金直接支持文化方面花钱最少的州。

与联邦一级的情况相反，这些预算的削减并不一定反映出对文化的否定。必须注意到，虽然联邦议员经常批评国家艺术基金会和文化，但是州议员和市议员们在当地却没有这样做。通常，这些削减是由于对各州预算的大幅限制，随着联邦政府资金的撤出，这些州必须自己负责健康、监狱和教育的费用。在美国，最“具合法性”的公共支出是国家安全和防卫，在出现大规模赤字的情况下，其他方面的预算，尤其是艺术，都受到缩减。马萨诸塞州文化委员会的预算最近被缩减了62%，其负责人玛丽·凯莉解释说：“议员们告诉我们，扶助艺术是好的，但不是性命攸关的事情。”

面对公共资助来源基础如此的脆弱性，各州事务处进行了革新。一
259 开始，它们通常创建一个平行的非营利性的协会，为的是能够从各基金会、富有的捐赠者或者私人企业那里筹集资金。对此，欧洲的观察者可能感到错愕：现在一些州事务处在向富有的个人或企业寻求资金……，并且得到资助。“募款”经常是各州事务处的一份重要的活动，常有这类“私人”款项加入到它们的预算之中，比如，华莱士基金会继承了《读者文摘》老板们的遗产，从2000年起资助十多个州的文化事务处。除了附加的资金支持，这些资助的好处还在于其使用更加灵活：鉴于各州预算规则和美国公共会计制度通常十分僵化，这种灵活性使得这些事务处能够购买电脑，甚至于笔和复印纸，而不是等待数月或数年才能从州政府得到预算的资金来购置这些东西。

基于相同的逻辑，各文化事务处同样建立一些“基金”（捐赠金被投入到证券市场，每年只使用其利息）：得克萨斯州艺术委员会拥有一份1300万美元的基金，每年至少收益100万美元（因为经营得很好）；亚利桑那艺术委员会的基金高达1100万美元，每年仅仅收益35万美元（大概经营得不太好）。

此外，还必须加上各类入库资金，通常与旅游、图书、CD或DVD的销售以及一些场所的出租收益有关。得克萨斯艺术委员会负责人里克·埃尔南德斯解释说：“在得克萨斯，我们对这类生意很上心。在这里，成为一名经理人是受人尊重的。我们经营自己的基金，进行筹款，
260 出售CD，销售车牌……。我就是这样子来资助文化的。”销售车牌？

田纳西州艺术委员会的负责人里奇·博伊德非常严肃地解释：“我正在做车牌的生意。”2004年，车牌的销售为文化事务处带来370万美元的收益。这是如何进行的呢？在美国的大多数州，汽车车主有权将车

牌个性化，要么通过个人选择的名字或绰号来代替数字，要么像在田纳西州这样用图案或某个主题来进行装饰，让车牌更加别致。为了表明这些车牌与驾驶者的自我有着某种联系，人们通常称呼这些车牌为个性车牌。每年，车主们必须向州里支付 40 美元的一笔税，相当于我们过去的汽车印花税：如果使用特殊车牌，这笔税提高 35 美元。在田纳西州，这些原创车牌表现艺术家的作品（比如猫、鱼或彩虹），或者大学的名字。不管哪种车牌，文化事务处都得到一定的比例。里奇·博伊德解释："没有人被迫支付这笔附加税，这正是它吸引人的地方。田纳西的人们喜欢用他们看重的东西来将车牌个性化。"对于亚拉巴马州的居民也一样，在那里相同的资金来源每年为事务处带来 10 万美元，几乎与得克萨斯相等。这便是在美国人们如何通过一些变通的途径来资助文化的政策。

另一个有趣的例子是六合彩和其他彩票，人们怀着成为百万富翁的
希望来购买它们。六合彩通常由各州经营，在美国历史上往往名声极 261
坏，清教徒指责这些六合彩是一种不健康的娱乐，后来，那些反消费主义者指责它们是对穷人的一种征税。为了给创建六合彩以合理的理由，各州，尤其是新英格兰州，决定将筹得资金的全部或部分重新分配为资助教育或文化之类的项目。从 1980 年代开始，这种情况越来越普遍，借此筹集的资金让州政府能够从教育或以上的预算中抽身。几个州，包括马萨诸塞州，一直依靠"大满贯"、"大富翁"和其他"刮奖彩票"资助一部分的文化政策。

除了这些新的资金，院外游说的作用同样有所发展。圣保罗市的明尼苏达州艺术委员会负责人罗伯特·布克证实："事务处的主要时间用于进行游说。"

早在 1970 年，纳尔逊·洛克菲勒作为纽约州州长曾致信 2000 位该州各大文化机构的董事会成员，目的是请求他们给议员们写信，让议员们支持他提出的"纽约州艺术委员会"1970 年预算案。考虑到这封信是出自一位州长之手，真令人难以置信！从那以后，为了更有效地维护自己的预算，防止对预算的显著削减，各州事务处鼓励，有时甚至努力

促成建立一些独立的联合会，由它们代替事务处去向当地议会和州长进行游说工作。伊利诺伊州艺术联合会、亚利桑那州公民艺术协会、科罗拉多州艺术协会、得克萨斯人艺术协会和马萨诸塞州艺术、科学和人文
262 学科拥护者协会仍是当今活跃着的捍卫州事务处预算的当地组织。事务处与这些游说团体之间在法律上进行分割的原因来自这样一个事实：在美国任何一个公共机构都不可以自己去向议员们游说。因此，所有人都在玩弄词句，蒙哥马利市亚拉巴马州艺术委员会的负责人阿尔·黑德解释说："我们不能进行游说，但是我们仍旧可以'引导'国会。"

这种混淆可能变得更严重：在田纳西州，当地游说团体受到文化事务处的补贴去"引导"议会。在伊利诺伊州，任何接受事务处补助的机构都必须写信给所有议员和州长表示感谢，这同样成为一种游说形式。在其他州，那些受到补助的文化机构有时受到"鼓励"去返还补贴的1%以资助本州的游说团体。在其他地方，事务处拍摄议员们与受补贴机构负责人们的合影，以便让所有人都认识他们，或者像在宾夕法尼亚州那样，在议员们出席的情况下组织补贴支票的公开颁发仪式。

## 分权或者各州的不被人们了解的角色

纵观各州文化事务处的作用和使命，一个主要的因素被忽略了，现在必须将它纳入考虑的范围之内。并不只是这些事务处介入文化领域！相对于更具决定意义的其他事务处和领导机构（甚至在艺术领域也一样），它们的作用通常是有限的。在美国，人们通常用"分权"这个词
263 来指称将州的使命在水平层面上即在本州内部进行"去中心化"的形式。

从历史上看，我们已经说过，各州在1960年代之前从未拥有过文化事务处，也未出台过艺术政策，但它们在文化领域仍旧扮演着某种角色。此处出现对这些政策进行分析的一大困难，因为它们是各州特有的，经常是复杂的，掺杂在一些针对各类问题的整体政策之中，难以破解或者了解。因此，文化是尤其"去中心化"的，因为我们看到联邦各州投票通过的关于艺术的法律五花八门：这是一些对文化捐赠的税收鼓励措施（由州长决定，由议会通过，由各州税务部门执行），一些历

史古迹保护规定（其执行被委托给一些专门的事务处），一些对艺术品的特殊立法，一些各类征税（非商业演出和博物馆通常能得到豁免），一些对商业影片拍摄或涉及艺术品的遗产继承免予征收社会保险税的规定等等。实际上，每个州都有自己的规定，自己的鼓励措施或禁令，对此进行统计是如此困难而繁琐的工作，以至于还没有综述著作来对此提供详尽而全面的研究。在美国，因各州和各城市不同，文化存在与施行的状况也各不相同。

尽管名称各异，我们仍然可以在此列举一下那些介入文化领域的主要事务处。通常，其中有一个人文学科委员会，这是一个当地的事务处，它扶助作家与人文学科研究者，有一个考古与文物保护处，它保护历史古迹，有一个“州电影处”（50 个州都拥有这个处，它间接资助电影拍摄），有州立的公共档案馆，有州立图书馆处协调各公共图书馆， 264
当然还有文化活动发达的州立大学。各个不同的办事处、委员会和科层机构通常彼此分离，没有统一协调。此外，当然必须补充说明，学校、观光、外事和税收的领导机构都可能起着重要作用。在许多州，那些关注民族问题的机构，不论涉及的是黑人、拉美裔、亚裔还是印第安人，它们都在实质上介入文化领域。

最后，我们必须指出，在州长们或当地议会的那些“艺术核心小组”周围，往往存在着一些“特别工作组”，他们在文化问题上很专业，起着决定性的作用。通常是这些非官方的团体使人们可能向那些最重要的机构发放直接补贴。此处出现了美国文化领域的一个保守最严密的秘密：即预算项目。

预算项目是指在各州预算中（同样在联邦政府和各城市预算中）专门的财务报表项目，可以让人们从整体预算中直接资助某个机构，不经过文化事务处或集中领导机构的中转。通常，这些直接补贴可以让州长（或市长）对那些重要的博物馆、乐团、图书馆、芭蕾舞团或剧院表示出某种更加显著的支持。同样，这些补贴可能被州长或议会多数派用于一些不那么高尚的目的，通过给他们的选区馈赠“礼物”来“笼 265
络”议员。所涉及的可能是修建一个体育场、一条高速路、一座历史博物馆或者文化中心。许多情况下，这些预算项目不受各州和城市的文化事务处的左右，不出现在任何文化预算中。因为是为了笼络议员，所以几乎总是州长办公室在这一领域操作，要想了解补助的金额必须追溯到那里去。因此，如果我们以田纳西州为例，在州预算里出现三个“项目”：每年 10 万美元给田纳西州演艺中心，该中心位于纳什维尔市一座属于州政府的建筑中；8 万美元给同样位于纳什维尔的菲斯克私立大学校园内的施蒂格利兹藏品博物馆；最后，每年 4.5 万美元给孟菲斯“非洲文化节”。在纽约州，估计这些“项目”每年至少 600 万美元。这些款项中没有一个出现在文化预算中。

还有最后两个例子可以让我们说明这种“去中心化”的运作：即历史古迹的划分和公共图书馆的管理。

## 对历史与图书馆的执着

与让—吕克·戈达尔如出一辙，欧洲的那些批评者总在重复说美国没有历史，然而在美国各地对历史古迹的分级与修缮的严格遵守却对此给予了有力的驳斥。甚至，我们可以断言情况正好相反：美国执着于历史，至少执着于自身的历史，它可以自诩拥有世界上最早的宪法之一，拥有许多具有重大历史意义的场所和建筑。所以，应当对这些地方登记
266 造册，将它们列为历史古迹。不论是亚特兰大市马丁·路德·金出生的房子，还是让他崭露头角的蒙哥马利市巴蒂斯特教堂大街上的得克斯特教堂，还是他在孟菲斯遇刺的小汽车旅馆：仅以金一人为例，这三个历史性的场所都被列入古迹，属于“国家史迹名录”。在每个地方的入口都有一块牌子指出这里属于国家历史地标。同样还有福克纳在密西西比州牛津的住宅“罗望橡树庄”；马萨诸塞州的“雅各布之枕”舞蹈艺术节的建筑；洛杉矶“华兹塔”的“原生艺术”作品；新墨西哥州印第安部落阿科马村的典型民居；密西西比州图珀洛市的“猫王”出生的房子；建筑师菲利普·约翰逊的“玻璃屋”，当然还有清教徒到达美洲的所有史迹，美国革命、《独立宣言》和南北战争的史迹。在美国总共有几万个场址或建筑物被列为史迹。

这些历史纪念物与场址如何被指定、资助与修复呢？通常保护工作

属于各州的职能范围。当然，是联邦政府在林登·约翰逊的任期里于
1966 年通过采纳被称为“国家历史保护法”的法案确定了保护职能，
让内政部（实际为国家公园管理局下辖的国家史迹名录处）负责评级、
登记和更新受保护场址的名单。要想得到评级，这些场址必须具有重大
历史意义，与一些起到主要作用的人物有关，是从建筑学角度看有意义
的建筑或者是重要的考古资源。在确定这个框架之后，联邦政府最终将
应受的保护的建筑物、文物和场址的选择权交给各州。此外，联邦建议
每个州成立一个“州历史保护办公室”。在地方一级，是这个办公室负 267
责历史文物与遗产，批准修复，致力于为修复提供资金。同欧洲一样，
一个建筑物的评级可以避免其拆毁或损坏：纽约的卡内基音乐厅就是一
个很说明问题的著名例证。

实际存在三个级别。第一级有几万个场址，简单颁定为“国家史迹名录场址”。被统计进这个名录是使人难以拆除的建筑物，但是不能阻止它的损坏或野蛮修复。此中的逻辑属于典型美国式的，是让业主完全自由行事，但通过补贴和减税的手段试图保护被评级的建筑，任何的补助都以建筑物不受损害为条件。在这一基本名录之上可以加上第二个标签，即具有“全国意义”的“国家史迹名录场址”。这第二条评语通向一系列的好处，特别是成为提交联邦补助申请文件的权利。最后，第三级是对具有首要历史意义的场址给予“国家历史地标”的称号：各州议会所在的议会大厦、州长官邸、一些作家或名人出生或居住的房子、民权运动的地点、一些前任美国总统的住宅、一些教堂、博物馆，等等。美国现有约 2500 个“国家历史地标”，其颁定是由联邦政府做出的。

除了一些准时的财政辅助，联邦政府还对所有列入“国家名录”
的建筑物所进行的工程给予重大的减税，尤其是所得税方面。同时，大 268
多数州、县和城市对最具代表性的建筑制定自己的地方评级，给予土地
税方面的减税。比如，在纽约，1965 年以来“地标保护委员会”评定
了近 2.3 万个建筑（约占该城建筑物总数的 2%），82 个“区域”和街
区同样服从一些严格的保护条例。

多亏了减税措施，美国历史古迹政策被很好地“去中央化”，很大

程度上由州政府出资，这种政策是独特的并具有实质性的。这种政策对于公共建筑和那些非营利的组织是有效的，却很难对私有建筑起作用，特别是那些私人住宅。存在很多毁坏的事例，更常见的是失修损坏。这些败绩的责任在于各州，它们在上游没有采取足够的评级措施，或者错误在于私企和私人，他们往往不遵守规定，尽管他们享受到了税收的优惠。这些败绩同样是这个灵活但又不够具有强制力的体系造成的后果，这个体制更多的是鼓励人们进行保护，而不是强制。

各州的图书馆委员会遵循非常不同的逻辑。这些委员会部分地由政府补贴，它们不直接管理图书馆，那些图书馆多数情况下是独立的或者附属于郡或市。但不管这些图书馆是公立还是私立，地区级事务处负责组织它们的协调工作，参与资助图书馆建设，对它们的信息现代化进行补贴，并为馆际互借提供方便。

阅读是美国公共政策的基石。美国估计存在约 11. 6 万所图书馆，
269 即世界上最高的人均占有率。大多数图书馆属于中小学（7. 7 万所）、大学（3520 所，这又是世界上人均占有率最高的，几乎是法国的 8 倍）和市立图书馆（约 1. 64 万所）[6]。尤其是，“分支”图书馆的结构是美国的特色：在这些市立图书馆中约有 9000 个“中心”图书馆和 7400 个“分支”图书馆。仅在波士顿一地，著名的波士顿公立图书馆是美国最古老的图书馆之一，从藏书量上看是美国最重要的图书馆之一，它拥有 27 个分支，可以让该城所有街区都接触到图书。这场运动真是无处不在，不论是在新英格兰州，还是在“阳光地带”的各州（西南部各州）。

比如，在亚利桑那州，图书馆附属于一个“亚利桑那州图书馆、档案馆和公共记录委员会”。其负责人直接由州长任命，依附于一个四人“指导委员会”，这确保了一种多元主义的形式：他们是议会多数派和少数派的领袖。该委员会包含 114 名全职经理人，它资助在少数民族社区、印第安人保留地和凤凰城与图森周边的新郊区创建的图书馆。委员会负责人格拉迪珊 · 韦尔斯解释说：“在美国，图书馆具有一种至关重要的作用。在郊区或者村庄，图书馆是社区的中心，是一个文化‘中

心'：人们来这里免费上网查询，做报告，开会。会议通常是双语的，用西班牙语和英语，这可以让拉美裔在这里感觉是在自己的地方。凭借这些计划和本州令人难以置信的人口活力（这是西部州的特点），平均 270
每年在亚利桑那州建设六座新图书馆。"

图书馆的例子是屡见不鲜的，但各州常常拥有其他的一些委员会，它们在文化领域起着积极的或者间接的作用。各地"公园与休闲局"负责人们资助公园的夏季文化节，"布鲁斯委员会"扶助密西西比河三角洲地区的音乐家，税务局的领导机构给予一些税收减免。仅以美国西北的华盛顿州为例，该州有 520 类税收减免，其中 21 类适用于文化[7]。

遵循以各州为主的文化政策，这造成一种绝对的"去中心化"，描绘出一幅非常广阔而复杂的全景图。对于运作机制和特殊税收减免的详细研究超出了本书的框架。同样应该明确指出，在各州和各城市之间，美国政治与行政的其他一些级别即州和特区也可能实施一些文化政策。此外，还存在一些区域文化事务处，代表同一地区内的几个州，它在更广阔的地域发挥作用；在此之下，在行政区和区内（居民区、市政区或街区）还存在一些艺术事务处，它们活动的范围更小。

## 城市的文化政策

与各州平行，往往也与县和区平行，各城市在美国文化布局中自然拥有重要地位。为了鼓励"去中心化"运动，国家艺术家基金会很早 271
就关注各个城市，不论它们与州事务处是否有关联，国家艺术家基金会都鼓励它们建立自己本地的艺术事务处。鉴于美国国土的规模和各地历史的错综复杂，所以很难追寻这一运动的轨迹。这尤其因为那些大城市并非等到国家艺术基金会下指令才建立此类的文化委员会。几十年以来早就存在一些类似的事务处，比如 1890 年建立的波士顿城艺术委员会。然而，这些委员会长久以来局限于在当地建筑的选择问题或者公共建筑艺术品采购问题上给市长提建议。确切地说来，所涉及的问题尚不属于城市文化政策。

事实上，除了纽约是例外（该城的"文化事务部"早在 1962 年就已建立，如今每年拥有 1. 31 亿美元的预算，高于国家艺术基金会的预算），真正的现代的文化事务处普遍是在1965年国家艺术基金会诞生之后才建立的。

总之，通过鼓励各城市建立自己的专门处理文化问题的行政机构，国家艺术基金会发挥了重要作用。这个联邦事务处的首选方法是强调艺术在当地的经济影响——这一方法已经在州一级得到了检验，它是很成功的。

因此，许多城市在1960年代后半期或者在1970年代建立起当地的事务处：在1980年代初已有2000个，如今有近4000个。2005年各城市的文化事务处的预算总共估计约7.70亿美元[5]。

272 与州的情况一样，这些城市的事务处的名称反映出其地位的多种多样，从传统的市长文化事务办公室，到旧金山艺术事务处，中间还有巴尔的摩推广与艺术办公室。这些事务处可能完全纳入市政府内部，也可能设立在市政府机构的外围，甚至可能是独立的、拥有自身的非营利的身份（比如纽瓦克艺术委员会）。

同样，市长对事务处的支持度和它们在文化上的投入也大不相同。虽然，如今有像波士顿市长这样对这一领域不感兴趣的人，以至于解散了该市的文化事务处，但是纽约、巴尔的摩和阿尔伯克基市的市长却是更多地介入文化决策。这些差异基于议员们的个性、关注的焦点，基于当地的情况：纽约市长关注文化是出于这一领域的经济影响，巴尔的摩市长是因为要让市中心恢复活力；阿尔伯克基市长是出于保护拉美裔少数民族文化遗产的原因。差异同样是因法律的不同：在有些城市，执政机构拥有广泛的权力（在巴尔的摩和芝加哥），在另一些城市则权力更多交给立法机构；在一些城市，县拥有主导权，但另一些城市，是由州来确定大政方针，然后让市全权决定自己的政策。但是，从本质上看，不管其操作余地有多大，美国的市长们是非常务实的：他们发表意见的时候总是采用诸如“如何把事情做成”或“促成事情”的表述。他们更渴望结果，较少关注“文化政策”。因此，“为艺术而艺术”不太受到称许，这与文化的经济层面相悖，他们重视文化的观光作用或社会使
273 命，重视“生活质量”——这是1960年代和1970年代的耳熟能详的说法（从1978年之后被“文化多元性”的表述代替）。根本上说，往往

是因为美国的市长们并不掌握自己城市的那些文化机构，因此他们不会像欧洲的市长们那么多地介入文化。

考虑到美国的幅员和它的“去中心化”，很难得到关于各城市在文化方面所采用的行动的可信的统计数据，更谈不上了解它们的预算了。普遍来说，各城市首先扶助的是图书馆和博物馆，较少扶助交响乐团，更少帮助剧团和舞蹈团。通常，重点被放在“文化事件”，这是一个大类，其中混杂着烟火表演、新年和美国国庆时节的花车游行、游艺会和文化节。因此，在城市一级，文化往往让位给“特别事件”。

由市长们和市文化事务处颁发的补助因地而异。最说明问题的是这些补助通常是作为对某项“服务”的交换来发给文化机构的：如果博物馆收到一项补助，那并非是（像在欧洲那样）作为“补助”来接收，而是因为它为社区效劳，例如在教育方面出力。这种得到申明的或者不言而喻的等价关系处于城市与文化关系的核心。

城市的文化补贴是有限的。以波士顿这样的大城市为例，2003 年文化预算为 64.5 万美元，与欧洲的城市无法同日而语。尤其，近年来，这些当地的预算经常遭到缩减。

在这些稀有的补贴之外，城市经常通过文化节、“公共艺术”作品 274
和支持街区和社群文化来介入文化。最后一点是至关重要的：在底特律和芝加哥，黑人社区具有重大影响，就像休斯敦和迈阿密的西班牙语社区，旧金山的亚洲人社区。地方政策受到这些社区的重大影响。各市事务处经常奉行一些支持少数民族的倾斜政策，根据族群来颁发补贴，或者拒绝资助那些没有明显支持文化多元性表现的大文化机构。所有这些逻辑都旨在让所有人都能接触到文化。

同各州的财源一样，城市的财源也各不相同。在这个问题上，欧洲的观察者将越来越惊讶。除了各州资助文化的五花八门的方法（“基金”、“预算项”、车牌、六合彩、减税、手工业品销售与场馆出租）之外，各地方事务处还有它们自己的手段。虽然所得税的主要部分是由联邦政府决定的，虽然车牌与六合彩有各种不同的经营模式，但各城市利用地方税、市属建筑，尤其利用债券来资助文化。

地产税在美国是各城市的主要财源。它让人们能够资助公立学校、交通、市警和消防队，同时还资助文化。通常，凭借一些全额或部分豁免机制，各城市扶植全部的非营利机构，在很大程度上支持艺术：在纽
275 约，文化机构是得到免税的，在芝加哥只有那些拥有“教育”计划的
文化机构得到免税。

除了地产税减免（通常属于巨大的间接扶助），在“观光税”（对旅馆、汽车出租、酒吧甚至餐馆的税收）的名目之下有一整套的税收是扶助文化的。这些税收机制的逻辑是显而易见的：艺术与文化因为增加了游客的逗留时间而有助于观光业，为了活跃观光业，必须增加文化供给。因为城市的预算有限，而且选民们反感支付更多的税，所以议员们发明了一些独特的资助机制，目的是让观光业增长，又不会让人觉得当地税收的负担增加。对旅店和租车业征税具有巨大的优点，纳税人觉得无关痛痒，所以不会有负面的政治影响，因为这些税通常是由不居住在本城的人支付的。因此，它们很容易被各州议会采用，必须预先由州议会批准城市创建这类税收，然后在地方一级由无数次的公决来投票通过。为了让这一新税获得采用，圣路易斯市使用这样的口号：“你没为这个付过钱，今后也永远不会”。显然，观光市场在美国是至关重要的，估计美国观光业每年为经济带来近 5450 亿美元[9]。逐年来，各州都建立了对于旅店、餐饮和租车业的税收，但是只是最近几年来，一些城市才将这些款项全额或部分用于文化。对旅店住宿费征收的税收金额各地不
276 同，从南达科他州的苏福尔斯的 1% 到洛杉矶和旧金山的 14% 不等。旧
金山的旅店税如今每年带来 2 亿美元的稳定收入，这笔钱被分配到几个领域：34% 用于城市的整体预算，22% 给议会，8.5% 给一个叫作“艺术补助金办公室”的机构。这个办公室负责每年将一笔大约 1400 万美元的款项分配给该城 225 个文化机构。按照这一模式，估计 50 个最大城市中的 22 个用观光税来资助文化。但尽管有这些优点，这种税项并不总是适合：例如在底特律和阿尔伯克基这样的观光客与旅店数量很有限的地方，这样的税收不能带来足够的金钱。于是，“营业税”便可能成为替代手段。

这类在美国的增值税，适用于商品的最后零售。这里，文化可能通

过两种方式得到支持。第一种方式是免除某些“文化”产品的某项税。这一手段很少入选，因为在美国通常与欧洲相反，文化产品（比如书籍）不享受优惠税收。不管怎样，舞台演出（比如在加利福尼亚州）可能享受免除营业税。将这一税收用于文化目的，最常见的方法是小幅加大营业税，以便将通过这种方式得到的额外资金用于文化。沿着这一思路，科罗拉多州的丹佛市建立起一套独特体系：1988 年，“大丹佛”七个县的选民们以公决方式通过了一项措施，旨在增加营业税 0.1%，以便将这部分税收分配给文化。如今，这个税种每年可带来 350 万美元，用来分配给博物馆、动物园、歌剧院、芭蕾舞团和丹佛几百个文化与学术组织。这个计划大获成功，以至于又通过公决延长了十年，而且被其他几个城市效仿。

城市扶植文化机构还有其他更为直接的手段：给它们补贴，甚至为 277
它们提供办公地点。所有这些资助的性质各异，但是它们的共同特征是它们不出现在地方文化事务处的预算中，借助一些专门的预算项目或者市长的专项基金直接从市政预算中拨款给这些机构。比如，巴尔的摩市的 12 个文化机构，其中的巴尔的摩交响乐团和巴尔的摩艺术博物馆受到市长的直接补贴，不需经过巴尔的摩推广和艺术办公室转手。通常，城市拥有并且维护那些文化机构的办公楼，即便这些机构完全是由独立的组织管理（蒙哥马利美术馆、密西西比艺术博物馆、新奥尔良艺术博物馆）。这些间接补贴的形式属于著名的“公私合作”的类别，这是美国文化政策中最常用的表述之一。

例如，在纽约，这些合作的象征是 34 个“私人”（即独立的）文化机构，但它们寄身于（即得到资助）公共建筑中。这种优待地位使它们能够享受大笔的间接资助，如建筑维护、维修、保安、电力和暖气的费用，而且不需要支付租金。在受到优待的这 34 个机构中，从地理方位上看它们几乎全部处于纽约市的公园内，大都会艺术博物馆、布鲁克林音乐学院、布鲁克林艺术博物馆和卡内基音乐厅都是如此。对这些机构的唯一交换条件是它们必须对所有人开放，至少有若干小时的免费 278
开放时间：这一条件是很能说明问题的，因为这一条件必然赋予这些“私人”机构某种公共使命。近年来，有几个机构被补充进名单之内，为的是通过优待黑人和拉美裔街区来更好代表该城的种族多元性。

除了纽约的这种特例，各城市有时完全或部分地资助文化场所的建设，即便这些地方的管理以后是独立于城市的。比如，洛杉矶市长在洛杉矶交响乐团的驻地沃尔特·迪斯尼音乐厅的建设中起着决定性作用。城市介入的另一个例子是那些著名的演艺中心的建设：多数情况下，这些大型文化中心结合了戏剧、音乐和舞蹈，要求庞大的资金投入，这些中心的建设是由全民公决的方式向市民们提出的。堪萨斯城演艺中心的情况便是如此，一座 3 亿美元的建筑旨在为堪萨斯城交响乐团、堪萨斯城芭蕾舞团和堪萨斯城歌剧院提供场地。不幸的是，尽管该城所有的文化机构都发动起来，建筑被规划在“downtown”，即在黑人占多数的贫困的城市中心区，但是约翰逊郡（主要以富有的白人为主）的多数选民拒绝建造这个中心。最终，在后来新的场址上，这个文化中心才得以修建。

最后，不要忘记不管怎样，在美国还存在一些完全由城市管理的机构。这通常是一些博物馆或者一些与当地文化遗产、传统有很大联系，或者一些偏重少数民族等方面的机构。比如，阿尔伯克基博物馆是新墨
279 西哥州阿尔伯克基城的一座博物馆，它完全隶属市政府。一些印第安人、黑人的博物馆以及众多历史和文化遗产博物馆也同样如此。在底特律、布鲁克林、杰克逊和新奥尔良，存在一些类似的例子，虽然数目不太多。

城市债券是各城市文化政策的最后一个元素，是最可能进行考量的一部分。这些债券常常用于修建体育场或会议中心，同样可以让人们能够修建或维修一些建筑。这些债券通常有利于一些独立机构，这属于一种补贴形式。最有特色的仍旧是纽约市的例子，该城文化事务处管理那些艺术机构的不动产建设基金。仅这项计划的预算在 2006 年至 2009 年期间就高达 8.03 亿美元。资金的获得是依靠销售特别能吸引购买者的公共债券，因为这是可靠的、有收益的、免税的投资。以这种方式，该城的文化事务处合作资助了纽约非营利性机构的许多建设和修复工程。

纽约并非唯一利用这种主要筹资机制的城市。多数城市都这样做，尽管它们不一定将利润用于文化领域。比如，明尼苏达州有一些公债政

策，使该州能够在2003年投资高达2500万美元用于明尼阿波利斯的新“格思里剧院”的修建工程的一部分。密西西比州则每年提供一些补贴来帮助一些机构修建或修复博物馆、剧院或者文化场所，这些预算不需要经过文化事务处转手。

最后，与在州一级相似，各城市拥有某种文化政策，极端分散在一 280
些数不清的事务处中。“口岸管理部门”拥有一些文化预算，公园管理部门、运输管理部门（其中有纽约地铁的雕塑和音乐项目）和负责少数民族聚居区的复兴工作的部门也一样。说到底，依据不同的目标和不同的任务，文化分散于不同的领域，而非集中于一个呈现单一面貌的、倾向于将地方文化政策归结为“为艺术而艺术”的艺术事务处。美国的各个城市并不一定承认这一点，但通过这些选择，城市表现出它们对于文化的、艺术的或者社会的选择。

## “公共艺术”和文化节

各州和城市的文化政策是去中心化的，但应该区别出美国政治和行政的不同层级。现在则有必要描述我们在各城市、郡和州看到的两种横向计划，它们对于文化生活具有重大影响：即“公共艺术”与文化节。

“公共艺术”是美国人的一大爱好。它具有很长的历史，从国会为纪念诸位开国元勋而为华盛顿城进行的官方采购开始，直到许多州为纪念独立战争的某个重要场址、世界大战的牺牲者或者最近的2001年9
月11日的牺牲者而进行的官方订货。越战阵亡将士纪念碑是华盛顿的 281
一处象征，在许多美国城市存在一些标牌，向知名人士致敬，或者像洛杉矶那样，向电影明星们致敬。

但“百分之一给艺术计划”（per cent for the arts）要比单纯的历史纪念走得更远，是作为一种真正的文化政策出现的。是怎么回事呢？这些计划潜在的想法是将任何新建公共建筑的预算中一定的百分比专门用于艺术，通常是1%。第一个这类计划是由费城在1959年创立的，随后被西雅图市效仿：在这两个事例中，所涉及的问题是让广大公众能接触到艺术，而不是仅仅由专家摆布，将艺术品管束在博物馆里。因此，1968年，毕加索的一座雕塑作品被安置在芝加哥市政府门前，此举引起辩论和争议，于是前来观看的人群络绎不绝。

早在1970年代末，这些计划就在11个州执行，它们会以不同的方式运作。这些计划可能关系到新建筑，也可能扩展到建筑物的翻新，可能局限于某些类型的建筑，或者规定有上限。不论是怎样的模式，我们很惊讶地看到“公共艺术”得到“授权”和出现的地点各异：当然有各州、郡和市政府，但同样有公立大学、中小学、图书馆、监狱、消防队、警局、医院、机场，有时甚至是人行便道、地铁线路或桥梁和公路。美国50个最大的城市中25个采纳此类计划，许多州同样拥有这类计划。比如，在纽约市，1982年“百分之一给艺术”计划得以制定。
282 从那以后，进行了二百多个项目，效果各异，不论是从作品质量的角度看——总是备受争议的，还是从居民的反响的角度看都是如此。为了避免争议，尤其是在联邦政府决定拆除安置在曼哈顿联邦广场上的著名雕塑家理查德·塞拉的作品《倾斜的弧》（*Titled Arc*）之后，艺术家的作品被预先提交或者由街区的各协会和居民们认可，而不应仅仅由市议会来批准。总之，“公共艺术”计划倾向于谨慎，即偏重纪念历史或当地事件的作品，而非抽象艺术。但是，同样存在一些有独创性的，有时真的非常大胆的例子。

更能说明问题的经验是由芝加哥市在1999年发起的：即“奶牛巡游”（*Cows on Parade*）。那一年，一个由市政府支持的协会决定在该城街道上展出300头石膏制的仿真奶牛。原则是将每头牛委托给一位芝加哥艺术家，他拥有完全的自由来绘画、雕塑或装饰自己的牛，然后让整群牛分散在城市各处。展览的资金由一些商业企业来保障，如果赞助一头牛，企业就能选择由哪个非营利协会来继承这头牛。这一展览成为美国前所未有的民间文化的一次胜利：估计有100万游客来到芝加哥观看展览，或者说为该城带来约2亿美元的经济效益，还未算上轰动性的媒体的覆盖率。为了资助这一项目，或者说为了给一些慈善机构“筹
283 款”，这些牛随后被拍卖，并出了几万个微型版用于销售。这个项目结合了“公共艺术”、大众文化和当地人的骄傲，在几个美国城市被人重复（甚至在巴黎）：辛辛那提的猪、密西西比的鲶鱼、克利夫兰的吉他，显然还有底特律的“车载广播”（汽车与音乐的混合，是该城的象征），

自然还有华盛顿的大象和驴，它们总是结伴同行，因为它们各自是共和党与民主党的象征。

最后，为了对“公共艺术”得出结论，还必须提到克里斯托和让娜·克洛德的展览《门》(*The Gates*)，2005 年冬天，几百扇用橙色织物制作的门分布在整个纽约中央公园。这一事件引来了很大的客流量，为该城市带来巨大经济效益，这解释了市长的强烈意愿。地处中央公园的大都会艺术博物馆的负责人菲利普·德·蒙特贝罗做出结论：“对于我们来说，克里斯托的展览反映为客流量难以置信的增加；对于大都会艺术博物馆来说，这是 100 万美元的额外收入。”或者可以说，此时“公共艺术”同样对古典艺术做出了贡献。

文化节是各城市和各州长久以来投资其中的另一个领域。在美国，不论大小，没有一座城市在夏天没有文化节，文化节通常是免费的，是在公园中露天举行的，通常吸引很多公众，有时文化节保持着很高的艺术水准。

《纽约时报》每年出版一个关于夏季文化节的专刊，统计了分布在全国的几百个受欢迎的艺术节。莎士比亚戏剧或古典音乐节、拉丁裔或 284
蓝调文化节、电影节、歌剧节和流行乐队节，各个城市都组织这类受民众欢迎的集会，获得巨大成功。一方面，这一传统依靠着各主要乐团和芭蕾舞团夏季“乡村休养期”露天演出的习惯。这些露天场所使它们能够演出新作，接触新观众：纽约城市芭蕾舞团的演出地点在萨拉托加，波士顿交响乐团在坦格尔伍德。

在波士顿的公园里，仅在 2002 年夏季，就有六场歌剧《卡门》和话剧《亨利五世》的演出，七场交响音乐会，三场舞蹈晚会，十场爵士乐和军乐演出，四十二场儿童午后剧场，二十来场木偶剧午后剧场，九场电影放映和四十来场其他各类演出，全部演出都在波士顿的九个主要公园里。

通常，如果是在公园举行，这些露天文化节都严格执行免费政策。因此，经费来自市政府、“公园与休闲局”或者各个州。其他的收入来自饮料和三明治销售，来自“筹款”或节目单的发行，虽然节目单上多是广告，但也愿意成为教育工具，目的是解释话剧或歌剧，通常会给出一些阅读和演出的关键概要。

依靠夏季文化节，各城市既保证了公园的人气，又围绕着“群众喜闻乐见的”作品让大多数人接触到文化。依靠文化节，各城市还努力让黑人聚居区的年轻人有事情可做。从1960年代以来，这些年轻人就以
285 在漫长夏夜里抢劫商店和焚烧汽车而闻名。

国家艺术基金会与各州和各城市事务处的关系在1960年代和1970年代是真正的“成功故事”。国家艺术基金会在帮助启动大多数的文化事务处之后，曾经鼓励和资助这些事务处。紧张关系是后来出现的，那是在1980年代初，当时国家艺术基金会的预算更多，也更受批评，而各地事务处要求更多的自主权和自由度。但是，传统的问题被提出来，即联邦制度下联邦级事务处与各州事物处的权力分配问题，我们在各州与各城市之间看到的同样的问题几乎被一字不差地提了出来。在不同的级别层面上，一种新的不稳定的且独特的文化政策开始显露出来：如今在美国存在十来个地区级事务处、五十来个州级事务处、几十个县级事务处和近四千个市级事务处。

然而，美国联邦主义所代表的意义远远超过这些公共政策的总和。联邦主义首先是一种精神状态，它旨在从最接近于公民的层级起作用，它质疑由联邦一级颁布的政策，侧重于实地的行动。其次，联邦主义是一种无限的“去中心化”，这使得在大多数情况下，各州与各城市都不会控制和领导博物馆、乐团或芭蕾舞团，甚至也不提供经费。州长与市长们通过批准间接资助——首先是通过税收政策来起到积极作用，但他们几乎绝不可能直接干预文化机构，也不能强加自己的选择，更不能任
286 命机构的负责人。我们明白为何文化在美国不太被看作是他们的使命。

文化事务处这个方面，它们不管理那些不依附于自己的艺术机构，它们更关心的是所有公众的参与和业余爱好者的活动。它们想更多地“代表”多元化的公民，包括民族层面的多元。

美国文化体系的这种巨大的“去中心化”是一个弱点，也是一种强项。这是一个弱点，因为它将文化交给那些可能对文化拥有一种独特

理解的人，而没有任何有效的制衡力量。每个地方或地区的事务处，每个博物馆或乐团，都可以遵循独立的政策，这可能导致最好的结果，也可能导致最坏的结果。

但由于各自的自主与责任机制，这同样是一个强项。一切都独立发展，这是孤立的政策构成的拼图，整体根据当选者、机缘和个性的不同而做出适应。这是无组织的，却非常丰富，这同样是无政府的，其实却是非常自由的。尤其是没有人去“界定”文化应该是什么。

美国的联邦主义是理解文化体系的整体活力与局限的关键。因为，不应忘记各州和各城市所支配的预算，除了纽约市这样极少数的例外，其他的都是微不足道的。与欧洲的那些大的地区或者大城市的预算相比，它们的预算是很少的，甚至是可笑的。但是，即便这些预算很微薄，这些州或市级事务处的作用仍旧是至关重要的。如同对于国家艺术基金会一样，重要的不在于它们颁发的补贴，而在于这类补助为那些文化机构所获得的存在的合理性。这种合理性使它们能够获得更多的基金会、富有的慈善家或企业艺术资助人的捐赠，超过它们申请到的“真 287
正”的资金。必须这样来理解这些公共事务处在美国的作用，理解它们所引起的论争与热情。

最后，对各州、郡和城市的文化政策不应以过于狭隘的方式来看待：税收政策、预算项、就业的立法、旅店税与车牌税、针对困难街区的计划、对少数民族社群的扶植，这是一些辅助文化的途径或工具，通常是以简洁的方式进行。应该以这种方式来看待，有数千条法律构成的美国文化体制的这种复杂性，为各州和各城市提供了一些手段，它们辅助文化却不必签发任何支票[10]。

289

# 第六章　“文化战争”

> 如果建立起一套［文化］体制，而在这一体制中市场在艺术中不起作用，那么这会造成某种制度性的停滞，就如同当今在那些欧洲国家经常看到的那样；如果将艺术完全交给市场，那么则会看到艺术处于巨大的危险之中。
>
> ——达纳·焦亚
>
> （乔治·W．布什任期的国家艺术基金会主席）

《完美时刻》（*The Perfect Moment*），这是罗伯特·马普尔索普的一次展览的宣言性的题目，这是一位触发“文化战争”的艺术家。1988年，展览在费城当代艺术博物馆顺利进行，随后在1989年在芝加哥当代艺术博物馆进行，后于1989年6月14日在华盛顿“康科美术馆”被撤销展览。罗伯特·马普尔索普的这次回顾展涵盖了他二十多年的艺术创作。在展览的150幅摄影图片中，可以看到一具很长的勃起的性器官的复制品（题目正是《完美时刻》）、一些裸体孩童的照片（随后被攻击为儿童色情）、一些曼哈顿酒吧中拍摄的虐恋的自拍像（其中有一幅马普尔索普的《自画像》，使用一只编成长穗的皮鞭——牛鞭——作为
290 假阳具）、一张黑人男子向白人男子口中撒尿的照片、几张很暴力的假阳具性交和拳头性交的照片（《约翰、赫尔穆特和布鲁克斯》）。而罗伯特·马普尔索普就这一问题宣布：“对我而言，S&M并不意味着虐待狂和受虐狂，而是意味着‘性是神奇的’。”除了集中在一个题目为《X文件夹》的系列中的这些性爱图片，在马普尔索普的展览中还可以看到

一些柔美的图片，主要是兰花和花卉照片、非常感人的作者朋友的肖像和一个年轻黑人的裸体照片，他跪着，头弯向光亮的身躯，腼腆而克制（《阿吉多》）。艺术家说他本想打乱性爱的类别，想混合种族，反映1980年代期间“两性”问题的深层的不稳定性。这次回顾展是共和党极端派的理想的猎物。虽然这次展览是对摄影师的一次纪念：马普尔索普刚刚于1989年3月9日死于艾滋病。

安德烈斯·塞拉诺的摄影作品《尿基督》（*Piss Christ*）是第二部引发“文化战争”的作品。这一作品1989年在洛杉矶的一次展览中展出，它是一次要跨越美国几个州的巡回展的一部分。它挑衅性的题目——逐字翻译就是“向基督撒尿”或“尿湿的基督”——是不言自明的。但是这一题目没有说出来的，是这幅照片的美丽，它有着漂亮的橙红的血色，它表现了一个木制十字架上的一个小的塑料的耶稣像。作品整体沾着数百个微小的液滴：作者是一位布鲁克林的古巴裔黑人艺术家，他对天主教和“基督的身体与血”的图像着迷，他解释说这些液滴是尿液——是他本人的。

《见证：抗拒我们的消逝》（*Witnesses: Against our Vanishing*）是计划1989年11月在“纽约艺术空间”举行的一次展览，是为了纪念艾滋病的牺牲者。几位艺术家展览了作品，主要是已经成名的“波士顿学 291
派”的摄影师们，大卫·阿姆斯特朗、“禁忌”艺术家菲利普—洛卡·迪科西亚、谢尔本·瑟伯和马克·莫里斯罗——他刚刚因艾滋病去世，展览是献给他的。女摄影师楠·戈尔丁组织了整个展览，向她的同性恋与变性人朋友们致敬，他们中许多人正因为同一种疾病而走向死亡。在展览目录中，艺术家戴维·沃基纳罗维兹的一篇文章猛烈抨击数位国会中的共和党议员，他特别想把他们从帝国大厦的顶上推下去。

这三次展览具有一个共同点：它们是直接或间接由国家艺术基金会资助的。

## 新右翼

随着罗纳德·里根在50个州中的43个州击败吉米·卡特，于1980年11月当选美国总统，1981年1月宣誓就职，美国的政治生活的面貌改变了。虽然这位住在圣巴巴拉的一个牧场的加州人从前曾经是民主党，他一度为罗斯福的“新政”着迷，但他早就改变了阵营。1966 年他当选加州州长，1970 年再次当选，他努力在他认为——也是他的选民们的看法——有些过于动荡的洛杉矶的伯克利和加州大学的校园内恢复秩序。他反对过度的“福利”，不断地进行减税。总体上看，他是用这一纲领来当上美国总统的，即缩减联邦政府、增加国防预算、去除经济管控，但他具有一种现代化的意识形态，通常被称作“新右翼”。

292 护送里根登上总统宝座的这种“新右翼”并不代表一种定型的意识形态。它包含几种倾向，它们处于一种复杂的混合状态中：一股右翼势力代表着对假设中的失落天堂的怀旧的回归；一股新的方式的宗教右翼势力，是福音主义的、宗派性的；一股更加现代和务实的右翼势力，自我定位于一种去除了负罪感的价值回归的思潮，更多以市场经济为教条，而不是福音书。不管怎样，里根代表的共和党强硬派成功地将纳尔逊·洛克菲勒代表的“自由派”及其所代表的文化精英连同他们的慈善基金会、大学和国家艺术基金会这样的事务处在国家机器中边缘化(虽然没有从公共舆论中边缘化)。“新右翼”的概念由此而来。

在它所带来的断裂中，这一右翼势力是被《国家评论》、《评论》和《公共利益》这类保守派刊物的知识分子设想出来的。但是，最能概括这次保守派革命的是华盛顿的一个智库——遗产基金会。遗产基金会在 1981 年初发表的大部头著作《对领袖的托付》中，里根年代的基调被确定下来：解除经济管制、减税和军备竞赛。在 1093 页的篇幅里，这份报告包含整整一章针对国家艺术基金会和国家人文学科基金会的内容。报告审视了两个事务处的历史，提醒人们关于立法者最初的愿望，揭露了在吉米·卡特任期里国家艺术基金会偏离了使命。在这份反对国家艺术基金会的报告中，我们可以读到：“尽管其主席加以否认，但是国家艺术基金会如今更加关注一些社会政策的目标，而非艺术，但它却是因此而被创建的。”这本书对于颁发给少数民族的奖助金的批判尤其
293 严厉，因为这些奖助金以同样的方式鼓励“严肃”与“无聊”的东西。国家艺术基金会的补贴受到批判，因为它们充其量有助于“让过去的大众文化成为化石”，最坏的情况是它们会帮助建立起一种为艺术家服务

的“福利国家”。报告揭露说，一套“宏大的、自私的文化官僚机构”被建立起来，它是由那些支持国家艺术基金会的“自命不凡”的议员和各州“效仿它的姐妹事务处”构成的。为了取代这种官僚机构，该报告提议回归到捍卫个体的慈善事业，回归教育和大写的“艺术”[1]。

在文化领域，这一“新右翼”在众多报纸与艺术刊物中拥有中间人。这些评论家批评“文化研究”和“60 年代”，怀念某种欧洲的精英主义，鼓吹回归到因 NEA 而被削弱的“雅文化”。他们捍卫艺术必然是精英主义的这一理念，与所有那些捍卫族群和文化多元性的人相反，他们认为存在一种文化的普遍形式，这种形式体现为源自欧洲的某种精英主义传统。所以，他们批评少数民族、女权主义和同性恋的文化，他们中的一些人是小声批评，另一些则大声疾呼，他们揭露参照系、价值观和标准的丧失——《新标准》（*New Criterion*）正是他们的一份招牌刊物的名字。当然最有趣的是里根和“新右翼”整体在阅读这些文章的时候，他们从中找到一种与自己心气相通的情绪。

但是，在护送里根登上权位的联盟中存在着一种更加激进的势力。民粹主义者、极端保守派和福音主义者，这一巨大的星系围绕着杰里·福尔韦尔牧师的“道德的多数派”而运行，它包括坚信拥有与基督的个人的直接关系的一些地道的根本教义派（特别是浸礼派、“自由”的循道宗、五旬节派），包括摩门教徒（他们在犹他州这样的州里很有影响），还有无数或多或少属于邪教的教派。激进的天主教徒和正统派犹 294
太教徒为他们充当着可靠的支持团队，他们团结在这一匪夷所思的联盟周围。虽然这些“教徒”的教会数量与他们之间意识形态的差别同样的多，但不管怎样，他们全都想要将美国福音化。

当然，不应将那些有时候属于邪教的传教者与大多数美国新教徒混为一谈（美国人主要是圣公会和长老会的教徒，但也有古典的循道派和路德派教徒），对于多数人而言，宗教只是一种应当激发人性的道德行为，特别是在社会正义、种族平等和世界和平的问题方面。对于这些温和的、有时不太关心政治的信徒来说，宗教是一种实现社会化的方式，是一种在自己的社群中“正直”生活的方式。

1970 年代和 1980 年代激进宗教“复兴”中的新事物是，福音派教会作为结成院外游说集团的有组织的政治力量登上了舞台。它宣扬用福音书来让美国归化和重新基督教化。福音教派发动了十字军东征式的运动：反堕胎的斗争、对毒品的受迫害妄想、（虽然有些让人感到可耻地）不断拒绝女权，并且始终大声疾呼地坚决反对同性恋者的权利。这些根本教义派有着自己执着的念头。他们蔑视代表着无神论的任何商业理念，认为这在家庭和小城市中引发了道德违背与混乱：他们蔑视流行文化，因为它是庸俗的、商业化的，有时则因为它是黑人的；蔑视色情、嬉皮士、同性恋，因为它们所代表的道德价值的丧失而受到憎恨；精英主义和“雅文化”同样遭到批判，是因为它们的自命不凡和“唯知识论”。他们在1985年要求禁止让—吕克·戈达尔的《向你致敬，玛
295 丽亚》，在1988年要求禁止马丁·斯科塞斯的《基督的最后诱惑》，他们由此而将几种仇恨结合起来。

为了提供替代的选择，激进的右翼不仅限于激烈地抨击他们反对的“自由派”的、少数族群的和流行的文化，而且建立起一些电视和广播电台来传播保守派的新文化、成立出版社、拍摄成百的电影和成千的录像。每一次针对每一种艺术门类，右翼都创造出一些“福音教义”的版本：有基督教电影、“福音”乡村音乐、福音爵士乐，当然还有“基督教摇滚乐”。这是一次右翼的反文化运动，试图以基督教价值观的名义建立起对“主流”文化的一种替代选择。

但在这种福音派的逆流中存在着复杂性，那就是它所造成的意识形态的转变。虽然激进的宗教人士总体上支持市场和企业的自由，但他们批判“完全市场化”：他们想制约市场，避免让市场主导生活的所有方面。总的说来这是一种“宗教例外论”。杰里·福尔韦尔牧师反对流行文化，认为它正在将美国变成世俗的国家，从这一点看来，他的偏执是具有启示性的。正是他在1955年在通常24小时营业的“7—11”便利店和“来爱德”（Rite Aid）连锁药店发起抵制《花花公子》和《藏春阁》（*Penthouse*）杂志的运动。还是他，要求人们抵制“假日饭店”，因其给顾客提供在房间点播色情影片的可能。许多共和党议员和美国家
296 庭虽然未必这么激进，但他们支持在电影和电视里减少暴力和性的内容，他们为此而被动员起来。他们用规则和审查的必要性来反驳商业自

由和私人经营。换言之，虽然宗教人士和共和党支持市场，但他们拒绝人们后来所说的自由而开放的“市场社会”。

两个独特人物可以代表1980年代转折时期的这场极端保守派的回归，那就是代表宗教保守派的唐纳德·怀尔德蒙牧师和世俗的政治保守派的代表杰西·赫尔姆斯参议员。

“混杂”（Promiscuity）。在唐纳德·怀尔德蒙牧师口中，是对“性乱交”的含蓄说辞，是必须进行打击的一种丑恶行为和一种象征。在“文化战争”初期，怀尔德蒙牧师52岁：他在密西西比州的美国东北部乡村地区长大，有四个孩子，他粉色的脸庞上戴着一副有些土气的眼镜，头发秃得很厉害。他主持“全美恭礼联盟”，并且他刚刚将联盟改名为“美国家庭协会”，其总部设在密西西比州的图珀洛——猫王埃尔维斯·普雷斯利出生在这里。最初，他的目标是对抗那些让人堕落的、暴力的、色情的、左翼的电视节目，总之就是反美的电视节目。他偏爱的方法是抵制那些反基督教的电视节目：对广告客户施加压力，鼓励他们拒绝购买“堕落”节目的广告时段。这些基本教义派和这些“电视福音派”（人们这样称呼他们，因为他们从事电视福音教化），他们往往凭借“消费者抵制”行动来达成目的：他们在自己的福音派协会的数万成员中发起运动，一旦这些人被鼓动起来，他们会亲自致信给电视台、企业或议会，要求禁止某个节目、产品或者事务处。通常，正是对这种商业抵制的恐惧促使企业让步，撤销他们投给遭到批判的节目的广 297
告。怀尔德蒙牧师的协会所取得的胜利，而且是不小的胜利包括：1981年6月“宝洁”公司撤销对五十多个电视节目的广告预算，这些节目具有过于明显的性意味，“百事可乐”1989年在麦当娜的音乐电视片《像一个祈祷者》（*Like a Prayer*）发布之后停止找她拍广告。

整个“文化战争”中，与国家艺术基金会的争斗变成了他们的使命的自然延伸，唐纳德·怀尔德蒙牧师与杰里·福尔韦尔牧师使用大规模的“发邮件”的方式来影响国会议员。在几百个小城市，只要一接到这些宗教协会的号召，成千的零散的活动家们便行动起来，签署抗议信。这类手段是有效率的、大规模的，其组织动员的模式比信件本身的内容更加令人印象深刻。总之，最令人惊讶的是这种围绕某个教会组织、某个桥牌俱乐部或周日花园烧烤聚会而产生的群众运动，这种基层的斗争活动。一些人起早贪黑地将时间花在一些“价值”上：一些基层活动家在本地围绕着“厨房—餐桌”，与邻居和社区一起动员并行动起来；由一些学校的“董事会”成员与保守派电台的“脱口秀”节目听众来发起运动。这就是在美国人们所说的“草根运动”。

虽然他们通常居住在美国的乡村或郊区，这些基督教联合会的活动家却并非是想让自己的生活局限于自己的教区之内的那些怀旧的乡下
298 人：相反，他们通常是一些中产阶级的有学历的在科技或尖端医药领域工作的管理层人员。他们的典型形象是：一个四十来岁的生意人，周日去浸礼会教堂，每周四去“扶轮社”分会用晚餐，周六打高尔夫球，其余的时间在他的 SUV 里（Sport Utilities Vehicle，大型的四轮驱动车）。

除了这些福音派的口号（通常过于夸大而无法令人相信），还不应低估他们的策略成分，这就不难理解唐纳德·怀尔德蒙牧师及其同仁们的方法了。他们的斗争表明了一些有广泛针对性的姿态，既是政治上的也是金钱上的。首先是政治上的，因为这些极端保守派的协会全部处于共和党的势力范围，虽然它们并非共和党的直接派生机构。它们的领袖遵循明确的宗派主义逻辑，旨在影响政党的意识形态选择，鼓励该党“右翼化”。其次，也是更为重要的，这些斗争手段和口号对应着一种筹集资金的策略。凭借这些激进的极其片面的主张，通过制造“恐慌”，比如关于性问题的恐慌，这些协会成功地获得数万匿名者的大量捐款——这些人合法地享受税收减免，从税中免除他们给这些协会的捐款额的一部分。那些号召发起抵制运动的信件通常用这样的短句来结尾：“资金上的贡献会有所助益。”“募款”才是这些声势夺人的市场营销手段和这种意识形态激进化的关键理由。他们希望与唐纳德·怀尔德蒙牧师一道，用联邦政府的钱去赢得拯救美国的胜利：“挽回美国”[2]。

杰西·赫尔姆斯有着西部片主人公一样的名字，他的背景却全然是另一回事。这个后来成为北卡罗来纳州共和党参议员的人，是一个乡村

小镇的警长兼消防队长的儿子，他在 1960 年代是罗利市当地的电视节目主持人。在电视这个随行就市的讲台上，他成为传达“南方白人” 299
在社会与文化的快速而混乱的变异时期——60 年代——的焦虑与不满的传声筒，成为自封的当地共和党右翼的代言人。很快，他成为共和党右翼的官方代言人，并于 1972 年当选参议员：他将自己对现代生活的恐惧带到了华盛顿。他在继续利用南方白人的恐惧：共产党、民权运动、不道德的左派，还有同性恋。虽然他与宗教人士拥有共同的价值观，但比他们更投入政治，也就是说他的所作所为较少是出于信仰，更多出于选票的考量。他利用宗教保守派右翼的关系网络和口号，以便让世俗的保守派右翼在国会中更加壮大。

尽管属于受迫害妄想的心理，杰西·赫尔姆斯与时俱进，他的怨恨随着形势一起演进：首先是 1940 和 1950 年代的黑人问题，随后是从 1950 到 1980 年代的共产主义问题，最后是 1980 年代之后的文化问题。伴随着这三个阶段，他的个人历程精准地概括了激进的共和党右翼用“文化战争”代替“冷战”的过程。杰西·赫尔姆斯在 1990 年代揭露那些受国家艺术基金会资助的颠覆政府的艺术家，他的暴烈、语气和言辞同他在 1970 年代控诉共产党的时候如出一辙。带着他的独特嗓音，他在美国社会根深蒂固的反智主义中见风使舵。

他具有美国最强硬的右翼势力的爱国热情、宗教立场、对衰落的恐惧、对文化的怒火和对两性差异的迷信。杰西·赫尔姆斯是一个南方联邦州的有实力的人物，在北卡罗来纳州地区的政治活动中，在参议院全国性的政治活动中，30 年来他是一位懂得重新调整党的宗旨的共和党 300
人：这是一种后种族隔离时代的和新宗教的意识形态，想要重新界定真正的“美国性”，努力将自己的价值观强加于整个国家。一些已知的元素被重新用在新的背景下，构成前所未有的鸡尾酒，这种拼凑的意识形态的新意仅仅在于其层层叠加。在黑人问题上，这难免伴随着一些暧昧之处：自 1960 年代以来，从官方意义上看，出于选票的原因（南方仍然是美国 55% 的黑人生活的地方），他是废奴主义的和反种族隔离的，他是最早采用共和党“南方策略”的人之一，这一策略在于重拾南方白人的特有话题，使用他们的词汇，但却不表现出种族主义（比如人们谈到“吃福利的人”，却不直接点明黑人是国家福利的受益者，但其中传达的信息在当地是人们读解得出来的）。这种策略曾由尼克松使用过，后来又被里根采用。关于这种意识形态，最后的例子就是由杰西·赫尔姆斯领导的1983年反对纪念马丁·路德·金诞辰的一个全国性假日的斗争，借口是金据说曾经是“共产党”（应该提醒大家：马丁·路德·金对甘地著述的阅读超过他对马克思著作的阅读，他并非共产党，连社会党都不是，纪念他的全国假日最终得到采纳，并成为美国一月份的官方假日）。

在里根任期里，赫尔姆斯在性风俗问题上的观点更多地被公众了解，色情与同性恋成为他的新的偏执话题。如果说他此时集中攻击国际艺术基金会，这并不新鲜：早在1972年，他就指责该事务处合作资助艾瑞卡·琼的“无耻下流”作品《怕飞》（*Fear of flying*）。的确，这本1974年的畅销小说的女作者描写了她在一个公共图书馆里的六次情爱
301 经历，她的书开始的第一章命名为“前往梦境的大会，或曰毫无心理负担地与陌生人造爱”。

杰西·赫尔姆斯以南方普通白人的名义反对现代文化，即那些被人嘲笑为“白色垃圾”的人：地方警察、密西西比三角洲的白人种植业者、拒绝维护女性堕胎权利的医生、那些人们在田纳西州每隔100米就能看到一座的小教堂里的福音派教徒，但是同样有阿帕拉契亚地区的穷苦劳工、北卡罗来纳州的快餐店员工、亚利桑那州的电脑程序员。他们所捍卫的那些前现代的价值与他们周边的现代大众文化之间的极端紧张关系，是他们表现出“受围困心态”和歇斯底里的重要原因。杰西·赫尔姆斯的声音在这些人群中找到了持久的讲坛，他们的怨恨被表达了出来，这是形势所赐的礼物。

对于衰落的恐惧与受伤的文化认同感勾兑出的这种怪异的鸡尾酒使得赫尔姆斯成为极端右翼的最具代表性的人物之一。这是1945年之前的国际认知、反种族隔离政策之前的种族主义态度和反对1960年代思潮的文化反应这三者混合而成的一种不稳定的混合物，它们之间的平衡总是建立在最极端之处的。不要忘记，“受迫害妄想”的风格令他的想法带有一丝疯狂，这让他变得完全无法控制。

此时，杰西·赫尔姆斯是北卡罗来纳州参议员。安德烈斯·塞拉诺的巡回展得到NEA资助，展品中包括著名的作品《尿基督》，巡回展正好来到北卡罗来纳州温斯顿—塞勒姆市的东南部当代艺术中心。

## 罗纳德·里根与文化

新晋总统罗纳德·里根并不简单等同于右翼福音主义思潮。无论是透过杰西·赫尔姆斯这类议员的影响，或是因为此类思想在他的选举 302
中、在将他护送上台的政治联盟中和国会的多数派中具有重要作用，都不难看出他对这一思潮是敏感的。而且，里根是一位“重新皈依的圣公会教徒”，这当然并不会让他成为一个原教旨主义派，但是与所有皈依者一样，这有时会鼓励他刻意表现，努力想让人知道自己所皈依的信仰，这种刻意表现甚至远过于自我的信仰——真诚而不极端的信仰。

这种有些含混的基督教道德构成了他的价值观，充当着——因为里根并非知识分子——他的信念。他反对堕胎，支持死刑，反对“鼓励女性和少数族裔就业的肯定性行动”（affirmative action），支持中小学校内的宗教祈祷。相对于保障言论自由的宪法第一修正案，他更偏爱保障持枪自由的第二修正案。虽然他非常保守——多数美国人认为他过于保守，但美国人连续两次给予他信任，因为他似乎相信自己的想法，因为他具有一种促使他去做“正确事情”的理性。

这是因为里根懂得怎样同美国人说话。美国人民在经历了越南战争、水门事件和后来让吉米·卡特落选的伊朗人质事件的屈辱之后，这位第39任美国总统带着让人难以置信的乐观精神到来了：“美国回来了。”相对于大谈“局限”的卡特，他提出“可能”。相对于用第三人称复数谈论美国人并对“他们”说“是的，但是”（yes，but）的卡特，里根将“他们”说成“我们”，将“yes，but”说成“yeah”。带着活力与真诚，他许诺“美国一个新的清晨”，许诺一个强大的美国“雄起”，他用坚定而真正的语调要求美国人“重新掌握自己的命运”，他的自信令美国人相信他们重新掌握了自己的命运，同样也重新掌握了自
己的文化。 303

在文化这个问题上，罗纳德·里根最初似乎更加随和，首先是因为

一个简单的原因：在1930年代，他曾经是好莱坞的电影演员。他出演的角色不太知名，多数是二流电影里的人物，他饰演的主角是在劳埃德·培根的《洛克拿》（1940年）中演一个橄榄球队教练——绰号“骗子”。在他出演的其他五十来部电影里，人们依稀记得的是他与汉弗莱·鲍嘉一起演的《卿何薄命》（1939年）、山姆·伍德的《金石盟》（1942年）和文森特·舍曼的《浮生梦痕》（1950年）。诋毁他的人乐于提醒人们他还曾在滑稽电影《君子红颜》（1951年）中饰演过黑猩猩饲养员。

里根在美国电影史上同样留下了名字并不是因为他饰演的角色，而更多的是因为他在好莱坞承担的政治职责：他是著名的演员工会（主要的演员职业联盟）的主席，从1947年以后他曾多次当选主席。正是麦卡锡时代在这个人人觊觎的官僚职位上，他因为追捕好莱坞的共产党而获得了他通往共和党的最初的进阶之道，虽然他对共产党的追捕并没有热情，也毫无心机。一直到1960年代末，他的人生一直都是奉献给电影的。罗纳德·里根娶过两位女演员，简·怀曼和南希·戴维斯，后者成为南希·里根，美国的第一夫人。即便后来在1981年有人试图暗杀他时，那个狂热分子招供说他这样做的目的是为了“打动女演员朱迪·福斯特”——里根始终与电影形影相伴。

将联邦职能转让给各州，同时将公共领域的服务职能转让给私人企业，里根带着这一纲领进驻宾夕法尼亚大道1600号，他不断发出关于减税、联邦政府解除管制和进行缩减的信息。就像对他长大成人的艾奥
304 瓦州和伊利诺伊州的小城市的商会会长说话那样，他不厌其烦地重复说：“政府管制不是解决问题的办法。政府管制是一个问题。”因此，他立刻提议废除由吉米·卡特建立的教育部。公共资金对文化的资助自然成为新政府的打击对象。在选战中，里根说过非常强硬的反对国家艺术基金会的话，批评基金会的“政治化”：“一旦可能，我会立即制止国家艺术基金会如此显著的政治化，这是卡特—蒙代尔政府的倾向……随着卡特—蒙代尔政府上台，受到青睐的是民粹主义，而不是精英主义，因此资金的分配依据是地域，而不再是成就。”里根甚至许诺要重新修正这一体系，目的是让“成就并且仅仅是成就”成为奖助金的颁发标准。所以，直接针对的是吉米·卡特时期的国家艺术基金会[3]。

这位美国新总统的过渡团队以及后来他身边的人在最初对该事务处的批评基础上进一步加大批评的力度，旨在树立保守派的文化日程表，将那些不是生死攸关的政府职能完全私有化。一位里根的幕僚甚至嘲笑国家艺术基金会针对各族群的纲领，他解释说事务处应当附属于卫生部，因为其行动“更多属于社会问题，而不是艺术[4]”。首当其冲的是“艺术普及”计划：这个潘多拉魔盒是由吉米·卡特以少数族裔的名义打开的，它被共和党攻击为支持少数族裔、同性恋和女权主义者的那些最不道德的计划的资金黑匣子。几项整体性的改革在研究之中，甚至准备加入提交国会的法案中，比如干脆撤销国家艺术基金会，或者将其预 305
算完全转给各州。虽然得知总统的儿子罗恩·里根作为舞蹈明星正在非常保守的芝加哥乔弗莱芭蕾舞团崭露头角，但当时他们已经在做最坏的打算。

然而，里根并不仇视文化本身，他很愿意引述约翰·韦恩的神话，他像《愤怒的葡萄》中的亨利·方达和《美好人生》中的吉米·斯图尔特那样说话。他更多地是将自己定位于美国的传统之中，即偏重文化遗产、历史和文物保护的传统。他同杰斐逊一样，同华盛顿一样，他提出回归源头，他不像罗斯福、肯尼迪、约翰逊和卡特那样相信可以用文化来完成社会解放。他对时代思潮只愿意做一个让步，那就是电影。好莱坞的电影巨头共同出资送给新总统一个完整修复的白宫放映厅，放映厅被评价为“最尖端的”。凭借由杰克·瓦伦蒂（曾经是约翰逊的幕僚，后来成为好莱坞电影巨头的代言人）建立起来的系统，总统要求的影片，通常作为预映，被立刻从好莱坞用专机送来35毫米的版本。里根将在这个放映厅里度过许多个夜晚，他让人给他送来热狗和爆米花，就像是在一个真正的多厅影院里一样[5]。

1981年3月，刚刚入主白宫几个星期，里根对国家艺术基金会的态度并不像对好莱坞的那些大亨那么好。预算被宣布削减约45%：从1981年的1.588亿美元的预算额降为预计中的1982年的0.88亿美元。虽然这次削减属于缩减联邦预算的更普遍的愿望，但是在4月份，国家 306
艺术委员会的知名人物在其主席民主党人利文斯顿·比德尔的领导下行

动起来，虽然比德尔留任了主席职位，但他透露他可能会辞职，同时整个国家艺术基金会团队也行动起来揭露这次预算。不仅如此，1981 年 4 月，白宫宣布了额外冻结 1981 年已经通过的部分预算的意图——在华盛顿的语汇中，冻结预算有着漂亮的名称“经济萎缩”。

这一次，职业的艺术院外游说团体被动员起来，鼓励它们的成百上千的成员写信给当地的议员。声势不断壮大，以至于传到了总统耳中。面对批评，里根寻求一种抵御之道。1981 年 5 月，他要求“总统府艺术与人文学科问题专门调查委员会”（Presidential Task Force on the Arts and the Humanities）提交一份报告，审查国家艺术基金会的真实需求。这个工作组于 1981 年 6 月建立，工作组的两主席之一是演员查尔顿·赫斯顿，他是里根的朋友，因担纲《宾虚》和《人猿星球》的出色表演而闻名世界。同其他三十来个艺术家、知识分子、商人和文化经理人一起，这个工作组的使命是在三个月内向总统提交“最妥善使用可支配的联邦资源和借助私营部门增加对艺术与文学的支持的计划”。

根据当时的见证人和如今档案馆开放的白宫以及国家艺术基金会的各种内部报告的说法，这个工作组的目标是准备解散国家艺术基金会[6]。但是，由于专门调查委员会的成立，事情没有这样发展。委员会非但没有提议撤销联邦文化事务处，反而高度评价了它的工作，肯定了国家艺术基金会是“严肃和称职”的，应该“保持它最初被构想的样子”。报
307 告没有谴责那些曾受批评的颁发补贴的同行“评委会”制度，而是赞同这种独特的机制，认为这是唯一能够同时做到中立、民主和公平的制度。虽然报告鼓励私人部门更多地介入对艺术的支持，但是委员会仍然坚持应该对文化进行公共资助。作为旨在为减少国家艺术基金会资金提供合理理由，甚至让人可以撤销该基金会的武器，这个专门调查委员会却借助艺术家、大学的学人和某些商人之间形成的一种奇异的联盟机制（他们制服了被刻意任命到委员会的一些反对者），最终转而反对其主使者变成一股真正的支持国家艺术基金会的力量[7]。

另一方面，里根政府削减国家艺术基金会预算的企图在国会也不顺利。面对白宫宣布削减预算的威胁，国会的艺术守护人组成了国会两院议员支持艺术核心小组（Congressional Arts Caucus）。由于民主党始终

在众议院拥有多数席位，因此国会推翻了里根的预算意愿，维持受到冻结威胁的国家艺术基金会最初的1981年的预算。至于基金会在1982年的预算，最终重新恢复到接近之前年代的水平，在议会讨论结束时，削减程度不到10%。在里根的两个任期里，议会里的这个艺术核心小组依靠众议院的民主党多数派，成功保卫了NEA的预算，让预算稳定在每年1.5亿美元，这实际上高于约翰逊和卡特时代的预算。在两届任期里，里根总统较少介入艺术问题，他是自肯尼迪以来所有美国总统中最少就这一问题发表意见的一位。

要想解释里根的谨慎和他的政府何以无力废除国家艺术基金会，必 308
须看到艺术界所起的作用，艺术界首次抛开意见分歧，全体一致地做出回应。各州的文化事务处在吉米·卡特任期里对国家艺术基金会持批评态度，这一次却被动员起来帮助作为它们的老大的联邦事务处。在地方上，各大博物馆和乐团的管理者也在发动它们的议员，职业的游说团体在华盛顿发起攻势，成千封的信件涌向国会。里根及其幕僚们尤其没有预料到的是：实际上，艺术的捍卫者主要是共和党人。全国各地，各大城市和富裕的郊区，东北部和西部，同样还有中西部和南部，所有被动员起来支持这个受威胁的事务处的人是一些亲里根的百万富豪，一些与妻子一起主持博物馆、交响乐和芭蕾舞团的董事会的富有的慈善家。他们比任何人都明白公共资金作为慈善业的补充对博物馆和剧院是必要的，因为他们在主持这些机构！不管事情有多奇怪，国家艺术基金会在里根任期是由共和党挽救的。

在国会山，一场更加不露声色的争斗在国家艺术基金会的重新授权案的无数次听证会中进行。在不知疲倦的芝加哥民主党人西德尼·耶茨的领导下，那些机智的艺术捍卫者听取作家、艺术家和地方文化事务处负责人的证言，他们外在的目标是严肃履行议员的工作，内在的目标则是获得选民的支持。所有证人都称赞国家艺术基金会的行动。比如因小说《秀拉》大获成功，并在不久之后获得诺贝尔文学奖的著名的黑人 309
女小说家托尼·莫里森称，她对于里根政府最近针对国家艺术基金会的攻击感到愤慨，她出席听证会支持针对少数族裔的艺术普及计划：“他们是否想说一个印第安人只有在肯尼迪艺术中心听莫扎特的音乐，他才是爱好艺术？而如果他要从事自己的艺术形式，那么他就是只属于‘社会问题’？这里的问题不是，并且从来都不是黑人、拉美裔、印第安人或其他少数族裔是否能够创造出一些有效的艺术形式。问题在于，是否存在一些民众阶层，他们是不配达成卓越的？如果存在，请说出他们是谁……。我们不想因为我们倾听和喜爱一种不同的鼓乐而受到责怪。我们不想因为我们没有辉煌的音乐厅来展现我们的艺术，或者因为我们生活在一些让人看不起的街区，或者说两种语言，或因为我们有残疾，曾经入狱，或者因为是黑人，或拉美裔，或亚裔，或者是乡下人，工人或穷人，而为此受到惩罚。我们希望如此——因为我们希望如此，这个国家才会更加健康[8]。”

### 弗兰克·霍德索尔领导的国家艺术基金会

面对在议会的惨败，里根政府从1981年夏开始采取新的策略。正面攻击国家艺术基金会是徒劳的，因为它的微不足道的预算并不构成一个关键问题。特别是，攻击行为的效果在很大程度上是负面的，因为攻击使得国会和艺术界联合起来反对政府——这是一次毁灭性的打击。

310 新的策略首先反映为任命一位新的主席来领导该事务处，即弗兰克·霍德索尔，对他的提名持续了整个夏季，但是心怀不满的参议院一直拖到1981年11月才给予批准。相对于他的前任，参议院的文化事务专家，热爱艺术的利文斯通·比德尔，霍德索尔没有任何能够证明他对于文化问题感兴趣的职业经历。他是职业外交官、军事问题和裁军问题专家，他还曾经任职商务部，关注能源与环境问题。1980年8月，这位共和党活动家离开美国国务院，加入里根竞选团队，里根当选之后，他成为总统顾问，随后很快成为白宫副幕僚长（詹姆斯·贝克的副手）。也许是为了确保对工作组进行谨慎的政治控制，他以白宫副幕僚长的头衔成为由里根建立的艺术问题专门调查委员会的负责人之一，后来被推上国家艺术基金会主席的位子。

对弗兰克·霍德索尔的任命是宗派主义的结果，被认为是去进行清理工作的，然而他却表现得与所有人的预料都相反，他成为国家艺术基金会出色的捍卫者。这个里根分子更多地属于共和党温和派：他在里根的两个任期里一直任国家艺术基金会主席，他实际上确保了这个事务处的存活。虽然霍德索尔在这个领域是一个新手，但是他采用了国家艺术基金会的论调，关注自己的职责：他强调艺术进入学校、公私合作的重要性、“去中心化”和卓越。基于国会的一个提案，他在1984年也建立了一个针对艺术的全国奖项——国家艺术奖章（National Medal of Arts），从此以后由美国总统亲自颁发该奖给一些“因为他们对卓越、发展，对在美国支持和传播艺术做出的独特贡献而值得给予特别感谢”的公民或团体。

弗兰克·霍德索尔不动声色地在深层次上转变了国家艺术基金会的 311
精神，通过任命、计划，甚至在少数情况下利用他对取消补贴的否决权来重新塑造国家艺术基金会的运作机制。不论他是由于里根幕僚们的压力，受到与新右翼有关的活跃的院外游说团体的影响而做出的这些选择，还是他自主地采取行动，总之他将这种政策内化，建立起一套真正的国家艺术基金会奖助金的控制机制。特别是，他将事务处大大地官僚化，以至于出于对平等的关注，他想要依据确定的财务机制，按照相对于各机构预算的固定的百分比来分配补贴：这种比例分配被证明是完全无法实行的，后来在国会受到讥笑，迫使霍德索尔放弃了这一想法。

在受到任命后不久，弗兰克·霍德索尔选择极端保守派女艺术批评家露丝·贝伦森作为副手，她是国家艺术基金会真正的二号人物。她不久就在与《国家评论》的访谈中肯定说：“我们文化的保守的一面（在国家艺术基金会）完全没有得到体现……。前卫或所谓前卫成为一种学院派[9]。”在这位政治活动家副手的帮助下，弗兰克·霍德索尔将当代艺术置于严密的监控之下，为了避免偏差，他对于当代艺术家和艺术批评家特别关注。他决定取消给这些人的奖助金计划，引起一片抗议。

与此同时，里根总统改革国家艺术委员会的构成，任命了几位保守派，虽然这些改变最初并不引人注意，但在他第二个任期结束时，国家艺术基金会及其委员会的性质已经发生了深刻的变化。带着相同的外交
意识，霍德索尔也选择亲自审核所有的补贴和所有奖助金的筛选。他写 312
道：“拒绝补贴那些他认为超出限度的补贴，这是国家艺术基金会主席的义务[10]。”这种自我审查被证明是无效率的，但仍然有助于为在1980

年代末建立一套真正的审查体系做好准备。

在国家艺术基金会主席威胁要予以抵制的艺术家中，应该特别提到实验音乐家和多媒体艺术家劳丽·安德森。对于霍德索尔来说，她正是“国家艺术基金会不应该资助的典型[11]”。但是，这位纽约女歌手深受约翰·凯奇的影响，她与卢·里德同居，她是艺术家的典型，具有她实验性的一面和大众的一面。劳丽·安德森在1981年10月借助她的歌曲《哦，超人》为大众所了解：这个题目是讽刺意义的，大获成功。安德森发展了一种坦然的男女混淆风格，她的行为艺术更加神秘、更加难以理解：她在公共场所或大学图书馆的卫生间里睡觉；她还在街头的一块冰上表演，她的行为艺术表演以冰块融化结束，艺术家回到地面，手持电子提琴，提琴自动演奏着牛仔歌曲。同其他的一些纽约前卫艺术一样，安德森在这个时代专门从事被她毫无自我解嘲地、恰如其分地称为“睡袋秀”的表演：在这类表演中，观众可以安静地睡觉，同时没有空间和时间界限的戏剧在台上按照自己的节奏进行。尤其是1983年她的题目为《美国》的8小时表演：这是接连不断的78个对于数码时代处于电视、电话答录机、石油化工、航天飞机和导弹包围中的美国的日常
313 生活的讽刺故事。安德森在演出中炫耀地变换着最先进的电子器具、最疯狂的合成器，利用着自己的身体，表现出各种令人惊奇地矛盾情境，一种显著的反美主义。里根派的弗兰克·霍德索尔的攻击针对这位艺术家，在他眼中她代表着堕落的本质，他给了我们一个关键点，可以让我们理解他赋予自己作为国家艺术基金会主席的职责。他宣告了“文化战争”。

## 遭围困的国家艺术基金会

1989年5月18日，阿方斯·达马托参议员带着黑人艺术家安德烈斯·塞拉诺的《尿基督》的复制品在美国参议院暴跳如雷。“这件所谓的艺术品是对庸俗的可怜的展示”，这位杰出的议员如此抱怨，同时揭露了国家艺术基金会用正直的公民的税金资助这件“难以置信”的作品：“好吧，如果当代艺术沉沦到这个水平——丑闻与有失尊严的水平，到了任何人都不可能乐意资助的水平，那么资助它也未尝不可。但是不

要用纳税人的钱，这不是言论自由的问题。这是挪用公共资金的问题。如果我们任凭这群所谓的专家（国家艺术基金会）行事，如果我们听凭他们用我们的钱资助这些艺术来毁谤我们，那么我们就不再配得上在此列席。”“真可耻！”，他咆哮着。他粗暴地撕毁了《尿基督》，将碎屑撒落在国会参议院的地板上。美国真正的“文化战争”便这样开始了[12]。

参议院进行干预的起源是美国家庭协会唐纳德·怀尔德蒙牧师的一封信函，这封信发出了警报。1989 年 4 月 5 日，他致信几万名会员： 314
“我们应该担心事情会发生。最近在全国几个博物馆巡展的一个展览中，一件‘艺术品’展现一张很大的浸在尿液里的钉上十字架的基督的彩色照片。这是某个叫安德烈斯·塞拉诺的人的作品，题目叫《尿基督》。当人们问他，既然他是用尿来创作，他以后会用什么，塞拉诺先生回答：‘精液’。当然，再以后将是粪便。”牧师在信中接着说：“我们这些基督徒，我觉得在这一切中我们要负部分责任。因为多种原因，我们中的大多数人拒绝公开回应在我们社会中非常盛行的反基督教的狂热和偏见，特别是在媒体……。也许在对基督徒的肉体迫害开始之前，我们将会有勇气行动起来反对这种亵渎行为。我希望如此[13]。”表面看来，他震惊于这件亵渎神明的作品竟然能够得到美国政府的资助，他请求会员们通过致信国会和向展览的主要赞助人——一家保险公司施压来分担他的愤怒。几周之内，几万封抗议信到达国会，4 万封抗议信寄到了那家保险公司的总部。为了确保他的运动达到目的，唐纳德·怀尔德蒙牧师在当月亲自出资给所有联邦国会成员发出另一封信，随信寄送一幅《尿基督》的彩色复制品。

阿方斯·达马托议员因此得知了此事，他立刻在参议员采取行动，得到他的同僚杰西·赫尔姆斯的追随，后者支持达马托，他对议长说：“议长先生，纽约州参议员感到愤怒并将这件所谓艺术品定性为渎神，这是绝对正确的。我不认识这位塞拉诺先生，我希望永远不要遇见他。 315
因为这不是一个艺术家：这是一个鼠辈。”以相同的口吻，斯莱德·戈登参议员（华盛顿州共和党人）也发言说：“本届议会对《尿基督》的整体意见如何？有人质问每个公民应该补贴宗教亵渎行为吗？有人质问这不是宗教亵渎吗？接下来国家艺术基金会将资助什么？嘲笑种族屠杀？西方奴隶制？嘲笑对印第安人的灭绝吗[14]？”

这些攻击虽然草率，但不失有效，尤其是当伴随着民粹主义的和反联邦的双重论据的时候。怀尔德蒙牧师动员其协会成员，捍卫社区和南部小城市，反对华盛顿联邦政府补贴那些属于富裕阶层的“变态”艺术家的精英主义。怀尔德蒙嘲笑说：“（摄影师）马普尔索普和塞拉诺属于精英阶层，他们认为自己的天分高于劳工阶级……。卡车司机、工厂工人、普通木匠和售货员也是艺术家，但是政府并不强迫纳税人每年给他们1.7亿美元（当时国家艺术基金会的预算）来补贴他们的艺术[15]。”这些反精英主义的论据在国会的这些攻击中反复出现：比如后来因激烈抨击比尔·克林顿而出名的罗伯特·多尔参议员，他揭露这一文化精英阶层拥有“酒窖”，“刚刚从欧洲旅行回来”。

《尿基督》的复制品在议会造成反响。即便在民主党中间，人们也有疑惑。在共和党一方，39名参议员走得更远，他们签署了一封信给

316 国家艺术基金会主席，表达他们的惊愕。两周之后，108名众议院议员做了同样的事情。

1989年6月13日，离白宫近百米远的一家非营利的私人博物馆，华盛顿的康科美术馆决定取消罗伯特·马普尔索普题目为《完美时刻》的展览。按照报道这一消息的《华盛顿邮报》的说法，该博物馆的董事会不愿危害该馆的名声和财源，因为马普尔索普的展览曾经部分由国家艺术基金会资助。鉴于围绕着《尿基督》的激烈论争，该博物馆的负责人宁愿避免任何额外的争议。她仅仅证实该展览的时间安排存在问题：“在不恰当的时间在不恰当的地点[16]”。

时隔几日，围绕安德烈斯·塞拉诺和罗伯特·马普尔索普的作品的双重事件引起群情激奋。两位艺术家由此成为文化领域这次战争的象征，这场战争将持续数年。

取消马普尔索普的回顾展，立即引起一片抗议声和广泛的支持他的运动。因为，虽然塞拉诺是一位未必令大家意见一致的艺术家，但在文化界马普尔索普却被看作1980年代最伟大的摄影师之一。他的作品已

经在华盛顿国家美术馆和纽约惠特尼现代艺术馆展览过，在艺术市场上，这些作品的售价惊人。特别是，马普尔索普刚刚于1989年3月死于艾滋病，这更加剧了人们的激动情绪。

安德烈斯·塞拉诺因此而受到鼓舞，现在他已经出名了，他随即发 317
表一份通报，不承认他的作品是渎神的：“我制作的图像在某种意义上是暧昧的，因为它们既不提供明确回答，也不采取立场。所涉及的照片《尿基督》不是用来冒犯人的，虽然我将对它的解释权完全交给那些看照片的人。题目只是描述性的，是对应我对于一些像乳汁、血液和尿液这些液体的处置的。几年来，在我的创作中，我不断在诘问宗教问题。我与自己的天主教教育的复杂关系同样影响这项工作，帮助我重新理解我个人与上帝的关系。虽然我如今不再是天主教徒，但我认为自己是基督徒，我通过我的工作来奉行我的信仰[17]。”为了加大压力，他采取司法行动起诉美国家庭协会的唐纳德·怀尔德蒙向协会成员和国会议员散发了几千张他的《尿基督》彩色照片，控告他侵犯版权和非法复制！

在取消马普尔索普在华盛顿康科美术馆的展览的三天以后，几百名艺术家、同性恋和反艾滋病运动的活动家占据了这家美术馆。作为抗议和向死去的艺术家致敬，他们组织了一次露天投影，整个晚上用马普尔索普的作品的一些反转片投射在这个美术馆的外墙上。一位活动家解释说：“如果这些作品不能在美术馆里看到，那么它们应该可以在它的外墙上让人看到。”同时这些抗议者还举行了一场烛光守夜活动。

紧接着，另一个艺术家团体决定在华盛顿的一个独立艺廊接待马普尔索普的展览——1989年夏季展览的参观者有5万人，收到匿名参观
者4万美元的捐款。8月底，华盛顿的艺术界组织对康科美术馆的全面 318
抵制，一些本来要在那里展览的艺术家宣布出于对马普尔索普的声援希望撤回他们的作品。博物馆的一位主要捐赠人取消了他许诺的100万美元的善款，转而捐给华盛顿菲利普收藏馆。

1989年秋，美国政治与艺术生活的这出戏的所有演员都登场了，这场戏将持续十年，后来人们称之为“文化战争”。右翼派系决定利用国家艺术基金会的知名度和脆弱性，在里根任期的最初几个月已经登台

的人，相关各方纷纷登台亮相：由唐纳德·怀尔德蒙牧师大张旗鼓地率领着的传统主义者；激进的天主教徒这一次与最正统的新教徒联合起来，除了关于堕胎问题，这两派是很少联合的；保守派刊物的知识分子和反对当代艺术的艺术评论家；当然还有国会中由杰西·赫尔姆斯领导的或者由极端保守派领袖“电视福音主义者”帕特里克·布坎南领导的最保守的共和党，布坎南很快就投入进来。赫尔姆斯也没有浪费时间：他让人将罗伯特·马普尔索普的四张最暴力的展片印在一起，送达所有参议员和众议院。这一方法开始变成家常便饭。国会中的非法复制看起来像是黑市交易。

“新右翼”的目标是在文化问题上重拾优势，自1960年代以来这方
319 面的优势就一直属于左派——他们的策略归结为保守派詹姆斯·库珀的名言，按照他的看法，右翼的目标应当是“光复文化”。

保守派文化革命的理论家、古典音乐评论家塞缪尔·李普曼在《纽约时报》上欢迎禁止马普尔索普的展览：“通过对马普尔索普说‘不’，他们（美术馆负责人）是在对一种艺术理论整体说‘不’……这种理论让艺术变成丑闻的同义词……尽管属于其可能的功效，这种理论无视那些升华、启迪、宽慰和激励我们生活的伟大作品……。人们始终都拥有自己私人的快乐，只要这些乐趣保持为私人的，局限于有意愿的成年人，只要这些乐趣不是损害别人的，只要公共利益不受扰乱。但是现在，有人告诉我们说私人的东西应当变成公众的……但是我们可以说‘不’，不仅仅对我们作为个人参与对这些垃圾说‘不’。我们可以拒绝让它们通过我们的机构和资金变成公共的，而这正是康科美术馆作为独立机构所做的事情。必须走得更远。我们的政府事务处，特别是国家艺术基金会，以我们这些公民的名义行事，它们可以重新将它们的活力引向它们懂得如何做好的事情：去捍卫过去的伟大作品，让它们在现在复生，将它们传递到未来。这意味着对文明说‘是’……我们希望通过对马普尔索普说‘不’，康科美术馆开始了这一进程[18]。”

而在创作自由的捍卫者这一边，我们再次看到各知名大学的左派知识分子和投身政治的艺术家、艺术机构的负责人、政府与国会中国家艺

术基金会的一贯的维护者，以及多数东海岸的报纸。论争的一贯的中心
人物，马普尔索普和塞拉诺的最积极的捍卫者之一——罗伯特·布鲁斯 320
坦正好处在一个交汇点上：他是著名的导演，又是哈佛“美国保留剧目
剧团”的负责人，还是中左派报纸《新共和》的主要剧评人。在这一
点上，他代表着美国文化“传统”，是亲欧洲的、精英主义的，但对少
数族裔问题态度谨慎，反对任何形式的审查。但是在他最初介入马普尔
索普事件时，布鲁斯坦写道：“国家艺术基金会是作为艺术与政府之间
的缓冲器，是为了避免政治家直接对艺术项目进行投票而由国会创立
的……。在吉米·卡特任期，这一规则被左派破坏，他们将种族、性
别、民族和地理确定为标准，而这种社会政策始终影响着决策。在这些
左派的压力之上，现在又加上右派的压力，艺术家们又被要求符合一些
宗教标准。得到补贴的艺术家倾向于不理会这些占主导地位的规则。作
为报复来惩罚国家艺术基金会，这反过来对独立的艺术活动强加了一些
道德限制。后世的人们评价艺术是以品质为基础的，而非以道德为基
础。在等待后世裁判的时候，各艺术机构不应该由于害怕失去补贴而向
政治恐吓让步。纳税人勉为其难地资助一些远比艺术更令人不快的项
目：几张照片让人们觉得受到冒犯，而与此不同的是，那些住在核设施
附近的人却可以安逸地呆在家中。如果我们任凭国会议员们变成艺术评
论家，那么我们就迈出了走向宗教领袖霍梅尼的第一步，霍梅尼对萨
曼·拉什迪的《撒旦诗篇》的剿杀批评让所有捍卫言论自由的人不寒 321
而栗[19]。”

在这段时间，国家艺术基金会溃不成军。国会赢得了安德烈斯·塞拉诺的作品和罗伯特·马普尔索普的展览引起的论战（可以阅读1989年7月12日的《国会记录》，仅此一天就超过100页，7月26日的报告也同样如此），国家艺术基金会不再有主席。几个月之前，弗兰克·霍德索尔被任命到白宫一个更加风光的岗位，他辞去了国家艺术基金会的职位，而于1989年1月就职的新任美国总统乔治·布什却没有操心去给他找一个继任者。因此，在风暴正烈的时候，代替他的是国家艺术基金会的二号人物，平易近人但在政治上没有经验的休·萨瑟恩。萨瑟恩在白宫没有任何关系，而且，他保持了英国的双重国籍，这让他立刻

遭到国会的怀疑。

面对喧闹，乔治·布什顶住批评。他的幕僚们同样行动起来，努力去寻找一个能够接受这一危险岗位的人。等了六个多月时间才找到了弗兰克·霍德索尔的继任人，布什总统于 1989 年 6 月 6 日宣布他有意任命约翰·弗龙迈耶。又等了三个月，在 9 月 29 日经国会批准后他才就任。

约翰·弗龙迈耶来自美国西北端的沿海山区的一个州（俄勒冈州），他代表着乡村美国和航海工业的美国。他是一个“以家族为重的”信奉宗教的基督徒，是波特兰市的律师，在闲暇的时候，他还是他
322 与兄弟建立的一个流行乐队“弗龙旋律”的歌手，以一些流行曲调为基础进行政治戏仿。1980 年至 1984 年他还主持过俄勒冈州文化事务处，这是在 1988 年大选中少有的一个布什没有战胜民主党对手迈克尔·杜卡基斯的州。然而，约翰·弗龙迈耶为了里根的副总统的竞选不遗余力，是他在俄勒冈州的忠实追随者，这尤其是因为他兄弟戴夫·弗龙迈耶正在该州竞选首席检察官，随后他又成为州长的落选候选人。在得到任命之后，诚实而清醒的弗龙迈耶承认：“在华盛顿，一切都是政治。我是因为政治原因得到任命的，我必须对总统负责[20]。”

虽然他是公认的共和党人，他的任命是因为他在俄勒冈州的工作履历，但弗龙迈耶是一个温和派。他选择远离过激行为，与艺术家的挑衅和与共和党右翼的狂热分子保持同样的距离。接着，他熟悉了国家艺术基金会，他获得乔治·布什的信任。1989 年 7 月 26 日在俄勒冈州，总统寄给他一封手写的短信：“亲爱的约翰，你将会到国家艺术基金会。谢谢你接受了挑战。期待在这里见到你。祝好运。乔治·布什[21]。”“好运”：这一表述是预兆性的。

刚一得到任命，约翰·弗龙迈耶就必须面对规模已经很大的论战，其规模是与这个微不足道的事务处的规模和影响不成比例的。新任总统不是土生土长的得克萨斯人，他开展了异常激烈的反对左派的选战，当
323 选之后，他强调家庭价值，弗龙迈耶必须做出效忠的保证。他的第一个决定就显露出这样的痕迹。

国家艺术基金会的新主席在得到任命后不到一个月就取消了准备给《见证：抗拒我们的消逝》展览的 1 万美元的补贴，这个展览计划在非营利的纽约苏荷区（SOHO）“艺术空间”举办。按照他的说法，这个献给艺术与艾滋病的展览含有“过多政治意味”。但是，奖助金已经由国家艺术基金会的独立评委会推荐，并由国家艺术委员会同意。在事务处内部，这些专家已经认可了由女摄影师楠·戈尔丁汇集的这些准备展出的艺术家的作品的质量，戈尔丁正在成为美国最著名的摄影师之一。而且，国家艺术基金会的“同僚”被这个献给艾滋病患者的展览的主题深深感动。在精致的目录导言里，楠·戈尔丁解释了自己的举措：“我是这个社群的见证人，他们正在照料自己人，照顾病患，埋葬死者，为逝者哭泣，继续为他人的每一条生命而斗争。我们不会消失[22]。”

但是，在颁发补贴的时候，展览的目录确实还不为人知，里面包含一篇戴维·沃基纳罗维兹署名的针对几位共和党政治家的激烈的甚至诋毁性的文章。这是一位同性恋作家，他有著名小说《靠近刀子，崩溃的记忆》（法文译本名《如临深渊》），是创作“同性情爱”作品的极端艺术家，沃基纳罗维兹在作品中表达他面对艾滋病所感到的狂怒（他后来死于这一疾病），他在一篇魔幻色彩的文章中指名道姓地攻击杰西·赫尔姆斯参议员，说他自以为“在用五加仑的汽油桶洒水，浇灭他那冒火的臭屁股”。这位作家还提出自己要将众议员威廉·丹内迈耶从帝国大厦顶上扔下去；至于纽约市长爱德华·科克，他得到了“感谢”，因 324 为他对抗击艾滋病无所作为，而纽约主教约翰·奥康纳则因为反对在美国受这一传染病打击最严重的城市预防艾滋病而被称为“肥胖的食人族”、“软蛋”和“法西斯[23]”。展览目录在最后一页显眼的位置提到国家艺术基金会对展览的支持。共和党人弗龙迈耶毫不犹豫地、坚定不移地取消了给展览的资金。

这一新的审查行动再次引起抗议。弗龙迈耶在回忆录里承认：“哪怕我的想象力再夸张，我也想不到暂停这一奖助金会成为报纸头版。我被媒体反应的强烈程度惊呆了。”在众多全国性报纸的头版发表了几十篇文章，播出了几十部广播以及电视报道。

在白宫，人们却拿这种处置不当来取乐，他们对“左派”报纸的群情激奋开起了玩笑。当时的国防部长迪克·切尼与里根曾经任命为国家艺术基金会主席的妻子琳恩·切尼打赌，要看看这一事件第二天在《纽约时报》的头版上会占有什么位置。迪克·切尼打赌这件事会上头版的上半版，而琳恩·切尼赌下半版：琳恩获胜——正是在下半版，但不管怎样是在头版[24]。

约翰·弗龙迈耶尝试平息他所说的“误解”，他宣布既然直到当前还不曾看到过目录，他将前往纽约参观楠·戈尔丁的展览，与艺术家们见面。此人是灵活善变的。

一个星期之后，当他到来的时候，他置身于这样一种场景，让人想
325 起汤姆·沃尔夫的《虚荣的篝火》中的纽约法院：在批评国家艺术基金会的横幅下面聚集着“行动起来”的活跃分子，他们喊着“可耻，可耻，可耻”、“艺术＝人生”、“艺术无罪”和著名的“我们来了，我们是同性恋，请你习惯这一点”。在艺廊里，有数十名摄影师和摄像师，二十来名愤怒的艺术家，其中包括楠·戈尔丁、戴维·沃基纳罗维兹，还有从此以《尿基督》成名的安德烈斯·塞拉诺，他从附近的布鲁克林被邀请到这里。对于当代的摄影，人们看到数十名活跃分子举着抗议牌：“保持艺术自由!”、“法西斯主义从审查开始”或“换掉弗龙尼”(即弗龙迈耶)。展览的两位主角库奇·米勒和马克·莫里斯罗，他们的照片挂满了艺廊的墙面，两人是楠·戈尔丁的密友，他们几天前刚刚死于艾滋病。戴维·沃基纳罗维兹正在艾滋病晚期。

接触到艺术家、作品，面对一些正在因艾滋病死去的男人和女人，约翰·弗龙迈耶受到了触动，他在回忆录里惊叹：“这并非像我的顾问们向我描述的那样露骨，但是更加给人压迫感和绝望，非常压抑。”他尤其被正死于艾滋病的一些男子和女子的身体的照片打动，那些皮包骨的脸庞，那些努力在酗酒中放纵或用吸毒来解脱的身体。所有这些出色的打动人心的图片，用它们的暴力和私密，让他感动。他觉得自己滑稽可笑，他表示歉意，承认他用来审查展览的“过多政治意味”的表述是不恰当的。弗龙迈耶正在意识到《见证：抗拒我们的消逝》是十年来最有影响的展览之一。

于是，弗龙迈耶“有同情心的保守主义”重新浮现。通过与艺术

家们讨论，他承认了自己的错误，宣布他将恢复对展览的补贴（但条件是补贴不用来资助目录的制作）。他甚至发表了一份新闻通稿来解释自 326
己立场的转变。在回忆录中，弗龙迈耶回忆：“我是仓促行事。我犯了一个错误，我想纠正偏差。或许这一决定将会是我有生之年人们仍会因之而记得我的一个决定。就像面对所有的错误一样，我希望能将此当作教训。”同时，弗龙迈耶投身捍卫言论自由，表示愿意说服国会不抱有成见地审查那些所谓“下流”作品。从此，通过一套复杂的诡辩，他甚至尝试解释《尿基督》，忘记自己的神学学位和规矩的基督教信仰：“虽然他们［福音派］大呼亵渎，但是安德烈斯·塞拉诺的意图可能是通过将十字架浸泡在尿液里来采取反对将基督商业化的立场。他本人是一个远离了教会的天主教徒，他在与自己的怀疑进行斗争，诘问宗教在生活中的作用。”

艺术家们很高兴，曾经在展览目录中称他为“肥胖的食人族”和“软脚虾”的戴维·沃基纳罗维兹甚至准备做出让步：他撤销了“食人族”的说法，只限于用“软脚虾”。

在第二天的题目为《弗龙迈耶先生的摸索》的评论员文章中，《纽约时报》肯定了他的做法，通过恢复补贴，国家艺术基金会的主席“丢了面子，却赢得了可信度”。对于为这次“变脸”感到错愕的《华盛顿时报》来说，这相反证实约翰·弗龙迈耶是“不大明白自己在想什么的人[25]”。

国家艺术基金会的主席已经失去很多信任，他现在不可避免地陷入这个联邦事务处的支持者与反对者之间的交叉火力之下，1989 年秋季， 327
双方的立场都变得激进起来。因此，带着挽救国家艺术基金会和自己的工作的双重忧虑，约翰·弗龙迈耶加大了这些隔阂：他试图回应国会与宗教右翼的批评，同时保留创作的自由。由此产生了一种不协调的新政策，从一开始就注定要失败。

一方面，他罢免副手阿尔文·费尔岑伯格，此人不是一个跟团队配合的人（他与白宫有直接联系，他刚刚批评弗龙迈耶对艺术家们的驯服），这样一来他就割断了与总统和幕僚们的珍贵的脐带联系。另一方面，他命人确定了一些新的“指导原则”，必须让那些艺术机构或艺术家本人签署，1989 年底国会要求他这么做，但这却与他自己的许诺相反。这些指导原则明确规定国家艺术基金会的补贴不可用于“推广、传播或制作一些国家艺术基金会认为可能被看作淫秽的东西，这主要包括对虐恋、同性爱的表现、在性行为中利用儿童或一些应征入伍的人，那些总体上看不构成文学、艺术、政治或严肃科学价值的东西”。这是国家艺术基金会历史上首次公布一些限制——著名的“反淫秽宣誓”——来按照艺术品的性质限定补贴。

这些新措施立刻引起热烈的争论，令所有人都感到不满。国家艺术基金会的反对者认为该事务处的“指导原则”还做得不够，特别是对于保护宗教只字未提（这与赫尔姆斯参议员所希望的相反），不符合国会的愿望。至于艺术家们，他们大声抗议“反淫秽宣誓”，拒绝签署这
328 一条款，为表示不满，他们中的二十几位将补贴还给事务处。他们中有著名的纽约莎士比亚戏剧节的负责人约瑟夫·帕普和美国保留剧目剧团经理罗伯特·布鲁斯坦，他们拒绝了国家艺术基金会的补贴，投身一场全方位的公众运动。出于对楠·戈尔丁和那些受到审查的关于艾滋病的展览的艺术家，作曲家伦纳德·伯恩斯坦 1989 年 11 月 5 日拒绝了乔治·布什总统提议颁发给他的国家艺术奖章。

在报刊发表的多种观点中，一些艺术家、知识分子引用了萨曼·拉什迪的例子，因为《撒旦诗篇》他受到宗教人士的死亡威胁，但国会 1989 年依据言论自由的原则而替他辩护。另一些人对于美国的新闻审查状况不那么乐观，他们更愿意提到同样受到审查的一些淫秽艺术家的名字：詹姆斯·乔伊斯因《尤利西斯》受到审查，亨利·米勒的《南回归线》直到 1960 年还在美国被禁。他们认为言论与创作自由时刻受到威胁，是每时每刻的战斗。

在另一阵营里，由国家艺术基金会资助的展览、受补贴的演出或受扶助的艺术家的作品被严密审视，哪怕最小的偏差也会酿成见诸报端的风波。于是，在美国当代艺术完全倒向后现代解构和反对现代体制（另类）的生活方式的时代，在女性主义和同性恋艺术告别“亚文化”而越来越成为“主流”的年代，在许多美国艺术家卷入文化认同、种族认同或性别认同问题的时代，“行为偏差”屡见不鲜。因此，一旦国家

艺术基金会进入这一领域，随着他们调查的进行，那些宗教右翼和极端保守派的“看门狗”便受到了惊动。他们探索得越多，他们所发现的 329
令他们错愕的现代艺术就越多。

在纽约的反对现代体制（另类）的场所“地狱厨房”，色情女演员安妮·斯普林克尔在题目为《后色情现代主义者》（*Post Porn Modernist*）的演出中在台上手淫，观众们被邀请用一个手电筒查看她的阴道。在纽约的《耶稣口淫》（*Jesus Sucks*）展览中，一个人物自问：“肏一个神甫是罪过吗?”。另一个展览表现耶稣半身像，穿着女性服装，带着荆棘冠，化着妆，有女性的乳房。他们是“色情的”，“亵渎神明的”，这些艺术家有时还是“反美的”：他们中有几位刚刚焚烧了美国国旗，艺术家德雷德·斯科特甚至在纽约一个艺廊展出题目不无幽默的装置艺术《何为展示美国国旗的最佳方式?》时，建议观众脚踩星条旗。所有这些表演和展出都是直接或间接由国家艺术基金会资助的。

面对“变质”艺术品的泛滥，有韧性的参议员杰西·赫尔姆斯认为这证实了他关于艺术界不道德的观点。今后，他要求彻底取消国家艺术基金会。这尤其是因为亚利桑那州凤凰城“玛尔斯艺术空间”的一次展览，一段时间以来这个展览陈列了艺术家卡可图斯·杰克的一张摄影作品，名字恰好叫《杰西·赫尔姆斯》。这个作品表现了一张杰西·赫尔姆斯的照片……漂浮在一大瓶尿液里。

在那些福音派的协会里，复印件又开始流转了。估计怀尔德蒙牧师及其美国家庭协会在这一时期寄出了超过100万封反对国家艺术基金会的信件[26]，这还不算全国几百个福音主义广播电台的脱口秀节目。 330

这一次，宗教界的院外游说团体开始要求约翰·弗龙迈耶辞职。甚至在国家艺术基金会内部，一些共和党的雇员和一些委员会成员也发出一些批评之声，他们批评老板弗龙迈耶，他们表示对国家艺术基金会的艺术选择感到错愕。在其他地方，许多温和派、一些地方报纸记者、一些文化机构的负责人、一些艺术家开始怀疑，尤其是如果他们住得远离纽约的话。不管怎样，他们提醒大家，威廉·福克纳成功地成为伟大的作家，他并没有得到政府的扶助；查尔斯·艾夫斯为了写作他的交响乐而不得不在一家保险公司工作；爱德华·霍珀要画报纸插图才能支付他作画的画室的房租。他们的论据是，在金钱让他们解除了约束的同时，也会阻碍他们成为伟大的创作者。许多美国艺术家保持沉默，因为他们认为美国精神是相信市场会承认艺术家的才华，他们认为当下的论战证实了他们的预感，他们预感到公共资助对创作有害。像约翰·厄普代克这样一位著名的作家竟然采取批评的立场："公众的钱投入艺术，我担忧这只能让艺术家远离他们的责任，他们的责任是为自己的作品找到真正的市场或者为他们的演出找到真正的观众。我宁愿获得自己掏钱买书的无名的公民们的支持，也不需要取得少数利用公众钱财的行政机构的开明的负责人的支持[27]。"

331 总之，在全国，人们开始怀疑，越来越倾向于审查。在纽约，共和党的市长鲁道夫·朱利亚尼要求布鲁克林美术馆从展览《感性》中撤出克里斯·奥菲利的作品《圣女玛利亚》。的确，这位美国黑人艺术家在构图中在黑人圣母的身边安置一些阴道的图片，尤其还放置了很大一坨干燥的大象粪便。据艺术家的说法，这些图片在非洲文化中令人联想到"再生"，然而市长并不欣赏，他批评这一作品是"反天主教的"，威胁博物馆说如果不撤展的话就撤销该市对它的补贴——博物馆的领导层毫不妥协，最终没有按他所说的做。因而，这一决定造成"轰动"，成为各报头版。这件事最终诉诸法律，朱利亚尼市长被认为有错，他的继任者迈克尔·布隆伯格虽然也是共和党人，但他显示了自己的不同意见，他参加了展览的开幕式。

在明尼阿波利斯城的沃克艺术中心，有关一位感染艾滋病的艺术家的一次演出引起了另一次丑闻。这位艺术家在舞台上割破一个朋友的后背，让他的血流出来，他将沾血的纸巾挂在一个类似滑轮的东西上，并在大厅里观众的头上转动轮子。这一场面使一些观众离去，一些慈善家退出了这个艺术中心的董事会，撤销了他们的捐献，而NEA被指责间接资助了这一演出。

在得克萨斯州的圣安东尼奥，一个文化中心组织了一个关于拉美裔和同性恋文化的艺术节——《出门看电影》，成为基督教电台的激烈抨击的对象。艺术节从该城市文化事务处接受的补贴很快被取消。在诉诸

法律之后，文化中心赢得诉讼，甚至该州的文化事务处站在了该城市的对立面，给了文化中心资金上的支持。 332

在犹他州，应摩门教的要求，一家艺术博物馆从一个临时展览中撤出了奥古斯特·罗丹的四件裸体雕塑（包括《吻》）。在纽约，应当地人的请愿要求拆除后，联邦政府“移除”了一个安放在公共场所的雕塑。在劳伦斯的堪萨斯州立大学，1992 年出现了阻止舞蹈家比尔·T．琼斯演出《汤姆叔的小屋里的最后晚餐》的斗争，借口是几位该城的志愿者舞蹈家要在台上裸体。在华盛顿，国会在 1995 年要求禁止史密森学会的一个展览——《最后一幕：原子弹与第二次世界大战的结束》，因为展览以批评的态度质疑杜鲁门轰炸广岛和长崎的决定。在惠特尼现代艺术博物馆，不论是因为《恶心艺术》还是《关于强奸》，当代艺术双年展都变成论战的绝佳时刻。在加利福尼亚州的圣迭戈，当代艺术博物馆因为一个实验性的装置艺术的计划而受到攻击，这个计划是在非法移民跨越墨西哥边界时向他们分发十美元钞票。在乔治亚州，广场剧院因为特伦斯·麦克纳利的剧作《双唇紧闭，牙齿分开》而遭到严厉批判，这一剧作表现了两对异性恋者在一个朋友家里一起过美国国庆节，而这位男性朋友的男友刚刚死于艾滋病。资助这一剧作的当地的文化委员会受到激烈攻击，最终被解散。在纽约，同是特伦斯·麦克纳利的题目为《基督圣体》的剧作后来被撤出曼哈顿戏剧俱乐部的节目单，因为它表现一个同性恋者耶稣，他与使徒们有性关系。在北卡罗来纳州的夏洛特城，托尼·库什纳的同情同性恋者、同情反艾滋病斗争、 333 反共和党、反摩门教和反里根的著名剧作《美国天使》稍后受到了一个极端保守派团体的猛烈攻击，他们威胁要禁止该剧，随后迫使当地文化事务处撤销对演出该剧的剧院的补贴，并造成该事务处的解散。这样一来，《美国天使》与罗伯特·马普尔索普、安德烈斯·塞拉诺和楠·戈尔丁的摄影一起在“文化战争”中列入受审查的作品名单。

1990 年至 1994 年间，在美国估计约有 200 个禁展或禁展威胁。禁令关系到一些大博物馆或小机构，关系到旧金山和堪萨斯州的一些艺术节，一些“小剧场”和一些“地方”剧团，关系到联邦文化事务处和一些地方文化事务处。论辩扩展到基金会、公共图书馆、大学、中小学。论争不仅仅关乎国家艺术基金会，而且还涉及国际人文学科基金会、史密森学会、洛克菲勒基金会，甚至波及好莱坞和百老汇。很快，各个大学英文系也卷入风暴，美国黑人学研究所和许多校园都出现了紧张关系。对于共和党人来说，这些文化场所、大学机构以及这些媒体不仅代表了受到反文化思潮和极左派的拓殖的空间，它们对于民众意志的抒发同样构成了障碍。矛盾的是，论争也是以民主的名义发动起来的。

对于每一次攻击，艺术界都正面对抗。比如，他们在 1990 年 6 月组织了一次名为“美国艺术日”的抗议示威日，那一天纽约大都会艺
334 术博物馆将几百幅画挂上黑纱，而 110 名各博物馆的负责人在芝加哥艺术学院的台阶上在“挽救艺术”横幅下合影进行抗议。在国会进行辩论的时候，双方的院外游说团体各自组织起来，在“文化战争”期间敌对双方在两大报纸上购买各种通版的广告。一方面，惠特尼现代艺术博物馆在《纽约时报》上发布广告，伴随有一些正在凋谢的花朵的出色的照片，是马普尔索普作品收藏中的著名的静物，目的是揭露杰西·赫尔姆斯参议员的那些戕害自由的修正案。对立的一方，基督教联合会在《华盛顿邮报》上刊登自己的附页，鼓动议员们审查国家艺术基金会，以便让纳税人的钱不再像我们在一则广告上读到的那样“用于教育民众阶层的孩子如何相互鸡奸，如何花纳税人的钱来拍摄教皇浸在尿液里的照片[28]”。作家瓦茨拉克·哈维尔，未来的捷克总统，用为“言论自由”斗争的名义致信支持美国艺术家。著名的“公共剧院”的约瑟夫·帕普批评国家艺术基金会是“新文化联邦调查局”。在美国各主要电视台，在保守派的“脱口秀”节目中和各大报纸上进行着无数的辩论。美国人被惊呆了，他们处在了“文化战争”之中。

在国家艺术基金会位于华盛顿的新总部，国会与白宫之间的“南希·汉克斯中心”，他们试图处理危机。约翰·弗龙迈耶走上前台，同意在 CNN 电视台现场直播节目与唐纳德·怀尔德蒙牧师面对面地辩论，引起布什总统身边亲信们的抨击，他们指责他刺激福音教派右翼。的
335 确，交锋很激烈，给电视观众们留下了古怪的印象。这尤其是因为怀尔德蒙牧师当着几百万惊愕的美国人的面挥舞着一张巧妙地命名为《赫尔

穆特与布鲁克斯》的摄影作品，照片非常直白地展示了一次深度的拳头性交，怀尔德蒙创造了高收视率，这就是国家艺术基金会所资助的艺术。

## 国家艺术基金会四人（NEA 4）

在白宫，布什总统的团队开始担忧。直到此前，他们都被要求忽略由杰西·赫尔姆斯和怀尔德蒙牧师领导的道德十字军运动。经过了偏右翼路线的总统选战之后，布什想以中间派的立场来治国：他的新的政治路线是建立在调停与双方妥协的基础之上的。总统领导着一个由技术官僚组成的内阁，认为必须不惜一切代价地去避免争论。鉴于文化领域的微不足道，布什的幕僚们的第一反应是息事宁人，主张对话，拒绝任何形式的审查，必要的时候，针对双方的极端分子都不予支持。

但是事已至此，在1990年代中期，成箱的请愿信到达白宫，成千的信件要求约翰·弗龙迈耶辞职。负责准备回信的一位总统幕僚写道：“你与我一样地了解，这是一个引起许多人来信的热门话题。我欣赏你及时的指示，让我们能够做出回应并控制节奏[29]。”总统的团队被组织起来使所有信件都得到回复，他们精心炮制出多种“有关国家艺术基金会问题的标准回复信件”，这是在白宫内部通信中对总统成千份地签署的标准格式的回信的称呼。但是，争论的规模已经如此之大，时间距离 336
1990年11月总统任期内的中期议会选举仅差几个月，极端右翼的反对派对国会的多数议席构成威胁，对于总统本人来说重新掌握局势同样成为必要。这尤其因为极端保守派众议员纽特·金里奇（佐治亚州共和党）开始成为人们谈论的对象，就国家艺术基金会颁发给四名特别具有挑衅性的男女同性恋艺术家的奖助金，他直接质询布什。由于对文件资料缺少了解，对所涉及的艺术家更是知之甚少，总统被唬住了，感到措手不及，他不知如何作答，他惊恐地转向一位幕僚：“这些奖助金怎么会颁发出去的[30]？”

在1990年3月23日的新闻发布会中，布什总统再次受到一位记者的诘问，记者问他资助淫秽艺术是否是政府的职能。作为答复，乔治·布什说：“我对我看到的用公众的金钱资助的一些龌龊东西深为震怒。

一些亵渎神明的表现被某些人看作是艺术。我坚决反对这些。”但是，
他捍卫艺术家的自由，表态反对任何形式的审查。总统的态度谨慎而克
制，他补充说：“我宁愿这一问题由约翰·弗龙迈耶这样一位非常敏感、
非常称职的人来继续跟进，也不愿意冒险进行审查。同样，我不愿意让
联邦政府被要求去告诉每一位艺术家他或她应该画些什么，或者应该怎
样表述自己的想法。所以，我反对审查[31]。”总统拒绝采取任何立
场——这是另一种行事方式。他的发言立刻在极右派中引起一片抗议。
337 几篇由保守派的评论员文章嘲讽地取名为《乔治论艺术》，反对总统支
持国家艺术基金会的“艺术与情色”法则的立场。

白宫的策略是避免官方的审查，而且乔治·布什与弗龙迈耶通了几
封信件和短函，但同时必须在国家艺术基金会进行清理，迅速地重新审
视其职能与目标[32]。1990 年 6 月 12 日，约翰·弗龙迈耶被白宫幕僚长
约翰·苏努努召去，苏努努是应布什之请，他的使命正是进行清理。当
时已经有些名气的新保守派的威廉（比尔）·克里斯托尔参加了这次
约见，国家艺术基金会成为众矢之的。他们首先尖刻地提醒弗龙迈耶，
白宫不太赞同他辞掉副主席，此人“在白宫有许多朋友”，白宫更不欣
赏他挑衅性地在 CNN 频道与怀尔德蒙牧师进行面对面地辩论。愤怒的
苏努努说：“你在国家艺术基金会，你只听那些艺术家的；而我们在白
宫，我们要听这个国家其他人的。”这位布什的幕僚尤其质疑了弗龙迈
耶的路线，这一路线从原则上不同意对国家艺术基金会提供的奖助金予
以任何束缚，即便是对于一些淫秽作品。弗龙迈耶回答他说这同样是布
什总统在几天前捍卫的路线——约翰·苏努努回答，“这不再是他现在
的路线的了”。最后，白宫要求弗龙迈耶努力对全部补助颁发程序进行
整体改革，从现在开始，命人重新审核所有条款，不间断地对其作为进
行汇报。为此，他被置于严密监视之下，他很快就明白了这一点。他们
明确告诉他，他将有一位新副手，他是事务处名副其实的二号人物，人
338 选已经确定，今后与白宫的联系将通过极端保守派、副总统的办公室主
任比尔·克里斯托尔。弗龙迈耶试图做出答复，他笨拙地念着助手们为
他准备的辩护的论据，但苏努努已经离开了房间。明里暗里，比尔·克
里斯托尔让弗龙迈耶明白，这一切都是为了他好，这是国家艺术基金会

生死攸关的问题。至于他自己在这一岗位上的去留嘛……。

如今面对询问时，比尔·克里斯托尔证实了这次会议的性质，虽然他说不记得细节。他还证实白宫的幕僚长要求他“盯着点国家艺术基金会”。最后，他为布什的态度辩护，解释说那些涉及的同性恋艺术家并不需要国家艺术基金会的钱：“美国是一个自由国家。艺术家们可以靠市场获得成功。他们不需要政府的文化资助。”带着诡异的微笑，克里斯托尔玩世不恭地提到著名音乐与电影制作人富有的同性恋者大卫·格芬，他的结论是：“马普尔索普、托尼·库什纳和楠·戈尔丁完全可以去找格芬资助他们呀[33]。”

没等弗龙迈耶意识到发生了什么，《华盛顿时报》和《洛杉矶时报》就在次日的报纸上引述了“白宫官方顾问”的话，肯定说“布什总统和国家艺术基金会主席约翰·弗龙迈耶现在对于国家艺术基金会颁发补贴加以限制达成了一致”。如今，国家艺术基金会的主席不能再维护那些艺术家，也不能批评他们：他已经无力施为了。

在不到三个星期的时间里，弗龙迈耶变成了另一个人。在此期间，
他的新副手到任了。在回忆录中，他讲道：“当（她）到国家艺术基金 339
会的时候，我首次理解了‘政治’一词的真正意义。”他描述自己如何逐步丧失对这个事务处的控制，重要的决定不经过他，是由国家艺术基金会的一个五人小组采取（他称为“五人帮”），他们直接与白宫的比尔·克里斯托尔沟通。更糟的是，他们还与报界沟通，以至于自 1991 年起，许多国家艺术基金会的内部通报或补贴颁发决定被透露给共和党报纸。《华盛顿时报》是典型的反国家艺术基金会的报纸，该报甚至引用弗龙迈耶的话，他说“国家艺术基金会今后的职责就是资助（布什的副总统）丹·奎尔的描图册”。弗龙迈耶要求做出答复，但是答复却未能被发表。

当时，人们还不知道——如今由布什档案揭露出来——为了讨好白宫，国家艺术基金会的主席多次向总统陈情，肯定他已经明白了意图，证明他在认真做审查，作为答复，他每次都收到白宫幕僚长的短函，告诉他：“谢谢您的合作。您是布什团队中出色和可信的成员。”总统本

人也回信给他："约翰，我振奋地看了你的呈文!! 您干得不错!! G. B.。[34]"弗龙迈耶较此前更进了一步：现在他公然地运用起一套迂回婉转的论证解释说，在"审查"与规范对艺术的公共资助的必要性之间存在着重大的差别。1990 年 6 月 27 日，他向汇集在西雅图的各文化负责人解释说，由于"某些政治现实"，一些奖助金甚至应当放弃。两
340 天后，在华盛顿，他将理论付诸实践，利用他的否决权取消了四位当代戏剧演员的奖助金，他们恰好是男女同性恋者和女权主义者——他们骄傲地让世人知道这些。

卡伦·芬利、约翰·弗莱克、霍利·休斯和蒂姆·米勒成为著名的"国家艺术基金会四人"（NEA 4），他们是"同性恋"艺术家。在 1980 年代末，他们属于以圣莫尼卡（洛杉矶）的"公路演艺空间"和纽约"122 演艺空间"（PS 122）为中心的激进的文化前卫派。这些艺术家三十多岁年纪，属于"演艺艺术"新生代，一种戏剧与现代舞的后现代的混合，介于视觉艺术、视频与新技术之间。伴随着他们的"独角戏"或"女性独角戏"，一种全新的视觉文化风行当时美国反对现代体制（另类）的艺术舞台。

一方面，尤其是对于约翰·弗莱克和蒂姆·米勒而言，这些艺术家同样将"石墙"酒吧同性恋革命前的同性恋流行文化加以现代化，将同性恋的夜间城市意象——"易装癖"的世界、对朱迪·嘉兰的偶像崇拜、由楠·戈尔丁出色地拍摄了照片的纽约百老汇街的那些俱乐部——转变成一种更加智性的和更加艺术的版本：一种"即兴同性恋艺术"。几乎所有在"文化战争"中遭受攻击的艺术家都是确定的同性恋者，这并非偶然：这是因为同性恋"亚文化"、同性恋戏剧和与反艾滋病斗争有关的艺术在 1980 年代末变得无所不在。

这些艺术家也从政治、流行文化、电视中得到启迪，发展自己的行为艺术。他们创作了一些"侧重视觉"多于"侧重文字"的演出：他
341 们用自己的身体、情绪、经历来说话。为了触及"父权"家庭的失调、妇女遭受的性暴力、乱伦与对同性恋的仇视，卡伦·芬利夸张地暴露自己的身体，以便去除身体的情色性质：在她的女子独角戏《我们让我们

的受害者准备好》，她躺在床上出场，身体涂抹着巧克力和豆芽（代表着精液的液滴）。《华盛顿邮报》的两位评论家揭露了这种“地下”演出的存在，他们尖刻地判定这是“淫秽”和“猥亵”，指责芬利不是艺术家，而是一个“沾满巧克力的裸体女人”。不管怎样，“巧克力”事件留在了人们记忆中[35]。

“NEA 4”同样是一些卷入政治的艺术家。当时，他们参与反对联邦政府的示威；蒂姆·米勒和朋友们早在1989年就进行示威，一些标语让人想起反艾滋病的同性恋协会“Act Up”，他也是其成员之一：“艺术等于生命”、“勿惧艺术”、“艺术无罪”。在宗教右翼攻击罗伯特·马普尔索普和安德烈斯·塞拉诺的作品时，“NEA 4”表示了对两位摄影家的声援，甚至明确地向他们致敬。比如约翰·弗莱克在舞台上朗读圣经，他赤裸着，唯一的布景是一张耶稣像——当然是浸泡在尿液里的照片。

报界爆发了，杰西·赫尔姆斯在国会敲响战鼓，动员朋友们反对粘着巧克力的裸体女人和对圣经撒尿的艺术家，弗龙迈耶自问到底对上帝做了什么才得到这样的报应！白宫的指令是明确的，他现在批评这四位“进攻型同性恋”艺术家，大事喧哗地撤回了已经颁发给他们的奖助金。国家艺术基金会的主席成为赌博的庄家，这场赌博就是每次都加上自己上次所输筹码的两倍作为赌注。

四位艺术家最初对于这种对他们艺术合法性的冒犯感到震惊，但是 342
很快他们就回过神来，集体决定进行自卫防卫。因为“国家艺术基金会四人”（NEA 4）不仅仅是同性恋艺术家：他们还是“戏剧皇后”——他们具有对表演的感觉。于是，他们一同行动起来，借此赢得了他们集体在传媒界的合法性，这是他们个人未必能够通过他们各自的艺术能够造成的结果，他们让他们的网络运转起来。艺术家感到愤怒，站在他们一边。各种包围少数族群权利的协会，几十个艺术家团体加入到“国家艺术基金会四人”（NEA 4）一边，强大的人权组织美国公民自由联盟首次加入他们，联盟的40万会员被动员起来，以言论自由的名义写信或者捐钱。同样，因为在公共图书馆同样存在着许多审查问题，一些当地宗教组织（有时在市长支持下）要求撤下一些关于同性恋、堕胎、进化论和无神论的书籍，所以“美国图书馆协会”的庞大院外游说团体和6万名图书馆员以关于言论自由的宪法第一修正案的名义向政府施加压力。

在夏季举行了一些示威。在国家艺术基金会的一次集会中，一个同性恋活动团体介入进来，捍卫“国家艺术基金会四人”（NEA 4）。媒体被弗龙迈耶禁止入内，他害怕这次集会会变成一场闹剧，媒体靠着一个司法决定才获得邀请：三个主要电视新闻网以及连续新闻频道 CNN 进行直播，多数报刊记者都在场。NEA 的主席听凭同性恋活动人士和人
343 权协会进行示威和陈述 20 分钟，然后他让警方介入驱散他们。电视的报道记者没有错过辩论和警方驱赶的任何细节。

为了将这场政治性质的辩论送入司法领域，四位艺术家的律师们在法律上攻击国家艺术基金会以“风化”的名义对他们进行审查，并发布了律师们认为是违反宪法的“反淫秽”条款。他们意图就这一法律问题引发辩论，他们也援引了美国宪法第一修正案。他们得到众多社团、基金会和报纸的支持，所有人投入到一场困难的司法斗争——在美国这是摆脱危机的自然走向。在白宫，如同布什档案中许多咨文所证实的，这一事件被总统的律师、幕僚和司法部长密切关注，他们组织对 NEA 的辩护，也就是对审查的辩护。

肯尼迪的著名幕僚阿瑟·施莱辛格是国家艺术基金会的筹建者之一，在这一时期，他的反应表明他对事件的发展完全不理解：“国家艺术基金会在里根时代幸存下来。现在我们为什么会在布什任期遇到问题？如今在这个社会中正发生着什么事情，这是我无法理解的[36]。”

### 用玉米换色情

与此同时，国会没有沉默。“重新授权”国家艺术基金会的提案在国会进行讨论，在那里争论异常激烈。

通过对国家艺术基金会加强控制，白宫已经改变了方针，他们认为已经平息了事态。因此，布什总统表示支持未来五年对国家艺术基金会
344 “重新授权”，应那些捍卫艺术的议员们的请求，他甚至同意不再要求艺术家们必须保证签署“反淫秽”条款才能获得补助。通过在上层要

求弗龙迈耶对奖助金加强控制，白宫认为已经保全了最关键的东西。

但共和党右翼却不这么理解，借助一些威吓手段，他们成功地在国会里动摇了那些为文化辩护的律师们的论据。至于杰西·赫尔姆斯参议员，他多次提出限制国家艺术基金会自由的议案和论据。在他提交的几十个提案中，在特别针对马普尔索普和塞拉诺以及淫虐的一个修正案里，赫尔姆斯提出禁止对“以明显负面的方式描绘性或排泄功能及器官”的一些作品给予任何补贴。为了强调投票的政治意义，在这次反艺术的十字军运动中所使用的一个标志性的蛊惑人心的表述中，他明确说：“如果参议员们希望联邦政府资助色情、淫虐和狎童，那么他们应该投票反对我的修正案[37]。”另一些议员赞成禁止补贴“故意诋毁美国文化遗产、宗教传统、种族或族裔群体……违反通行的反淫秽与猥亵的原则”的艺术，以此来严格约束国家艺术基金会，或者提议缩减该事务处预算60%，要求它无条件地将剩下的部分重新分配给各州的文化事务处。另一些议员更加干脆，他们要求彻底撤销国家艺术基金会。

尽管尖刻，但共和党议员们却反对将审查的意愿归因于他们。杰西·赫尔姆斯一再说，他是北卡罗来纳州一个文化协会的董事会成员，他明 345
确地说：“我是支持艺术的。”至于里根的前“演说词撰稿人”、共和党人达纳·罗拉巴克尔，他曾经在众议院领头攻击国家艺术基金会，他一再表明自己是赞成言论自由的：“用他们自己的时间，用他们自己的钱，艺术家们可以做他们想做的事情。”为了总结辩论，众议员史蒂夫·冈德森肯定说：“两者取其一：要么我们改革国家艺术基金会，要么不再存在文化事务处。”

布什总统关注着媒体大为报道的国会辩论，他力图重新获得优势，超越辩论来摆脱困境，他知道不论辩论的结果对审查赞同与否他都是输家。如果国家艺术基金会被解散，那么他会成为艺术家及其在全国的有力支持者的敌人；如果他捍卫言论自由，那么他就会成为他的多数选民和福音派选民的众矢之的。

几个月之前，总统身边的人曾经设想建立一个国会两党的委员会，目的是准备——这已经成为惯例——一份报告。出于平息人们情绪的考虑，布什同意了。但是，这个计划被延迟，委员会的成员到1990年春天还没有任命。如今，国会的辩论正趋于白热化，为了赢得时间，布什加快程序，在1990年5月最终任命了委员会成员。国会同意直到1990年秋季之前暂停关于国家艺术基金会的议会讨论，期待这个独立委员会做出结论。

这个委员会的名字就是“独立委员会”，乔治·布什任命了两个人物来主持该委员会，他们在政治上相互对立，但同样以他们各自在艺术领域的能力而出名：约翰·布拉德马斯曾经是印第安纳州民主党议员，22年来热心于在国会中为国家艺术基金会出力，他后来被任命为纽约
346 大学校长；伦纳德·加门特曾是尼克松总统的文化幕僚，是国家艺术基金会的主要支持者之一。委员会很快投入工作，于1990年夏季对50来人进行了听证，从国家艺术基金会历届主席，到慈善界的负责人、各大文化机构的负责人以及卷入“文化战争”的知识分子、记者和艺术家。

1990年9月11日，委员会向国会和美国总统呈交了180页的报告，报告是得到委员会12名成员一致认可的。在引论中，报告就明确指出：“国家艺术基金会拥有在民主制度下一个联邦政府事务处所能拥有的最复杂和最微妙的使命。一方面，要鼓励艺术家和文化机构最广泛的言论自由，艺术拓宽我们视野的能力有赖于这一自由。同时，国家艺术基金会如果想要得到国家的支持，它必须在管理公共资金时得到信任，面对全体美国人对它的行为负责并做出回应。”报告的撰写者们接着回顾了这个事务处的历史，他们赞赏计划的丰富、受补贴项目的多样和所取得的成绩：“1966年以来，国家艺术基金会颁发了8.3万多份奖助金和补贴，花费21亿美元的联邦预算，并有私人资金为补充。作为艺术发展的催化剂，通过鼓励人们贡献资金来支持艺术，国家艺术基金会起到了重要作用。”至于建议，报告提出几项重要改革：一些更为多元化的评委会、一套更加开放的补贴颁发程序和增加颁发给各州事务处的“冻
347 结”资金。最后，报告对于审查问题采取了温和立场，建议废除反淫秽条款，同时承认国家艺术基金会有权依据国家的敏感问题与信仰的多元性来颁发自己的奖助金。最终，毋庸置疑，委员会的工作以支持国家艺术基金会的辩护而结束[38]。

1990年秋天辩论重新在国会展开，艺术的维护者们依据这份独立报告支持给事物处又一个五年的重新授权，同时撤销任何有关淫秽的审查，但是交由法庭在必要的时候对争论做出仲裁。在参议院，这一路线被毫无困难地遵从了，以15票对1票，提案被议会委员会采纳。在最后的全体会议投票时，杰西·赫尔姆斯参议员却成功地让议员们采纳了一项修正案，禁止国家艺术基金会资助诋毁宗教的作品。

在众议院，辩论更为艰难。但是，主持关于提案讨论的那个重要的议员委员会的芝加哥的民主党议员西德尼·耶茨，他在防备着出现任何意外。他是强有力的议员，是国家艺术基金会的不懈的捍卫者，他嘲弄那些反国家艺术基金会的修正案没有条理，他控制住选票，虽然《尿基督》这一作品让他有所动摇，但他还是使众议院在辩论中采取了温和立场。经过几个星期的激烈争论，限制艺术家言论自由的所有修正案都被驳回。但是还是同意采用了一些让步，比如将更多的国家艺术基金会的预算转给各州，通过了一则修正案，将这一比例从20%提高到35%。这是一次意义重大的演变。

国会表现出智慧和勇气（距离11月的立法选举只差几天了），最终于1990年10月投票通过提案，重新授权国家艺术基金会三年的时 348
间，交由司法部门来裁定什么是淫秽什么不是。

古怪的美国：要想解释这次突然的事态平息，必须提到使事态平息成为可能的那个离奇的约定。在当时的辩论中，尤其是在众议院两派彼此妥协的交锋中，当时涉及的问题是增加在属于联邦政府的土地上放牧奶牛和绵羊的税收，这让众议院两派分歧很深，特别是在南方和西部议员与东海岸的议员之间。他们逐渐达成约定，即只要《赫尔姆斯》修正案遭到驳回就不增加这一税收。国家艺术基金会正是因此才在议员的笑声中得以保全，他们将这次有历史意义的妥协嘲讽地命名为“玉米换色情”（Corn for porn）。

法案最终投票通过两天后，不等布什总统签署，约翰·弗龙迈耶就宣布国家艺术基金会从补贴申请文件中取消必须签署反淫秽条款。几周之后，他宣布他同样放弃对任何国家艺术基金会评委会颁发的奖助金进行否决，他今后将遵循各独立专家委员会的意见。最后，他同意将一项

奖助金颁发给霍利·休斯和蒂姆·米勒，“国家艺术基金会四人”中的
两人，既是为了平息事态，也是为了应对他们向国家艺术基金会发起的
诉讼中的自我防卫。弗龙迈耶给布什总统发出一份秘密报告，向他解释
这些决定，通知总统：“难道因为这两位艺术家一个是男同性恋，另一
个是女同性恋，因为他们的作品反映出他们的性取向，我就要将他们列
349 入黑名单吗？……我坚信在这个国家我们应当论功行赏，不因为他们是
什么样子的人而加以拒绝[39]。”

**俄亥俄州，辛辛那提**

辛辛那提是俄亥俄州的南部乡村地区的大城市。虽然这个州传统上是一个“摇摆州”，只有在联邦选举的时候共和党与民主党才能分出高下，该州的北方仍然是工业区，是民主党的，该州的中部则是开放的和多元的，但南方是乡村地区，是保守的。辛辛那提地区是美国少有的能够被看作100%共和党的地区。

在国会就国家艺术基金会的职责和预算论战的六个月中，“文化战争”实实在在地进行着。作为论战的象征，罗伯特·马普尔索普的展览《完美时刻》继续不为所动地进行全国巡展，随同着展览产生了支持者与反对者，现如今展览到达了“美国的中心地带”。确切地说是到了俄亥俄州的辛辛那提。

甚至不等展览在这座保守派地盘的城市开幕，当地组织“公民社群
价值”就动员了1.6万名会员反对计划于1990年4月在辛辛那提当代
艺术中心举行的展览。这一协会主要宣称这个展览“在刑法意义上是属
于淫秽的”，威胁要将这一事件诉诸法院。1990年3月21日，美术馆
的负责人组织了一次新闻发布会，确定地说尽管有抗议，但展览仍会开
始：此时，美术馆负责人丹尼·巴里被该市的许多文化领袖与几位温和
350 的宗教人士和大学学者簇拥着，他们再次明确了对言论自由的支持。但
是，发布会的第二天，3月22日，美术馆董事会主席（馆长是依附于
他的）被迫从雇用他的银行辞职，这家银行受到巨大压力，几千名保守
派组织的成员威胁说如果这家金融机构继续支持这次淫虐展览，他们将
关闭他们的银行账号。“文化战争”侵入了俄亥俄州南部的这座平静的

城市，从此它成为艺术问题上交锋的舞台。

在辛辛那提，就像在许多美国城市，文化在当地是由一些独立的城市基金会资助的，这些基金会每年组织几次大型募款活动，向全体民众和一些企业为艺术募集资金。这就是人们所说的社区基金会：辛辛那提的这些当地基金会是“辛辛那提更伟大基金会”和“纯艺术基金会”。面对大规模的辩论，事态蔓延的风险威胁到该城全部艺术机构的资金，要举行马普尔索普展览的当代艺术美术馆被劝说离开组织募款工作的艺术联合会。几天之后，1990 年 3 月 27 日，美术馆的馆长和罗伯特·马普尔索普的著作权所有者重新发起攻击，他们向法院进行预防性的申诉，以验证这些作品从俄亥俄州法律的角度看不可能被看作淫秽。

马普尔索普的展览最终于 4 月 7 日开幕，但预防性地禁止不满 18 岁的人进入，这次回顾展中最暴力的、引起过许多争论的题目为“X 案卷”（X-Portfolio）的部分被隔离在一个专门的展厅，进入展厅的观众被明确地提醒展品的内容敏感，这让他们如果愿意的话可以回避这个展 351
厅。美术馆还为此将门票价格加倍。

开幕之后，马普尔索普的展览打破了参观流量记录，超过 8.1 万人参观了展览，实际上这是辛辛那提这个中部城市的当代艺术博物馆前所未有的最大成就。然而，警方还是介入进来，他们拍摄了展览，而当地司法部门要求美术馆撤除几幅有争议的照片——馆长拒绝了这一要求。

虽然展览受到禁展威胁，警方受命扣押了几幅摄影作品，但 4 月 8 日司法部门禁止任何警方的干预，只要法庭还没有做出决定。在几个程序问题之后，辛辛那提市的一位检察官因为两幅裸体儿童的照片而控告当代艺术博物馆馆长“儿童色情”，因为《完美时刻》展览中五幅同性恋情爱和虐恋的照片控告他“淫秽”。因为艺术的原因而控告一位美术馆馆长，这成为美国的头条新闻。

一个月接着一个月，马普尔索普的展览继续着跨越美国的旅程，从俄亥俄州到了马萨诸塞州，同样的剧情在波士顿当代艺术学院重演，其负责人受到一个当地协会的控告，原因还是《完美时刻》。但是法院给这些论战画上了双重的句号，在 1990 年 9 月 5 日和 10 月 5 日两次不同的裁决中，俄亥俄州法院和马萨诸塞州法院宣布这两个当代艺术博物馆无罪，它们的馆长被当庭宣告无罪。这两个决定让艺术界松了一口气，在几百个组织、工会和人权保护协会的支持下，他们已经动员起来支持艺术家的自由。

352 论战的另一个意想不到的结果是罗伯特·马普尔索普作品的售价大涨。艺术家的一幅自画像在当时卖到了3.85万美元，复制他的照片的一些产品、T恤衫和招贴画等都获得了商业上的成功——按照马普尔索普的意愿，这些利润是留给那些反艾滋病的协会的。“文化战争”让马普尔索普、塞拉诺和楠·戈尔丁这些在1990年代初受到审查的艺术家变得闻名全世界，这正是“文化战争”的吊诡之处。我们不要忘了还有托尼·库什纳的出色作品《美国天使》，他是反美和支持同性恋的，他的作品反映着这个时代的氛围，在1996年受到审查的威胁，后来成为对这些论战的全国意义的象征。

有一段时间，“文化战争”平息了下来，美国联邦艺术事务处的前途变得明朗。约翰·弗龙迈耶被独立委员会救了，布什总统支持他，艺术家们似乎对于让他们更加自由的这种妥协感到满意，而且没有了反淫秽条款。

但是，暂停的时间很短。1989和1990年国会的多数派成功地控制了《尿基督》和《完美时刻》引起的激动情绪，一年以后，辩论又在参议院重新爆发。这次奇怪的回潮是因为1990年11月共和党的新议员进入国会，因为预计在1992年的总统大选临近了。还因为一个新的微不足道的插曲。

纽约下东区的一份不起眼的晦涩的“爱好者杂志”（fanzine），1992年初发表了题目为《同性恋之城》的一期，里面的一首诗描写了
353 下面场景：“我记得/当基督吮吸我的阴茎/在祭坛后面/我那时六岁/他让我许诺/不告诉任何人”（I remember when/ Christ sucked my dick/ Behind the pulpit/ I was 6 years old/ He made me promise/ Not to tell no one）。国家艺术基金会颁发过一份补贴给出版这个刊物的协会。

唐纳德·怀尔德蒙的“美国家庭协会”在这首诗发表时当然就得到了这份刊物，他们懂得如何将最微小的出格行为用于一些伟大的政治

目的，他们将这首诗的复印件寄给所有的国会议员、所有的白宫幕僚和几万名会员，特别强调国家艺术基金会补贴了这首诗。约翰·弗龙迈耶很困扰，发现他的警惕和谨慎的预审查系统是无效的，他承认了自己的责任，但他徒劳地解释说这份刊物得到资助是按年发放的，不可能预先知道会发表什么，但他此后在白宫和国会都不再受到信任了。

在参议院，气氛改变了。参议院传统上比众议院更加温和，更加支持艺术，经常为国家艺术基金会辩护。但是在 1992 年，随着总统大选的来临，力量关系逆转了。本来就有杰西·赫尔姆斯参议员每年都提出修正案，建议禁止由国家艺术基金会资助任何淫秽艺术，之前通常都平均以两票对一票的比例被驳回，但这一次他的修正案却以 68 票对 28 票毫无困难地得到采纳。但是在众议院，虽然仍然是民主党占多数，但失败却更惨：286 名众议员支持禁止淫秽艺术，135 名反对。风向转了。

保守派对文化的进攻为何在 1992 年奏效，而在里根任期之初却遭受失败，在乔治·布什总统任期之初仍然被阻止？国会中的力量对比当然是一种解释。在选举时期众议院中“亲国家艺术基金会”的主要议 354
员离开或者他们在参议院失去影响力是最初的一个因素，克林顿任期内 1994 年保守派大转折的情况更严重。然后，人们称为“性恐慌”的危机在这一阶段笼罩国会，所有的倾向都混同起来。将性与宗教掺杂在一起，对于国会来说这是一枚燃烧弹。

我们可以按照爱德华（泰迪）·肯尼迪的解释进行另一种分析，他是遇刺总统的弟弟，马萨诸塞州民主党参议员，从这一时期开始他成为艺术的捍卫者。在民主党看来，“文化战争”乖张的胡言乱语的原因是难以明了的，而对于共和党来说却是很清楚的。但是该做些什么呢？对于泰迪·肯尼迪，如同对于多数民主党人一样，赫尔姆斯的修正案逐渐被看作丢车保帅，是挽救国家艺术基金会的唯一方法。出于政治策略，出于实用主义，为了牺牲局部保全整体，他与同僚们情愿牺牲最极端的艺术，来挽救整个文化机制。肯尼迪说：“我不认为应该对国家艺术基金会的补贴有任何限制……但是，右翼想要杀死这个事务处，因为它资助了几个被看作淫秽的项目。如果我们不至少限制一下淫秽艺术，我们会使联邦的所有文化预算处于险境。”泰迪·肯尼迪是美国左派和艺术家自由的象征，他最后投票赞成赫尔姆斯的修正案[40]。

这一立场与许多做实际工作的文化机构的立场一致，它们对那些具有挑衅性的艺术家越来越表现出批评态度。在黑人社区、拉美裔剧院、中小学和大学，最初声援那些受威胁的艺术家的态度变成了为难情绪。
355 对于这些当地的小机构，国家艺术基金会的补助往往是生死攸关的，它们开始将这些极端艺术家看作联邦事务处所遭遇困难的共同责任者，开始质疑他们无益的挑衅。

更糟的是，那些前卫艺术家正好为宗教右翼提供了精英主义和智性傲慢的论据，他们抓住这些论据，大肆宣扬站在真正的美国民众的价值一边，反对纽约和华盛顿的文化“当权派”。实际的情况是，在黑人社区，在城市，艺术没什么用。这种回潮是出人意料的：国家艺术基金会的斗争形成了在好心办坏事的人与恶意成好事的人之间展开交锋的奇特的局面。

由于厌倦或出于利益，由于担心争论蔓延到全部的地方文化预算和慈善业的预算，艺术界逐渐与那些最极端的艺术家发生分歧，作为必要的牺牲，他们同意对淫秽加以控制。随后，这一立场又被最高法院加强了。在赢得初审之后，经过漫长的司法斗争，“国家艺术基金会四人”最终被宪法法庭用一个模棱两可的决议驳回，决议题目为《国家艺术基金会诉卡伦·芬利案》，肯定了“风化的普遍原则和对多元信仰和美国公众价值的尊重”可以成为颁发政府奖助金时考虑在内的标准。“文化战争”开始后近十年，1998 年的最后决议标志着“国家艺术基金会四人”（NEA 4）的失败，后来被许多人理解为所有投身于“文化战争”的艺术家的失败[41]。

在双方阵营中，许多人批评国家艺术基金会主席跟不上形势，他多
356 次陷入死胡同和失误，不断变换立场，最终让所有人一致地反对他。因为他的“怯战”态度，弗龙迈耶没有勇气坚持自己的观点。作为证据，在那时他参加的一次公共集会上，人们询问他作为“华盛顿政界达人”的经历，担任国家艺术基金会主席两年半的弗龙迈耶回答：“我不知道我是否属于华盛顿政界达人。我知道的是：我将很高兴能活着离开这座城市[42]。”

此时，帕特里克·布坎南登上舞台。在1992年总统选举的选战中，在新罕布什尔州初选时（他在那里获得了出色成绩），这位极端保守派记者，里根的前新闻顾问，似乎突然从右翼对布什构成威胁。布坎南有点像杰西·赫尔姆斯，他是反对布什的老兵，但他始终是光明正大的。他发起反对总统的战争，在文化问题上取得了部分胜利，这多亏了国家艺术基金会这个倒霉的事务处。在新英格兰这个乡村地区的非常亲共和党的小州的村镇里，他大量发放传单，引用由国家艺术基金会“资助”的色情文字的节选，其中包括《神坛会的基督》那首诗。他揭露这个联邦事务处支持亵渎神圣的性行为，褒扬同性恋场景和利用儿童从事性活动。在共和党大会上，布坎南甚至宣称：“朋友们，这次选举的关键是弄清楚我们是谁。选举关系到我们的价值观，关系到我们作为美国人代表着什么。在这个国家正在进行一场宗教战争。这场宗教战争与冷战本身一样重要。这是一场为了美国精神的战争。”布坎南用这些话结束 357
发言：“同黑人骚乱时期警察一条街接着一条街地光复洛杉矶一样，我们必须光复我们的城市，光复我们的文化和光复我们的国家[43]。”

早在新罕布什尔州初选中布坎南最初对国家艺术基金会的声讨中，布什总统为了避免极端保守派对手卷入“文化战争”，他决定将弗龙迈耶免职。1992年2月20日，即布坎南刚刚获胜几天，约翰·弗龙迈耶被白宫幕僚长召唤到白宫，他知道等着自己的是什么：他们告诉他，他的辞职“应该在此后两三天宣布。布坎南纠缠于这个问题，你总不想成为这个老粗未来六七个星期的最喜爱的话题吧”。不，弗龙迈耶不想争斗。妥协达成了。他准备4月底“因为个人原因”离职，他的这一打算是“早就有的”。白宫的幕僚长同意给他这段时间，条件是立即宣布他离职。然而，必须立刻准备辞呈。弗龙迈耶回到国家艺术基金会起草辞呈，辞呈当天由白宫审阅，也许是由比尔·克里斯托尔看过。后者要求他加进去“一些关于总统的好话”。弗龙迈耶照办了。次日，报界发布了他离职的消息。写给“总统先生”的辞职信声明：“去年10月，我曾知会您我重返私人生活的愿望。与此意愿相符，我向您递交辞呈， 358
将于1992年5月1日生效。我很高兴曾有为您和艺术效劳的机会；您知道您个人的支持在这一艰难时期对于我有着何等意义。”弗龙迈耶甚至还加了一段结尾，肯定非他所想：“您和您的政府完成了很多工作，我肯定将来会更好[44]。”

辞职在国家艺术基金会历史上是第一次，但并未让任何人吃惊，因为各方面都觉得应该。由于没有满足国家艺术基金会的反对者，弗龙迈耶失去了他可能的盟友。新保守派比尔·克里斯托尔是白宫里布什处理这一事件的关键人物，他如今解释说：“在个人层面上，约翰（弗龙迈耶）尊重布什，但是他又想受到艺术家们的爱戴。这就是他的问题。”已经成为激进政治家的电视福音主义者帕特里克·布坎南与唐纳德·怀尔德蒙牧师这一边，他们大肆喧哗地让支持者知道他们获得了“第一块头皮做战利品”。

此后两年里，国家艺术基金会不再有正式主席，该事务处慢慢沦为大幅紧缩预算、对艺术家的新的审查和内部组织失调的牺牲品。弗龙迈耶这方面，他终于快乐地逃离华盛顿和敌对的世界，重返他如此热爱的俄勒冈。他开始撰写回忆录，后来一个富有揭示意义的题目《活着离开》发表了，他在公开访谈中宣布将投票给比尔·克林顿[45]。

### 国家艺术基金会的衰落

1993 年 1 月，比尔·克林顿与民主党重掌权力后刚一年，他们当然对艺术有些认识了。是共和党右翼的过激使得这位美国历史上最年轻
359 的总统得以当选的吗？是乔治·布什在国际上的失败和内政上的经济困难吗？总之，人们以为新政府将恢复肯尼迪时代艺术与社交的铺张。克林顿令人抱有希望，他有措词隽永的天赋，他在就职演说中说：“美国的缺点没有不能被美国的优点克服的。”

新总统来自阿肯色州的小城霍普，他是社会荣升和“美国梦”的象征。终其一生，他都想摆脱平凡的出身、背景的缺乏和家庭的分崩所带来的影响，他年幼丧父，被贫穷而抑郁的母亲和粗暴而酗酒的继父相互推诿，少年时他的弟弟贩毒和吸毒，他在穷人子弟和黑人中间长大。在 18 岁时，他握过约翰·F．肯尼迪的手，19 岁进入知名大学，华盛顿的乔治镇大学和后来的耶鲁，他成为阿肯色州（共和党）参议员威

廉·富布赖特的宠儿，他投身政治，当选为阿肯色州长。克林顿五次当选这一职位，在这个州取得的文化成绩还算好，人们说他“与艺术家亲善”。他自己在自传中讲述，为了吸引希拉里·罗德姆这位富家女继承人，他曾领她去耶鲁大学参观马克·罗斯科的一次展览。

对于美国总统而言，克林顿同样是第一次代表“60 年代”文化的孩子出任总统。他喜欢一切，不在艺术之间建立等级。一方面，他可以推崇民间艺术，南部的传统陶艺，橡木家具，尤其是他收藏的表现鸟类的小陶艺。他同样真诚地喜爱黑人文化，他是在其中成长起来的：饶舌歌手 L. L. 酷杰（L. L. Cool J.）在一首歌里用绰号“大比尔”提到他；黑人们称他是美国首位黑人总统。讨人喜欢的是他“混搭”的侧面： 360
这是风格的混合，即他懂得从一种语言风格转到另一种，从一个圈子转到另一个，从一种文化转到另一种。他可以参观一个“印象派”展览，与博物馆馆员讨论，然后跑进麦当劳餐厅买一包炸薯条。但是最重要的是，克林顿浸染于“流行”文化。这不仅因为他想要成为受人喜爱的总统。保卫他安全的特勤和联邦调查局的特工为他起的代号是“猫王”。只要花点时间在阿肯色州的小石城就能明白他是从哪里来的以及他的文化是什么。他本人是萨克斯管业余乐手，他最初喜欢的是黑人音乐、密西西比三角洲的布鲁斯音乐、新奥尔良的爵士乐、灵歌和田纳西州斯塔克斯唱片公司的说唱乐，当然还有图珀洛和孟菲斯——这是他成长的城市和地区——的“猫王”。后来，他发现了乡村音乐，最先是汉克·威廉斯，他发现了摇滚乐，从弗利特伍德·马克开始（他用马克的歌曲《别停下，想想明天!》作为他在 1992 年民主党大会时的竞选词）。随后，他特别喜爱朱迪·柯林斯，这是一位民谣女歌手，在她进军国际舞台与伦纳德·科恩和鲍勃·迪伦齐名之前，她是美国南部各州的明星，她支持女性、民权、非暴力和联合国儿童基金会的斗争。与 60 年代遥相呼应，这些曾经深深地影响过这位未来的美国总统。为了向朱迪·柯林斯的歌曲《切尔西之晨》致敬，比尔与希拉里·克林顿选择“切尔西”作为女儿的名字，她是被他们邀请到白宫演出的乡村音乐家之一。

当选总统后，克林顿真诚地认为文化是他政策中的一个重要主题，

对于活跃社区、帮助青少年，对于他的黑人与拉美裔聚居区的城市政策
尤为重要。在透露给与他有来往的知识分子——社会学家罗伯特·帕特
361 南、政治学家本杰明·巴伯和艾伦·沃尔夫、哲学家迈克尔·桑德尔和
理查德·罗蒂、社群社会学家阿米泰·埃齐奥尼、黑人社会学家威廉·
朱利叶斯·威尔逊——的想法中，克林顿想要美国“公民社会”重获
活力。必须让社区、工会、家长协会、街区公民协会复活。克林顿雄辩
地谈到个人责任与人的脆弱。在这个有越来越多的人孤立无援的国家
（《孤独的保龄球》[*Bowling alone*] 是罗伯特·帕特南著作的题目，这
本书对比尔·克林顿很有影响），必须将公民组织起来、团结起来以应
对团结互助精神的衰落，重建社会纽带。克林顿重复着这些令他激动的
词语：“社区”、“担当”、“服务”、“照顾”、“关心”。这些是克林顿时
代的口号，在他的执政纲领的“招牌语”中总结为：“复兴美国”。在
重建社群联系、身份认同和团结互助的这场战斗中，文化占据中心位
置。他最相信的是“文化多元”的力量，他不断重复这一表述，他是
美国历史上宣扬文化多元概念最多的一位总统。比尔·克林顿，尽管他
在执政时期曾经起起落落，但他从未偏离过这一方向。

可是，他的副总统阿尔·戈尔和妻子蒂珀起而攻击“黑帮说唱”，
发起规范唱片业的运动，以便保护儿童与消费者的名义来限制那些过于
直白的性与暴力的歌词，比尔·克林顿此时不得不首先专注于中产阶
级。他谈到著名的“被遗忘的中产阶级”——这是护送他登上权位的
阶级。当然，他并未向中产阶级发出什么有关艺术的信息，他认为，要
362 想吸引他们，必须更多地侧重家庭价值，限制福利政策以及面对电影中
的暴力与性必须表现出坚定不移的反对态度。他过多地受到了过去“60
年代”风格的影响（抽大麻烟、反战、不知悔改的调情者），这些令中
产阶级愤怒，让宗教和保守派的右翼惊恐，因此克林顿对于艺术问题没
有什么操作空间。他犹豫了，改变了方向，变得优柔寡断。尤其是，他
知道国家艺术基金会是一面红旗，他不想重新展开“文化战争”。他吸
取了教训，学会了掌握政治意志上的相对性。

因此，当选后六个多月克林顿才提名戏剧女演员简·亚历山大为“主席”主持国家艺术基金会（1993 年 10 月得到国会批准）。美国戏剧

界的这位伟大女性在艺术界是一个活跃人物，对付国会很有办法，十分迷人，她曾经与简·方达同台演出，在一部著名的电视连续剧中扮演过埃莉诺·罗斯福，在电影《克莱默夫妇》中饰演达斯汀·霍夫曼的一个女友，她在一段时间里曾经让国家艺术基金会最独特的几个计划复活了。在百老汇人们说她“口齿清楚”。她更倾向于民主党，非常支持女权，是有些漫画类型的纽约女人，在公众中有足够的知名度，可以打动国会。如今她说，众议院的议员们，“这些思想狭隘的大男子主义者”，对她的折磨到了让人无法忍受的地步，在某些乡村地区的州，他们更多代表牲口存栏量，而非代表美国人。他们让她为纽约艺术家的自命不凡、为人们臆测中的她与恶魔克林顿的亲密关系付出了代价。实际上克林顿没怎么见过她，没有总统的支持，她很快就感到，就像她后来讲到的，“遭到了排斥”。所以，在斗争中，她采取了保持缄默的奇怪策略，等到失败之后再开始发言。

任命简·亚历山大不到一年的时间，民主党在1994年11月任期中选举中溃败，这使克林顿不仅失去参议院中的多数，而且在近40年来首次失去众议院的多数。共和党重新聚集在纽特·金里奇和杰西·赫尔姆斯旗下，金里奇攻击比尔·克林顿是“正常美国人的敌人”，而赫尔姆斯空前强大，因为他当选了参议院外交事务委员会主席，此时共和党将撤销教育部和国家艺术基金会（NEA）当作重大筹码。国家艺术基金会的生存再一次受到它传统的辩护人“国会艺术问题专门调查委员会”的保护，还得到了比尔·克林顿更为隐蔽的维护，因为他刚刚在
1996年1月的一个重要的演说中宣布“大政府的时代终结了”——对 363
于一位民主党总统来说，这尚属首次。但新的议会多数派几乎毫不费劲地削减了国家艺术基金会54%的预算。对于一个小型事务处而言，这次预算的裁减相当于窒息。那些针对当代艺术的计划几乎被全部取消，同样地还有所有的给艺术家的个人奖助金，给视觉艺术的预算被转给了“民间艺术”，当代舞蹈的巡演计划被大为削减，创意、实验艺术和前卫艺术化为乌有。更严重的是，国家艺术基金会一半的人员由于缺少预算发放薪水被裁减，或者因为缺乏积极性而辞职。这次前所未有的情势逆转动摇了这个年轻的事务处仍然脆弱的基础，它刚刚开始确立起自己

的文化。至于国家艺术基金会的主导机关“国家艺术委员会”，也遭到了国会的“锁死”：六名参议员和众议院成员理所当然地被任命到委员会。

比尔·克林顿明白国家艺术基金会因国会而噤声，他巧妙地尝试复
364 活“艺术与人文学科委员会”，这个咨询机构在里根任期建立之后一直处于沉睡状态，它的优势是直接依附于白宫：克林顿可以重新确定其使命，选择其成员，而不必经过国会，因为这些决定的性质为“随总统之意”（POP）。希拉里·克林顿被任命为委员会名誉主席，委员会的领导权被交给著名的艺术捍卫者约翰·布拉德马斯，他曾经是国会的民主党议员，后来成为纽约大学校长。本着乐观天真的精神，比尔和希拉里主持委员会的第一次会议，在场的有小提琴家伊萨克·斯特恩和流行乐手昆西·琼斯，还有黑人刊物《乌檀》的负责人和一系列著名的慈善家和艺术赞助人。克林顿确定“他”的委员会的使命是鼓励私人基金会更多地投资文化和发布一份关于“创意美国”的报告。但是，委员会既没有预算，也没有真实的影响力，当克林顿失去了兴致的时候，委员会很快就无声无息了。

相对于文化管理机构，克林顿更喜欢与艺术家们为伴：在庆祝千禧年的活动中，他邀请《星球大战》电影音乐的作曲约翰·威廉斯，他喜欢与史蒂文·斯皮尔伯格和获得过奥斯卡奖的好莱坞演员共进午餐。在他的第一次任期的就职典礼上，黑人女歌手唱响《我们将超越自己》这首废除种族隔离的颂歌，六位萨克斯管乐手演奏猫王的歌曲《心碎旅馆》，一位西班牙语女歌手表演拉美裔音乐，还有一位南部乡村音乐的歌手；在第二次就职仪式的晚会上，轮到迈克尔·杰克逊演唱。随后的任期内，在一次私人晚宴上，他邀请他的朋友爵士乐手温顿·马萨利斯，他在白宫指挥一个 17 位乐手的黑人乐队，克林顿用萨克斯管给他
365 伴奏，随后当着一位宾客瓦茨拉克·哈维尔总统进行小范围谈论，哈维尔对这种爵士乐和民主的氛围惊奇不已。

在第二个任期里，克林顿在白宫又陷入孤立，他发现孤独不再适合他的年纪。于是，他学习演奏吉他，上很多音乐课。在他的私人放映厅里，他让人放映二十多遍《正午》——这部最受历届美国总统欣赏的

长篇电影。在一次访谈中，克林顿说：“这是一部有关直面恐惧的勇气的影片，有关一个人做他认为正确的事情，即便他可能失去一切的影片。一路上，加里·库珀都在担心。他不奢望当一个硬汉。他只是在做他认为正确的事情。这是一部出色的电影。”

总统的两个行动留下了印记。首先，由希拉里·克林顿主导的“拯救美国珍宝”计划旨在保护美国历史遗产。几十个场址，诸如路易斯·阿姆斯特朗故居和托马斯·爱迪生的科研试验室等，因补贴尤其是借助税收减免措施而得以修复。这项政策此后被乔治·W.布什接手，由他妻子劳拉·布什继续。另一个行动就是，公元2000年白宫主导的雄心勃勃的纪念活动——“尊崇过去，设想未来”，旨在确立艺术计划的目标。克林顿为这两个单独计划找到的资金要比他在两个任期里给国家艺术基金会找到的资金都要多得多。

国家艺术基金会的女主席没有感到她希望中的来自总统的支持，也没能说服国会相信她的良好意图，她——一个心灰意冷的女人，领导着一个千疮百孔的事务处，宁愿在克林顿再次当选后不久于1997年10月辞职。简·亚历山大后来在她苦甜参半的回忆录中写道：“我本以为总统关于国家艺术基金会会有更多话对我说。我是经过了很长时间才意识 366
到国家艺术基金会与我本人被打发到了第一夫人的麾下。”

这位戏剧演员将国家艺术基金会的主席位子让给了一个南方人，一个克林顿的亲信——比尔·艾维，他来自田纳西州纳什维尔的“乡村”音乐产业。他曾任“美国民谣协会”主席和“乡村音乐基金会”负责人，这是美国乡村音乐全国性的院外游说团体。在国家艺术基金会，他是积极而有效率的，他与所有议员会面，让他们放心，特别是那些南方议员，他资助实现一部大型“民间”文化百科全书。比尔·艾维使严格分配补贴的规定得到采纳，打破了国家艺术基金会精英主义的形象，他实行了克林顿依靠“社群”来传播文化的理念，在国家艺术基金会历史上首次尝试规范文化产业。但由于缺少资金和权威，艾维基本上未能让人接受他的观点。国家艺术基金会尝试规范文化产业吗？在好莱坞和百老汇，国家艺术基金会的预算还不如一部长篇电影，它大概没有给人留下什么印象。

作为克林顿的朋友，比尔·艾维承认从未能进入椭圆形办公室。比尔·艾维是宽宏大量的，他如今解释说："对于比尔·克林顿而言，文化始终是至关重要的。比如，音乐改变了他的人生，但是作为总统，艺术未曾成为他的核心关注。他从未从公共政策的维度来设想文化，这是一个事实。但是在这一点上，克林顿与所有的美国总统相近。"

在国家人文学科基金会有相同的过程：比尔·克林顿最初冒险选择谢尔顿·哈克尼为新任主席，他是研究"60 年代"和民权运动的历史学家，曾任费城宾州大学的校长，在那里他奉行"平权法案"的强硬
367 政策，导致极端保守派右翼激烈反对他。为了修正误差，四年之后，克林顿选择了相反的姿态，用威廉·费里斯代替他来执掌国家人文学科基金会：他是研究猫王的专家，是研究布鲁斯音乐的历史学家，他曾带着录音机去乡村小酒吧录"自动点唱机"里的布鲁斯，他的博士论文是关于密西西比三角洲地区的黑人民谣，这位家族拥有种植园的南方白人贵族在牛津的密西西比州大学领导着"南方文化研究中心"。

国家艺术基金会与国家人文学科基金会这两个与"民谣"有关的任命，是对克林顿总统任期的演变的很好总结：走向南方，走向受到忽视的地区，走向黑人街区，反对东海岸的精英主义，走向"民间艺术"，走向"人们"。这位总统在他的第二个任期里对于艺术问题完全沉默，很快他就因为莫妮卡·莱温斯基的丑闻以及因此在攻击国家艺术基金会、马普尔索普和塞拉诺的那同一批人中引起的喧嚣而受到削弱。希拉里·克林顿在回忆录中用一个著名的表述揭露这批人："极端右翼势力的密谋。"

要想理解克林顿何以引发了仇恨，必须留意到他并非因为做过的事情而遭人嫉恨，不是因为政策，而更多的是因为他所代表的象征：他是多元和多种族文化的象征，是"60 年代"的象征。那些进行"文化战争"的共和党人不需要寻思很久就会拒绝他：他们只需要顺从自身的倾向就够了。他是人口爆炸时代出生的孩子中第一个掌权的，作为这一代人的象征，他因此而不被看好，这一代人意味着不成熟、缺乏自律、娘
368 娘腔和"自我中心"。极右派尽情地欢庆，谈到他的时候他们只用"克林顿和克林顿"：比尔只是一个给希拉里拎包的。

然而，总统从未放弃斗争，甚至有一天他对他的共和党政敌纽特·金里奇交心：“我就是你小时候玩的橡胶制的胖小丑。你越是打我，我越是健旺。”但是，虽然他保全了自己，避免了辞职，克林顿不再有变革的能量来关注“民间”、“多元”、“社区” 和“青少年”，在他执政之初，这些都是曾经让人寄予希望的。他眼高手低，他了解美国人，了解形势，在他离开白宫后，给人的感觉是事业未竟。

乔治·W．布什2001年1月上台，在艺术界的人气原本已经很低，加上他们还记得他父亲，所以他花了一年多才提名作曲家迈克尔·哈蒙德担任国家艺术基金会主席，哈蒙德就职后六天去世。岗位又空缺了一年——在此期间，国家艺术基金会摇摇欲坠，全国艺术问题委员会没有换届，仅仅成为二流艺术家和作家的小集团，之后新主席达纳·焦亚才得到任命。

达纳·焦亚是意大利裔，这位为人随和且性格外向的诗人随即痴迷于这样的想法：即他可以既是诗人又是部长。他会说德语、法语和意大利语，善于曲笔、吊诡和吹捧，他竟然在布什周围，这是令人吃惊的，或者说令人错愕的。因此，在白宫、国会与最高法院之间，我们这位诗人再次看到古典戏剧的限制——这三者之间的“三一律” 的法则。他精明而狡黠，曾在著名的斯坦福大学获得MBA，做过生意，对于一位
诗人来说这大概是独一无二的。达纳·焦亚因其编写的文学选集和自己 369
的诗作而得到人们承认，最初他貌似一位不专业的行政管理者，但是他通过时间证明自己还是很能干的。虽然没有人明白，他是为什么并且如何在“9·11”袭击之后，由乔治·W．布什任命到这个敏感职位的。但是如今他承认，他很自豪地领导过“世界上最民主的文化事务处”。

按照他自己的话说，他是带着“重建遭到摧毁的事务处” 的意愿来到国家艺术基金会的，他捍卫一种新政策：“在美国，我们组织文化的方式不是捍卫艺术家，而是捍卫美国人民。”达纳·焦亚熟悉环境以后，他支持艺术家们反对共和党，而又支持共和党反对艺术家们。他自称与黑人创作者们亲近，却并不倾向于在国家艺术基金会执行“平权法案”（他声明反对任何“恩赐态度”），他同情同性恋者，但却不能够也

不愿意重新讨论改名为《风化条款》的反淫秽条款，如同最高法院决定的那样，这一条款禁止艺术家们有任何挑衅行为。在必要的时候，他会否决同行评委会的决定，对一些奖助金进行审查，但这很少发生。他不断向劳拉·布什和她的墨西哥艺术收藏示好——总统夫人是他的主要靠山。达纳·焦亚行事审慎，他懂得确立一套在美国能取悦所有人的巧妙的说法："如果建立起来的一套文化体制，市场在其中对艺术不起任何作用的话，那么这将产生一种机构性的停滞，就像如今在欧洲国家看到的那样；但如果将艺术完全交由市场来发挥作用的话，你们现在就会看到艺术濒临危险[46]。"因此，他与前任们使用的是同一种套路，他为更多的艺术教育、更多的慈善和 NEA 更多的预算而奋斗。

370 国家艺术基金会是一个受到削弱而不再有人谈论的事务处，其预算还有大约每年 1.25 亿美元（2005 年的数字），其中 40% 不受它控制，直接预先转给各州，各州再将之公平分配，矛盾的是，这一比例现在正在不断扩大。

实际上，在小布什的任期内，达纳·焦亚比老布什任期乃至克林顿任期内的前任们做得都要好，他有些回到尼克松时代国家艺术基金会所代表的东西。他恢复了国会道路，逐个地说服议员们："这位'新人'似乎想成为我们的朋友，他代替了'我们'最坏的敌人：今天日子不错"，与众议院会谈后，在送他回办公室的公用车上他这样说。"我们"指的是"艺术"，而非共和党。

与很多作家一样，达纳·焦亚以自我为中心，并将他的这种自重用于为国家艺术基金会服务，这是他自以为是的一面，也是他自我陶醉的一面。他的唯我独尊是诗人的陶醉受到权力和成功的欲望催发之后而形成的。按照他的说法，他感觉自己是一个"天才经纪人"：他说，"I am a doer"，是一个干实事的。首先，他想让人放心，通过"选择自己的战场"，建立了一份进取计划。首先，说服共和党主导的国会，他发表一些展示国家艺术基金会补贴的地理分布的彩色地图，具体提出将莎士比亚戏剧在全美巡演，甚至演给驻扎在阿富汗和伊拉克的士兵看。然后，推出爵士乐巡演，到中小学，到 50 个州。随后，他公布了关于美国文学与诗歌的阅读量下降的一份广泛的调查，提出一些办法来努力重新唤起人们对写作的兴趣，他到处都受到人们的赞许——首先就是曾经当过图书馆员的劳拉·布什。在谈到自己的使命时，达纳·焦亚并未想到几万名艺术家和少数幸运儿：他想着的是全国成千上万的美国人、巡 371
演、电台、电视、人群。作为丈夫和父亲、信奉宗教的天主教徒和共和党的选民（但非党员），他在国会里不受嫌疑。他作为诗人发言的时候，民主党喜欢他；作为生意人发言的时候，共和党人尊重他。他尤其擅长在布什周围周旋，这里是阴谋家、新保守派意识形态家、南方佬和嫉贤妒能者的小集团，他同时注意着不归属任何小圈子。他的灵活超过他的正直，他对当代艺术较少关注，他回避黑人社群的那些活动分子，他相信古典艺术就像信奉“经典”，他补贴那些“安全”的机构，而非那些前卫艺术家，他用法语说这些人想要“打动资产阶级”。他自比安德烈·马尔罗，这是他最喜爱的作家：马尔罗是进入政界的诗人，在民族危亡的关头他导向右翼。他甚至告诉我们说他想要成为“乔治·W. 布什的马尔罗”，由此并没有看出这一意向有何可笑之处。

成绩不久就显露出来：预算增加，国会平静，一套公共形象和公共话语，树立起国家艺术基金会的良好形象。这不同于罗杰·史蒂文斯，也不同于南希·汉克斯，但是艺术家们很惊喜，尤其因为这是一个由乔治·W. 布什选择的人。在达纳·焦亚的任期，预算的增加比20年来任何一位前任都要多。

在国家艺术基金会预算的增长方面，在知名度方面，布什43（人们这样称呼小布什，他是第43任美国总统）超过布什41（老布什），超过里根，甚至超过吉米·卡特和比尔·克林顿加在一起，如何解释这些？无疑，达纳·焦亚有很大的功劳，他表现得越来越灵活，成为艺术事业真诚而能干的代言人。据说劳拉·布什待他犹如母子，乔治·W. 372
布什保护他，一些同样富有的慈善家的妻子们看管着国家艺术基金会，只要这个文化事务处有什么麻烦，她们就向白宫发起攻势。欧洲人会觉得这一切有些奇怪。

在21世纪初，国家艺术基金会的神秘之处正在于此。由理查德·尼克松和乔治·W. 布什任命的负责人是最能捍卫这个事务处的人。1980年代初里根的幕僚们试图消灭这个事务处的时候，是共和党的百万富翁的太太团起来造反，她们成功地打退了总统的人。由此显露出这个联邦文化事务处在深层次上的矛盾属性，虽然这种特色更多地概括了它的历史，而不说明美国的“文化政策”。

## 巴拉克·奥巴马与文化多元性

第一任非洲裔美国人总统巴拉克·奥巴马2009年入主白宫是否改变了美国的文化政策呢？从其风格、文化上，奥巴马与他的前任们彻底决裂，但是美国文化体制仍然忠实于自己的原则。

2008年选战中，奥巴马的文化团队发行了一个文化建议的小册子。出版了一个《艺术纲领》，建立一个“奥巴马国家艺术政策委员会”，委员会中有几百名艺术家，他们同样呼吁投票给奥巴马，从琼·贝兹到弗兰克·格里，从菲利普·格拉斯到马丁·斯科塞斯，从史蒂文·斯皮尔伯格到“快转眼球”乐队成员。自从肯尼迪以来，美国文化界从未
373 这样大规模地动员起来，也从未这样团结起来支持某位候选人。作为对他们支持的回应，这位候选人告诉他们自己对文化、书籍与艺术的热爱。2008年7月在《滚石》杂志上的一则访谈备受关注，奥巴马介绍说他的80G的“iPod”里的内容是折中主义的，各种音乐风格的代表作都囊括其中，他偏爱鲍勃·迪伦，有他超过30首歌（这是从卡特到克林顿，那些民主党总统的传统的倾向）。全国各地年轻的创作者们自发动员起来，创作了不计其数的图像、照片、装置艺术和网络视频，首先由谢泼德·费尔雷喷涂了2008年度的政治形象——奥巴马的红黑相间的海报《希望》，费尔雷因此而闻名全世界。

他在选战中有时由史蒂维·旺德、阿雷萨·富兰克林和奥普拉·温弗莉陪同，奥巴马在他的一个短片中还使用了贺比·汉考克的一首乐曲，在他的集会中使用了布鲁斯·斯普林斯汀的专辑《The Rising》——这是他的另一位朋友。面对奥巴马，他的对手约翰·麦凯恩不懂得如何谈论艺术，他的文化纲领只有四行字，他想通过表现他对“ABBA”乐队的喜爱来与奥巴马的非常具有黑人特色的文化有所区别：“我不介意说我喜欢《舞后》。如果我当选，白宫电梯的背景音乐将是‘ABBA’的”（这个乐队发表声明进行否认，拒绝将自己的名字与麦凯

恩联系在一起)。2008 年 11 月 4 日，奥巴马以 53% 的人气选票当选。

在他 11 月当选与 2009 年 1 月就职之间的过渡时期，奥巴马建立起由克林顿任期的国家艺术基金会前主席比尔·艾维领导的一个文化小组。小组侧重的轴心是少数族裔社群、艺术教育和文化外交——巴拉克·奥巴马重新借用克林顿的前部长约瑟夫·奈的“软实力”的思想 374
(如我们参阅的档案与收集的见证所证明的)。

在比尔·艾维给当选总统的咨文中，我们又看到了许多克林顿的想法：必须安抚南方议员，让国家艺术基金会采纳一些严格的分配规则来破除这个事务处的精英主义形象，依靠社区来传播文化；地理分布至关重要：必须让文化政策向那些被忽略的地区和民众、向南方和黑人街区扩展，必须捍卫民间艺术，更加与“人们”接近。这些思想的主要缔造者是比尔·艾维（他刚刚在《艺术公司》[*Arts Inc.*] 中将这一切加以理论化)，他认为美国文化生活处于关键的转折点上。对于他而言，文化政策必须改变，因为关键问题越来越不在于公共领域和非营利领域，而是在于将这些领域与市场衔接起来。艾维提醒我们，政府不应再浪费时间去尝试资助博物馆或剧院，在美国这不是政府的职责，政府应该负责那些重大问题。在他看来，政府负责所谓的重大问题，就是管理创意产业、保护版权、限制娱乐业跨国公司的垄断、文化全球化和数字化转向。换言之，总统应该不再专力于无关紧要的国家艺术基金会，而是应该关注真正影响美国人的文化实践的领域。虽然比尔·艾维向奥巴马及其亲信幕僚们长篇大论地写了上述这一切，但是却没有得到反响，也没有得到对他的咨文的回应。

甚至有一些谣言说新任总统可能将建立类似文化部的机构，在美国这将是第一次，不管真假，反正这个想法由天才的音乐家和制作人昆西·琼斯向媒体曝光了。另一个提议也引起了争论，即创建一个青年艺术家的“艺术合作社”去介入那些处于困境的学校。这两个想法都没 375
有下文，而且永远不会实现。比尔·艾维在 1 月底回到纳什维尔的范德比尔特大学，他在那里建立一个文化政策和创意文化产业的研究中心，即柯布艺术、企业和公共政策研究中心，但是却未能在新总统入主白宫之际真正对尚未定型的艺术政策有所影响。

米歇尔和巴拉克·奥巴马回归到肯尼迪夫妇的那种魅力影响，早在就职当天，他们就善于操弄文化象征。奥巴马在国会山宣誓之前请灵歌女王阿雷萨·富兰克林首先演唱了《美国》，这是美国的旧国歌，这个象征得到了多元文化的美国人的认可。奥巴马没有忘记他同样是因为少数族裔而当选的，他们正在成为美国人口的多数。在之后的十次官方舞会上，最著名的福音音乐歌手与拉美裔詹妮弗·洛佩兹和夏奇拉汇聚一堂。那些“饶舌”歌手也没有缺席：坎耶·韦斯特、艾米纳姆、李尔·韦恩和“Jay-Z”进行了《我与奥巴马一起摇滚》的演出。在游行、音乐会和晚会上，明星们进行演唱，从碧昂丝到布鲁斯·斯普林斯汀，包括“亚瑟小子”、贺比·汉考克、史蒂维·旺德和“U2”的主唱博诺，他演唱了《骄傲》。古典音乐同样受到尊崇，有一些交响乐队与马友友的大提琴一起演奏。在官方晚宴上，奥巴马与史蒂文·斯皮尔伯格、达斯汀·霍夫曼、汤姆·汉克斯、乔治·克鲁尼、丹泽尔·华盛顿和奥普拉·温弗莉共襄其事。属于迪斯尼集团的马弗尔出版社出版了一本《蝙蝠侠》特别漫画版图书，这位超级英雄在书里甚至与奥巴马擦肩而过。新任总统本身成为了一个当代神话。

一进入白宫，奥巴马就在艺术方面有所作为。实际上，他的文化政
376 策不仅围绕着那些明星和娱乐业。他的政策扎根于思想，奥巴马毕竟是一个知识分子。他的许多直觉来自他阅读的书籍，来自他在芝加哥当社区组织者的岁月，来自他在哈佛大学的法律学习和他在芝加哥大学的教书生涯。他的哲学可以总结为一个主要思想，即真心重视文化的某种多元性。虽然这仍然是一个模糊概念，这是1970年代在英国和北美出现的概念，随后由最高法院在1978年“巴基案”的决议中进行了界定，然后在1980年的吉米·卡特任期内由国会采纳（本书后文将详细分析）。但是奥巴马对这一观念加上了自己的印记，即一个后种族时代和后身份认同时代的美国的印记。这是在克林顿的亲和力和活力的基础之上加上道德观，并减去社群主义。早在2008年，奥巴马在他的纲领性著作《无畏的希望》中就写道：“我抛弃仅仅基于种族认同、性别认同和悲情主义的政策。”文化多元性成为全球化的意识形态，这同样成为美国的新面孔。

在文化问题上，奥巴马及其团队最终确定下来三个核心：城市复兴、艺术教育，特别是经济活力。早在2009年春，创意阶层就被动员起来参与国家的经济重振，对国家艺术基金会追加了几百万美元，使之得以延续，从而在经济刺激方面起到某种作用，抑或尽了绵薄之力。自从奥巴马就职典礼当晚达纳·焦亚辞职之后，国家艺术基金会的主席职位一直空缺。等待了漫长的几个月，才找到一位接任者。最终，2009年夏，奥巴马政府宣布任命罗科·兰德斯曼担任国家艺术基金会主席 377
（8月份得到参议院批准）。

在许多人看来，兰德斯曼像是罗杰·史蒂文斯的接任者，同史蒂文斯一样，他是一位著名的百老汇的制作人，一个属于商业戏剧的人。他是奥巴马的朋友？据说如此。他曾经是奥巴马选战的募款人？肯定是的。总之，选择兰德斯曼是巧妙的，这不仅具有混搭风格而且混合了文化问题中的政治敏感的方方面面。剧作家托尼·库什纳立刻欢迎“这个自沃尔特·惠特曼诞生以来美国艺术界最好的消息”。

兰德斯曼是中西部人，生于密苏里州，与克林顿任期的比尔·艾维一样，他突出他的地方渊源，以此与所谓的东海岸的艺术精英主义决裂。他热情地谈论棒球（他拥有三个少年球队）、赛马（他发财靠的是卖出他的首批纯种马），当然他谈论乡村音乐，他是这方面不错的专家（他收藏有歌手洛格·麦勒的稀有的唱片）。然而，我们不能将兰德斯曼归置于中西部文化，或者主流娱乐业。他曾经在知名的耶鲁戏剧学院学习，作为制作人，他曾经冒险捍卫一所高品质的剧院。实际上，他对文化具有广义的和杂糅的观念，文化既是艺术又是娱乐，既“雅”又“俗”。一方面，他拥有和经营着百老汇五座最大的剧院，他毫不犹豫地重视通俗音乐剧（比如《大河》和《金牌制作人》）；另一方面，他尽量重视艺术，是他将托尼·库什纳的著名剧作《美国天使》引进百老汇的。

自履职以来，以说话坦诚著名的罗科·兰德斯曼证明了他的判断力，人们很少谈到他，也很少谈到国家艺术基金会。但是，2009年当共和党指责国家艺术基金会资助亲奥巴马的艺术家时，发生了一场有一 378
定规模的论战。尽管如此，国家艺术基金会的预算在2009年仍保持稳定（1.55 亿美元），然后在 2010 年有了微小的增加（1.675 亿美元）。对于一个联邦事务处来说，这样的停滞给出了一个明确的信号，国家艺术基金会并没有比吸引克林顿政府更多地吸引奥巴马政府，原因基本上是相同的。奥巴马没有建立美国文化部，这是某些人梦想的或者认为他有这样的想法。他没有将国家艺术基金会变成他文化政策的工具，甚至也没有真正押宝在通过艺术来振兴城市上。至于艺术教育，米歇尔·奥巴马个人对此很上心，除了联邦的艺术事务处之外，她也得到了重用。

奥巴马为何没有从深层次上改变美国的文化事务处或者选择建立美国文化部呢？从吉米·卡特到比尔·克林顿任期原因都是相同的，在于一些常常提到的因素：联邦主义和将文化去中心化到各州；共和党对“艺术沙皇”权力的不断批评；人们拒绝看到联邦政府扩大规模。2009 年 1 月，在其就职演说中，巴拉克·奥巴马宣布：“我们如今问自己的问题不是想知道我们的政府是否过于庞大或狭小，而是想知道它是否起作用，是否运转良好……如果答案是肯定的，那么我们就向前走。如果答案是否定的，那么这些计划将被砍掉。”国家艺术基金会的预算没有被砍掉，但是奥巴马同样没有选择“向前走”，他偏重保持现状。

他在政府成员任命方面属于中间派，他的策略是兼顾两党，到处都表现出实用主义，奥巴马从未想过与共和党在国家艺术基金会的问题上
379 交锋，因为这个微不足道的让人头疼的事务处不值得他这么做。他的方法属于寻求共识，而非进行对抗，他更多的属于一个技术官僚，而非意识形态专家，他想通过收拢人心来安抚众人，而非通过分离人心来占据控制地位，国家艺术基金会对他来说太分离人心了。

这尤其是因为，在他任期之初，奥巴马已经被右翼打上了精英主义的标签：比如 2010 年《华盛顿邮报》一篇时评的题目《风雅的奥巴马》，反映了大多数美国人的感受。任期之中，从 2011 年 1 月开始，民主党在众议院失去多数，这明显限制了他的操作空间。舞动国家艺术基金会这块红布如今要更加谨慎了。尤其是，美国历史上的第一位黑人总统并不需要用这张牌来代表文化中的改变，因为他本人就是被艺术家尊崇的偶像。因此他宁愿自己行动，而且这样十分有效。

如今，在白宫，米歇尔和巴拉克·奥巴马回归到肯尼迪夫妇的奢

华。精英主义不好，但用于施展魅力却很好，尤其是当他将那些受人欢迎的主流艺术家邀请到台上的时候。早在2009年，奥巴马举行了一些现场音乐会，参加的有“地、风与火”乐队、鲍勃·迪伦、艾丽西亚·凯斯，还有半反现代体制摇滚、半乡谣风格的歌手雪儿·克罗。还有一些作家，比如保罗·马尔登，受邀来诗歌欣赏专场朗读他们的诗歌。另有一些诗喃歌手则受邀在一些“说出的话之夜”进行演唱。美国娱乐业的所有名流都曾经在总统的餐桌上受到过招待，从音乐制作人大卫·格芬到梦工厂的老板杰弗里·卡森伯格和史蒂文·斯皮尔伯格，不要忘记还有总统老朋友，从史蒂维·旺德到布鲁斯·斯普林斯汀。

奥巴马如此重视这些受大众爱戴的艺术家，为那些持怀疑态度的时评文章提供话题，维系舆论持续关注的热度，但又不显得过于精英主
义。新肯尼迪派加后克林顿派，总统夫妇想要取悦所有人。奥巴马是一 380
位“后国家艺术基金会”时代的总统。

国家艺术基金会40年的历史——最初的独特历史，随后的成功历史，最后的悲剧历史，是对美国战后文化政策及其矛盾之处的准确概括。通过这段历史，我们可以看出时代的转型，从中追踪一些更大规模的论争。

国家艺术基金会的历史，首先是两位伟大的主席——罗杰·史蒂文斯与南希·汉克斯持续了近15年的“成功故事”。他们的继任者，卡特任期的政治上倾向左派的“民粹主义者”利文斯通·比德尔和里根任期的政治上倾向右翼的弗兰克·霍德索尔，他们让该事务处走向偏差，使得里根、布什政府以及克林顿任期上1994年的共和党多数派有了口实来谴责这种偏差，以便加速事务处的垮台。

在老布什任期里约翰·弗龙迈耶辞职时国家艺术基金会的预算大幅消减，克林顿任期里简·亚历山大辞职时这个联邦事务处的预算的很大部分被“去中央化”，更不能忘记最高法院批准了反淫秽条款，人们习惯将这一切称作“国家艺术基金会的衰落”。1965年建立时的那个事务处已经死亡。虽然在1960年代至1980年代美国文化中其作用仍可讨论，但至少可以肯定如今对于美国的艺术来说它已经不再是一种关乎生

死的力量，它不再重要。但是国家艺术基金会的衰落更多只是掀过历史的一页，而非让人从中预见未来。

作用并非全是负面的。这个联邦文化事务处在美国文化发展的关键
381 时刻起过至关重要的作用。在它1965年创立到1992年“垮台”前后，国家艺术基金会资助过美国9.2万多个艺术家和文化机构。虽然这些奖助金和补贴即使在其黄金时代也从未占到美国文化机构预算的1%，但国家艺术基金会的关键贡献是由政府带给“文化”的认可和正统性。所以，国家艺术基金会的性质首先是这种在普遍意义上对艺术家和艺术进行认可的政策。

在国家艺术基金会诞生前，美国文化缺少代言人，缺少“一致的声音”。国家艺术基金会就是喉舌：它是一个声音，通过它的每届主席，它甚至还是一副脸孔。然而，部分原因上，遭人质疑的正是文化代言人这一概念。究其实，文化在美国不应具有单一的和中央集权的面目，也不能由任何人来界定或者支配，甚至也不可能由任何人来代表。任何在政府和美国的权力中心对趣味、对美和卓越的裁定都是人们不希望的。文化应当属于所有人，比欧洲更加地应当“去中心化”和普及化。

这一切使我们可以解释“文化战争”中最奇特的一点：为何为了如此之小的事务处，为了如此微不足道的预算会产生这样的争斗？国家艺术基金会的年预算低于美国军队仅仅在军乐队上的花费，为何斗争如此激烈？为何保守派右翼用这么大的力气去攻击一些对美国来说多数处于边缘状态的艺术家？回答这些问题，便要通过国家艺术基金会之战去了解正在发生的是一场关于美国意义、美国价值、美国的民族认同的论辩。矛盾的是，“文化战争”证明所有那些在1965年之前反对联邦政府卷入文化资助的人是正确的，也就是那些大博物馆和交响乐队的负责人，因为他们当时认为这会导致艺术丧失独立，导致艺术政治化、官僚化或艺术自由的终结。现今的奥巴马，如同之前的比尔·克林顿和吉米·卡特一样，是不可能不同样这样认为的。

国家艺术基金会从它的名字上就可以看出一个已经逝去文化共识的时代，对于艺术的定义以及艺术共有的、共同的和民族的属性，在1990年代就都已不复存在了，由当时的比尔·克林顿任期的共和党为

这个事务处送了终。从国家艺术基金会留下来的仅仅是“基金会”这个词，这是将文化交付慈善和“私人”资金的象征：随着这个事务处的垮台，文化体系又重新变回到它在美国一贯的样子。

因此，随着“文化战争”，在美国直接针对文化的公共政策的历史终结了。国家艺术基金会算是对40年艺术生活的揭示和很好的概述，但在“主流”的美国，与任何“文化政策”的概念一样，国家艺术基金会仅仅构成一个次要现象。

从肯尼迪的“卓越”到约翰逊的“伟大社会”，从吉米·卡特的城镇政策到克林顿的“青少年”艺术，这种对于艺术的直接的和中央的政策失败了。那些基金会在联邦政府逐渐退出之后可以收复它们的位置。总之，国家艺术基金会的插曲结束了。但是现在美国由于它的各种基金会、慈善业、独立机构、艺术赞助人、大学和文化多元性——奥巴马总统是其代表，美国又重新成为美国。

# 第二部分

# 文化社会

# 第七章　慈善业 385

> 如果不仅限于想象力和大胆，一个民主制度下的负责任的政府通常不能超越公众的意愿来进行试验和有所作为……基金会有自由进行独立的选择，而不必受制于接连不断的民意公决。反之，社会期待这些基金会公开它们的行动，期望它们为普遍利益行事，但同样期望它们将自由用于改善公共福祉。
>
> ——亨利·希尔德
>
> （福特基金会负责人[1]）

在美国不存在文化部。中央的公共文化政策的一再失利导致艺术界失去了官方代言人和直接的补贴，这会使得艺术被抛弃给市场任其独断支配吗？或者抛弃给一些无所事事的资本家听凭其非理性地任性妄为吗？从安德鲁·卡内基到福特基金会，美国建立起了一套独特的资助体系，它不断地专业化和理性化。在这一过程中，这些富有的个人、精英俱乐部变成为机构，慈善业演变为政治，产生了一种真正的文化行动。386
总之，这个大规模的体制依靠的是一套行之有效的税收政策、数以千计的基金会、一类具有特殊法律地位的机构、成百所大学和一些社群，它们共同维系着一个真正的文化社会。基于此，虽然不存在文化部，文化生活却无处不在。

## 卡内基、洛克菲勒、福特：资助文化事业的富人

“在美国，大多数富人是从穷人白手起家的[2]。”托克维尔的这一著

名表述非常适用于安德鲁·卡内基。他是“白手起家”的典型，1835年出生于苏格兰一个因为工业化而破产的普通手艺人家庭。他的父母向往更好的生活，他们于1848年借钱移民美国。在他们定居的宾夕法尼亚州，安德鲁·卡内基在13岁时成为童工，在一家纺织厂纺棉线，每周挣1.2美元。他时不时地光顾匹兹堡的一家私人图书馆，他在那里可以免费阅读一些作品，虽然作为童工，他本来是不太有机会与“书籍”结缘的。他的所有教育都是在这里完成的，是通过自学。卡内基说：“当我小时候在匹兹堡做工的时候，安德森上校，我在提到这个名字的时候无法不带有极大的感激，将他的有4000册图书的小图书馆向孩子们开放。每周六下午，他都在家，让大家交换图书。期待着下礼拜六的新书，没有人能够想象这对于我意味着什么。因此，我决心如果哪一天
387 我富有了，我的财富应当被用于建设免费图书馆，以便让其他穷孩子可以拥有跟我一样的幸运。”

少年时代，卡内基干着一个一个的小活计，后来进入一家铁路公司，他从那里一级一级地爬上去。27岁时，他用积蓄投资了一家小的卧铺车厢公司。从一开始，他并不将资本主义看作一种个人冒险，而是将之看作一项集体事业：多亏了一些合作者，他找到了必需的资金。30岁时，他冒险进入实业，开发一项技术发明，这一发明可以轻松地将铁矿石变成钢，他开始建设铁路桥、火车机车和铁轨。技术创新、投资、合作伙伴、收益率、对主导地位的梦想，这一切综合起来使得安德鲁·卡内基变成了资本家，从而赚钱成为他的根本目的。38岁时，他领导着钢铁业的一个工业小帝国。他的哲学很早就有社会意识的印记，那就是资源与合伙人共享，并让工人尽可能从中获利，他鼓励工人们持有企业的股份（他们很少人这样做）。在那时候，警察有时候还向工人开枪来破坏罢工纠察队。此后30年中，他成为钢铁业巨头，成为那个时代最富有的人之一，那时美国既无反托拉斯法，也无所得税。1901年，他将卡内基公司转卖给了金融家约翰·皮尔庞特·摩根，获得4.92亿美元，终结了他的职业生涯。

这是因为卡内基有其他事情要做。是需要新的挑战？还是对社会的负疚感？还是受到社会主义基督教伦理观的影响？总之，他的首要关注

变成了慈善，他将致力于非营利的事业，他为此花费的精力与他曾经用在赚钱上的一样多。在他生命的最后30年，他系统地将他在50年间积 388
累的全部财富散了出去。

早在1870年代，他就开始将财富散发出去，用于建设一些公共图书馆，因为他认为无知是众恶之源，而接触书籍是小城镇清贫家庭和大城市中心区工人们的重要知识需求。在大城市，他尤其关注那些“分支”，这些图书馆的分馆可以“接触群众”（如同卡内基在资助整个纽约创建65座附属图书馆之前给纽约公共图书馆馆长的信里所写的）。

得益于安德鲁·卡内基的慷慨捐赠，在19世纪末和20世纪初，一共建设和规划了2500座公共图书馆，始终是免费开放的，这是捐赠者订立的基础条件。所有这些建成的图书馆被赠送给村镇、城市或大学，由它们来负责来管理，这有助于树立起公共图书馆应该属于集体负责的理念。

位于密西西比三角洲地区的中心的克拉克斯代尔，如今还有一座卡内基公共图书馆。在这个黑人的小城镇，布鲁斯历史上的摇篮，这座图书馆仍然是这个县的文化与知识的中心。人们来这里借书，上互联网，选择DVD。这座图书馆对该地区所有的居民免费开放，还提供家族族谱研究服务、一个盲文图书馆和主要的报刊。在入口处，可以读到刻在墙上的卡内基的名言：“免费图书馆是民主的摇篮。”

但是卡内基并不限于到处建立图书馆，他同样用大笔的资金为各个
小城镇的教堂购买了几百部管风琴，规划公园，在中小学发展艺术和建 389
立博物馆。他还建设了他的慈善公益生活的艺术标志，即卡内基音乐厅。由于绝佳的音响效果和彼得·伊利奇·柴可夫斯基（他在1891年亲自为音乐厅揭幕）、弗拉基米尔·霍洛维茨、阿尔图罗·托斯卡尼尼和玛丽亚·卡拉斯的那些传奇音乐会，纽约中心公园附近的这个交响乐音乐厅逐年来成为美国古典音乐的最负盛名的场所。

“我们这个时代的问题是如何恰当地分配财富，以便博爱的纽带能够继续将富人与穷人维持在和谐的关系中。”1889年由安德鲁·卡内基撰写的《财富的福音》的开头是这样写的，该书是美国“慈善”的奠

基文本之一。

卡内基最初是反马克思主义的，他相信对利润和经济竞争力的追求是增加现代社会的物质发展的唯一手段。对于他而言，资本主义的这种问题在于少数人拥有过度的财富。他在这一点上有所创新，他拒绝富人们花费财产的两种惯有方式，即过奢华的生活（这是他严酷的道德观所反对的），或将这笔钱留给后代（卡内基解释说，如果用这笔钱来帮助众人，会对后代有更大的帮助）。卡内基反对像欧洲那样征税，因为这会破坏投资和创新，在这一点上，他绝好地体现了美国模式。这就是为何他在书中解释说那些为自己花钱或者将钱留给后代的富人，这样的自
390 私不值得赞赏，如果富人这样做，“在他死的时候没有人会哭，他不受人尊敬；他将无人赞美地死去……因此，富有着死去的人死得不受人尊敬”。

那么解决办法是什么呢？对于卡内基而言，那就是慈善：在生前将钱捐献给一些崇高的事业，给图书馆，给艺术，以及继续为了大众的福祉来更好地管理财富。人对于“交付”给自己的财富负有义务和责任，这是一个很强大的想法，它的源头在于奉行苦行的清教徒思想。

对于卡内基而言，慈善是“对财富的暂时的不公平的分配的唯一解药，可以让富人与穷人和解”。由一些人积聚起来的金钱通过这个方式变成众人的财产。对于富人（就他个人的例子来说，就是来到美国的新移民），卡内基定义了一种“捐赠义务”，这是他向使他得以致富的共同体“还债”的手段。作为解读美国社会的一个关键，这种慈善的道德观是美国特有的。一个人终身奉献给资本主义，致力于对利益的理性的和有系统的追求，为的是随后将自己财产的主要部分重新分配，创建公共图书馆和一个交响音乐厅，这始终是一件神秘难解的事情。

对于卡内基而言，这种“捐赠义务”伴随着一种获得成功的义务。他列举了几个原则，今天仍然可以用来定义美国的慈善。第一，他在施舍与慈善之间建立了本质区别：前者在于捐赠给那些需要解燃眉之急的人，但是却不会结束他们的依赖性；后者则相反，在于建设一些持久的
391 措施，让所有那些想要使用这些措施的人变得独立。在英文和译文中，“基金”这个词很好地说明了这种长期建设的概念。帮助那些想要自救

的人，这既非国民的团结互助，也非一种保险，也非按照某种平等原则来进行分配。对于卡内基来说，（糟糕的）施舍在某种程度上等于给饥饿的人一条鱼，（合理的）慈善却是教他学会钓鱼。卡内基强调对于救助的拒绝（他对那些“施舍穷人”的人言辞颇为严厉，他们因此而助长恶习，比如酗酒，而非资助德行）。他更多地相信教育和培训，这就是他为何对中小学、大学和图书馆寄予厚望，首先是图书馆。同样，在他的医疗慈善功德中，他强调对疾病的预防，而非立刻减轻病患的痛苦。

第二个原则是对慈善进行有效的管理。对于社会事务或文化的管理，卡内基不信任国家，因为国家缺乏雄心和一视同仁的救护使命；对于他来说，国家应该将它的救助职能和行动局限于那些不能劳动的人，即病人和残疾人。相反，已经获得财富的人，他证明了自己有能力管理企业，所以他能够将自己的经验用于服务众人。在慈善中，他应当利用他作为资本家在生活中善于运用的那种同样的商业意识。因为涉及的是“自己”的钱，慈善家与官员相反，他会对钱进行严格分配，控制其使用，时刻加以关注。

由此产生了卡内基慈善的另一原则，即必须在自己生前利用自己的钱来开展慈善。首先，按照严格的清教徒教义，这一规则的好处是将自己收到的“还回去”，只有富人自己才能“将过剩的财产交给同胞大众”，富人们只有在生前才能做到这一点。而且，富人不仅捐献金钱来 392
致力于慈善，他同样要献出“自己的时间和作为商人的才干以确保事业的成功”。

卡内基为慈善（他很少使用这个词）提出的第四条原则是正确选择自己的事业。因为他不受需求的干扰，所以他能够设想一些对众人有益的长期目标，总之他胜过官员和政客，因为他不会受到民众的压力。知识、文化、图书馆、疾病预防、科学研究、运动、公园和教堂的管风琴是卡内基的慈善模式中的正确事业，他所列举的项目是能够说明问题的，百年之后的今天，这仍旧是对美国非营利事业的概括。比如，关于艺术，卡内基解释说：“我们的共和国常常显示其伟大，在物质发展上它甚至是无可匹敌的；但是，我们应记得在艺术方面我们几乎没有地位……在一个城市建设一个音乐学院或者在一座教堂建一个漂亮的拱顶、一座雕像或一个水池的人，他就是对自己过剩的财富进行了善用。人不只是靠面包活着。”

卡内基确定的最后一个原则是将这种慈善模式推广到尽可能多的人，将它确立为一种体系。如果说富人可以通过拥有宏图大志来做出表率，但是每个人无论其收入怎样，都可以将自己的一部分积蓄用于一些慈善目的。民众被鼓励节俭生活，以便能够留一些钱用于公益。甚至那些一无所有的人，他们仍可以通过义工的形式来奉献自己的时间。由此显现出全面的个人捐赠与志愿者运动的雏形，数以百万计的捐赠往往来
393 自于最贫寒的家庭，养育着美国的慈善业，构成其最大的部分。

安德鲁·卡内基全心投入自己的使命，他生前将3.5亿美元捐献出去，他发明了公民的慈善，它介于（由税收资助的）国家与（由利润资助的）市场之间，这成为美国公民社会的母体。如同一份让人着迷的遗嘱，卡内基描述晚年的富人“不再是成百万无用财富的无耻的聚集者”，而是因为将一切捐给慈善而成为一个“在金钱上贫穷，无疑很穷，但是在来自同类的情感、感激和敬仰方面富有，很富有的人，内心的细小声音让他安宁并支持他，轻声告诉他，因为他曾经活过，所以这个广袤世界的一小部分或许会稍有改进。毫无疑问，对于这样的富人，没有任何障碍会通往天堂之门[3]”。

## 洛克菲勒家族的精神

慈善的源头是资本主义。安德鲁·卡内基的事例显露出的这层联系在洛克菲勒家族表现得更加明确。伴随着他们的第一个基金会，慈善变得理性化和职业化。

老约翰·D.洛克菲勒（1839年至1937年）为美国慈善业提供了一个自相矛盾的样板。对于一些人来说，他是神奇的成功故事，而对于另一些人来说，他是野蛮可憎的资本主义的象征，洛克菲勒也曾经历过闪电般的蹿升。他是美国神话的化身，甚至是美国神话漫画式的图解。
394 他少年时贫穷，给人上宗教教理课；1855年，他在克利夫兰的一间杂货店当一名普通会计，每周5美元；1859年，成为一家食品配送公司

的老板；1863 年，创建了一个炼油厂；1870 年，终于建立了“标准石油公司”，这个企业在十年中成为美国最大的炼油和石油销售企业，这使他成为第一位石油巨头。洛克菲勒的成功凭借他超人的直觉：甚至在汽车发明之前，他比所有人更早明白美国将会对石油有无穷尽的需求。他的成功在于他的方法：绝对的毫无顾忌的、贪婪的、腐蚀的、反竞争的手段、对工会的严酷镇压，自私和利欲熏心，这一切使洛克菲勒成为美国资本主义最令人厌恶的人物之一。“强盗大亨”的说法在很长一段时间里就是他名字的同义词。

然而，这位令人憎恨的人物却懂得靠慈善来转变自己的形象，慈善使他成为他那一代人中最慷慨、最有创造性和最受爱戴的人物之一。老洛克菲勒从内心深处是信仰宗教的（他是基本教义派的浸礼教徒），早在 1860 年代他就开始将自己的财产分给一些教堂。但洛克菲勒却是从 19 世纪末开始越来越多地致力于慈善，那是在读了安德鲁·卡内基的《财富的福音》之后，该书深深地影响了他。很快，他将越来越多的钱捐给浸礼会、基督教青年会（著名的 YMCA），他甚至一手创建了芝加哥大学，这所大学如今成为一所知名大学，拥有 70 名诺贝尔奖得主。

在 1905 年的一封著名的信中，洛克菲勒的主要合作者建议他在慈善事业上更进一步，因为他财富的增长比他的捐赠的增长更快，“为了人类的福祉”而创造一种真正的慈善，他的合作伙伴建议他专门致力于大学、医学研究和“一项基金用以推广艺术，提高美国人的品位和发展 395
美国特色的艺术，有些类似于希腊艺术代表希腊人的生活[4]”。所以，应当建立一个基金会。但是在美国，法律还不明确允许这样做：洛克菲勒因此请求国会确定一个新的法律框架，可以让人们将私人的金钱转到公益的基金会。随之而来的是一场漫长的斗争，直至 1913 年洛克菲勒获准创建洛克菲勒基金会。至此基金会除了分发巨额的资金，还成为一种慈善模式。于是，他给基金会开出了第一张支票。他的儿子，小约翰·D．洛克菲勒在 39 岁时当选为基金会第一任主席。

洛克菲勒基金会是一个非营利的组织，它想成为现代的、国际的和理性的组织，旨在为“知识的进步”努力，这是 1928 年以来基金会的主要使命。洛克菲勒基金会由“科学”的方法来指引，探索人类问题的源头而非其后果，为此展开大规模的行动并运用跨学科的方法，它的行动在多个领域展开，从医学培训到科研，从科技农业到发展南方黑人学校，从黄热病疫苗的发现到发展艺术。

早在1913年，在洛克菲勒基金会成立之初，“艺术”就作为它的一个行动领域出现了。但直到1928年，“人文学科”部才成立，到1935年，基金会才真正关注到艺术。最初，基金会专注于考古、戏剧、帮助博物馆藏品以及档案的保存。

在小约翰·D.洛克菲勒领导下，基金会成熟起来，打造出自己独
396 特的社会认同，但这种认同是保守派的，反映为强烈的反共思想以及对共和党的支持（后来支持越战）。洛克菲勒的继承人同样是庞大无比的洛克菲勒中心的缔造者，这是1929年至1939年在曼哈顿中心区建设的一座“装饰艺术”风格的19层的摩天大楼，是一个巨大的文化与商业的综合体。这是一座名副其实的城中城，里面有几百间商店、几千间办公室、几个电影院、《时代》和《生活》的报社、美联社、美国无线电公司总部和著名的无线电城市音乐厅，这是一座拥有6000个座位的演艺大厅，曾经是歌舞剧以及后来的有伴奏电影的胜地，如今仍然是爵士乐音乐会和综艺演出的著名场所。

洛克菲勒王朝将慈善变成了一项家族事业。小约翰·D.洛克菲勒的妻子阿比是重要的艺术保护人。她是现代派画家们的朋友，是收藏家，是纽约现代艺术博物馆（MoMA）的创建者之一。

他们的三个儿子全都是慈善家，他们中的长子约翰·D.洛克菲勒三世在1952年成为家族基金会的主席，他继续扶助发展慈善事业，扶助黑人中小学和大学，同他母亲一样，他表现出对文化真正的热爱。正是他将洛克菲勒基金会重新导向古典与现代舞蹈，帮助各大学出版社、交响乐和实验戏剧。从玛莎·葛莱姆到默斯·坎宁安，从菲利普·罗斯到菲利普·格拉斯，这些现代艺术家们得到了奖助金，黑人剧作家们或前卫艺术家们也得到扶植。洛克菲勒三世更倾向于以个人名义、通过自己的基金会（约翰·D.洛克菲勒三世基金）来行事，他要求后来成为国家艺术基金会主席的南希·汉克斯提交了关于舞台演艺的具有决定性的报告，尤其在1959年创建了林肯中心，他长期地立足于文化领域。

作为对他无限雄心的见证，林肯演艺中心是在纽约百老汇大街与第 66 大街交汇处建设的一座巨大的文化综合建筑和地产。洛克菲勒三世投入 397
了他的金钱与时间，他善于将大批私营和公共部门的合作者笼络起来，目标是让中央公园以西的“上西区”重新获得活力。林肯中心于 1959 年由艾森豪威尔总统揭幕，由分散于十几个建筑中的 19 个演出大厅构成。从 1960 年代开始，中心包括伦纳德·伯恩斯坦的纽约爱乐乐团、乔治·巴兰钦的纽约城市芭蕾舞团、大都会歌剧院以及纽约州剧院。中心还包括由艺术图书馆、电影馆、朱莉亚音乐学院以及一个室内乐团和一个温顿·马萨利斯指挥的爵士乐队组成的一个系列。林肯中心有 8000 名雇员，每年预算 4.5 亿美元，如今中心每年举行 3000 场文化活动，接待 470 万观众。但是，洛克菲勒三世曾经希望中心的整体合力胜过各部分的总和，然而随着时间的推移，这一整体被逐渐肢解了。构成雅文化的“堡垒”的各个机构都要求自主，有时甚至有可能相互竞争。资金的困难也越来越严重，中心整体上是脆弱的和赤字的，如同最近一篇有影响的文章所承认的：“什么是艺术？就这个主题，哲学家们辩论了几个世纪，但是在林肯中心，答案是明确的：艺术是某种赔钱的东西[5]。”人们尤其提出了这一巨大文化中心的精英主义问题。林肯中心是洛克菲勒希望的有些高傲的古典风格的产物，它如今努力向当代文化开放，并锐意创新。但是，它仍然代表着一种历经考验存留下 398
来的模式，在美国常常被人模仿，尤其是洛杉矶音乐中心和华盛顿的肯尼迪演艺中心。它被拥护者们看作纽约的文化重镇，但却被诋毁者们看作“中产阶级彬彬有礼的文化的陵墓”，一块“官方文化的保留地”，因其访问者的年迈而被看作“提前退休者的社区”，或被看作“富人荣誉的象征”。尽管面临问题、危机、（重又开始进行的）混乱的扩张计划，林肯中心无疑仍旧是美国高质量的经典舞台艺术的主要窗口。

约翰·D．洛克菲勒三世的主席任期之后，随着洛克菲勒基金会变得职业化并形成了相对于洛克菲勒家族的独立性，基金会的行动变得多元化。因为美国各个基金会的独特性往往超越其缔造者设想的模式。基金会的设立是为了持久，它是由投入证券市场的一份基金构成，只有其年收益才被用于基金会的运作和计划。所以，基金会的延续将超过建立基金会的家族。因此，洛克菲勒基金会渐渐地完全摆脱了洛克菲勒家族，而由一些独立人士主持。这些在家族资本主义中诞生的基金会，获得了它们的自主，离开了家族的庇护，具有自己的管理结构。从这一方面看，“私立”一词往往并不适合用来定义它们，因为它们实际上是独立的，既独立于市场，又独立于政府，但同样也独立于那些捐献财产的家族。如今，同卡内基基金会和福特基金会一样，洛克菲勒基金会与洛
399 克菲勒家族不再有关系，虽然是私立的，但因为被确立为机构，它们已经进入了公共领域。

洛克菲勒基金会在文化领域仍然活跃。1974 年，在重整所有计划的框架内，它发起了一个支持艺术的整体计划。如今，基金会继续每年出资 1500 万到 2000 万美元资助创作和文化领域，但已经不再具有过去曾有过的核心作用。

洛克菲勒家族的慈善历史是一项名副其实的家族事业，但却不局限于此。老洛克菲勒和小洛克菲勒之后是洛克菲勒“兄弟”。小约翰·D．洛克菲勒与阿比·洛克菲勒的五个儿子合伙于 1940 年建立洛克菲勒兄弟基金，这是一个独立于总基金会的新基金会。尽管兄弟之间存在着因为过分以自我为中心而造成的冲突，但是他们轮流主持基金会，维持着对艺术的首要关注。出于家族精神，洛克菲勒兄弟基金的几位兄弟首先扶助他们母亲建立的那些机构，首先就是现代艺术博物馆（MoMA），他们中有几位曾经主持 MoMA，他们还帮助由他们的兄长创建的林肯中心的各个乐团、剧团、芭蕾舞团和歌剧院。他们同样专注于纽约文化，慷慨帮助该城最大的博物馆——大都会艺术博物馆。他们尤其资助了博物馆新展馆的原始艺术收藏，新馆以迈克尔·洛克菲勒命名，他是纳尔逊的小儿子，正是为了收集原始艺术，他 23 岁时在新几内亚的探险中去世。

在几位兄弟中，纳尔逊与约翰·D．洛克菲勒三世是在艺术领域最
400 活跃的。不论是主持 MoMA，还是领导洛克菲勒兄弟基金，继而担任纽约州州长（他建立该州大规模的文化事务处），或是作为杰拉尔德·福

特的副总统，他始终将自己很大一部分活动用于艺术。他私底下让人叫他“洛奇”，他是痴迷的收藏家，与南希·汉克斯异常亲密，在成为国家艺术基金会主席之前，南希是他的主要合作伙伴，后来她成为洛克菲勒兄弟基金的副总裁。

不论是第三代的五兄弟，还是第四代的22位堂兄弟，洛克菲勒家族还有许多其他慈善活动，他们中的几位如今仍是有影响的艺术收藏家。

随着无线电城市音乐厅、MoMA和林肯中心的诞生，洛克菲勒王朝改变了美国慈善业的历史，改变了美国文化的历史。“挣得越多捐得越多”是石油巨头老祖父的名言，他是帝国的源头。这种慈善与艺术的冒险显然与权势和统治有关。这种慈善依靠的是相对于国家的独立和追求最大的理性，在其方法上，在其组织方式乃至对科学严谨的要求上，它都与企业经营精神有关，虽然从其目的上它针对的是共同福祉。从本质上看，从洛克菲勒中心到现代艺术博物馆，以及林肯中心，都是为了永远纪念洛克菲勒家族的荣耀而建造的陵墓，其中涉及到的始终是占据主宰地位：做最大的捐赠者，将姓名留在最大的大学里，建造最大的博物馆。总之，文化主宰是资本主义通过其他手段而进行的追求。在文化层面，同他们的祖先在石油业一样，洛克菲勒家族持久地占据着近似垄断的地位。虽然慈善让他们更多地受人爱戴，但是同样证明洛克菲勒家族 401
哪怕在他们的慈善事业中也始终忠于“资本主义精神”，美国现代慈善的特色正在于为公益而捐赠，或许它的伪善也在于此[6]。

## 支持文化的税收政策

对于一个欧洲人而言，美国慈善业仍然是比较神秘的。这些富有的生意人用其毕生的时间建立商业帝国并获得财富之后转而行善，这种历程仍然令人迷惑。听到洛克菲勒三世这样的幸运儿捍卫让“所有人”拥有文化的理念，这是令人感到莫名其妙的。看到《读者文摘》的创立者德威特和莉拉·华莱士，他们终生出版美国大众文化的、最不精英主义的刊物，发表一些经过简化的文章的梗概，拒绝高品质的文学，后来他们却发起一个基金会，专注于文化精品、大博物馆和大乐团。这些

《读者文摘》的创立者竟然致力于被其边缘化的“雅文化”，这真让人摸不着头脑。人们矛盾地看到可口可乐的老板罗伯特·伍德拉夫在亚特兰大市将财产献给艺术，《时代》、《生活》和《财富》的创建者亨利·卢斯创建一个基金会来资助前卫艺术。人们奇怪地看到致力于大众消费的、自己动手的家居用品——“家得宝”的创建者之一，通过他的“阿瑟·M．布兰克家庭基金会”资助交响乐团、反对现代体制（另类）戏剧和亚特兰大当代艺术博物馆，而公司的另一位创建者伯尼·马库斯通过马库斯基金会资助该城的其他文化机构。更奇特的是由天才的电脑程
402 序员彼得·诺顿建立的家族基金会资助纽约最极端的当代艺术场所。德士古基金会的母公司的专业是回收地沟油、粗柴油和煤油，它却奇怪地致力于捍卫音乐和资助纽约大都会歌剧院。这些是如何成为可能的？发生了什么？如何才能解释在美国富人中如此独特而且如此普遍的现象？

慈善的源头当然有着某种宗教基础。在杰出的职业生涯终结时，在年老时普遍感到了“捐赠的需要”，这并非偶然。约翰·D．洛克菲勒是一个虔诚浸礼会教徒，许多慈善家也是如此。今天依然如此，教堂与宗教组织构成了美国捐献的首要目标（2003 年全部捐款的 36%）[7]，远远超过其他领域。

要理解慈善现象，有另一种解释是将资本主义的基督新教源头与加尔文派宗教产生的苦行主义结合起来。在加尔文教派中，在贵格会教徒及浸礼会教徒中，即美国最初的那些教派中，基督新教清教徒思想的一个特点是在救赎的达成中将职业使命置于核心地位。因此，劳动是受褒扬的，挣钱或致富也是如此，这种职业人生甚至被确立为使命。“劳动的伦理”褒扬劳动本身，而非劳动的成果，这与天主教的教义相反，在天主教中只应该获取生存必需的财富，甚至应该根本不追求任何物质财
403 富。尤其与天主教不同的是，对于清教徒而言，没有可以救赎自己过错的手段：没有告解、没有宽恕。所以，新教徒只有永远过苦行生活：奢华、享受、内心的冥想甚至悠闲都被看作是过错。基督新教思想鼓励通过对邻人的爱来有所作为，不仅仅是在家族内部，而且在家族以外，这是创建慈善事业和“社会信任”的关键所在。

虽然“善行”不足以获得救赎，但作为上帝选民的标志它们仍旧

是不可或缺的：这并非买得宽恕的手段，而是使救赎的焦虑得以解脱的手段。这一切自然有助于经济领域的投资、储蓄和慈善[8]。

捐赠继而给那些职业上获得成功的人提供了永远的象征意义上的承认——奇怪的是，这是市场无法让他们获得的。很少有人记得所罗门·古根海姆、亨利·弗里克或格特鲁德·范德比尔特·惠特尼是靠什么发家的：但是通过他们留在建筑物上的名字，人们知道他们建立了纽约最大的博物馆中的三个。虽然对于某些欧洲人来说这种态度显得有些古怪，这属于一种应该受到批判的傲慢，因为它是靠钱买来的，但却应该承认这种态度在美国无处不在。只要参观一所大学、一所博物馆或一家医院就能看到随便哪个建筑，随便哪个侧楼，随便哪座大厅都带着捐赠者的姓名。慈善往往是对永垂不朽的一种幻想，一种购买时间并延续下去的方式：博物馆、大学和歌剧院，那些由富人捐赠的建筑，有些像是埃及人的金字塔，它们构成了留名后世的纪念碑。

对慈善的另一种解释较少神秘色彩，更多实用主义，它将过去与现
今的慈善家的非营利行为与他们的职业行为之间存在的联系考虑在内。 404
捐赠的道德也是一种好“生意”。因为慈善提高了社会地位，让人进入到高级别的同仁圈子，通过它赢得联系人，因此慈善有助于在生意中获得成功，它产生了交换与贸易的可能。芝加哥的麦克阿瑟基金会一位最早的董事解释说：“我们主要是一群生意人，我们坚信经营的自由，反对有更多的政府控制。我们正是以这种方式来领导企业的，我们也以这种方式领导基金会[9]。”慈善家在董事会、在他们资助的博物馆和乐团的领导机构，遇到一些潜在的客户和有用的关系，这种情况并不少见。妻子们的作用至关重要，因为她们经常被丈夫安置在文化大机构的董事会里。实际上，不采纳这种“捐赠”的内在的慈善规则的人不仅会失去同行的社会尊重，他还会有经济上的风险。如果他不按规则行事，他就有失去客户的风险，他就可能看到金钱上的伙伴离他而去。慈善入场券的代价高昂，但它会让人到达独特的社会地位，到达一个能够带来更多收益的圈子。

在此之上还要补充一个关键点，用通俗的话说就是信任。在慈善的语言中，“trustee”（字面意义是“信任的人”）是对非营利组织董事会

成员的称呼。这一信任元素在资本主义社会里如此关键，它不断需要证明，慈善就是一种证明。如果在芝加哥你想与之做生意的人是“艺术学
405 院”或者“芝加哥交响乐团”的董事会成员，那么这既赋予他一种社会面目，也赋予他一直让你放心的可信度。这种信任关系存在于各个层面，甚至对于小城镇的小业主也同样如此：身为城市小学、“公共”图书馆（即对所有人开放，但由私人资助）或教堂的董事，这会让此人变得更可信。属于一个董事会对于一个富裕的人来说等同于良好的商业信誉的证明书，他以此来收买名声，收买社会信用。捐赠的召唤尤其强大，因为企业家需要这种地位，所以存在着一种内在激励，存在一种通过多种模糊规则向人施加的压力。最终，对捐赠的选择因此而变成了一种捐赠义务。

慈善的历史根源在宗教、社会人文主义或者资本主义，如今慈善同样具体地依靠税收政策而存在，即依靠一种公共政策。毫不夸张地说，在很大程度上，美国文化政策是一种税收政策。

这方面比其他任何方面都让欧洲人难以理解美国人的逻辑。大致说来，美国是由那些因为对清教徒的迫害而逃离自己的大陆的欧洲人建立的，他们随后选择用独立来摆脱英国的赋税。如同对“联邦税收部门”（Internal Revenue Service）的不信任，拒绝赋税是美国社会的一个历史事实。

欧洲人习惯于支付多种税负，而美国人习惯于“课税扣除返还”
406 （tax cuts）和“减税”（tax deductions），习惯于普遍的更轻的税收负担。在美国很难想象对电视征收使用税，对电影票课税，难以想象在公共图书馆实行付费的借阅制度。此外，与联邦主义有关，美国还有对联邦征税的一种特殊的不信任感，联邦税收是共和党深恶痛绝的，而近30年来民主党却在这种厌恶的情绪中继续甚至过多地征税。因此，税收系统很大程度上被分权到各州一级，而在那里占优势的是同样的不信任感。虽然因为州的数量众多并且税收政策各异，对美国税收比较难以有整体的观念，但州长们当选往往是因为许诺减税。

从历史上看来，州的介入在美国与在欧洲一样是通过增加税收，同

时增加管制范围，但是也通过无数税项减免来使个人和慈善组织在公共行动中有更多的份额。美国的运作不是通过直接补贴，美国人认为补贴会使那些机构依附于国家，美国的运作是通过税收豁免，美国称之为保障公民社会的自主。1913 年美国开创了所得税，而且从 1917 年开始对所有的“慈善”捐款免税。

逐渐地，美国公共生活的一些领域虽然没有被州政府放弃，却至少是全部与慈善业共同管理：包括社会救济的一部分，教育和大学的一部分，文化则几乎全部如此。艺术是一个政府完全抛弃的领域，因为艺术不属于联邦的地盘，甚至也不属于各州和各城市的职权。“抛弃”这个 407
词实际并不恰当，因为美国模式的捍卫者们——那些博物馆、乐团和图书馆首当其冲，他们解释说国家并非不关注艺术，因为国家给予了艺术重大的税收豁免。只要定期跟踪国会内有关税收政策的无穷尽的辩论，就能意识到所有这些税收与豁免都是由议会来仲裁的，这些是反复争论的主题，在联邦一级的议会与各州的议会都一样。

在慈善模式的这种整体均势中，税收鼓励包含众多具有决定性的参量。一方面，税收鼓励关系到个人和企业向非营利文化组织的捐赠，另一方面，因为这些组织是非营利的，它们的纳税本身也享受很多利益。而且，多数为自由职业者的艺术家，他们可以要求许多与职业相关的减税。

谈到捐赠（金钱、实物或艺术品捐赠），自 1917 年以来，捐赠可以让捐赠人从“年度可缴税收入”除去所从事捐赠的总额，扣除额度有上限，通常是收入的 50%。通过减少可缴税收入，从而可以按照税率比例得到相应的减税。这种机制很普遍：既适用于所得税，也适用于房地产遗产税，多数情况下也适用于不动产税。它同样关系到国家的各个级别，因为减税不仅适用于联邦一级，也适用于各州和城市。

举一个具体例子：如果马萨诸塞州的一位古典音乐爱好者在波士顿交响乐团的一年演出中捐出了 1000 美元，他可以从自己的年收入中扣除这笔钱（“慈善减额”）；如果他属于 35% 税率这一阶层（如今的最 408
高税率），在年底，他将少交 350 美元的联邦所得税。所以，对于慈善家来说，捐赠的真正成本低于他所捐出的钱，但是对于接受捐赠的文化机构来说，那是真正的1000美元。但必须明确指出，不管怎样这笔捐赠花了他650美元（1000减350），而同时由于私人捐赠，政府放弃了350美元的税收，少得到的钱称作“税收支出”或者“联邦间接补贴”。这些数字自然会因接受捐赠的组织的法律地位和纳税者的缴税率而有所不同。但是，确实一个人的收入越多，他的缴税率越高，他就应该增加捐赠以便减少他的应税收入，从而减少缴税额。

虽然这些税收减免能够解释美国的捐赠现象，但是仍然要提醒大家，最早的那些基金会和独特的美国慈善精神诞生于所得税出现之前，诞生于还不存在减税的时代。而且，有几份研究倾向于证明，即便在今天，减税也只能部分地解释捐赠。除了减税，能够解释美国慈善的还有独特的清教徒思想、美国财富的独特性质、“社区”精神、捐赠与社会地位的关系，也许还有永垂不朽的愿望。

由慈善资助的整个非营利领域如今占美国国民生产总值的8.5%
409 （德国为3.7%，法国为4.2%），即每年6650亿美元，等于墨西哥、加拿大或者澳大利亚这样的国家的国民生产总值[10]。同时还存在114万个非营利的协会，这一领域雇佣1100万雇员，即美国就业人口的9.3%，已经是农业人口的三倍，这是世界上无与伦比的数字。在雇员数量之上，还要加上志愿者，相当于900万全职雇员。非营利的活动存在于社会的各个方面，在社会救济和健康卫生方面（半数的医院医疗和45%的外部医疗）、教育和大学、宗教与文化领域尤其具有影响力。

总体上看，各种事业加在一起，美国人平均每年向非营利组织捐款超过2500亿美元[11]。1960年代以来，这一数字是不断增加的，但最近几年捐赠来源的分布却是比较稳定的：74.5%的钱大多来自个人捐赠，然后是基金会（10.9%），接着是个人遗赠（9%），最后是企业（5.6%）。所以，与人们通常所断言的相反，在美国的非营利部门，企业的艺术赞助并不起到决定性作用。至于捐赠在各种事业中的分配情况，近20年来大致上是比较稳定的：捐赠的36%给教堂，13%给中小学和大学，8.6%给健康卫生，5.4%给文化和艺术[12]。单单是对艺术与文化的捐赠就相当于每年130亿美元[13]。

在描述慈善模式中的个人、基金会和企业捐赠之前，应该理解这个系统是如何能够达成某种“政策”的。我们已经看到随着卡内基，特 410
别是洛克菲勒，一种模式是如何形成的。现在，应该看看这一模式又是如何演变进而形成一种真正的文化行动政策的，即福特基金会的政策。

## 麦克尼尔·劳里与福特基金会涉足文化

“今晚到此，到堪萨斯城的所有人，或许除了我们中最年轻的那些，我们都知道在艺术和文化上美国人是如何的变化多端。”1974 年 5 月 7 日，威尔逊·麦克尼尔·劳里用这一席话开始他在堪萨斯城密苏里州立大学的感人发言。他 1913 年出生于距此不远的一座堪萨斯南部的小城哥伦布，哥伦布位于密苏里州、堪萨斯州与俄克拉荷马州的交界处，这里是美国的地理中心地带。这一天，借授予大学荣誉学位之机，麦克尼尔·劳里回顾了自己的人生历程，回顾了美国文化行动史上至关重要的一页，也是他对之有所贡献的一页。

1920 年代，麦克尼尔·劳里成长的小城是典型的中西部城市，他出生于一个中产阶级家庭，而中产阶级文化中几乎不存在艺术。方圆 100 公里没有艺术，也没有城市生活，这种童年与少年时代赋予他的空间感与自由感，这是中西部人的“别想限制我”的一面。他因此对于普通的美国人抱有长久的感情。对于他来说，文化归结为几本书，没有公共图书馆，没有剧院，但是当时有被人们称作“活动影画”（moving
pictures）的东西，当然有许多的爵士乐，当时人们称作“新奥尔良爵 411
士乐”。在发言中，麦克尼尔·劳里接着说：“转变美国村庄与城市的这种平静的文化生活的，是汽车、柏油路、电影、唱片和广播。”一天，他离开堪萨斯，逆溯美国历史，“回归东部”，在 1930 年代在伊利诺伊大学完成学业，芝加哥地区传统上是中西部年轻人离开故乡的第一站。在完成哲学博士论文之后，Mac（他终生都让人这样称呼自己）开始在伊利诺伊大学英文系教书。他在战时加入海军，在华盛顿总部工作，随后被调任为军旅作家。在战争之后，他开始了记者生涯，然后于 1953 年 10 月加入福特基金会，是当时的负责人罗恩·盖瑟让他去的。

盖瑟交给他的任务是明确的：发展一套支持艺术的纲领。20 年后，当他离开“福特”时，劳里所完成的不止于此：按照他自己的说法，他导致了“美国支持艺术的方式的改变[14]”。

1950 年代初，福特基金会仍处于少年期。亨利·福特在底特律领导福特汽车公司，在上世纪初他是美国工业史上的创新者之一，通过汽车装配流水线来降低成本、提高生产率，而工人获得每日的最低工资，人们大致将称其为“福特制”。

412 1936 年，他在底特律创立福特基金会，开出第一张支票，微不足道的 25000 美元，其使命很简单：“全部为了公益”。基金会成立之初，由他妻子克拉拉与其早逝的独子埃兹尔共同管理，没什么雄心，仅限于当地的慈善，随着其领导层的衰老而一直默默无闻。然而，基金会在潜在意义上是富有的：1947 年当福特在 83 岁去世时，他的主要财产，尤其是主要以债券和股票构成的汽车公司的 90% 的份额都归属基金会，根据新的法律，对于向基金会的捐款免收继承税。福特基金会立即成为世界上最富有的慈善机构，其预算超过联合国和联合国教科文组织加起来的预算，超过某些第三世界国家的财政预算。从那时起，他的孙子亨利·福特二世在成功领导家族汽车企业的同时，试图赋予基金会新的活力和确定其新的慈善使命。为此，他于 1947 年请来罗恩·盖瑟，他是旧金山的法学家，曾任知名的麻省理工（MIT）放射线实验室的董事。盖瑟提出的条件是基金会不再仅仅代表福特家族利益，让一些外部人士进入其董事会，董事会的更新不受福特家族继承人的干涉。亨利·福特二世更关注于汽车公司的主席位置，他接受了这些条件。

1948 年 11 月，38 岁的盖瑟开始了冒险。他找来一些专家建立委员会，这个委员会不久就以他的姓氏命名。盖瑟委员会总之是一个奇怪的混合体，由美国最著名的各个大学的研究者和科学家组成。其中有些人
413 曾经受到罗斯福“新政”的影响，他们继承了其中某种对社会的脆弱性和政治力量的认识，但也有一些人参加过二战，仍旧醉心于美国的军事力量。盖瑟委员会的成员具有很强的“社会科学”色彩，他们意识到 1945 的战争胜利带给美国在世界事务中的新责任。立足于力量感与脆弱感之间，委员会在 1950 年发表的报告中，他们为福特基金会划定

的使命是对战后人们精神状态的一种很好的概括。报告的开篇是这样的一种认识，即当代最重要的问题更多的是关系到人与人之间的关系，而非人与自然的关系。所以，必须专注于和平、民主问题、经济和教育问题。

深入而细致地研究了卡内基基金会与洛克菲勒基金会的运作之后并以此为启发，盖瑟的报告提出将福特家族的总部在底特律的当地小基金会改造成为一个具有全国和国际使命的庞大慈善组织。保罗·霍夫曼曾任罗斯福的经济顾问，直到此前他还是马歇尔计划的负责人，不久后他被招募到基金会总部，总部的位置最先被移到了洛杉矶，随后搬到纽约。从那时起，底特律的福特家族在基金会的领导层中开始被边缘化，亨利·福特二世于 1956 年离任董事会主席职务，后于 1977 年彻底辞职。基金会渐渐地从领导层面上完全独立于福特家族，并在金融资本上独立于福特企业。作为对最初捐赠者的最终证明，如今只有其名称被保 414
留了下来。

在 1950 年代，“冷战”成为美国的偏执。福特基金会的新领导层按照盖瑟报告的路线，选择专门致力于四个领域，外在意义上看是针对战后重建，内在意义上是抗拒共产主义。在世界上建立长久和平、加强教育与科研、为市场经济与发展注入活力、稳固代议民主制（即反对苏联的集权主义）：这些便是基金会所声明的首要关注。重点尤其放在大学，大学在 1950 年代和 1960 年代享受到了几亿美元的捐赠。这一时代福特基金会的宗旨是：“社会科学导向的旨在解决战后问题的基金会”。据说“福特基金会”的新负责人保罗·霍夫曼“想通过福特基金会来领导全世界”。

除了这些与时俱进的目标，另一个有趣的地方是基金会的特殊组织形式。这是效仿私营企业但又具有非营利目的的一种独特模式。福特基金会的组织围绕着三个责任层：领导层是主席领导的董事会，几乎全部由生意人构成。福特家族的某些成员，从亨利·福特二世算起，他们仍旧属于领导层，但只是在最初时期是这样。董事会每三个月才召开一 415
次，它确定基金会的政策路线，但是不具体管理。这种细微差别是关键的，通常是所有非营利组织都遵守的。董事会的首要使命是任命基金会负责人（有时称为“执行总裁”），由他真正来领导这个组织，在国际上和媒体上代表组织。总裁对董事会负责，董事会可以罢免他，但他通常在由董事会决定的总体政策路线下自主确定自己的行动和预算范围。应该明确指出的是，董事会成员始终是志愿的，包括董事会主席在内，理论上讲他们甚至不能因这份工作而得到报酬。美国所有的博物馆、乐团和芭蕾舞团皆是如此。

管理基金会日常工作的是总裁及其常务团队。在这一级别，生意人很少：专家占多数，他们通常来自重要的大学和公共行政部门。这个团队的成员多数情况下是有薪酬的，他们使基金会能在总裁的控制下运作。最后是第三层级，基金会依靠着众多外部顾问，他们通常是研究人员和大学学者，他们按合同领取报酬，与他们的实验室一起进行研究。这种过渡关系证明了美国大学学界、公共事务处与基金会之间的深度渗透关系。

利用这三个层级，基金会将生意人、大学学者与高级行政官员混合在一起，所有人将他们的才干和学识结合在一起。这样一来，最富有的生意人的财力和企业经营方法与最优秀的大学学者的专业知识和开明的
416 行政管理者的管理结合在一处，这一切在非营利的框架与公益使命之下构成一种独特的创新。原则上，慈善就是半公、半私的，它是对美国精神的很好概括[15]。

在这一整体框架下，福特基金会将文化和艺术看作“非政府政策”，这是一种缓慢而前后一致的运动。重点被放在国际关系和科研领域，几乎看不出基金会将面向艺术，尤其因为亨利·福特二世最初曾明确地将文化领域排除在行动范围之外。而且，从路线方针上看，1950年的盖瑟报告也不侧重对文化领域的投入。在那个时代，任何投入艺术的愿望都仍然面临一些关键问题：首先，在乐团、芭蕾舞团和剧院的请求下有可能难以支持下去；再者，福特基金会最初不愿介入由洛克菲勒基金会和卡内基基金会占据主导的领域。这些阻碍导致基金会的最初使命中文化相对缺席。

盖瑟报告在这一主题上欲言又止，包含了关于文化的很少的一段内容：他建议帮助传播“高品质”的袖珍版书籍，让人们了解古典和现代绘画，“特别是在美国西部与南部地区”，他尤其建议在美国各地发行最优秀的电影和唱片，最后他建议鼓励乐团与歌剧院的创作。这份普雷韦式的建议既无行动框架也无实施手段，总之没有得到实行。

基金会的文化取向却迅速地演变着，它对大学的资助越来越多。面对让福特基金会内无处不在的那些社会科学研究者们担忧的大众文化，面对同样上演于意识形态与文化领域的冷战，特别是面对 1950 年代美 417
国的问题（从休闲问题到“郊区化”的区域隔离问题），对文化领域的选择很快就自动地提上了日程。因此，从 1950 年始，福特基金会的领导人在教育优先的框架下考虑投入艺术行动，当然行动仍然不是大规模的，他们征询专家意见，考虑进行一些局部的扶助，还不想建立一种完整的政策，也不要拿出太多的资金。不久以后，1953 年 10 月，麦克尼尔·劳里被招募到基金会的教育部，随后成为基金会总裁。作为总裁，他受命考虑一份艺术与文学计划，该计划于 1955 年 12 月作为报告正式提交董事会。这种转变是有理由的：“科学，即便人们称之为社会科学，是在道德中立的气候中演进的。艺术和文学却不是这样。应该意识到文化机构与艺术活动属于对‘好生活’的构建，既是对于个人也是对于社会。”所以，对艺术的选择首先是因为其主观性。

此外还有冷战的背景，这是报告中明确表述的，报告指出让世界了解美国文化是当务之急，以避免让人认为在美国只存在一种愚蠢的大众文化，就像苏联的宣传中一再重复的那样。一开始，在期望输出这种文化之前，必须建设美国的剧团、乐队和芭蕾舞团，在 1950 年代这些机构遇到了严重的经济困难：“福特基金会”将致力于此。报告还强调博物馆和乐团的教育功用，指出他们为那些不曾有机会上大学的人提供第 418
二种教育的可能。这样的报告所引起的媒体轰动也不容小觑：“福特”新的文化管理人劳里有些玩世不恭地解释说：“捐给文化 6 万美元，福特基金会可上《纽约时报》头版；而捐给教育计划 7000 万美元，只能上第 37 版。”

总之，能说明问题的是，让福特基金会投入文化的原因与五年后促使肯尼迪和后来的约翰逊采取行动的原因几乎完全相同：冷战、对大众文化的恐惧、文化机构的困境、对文化的个性解放作用的信念。从劳里到施莱辛格，从盖瑟到肯尼迪，这种延续性是惊人的。

要做到富有而且有组织，基金会无法通过承担美国所有剧院、博物馆和乐团的赤字来对艺术进行投入。所以，它必须确定一种政策，报告明确说："基金会必须设想出一种捐赠分配方法，能有助于改善和增强文化机构的数量与质量，却不会让基金会承诺资助它们的运转。"最初的想法虽然是大胆的，福特基金会仍在犹豫是否投入这样的冒险，它可能会陷入无底洞[16]。

要等到1956年，亨利·希尔德进入福特基金会领导层，事情才真正具体定下来，他是一个热心于大学问题的人，是一位工程师，曾任纽约大学校长。那一年，希尔德将"福特"设想为一个教育基金会，他
419 不太喜欢国际问题，他要求麦克尼尔·劳里思考一套支持艺术的整体政策。1957年3月，希尔德向基金会董事会提交了一份探索性的支持艺术、文学和人文科学的五年纲领，出自于劳里的设想。这是福特基金会文化计划的真正启动。劳里随即被任命为新的"艺术与人文"计划的负责人，负责深入研究美国舞台演出行业，第一笔200万美元的预算得到通过。

长久以来，劳里熟知艺术领域的困难。但是，为了准备他的研究报告，他开始在超过175个美国城市旅行和访问，其中当然包括堪萨斯城，他会见剧团、芭蕾舞团和乐团的负责人，了解他们的需要和筹划一种"政策"。他关心的是避免集中于纽约，因为他认为1950年代美国文化生活应当在美国内地得到发展，远离大都市。在堪萨斯大学的讲演中，劳里讲述自己的跨越美国之旅："我在听和学，寻找天才，不论他们在哪里，我在艺术家和艺术领导者之间建立起一个网络、一个联络点，虽然这些领导者为数不多。我还不知道福特基金会将在文化上花2.6亿美元。但是，我知道不论基金会对艺术有何影响，它的努力都必须符合艺术家的需求。"与此同时，劳里在1958年夏季出发"调查政府对艺术的支持"。在他全部的会谈与旅行中，他确定了几种优先进行的

活动：首先帮助那些交响乐团稳固它们的财务状况；然后在美国各大地区建立一个“去中心化”的高品质戏剧网络；在全国各地创造古典舞 420
蹈的演出供给；帮助培训大学生、图书馆员和博物馆员；最后，帮助“天才艺术家”。他提交福特基金会的就是这样一种优先政策。

董事会没有被所有这些计划说服。董事会成员习惯于从社会和教育意义上考虑问题，他们反对卷入没有标准也不可能评估的“艺术取向”，但他们同意进行实验。似乎说服基金会董事的是数字，是劳里收集的有关舞台演出行业困难处境的所有资料，劳里讲述说：“事实与数字让董事会成员着迷，他们不认为在艺术这样的领域会存在这样的数据[17]。”

1957 年到 1962 年间，探索开始了，但非常谨慎，投入的资金很少。目标是确定哪些杠杆作用可以让人真正帮助艺术，并确定一种方法。最初几个奖助金分发到非营利的文化部门，此举在这一领域还是新鲜事。尤其是福特基金会自己选择受益者，不要求任何申请材料：基金会想占据主动，走在候选人前面，不等他们申请就有所行动，如今这仍是美国各基金会偏爱的一种选择。

这种安排仍然有些初级，但是最初的选择还算公平，依靠一些独立的专业评审团，十几个芭蕾舞团和乐团、一些诗人、钢琴家得到了资助。福特基金会甚至向菲利普·罗斯和罗伯特·洛厄尔这样的作家提供一年的驻留剧团的机会，以便写作一部剧作，并将他们的热情传达给一些青年剧作家。在他的选择上，劳里依靠他对创作过程的比较准确的认识，他毫不犹豫地颁发一些个人奖助金，对于当时来说这还算是一个新 421
颖的想法[18]。

在最初的几年里，美国慈善业的许多关键机制由福特基金会发明、磨练或更新。在文化领导机构内部，他们汲取洛克菲勒与卡内基基金会的经验，设想出自己的规则，或者吸取社会科学研究者的建议而发明一些新机制。福特基金会应用于艺术的有四种典型机制：按比例配捐的技巧、杠杆作用的手段、专项基金制度以及普遍借助专业评审。

“按比例配捐”是福特基金会早在 1950 年代就实验过的手段，后来被国家艺术基金会采用，这种方法在于侧重共同出资。卡内基和洛克菲勒最初的慈善活动习惯上承担所支持项目的全部成本，与此不同，福特基金会想与他人合作。比如，为了帮助一个博物馆进行发展，“福特”只在其他组织平等参与的条件下才同意提供资金合作。这套机制实际上旨在激励其他基金会，特别是那些富有的慈善家，让他们捐赠。出于务实态度，基金会相信这种技巧具有减速器效果，可以避免那些不现实的项目，限制任人唯亲，特别是能够减低受援助机构的依赖的风险。后来，这种按比例配捐的技巧被改进，某些援助的条件要求几个共同资助者提供福特原始基金二到四倍的资金。基金会的所有捐款都限定为最多
422 五年，通过规定期限，按比例配捐的意图还在于让走上正轨的文化机构可以靠自己的翅膀飞翔。

与按比例配捐的手段相近，“杠杆效应”手段在于让慈善具有某种实效，以产生连锁反应。麦克尼尔·劳里一再说：“我们在艺术领域的投资中的补贴少于杠杆手段[19]。”想法在于让有时限的捐赠可以具有持久效果。所以，涉及的是长期“投资”。比如，“福特”重视中小学内的培养、博物馆与乐团负责人的职业化，它资助文化经理人去领导剧院，或鼓励创建能够代表职业化的组织。“杠杆效应”的想法，如同持久投资一样，无疑是现代美国慈善业最被看重的概念之一。

“储备金授予”制度是“福特”采用的另一种机制，在于一次性的大规模扶助一个文化机构，以便让它能够完成发展中的一个重要阶段。一个博物馆想扩建？一个剧院想要消除一大笔赤字？一个乐团想组建一笔基金？这一次，与按比例配捐相反，基金会可以作为唯一的出资者，让文化机构能够实现这一目的。可观的一次性的付款补助。这种计划针对的是长远效应，由文化机构与福特基金会董事会同时投票通过，董事会是由生意人组成的，他们认为这是一种不陷入定期支援的方式。从1970年代起，这一手段被南希·汉克斯用于国家艺术基金会，应纳尔逊·洛克菲勒副总统的要求，这一手段在全国普遍采用。

423 福特基金会实验的最后一个方法是将对项目与艺术家的选择权委托给一些专家评审会。由科学家们来仲裁科学问题，与此相同，福特基金会将专业评审职能委托给文化专业人士，首先是交给艺术家们。因此艺

术家被置于慈善工作程序的核心，基金会仅限于中间人、提供方便者、“摆渡者”的职能。麦克尼尔·劳里总结说：“在我们宣布给予一些艺术家特殊补助的时候，选拔与提名的程序完全由艺术家和艺术经理人掌握[20]。”这解释了“福特”为何有众多“顾问”，这些艺术家和专业人士受到邀请，得到薪酬，为基金会出谋划策。

普遍看来，所有这些方法与技巧的共同点是理性、委托代理和注重实效。这些方法旨在分散权力，同时避免任人唯亲，尽可能限制重复资助，尽可能避免基金会内部的官僚化。“福特”的意图不是像罗斯福“新政”时代那些社会事务处那样为艺术家“救急”；它也不想帮助全国所有的文化机构，就像国家艺术基金会（NEA）后来尝试去做的那样——它失败了。福特基金会只是希望“树立样板”：建立一些长久稳固的机构，让它们在接受一段时间的支援后靠自己的翅膀去飞翔。然而，在阅读福特基金会档案中关于这些问题的往来报告时，令人吃惊地看到他们逐渐建立起一种名副其实的政策。令人觉得奇怪的是这竟然是一个公共行政部门：我们从中看到公益意识和在最大程度地关注实效和自主的同时用心建立一种持久机制。福特基金会想鼓励一些“成熟” 424
的自由的艺术机构的存在，而非一些每年需要基金会来补足预算的独立的组织。因此，通过这些手段，通过这种模式，基金会与美国精神完全合拍。它同样也与时代精神合拍。

**福特基金会在艺术上的大规模投入**

约翰·F．肯尼迪1960年大选获胜后不久，福特基金会进行它的第二次“重组”。当时，它成了美国最富有的基金会，其财源增长如此迅速，以至于必须有一些新想法来把钱花掉。基金会的兴趣点接近于新一任政府：内政上的社会民主立场、在外交政策上始终极其反共。同时，基金会想保持自己相对于联邦政府的自主性，即便总统准备采纳慈善界的社会保障与文化的主张。基金会赋予自己的使命是明确的：切实抓住社会问题、确定新的方法、尝试一些大胆想法、进行创新。尤其不应被政府牵着鼻子走。

在这一立场下，基金会决定以一份新报告为依据，依据的是人们熟知的整体评估与多角度模式。这份报告的任务被委托给基金会自己的总裁，受人尊敬的约翰·J.麦克洛伊，他还是美国大通银行的总裁，曾任世界银行总裁和驻德国美军总司令。在提交报告之前，麦克洛伊征询了许多专家的意见。这份报告于 1962 年夏天被通过并发表，报告提出
425 加强基金会在社会与文化问题方面的投资，减少国际行动。“美国的生活品质”成为 1960 年代福特基金会的首要关注[21]。对于被提升为基金会行动的主干的艺术与文化来说，这是一次机会。基金会的艺术使命不再是实验性的，而变为长期使命，其范围大为扩展：对于那些机构的资金支持变得普遍化，中小学与大学艺术教育以及发掘新人和改善大众传媒中的文化节目成为首要关注。随着这些行动意向，福特基金会立即通过了 300 万美元的预算用于文化。

当时，福特基金会负责人亨利·希尔德主要关注的是找到一些新的大规模项目，能够帮助基金会将基金本金的巨额利息更快地花出去，不久以后他对劳里说：“你应该设想你今年的预算不是 300 万，不仅仅限于我们确定的这些首要问题，而要想象另外还有 600 万、900 万、1000 万，你现在的任务是同样援助那些机构的运营预算，这样的话你首要关注的什么？”劳里愣了一下，他回答：“你给我多长时间考虑？”希尔德回答：“那么就四五天吧。”三天之后，劳里再次与希尔德见面，对他提出两种选择：在美国全境发展地方剧院或者好好帮助对芭蕾舞演员的培养。希尔德没怎么犹豫就选择了戏剧。预算呢？就像在美国人想表达“没有上限”时的说法：“天一样高”[22]。

福特基金会制订新的“戏剧计划”的框架文件明确表示：“在美
426 国，戏剧是一种文化资源，而非商业资源。”劳里预先押宝在戏剧方向，因为他在访问美国那些中等城市时感到了越来越大地对舞台艺术的需求。但是，对于福特基金会而言，对戏剧的投资对应着另一个选择，这个选择更具战略性。直到 1950 年代末，慈善业专注于博物馆和大乐团，这些是那些富有家族的慈善事业的首选目标。投入戏剧意味着投入一个几乎未知的领域。从实效、行动能力和知名度来看，这都是一个理想的领域。

通过档案中可查的那些报告、咨文、辩论和董事会讨论，我们追踪这项戏剧计划的形成，我们对其中勾勒出的政策的严肃性感到吃惊。一些选择被设想出来，随后遭到抛弃；一些机会被小规模测试；最后一份整体计划得以形成。在发表之时，这一“文化行动政策”，这正是应该采用的表述，混合了大规模融资、借助于按比例配捐的多种杠杆效应，尤其以研究与评估为依据不断改进所采用的战略。比如，早在1961年“福特”就决定创建剧院通信集团，这是一个协会，它负责代表非营利戏剧，应该说这是个大胆的选择。因为“福特”不满足于在全国支持一些非营利的剧团，它借此一手包办替它们创立了自己的院外游说团体。我们看到基金会的援助不仅仅是家长式的，仅限于提供资金，援助
还在于给予剧院自己发展和构建自己的代表机构的手段。剧院通信集团 427
是一个独立组织，如今仍是美国非营利戏剧的主要院外游说团体。

靠着“福特”最初的推动，美国1960年代地方戏剧运动因此得到大力发展。从前，戏剧通常局限在纽约的百老汇，依靠一些全国巡演来提供百老汇戏剧的“在路上”版本。渐渐地，一些非营利剧院在多数美国城市发展起来，深度改变了美国戏剧的历史。从严格意义上讲，“福特”并未开创这一运动，也不是唯一的资助者，但是通过培植这种新的戏剧模式，通过一些前导性的实验在各地让它活跃起来，这个基金会是最早在这一领域起到推进作用的。“福特”忠于自己的“机构建设”的使命，它在长久的期限内押宝，选择“实效”，愿意“建造”和“构建”，这些词一再出现于当时内部报告和宣传册。总之，“福特”援助的不是零星的剧团，而是一个完整的概念，这一概念成为一场巨大的运动，那就是“地方戏剧”运动。

1957年至1967年间，福特基金会向地方职业戏剧行业注资1100万美元，对当时来说这是可观的数字。出于务实精神，基金会要求剧院领导层建立双经理制，一个艺术经理和一个执行经理。前者进行策划和负责创作，通常是一位导演，至少是一个戏剧界的人。后者是一位经理人，他管理剧院的预算与资金；通常是一位工商管理硕士，具有著名的
美国商校的学位。一方面是艺术，另一方面是生意，这种划分最明白不 428
过了。基金会所捍卫的目标是将戏剧行业职业化：为此，两位经理必须

处于同等级别，两人均由剧院董事会任命，共同向董事会负责。他们是平等的合作者，这是有效合作的源头，有时也是紧张关系的来源。要想获得成功，艺术经理是不可缺少的，为了剧院的生存，经理人又是至关重要的。总的看来，两人组合同样意味着在非营利的戏剧业，资金管理与市场调研和创作同等重要。而这正是关键的一点，福特基金会发明的这种划分逐渐成为美国几乎全部非营利剧院的组织模式。

总之，在福特基金会的戏剧计划以及后来的那些计划中，令人关注的是其整体视野：它不限于分发捐款，它构建了一种“全国”规模的政策。一名专业人士与研究员的团队被动员起来确定这一政策，确定指导方针，研究需要资助的计划和评估成果，这是美国文化领域的最早的政策。虽然从一开始艺术就属于慈善业的地盘，但自 1957 以后福特基金会划出了一个重要的转折点，即用一些明确的目标和大规模的资金来构建一种真正的文化行动政策[23]。

1959 年 12 月 27 日《纽约时报》的一篇文章写道：“福特基金会进入艺术领域，这是作为另一个时代标记出现的……带着赞叹和忧虑，人
429 们可以想象巨大的可能性展现在基金会面前。”反观过去，这篇文章看得很准。“福特基金会”支持艺术的计划最初是实验性的，得到了迅速壮大，早在 1960 年代中期就已经成为美国资助文化的主要财源，因为联邦政府仍处于边缘，而其他基金会较少涉足这一领域。戏剧计划之上又立即加上了一个庞大的支持交响乐团的计划（超过 8000 万美元被分配给了 61 个乐团）、对古典芭蕾舞的一项大胆政策和随即一些支持博物馆、图书馆、大学出版社和文艺影片的计划。基金会甚至向爵士乐迈出了第一步，但是这种向一个被看作是通俗的领域投资的尝试引起董事会的强烈保留意见。劳里讲道，一位董事发言说他“情愿花钱来消灭爵士乐，也不会去维护它”，另一位嘲讽地说：“明年就该是摇滚乐了。”他们没有搞错，当时基金会及其董事会的目标仍旧针对雅文化。当时，慈善业仍然是与肯尼迪和约翰逊的联邦政府的行动合拍的，旨在保护和发展这种高品质的文化来对抗大众文化[24]。

1957 年至 1972 年间，福特基金会在美国非营利领域注资近 2.5 亿

美元。这代表了在这一时期基金会平均年预算的10%，是国家艺术基金会（NEA）预算的两倍多。考虑到按比例配捐而加倍投入的资金，估计福特基金会1957年至1980年间在这一领域的投入超过10亿美元。

福特基金会的这种成功来自于它的财富和选择，但首先是因为一个 430
人，即麦克尼尔·劳里。这个亨利·福特二世喜欢称作“艺术沙皇”的人设想了基金会的文化计划，并在超过20年的时间里将之付诸实施，后来他成为福特基金会的副总裁。1963年6月，肯尼迪总统提议让他担当自己的艺术问题顾问，劳里最后拒绝了这一职位。

在他的职业生涯的终点，在1974年离开福特基金会之后，他一度发起自己的支持艺术的基金会，随后领导旧金山芭蕾舞团董事会，麦克·劳里可以为自己完成的事业感到自豪。在回到堪萨斯城的大学接受大学荣誉头衔的时候，他可以欣慰地看到在他出生的这个州美国人的文化生活在20年之间已经发生了改变，“去中心化”成为现实。堪萨斯今后拥有中西部最大的博物馆之一——堪萨斯城纳尔逊美术馆，一座巨大的演艺中心、一个交响乐团、一所音乐学院和一座全新的密苏里州保留剧目剧院，这些全都是福特基金会帮助提供资金的机构。

## 有创造力的混乱

在福特基金会和更年长的洛克菲勒和卡内基基金会之外，如今在美国存在着约6.2万个基金会。它们中多数是一些私人基金会，这个名称是有欺骗性的，因为它们通常是由一位或几位“私人”捐赠者建立，如我们所见，它们的目的却是公益。正是这种“公共”的目标解释了
它们的非营利地位和它们所享受的减税，尤其因为它们通常变得独立于 431
创立基金会的个人、家族或企业。所以，严格意义上应当将它们定义为“独立”的而非“私人”的基金会，因为这更符合现实。

捐赠者通常会选择“基金会”的法律地位，他们不是毫无逻辑或毫无专业知识地在任何方向大量捐赠，而是更愿意创立一个基金会来领导一种真正的政策，以一个专业人士领导的团队为核心。多数情况下，事情开始时是以家族基金会的形式，捐赠者或亲人主持基金会或成为其董事会成员。随后，基金会变为独立，与最初捐赠者或家族的联系疏远

开来，最后完全消失。我们看到，这正是洛克菲勒基金会、卡内基基金会和福特基金会所发生过的事情，但麦克阿瑟基金会、皮尤慈善信托基金会、梅隆基金会、杜克基金会也同样如此，它们是代表美国慈善业的其他一些例子。最初捐赠者与基金会的这种分离机制是法律倡导的，有一个名字：对捐赠者独立的规则。

美国如今存在的6.2万个基金会中，至少有约1000个定期介入文化领域，每年将自己预算的很大一部分贡献给这个领域。各基金会对于艺术的投入金额估计每年有36亿美元。在各基金会的慈善关注中，文化排在第四位，在教育、健康和社会服务之后。目前在文化领域最活跃的是：福特基金会（仍然每年平均分配8000万美元用于艺术）、雷诺兹基金会（5800万）、安德鲁·梅隆基金会（5700万）、莉莉基金会
432 (5600万)、奈特基金会（5100万）、劳德基金会（4500万）、皮尤慈善信托基金会（4000万）、多丽丝·杜克基金会（3900万）、克雷斯吉基金会（2900万）、斯塔尔基金会（2900万），以上是我们仅列举的2000年至2001年度十个最重要的基金会[25]。

投入艺术领域的数千个基金会都是各自自由地确定其政策与标准，形成美国文化资助体制的特殊性质的正是这种完全的独立性。不像法国那样由一个部委、一个地区或一座城市订立规则，或者德国那样由州一级来做，与这样的中央辖制不同，这些基金会相当于几千个自主的机构介入艺术领域，它们各自有自己的想法。在欧洲人看来可能是弱点的东西——缺乏协调、混乱、间或的冗余，甚至抛弃了某些领域，这些却是美国人所捍卫的东西，他们认为在艺术这样敏感的领域这是可能拥有的有所作为的最佳途径。比如费城皮尤慈善信托基金会的艺术部的负责人史蒂芬·尤赖斯解释说："在文化问题上，最不经人协调的东西比经人协调的东西更好。"

这些基金会多数是赞助型基金会，即它们将一些捐赠分发给一些进行文化行动的机构，但是它们自己却不行动。"让人去做而非自己做"，这通常是它们的格言。这方面，真的可以说它们的作用是活跃"公民社会"。

这些基金会的自主资金加上一些个人通过直接捐赠进行的零星参与

以及大学、社区和企业赞助的份额，我们对于美国非政府的文化行动政
策的零散甚至无序便有了一幅令人难以置信的分析图。再一次，这种有 433
点无政府状态的系统在美国人看来是一种建设性的混乱，一种有益的持久骚动，一种恒久的概念、创新和独特性的源泉，他们认为世界上很少有国家能提供这些。为了做到独立，这些微观政策同样具有自己的一致性、自己的逻辑和自己的目标。

这里必须提到基金会的一种特殊模式：即“社区基金会”。这是一些针对本地区的基金会，按照就近的标准建立。与单一捐赠者提供资金的“洛克菲勒”或“福特”不同，它们的资金来自许多个人，他们集体捐赠以便管理街区的社会福利中心、村镇养老院、剧院以及教堂。有时候它们做得更多：在俄亥俄州，克利夫兰基金会按照公民们的明确愿望收集捐赠，将捐款放进 800 个小账户（基金），每个账户针对捐款者所选择的事业。每年，基金会将这些投资证券的账户的利息进行分发，如今这意味着有 8000 万美元的援助发给克利夫兰城的非营利的社会和文化社团。这些捐赠确保着有反智主义名声的俄亥俄州的这座文化首府极为密集的社团、艺术和公民生活。在美国存在约 650 个社区基金会，分散在多数美国大城市，比如芝加哥社区信托、更伟大的堪萨斯城社区基金会或圣菲社区基金会。特别是当个人选择离开这些大城市的时候，
往往是这些基金会在扶持艺术。虽然它们对文化的介入不是系统化的， 434
但它们多数都有这方面的资金，因为它们回应的是居民们的要求。连同社会救助、宗教和学校，资助艺术也是这些社区基金会偏爱的一种行动。要说明公民对公共生活的参与，很难想出比这更好的例子了[26]。

但是还有比这更独特的。与社区基金会并行，且与此非常相近，人们设想出一种特别的对艺术的慈善资助，那就是联合艺术基金，它仿效一种叫作“联合劝募”的体系。这是依据非营利的想法由当地公民建立的一些基金，围绕着一种叫作“伞形募款”的系统。基金为了一些由捐赠者选择的明确的目标展开募款。通常，企业协同捐赠，提供在工资单上从上游扣款，而企业承诺缴付所捐款额的两倍。这些基金可以是综合性的，分成各种特别的小基金，也可能是专门性的（比如威斯康星

州的密尔沃基联合演艺基金、俄亥俄州的辛辛那提美术基金或肯塔基州的列克星敦美术基金）。以密尔沃基联合演艺基金为例，他们向该城数千名捐赠者募款，然后分配给各个非营利机构。在密尔沃基，21个文化组织接受资助：2005年仅仅是舞台演出领域就募集了1000万美元，其中130万给了密尔沃基保留剧目剧院。估计如今在美国有按照这一模式专门为文化募款的联合艺术基金[27]有一百多个。

435 这些基金会、社区基金会和联合艺术基金被鼓励去怎样分配资金呢？这里，政府再次介入进来。的确，美国税法的一大特色就是不仅让本金利息而且让基金会捐赠的使用必须有助于慈善、教育和文化事业的发展，有助于鼓励捐赠。法律规定了最低门槛，即基金会每年使用本金的5%，否则对这些基金及其利息征税。这些基金会的本金总额估计为4770亿美元，可以衡量出每年所涉及款项的规模[28]。

通常，基金会在理论上受到联邦税务部门和各州法官的监察，以避免滥用权力。尤其是，那些最小的基金会可能出现偏差，因为它们常常缺乏专业性，每年支配的基金很少。有时，不一定违法，但某些基金会篡改法律的精神，给雇员的报酬过于丰厚，使得它们的社会实效大为下降。非营利的法律地位可能被基金会用作其他目的，近年来发生过几次丑闻[29]。

通过一种复杂的多样性和一种难以界定的地理分布，每个基金会都能找到自己的活动空间。某些基金会是综合性的，而另一些是专业性的。它们可能倾向于精英主义，专注于大博物馆和大交响乐团，或者更
436 "通俗"，支持黑人和拉美裔聚居区的文化。因为它们的地位，它们绝不可能支持商业文化或娱乐业。它们支持各类非营利机构，从大都会歌剧院到涂鸦艺术群体，从精英文化的圣殿肯尼迪中心到明尼阿波利斯市沃克尔艺术中心的前卫艺术展，从大众化的芝加哥古德曼剧院到更具实验性的纽约"122演艺空间"（PS 122）。

这种多元化走得更远：著名艺术家如安迪·沃霍尔和罗伯特·马普尔索普，他们的遗产执行人依靠作品版权收入或作品售卖创建了一些基

金会，这些基金会专门支持最具当代特色的艺术。芝加哥诗歌基金会专门致力于最新的诗歌。克雷斯吉基金会致力于加强大学剧院和博物馆的行动。

有时，基金会是全国性的，甚至国际性的（“梅隆”、“J．保罗·格蒂信托”），但通常它们在美国国内的地区或当地一级采取行动。多数基金会在特定的地区开展实地行动，通常是创建者出生的城市或者他获得生意成功的地方。估计95%的基金会主要在当地行动。在宗教和学校教育方面，慈善的这种“去中央化”趋势更加显著，但在艺术这样都市化的领域也一样，多数基金会的文化行动局限于一个明确的地区：莉莉基金会在印第安纳波利斯（印第安纳州）扶助艺术，皮尤慈善信托基金会在费城开展工作，唐纳德·雷诺兹基金会在亚利桑那州、内华达州和俄克拉荷马州，布朗基金会在得克萨斯州，尤其是休斯敦，伍德拉夫基金会的中心在亚特兰大城，而帕卡德基金会与它的姊妹基金会惠普仅限于加利福尼亚州。比尔·霍尔是与其同名的基金会的负责 437
人，该基金会在文化领域非常活跃，他解释说：“最初创建基金会的霍尔家族认为必须在当地进行慈善活动，因为在当地人们更接近问题，更了解问题，更有实效。这就是我们为何仅限于堪萨斯城地区。”实际上，与人们普遍的印象相反，在美国的慈善主要是一种当地的现象。

对应于这种地理上多元性的，理所当然是计划上的巨大的多样性。比如芝加哥的麦克阿瑟基金会的行动是全国性的，它专注于“天才奖金”，每年提供50万美元奖助金给三十来位最具创新性的艺术家和大学学者。从1980年以来，有七百多位得奖者，其中有默斯·坎宁安、比尔·T．琼斯、特丽莎·布朗、彼得·塞拉斯、科马克·麦卡锡、苏珊·桑塔格和托马斯·平琼，他们得到了奖励才能够继续创新。对于麦克阿瑟基金会副总裁阿特·萨斯曼来说，“政府必然是民粹主义的，富有的捐赠者总是精英主义的，企业只想要知名度，只有基金会不期待任何回报，旨在公益而毫不哗众取宠，这是我们试图通过慈善去做的事情，让慈善成为公民的、公开的和独立的”。

梅隆基金会非常不同，它既是地方的又是全国的，每个基金会都有自己的历史。安德鲁·W．梅隆长期是一位没有自己基金会的捐赠者：

他创建了华盛顿国家美术馆，这是由他私人捐赠发起的一个“公共”机构。虽然慈善家们通常将自己的收藏交给自己的城市，但安德鲁·梅
438 隆选择将收藏交给整个国家。一座公共博物馆因而因“私人”的意志而诞生：他于 1917 年将个人的无法估量价值的艺术品交了出来，建造了一座建筑，条件是博物馆要免费，国会定期资助其运转预算。是他儿子保罗·梅隆于 1969 年建立了基金会。从此，基金会大规模地介入艺术领域，帮助宾夕法尼亚州匹兹堡的一些机构，但同样帮助全国的博物馆、舞台演出业、图书馆和大学文化场所。

华莱士基金会的行动又不一样了，它专注于评估与专业服务。这个基金会由《读者文摘》的创建者建立，“华莱士”设想出一些新方法来扩大对文化的参与和文化的受众群（1990 年至 2002 年间仅为了这一项计划就花了 3 亿美元）。华莱士基金会不仅限于通过被动的捐赠来资助一些组织，它更多地是通过提供创新的方法来尝试促成根本性的改变，这些新方法是由委托进行文化研究和评估的研究者提出的。假以时日，基金会想要确定一些新标准来增加文化需求和文化的多元性，它的目标是使自己的建议能够被所有人免费地了解到。最能说明问题的是基金会创立了一个计划来改进各州文化事务处的行动：这些公共事务处今后由“华莱士”资助来实行现代化！或者说这说明了在美国一个私人组织如何开始资助一个州立机构，并告诉它如何工作。

美国的慈善业总是处于变动之中，在不断地现代化，这是一个复杂
439 的世界，难以从外部进行破解。它的特点对于文化系统在整体上造成了多重后果。基金会与富有赞助人的捐赠在美国是至关重要的，代表着最传统的文化扶助形式。早在直接的公共政策之前慈善业就存在了，它如今仍旧比那些公共政策更加具有实质性。在联邦一级，如同在地方一级，慈善业在数量上远远超过公共援助。慈善业的这种使命是本质性的，因为它象征性地再次确认了对美国价值观的尊崇：市场经济的信念（没有市场经济，慈善便不会存在）、美国人的天真与慷慨，还有一种“使命”的意识。慈善业与美国模式浑然一体，它肯定了这个国家的民权的民族主义，再次确认了它的核心认同信仰。

基金会仍然只是整体模式的一部分。在文化领域，富有的捐赠者在资金方面起着更大的作用，是通过独立的非营利的机构，机构的建立是为了充当他们的慈善的汇集地（“501c 3”社团）。基金的构成、遗赠、大学与社区的核心作用在非营利的文化机制中同样是至关重要的。美国所建立起来的是一个全新的文化世界。

441 # 第八章　美国税法“501c 3”条款

各个年纪、各个阶层、各种思想的美国人不断地联合起来……任何你在法国看到的由政府领导的，在英国由一位爵爷领导的新事业，你在美国肯定将看到是由一个协会在领导。

——亚历克西·德·托克维尔[1]

在对纽约大都会艺术博物馆的一次访问中，后来成为文化部长的作家安德烈·马尔罗被问到他是否同意英国女小说家瑞贝卡·韦斯特的一个表述，按照她的说法，美国的大教堂就是那里的火车站。马尔罗回答：“不，是那里的博物馆[2]。”

那些美国的文化大机构，博物馆、乐团、歌剧院和芭蕾舞团，对于来自欧洲的观察者来说，实际上具有一种令人着迷的特点。它们的实力、它们的财富令人吃惊，这尤其因为它们不是由联邦政府资助的，也不是由各州和城市资助的。它们的力量是它们的独立性。它们的秘诀是它们的非营利的法律地位。总的说来，有一个代码作为名称，即“501c 3”。

## 最初的文化机构

442 很长时间里，艺术在美国主要属于贵族的东西。19 世纪末或 20 世纪初创立的博物馆、交响乐团、歌剧院是由富人建造的，那里出入的是受过教育的、出身良好的人。这种封闭性曾经长久地作为它们的特点。当然，慈善家们有教育方面的考虑：他们决定让博物馆免费开放。但是，虽然理论上讲没有人被排除在博物馆或者交响音乐会之外，但是一种不太熟悉的环境、一种信息匮乏以及音乐会和歌剧的令人无法企及的入场券将民众阶层与中产阶级的很大一部分排除在艺术之外。很长时间里，美国精英阶层对于这种状况没有滋生出任何负疚感。在本质上，对艺术的投入提供给精英阶级一种文化环境，可以让它们感到自己高于大众，这是民主国家里的一片贵族采邑。

新英格兰这些最早的文化大机构的历史证明了这一现实。波士顿美术馆建立于1873年，它是这一精英阶层的最好象征：当时全部的董事会成员都属于基督新教上层社会，几乎总是属于哈佛大学。这是一些男子，一些新教徒，一些白人（这是当然的），一些富有的慈善家。

波士顿交响乐团则成立于1881年，是美国第一个常设的职业乐团。乐团完全致力于欧洲古典音乐，其首任指挥乔治·亨舍尔是一个欧洲人（德裔英国人），直到最近的时代，他的许多继任者也同样如此，它的常任指挥中有法国人皮埃尔·蒙特（1919年至1924年就任）和查尔斯·明希（1949年至1962年就任）。如今，波士顿交响乐团仍旧是“五大”之一，即与芝加哥、克利夫兰、费城和纽约的交响乐构成美国 443
最大的五个乐团。

所以，这两个机构的共同点是它们均于19世纪末由欧洲裔的美国精英阶层创立，他们关心的是保存欧洲艺术遗产。然而，它们最初的目标却是积累：积累名作，首先自然是欧洲名作。直到19世纪末和20世纪初，美国东海岸的精英阶层仍不相信存在真正的美国文化。随着这些文化大机构的出现，打造出了美国版的“雅文化”（主要是美术、古典音乐）和更为大众化的“俗文化”（在当时就是动物标本收集、马戏、那些有长胡子的女子的“丑恶表演”）的区分。从前，几乎不存在这种区别，莎士比亚的剧作直到19世纪末仍是大众化的，经常与小丑和空中飞人一起上演，尤其还是营利性的。直到世纪之交，莎翁剧作才失去普通观众，在美国变成“戏剧”[3]。对于19世纪末白人盎格鲁—撒克逊清教徒（WASP）来说，这是将被看作“高雅”的文化形式分离出来，保护它们免于庸俗和商业的影响，即民众文化。从此，精英阶层将艺术与“娱乐”，将“文化”与商业，将“雅文化”与“俗文化”区别开来。精英主义、区隔、保护：这是波士顿以及同时代纽约创立的这些新机构的主要特点（纽约爱乐乐团稍早一些，成立于 1842 年，大都会博物馆开张于 1870 年）。

在这种“阶级”出身的基础之上，还有一个至关重要的法律因素：
444 这些精英艺术机构在美国文化史上是最早的非营利的机构。通过偏重非营利的形式，精英阶层与美国此前的状况决裂，过去文化通常以合作社的形式（几个艺术家合伙），以社区协会的形式来组织，最常见的是，从歌舞杂耍到音乐厅，甚至乐团，都是以营利形式来组织。然而，在美国法律中已经存在“慈善”组织这种非营利的类别，富裕的波士顿人也了解这种形式，因为他们的教堂以及两所地方大机构就属于这一类：哈佛大学与马萨诸塞州总医院。为自己的艺术行为选择“慈善”的形式，波士顿的精英阶层从中找到了一种适合于自己的工具：他们相对于市场与国家的自主性、区分“雅文化”与大众文化，继而在 1917 年之后，能够靠捐赠来得到减税。

这种非营利地位反映为一种独特的运作。波士顿美术馆（MFA）与波士顿交响乐团（BSO）是“私人”机构，由一个董事会领导，董事会由富有的有影响的捐赠人构成，他们捐钱来保障机构的存活。这种董事会仿照私人企业模式，多数成员是生意人。说到底，这一资本主义精英阶层按照自我复制的方式创造了他们的机构，长久保留对它们的控制。他们公然地、甚至有理论依据地对任何联邦与地方政府的援助进行拒绝是由此而来的，为的是避免一种平庸化的危险，按照他们的说法，这可能败坏“雅文化”形式，这是他们作为身份标志所珍惜的东西。同样，多多少少基于相同的理由，机构与市场保持距离。市场可能会将
445 太多的权力给予最大数量的金钱，即民众，这同样会破坏整个事业的意义。没有国家，没有市场，这些机构想让自己独立于民众。

这种精英主义，这种亲欧属性和这种面对民众文化的围城里的贵族心态却包含着一个核心元素，它确立了这些机构的独特性，那就是教育意识。从一开始，波士顿美术馆与纽约的大都会艺术博物馆一样，是面向全体民众开放的。创建者们捍卫自身的文化，但是他们同样想成为传道者；他们想将自己获得的财富还给自己的城市；还给这里的民众；他

们想“行善”。这是天真的、带有优越感的、家长式的，但他们不惜一切来教育“大众”。当然，这种“大众慈善”不太行得通，博物馆和乐团仍然长期是精英主义的殿堂，但他们的意图是这样的。不管这有多矛盾，这些文化机构带着同样的热情在奉行着一种排斥加开放的政策。多数情况下，这种核心的但是坦诚的精神分裂，这种文化为众人所分享的贵族姿态，如今仍然存在于非营利文化模式的核心[4]。

自从那个时代以来，许多事情都发生了改变。但是，延续性要比断裂更令人惊讶。美国大多数艺术机构仍旧是“私人”机构，由富有的企业家资助，他们作为董事会成员领导着这些机构。各种情况下，非营利的机构总是将教育当作它们的首要关注。

要想理解这一模式的独特性及其运作，必须观察这些机构的四个核心元素，这四个标志性的元素让它们显著区别于欧洲模式，虽然这些机
构的创建本来是为了捍卫欧洲文化的：那就是非营利的地位、董事会、 446
基金以及募款。

## “501c 3”社团

我们曾经说过，在美国文化体系中最难以理解的一件事就是这些博物馆、乐团和大学的确切的法律属性，只要它们不是由政府出资的。以欧洲的观点来看，人们将它们看作“私立”机构，在美国它们往往也是用这个词给自己定义的，与“公立”相反——但这并不能让我们更加明白一些。有时，为了尝试将事情简化，有人将它们比作欧洲的非营利的社团，但这并不能让我们有更多的理解。我们的社团（比如法国1901年的结社法）仅仅略微近似于美国的非营利组织。我们的联合会经常是由国家出资的，是通过补贴的方式，通常是当作独立于市场的机构来进行管理的，即没有商业的作用。美国的非营利组织相反，它们属于人们称作“社会经济”的范围，这是一种杂糅的分类，在财富与服务的生产阶段和报酬方面实际上结合了某些商业经济的元素，但在所涉及到的组织的社会产权和利润分配方面却不受市场规律左右。实际上，这些“社会企业”的利润不由股东或业主们分享，这些机构的目的不是利润。在这里，我们实际是处在一个半公（因为其公益目的）、半私

（因为其本金、方式和运营）的领域。这便是美国文化体系的力量、局
447 限以及解释其实力的秘诀。

在美国同在欧洲一样，存在着非常稠密的社团结构，由各自面向自己会员的数十万个协会构成，它们不为集体创造财富和服务，它们处于商品经济世界之外，依赖于志愿者和斗争活动。但是，不应将这些组织与真正存在于商品经济结构中的那些文化机构混为一谈，虽然它们是非营利目的的。对于欧洲人来说，这种区别很难理解，虽然只要将一个美国大博物馆或一所名牌“私立”大学与我们的非公非私的合作健康保险比较一下就足以看出区别来了。因此，人们倾向于将“私立”大学与“私立”博物馆与纯粹的商业联系在一起，这是另一个误解。在美国，与在其他地方一样，没有任何文化、教育或大学机构能够在单一市场经济下长期存活。

从 1917 年的一个法令开始，在美国，人们是用“510c 3”这个有些神秘难解的称呼来定义非营利目的的活动（参照美国税法第 501 条，c 款，第 3 段）。存在 144.5 万个非营利组织，从工会到教堂，从互助医疗保险到合作退休基金，从老兵协会到社区组织，它们分散于 26 种不同的法律地位。所有这些组织都由美国税法“510c”来调整。在这一整体地位之内，存在一个特殊类别（第 3 段），用于“慈善、科研和教育活动”：我们关心的正是由“501c 3”调整的这些著名的组织。实际上，这些组织是非营利目的的，但它们又因为符合普遍利益的使命被
448 承认为公益，这使它们能够接受可减税捐赠，这是特殊的和客观的优势。美国目前存在着 90.9 万个具有这种地位的社团，多数是“私立”大学和中小学，许多教堂，社区协会，多数医院，环境保护组织，人权组织和那些在全美以分部或分支机构来组织的有实力的协会，比如红十字会、救世军、联合劝募、美国公民自由协会或者基督教青年会。多数博物馆、剧院、芭蕾舞团、乐团、图书馆、联合广播同样是被承认为公益（501c 3）的非营利组织。

估计艺术领域的非营利的协会如今在美国有 209 万名雇员，对应于 532 亿美元的直接经济实效。如果算上由艺术产生的附加支出（比如那些出席非营利的音乐会的观光客的饭馆与旅店支出），间接的经济实效

估计为1340亿美元，关系到485万名雇员[5]。

这种优惠的法律地位给予了基金会，同样也给予了博物馆与剧院，作为交换的是代理公益使命，依据着一种理论上看起来很严格的管理控制，首先就是授权程序。如果这些条件都凑齐了，那么法律将提供一些特别有利的好处。作为义务，首先是不营利或者至少不将营利分配给股东的义务，这是一条金科玉律。我们看到，一个文化机构可以有一些营 449
利活动，甚至可以获得可观的利润，但是相对于机构的使命，利益必须是边缘性的。而且，在年终，机构必须将利润重新投入不动产或者本金。任何情况下，董事会成员不得获取报酬，甚至也不可拥有“超出合理范围”的实物利益，这是首要的一点。

另一个至关重要的因素与前一点有关，那就是对某种“使命”的界定。一个“501c 3”的组织的使命应该是“慈善”或“教育”，虽然这两个词的解释是广义的，包含一切属于艺术的东西。这里的要点在于“使命”这个词符合组织为自己确定的公益目的：这既象征独立，因为使命是自由选择的，又是一种限制的形式，因为机构必须服从于它。比如，所有博物馆、歌剧院、乐团和图书馆都具有某种“使命”，这出现于它们的章程里。文化机构通常强调这种使命，用来为自身的存在赋予合理的理由，其成员依据这种“使命”来安排自己的工作。

所有这些义务，尤其是不得将利润返还给董事会成员的规定，受到联邦税务部门和各种法院的严格监控。如有舞弊，机构将会受到严惩。而且，在美国一向如此，与基金会和非营利机构的管理有关的信息透明度很高：每个机构都必须公开账目，数据通常发表在所有人都可以要求查阅的《年度报告》里，公布在互联网上，可以提出质疑。当报界了解到舞弊，会毫不迟疑地回应丑闻，这种情况比较少，但是媒体会广泛 450
报道（比如费城的巴恩斯藏品、纽约的惠特尼现代艺术博物馆和洛杉矶的格蒂博物馆）。

如果条件具备，非营利的地位会得到一些特别的好处。“501c 3”的组织完全免征联邦所得税和各州企业税（与机构的公益使命不直接相关的那些营利活动除外)。这些组织被免征当地的地产税和很大一部分的间接税。它们不付增值税(在美国通常叫“营业税”,虽然如果存在“营业税”的话,是与增值税非常不同的),也不付各种现存的对商业演出的征税。

除了这些税收上的豁免,“501c 3”的组织同样享受许多其他的好处,比如减幅很大的邮费(全部通信享受非营利邮资比率),对博物馆免收艺术品的某些保险费。它们同样不支付海关税,在向国外收购艺术品的时候,这是极有意义的。还有更有利的,多数州和城市也效仿这一模式,它们给予非营利机构大幅度的补充减免税。

但是,作为非营利机构(501c 3),它们享受的最大优惠是能够接受捐赠,而捐赠则可减少捐赠者的缴税额。这是一项重要的好处,很大
451 程度上说明了美国捐赠领域活力的源泉。有人可能会说相对于严格意义上的商业性质来说,非营利的地位让机构能够收入混合资金:一些挣得的收入,比如票房收入;一些捐助的收入,如个人、基金会的捐款、补贴或企业赞助。挣得的收入和捐助的收入的这种混合是美国文化组织的特性。

虽然,如前文所描述的,美国文化政策是一种税收政策,但这并不仅仅依靠那些非营利机构所享受的特殊地位和好处,而是首先因为由此提供给捐赠者的巨大减税。这一点是决定性的,因为通过可减税的捐赠,文化机构拥有了财力,可以自己补贴自己的需要,并且靠自己的翅膀来飞翔而不必要求公共补贴。

考虑到这些好处,我们理解了为何在 19 世纪仍是营利性质的多数文化机构却在 20 世纪变成了非营利的机构。在美国,从 20 世纪初以来的近乎全部的博物馆、乐团和歌剧院以及近年来的多数芭蕾舞团和文化节,几乎所有创作型剧院(百老汇除外)从此都成为了非营利性的机构。这还可能进一步发展:许多出版社(大学出版社)、某些创新艺术的画廊和大多数文艺和实验电影都是非营利性的,而在欧洲它们通常都是商业性的。这是具有决定性的一点。文化生活缓慢倒向非商业的一
452 边,这是当代美国文化体系的一个特点,这也是它最不为人熟知的一个侧面。

## 董事会

非营利文化机构的核心是存在着董事会。不论是大博物馆还是小剧院，董事会都是作为志愿者来领导它所负责的组织。富有的捐赠者将自己的财产和实践经验交给机构，有时因为协助领导董事会而将自己的晚年贡献出来。他指引了机构的历史方向，说到底，这个博物馆或乐团某种程度上成为了他生命的一部分。奇特的是，这些董事会只是一个框架，其中汇集着对尊重的需要、对于地位的追求、为于权力的喜好，总之属于人们称作社会威信的范畴。

在法国，一个大博物馆或一个歌剧院的董事会里，董事们的责任通常很小：虽然他们对预算进行投票，但预算往往是预先由管理监督部门确定的（国家或当地集体）。起监控作用并与董事会沟通的是那些代表（他们不是义务工作的）。多数情况下，这首先是一个显示身份的地方，在那里的决议是在不太频繁的会议上以“君子协定”的形式进行。真正的权力掌握在博物馆或乐团负责人的手中，他是有薪酬的，他向其管理监督方负责。

在美国，董事会有着广泛的权力。董事会可以成事，也可以成为阻挠。它一直在行动，义务地领导着机构并确定其使命的是董事会主席及其成员，虽然他们不会日常领导机构。这些董事会的建立是按照私人企业的模式：一个博物馆的董事会对于它的领导就像“城市银行”指引 453
这家纽约银行的前途那样可靠。这样做的时候，董事会成员必须服从一些无比复杂的规则，它们确保机构真正的延续性，防止过于急遽的变化。董事会成员首先是机构资金的重要捐赠者，通常是根据他们的捐赠潜力选出来的。在董事会里，捐赠不属于善心和慷慨的选择，而是一种义务。人们用一个绝妙的表述来对此定义：“同僚压力”。

要想成为旧金山歌剧院的董事会成员，必须至少每年捐出 2. 5 万美元。克利夫兰艺术博物馆是 2 万，洛杉矶爱乐乐团是 2. 5 万，波士顿抒情歌剧院是 1 万，旧金山现代艺术博物馆是 1 万，匹兹堡芭蕾剧院是最少 2500。在纽约，“推荐”的捐赠额更高：要想成为“大都会歌剧院”的董事会成员，最小金额为每年 25 万美元，惠特尼现代艺术博物馆 10

万，纽约爱乐乐团5万，而纽约城市芭蕾舞团是微薄的2.5万。至于这些董事会的主席，他们几乎总是被鼓励比其他成员捐赠更多，这令他们的头衔具有合理性，通常也让他们能够被任命为组织的主席这一显耀职位。董事们的捐赠额必须是模范性的，作为对个人捐赠的补充，他们的主要职责是“募款”。他们不断使用自己的地址簿和关系网，用来发起动员。筹集资金，为他们推动的机构积聚捐款。他们拥有权力，因为他们找到了钱。

454 董事会是绝佳的集体会商做出决议的地方：从招募到经理人的工资，从本金的银行投资到大的纲领，所有这些问题都是由董事会打理的。加入董事会必须在严格的意义上纯属志愿：这是对于在时间和金钱上都很沉重的义务工作的承诺。通常，董事会成员必须支付自己的演出入场券、晚餐和博物馆门票，如果提供这些作为对于他们捐献的交换，那么因此节省的份额会被看作实物利益，不可以算作可减税的收入。这种投资很重要，尤其因为董事会成员由于自己的捐赠而被委托管理自己的钱。他们的责任只会因此而更大。

他们具体如何介入对机构艺术部门的领导，这个问题更为复杂。对于这一主题有几十篇专题论文、毕业论文和几百篇文章，这是美国文化生活中争论最多的问题。很难提供一种简单的回答，因为这本来就是一个棘手问题。从那些倾向于对艺术选择做出决策的董事会（纽约的惠特尼现代艺术博物馆或洛杉矶的格蒂博物馆），到那些仅限于筹款而不介入制订计划的董事会（布鲁克林音乐学院），皆存在着各种例证。多数情况下，它们的角色介于两者之间，既非完全处于核心，又非处于文化选择的外围，它们始终能够造成内部压力、张力，但至少能形成对话。事情同样取决于章程、时期、人物。通常，在多数机构中，董事会不具
455 体插手计划，虽然它们确定其“方针”。它们的两个主要使命仍然是机构的筹款及其在社区的代表性。但是，对于巨额艺术品的购置，董事会的意见是必需的，尤其因为这通常是由董事会成员们来签署支票的。对于日常的计划，董事会很少被征求意见。但是，年底有一些辩论来进行总结和确定下一季度的工作重心。如果负责人不接受董事会的指令，他很有可能会丢掉他的职位。

剩下的就是这些董事会的社会构成问题。虽然，理论上讲所有公民都可以向博物馆和乐团捐款，但是在美国主要是那些最富有的人为文化捐款。事实上，这些通常被称作“权力经纪人”的富人，这是一些“倒卖”权力的权势人物，他们在地方一级扮演着有影响力的执掌金钱的角色，他们多数都投资董事会。即便是在一座小城市，在当地一级，主席也经常是一位有地位的人，比常人富有。当选地区博物馆或市政图书馆的领导职位，这位主席获得某种社会威信，在所有人的眼中确认其在当地的一种成功，接近于市镇长们在欧洲得到的东西。如果想到这一点，这很好地概括了欧洲与美国之间的反差：在美国，人们不接受任何芭蕾舞团或歌剧院的负责人由市长任命，但却同意由一些集聚在董事会里的企业的老板来任命。

19 世纪末确定非营利目的是为了避免国家和市场对艺术的控制，交给公民们一直对于文化的独立的权力，而今美国非营利的文化体制在 456
实践上被证明是这样一个体制，它不仅仅将这种权力重新交还给富裕阶层，而且是交给了 1% 的最富裕的美国人。当艺术被交给那些极为得天独厚的金融精英手里，便存在一种风险，让艺术经验仅仅变成一种标榜“身份”的手段，成为一种解脱负疚感的礼仪[6]。

## 基金

在美国文化慈善领域运作的核心，有其最有效的经济与税收机制，同样还有捐赠的基金。美国多数文化机构，所有基金会、所有著名大学（不论公立和私立）、博物馆、乐团和图书馆都拥有捐赠基金，没有的也梦想着拥有基金。这是一份本金，同时是经年来积累起来的，被投入证券市场，最常见的是投资于股票和债券，每年使用的只是利息（人们称之为“运营资金”）。

基金是非营利文化领域的大机构生存的一个核心元素，很好地表明其操作余地和创意自由。基金使它们能够在资金上冒最小的风险，同时让它们可以在艺术上冒更大的风险。比如，基金可以让一个古典乐团冒险涉足当代音乐；让一个现代艺术博物馆展出一些有争议的作品或者一些初出茅庐的艺术家的作品；让一所大学为家境不好的学生提供奖学

金；让一个剧院进行创新而不受市场的压力。基金就是本金，而利息的
457 收益各异，它使机构有比较稳定的资金收益，因为慈善组织的本金在证券市场上的运营通常具有最高的保险性。它依靠一些长期投资、一些新捐款，因为免税，本金同样倾向于越来越大。在美国，基金及其利息都是不征税的。

如果说一个机构运行的年预算可以让人评价它当前的活力，那么它的基金则朝向未来，让人能评价它的发展能力和它在创造力上的操作余地。其数额通常是对一个文化机构的风险控制能力和艺术创新能力的一个很好的指数。明尼阿波利斯的沃克尔艺术中心拥有 1.85 亿美元的基金，本金带来的利息已经满足其预算的 45%。所以，它可以进行一些艺术上的冒险，它也是这样做的：在当代艺术和前卫戏剧方面，沃克尔是中西部一个最吸引人的地方。克利夫兰美术馆的预算的 60% 来自基金，这同样为它提供巨大的艺术自由。同样，休斯敦大歌剧院拥有 4500 万美元的基金，20 年来，它表现出在美学上惊人的胆量，尤其是它还身处得克萨斯州。因此，我们可以提出这样的一条规则，即一个机构的基金越大，这个机构便越能自由地冒险和在艺术上创新。

但是，不应将基金看作一种使用简单而且没有限制的完整一体的本
458 金。多数情况下，文化机构拥有多个基金，它们由不同捐献者提供，对应于该机构应该奉行的不同的使命。比如，哈佛大学拥有 259 亿美元的基金（2005 年数字），分成 1.08 万个独立的基金，用来分发奖学金，维持各图书馆，为博物馆购买展品，建设运动场所，或向多种活动提供定期资金。这份基金总额惊人，每年带来约 5.6 亿美元利息，相当于大学整体运营预算的 28%，让大学能够运营其三个博物馆、具有国际知名度的剧院、电影院、乐团和图书馆（藏书量居世界第二，仅次于国会图书馆）。

另一些基金的例子同样令人感兴趣：微软的创建者建立的比尔·盖茨基金会拥有的基金有 267 亿美元，使它能够创立数量巨大的教育计划，帮助全美的图书馆，有系统地提供给它们免费的互联网，发展几十个艺术计划[7]。“福特”、“惠普”、“麦克阿瑟”、“帕卡德”、“皮尤”这些基金会都在文化方面非常活跃，拥有的基金都在 40 亿到 100 亿美元

之间；纽约大都会艺术博物馆有17亿美元基金，休斯敦博物馆有约10亿美元。除了这些惊人的数字，多数文化大机构的基金数目都不可小视：纽约公共图书馆（4.62亿美元）；波士顿交响乐团（2.8亿美元）；亚特兰大伍德拉夫艺术中心（2.45亿美元）；芝加哥交响乐团（1.78亿美元）；纽约爱乐乐团（1.64亿美元）；卡内基音乐厅（1.24亿美元）；纳什维尔交响乐团（3400万美元）；辛辛那提塔夫脱美术馆（2400万美元）；蒙哥马利美术馆（1300万美元），我们仅列举了少部 459
分的例子。

当然，并非所有文化机构都一定有运气拥有这样的本金。但是多数机构渴望建立一份基金，这是它们劝募的目的之一。

## 募款

为了扩大基金，为了文化机构的日常运营，筹款成为一项重要的活动。随着文化生产成本的提高，博物馆和乐团不得不将筹款职业化。它们创建了一些专门的领导机构，通常称作“发展部”或“发展办公室”。领导部门的经理是任命的，这一岗位被视作各文化机构中最具威信的岗位之一，通常是执行总裁的副手。在纽约现代艺术博物馆有几十个人为“筹款”全职工作，在哈佛大学和旧金山交响乐团则是为“发展”。这些专业人士是专门化的，因为今后必须具有对金融市场的很好了解才能更好地让基金的本金体现价值，更好地从金融市场的活力中获益，同时确保最大的安全性。

董事会当然直接跟踪这些问题，继续在筹款中扮演重要角色。董事会成员与他们所在“社区”的捐赠者维持着良好的关系，通过一系列的资金与身份象征的交换，培养起利益之交。社会学家罗伯特·帕特南 460
用了一个绝妙的表述来总结这一过程：“典型意义上，筹款意味着结交朋友”[9]。

但是，接替这些传统的筹款形式是一些现代手段。资金来源的地理分布扩大了。今后要从公共事务处那里寻求资金（国家艺术基金会、各州和城市的事务处），从当地和全国的基金会寻求资金，还要从众多捐赠人那里拿到钱，不论他们是全国知名的富人，还是不那么富有的更加属于本地的人。奇怪的是，在美国，人们将这些富人称作“顾客”或“主顾”，但也可以表示艺术的“赞助人”或“保护人”。他们试图以各自的方式去吸引的“赞助人”是美第奇家族*的洛伦佐的现代继承者：他具有某种卓越的、高雅的、传统的东西，他的名字被镌刻在那些著名博物馆和乐团的大厅里。

与人们通常所想的相反，筹款在美国相对比较容易，因为这算是一项全国运动。到处，首先是在那些乡村地区的州，资助博物馆、乐团和芭蕾舞团的运动大张旗鼓，能够得到成百万的进账。堪萨斯城的纳尔逊—阿特金斯博物馆的退休总裁迈克尔·丘奇曼解释说：“在这里，筹款很容易。每个城市都希望拥有自己的博物馆和乐团，希望办得出色。富有的捐赠者认为这是他们的使命，他们在堪萨斯城这样的城市付出更多，因为他们生活于此，想以此城为骄傲。”多数情况下，中西部和南部大城市的博物馆和乐团的负责人、明尼苏达州或伊利诺伊州那些古典
461 芭蕾舞团的筹款负责人和所有大学文化机构的负责人都承认筹款是相对容易的，虽然资金从根本上说总是不足的。在戏剧、当代艺术和现代舞方面，在整个前卫艺术领域，这些机构的负责人通常表现出更多怀疑与焦虑。

要把握这一现象的本质，应该记住捐赠在美国是一种普遍现象。最初，慈善局限于几个捐献金钱的富有的赞助人。如今，分成了许多小赞助人。但是，除了通过基金会、企业或州，文化机构的资金还来自于个人。我们已经看到，据普遍估计，文化资助平均75%来自个人，9%来自个人遗赠，11%来自基金会，只有5%来自企业赞助[10]。

应该记住在美国捐赠是一种不限于富裕家庭的现象：捐赠在中产或低收入家庭中也很普遍。1998年，估计有70%的家庭曾经捐献过。从1960年代末以来，个人的捐赠不断增长，从1969年的720亿美元到了2003年的近1800亿美元（数额参考通货膨胀率进行了调整）。家庭平

---

* Medici Family，是意大利的佛罗伦萨13世纪至17世纪时期在欧洲最为强势的名门望族，其主要代表为科西莫·美第奇和洛伦佐·美第奇。从某种意义上看，美第奇家族深刻地影响了意大利文艺复兴的基本风貌。因此，在西方艺术发展史上，美第奇家族几乎成为那些倾情鼎力资助文化的金主的代名词。——译者

均捐赠水平估计为家庭收入的2%[11]。

这些数字普遍显示出捐献的一种显著的普及化，但却不适用于文化领域。艺术是慈善中的特例。实际上，民众阶层倾向于优先捐款给教堂，但几乎不参与对文化的推动。同样，中产阶级倾向于捐助大学和医疗，而非艺术。只有最富有的阶层偏重对艺术的捐赠。按照几份研究， 462
最富有的那4.2%的美国人进行了93%的支持艺术的捐赠；而他们中富中之富的那1.2%的美国人捐了艺术所接受捐款的60%[12]。这种旧有的重复的倾向证明那些文化机构主要依赖于富裕阶层，而其他慈善领域却更多依赖于中产阶级和民众阶层。

因为所有这些原因，我们明白了为何筹款更多集中于富有的捐赠者。对于筹款人真是幸事，这个富裕的国家里，富有的个人不计其数。如今，被看作百万富翁的美国人的数量估计为7200万[13]。的确，在对大机构的文化资助中，这些极其富有的人是无所不在的。在那些社区、族群或更小的文化组织中，这一现象减弱了，虽然从比例上说仍然未变（从比例上看，富人在小机构中占据优势，虽然他们没那些大机构的富人那么富有）。经常，在美国教堂的生存是依靠每份37到100美元的数千份捐赠的，但这在文化领域却很少见。在旧金山、明尼阿波利斯或克利夫兰这样一些极具慈善文化的城市，还有一些非常有效的筹款方式，或依靠"社区基金会"和"艺术基金"，它们可以让中产和民众阶层资助文化。但是，这些款额相对较少，面对一些成百万的捐赠，在慈善的账目上显现不出来。

最后，还存在一种捐赠的独特形式，它在美国博物馆历史上起着重要作用：即艺术品捐赠。在这方面，美国税收是非常支持的，因为这些 463
遗赠完全免收遗产税。所以，收藏家去世时将他们的藏品捐出，宣布他们的意愿，为的是仍旧享有生前的社会威望和捐献在博物馆里产生的敬意。捐赠者自由确定对其藏品未来的使用"有条件捐赠"，乃至它们如何展出或分组。因此，博物馆必须永远遵从这些要求，否则会被收藏家的后代告上法庭。捐赠者的这些令人吃惊的权力通常不太为大众所了解，为博物馆的馆员们造成一些难以置信的麻烦，虽然董事会或专业协会公布一些明确规则以防止那些狂妄自大或趣味恶劣的捐赠者的任性的愿望。

从所涉及的款额，从国家间接的作用，从资金的分配模式，美国的体系与欧洲模式有着深层次的差别。在欧洲，特别是法国，人们通常认为是国家根据社会、教育和文化事业决定对税收的分配。在美国，这一选择被留给公民——在文化事务上，通常是留给最富裕的公民，他们用自己的捐赠来决定该扶助哪些机构，潜在地勾勒出一种文化行动。但是这种自由同样伴随着责任，一般也伴随着参与，这是至关重要的元素。找到一种需求、一项事业或一个目标，美国人有能力自己来展开行动，动员起来，承担他们倾心的事业。“这是我的金钱，我的选择”，百万
464 富翁彼得·刘易斯这样说，他曾主持纽约古根海姆博物馆，是该馆主要的捐赠人。

托克维尔在《论美国的民主》中很早就描写了这种倾向，在今天仍在很大程度上是确切的。在扩张的新城市里，在西南部，或者在南部，几乎到处都能看到一些剧院、乐团、博物馆凭空涌现出来，有时甚至是在荒漠里，比如亚利桑那州凤凰城远郊的梅萨。一些男女聚集起来创立一个文化机构，因为他们认为拥有它是必不可少的。在这样的情况下，他们不向联邦政府、州或城市求援：他们自己动员起来，集合起来收集资金，决定建立他们的机构。

人们认为减税让公民与国家在非营利的领域成为合作者，这在捐赠机制中起着至关重要的作用，但是减税并不是造成这一领域的活力的唯一因素。税收上的好处虽然巨大，却只能部分地解释富有捐赠人在距离沙漠一步之遥的亚利桑那州的新城市里建立剧院的意愿。他们的动机更为广泛：其中混合了地方的自豪感、社区意识，而促成捐赠的主要推动力是捐赠者能够对自己的钱做主。政府向你收税而税收分配的选择却不受你控制，与此相反，捐赠却让你能完全自由地行事。决定帮助你出生村庄的教堂、你居住城市的博物馆、你曾经就读的大学或者你可能得到救治的医院，你做出一个完全属于自己的选择。如果你的捐赠金额巨
465 大，你通常会被召唤加入机构的董事会，为机构负责。通过税收，你的钱不受你控制；通过捐赠，你保留了对钱的部分的支配使用权。通过税

收，你感觉受到强制；通过捐赠，你觉得自己是自由的。在前一种情况下，你被解除了责任；但在后一种情况下，你成为你所帮助的机构的命运的缔造者——这会因此鼓励你捐更多的钱。总之，不可能“舞弊”或尝试逃避：捐赠伴随着一种“承诺”（commitment）和一种“责任”（accountability），这是美国慈善的两个关键词。

为了帮助你捐赠并鼓励你更加负责任，你的慷慨无私当然会受到应有的褒扬。减税之上还有一整套优惠来确保你的“身份”：有艺术家们演出的晚宴，剧院首场演出的香槟鸡尾酒会，最佳座位的入场券，陈列着印象派作品和埃及木乃伊的博物馆大厅里的自助餐会，由馆长亲自讲解。还应该明确指出，这些晚宴和演出座位是让捐赠者付钱的，如果不付钱，那么相应的钱是不减税的。旧金山芭蕾舞团的一位董事会成员解释说：“不仅每年应该捐一大笔钱，而且必须购买入场券，支付首场演出最贵的座位，资助晚宴和邀请朋友赴宴。芭蕾舞团出国演出的时候，惯例是由一名董事会成员陪同：他必须自费，利用自己的假期。慈善，这是一种使命。”

如果你捐赠一笔更大的资金，你的名字会出现在剧院或音乐厅入口的一块牌子上，这是一项了不起的发明，或者被冠以机构负责人的头衔。你的名字因此与博物馆的负责人及其所有继任者永远连结在一起： 466
比如波士顿美术馆现任负责人马尔科姆·罗杰斯在签署信件的时候签“美术馆馆长马尔科姆·罗杰斯、安和格雷厄姆·冈德”，因为冈德先生与夫人做出了巨大的捐赠，他们建立一个基金来永远资助馆长的薪酬。最后，如果你做出来历史性的捐赠，确属巨额的捐赠的话，那么博物馆的一个侧楼将冠以你的名字，或者有时某个博物馆会将名字改成你的，但这个时候，意味着你真的如此富有，还不如直接建立你自己的博物馆。

总之，所有捐赠者不论大小，都会在乐团每场音乐会发布的节目单里，在博物馆每次展览的目录里被提到：小的用小字，大的用大字。尤其，捐赠者在每年由文化机构发布的《年度报告》中得到感谢：这份强制性的文件由负责人的报告开始，然后具体列出预算、捐赠者姓名、雇员和志愿者名单，提供一系列有关博物馆购置藏品的信息、乐团未来的计划、芭蕾舞团的教育计划。财务审计必须附在里面，如果预算超过25万美元，或者机构拥有超过2.5万美元的公共补贴，将由外部的会计事务所审核。全部这些文件都是公开的，任何人要求查阅的都可免费获得（通常这些文件在互联网上可以自由查阅）。

剩下的问题是那些筹款的年度事件，它们存在于所有文化机构，通常仿照大学校友晚会的传统，聚会是一个借口，用来集体回忆过去，按
467 照自己的财产和捐赠能力来互相攀比成就。在各种文艺晚会、义卖筹款晚宴或特别晚会的形式下，规则几乎总是同一个：会费极为高昂（纽约一次晚宴的席位常常要1万美元，其他城市少一些）。虽然有些令人吃惊，但晚宴的荣誉嘉宾费用更高：这样的“宾客”要支付最高的一份，通常必须支付整个荣誉餐桌的费用。

去加利福尼亚州奥兰治县的四条高速路之间孤零零地处于远郊富人区的一座演艺中心观看首场演出，或者去得克萨斯州的休斯敦美术馆的一次展览的开幕式，只有出席一次这类晚会才能意识到其中关键之处到底是什么。文艺晚会是专为“受邀者”准备的。无声无息的较量从捐赠能力乃至晚会礼服的奢华中都能体现出来。女士们穿上最艳丽的礼服，男士们将跑车停到代客泊车场。他们是在自己人的中间，快乐地分享这一刻的时光和一种社会地位。

对于文化大机构的这些筹款活动和捐赠者的这种对社会地位的追求，2000年至2001年“维旺迪环球”的法国老板让—玛丽·梅西耶在他下台前几个月在纽约的声势浩大的登场可以作为一种图解。刚刚住进纽约曼哈顿朝向中央公园的一套1750万美元的公寓，梅西耶就受到整个纽约上流社会的追捧。对于这对夫妇来说，文化是进入这个非常封闭的社会的理想门径。让—玛丽·梅西耶立即被提名为惠特尼现代艺术博物馆董事会成员：具体而言，这意味着以他个人资金为基础最少每年向
468 博物馆捐出10万美元以得到董事会的位子。不久之后，梅西耶先生进一步成为大都会歌剧院董事会成员（每年平均25万美元的捐款是必需的），而他妻子被提名到纽约爱乐乐团董事会（同样必须每年平均捐5万美元）。紧接着，他被邀请主持纽约公共图书馆的一个筹款晚宴：按照惯例是要求在这类接受荣誉邀请的晚宴上捐5万到10万美元，同样

建议受邀者也邀请自己的朋友，还要为朋友们在自己的餐桌购买座位（每人1万到5万美元）。对此没有任何书面的强制条款，但是如同一位筹款人的解释：“荣誉宾客不应让自己的餐桌空着！企业老板是一些精明的人：他们总想让自己的晚宴举办成功，尤其当他们被称为荣誉嘉宾的时候。于是，他们设法让自己的餐桌满座。”梅西耶夫妇的慈善经历显示出一个具有身份、关系网和金钱的局外人如何能比较容易地进入纽约慈善家的圈子。当进入了社交界，就可以进入这座城市最受人青睐的权力网络。不用说，他的倒台使他很快没有了所有这些昂贵的义务也没有随之而来的社会威信[14]。

谈起美国文化体制，一个主要问题被提了出来，即这一模式的这些独特性对文化本身和艺术展览的方式造成了什么样的后果。总之，这是个困难的问题。可以肯定的是，捐赠对于艺术机构的发展和机构所偏重的文化都不是持中立的立场的。

富有的捐赠者不喜欢将自己的钱捐赠于通常被认为是最重要的亦即 469
称作运营预算的项目上，或是那些留不下任何痕迹的项目上，他们喜欢自己的捐款具有象征意义并且随处可见自己捐款的痕迹。因为他们渴望将自己的名字与一些厅堂联系在一起，所以博物馆在不断地扩建。因为他们梦想着用建筑来让自己永垂不朽，人们就为了建设大楼。因此，慈善的一个直接后果是建筑的增多。新机构，新大楼或新画廊：只要在美国旅行一下，不论是科罗拉多还是明尼苏达，人们就会为众多文化场所及其不断的扩建感到吃惊，那些翻新的机构经常带着“新”字。好像文化总是在发展、建设、扩张。到处都看到计划中的建筑模型，到处都要穿过工地，到处都看到厅堂的开幕式。有时候在博物馆里，人们看到的戴白色安全帽的蓝领工人比艺术品还要多！这种扩张倾向可被看作是一种极好的扩建或发展的机会，也可能相反也被视为一种偏差和一种提前透支，文化生活变成了单纯的房地产操作，而不考虑要在里面放置什么展品，好像增加资产和扩张的责任本身变成了目的。人们常常谈到美国文化的“过度投资”：机构有过多的钱当作本金，太少的钱用于它们的运营预算。总之，对不动产的热衷是我们在美国多数博物馆、芭蕾舞团、乐团和剧院看到的发展与能量的一个关键。

470 可以将这种醉心的扩张称作“埃及金字塔情结”：在美国到处存在一些计划、模型，建筑师在致力于一些让富有捐赠者永垂不朽的新建筑。好像人们以为艺术应该是从不动产投资开始的，从需要褒扬的人名开始的，然后才是提出在其中展出什么样的艺术的问题。这是美国文化吗？是它的大教堂？它的金字塔？它的博物馆？这首先是一些正在施工的企业。

## 从非营利的机构到“商业”活动

美国文化机构当然是“非营利目的”的，但却深深地立足于市场经济。从这个角度看，参观美国大博物馆或者居留“私立”大学的欧洲人立刻对“生意”与“市场”的这种无所不在感动惊讶，而他们早已惊讶于剧院或博物馆的门票，更不用说大学学费了。同时，如果告诉人们纽约大都会艺术博物馆或纽约公共图书馆（与名字所显示的相反，它是“私立”的）是严格属于商业领域的，这将是一种错误的分析。很大程度上，美国文化生活的独特性、它在欧洲引起的不解和解释它的实力的关键就存在于这种既公且私的混合地位中。

这种人们可称为“非营利的文化企业”（或者不如说“非营利目的
471 的企业家协会”）的“商业”性质是一目了然的：董事会、募捐款项和基金管理这些结构和机制维持着与市场的显著联系。但美国文化机构不限于此。它们首先懂得增值，这是美国非营利活动的核心的和矛盾的元素，这让它们常常有别于我们的非营利的社团。不论是通过劝募来增加资金入账，还是精心投资在证券市场上的基金，美国所有的文化与大学机构都在力求发展，将本金最大化和赢得利润。所以，非营利目的的组织是对美国资本主义的一种非典型意义的图解，但却仍然是一种图解。

美国文化机构同样因为其管理而属于市场经济。在保留“公共”目标与一些公益使命的同时，那些大博物馆、乐团、芭蕾舞团以及歌剧院是作为私人企业来管理的，它们服从于市场特有的收益率和效率的法则，虽然我们看到，利润并非像在纯粹资本主义中那样在股东之间分配。

从这一角度看，美国艺术生活的一个关键时刻就是1960年代“文化经理人”成为机构领导者。从前，机构是由没什么报酬的董事们或者艺术史专家（对于博物馆）、音乐家或舞蹈家（对于芭蕾舞团和交响乐团）来管理的。机构领导者拥有艺术史的博士学位或者曾经有过艺术生涯。文化仍是他们的主要任务，即他们的使命。他们是从经验中培养出来的，长期任职，忠于职守，是本地人，在特定的领域里出类拔萃，他
们很少从一个博物馆转到另一个，甚至难以想象他们会从一个博物馆的 472
领导岗位转到一个乐团去。那时，这些人通常带着天真和家长权威来“运营”博物馆和乐团，这意味着真正的权力仍然掌握在董事会手里，只有董事会在真正进行管理。而且，那时主要的显著的职责仍是艺术，管理与教育问题被交给次要的董事们。

随着“文化经理人”的到来，就是另一回事了。新的经理人是国际化的或者至少是世界公民，不再是当地的，他们是自主的，不再处于依附地位，他们有时被称为“总裁”，有时叫“首席执行官”（CEO），就像是他们在领导一个大企业。不管怎样，他们比那些通常终生都依附于一个机构的前任们更加自主。他的新使命归结为“责任”一词：即良好的管理与财务责任。因此，权力重心从董事会转移到执行团队：总裁是职业经理人，他成为文化机构真正的无人置疑的老板。对机构负责的是经理人，由他对媒体发表意见，虽然他必须向董事会汇报。责任是明确的，不分散、不模糊、不用授权。

当然，今天同往日一样，董事会与经理人之间的关系并不简单，每个博物馆或乐团都有其特殊情况。董事会成员通常是艺术收藏家，在涉及购买新藏品的时候，我们看到这可能会引起一些紧张关系。在文化经理人到来之前，经常存在一种董事会的自然倾向，尤其是董事会主席的
倾向，他们乐于代替执行总裁来领导机构。出现这种情况时，机构几乎 473
总会出现偏差，或者遇到严重的内部问题，通常的结果是执行总裁辞职。

随着经理人的到来，“指引”和“治理”一方（即确定方向，制定规则和政策）与“管理”一方之间（即按照某种政策的路线，自由领导机构）的分权得以加强。经理人赢得了权威，职责的划分更明确。尤

其是，新的领导者不再接受由董事会牵着鼻子走，这与他们的那些更加“艺术”的前任相反。他们不再是在那里听从吩咐：他们想真正地进行领导，这通常因为他们了解自己的职业和机构，他们比较善于说服董事会。而且，这些经理人扩展了他们在艺术方面的职责，但同样扩展了在各方面的职责，从人事聘用、管理、建设乃至一些更加复杂的问题，如法律条款或基金管理，在过去这些还是董事会成员的领地。

经理人同样担负了更多的责任，在社区和媒体代表文化机构，过去这更多是董事会主席的事情。比如，芝加哥艺术学院的负责人詹姆斯·库诺认为他在芝加哥城代表着博物馆：“我负责我的辖区，对于我们而言就是芝加哥。我的工作在于保存、增加收藏品，保证让所有人能接触到。这是一份公共收藏，虽然不属于城市，因为我们是一个非营利社
474 团，我们的存在是依靠免税。这便是为何这座博物馆是属于芝加哥的居民的。”

甚至在长期属于董事会的筹款工作中，执行总裁也逐渐成为一个主要的行动者。他协调各种劝募活动，会见与潜在的捐献者。詹姆斯·库诺证实：“这是我工作的一个主要部分。我必须时刻存在并活跃于这座城市，会见富有的捐赠人和企业。某种意义上，我就像一个政治家，我在进行选战[15]。”

文化机构的负责人周围通常是一个高水平的职业人士的团队，尤其是金融、市场调研、筹款和教育领域的人才，艺术只是其执行职能里的一个侧面。艺术场所也越来越多地求助于外部的“顾问”，按合同支付他们服务的报酬。从整体的发展方向上看，博物馆、乐团，尤其是剧院和芭蕾舞团，告别浪漫的与艺术的时代，走向管理与务实，而同时矛盾的是，它们却从商业领域过渡到了非营利领域。

所有的文化机构的领导岗位上的这些专业人士，早在 1960 年代他们就从那些全科的知名大学的艺术学院全新的“管理”专业中毕业，更近的时期，他们中最优秀的那些人是麻省理工、斯坦福、达特茅斯和哈佛的商学院的工商管理硕士（MBA）。在这些文化机构的各个层级，我们看到的同样是一些曾经学习过“文化管理”的领导者，这些课程

已经是许多大学都设置的。既然所有的募款或者教育部门都彼此相似，这些专业人士便不断地从一个机构跳槽到另一个，从一个领域跳槽到另 475
一个领域，这使他们能够增加自己的知名度和薪酬。

拥有辉煌的、也是昂贵的学历，这些经理人期待着真正的责任和优厚的报酬。向着文化管理的方向发展，这种演变的后果体现在文化机构的预算上。自1970年代以来，人力成本名副其实地暴涨了，尽管这始终是非营利领域。一个纽约的非营利机构的总裁依据其机构的重要性的不同每年平均挣12.5万到32.5万美元；一个大学校长每年可以挣到含税56万美元；一个金融主管挣7万到20万美元，一个发展主管挣6万到15万美元，一个公共部主管7.5万到13万美元（这是2003年的平均数）[16]。而且，在最高级的职位，实物的好处也不断地增加，至少有一辆公务车、一部手提电话和一部手提电脑，经常拥有许多社会保险、补充假期方面的好处，拥有休闲活动的预算，有各类精英俱乐部的会员卡，有时在极少情况下还拥有公务住宅。在美国，所有这些费用都叫"辅助服务"，与制作或艺术家酬金这类对直接艺术活动的投入"计划服务"相反。在经常性开支和社会保险金这类薪酬上，花费是最大的。这些偏差备受批评，人们提出了一些预防、监控和限制措施，但是没有用。因此，这是一个竞争激烈的领域，对于执行总裁及其合作者的招募则全然属于市场经济，不太可能限制其本质上的市场倾向[17]。 476

此外还要加上行政团队的过度膨胀。在博物馆、乐团、剧院，雇员的数量常常是可观的，而全职员工与大多数的艺术职能无关，这些艺术职能越来越多的是合同制的和"流动的"。从这一角度看，艺术家"常驻"剧院的例子就能说明问题，因为尽管名称如此，但这些剧院一般不再拥有常驻的剧团和被吸引来的导演，除非是剧院的艺术总监。在文化界，按照企业的模式，以项目为基础的组织出现了。这些剧院不是"常驻"的，它们向着"大家庭"演变：一些演员和导演互相认识，总在一些零星的戏剧创作中会合，他们都是按照合同合作。保持下来的只有官僚机器和经理人，这一事实让人觉得这些文化机构越来越被构想为一种网络系统的核心，而非一个持续工作的共同体。尽管在演变中不仅只有经济的原因，起作用的还有权能多样化的必要，但是不管怎样，非营利剧院因此采用了企业和好莱坞的方法："减员和外包"。

我们到处看到雇员团队中"艺术"的份额在减少，而其他部门（发展、募款、教育、普及）在扩展。艺术的岗位在文化机构中常常低于10%，因此压力也在增加：发展部门的负责人想要让更多的城里的
477 富人捐赠那些人们喜欢的展览或音乐会，而教育部门的负责人却鼓励这类的展览和音乐会更多地向拉美裔、黑人或多元文化的艺术开放。我们看到了机构的资金与运转如何会对所提供的艺术产生影响。

1960年代以来的这种向着非营利机构职业经理人的演变，对此的解释众多。这些机构的规模的扩大是一个主要原因，因为它们常常有成百雇员，预算达到几千万美元。文化场所的管理变得越来越复杂，既是在法律层面、人力资源、保险、安全措施，又是在与基金有关的金融规则或捐赠的税务规则方面。一切都越来越契约化，而在从前规则往往不是书面的，是通过家长式的方式来管理的。经理人虽未变成企业老板，至少变成了一个团队领导，他鼓励和动员数百位有关的人员，而他们中间还有数以百计的志愿者。

### 志愿者

如果不提及可以让我们显示其深层的双重属性的一个因素，即志愿者，那么对美国文化机构的描述将是不完整的。

志愿者是美国的一个普遍现象，虽然近年来有所衰退，但仍然极其活跃。美国是世界上头号义工国家，估计有9300万美国人是义工，相当于每年200亿个工时。志愿者在文化中起着重要的作用。

478 由文化经理人领导的富有的企业，它们面向文化产品的扩展和销售，美国的大博物馆和乐团同样是一些建立在义工基础上的企业。这里显示出美国文化体制的全面的复杂性。如何才能理解众多美国人自意在某一个文化机构做义工，而那些大博物馆的雇员却挣钱不少，这些博物馆的负责人往往都是很富有的？答案是简单的，因为这是一些非营利的机构。

从堪萨斯城纳尔逊·阿特金斯博物馆（600名志愿者）到旧金山交响乐团（1500名志愿者），还有辛辛那提的塔夫脱博物馆（100名志愿

者)、底特律艺术学院（1000 名志愿者）或波士顿美术馆（1500 名志愿者)，这种志愿精神再次令欧洲的观察者吃惊。美国每个文化大机构都至少有一百来名志愿者，常常也会有千余人，他们每星期为自己城市的博物馆、芭蕾舞团、歌剧院或乐团提供两三个小时的志愿工作。这种大众志愿文化构成了美国文化机构的一个特殊标志。

在这些大机构中，在志愿运动的核心是那些退休者。老年人走向博物馆、芭蕾舞团和乐团，这种回归教育的现象很少有人了解或进行过分析，但是这一现象非常重要，具有两个原因。首先，它属于美国普遍的志愿运动传统，尤其是退休者对国家社会、教育和文化生活的公民参与。再者，这是最能说明问题的，应该看到老年人在美国拥有一些活跃的文化实践。三分之一的古典音乐观众，四分之一的歌剧观众，22% 的 479
芭蕾舞观众，17% 的博物馆和爵士乐观众都超过了 60 岁[18]。老年人在多数艺术领域占有较大比例，博物馆与爵士乐除外，他们在其中的比例略低，尤其是在摇滚、流行和说唱中，老年人的比例几乎没有，这是很能说明问题的。从这一角度看，交响乐和歌剧观众的老龄化是一个显著现象。老年人对艺术的这种积极参与来源于他们的志愿工作：这让他们能将参与的欲望与艺术的渴望结合起来，尤其是这样可以再一次为他们提供一种社会地位。

虽然志愿工作多数由退休者和女性承担，多数情况下是女性退休者，但不应忽视这样一个事实，即美国文化机构在所有教育计划中都求助于一些志愿者：它们需要一些大学生在校园里当志愿者，需要小学教员来承担它们的教育计划，当然也需要黑人、拉美裔或亚裔人来介入少数民族社区。多数文化机构安排一些“少数民族文化普及”协调员，他们志愿承担在自己的族群内推广乐团或博物馆的责任。

尽管有这些对开放的考虑，但对志愿者的社会学研究表明这主要是一些属于富裕阶层、大城市里有文化的资产阶级的人，或者是一些教师。所以，我们理解了为何这些志愿者经常结成封闭的圈子，比如乐团和博物馆的那些著名的“妇女委员会”。同样矛盾的是，这种志愿活动的存在理由是向公众开放，但其运作却是以社会意义的排他性为基 480
础的。

志愿者们执行各种不同的任务。任务中最常见的是博物馆讲解员。这类志愿者是一些妇女或大学生团体，他们在博物馆的展厅接待和引导小学的孩子、中学生或参观团体。这些讲解员必须对艺术史有很好的了解，通常由博物馆进行几个月的培训。他们的动机呢？那些相关的人士解释说，是为了“让头脑继续工作”。在多数大博物馆都有数百名义务导游，在普林斯顿大学博物馆或蒙哥马利美术馆这样较小的博物馆常用的有一百来人。新奥尔良美术馆有120名志愿导游，多数为退休女性，该馆教育计划负责人埃里森·里德解释说：“对于这些讲解员来说，这是一项非常能体现价值的工作。首先，在这座城市，这等于一张名片。对于这些女性来说，这是一件很酷的事情，是一种社会地位。她们定期受到休斯敦、达拉斯、杰克逊其他博物馆的邀请，受到另外一些讲解员团体的邀请，她们便可以旅行。然后，她们免费进博物馆，带她们的女友来吃晚餐，在商品部购买礼品。在博物馆的宣传册和年度报告上有她们的名字。而且，她们受到博物馆负责人的邀请参加一些特殊事件、一些首场演出、葡萄酒和奶酪餐会和晚宴。”馆长用满怀赞美和感谢的演讲来肯定她们的热忱。人们送给她们各种小礼物：黄麻帆布印有“美术馆”字样的漂亮手包、一些帽子、一些“我爱贝多芬”汽车保险杠贴
481 纸、一些有波士顿芭蕾舞团标志的咖啡杯，甚至还有博物馆的电脑屏保。从多个侧面来看，文化义工接近于富有捐赠人的慈善行为，其动机经常是因为需要获得承认和社会地位。

志愿者不仅是讲解员。波士顿美术馆的志愿者协会（目前有1500名志愿者）负责新英格兰六州的CM2班级（小学毕业班）所有学生的组织与接待，这些学生每年受邀免费参观一次博物馆。志愿者们还管理“午后茶会”，这是每日的聚会，每位参观者可以在客厅休息，与其他参观者会面和免费喝茶。另一些志愿者主要负责“花会”，这是美国博物馆非常常见的另一种活动，每个星期，七位女性负责购买和更换整个博物馆内的花束，每天认真巡查，确保花儿总是新鲜的！

其他地方，在科罗拉多和佐治亚所有的博物馆、芭蕾舞团和乐团里，每天早晨都能看到十几名志愿者在折信封和贴邮票。我们在乐团地下室的厅里看到志愿者在进行远程推销来续订老订户或者向新成员寄节

目单。我们看到志愿者在街区里逐户访问，邀请黑人年轻人来听免费的音乐会。志愿者是歌剧院大厅的“领座员”，是博物馆咨询台的接待员。这些退休女性在密苏里州圣路易斯郊外的某个演艺中心的入口处迎接你，她们和蔼、平易、满怀热忱，但她们对当晚演出的无知程度同样 482
令人吃惊（她们盯着节目单，生怕弄错当晚确切的团体、种族的名称）。这种志愿、热忱、业余，是美国所有的文化场所的普遍现象。

所有人都付出时间，认真对待自己的任务，为的是能够免费出入博物馆，与人们见面，为了有事情做，或者更经常地是为了得到一点社会的承认。这种典型的美国现象无疑是美国文化生活中最令人着迷的一个现象。

## 扩大受众群

文化经理人和志愿者的使命之一很能说明美国的艺术机构的性质：即面向中小学和大学的教育使命和向敏感街区和弱势群体进行普及。“普及”（to reach out，意思是将手臂伸出去，接触到某个人）就是发展一些教育、陪同参观和文化参与的行动。让人惊讶的是，美国的博物馆和乐团不仅介入中小学和当地街区，而且它们认为这是自己的“责任”。

这些文化机构的动员能力依靠着对用艺术来教育公民的乐观信仰，这也是对负疚感的一种回应。鉴于其历史与性质，博物馆、歌剧院、乐团和芭蕾舞团必须拥有一些筹码来减弱自身的贵族形象，显示它们在向整个社会提供服务。它们的教育部门就是专门做这方面工作的：在它们的纲领中常用这样一种奇怪的表述，提供“一种给所有人的精英体 483
验”。

在美国的博物馆或乐团的核心，存在对于中小学生的教育计划、小学教师的培训计划、教育性的陪同公众参观计划、对大学生和社区的动员、公开讲座，或者还有流动展览。几乎总有一些演出前的介绍来解释演出，或演出后的讨论来进行事后的解释：这种教学目的可能显得过于突出“社会文化意义”，但通常对于扩大受众群具有积极效果。

在路易斯安那州新奥尔良美术馆，他们建立了“车载巡展”系统（Van Go，是用梵高名字命名的文字游戏，“van”是一种小货车，“go”是流动展出）。同美国各地的公立中小学一样，这个州的艺术教育很一般，所以博物馆将在这些乡村和新奥尔良方圆100公里的城市的中小学中进行的巡展视作自己的责任。通过小货车，艺术品走出博物馆，走向中小学生：车上是一些作品的复制品和石版画。车子所停之处，货车就变成了移动的课堂，学生们来这里参观和接触“艺术”。

与“车载巡展”的原则相似，小石城的阿肯色州交响乐团建立了一种流动乐团系统，用巴士和卡车走遍阿肯色州。跨越这个乡村州，每年举行20到40场“在路上”的免费音乐会，在中小学提供约120场音
484 乐会，连同更小范围的培训（通常是四重奏）。这项计划是由阿肯色州艺术委员会出资，是该州的文化事务处。阿肯色交响乐团负责人威廉·维克里证实：“在美国，多数乐团都在自己的州进行巡演，但是那些偏僻和乡村地区的州的中型乐团尤其如此。我一直认为当你处于阿肯色州这样偏僻的州，对文化的信念尤其强烈。”

在波士顿美术馆，“学习与公众计划”每年涉及20万人，其中包括6万名儿童。这项计划的负责人苏珊·朗亨利领导着这个有1200名志愿者的完全独立的部门。儿童、大学生、老人、黑人，所针对的是全体民众。苏珊·朗亨利解释说：“我是一个教育工作者。美国博物馆的历史的形成与那些被认为是精英主义的欧洲博物馆的历史相反：这里的想法是将博物馆向所有人开放。这是一些使用私人金钱的公共博物馆。因此，他们很早就关注教育。伴随着黑人问题，‘普及’进一步发展：对于接触文化，重要的不是种族，虽然应该首先致力于黑人学校。从根本上讲，我们的目标受众是所有未被充分服务到的民众和所有那些被称作‘非传统参观者’的人。”

美国多数文化机构都有对“未被充分服务的”和非传统的受众的这种首要关注。所有博物馆都建立了一些教育空间来接待中小学的班级，比如旧金山现代艺术博物馆的科里特参观者教育中心或洛杉矶的格蒂中心的艺术教育中心。几乎在各个地方，这些领导者在管理机构的时候让我们感觉仿佛是从事社会运动的。

虽然民主的理念可以让我们解释美国的博物馆和乐团的这种公民使命，但它们的资金的性质也可以作为解释。这些机构的公共补贴很少， 485
它们需要依赖广大的受众才能存活：感染年轻人和培养新受众对于它们而言是一种强制的需要。教育与普及同样是向各基金会和富有捐赠人筹集资金的一种方便手段。1960年代以后，基金会花了很多力量来扩大受众群，它们的援助常常以此为首要条件。国家艺术基金会（NEA）与地方文化事务处同样将教育当作它们的主要目标，常常是为了弥补美国公立学校艺术教育的长期不足。博物馆与乐团代替它们的行动，并因这项使命而接受补贴。至于那些富有的捐赠人，只要鼓励他们捐款让黑人、穷人或拮据的民众能够听到交响音乐会，立刻就会有成万的捐款涌入。如何能够抗拒呢？这是去除负疚感的手段，是在行善的同时保留自己社会地位的方法，“普及”行动是慈善家们喜欢的。即使富有的商人不为所动，他的妻子也会代替他行善，而且泪眼汪汪地行善。我们看到教育与普及并不像欧洲那样花费博物馆和乐队的钱，反而让它们获得收益。通过投入这些文化普及计划，它们既遵从了它们的国民使命的倾向，又兼顾了自身利益。

总之，美国文化机构看起来像是“全能”的，其志愿者、非营利的地位、教育计划和国民使命赋予它一种公益意识。这就解释了许多事情，包括数量不断增加的电影院、音乐厅和图书馆。多数大博物馆不仅 486
拥有书店，可以让人购买各种可以想到的艺术书籍，它们代替了传统的书店，在美国各地传统书店都遭遇到很大困难，而且它们常常拥有艺术史的专业图书馆，人们可以在那里进行研究和查阅成千本著作（洛杉矶的格蒂博物馆的图书馆有80万册艺术方面的专著，向研究者和大学生开放）。此外，多数博物馆开设艺术与实验电影放映厅，这是一些名副其实的电影资料馆，介绍许多国外的、经典的和独立电影。在费城美术馆、芝加哥艺术学院，还有得克萨斯、明尼苏达和北卡罗来纳州的各大城市，存在几十个伊朗、中国台湾、土耳其或者法国电影节的计划。这些放映厅成为在美国50个州传播反对现代体制（另类）的、国际的和艺术电影的场所。

与电影资料馆并行的是那些大博物馆建造了一些音乐厅，演出组成系列的巴洛克音乐、世界音乐、弦乐四重奏或者实验性的当代音乐。许多当代艺术博物馆开设一些剧场，有许多行为艺术、装置艺术和视觉艺术之间的交流。通过书籍、音乐、电影和戏剧，这些博物馆追寻着同一个目标，即对外开放以及使受众多样化。它们不是封闭于过去，局限于保存和常设展览，它们变成活跃的现代的场所，它们转向现在和未来。
487 因此，博物馆是社区文化生活的核心机构，而不再仅仅是一个每年一次人们去看看那些印象派画作的保存文化遗产的场所。

非营利目的、雅文化和独立，这三个表述概括了美国的文化大机构的基本特征。通过它们的董事会、基金和募款，它们构成了一个非常独特的体制。它们属于真正的第三类事业，既非市场，又非国家，而是人们所说的“非商业的文化经济”。它们的自主性是至关重要的，它们的非营利属性不仅被人们承认为公益，而且是它们的独特之处。与基金会、社区和大学一道，这些文化机构皆构成了美国文化公民社会的核心。

# 第九章　大学校园 489

世纪末的美国的大学正在变得相当于早期的银行，即国家最必要的资本的主要提供者。

——约翰·肯尼思·加尔布雷斯

马萨诸塞州剑桥的哈佛大学。“威德纳图书馆”是这座大学的图书馆。它有1500万册图书供开架借阅，它是排在华盛顿的国会图书馆之后的世界第二大图书馆。弗哥美术馆专注于古典和现代绘画，阿瑟·塞克勒博物馆专注于古代、亚洲和伊斯兰教艺术，布舍—莱辛格博物馆专注于德国和北欧绘画。哈佛的这三座博物馆有275名雇员，年预算2100万美元，它们收藏有15万件艺术品，价值无法估量。哈佛电影档案馆既是哈佛的电影院，又是电影档案收藏的地方，举世闻名。“美国保留剧目剧院”是哈佛的职业剧院，自己有每年800万美元的预算，有600个座位和100个座位的两个演出厅和一个常设剧团。在哈佛，我们还注 490
意到存在一个建筑与设计系、一个视觉艺术与摄影学院（位于由柯布西耶设计的一座建筑里），不要忘了还有一个音乐系、一个每年出版130部著作的出版社——哈佛大学出版社、一个致力于古代音乐和爵士乐的完全自由的电台。在业余爱好者方面，哈佛拥有5个交响乐团，12个合唱团，2个爵士乐队，19个舞蹈团和16个剧社。校园里平均每年举行450场音乐会，上演70部剧作[2]。

在中西部，距哈佛1700公里，位于厄巴纳与尚佩恩姊妹城的伊利诺伊大学具有一些与哈佛不同的特点：这是一所“公立”大学，而哈佛是“私立”的；这是一所中等预算且学费合理的大学，而哈佛是美国最富有和最昂贵的大学；这是一所大众的大学，与精英大学相反；这是一所地处乡村的大学，而哈佛在城市里。然而，艺术在那里的存在同样令人惊讶。伊利诺伊大学的图书馆有 1000 万册图书，实际的藏书量居美国第七位。克兰纳特演艺中心是在 1969 年为古典音乐、爵士乐、流行乐、戏剧和舞蹈而建造的一座现代综合建筑：每年举办 150 场演出，有 87 名全职雇员，为大学生们提供一个专业的演出季，口号是：“不论来时你是怎样的，离开时你会有所不同”。它的博物馆克兰纳特美术馆同样令人惊讶：拥有 1500 万美元的年预算，拥有众多的收藏，并且按每年 200 件新购藏品的速度在增加。它还有其他一些剧院、一个艺术与实验电影院和几个业余音乐团体，一些合唱团和剧社。

491 处于美国大学模式两极的这两个例子说明了同一个现实：在所有大学校园都存在着丰富、多元、活跃的文化生活。美国大学并不处于美国文化体系的边缘，而是在其中心。仅此一点就是美国与欧洲文化生活之间的一大差异。在欧洲，艺术从未扎根于大学系统（只有几个例外，如牛津和剑桥），而如今比以往更少：很大学少有剧院、电影院、博物馆，业余文化生活也很有限，交响乐团或舞蹈团就更少了。当然，各处都有一些由国家出资的专门的学院和一些高职业水准的音乐学院。但是，在大学里几乎什么都没有。

美国 4182 所高等教育机构中（其中有 1400 多所研究型大学），我们看到了 700 所美术馆或专业画廊，300 个独立的大学电台，345 个摇滚乐和流行乐音乐厅和 110 个大学出版社。在这些大学和高等教育机构中，我们还看到 3527 个图书馆（其中 68 个拥有的藏书超过 2500 册）和约 2300 个演艺中心，接待专业水平的戏剧、古典音乐、爵士乐和舞蹈演出。对于欧洲人来说，这是一个有待发现的全新世界，是理解美国文化模式的关键[3]。

## 艺术的校园

艺术在美国校园里的令人羡慕的地位与大学的普遍运作方式紧密相
492 关，必须对此稍加了解才能理解文化在其中的作用。

在美国，一所大学不仅是一个学术培养的地方，还是一个整体迈进成人生活的入口，同时还是一个人们终生归属的地方，是“终生的承诺”。

通常，人们在18岁进入大学（与欧洲基本相同，有时候年龄更小一些），通常是进入叫作“本科学院”的地方：大学生活的最初四年。大学生们入学时是“freshmen”（新生），二年级成为“sophomores”，三年级“juniors”，然后四年级“seniors”，完成本科构成的这种人生过渡仪式。这四年通常发一个学位，即文学与人文学科的文学士（BA）或者理学士（BS）。这种培养模式称为“大学本科”，构成系统的核心，这部分多数是通识教育，即多种领域，只有几种学科选择。

除了这种独特的学制，美国大学的最大特色有一个名称，那就是校
园。不论是像佛蒙特州的明德学院那样集中在一个村镇，还是像奥斯汀
的得克萨斯大学那样在城市里，校园是美国大学的母体。一座校园是大
家完全生活在其中的，像是一个世外桃源的地方：一个良好的小环境保
护着你，同时向你敞开另一个世界。正是在校园里，人们发现社会与政
治生活，培养自己的文化和体育活动，学生们在那里学会与他人一起生
活，以违禁的方式发现烈酒，通常在那里开始性生活。人们在那里遇到
最好的朋友，友谊维持终生的朋友，有时是在那里遇到自己的丈夫或妻
子。当然，大学生在校园的生活不受外界侵扰，虽然常常与一个黑人聚 493
居区仅几步之遥，比如纽约的哥伦比亚大学（紧靠哈莱姆区）或芝加
哥大学（临近城南区），但是学生基本上不冒险外出去看看“真实的生
活”。

同时，虽然学生生活在自己人中间，但却离家很远：多数学生离开家人来学校学习，传统上是寄宿的。此外，校园是相当多元的地方：各个社会阶层混合其中，由于“平权法案”，各种族的人也因此混合在一起，“平权法案”诞生40年以来显著改变了美国大学的社会构成。虽然远离尘嚣，即“成人”的世界，但校园仍然是人们最初发现世界的地方：美国民族和文化的多样性、社会差别和政治对立。因此，四年的本科是绝佳的身心解放的时光。在离开校园时，学生变成了成年人。

因为校园是微型的世外桃源，它必须拥有身心发展所必需的一切：高水平的运动队、医院、尽可能藏书丰富的图书馆、博物馆——这一切

必须比那些与己竞争的校园强。由此带来某种责任感：学生们负责大学的民主政治和社会运转，就像大学是属于自己的社会。他们以在大学学习为骄傲，将大学的名字显示在各种颜色的T恤和棒球帽上。

虽然学生入学时比欧洲的大学生年岁小，但是他们毕业时却通常岁数更大些。对这种矛盾的解释是多数学生在本科之后会中断两年到四年
494 的学业，他们在这段时间里拥有初次职业经验，然后他们中最优秀的那些人又重新进入研究生院开始学习。如果说本科是通识教育，那么研究生院就是专门学科的和强化的教育。他们在那里修习法律、经济，得到商学院的工商管理硕士，得到艺术学硕士（MFA），或者做博士论文。如果说公立大学在本科学习中占据较大优势的话，私立大学（非营利的）则与公立大学一样在研究生阶段吸引了最优秀的学生。

这种大学的认同与共同体意识将延续到求学年代之后，因为校友通常忠于自己的母校——他们曾经学习过的大学。他们参加一些年度晚会，继续购买大学的“年鉴”，订阅大学的报刊。并不少见的是，校友仍然使用他们大学的电子邮箱，好像他们非常骄傲地将自己的名字与母校结为一体，即便他们毕业于艾奥瓦大学或者俄克拉荷马大学这样普通的大学。一个校友常常不惜一切地让自己的孩子上自己就读过的大学，尽管有基本的按成绩录取和平等的规则，但是私立大学通常对校友的子女有一些称作“传统遗产”的直接录取或特别优惠的措施。校友终生都给自己的大学捐钱，如果他变得富有的话，他会将财产的一部分捐献给大学，或者将自己的艺术收藏遗赠给大学。不仅如此，他在大学的运行中继续扮演某种角色。多数情况下，是校友们在通过多个董事会和委员会指引大学的方向并领导学校。大学毫不迟疑地利用自己的校友网络，尤其是根据他们的职业权能来求助于他们，以得到他们免费的建议
495 或帮助新的毕业生找到实习岗位或者工作。如果校友还算成功的话，他会受邀到校园进行讲座，学校通常会建议他将他的个人档案赠给大学图书馆。说到底，是这种三代人的混合（学生、教员、校友）使大学能够确定自己长期的使命和永葆某种公益精神。

这一整套体系对大学生活和校园文化生活造成了很多后果。首先是

代价高昂。不论像哈佛、耶鲁或者斯坦福这样的私立大学，还是像加利福尼亚大学洛杉矶分校或者伯克利分校这样的公立大学，美国大学的学费极其昂贵。还必须看到公立与私立的界限并不一定很明显。通常，公立和私立大学在它们的运作上相对接近，是完全“去中央化”的，都是非营利性的。可以说所有的大学，不论公私，首先是“独立”这个词最能说明其特点。在对学制选择，对教师的挑选（薪酬水平依据成绩水平）和对学生的选择上，它们是独立自主的，它们自由制定课程与考试，并不根据联邦的任何学位标准。再者，最主要的一点是私立大学并不像人们认为的那样“私立”：与乐团和芭蕾舞团一样，大学几乎全部被承认是不牟利的公益（501c 3）的非营利机构。董事会成员没有报酬，相反，不论是公立的还是私立的大学，要成为董事就必须每年捐钱，与大博物馆是一样的。从这一角度看，谈论私立大学似乎是滥用词 496
语。还必须明确指出的是，美国大学生多数进入公立大学，一般是本州的公立大学。2000 年，77% 的大学生进入公立大学，23% 进入私立大学[4]。实际上，在美国公私对立是不大可能成立的，也无法让人明确区别各个不同的大学。对大学的分类更倾向于使用其他一些标准，比如学制长短（二年、四年或更长）、通科或专业课程的比例、是否有博士学位即是否属于研究型大学。

甚至在预算方面，公立大学与非营利的私立大学之间也没有明确区分。公立大学当然接受它们所在州的资金援助（通常占预算的 30% 左右，很少超过这个比例），它们或多或少直接依赖于州长办公室或者州议会，这是它们与私立大学的实质区别。然而，私立大学同样接受很多公共资金，主要是通过科研资金和间接通过学生奖学金。另一方面，公立大学同样拥有很多私人资金：通常与私立大学一样是一份基金，它们同样有相对高昂的学费。

在美国，高等教育的确很贵，不论是哪所大学。公立大学的学费在本科阶段每年在 3000 到 1 万美元之间，私立大学在 1 万到 3 万美元之间[5]。但是，此处的区别再次具有一些欺骗性。首先，近六年来，公立大学的学费比私立大学增加更快。再者，如果学生几年来未住在本州， 497
他的家庭未在本州纳税，那么公立大学的学费与私立是等值的。还有，必须注意到学生们在私立大学经常得到补助，而在公立大学却相对较少。对于出身贫寒或少数族裔学生，存在着广泛的奖学金系统，估计本科阶段 39% 的学生的全部或部分学费得到资助，研究生阶段 47% 的学生得到资助[6]。应该注意到，所有学生都可能得到一些校园内的有报酬的工作（即著名的“勤工俭学”）：在图书馆、博物馆、大学餐厅，到处都有学生工作，这使图书馆经常能够 24 小时开放。医科学生管理医务室，商科学生担当助理会计师，另一些学生做课程表，更新电脑信息系统，出版大学校报，更新网站，在剧院当收款员，在游泳池当教练或在“学生巡逻队”保证校园安全。多数教师身边都有一些三、四年级的学生担当有薪酬的“助教”（负责辅导），或者担当“助研”（参与研究团队）。这些临时工作经常是得到联邦政府补贴的，无疑是美国大学模式的最为独特的发明：它们可以让学生在免遭人才市场残酷对待而又受到保护的环境里初次接触职场，同时有助于将大学变成共同体，每个人都可以参与那里的集体生活。集体，便是今天与未来的学生的总
498 体，是主席和董事会，是教师和行政群体，还有与学校仍然联系在一起的校友们。

这个系统积极的一面是学费加上校友捐赠以及公共补贴使大学每年能够拥有可观的预算，常常超过 5 亿美元，这是高水平教育的条件。此外必须补充的是，这个系统对于入学申请和录取还是相对比较民主的。

但是这种演变仍然有其消极的一面，尽管有这些打工的机会以及联邦政府依据社会标准颁发的奖学金，多数学生仍不得不进行免息贷款，负债完成学业。这些债务将成为他们年轻的职业生涯中的长久负担。

对于美国大学生活的概览可以让我们定义美国文化运行机制所根植的环境，此外，我们还必须明确指出如今美国拥有全世界最高的高等教育就学率，远远超过大多数欧洲国家：在美国同一年龄的人的 81% 进行大学学业，而瑞典为 76%，西班牙、英国和丹麦为 59%，荷兰为 55%，法国为 54%，德国为 48%（引自联合国教科文组织 2001 年至 2002 年的数据）。这一大学就学率是惊人的，还要加上大学极高的普及化率，因为从统计数字看，与欧洲国家相比，美国大学对贫困家庭的子女更开放，这显示出不论公立和私立，不论学费高昂与否（总归一直是

付费的），如今在美国大学学习的学生比那些实行免费政策的国家进行大学学业的学生要更多[7]。

这一独特模式对于文化有许多后果，可以让我们理解艺术如何会在 499
美国大学生活中起着一种核心作用。因为大学逐渐变成一个文化的核心场所。在几个主要层面上，出于非营利目的，大学承担着一整套有意义的使命：美国大学是培养观众和鼓励业余实践的地方；它们培养新的艺术家；它们是研发的场所；是职业艺术家们的一个工作场所和具有决定性的资金的来源；最后，在美国各地，大学是“地区性”的艺术传播的场所。

## 文化到达校园

那些学院与美国私立大学历来就拥有博物馆、乐团和剧院。然而真正说起来，是在二战以后，这种格局才因为以下三个因素而得到强化：罗斯福“新政”文化计划的消弭、由各州管理的公立大学体系的形成、美国大学系统的大众化及其在1960年代的扩张。

“新政”时期建立的艺术计划于1939年6月遭国会肢解，1942年被联邦政府完全终止。但罗斯福失望于自己的想法不能顺利执行，他已经费尽心机地将这些计划部分地转移到各个州。因此，战后多数州都有了一些博物馆、剧院以及数以千计的需要维持的项目，局面混乱而且品质参差不齐，不要忘记还有成千的艺术家需要工作。虽然许多场所被放 500
弃和关闭，但是有些州利用了这些文化项目，将它们纳入战后不断增多的那些新兴的公立大学。艺术团体、管理者、技术人员、艺术收藏甚至“新政”时期的建筑都由大学一揽子拿走，成为那些著名州立大学的新博物馆和演艺中心的母体[8]。

实际上，公立大学的发展主要是在战后。这与几个因素有关：首先，最重要的是大学生人数的增长。当美国大兵（GI）从前线回来，他们享受来自联邦政府的补助用来恢复学业（1944年6月通过的著名的《美国退伍军人权利法案》［GI Bill］）。这些优厚补助使超过220万士兵能够上大学，直接导致大规模的公立大学网的发展，各州不得不在这一领域大量投资。大学原本是卓越与精英主义的地方，经常位于乡村，属于白人，而且是私立的，但是战后变成多数位于城市，是公立的，所有人都可以上。大学不但向犹太人开放，而且渐渐地向黑人开放（但当时还很少向女性开放），变成社会流动性的交叉路口。中产阶级进入大学也是在战后开始的。

这种扩张同样与西部、中西部和南部各州新的意愿有关，它们想要拥有一套可以与东北部各州相媲美的大学系统。它们以大学网的独特形式发展大学系统，通过大学数量的增加及其学生数量的增长实现向大众
501 型大学的过渡。1950 年代，到处开设了许多校园，通常是十分自主的，处于各州立大学的公立体系中，按照加州发明的后来在纽约得以普及的“多校区”模式：一所公立大学的组织围绕着一个核心大学（称作“旗舰大学”）和分布在州内不同地区的几个独立校区。比如，创建于 1948 年的人们所说的纽约州立大学（SUNY）的系统，它如今拥有位于纽约州各地的 64 个校区，超过 40 万学生。不仅在数量上，还在规模上，大学都成了赢家。

在这一时期，在对“新政”文化计划的兼并与公立大学的发展时期，在校园中进行艺术扩张的想法深入人心。他们创建剧院、博物馆，当然还有图书馆。比如，奥斯汀的得克萨斯大学在战后飞速发展，艺术成为一项首要关注，这所大学美术学院的院长罗伯特·弗里曼解释说：“拥有一所博物馆、一个乐团、一个剧院，这是让我们看着不再像个外省大学的方式，这是迈进文明。艺术让人们可以制衡农业、技术，从‘边疆’经济中走出来。”弗里曼接着说：“与体育运动一起，艺术同样是唯一能让我们走出去的东西：用我们的弦乐四重奏或者戏剧，可以让全国各地的人民知道我们。”

这一演变的最后一个阶段是随着人口出生高峰的那一代人进入大学，校园的发展再次成为必须。那个时期是美国大学真正的黄金时代，
502 在教育和科研方面，它们最终成为世界领袖。这一时期加州大学著名的校长克拉克·克尔写道：“铁路在 19 世纪后半叶以及汽车在 20 世纪前半叶所取得的成就，在 20 世纪后半叶将由知识产业来取得[9]。”从 1945 年至 1975 年，美国大学经历了长达 30 年绝无仅有的扩张期：本科生数量增加了 500%，研究生数量增加了 900%。在 1960 年代，大学生数量

从350万发展到800万。美国高等教育的支出在1960年至1980年之间每年增长14%，这是天文数字的增长。在1960年至1972年的高峰期，一些新建大学在美国按照每周一所的速度发展起来。福特基金会对这种发展有所贡献，从1955年起，基金会分发了2.6亿美元给全美600所大学，随后在1960到1966年间捐献3.46亿美元给83所公立和私立大学，目的是让它们能够成为卓越之地。福特基金会为1960年代大学的预算捐赠了超过9亿美元[10]。而洛克菲勒基金会增加了有目标的捐赠，比如资助剧院建设，扶助舞蹈或鼓励在校园中建立室内乐乐团。

大学之间的相互竞争越来越激烈，必须吸引最优秀的学生（不要忘记，在美国是大学吸引学生来注册，考虑到学费越来越高昂，学生们的要求很苛刻），在这一整体背景下，文化与体育运动一起成为受重视的元素，就像是大学的名片。由于年轻一辈的学生受到摇滚乐、流行乐、激进戏剧和现代舞的影响，人们感到有必要成百万美元地投资建设新博 503
物馆、剧院和音乐厅。1965年至1970年间，美国公立和私立大学建成超过750个新剧院[11]。在美国，一如既往，大规模的不动产的扩张是依靠慈善，捐赠特别容易，因为战后的经济繁荣使数以百万的美国人可以增加捐赠以便更少缴税。当然，在这些剧院和博物馆的外立面上，那些富有的捐赠者留下他们的姓名：麻省理工学院的利斯特视觉艺术中心用的是维拉·利斯特的名字；纽约大学的蒂施学院用的是哥伦比亚广播公司前总裁的名字，还有南加州大学的安嫩伯格中心的名字来自慈善家沃尔特·安嫩伯格。为了维持这些艺术场所，各大学招募众多文化经理人，有时设立一个“provost for the arts”（类似负责艺术的副校长）的职位。

多数美国大学的发展部的负责人如今发现，募款创建一个新博物馆或新剧院真是再容易不过了：校友们准备慷慨解囊，捐出大量的钱来让校园内他们曾在其中学习过的某座楼冠上自己的名字。筹款在这里是一种运转良好的传统，筹款每年都举行，通过多种途径，如同一种荣誉，在学业结束时校友们受邀在年末庆典上捐款。

虽然校友们准备大规模资助冠以他们姓名的新艺术建筑，那些大的 504
基金会也为校园内的文化投入上百万美元，但1965年之后国家艺术基金会同样在大学文化发展中起过作用。不久，各州文化事务处就对国家艺术基金会（NEA）有所制约，这甚至成为这些事务处的核心使命，因为它们的宗旨是资助本地的文化。最初，因为对艺术水准的考虑，这些公共的事务处对于介入校园的想法有些抵触，它们避免专门扶助业余爱好者的活动或者对学生的培养。渐渐地，它们大力支持博物馆、剧院和乐团，尤其是人们在美国称为“推介”的地方，即那些“推介”职业艺术家的地方。通过资助这些场所，它们做到一箭双雕：在大学内部扶植文化，并帮助地方文化的传播。

## 从“U2 乐队”到特丽莎·布朗

联邦政府、各州、基金会和校友全都对一个巨大的大学文化网络的形成有所贡献。从堪萨斯州到亚利桑那州，从路易斯安那州到俄亥俄州，每所大学都渐渐地变成一个传播地方文化的场所。

据统计，在 4182 个美国高等教育机构内部，其中有 2300 个演艺中心接待职业水准的演出。鉴于大学在地理上分布于所有州和许多县（比如仅得克萨斯州一个州就有 201 所大学），美国领土上的文化网是按照一种世界上独一无二的演变过程形成并由大学来保障的。

这一体系的巨大力量当然是它绝对的“去中心化”。这一网络是通
505 过自主面对市场的方式构成的，通常独立于各州，甚至公立大学也一样。总之，一所大学在艾奥瓦城或者法戈这样偏僻的城市里传播文化的作用，超过了其他高水平文化机构在大城市里传播文化的作用。在内布拉斯加州或密苏里州，大学的演艺中心就是整个地区的文化核心。

亚利桑那州立大学（ASU）的例子很能说明问题。位于凤凰城远郊的这所公立大学离沙漠不远，有 5 万名学生。校园里的全部文化事件都由“ASU 公共事务部”管理：拥有 5 个演出大厅，从 8 万个座位的体育馆（举行“U2”或“滚石”的演唱会）到 200 座位的“黑盒子剧院”（即实验剧院）；一个由弗兰克·劳埃德·赖特建造的中等规模的出色的演播厅，共有 3000 个座位，可以接待百老汇的任何演出。这座巨大的文化综合建筑及其众多的工作人员（42 名全职雇员，120 名兼职学生，300 名志愿者），“ASU 公共事务部”试图依此吸引该地区的所有

观众。“ASU 公共事务部”充满活力的主任和大学负责文化事务的副校长科琳·詹宁斯—罗根萨克，一位黑人女性解释说：“我们是一所公立大学，我们的任务是面对所有人。我们尝试将凤凰城地区的所有社群集合起来，我们做到了。”除了大众性的活动，艺术部分尤其受重视，所有的前卫艺术家都受邀来到校园。比如，特丽莎·布朗为该校设计了她最新的作品。

与校园里的业余活动相反，大学的文化传播首先侧重卓越。文化传 506
播主要通过博物馆和演艺中心。演艺中心成为地区级的舞台演出中心，接待最优秀的舞蹈演出，最大的乐团和最具实验性的戏剧。总的来说，估计在几百个艺术门类中，比如现代舞或古典音乐，大学代表着全国专业演出的50%之多。

校园内文化传播场所数量众多的原因，存在两个主要解释。第一种解释与周边的社区有关：大学在它所在的城市里必须被人接受。在教学与科研之外，通过一种文化与体育运动方面的“服务”使命，它能为当地民众提供一些活动。另一方面，文化和运动是学生及其家人在择校时对各大学进行比较的标准。艺术有助于学校的威信，让学校可以间接增加资金。其不利的一面是，大学文化场所的地区性行动及其在全州的传播工作有时具有一些矛盾的后果，这使得那些觉得自己不属于这个地区的学生会忽略或抛弃这些场所。

戴维·塞夫顿领导着加州大学洛杉矶分校的演艺中心“UCLA 舞台”（UCLA Live）。这座有四个剧场的综合建筑并非一所为学生服务的戏剧或音乐学院。在加州大学洛杉矶分校的校园里有其他一些空间用于学生创作或教学。“UCLA 舞台”邀请校外的一些职业艺术家来演出， 507
但很少推出原创作品。每年 200 场演出面对的观众超过 15 万人，但却只有约 15% 或 20% 是本校学生。其余的观众由教师、中小学生（由于极有创见的普及计划）和占多数的洛杉矶东北部居民（贝弗利山、圣莫尼卡、西好莱坞）。这种学生比例相对较小的情况是美国校园常见的，虽然全国的平均比例可能稍高一些（平均 25% 到 50%）。这意味着作为校园的一个部分并由大学出资的这些剧场较多地是针对校外的观众。

为什么？戴维·塞夫顿有自己的解释："所有大学都将这种文化传播工作当作一种使命，公立大学更是如此。运动、医院、报刊、艺术，所有这些非营利活动都是走向外部和将大学与真实世界联系起来的手段。这同样属于大学的公共关系。""UCLA 舞台"700 万美元的年预算实际反映了这一逻辑：大学只提供预算的 4%（但是它免费提供场所、建筑物的整体维护和安全），10% 的补充预算直接来自学生的学费，50% 来自票房，其余 36% 由校友、基金会、企业赞助、场地出租和慈善业提供。虽然"UCLA 舞台"的领导层不负责学生培养和校园内的业余活动，但却将鼓励学生观看演出当作自己的使命。一个由学生组成的
508 学生艺术委员会负责在校园内为演出做推广，选择将演出纳入一些学习计划。学生们还享受优惠的票价（75% 的减价，使演出票价减至 10—15 美元）。与所有大学一样，"UCLA 舞台"同样向学生免费提供一些"大师班"（一位艺术家向班里的学生介绍自己的技巧）、一些讲习班（与校内业余团体共同研习）、一些"自带快餐的公开排练"、一些"演出前推介"或"演出后讨论"。最后，为了协助"UCLA 舞台"的40 名长期雇员，他们全年雇佣 150 名兼职学生。在演出安排方面，"UCLA 舞台"的负责人比较大胆地选择和侧重实验戏剧。面对那些针对美国舞台演出行业的经典批评（文字过于左倾，过多色情，过于反宗教，过于亲巴勒斯坦和亲阿拉伯），"UCLA 舞台"不惧争议。戴维·塞夫顿肯定说："我们受到保护，因为我们的成功，因为我们在一所大学里，这让我们有很多自由。""UCLA 舞台"向劳里·安德森、菲利普·格拉斯、比尔·T．琼斯、罗伯特·威尔逊以及皮纳·鲍施这样一些知名的艺术家，或者向一些更年轻的通常是少数民族裔的初出茅庐的艺术家订购作品。这些作品的预订使"UCLA 舞台"经常能在自己的剧场里拥有一些世界性的首场演出，这有助于提升它的名气，有助于它获得收益，因为它对巡演有 1% 的提成。

因为这个例子，人们可能认为演艺中心之所以有效率主要是因为它们处于洛杉矶这样的都市。实际上，文化传播活动在距离纽约和洛杉矶
509 很远的一些校园同样十分重要。奥斯汀的得克萨斯州立大学有三个剧场，一个演播厅，二个交响乐音乐厅和二个美术馆。同样，亚特兰大的

埃默里大学有埃默里剧院和施瓦茨演艺中心，阿尔伯克基的新墨西哥州立大学有波普乔伊大厅，而艾奥瓦州、内布拉斯加州和路易斯安那州的大学的博物馆和剧院是作为它们所在地区的艺术中心出现的。

各大学共有700个博物馆、3527个图书馆和超过2300个演艺中心，它们覆盖几乎美国全境，可以在美国各地提供文化传播。

### 无伴奏合唱团和业余戏剧

位于纽约与新罕布什尔州的蒙特利尔之间的达特茅斯学院是美国最古老的大学之一（成立于1769年）。这所大学是私立的和非营利的，它主要进行四年本科教学，是男女合校的典型的学院。虽然“达特茅斯”如今因其新开设的研究生院的高质量而被看作是一所全国性大学，但“达特茅斯”的精神仍然受到“学院”的影响。这所大学拥有一份22亿美元的丰厚基金，而学费却仍然昂贵（但46%的学生可获得奖学金）。大学为5600名学生和575名教师提供分布在校园里的11个图书馆，总共有230万册书籍，订阅2万份期刊（图书馆对学生开放，但同样免费向当地居民开放，其年预算为2000万美元，有170名全职雇员和100名有酬兼职学生）。

在艺术方面，校园是“世界一流的”。首先有霍普金斯中心，这是 510
一个豪华的综合演艺中心，建于1962年，依靠的是小约翰·D.洛克菲勒的一份捐赠。该中心有一座900个座位的音乐厅，一座480个座位的剧场，一个181个座位的黑匣子剧场，一个独奏音乐厅，一个电影院和约12个排练厅。古典音乐、巴洛克音乐、室内乐对、舞蹈、戏剧、爵士乐、嘻哈音乐，等等，节目安排兼收并蓄，常常是前卫的。霍普金斯中心拥有每年550万美元的预算，提供500场演出。学生们能够得到5美元的入场券，但他们只占观众的三分之一；其余的观众付全价，他们来自于该州各地。霍普金斯中心负责人刘易斯·A.克里卡德忍不住自豪地透露：“我们几乎是纽约、波士顿和蒙特利尔中间这一地区唯一提供这种高水平演出的地方。”预算的25%由票房构成，25%靠基金会和个人捐赠，其余50%靠大学补贴。霍普金斯中心以推出职业演出为主，此外他们还让半职业和业余的学生团体进行演出和免费排练。“达特茅斯”有九个学生乐团、八个声乐团、一个舞蹈团和几个剧社。业余剧社在 181 座的黑匣子剧场演出，这是专供他们使用的剧场。学生们在这里排练，演出，进行舞台场面调度，但他们也学习布置灯光、声效，制作布景，这一切都是自由的，但他们可以寻求教师的帮助，让知识发挥作用。美国的大学实际非常注意在评分和学位授予标准中将业余活动考虑
511 在内，这一点至关重要，课外活动实际成为准学术性的，虽然学生们的选择和实践都是自由的。美国大学的独特之处正在于此，将完全的自由与最小限度的约束结合起来；同时，大学帮助提供排练空间，鼓励学生活动，提供资金，酌情用授予学分来奖励这些活动。在严格的学术框架内过多地强调控制，这样的系统会阻碍学生出于自主，出于乐趣去投入业余文化活动。提供完全的自由，却不能提供排练场所和技术手段，这样的系统同样会阻碍文化的活力。这种有控制的自由是一种良好的折中之道。

此外还有另一个不太显著的因素，但本科生却了解其价值，那就是进入知名大学的研究生院，可以得到最好的培养，有助于进入最初的工作岗位。而研究生院入学是根据全国考试和成绩单，同时也依据学生在本科学习期间所选择的课外活动。“多数学生这样做是因为他们热爱戏剧。开始的时候，几乎都不是为了给从事的职业戏剧做准备。想达到专业戏剧水平的学生更偏爱艺术学院或研究生院。在大学里，大家搞艺术是为了乐趣。但是我们也知道，这可能会有用处”，卡兹·里斯克解释说。他负责一个名为“错位”的剧社，这是“达特茅斯”的一个业余剧社。相当于慈善与免税的关系，学生们从事戏剧是为了学分，但这会鼓励他们。

在造型艺术方面，同为“达特茅斯”校内的胡德美术馆也很有特
512 色。美术馆建于 1772 年，如今有 6.5 万件古典和当代艺术品。美术馆有 30 名全职雇员和 320 万美元的年预算，在其日常管理、运营和展览中都将学生纳入在内。首先，胡德美术馆不用作教育场所：艺术史教师在美术馆大厅里组织他们的一些课程，从那里借出一些作品到课堂上。最有积极性的学生通常是那些选择了视觉艺术课的，他们投入长期的有报酬的实习，进行“对话空间”计划，这个计划是培养博物馆员的。

该计划每年选择五名学生，他们在博物馆的大厅里完成他们的第一次布展，选择展览的主题，选择艺术品，制作展览目录。这项工作得到一些基金会资助，是包含在他们的学制之内的，对他们的学分有贡献。一些学生更愿意专注于更具技术性的方面，他们成为“胡德美术馆伯恩斯坦研究与保存中心”的实习生，这是个艺术品保存中心，学生在这里学习修复绘画。另一些学生可以选择为免费参观的中小学生当美术馆讲解员，著名的黄色巴士将他们带到博物馆，或者这些学生去那些公立的中小学进行推广，以便让新罕布什尔州的所有孩子了解艺术，同时了解美术馆。有充足的实习机会可供选择，它们是校园内的预备就业形式。总之，最关键的不是存在实习生，也不是这些实习生在美国有较好的报酬来完成一些有趣的任务，因为在欧洲也存在实习生。关键独特之处在于这些实习生可以被认真地当作真正的助手，人们交给他们一些真正的责任，同时允许他们出错、尝试，提供给他们不间断的支持和评估，这之 513
所以成为可能是因为他们的实习是在非营利的大学的框架中进行的，同时免受了市场的压力。

达特茅斯学院的副校长巴里·谢尔解释说：“美术馆和演艺中心属于大学的公共关系，这让达特茅斯能够成为这个地区的文化生活中心。目的是让我们所有的文化场所和图书馆向新罕布什尔州的所有居民开放，因为我们想得到所在社区的喜爱。我们的教育使命不局限于校园。”

“达特茅斯”的多数学生不属于大学艺术团体。比如那些“兄弟会”，这些非常精英主义的俱乐部会员，他们是男性，通常出身于富裕阶层，一个无伴奏合唱团的经理人带着嘲笑的口吻解释说，“花更多时间办晚会和喝酒，而不是参与文化生活”，这就是他们的“兄弟情谊”。也许吧！虽然大学的统计数字显示达特茅斯75%的学生注册于某个运动团体，但只有15%左右正式属于某个长期的乐团、剧社或舞蹈团。如果考虑到这15%的人是最有积极性的学生，那么这个数字算是很可观了。音乐会和戏剧的观众人数则更多[12]。

当然，“达特茅斯”是富有的有威信的大学，它比其他大学拥有更多的经费。但是，大学不论富有与否，公立还是私立，在城市还是乡村，所有大学都拥有剧院和博物馆，有业余艺术团体、课外活动、校内

有报酬的文化实习机会和校外的推广活动。不论是在列克星敦的肯塔基
514 大学，亚利桑那州立大学和密尔沃基的威斯康星大学，还是丹佛大学，
我们都看到课外文化生活是美国大学生活的一个常态。

就我们对大学校园的了解，繁荣而多样的校外活动却大多数不是职业水准的。本科生还很年青，他们中很少有人继续自己的艺术生涯。在培养艺术家之前，美国大学首先培养受众。

培养受众，这是漫长而复杂的过程。然而，正是隔绝在校园内四年制大学提供了发现艺术的多种途径和桥梁。每个学生都能找到通向自己所选艺术活动的道路，比如，他可以选修戏剧，上戏剧艺术理论课，同时在教师引领下拥有戏剧实践经验。他可以在一个大学剧社注册，课余进行排练，而剧社是半专业的。他还可以参加一个业余剧社，在大学的剧场排练，却没有任何限制。他还可以参加一个不算在校内的业余剧社，在学生宿舍演出，不具有任何正式的形式。不管怎样，学生们可以观看由朋友们演出的业余剧作，或购买折扣票观看演艺中心推出的专业戏剧，去艺术家举办的“大师班”、讲座或讲习课。总之，有多种可能，选择面很广，从一门艺术到另一门艺术的过渡是常事，每个人都能改变方向，让选择来适应自己的能力和愿望，在比较专业和比较业余的选择之间确立自己的道路。

515 麻省理工学院（MIT）开创了一个具有启示性的很成功的计划：在一个学年中将麻省理工的当代美术馆利斯特视觉中心的艺术品出借给800名学生。这些作品的最高价值为2500美元，通常是一些摄影、素描或小雕塑，在学年初用随机摇号的方式分发给学生。这样的计划令人着迷：在学年初的时候，为了有幸将一件作品迎进自己的宿舍，学生们排队等候。除了这一独特的教学范例，“利斯特视觉中心”拥有另一套价值更高的艺术藏品，分散于全校，在有充分安全条件的教师办公室、餐厅、学生宿舍和教室里轮换展出。

通常，美国大学成功地培养出大学生中的文化受众。1960年至1970年代人称“外百老汇”的整个戏剧运动是由几代曾经在校园受到戏剧培训的学生的支持的。独立电影也同样如此，是依靠那些组织少数

族裔（拉美裔、黑人、亚裔）电影节以及女性或同性恋电影节的“学生电影协会”才拥有了广泛的观众。至于1960年代“民谣”音乐的复兴，则很大程度上归因于大学中的“咖啡店”和“免费场所”现象，琼·贝兹、鲍勃·迪伦和多克·沃森最早是在这些地方演出的[13]。如今，嘻哈乐、说唱、饶舌乐，尤其是“世界音乐”在校园的音乐厅里招揽了很多观众，估计这样的音乐厅有345个。

总之，就学的大学生越来越多，他们构成美国艺术潜在受众的主 516
体。对文化实践的研究显示教育水平仍然是预测艺术参与度的最能说明问题的标准，优先于报酬水平、父母职业或种族。此外，如果学生在大学时期接受过艺术培训，那么他成年之后开展多种的频繁的文化活动的概率就会显著提高[14]。

## 一个培养未来艺术家的地方

美国的大学并没有满足于通过让学生了解文化和培养文化趣味来培养受众。它们逐渐发展了一些真正的艺术课程，因此，大学可以被看作美国文化体系的核心。

由大学来负责对专业艺术家的培养，这种发展是缓慢而无序的。从历史的角度看，大学一直以来都曾经培养出一些博物馆员、图书馆员、音乐家，这与校园内拥有的这三方面的资源有关。在20世纪，出于对
卓越的追求，职业型的培养得到基金会的鼓励，比如卡内基基金会在 517
1930年和1940年代曾经发起一个支持职业艺术家走向大学的庞大的计划。因此，一百来所大学的美术馆得到资助，在20个音乐系建立了基金，一些流动展览也得到了资金。在二战之前，鼓励艺术在大学中的存在，支持大学艺术的职业化，卡内基基金会所发挥的作用至关重要[15]。二战之后，轮到洛克菲勒基金会投资职业艺术培训领域，它的行动是通过增加奖助金，资助排练场所和创建演出大厅。国家艺术基金会以及各州文化事务处又在其中加入它们的资金，更有助于增加培训场所的数量。

职业艺术实践首先在大学四年的框架下得到鼓励。准备从事艺术的学生不是准备文学士通识学科的这一类（BA），而是准备艺术学学士

(BFA)。根据大学的不同，他可以在电影、舞蹈、文学创作或其他许多艺术门类获得这一学位。

密尔沃基的威斯康星大学的佩克艺术学院是一个很好的例子。公立大学内的这个艺术学院是在二战后飞速发展起来的，约有1800名学生，主要是本科阶段，有300名教师。学生可以在五个计划内就学：舞蹈、音乐、戏剧、视觉艺术和电影（仅电影一个方向就有300名学生）。学生在不同门类获得艺术学学士。近十年来，艺术学院的规模加倍增长，证明了文化职业对美国校园的巨大吸引力。与学院并行，佩克学院的院长还负责大学电影资料馆、剧院和博物馆的协调工作。学院还有一个专业四重奏乐队，由在那里任教的教师组成。在就业方面，学生们将成为
518 中小学音乐教师（在这些系统的就业率100%），成为舞蹈家（就业率略低），进入电影业和视觉艺术行业（尤其是设计、广告、新技术行业）。

虽然大学最初四年可能起到某种作用，但主要是在研究生阶段即从第五年开始，大学才真正介入对职业艺术家的培养。美国十个最优秀的音乐学院中，八个是纳入大学之内的：比如耶鲁大学音乐学院属于耶鲁大学，伊斯门音乐学院附属罗切斯特大学，奥柏林音乐学院在俄亥俄大学之内。只有极具盛名的纽约的朱莉亚学院是独立于大学的，虽然它附属于庞大的文化综合体林肯中心。对于博物馆员和图书馆员的培养也可以做相同的分析，多数情况下都隶属于一所大学。

戏剧的例子同样说明问题，40年来全国戏剧学院的数量增加了很多，主要依靠着“地区”戏剧运动，地区戏剧通常仍然是在大学内开创的。如果我们看看如今最受欢迎的主要戏剧机构，我们会看到哈佛的美国保留剧目剧院，耶鲁大学的耶鲁保留剧目剧院，以及纽约大学和哥伦比亚大学的戏剧研究生院（当然还有朱莉亚学院）。在美国要想成为戏剧演员，几乎一定要上某所大学的专业学院。

即使舞蹈这门特殊艺术，如今也在大学中普遍教授。1976年的
519 《舞蹈杂志》就已经统计出大学中有265个舞蹈计划，分散于美国50个州[16]。如今，估计这一数字超过了400个。虽然存在几所独立的舞蹈学

院，并常常依附于那些大芭蕾舞团，但职业水准的舞蹈教育大多数是在大学里。除了那些专门的戏剧、舞蹈或古典音乐的学院，美国大学在艺术领域崛起的另一个特色叫作“艺术学硕士”（MFA）。

### 艺术学硕士（MFA）

创立于二战之后，艺术学硕士（MFA）从1960年代以后成为享有盛誉的美国学位，与工商管理硕士（MBA）一样正在国际上取得地位，这是一个有关艺术与文化实践的学位。美国人具有成功地将他们本土的全国标准树立为国际标准的才干。

相对于哲学博士（相当于法国的博士），艺术学硕士是一个实践类的学位，它不一定依据一篇毕业论文，而是依据一些艺术作品，可以是视觉作品、剧作或影片。今后，在美国任何想教书的艺术家都必须拥有这个学位。

目前的统计数据显示，至少有213所大学颁发艺术学硕士学位，其中五十来所是全国和国际最知名的大学[17]。艺术学硕士最初专注于绘画和雕塑，近年来极大地多元化，以至于逐渐涵盖了整个艺术领域，从摄
影到设计，之间又细分为多媒体、平面设计、视觉交流、数码艺术和工 520
业设计。学制中的一部分日益倾向于强化学生的“企业”精神和直接可在职场上挣钱的知识，艺术学硕士增加了商业、实践知识方面（如学习筹款）或文化管理方面的课程与选修。在多数情况下，艺术学硕士学位在大学里颁发，但也可能由一些专业学院发放，这些学院可能依附于一些大的文化机构（芝加哥艺术学院和波士顿美术馆都拥有颁发艺术学硕士学位的学院），也可能不是。在艺术领域，艺术学硕士是最高学位，标志着大学学业的结束。

最有趣的是，随着艺术学硕士这一头衔的成功，其他硕士学位，比如音乐领域的音乐硕士、建筑的建筑学硕士或传统的文学硕士都倾向于融合进独一无二的艺术学硕士学位（MFA），虽然所涉及的学历确切地来说并不属于视觉艺术。戏剧学院从此也向演员和导演发放MFA，超过100所大学发放“文学创作”的MFA。在电影学院，他们今后提供电影制片、导演、剧本写作的MFA，甚至存在一个动画MFA。这种根

本性的演进是至关重要的，让人联想到 PhD（哲学博士）的演变过程——最初是“哲学博士”，如今这是博士学位的类名称。

这些 MFA 如今是最昂贵的培训。除了几个完全由大学资助的项目（比如在斯坦福大学），一个著名的 MFA 一年的学费很高：纽约大学为
521 一年 3 万美元；在哥伦比亚大学为 4 万美元。当然，大学提供现有的奖学金系统和优惠的银行借贷，但统计数字证实在 MFA 这个领域，除非是天才或按照社会或族裔标准享受到奖学金，多数学生负债很多。因此，这些培训加重了早已成为艺术领域特色的精英主义现象。更隐晦的是，这些培训的代价逼迫学生们在获得学位后立刻工作来归还借贷。在很多情况下，工作岗位是在商业领域，诸如新技术、广告、电视、工业设计、电影，而非纯艺术创作的领域，因为这一领域的报酬很少。这是一个美国现象的关键原因：学艺术的学生数量可观，他们很快就转向文化产业，并进军西部。

不一定所有 MFA 学位的毕业生都必然能在好莱坞取得成功。但是洛杉矶和整个加州，因为拥有成百的视听制作企业、广告事务所、制作衍生产品、电子游戏或者艺术软件的创业企业，以及几十个有线电视台，所以为 MFA 的毕业生提供了数以千计的工作机会。美国经济最有活力的领域——今后人们将这个领域称为创意阶层，总共提供了几十万工作岗位。如果难以进入这个准文化领域内部，那么洛杉矶市还提供成千的钟点工的机会，比如在咖啡馆和餐厅当侍者。

大举涌向好莱坞是因为那里为稀有的幸运儿提供了梦想成真的机
522 会，又为那些失败者提供了一个重新开始的替代计划，使他们能有第二次机会。令人难以抗拒的是电影业，而非戏剧；是互联网上的视觉艺术，而非绘画；是电视连续剧的脚本，而非独立电影的剧本。因此，艺术家从“严肃”戏剧、绘画、雕塑向电影、视频、电视和新技术行业的流失一直持续着，不断重复，可以与美国的“西部开发运动”相媲美。

大学在文化职业的培养中起着至关重要的作用，但同样有助于为文化产业领域大规模地提供艺术家中的生力军。总之，发现了这个秘密，就可以理解非营利的艺术领域的薄弱环节（戏剧首当其冲）和商业文

化难以置信的活力（洛杉矶、旧金山或纽约）。鉴于MFA的重要性不断增加，鉴于大学用来发展这一系统的各种手段以及所涉及的巨额资金，我们可以假设一下，与商科的MBA一样，与文科的PhD一样，MFA将成为全世界创意领域的参照学位。

## 文化的研发

下面例举三所大学，它们混合了MFA、研发以及与文化产业的对话，它们能说明为什么大学拥有这些整体活力。

加州大学洛杉矶分校是一所重要的州立大学，位于离好莱坞不远的地方。从战争时期开始，它发展出一个电影系，其性质与方式让我们看到大学在美国起到的一种未被人了解的额外的作用，即研发（R&D）。

“研究与发展”这一表述来自于科学和医学研究。美国懂得在大学 523
内部组织这类系统：从第二次世界大战以来，联邦政府就将其大多数科研项目外包，利用大学，在合同基础上为它们提供资金。很大程度上这是为哈佛和麻省理工设想出来的，虽然它们是私立大学，但是通过与政府签订合同从而将公共研究的任务交予它们。在这样建立起来的关系中，联邦政府保证资助它所要求的研究，但也资助称作“合同项下的经常性开支”的内容，即所有的间接成本如场地的租用、研究和人员的开支[18]。人们将248所主要的全科大学称为“研究型”大学，其中162所是公立的，86所是非营利的私立大学。

自1957年至1958年开始，自从苏联发射人造卫星“伴侣号”（Spoutnik）美国人意识到科研的重要性，苏联人的成就伤害了他们的自尊，他们加倍努力来重获技术上的优势。联邦议会动员起来，投票通过了一项法案——1958年的《国防教育法案》，依此批准大幅资助大学以便改变科研上的落后状况。一如既往，美国慈善业协同行动，大学的研发尤其得到了许多基金会的鼓励，首当其冲的是“福特”。而且，私人企业本身也已经发展了针对接近商业价值的许多实验室，此后它们将很大一部分更具实验性的研究通过私人合同外包给大学。这一切都有助于让大学变成美国的主要研发场所，并很快在大学里发展出一种研发 524
文化。

在美国，有研发文化的地方数不胜数。它们经常位于那些著名的科技集群区周边，比如波士顿的科技集群区既有哈佛和麻省理工，又有那些第128号公路上的企业；北加州罗利的“研究三角”围绕着杜克大学、北加州中心大学和北加州州立大学；还有旧金山与硅谷之间的斯坦福集群区。

参观加州大学洛杉矶分校的电影系，就会立刻对文化领域的研发有了一个概念。从技术角度来看，设备质量、录影棚的数量以及实施的资金手段令人目瞪口呆。在这里，在加州大学洛杉矶分校，在其他许多加州的大学，未来的电影被创作出来。因为它们的教学使命，因为它们是非营利的，这些大学可以让人进行发明，进行创造，在市场压力之外进行冒险。

在加州大学洛杉矶分校，“戏剧、电影、电视和数字媒体学院”创建于1946年（“数字媒体”的表述是后加上的）。它所拥有的3个专业电影摄影棚、3个电视演播厅和50个剪辑室分散在一些大型建筑之中，它录取本科生，但主要录取研究生。不论摄制、剪辑、合成、特效还是电脑图像处理，所有这些手段都是超现代的，被公认的这些不凡的技术手段堪与迪斯尼公司的相比，此外它还有一个精选的教师团队。电影学
525 院是由教师们推动的，他们是技术人员、音响师或导演，他们因自己在好莱坞的工作而得到人们的承认。除这些长期教师之外，还有一些活跃的专业人士，经常是加州大学洛杉矶分校的校友，他们受聘进行年度授课，从马丁·斯科塞斯到达斯汀·霍夫曼，从奥利弗·斯通到弗兰西斯·福特·科波拉，还有圣丹斯电影节的老板杰弗里·吉尔莫都来讲过课。

电影学院深受独立电影的影响，虽然它与各电影公司之间维持着一些暧昧关系。电影学院负责人罗伯特·罗森解释说：“目的不是按照好莱坞现有的路线来培养学生。相反，我们必须创新，必须处在未来电影的尖端。”比如，迪斯尼公司的研发部门“意象”与加州大学洛杉矶分校电影学院有着特殊联系：迪斯尼公司创意部的负责人、电影编剧和导演常年在这里授课，与学生们相处，有时他们会在学生取得MFA之后雇佣他们。罗伯特·罗森肯定地说：“对于电影巨头和学生而言，这是

双赢局面，双方都从中获益。”索尼公司总裁、好莱坞最大的电影公司的技术总监、“环球”或“时代—华纳”的负责人都到这里来给加州大学洛杉矶分校的学生授课，产业界与大学的交流在这里是持续进行的。为了不甘落后，加州大学洛杉矶分校的竞争者洛杉矶南部的南加州大学（USC，非营利性质的）与其他电影公司合作，与“梦工厂 SKG”合伙创建人大卫·格芬保持着联系（这是史蒂文·斯皮尔伯格和杰弗里·卡森伯格的电影公司，他们是 SKG 中的 S 和 K，G 则是格芬）。但引起轰动的主要是《美国风情画》和《星球大战》的导演乔治·卢卡斯，他于 2006 年 9 月捐赠 1.75 亿美元给南加州大学，他是该校的校友，这笔钱是用来建设一个新的电影学院。这个电影学院将重新命名为“电影艺 526
术学院”，优先重视数码技术和研发。

这些合作可能采取更加隐蔽的形式。可能是对研究的资助，在美国称为“研究基金”，是按照筹款的模式进行的。加州大学洛杉矶分校电影学院享受由商业电影公司提供的巨额资金来从事研究、评估项目并进行创新。至于奥斯汀的得克萨斯大学（公立）的电影系，它走得更远，它利用自己的摄影棚来制作商业影片。从事文化研发的大学承认它们一直处于对产业界的妥协状态。有时，人们不禁自问，大学是否只是在给电影公司做研发？

与产业界的这种微妙关系却是明确地受到大学公立的或者非营利的法律地位的制约的，大学的负责人表示自己在这一点上很谨慎。比如，学生的所有课业，即便受到电影巨头的资助，仍然属于它们的创作者的知识产权（有时是属于大学，但不可能属于电影公司）。同样，教学仍然是他们首要的关注，授课的专业人士应该牢记这一点。大学通常借助于明确的合同和良好的行为准则来努力保护自己的学生，避免任何利益冲突。罗伯特·罗森解释说：“对于电影专业的许多学生来说，在加州大学洛杉矶分校度过的时光是他们此生自由创作自己第一部电影的唯一时刻。创作自己的电影，如今在电影业是很少见的。然后，他们就只能在团队里与其他导演、制片人一起工作。虽然必须让学生熟悉产业界，让他们有手段来实现自己的想法，但同样必须不惜代价地保护他们大学 527
时光构成的这片自由与梦想的空间。”与此同时，同样是由于这些大学与电影公司之间的独特关系，这些培训受到人们的推崇和重视。

为了更好地将电影学院根植于大学的环境，除商业电影公司之外的其他一些机构也支持在彼此之间建立桥梁。首先，电影与戏剧、电视和新技术的平行教育具有极强的孕育能力：这些专业的交叉导致横向的交流、探询，导致对话机会和一个非常“跨界”加州大学的侧面（超越专业边界和门类）。凭借一个完全数码化的电影资料馆——比利·怀尔德剧院*，由这位导演的遗孀资助高达500万美元，一个有288个座位的放映厅为加州大学洛杉矶分校的所有学生提供高品质的电影节目。电影学院同样管理着20万部电影资料片，并在新的保存中心加以保护，这让他们可以利用这些收藏来放映国外影片、独立电影或者稀见的影片。因此，这个学院不仅为自己学院的学生服务，还通过其电影资料馆向全校学生提供服务，他们都可以来这里增强自己的电影素养，这是许多大学常见的模式。通过选课和交换学分，加州大学洛杉矶分校其他学院的学生，比如工程和信息专业的学生，同样能够接触到文化领域的一些教育或技术研究，这就是为什么美国大学的研发能够取得成就的一个关键因素。

528 如果离开加州大学洛杉矶分校，远离圣费尔南多谷，来到洛杉矶北郊的巴伦西亚，我们就来到了加利福尼亚州艺术学院（Cal-Arts）。这所艺术学院同样拥有一个最好的电影系，颁发名气很大的MFA。艺术学院创立于1961年，最初由迪斯尼公司资助，渐渐地专注于跨学科的电影、视觉艺术和演艺艺术，极为重视新技术。学院的院长史蒂芬·拉文解释说：“沃尔特·迪斯尼公司比任何人都明白创新需要时间，必须进行长时间的研究和实验，因此迪斯尼以其自己的方式，成为研发之父。”

---

* 比利·怀尔德（Billy Wild，1906年6月—2002年3月），好莱坞黄金年代最伟大的导演之一。上世纪30年代，怀尔德以及恩斯特·刘别谦、F.W.茂瑙、弗里兹·朗等犹太裔导演为了逃避纳粹来到美国。怀尔德的作品涵盖各种类型，《热情似火》（Some Like it Hot）被誉为喜剧片之王，《日落大道》（Sunset Boulevard）以好莱坞为题材，苍凉而凄婉的影像中舒透出人生的惨淡与无常，怀尔德对于影像空间的那种从容而稳健的掌控力，堪称经典，至今无人超越。怀尔德具有非凡的审美品位和独特的艺术鉴赏力。他多年悉心购买并收藏许多无籍籍之名且不被世人看好的现代艺术家的作品。上世纪90年代，他将这些收藏以高出买入价数倍的价格拍卖，共计3500万美金，即刻成为好莱坞的爆炸性的新闻。这笔巨款应该是其遗孀捐助的比利·怀尔德剧院的资金来源。——译者

学院通常对MFA学生的选择不是依据他们的学历，而是根据他们的作品和“剪报册或宣传册”。许多国外学生，尤其是亚洲学生，他们同样是因为他们的创新能力而被录取。随着互联网的发展，整个学院信息化的规模也得到很大发展，与乔治·卢卡斯的皮克斯动漫公司建立了联系。为了让研发更具可操作性，艺术学院于2003年创建了“红猫”（Redcat）——是对罗伊和埃德娜·迪斯尼与“Cal-Arts剧院”的首字母缩合词，一座约300个座位的专业实验剧院。“红猫”与洛杉矶交响乐团一同在沃尔特·迪斯尼音乐厅这种巨大的综合建筑之中，这是位于洛杉矶市中心由弗兰克·格里建造的明星级建筑，“红猫”是大学的创新前沿。虽然艺术学院是一所私立大学，但校址是由洛杉矶城转让的，并由该城和慈善业资助。全国知名的艺术家在这里授课，也在这里创作，这个地区的独立艺术家通常是多族裔的（这里是在洛杉矶），他们在这里演出戏剧，一些国际艺术家受邀来这里展示他们的实验作品。这个“红猫”的演艺空间不仅包括展览厅和咖啡馆，还是一个电影放映 529
厅，在那里可以看到泰国电影系列、香特尔·阿克曼回顾展或者伊朗电影节。而且，每年都有一位艺术家受邀常驻“红猫”：2004年是美国华裔导演陈师曾，2005年是美国剧坛老人理查德·福尔曼，2006年是黑人女剧作家苏珊—洛丽·帕克斯。

在美国的另一边，有麻省理工学院（MIT）的媒体实验室，这是我们用来说明美国大学文化研发运作的最后一个例证。媒体实验室的创建者杰里·威斯纳解释说：“媒体实验室是一些有创意的人和有好奇心的人运用电子媒介的地方。”媒体实验室是麻省理工的校友们为鼓励校园艺术而创建的艺术委员会所创立的，这是全世界最领先的科研型大学之一麻省理工的“信息技术艺术”实验室。

媒体实验室开设于1985年，最初的名字是“艺术与媒体技术”，位于校内由贝聿铭建造的一座建筑里。该建筑的地下室称为“立方”，是由过去的一个剧场改建而成的文化实验室：在开放的空间里放置了几十部电脑，有一台能够进行“纳米”级工作的机器，一幅巨型的毕加索《格尔尼卡》复制品，一些“费雪”玩具，一些机器人和包含芯片的智能“乐高”积木。

正是在麻省理工的这个当代工业创意实验室里，未来的文化被想象
530 了出来：一些“未来歌剧院”的机器在那里制作音乐，一些“混合艺术”混合了各个艺术门类与技术，一些通过传感器使演员与观众进行互动的装置在那里进行实验。媒体实验室处于艺术、媒体和科学的交叉点，这与许多其他的文化创新场所一样，像在设计学院（帕萨迪纳艺术中心或普罗维登斯的罗得岛设计学院）、艺术学院（堪萨斯城艺术学院）、创新戏剧学院（纽约大学）中，甚至当代音乐领域（加州斯坦福大学的音乐与声学计算机研究中心）都能看到这种学科的交叉。

媒体实验室的学生和研究者浸染于高度学术的环境中，麻省理工拥有 57 名诺贝尔奖得主，但他们同样也非常具有艺术性。麻省理工有一座惊人的当代艺术博物馆利斯特视觉艺术中心，矗立在媒体实验室、一所艺术实验室（高级视觉研究中心）、一个建筑和城市研究学院之间。在它的不远处就是著名的计算机科学与人工智能实验室，处于由建筑师弗兰克·格里新建的一座大楼里，进行信息学方面最尖端的研究（应该告诉大家，它的教师团队里有互联网的发明者和 Word 办公软件的发明者）。纯艺术门类与建筑、城市政策、信息和科学门类之间的这种跨学科交叉研究是美国大学的文化研发的核心元素。

托德·麦克霍弗既是“媒体实验室”的教师，也是当代音乐作曲家和“未来歌剧院”实验室的负责人。“媒体实验室的文化是反等级制的文化。不是由媒体实验室的负责人来决定应该资助那个项目或应该朝哪个方向发展。我曾经在巴黎的音乐与声学研究学院工作过，那里是负
531 责人告诉我们应该干什么。在麻省理工没有官员，一切都从学生开始，然后传导到老师那里。应该不断改变，重新质疑自己。这里没有人能够长期站住脚，而我在巴黎音乐和声学研究学院遇到的人其中有一半在那里度过终生。面对这种非常精英主义的倾向，我们相反是非常民粹主义的，可以这么说。我们尝试做一些将会影响到普通人的生活的东西。我们想去感动很多的人。在这里，我们同‘乐高’、‘费雪’玩具、智能汽车一起工作。我们在建设一些东西，这是我们的逻辑。而我正在打造‘未来的歌剧院’。”

大学受公共资金或慈善业的资助，同时依靠高昂的学费而拥有巨大的财源，鉴于它们所拥有的公立或非营利的法律地位，它们可以冒险、创新和接待哪怕最具实验性的艺术家。对于它们而言，创新本身是在大学系统中得以生存之道，就像在美国人们所说的“为艺术而艺术”。考虑到这种非商业的大学背景，学生们偏重于群体参与，而非个人成功；偏重为所有人创新，而非传播的可商业化的东西。可以说，他们侧重于研究多于开发。

每天，在媒体实验室，在全美几十个这类文化实验室里，艺术的概念被拓展，人们努力想象在数码时代，随着无数亚裔学生或人数较少的拉美裔和黑人学生的加入，文化将如何被改变，与此同时，欧洲与白人文化的预设价值在这里被不断质疑。艺术与技术之间的界限变得越来越难以确定，虽然在麻省理工答案似乎是明确的：今后，艺术就是 IT 艺 532
术。在媒体实验室，在“立方”里工作的艺术家兼教师甚至认为这是不可避免的进程。他们说，人们还远未想象出新技术的发展，尤其是互动技术方面的发展对于戏剧、舞蹈、视觉艺术、建筑和电影将产生的所有后果。在他们看来，未来就是“ITCP”。

“ITCP”，即信息技术和创意实践，这是麻省理工的校园里时髦的缩写词。这个表述经常被用来定义在艺术和设计方面通过新技术而实现的所有创意实践。这些“ITCP”关系到建筑、动画片制作、数码音乐和摄影、网页设计、新媒体、计算机辅助出版，也关系到使用新技术的互动“装置艺术”和“行为艺术”。美国人在这些领域显然取得了很大的领先。他们尤其懂得围绕着“ITCP”打造出一套民主话语，将艺术与艺术向大多数人的传播联系起来，利用艺术来扩展文化实践。按照媒体实验室的艺术家们的说法，新技术将使文化实践的真正普及化和更大的文化多样性成为可能。在麻省理工，人们说未来已经写就，它的名字是“IT 艺术”。

## 艺术家在美国的头号雇主

美国的大学还有最后一个主要特色，这就是教师队伍中艺术家和专业人士的存在。因为极大的去中心化、没有雇佣规则以及单一的专业身份，在美国不存在两种建筑师或艺术家，没有盖房子的建筑师和教书的建筑师，也没有进行创作的画家和音乐家与教书的画家和音乐家。MFA的多数教师都是专业人士，这个学位的价值也在于此。大学以合同方式聘请建筑师和艺术家来讲授一定课时，同时他们仍继续自己的职业生涯。教书的建筑师同样也是盖房子的，而授课的导演也是好莱坞著名的专业人士。因此我们明白了为何教师们会经常在大学博物馆里展览自己作品，而在欧洲，这样的想法会让人笑话，但在美国这是非常严肃的事情，因为他们通常是一些已经得到人们肯定的艺术家，有时是重要的艺术家。

除了这一体系在学生们的职业化方面的显著好处之外，艺术家的这种无处不在也有着另一种好处——是艺术职业的一个重要财源。甚至可以说，美国的4182个高等教育机构是艺术家们绝佳的就业环境。这正是奥斯汀的得克萨斯大学艺术学院院长罗伯特·弗里曼所证实的："美国大学是艺术家在美国的头号雇主。"

产业界也为艺术家在大学受聘提供了更多可能，使这些艺术家在大学中占据了多数位置，包括那些独立艺术家、创新戏剧的创作者、对与产业界的任何合作都抗拒的"反叛者"和文化批评家。很大一部分美国画家、作曲家、作家，很多戏剧导演和演员，都至少在他们人生中的某个时刻曾经领取过大学的薪酬。如果看看美国艺术家、批评家（埃尔
534 维斯·米切尔在哈佛执教）或作家（埃德蒙·怀特在普林斯顿任教）的职业生涯，知道他们所有人都以这种或那种方式从大学得到薪酬，我们会立刻感到吃惊。如今美国最有才华的导演和剧作家都是在大学里工作，比如罗伯特·伍德拉夫在哈佛的美国保留剧目剧院，安妮·博加特和安德烈·瑟班在哥伦比亚大学，特拉维斯·普雷斯顿在加州艺术学院，爱德华·阿尔比在奥斯汀的得克萨斯州大学任教超过12年，甚至唐纳德·马古利斯这样的成功作家为百老汇写作的同时，也在耶鲁任教。从鲍勃·威尔逊到理查德·福尔曼，以及劳里·安德森或蒂姆·米勒，这些最有创新能力的艺术家都在大学任教或者经常在大学进行演出或讲演。在视觉艺术领域，这种现象更为常见（罗伊·利希滕斯坦任教纽约州立大学，戴维·霍克尼任教加州大学洛杉矶分校），不要忘记在

建筑或设计方面，这也是常态。甚至在音乐方面，估计大多数作曲家曾经在职业生涯的一个时期在某个大学当“客座作曲家”。尤其是“sabbatical years”，即所有美国大学都有的带薪年假（通常每七年一次），让艺术家们能够有时间从事研究，撰写著作或完全致力于创作。

虽然这些教师兼艺术家在校园内的存在对于学生们而言是成果卓著的，但这些教学及其相关的强制性要求有时会造成不良后果。某些艺术家在这样的氛围里可能难以充分发展，这里被年轻人环绕，首先关注的是人才培养，还有学分限制，这有可能令艺术家受到抑制或者让他们分心。有时会听到人们对大学艺术教育的安排有这样的批评。的确，只要资金上允许，艺术家们倾向于从这一系统中解放出来，靠自己的翅膀去 535
飞翔。

但是，全职带薪的岗位只是艺术家们进入大学的一个原因。除了教学，还存在多种其他的进入大学的理由。驻校艺术家的传统在大学校园里很常见：比如舞蹈家玛莎·格雷厄姆，她在1930年代在佛蒙特的本宁顿学院创作了她最重要的一些作品，这所大学为她提供住宅、排练厅和演出的舞台。同样，位于纽约州北部的巴德学院定期接待一些艺术家，而斯坦福大学则向崭露头角的作家提供奖学金。甚至在像当代音乐或舞蹈这样的领域，大学也增加交流和艺术家的常驻，这通常与大学的演艺中心或大学乐团有关。音乐方面如史蒂夫·赖克和约翰·亚当斯，或舞蹈方面如比尔·T．琼斯、默斯·坎宁安、露辛达·蔡尔兹或特丽莎·布朗这样的艺术家都受邀到美国各处的大学，为期一年、一周或一个晚上。与人们有时认为的相反，这些艺术家在美国的整个职业生涯中受到的是非商业文化部门的广泛支持。

一学年？一周？一个晚上？除了一年的教学、一些奖学金和常驻之外，大学还是围绕艺术家的某次演出、某个讲习或某次讲座进行更为零散的活动的地方。在一所研究型的大学里，经常每天有五十来场讲座：这无论是对于知识分子，还是于艺术家，都是一笔意外的收获。这些讲座、讲习、展览和其他工作并非由作家或艺术家志愿提供，而像是在做推广：他们将因此得到丰厚的报酬。每一位发言的艺术家或作家都因此 536
得到酬劳，这是事先与大学商定好的，如果艺术家组织一次展览，即使是简单的展示，他也作为专业人士因为自己的艺术而应该得到酬劳。

总之，对于年轻的或者尚未功成名就的艺术家而言，大学的环境为他们提供了薪酬、同僚、评估、新的受众、艺术实践与教学之间的相互沟通，使他们避免了职业的孤独，尤其赋予他们以一种“使命感”。最后一点也许是最重要的，在大学里当一名艺术家，为他的使命赋予一种意义，鼓励他去传授艺术，向更多的人开放自己，这就赋予了艺术家的生活以某种意义。

除了艺术家，艺术品本身也由大学订购（在美国叫“to commission”［委托］）。比如最近15年来，俄亥俄州立大学、密歇根大学和加州大学洛杉矶分校为艺术家提供数千美元来创作新作品。仅艾奥瓦大学一所大学从1986年以来就“委托”了超过80部作品。虽然支付给艺术家的金额可能只有1万美元，但加上来自基金会、文化大机构和有时来自国际艺术基金会的其他补助，最后可以保证艺术家得到一份真正的报酬。有时，大学会利用来自它们的博物馆或者演艺中心的资金，有时从校友或基金会那里筹得专门资金。鉴于美国大学系统的“去中心化”，很难估计这些大学订购作品的准确数字。但可以肯定的是，有几百所大学通过多种形式在这样做。

这里还必须提一提公立和私立大学中常见的对于任何新建建筑适用的“percent-for-art”规则（“给艺术百分点”，通常为1%或1.5%，有
537 时更多）。这个主意来源于1960年代，那时肯尼迪和约翰逊政府对所有新的联邦建筑征收一个百分点来补贴艺术，后来在自愿的基础上在某些州、城市被采用，常常在大学里被采用。比如，在麻省理工学院建一座新建筑时，预算的1%（上限为25万美元）必须用于艺术。因此，麻省理工学院委托或购买一些艺术品来赋予其建筑环境更多的意义。

为何要做出这样的努力？为何一些公立或私立大学会为了资助艺术家而订购他们的作品或给他们的讲座以酬劳？答案不很明确，但是这种不明确本身令人联想到美国大学自由推崇的那种古怪的“公民的”和“准公共的”使命。许多被问到的大学负责人说他们感到支持新的艺术创作是一种义务。其他一些人则认为这是一种丰富美国文化生活的手段。还有一些人则认为这属于大学的公共关系，这些行为有助于提高大

学的声誉，让它们可以聘请到更著名的教师和更多的学生。另一些人却只想让他们的博物馆和演艺中心有收益，因为所有这些场所都是在富有捐赠人的压力下建造的，捐赠人希望将自己的名字留在上面以期永垂不朽。在美国大学校园里发现的是一个最佳的、独特的且范围宽广的文化体制。

## 大学出版社 538

除了它们在直接属于艺术的领域扮演的重要角色，美国大学在出版业也起着非常重要的作用。美国大学出版社总共110家，在美国出版业中的份额虽小，却极其活跃。作为广泛商业化的行业中的非营利的孤岛，大学出版社的作用不在于发行量（2000年美国出版的250亿册书中的3100万册，即1.25%），也不在于营业额（2000年出版业全部营业额248亿中的4.6亿，约占2%）。大学出版业至关重要，因为它带来了书籍品种的多样性，平均占每年新出版品种的8%——10%（即15万种新书中的1.2万种）。大学出版业使数千种图书和至少700种期刊得以发表，这些出版物不是仅仅按照市场规则来选择、出版和发行的。大学出版社的这种与市场的特殊关系根植于它们的历史[20]。

最早的大学出版社诞生于19世纪末（约翰斯·霍普金斯大学出版社建于1878年，芝加哥大学出版社建于1891年），最初与建立它们的大学紧密相连。约翰斯·霍普金斯大学出版社最初的名字只是“大学出版代理”，芝加哥大学出版社的名字为“大学出版办公室”。这些出版社一般仅限于出版本校教师的著作，由校长及其身边的人领导，并由他们来选择书目。通常是由大学亏本资助，往往是通过一份基金来资助的（比如建于1913年的哈佛大学出版社）。

大学出版社的增多实际上是在1930年代和1940年代，如今美国各 539
州都有大学出版社。这种去中心化和法律地位是它们的力量所在，它们的地位在于它们属于非营利机构，或者因为它们附属于州公立大学，或者因为它们处于非营利的大学之中。因此，虽然显得矛盾，但美国是西方大国中唯一拥有相当数量的并且在法律上附属于各州的公立出版社的国家。因为多数大学出版社在美国是国有的，现有的110个大学出版社中，90 个公立，20 个是非营利的。

大学出版社拥有影响力的第一个原因是它们通过同行的评估机制，使得大学学者的著作能够得到认可，大学学者过去必须——如今依然必须以书籍或科研期刊文章的形式将他们的成果发表之后才可以成为正职教授（即获得“终生职位”，这是美国公立和私立大学授予正式职位的形式）。大学出版社在高等教育内部具有确认大学学者地位的功能，它们曾经长期是非常精英主义的，仅为一个知识分子小圈子出版重要的著作。人们曾经常嘲笑它们书籍的选择、出版和印制程序的迟缓，以及它们过于简单的封面、缺少报刊宣传和它们混乱的发行。在 1949 年的一份批评性的报告中它们被指责“用最高的成本，印制最少册数的图书，让那些最没有钱的人用最高的价钱来买”。

很长时间里，这些受补贴的出版社的发展是依赖于大学图书馆的富
540 有和众多的数量（3527 个图书馆中的 68 个拥有超过 250 万册图书）。每个高等教育机构都拥有图书馆，大学学者的每本书都差不多能确保售出超过 1000 册，这足以让这个产业生存，即便任何学生或教师都不买书。

而且，在非商业的文化体系中，这些大学出版社在资金方面经常享受到它们的基金的利息，利息有时很可观，它们还享受基金会、慈善家和校友们的捐赠。这些让它们能够负担出版风险和弥补商业赤字。

但大学出版社渐渐地遭遇到了经济现实。第二次世界大战以来，尤其 1980 年代以来，它们不得不采用了一些商业的出版规则，因为来自大学的资金在减少（如今平均只占 13%），图书馆购书的数量也在下降。出乎意料的是，它们却因此获得了独立，增加了影响力，同时也保持了自己的特色。它们占据了出版市场的一“隅”，即高品质书籍和译著的出版，这些都是推进知识、激励研究和推广卓越的作品。

逐年来，它们还是发生了很多变化。这些出版社当然保留着对大学学者整体上的义务与责任，始终在确立科研的声名，出版博士论文，但它们获得了相对于同名大学的很大的自主权，它们不再必须出版它们所
541 在大学的作者们的书籍（一般来说，所出版的图书中不超过 10% 的书是本校作者的）。大学出版市场变得开放，教师们的著作根据专业丛书

来出版，而非他们所处的学校。

这一整体运动还反映为这些出版社更大程度的商业化。在公立和非营利大学中，资金的平衡成为规则，必须出版收益更高的书（行话称为“资产书”[property books]），同时应该让一些不太好卖的书得以出版。有时，这些出版社因为成为拥有自主法律地位的机构而增加了它们的独立性，它们与最初的大学只维持疏远的联系，虽然它们还保留着大学的名字（如普林斯顿大学出版社、北卡罗来纳大学出版社）。

大学出版社出版的著作通常质量很高，拥有极高的学术地位。它们得益于这些出版社内部一些要求很高的专业编辑和一些细心的审读者，而商业出版社越来越少地这样做，它们倾向于将这些职能“外包”，由代理人来选择稿件，乃至由自由职业的人来进行排版和校对工作。

大学出版社主要出版一些大开本的精装书，用硬封面装帧，这些书占据了销售量的 73%（那些简装版较便宜，用软封面，占销量的 27%）[21]。

市场的压力虽然来自外部，却促使大学出版社向多元化发展。依靠英语作为科研参考语言的影响力，它们大大扩大了在国外的销售。同时，它们增加了译著的出版，目的是增强它们的专业化，并借助大学里新族裔的成分来吸引新的读者。那些为校友开设的图书俱乐部同样得到发展，那些销售合作组织和新的网络组织也得到了大学出版社的支持。542
同时它们投入大众文学出版，还押宝在一些初出茅庐者和高质量的但印数较少的作家身上，它们继续出版不时兴的重要作家的作品，因为其余的作家是由市场去负责的。另外，在严肃的和大众的随笔和杂论方面，大学出版社正在代替商业出版社，因为商业出版社常常仅限于出版畅销书。大学出版社的首要关注甚至变成了那些“跨界书”：一些“混合了门类”既严肃又能打动大众的书。而且，它们还投入大学课本的关键市场，这曾经是长期交给商业出版的种类，它们同样投入那些著名的“指南书”和其他“磁带或 CD 的朗读书”，所有这些都是商业化得到加强的信号。

与上述这些倾向相反，但同样也是为了多元化和销售，大学出版社向地区出版市场开放。附属于公立大学的出版社如今常常出版地区导游指南、州历史、烹调书或地区民俗，甚至出版关于当地动植物的著作（比如阿肯色州立大学出版社的畅销书《阿肯色州的两栖和爬行动物》）。这种演变相对较晚，证明了它们还需要一种强烈的地区认同，
543 同时这也倾向于表明这些准公共出版社必须用地方色彩的产品来证明接受州政府补贴的合理性。因为常常成功如期而至，它们受到了鼓舞而继续走这条道路。

美国的大学出版社比其他商业出版业受到更多所谓“按订数印制”书籍现象的影响。因为难以预计严肃书籍和研究著作的销售数量，必须预计库存规模，由于销售要经历数年、印数较少，所以建立一套按订数印制书籍的系统是很诱人的。几年来，产业模式已经确立（比如芝加哥大学出版社），今后可以按订货数量制作书籍。随着这一领域与电子技术有关的其他转变，大学出版社应该会继续沿着按订数印制这条道路演变。

大学出版业在美国出版业中占据特殊地位。因为属于非营利性质，它处于出版业的一个“亚领域”，这个领域实际上要比看起来的规模大得多，因为除了这些大学出版社，还有整个宗教出版业、基金会与文化机构的出版业（拥有各大博物馆出版的所有书籍），这些同样是非商业的。虽然近年几家大学出版社倒闭（莱斯大学出版社、东北大学出版社、爱达荷大学出版社、史密森学会出版社），虽然这个行业经历了严重的经济危机，但这些出版社总体上情况还算好。出乎人们意料的是，它们甚至比从前出版了更多的书籍，它们的收入不断增加，可以更好地酬报作者，同时至今仍成功地保留了它们的“灵魂”。

美国的一个特色是在出版业这样传统上属于商业的门类中建立了一
544 些重要的非商业的分区。依靠庇护它们的大学、通过公立地位或者非营利地位获得对它们的直接支持，大学出版社继续维持着不受市场压力的高质量的出版。虽然它们只占出版品种的8%，但它们的这1.2万种书籍对于美国思想和文化的更新仍然是至关重要和生命攸关的[22]。

艺术在大学中的持续存在是一个美国现象。在世界任何其他地方，大学在本国的文化生活中都没有这样的作用。因为将艺术置于校园生活

的中心，而不是边缘，大学履行了多种职能，虽然这些职能在美国本身也不多见，在欧洲则是完全见不到的。

将艺术纳入大学环境，这是美国文化模式的一个核心元素。在很大程度上，对文化适用的，同样适用于科研、体育、医院、自由电台、宗教或者新闻学院。在艺术领域，如同在其他领域，美国大学显示出对于社会的一些整个区域的决定性影响，不论是出于公共精神还是非营利精神。在一些公立大学里制作和发展文化，这同样是美国的一个矛盾之处，这显示出国家可以直接存在于这一领域。

我们看到依靠他们的大学，美国人如何在艺术中创新、培养和冒险。尚未具备“面貌”和形态的文化，却能够在市场的压力之外得到发展。

545 # 第十章　文化的商业化

所有大商店都将变成博物馆，而所有博物馆都将变成大商店。

——安迪·沃霍尔

因为基金会、艺术大机构和大学，美国文化体制显得独特而多元。除了这些独特之处，我们看到的却是同一种模式，即从独立性和非营利地位出发，围绕着一个董事会、一份基金、慈善和减税构成的模式。这一体制是在20世纪逐步发明出来的，催生了一个真正的文化的公民社会，而这一体制是善于适应与改变的。但是，尤其自1980年代以来，它不仅面临时代的考验，在发展过程中，它还遭遇了市场的力量。文化的商业化是一个美国模式中横向的和反复发生的问题，它的动因是旧有的。这种文化的商业化尤其能说明问题，因为它介入的是一些曾经并仍旧是非营利的领域，它影响到大学和基金会、乐团和剧院。近几十年来，这种现象在博物馆比其他地方更为显著。

546 “轰动性的展览”（blockbuster exhibitions）：这个表述本身概括了美国大博物馆新近的商业化。这些获得巨大成功的赢得大众的展览并非博物馆特有的现象，也非一个新现象。要想回顾其产生的过程和理解其中的原因，必须上溯到1970年代，追溯到两个人：即曾于1967至1977年领导纽约大都会艺术博物馆的托马斯·霍温和1969年至1992年领导华盛顿国家美术馆的J．卡特·布朗。

霍温与布朗的出身和履历都不相同，他们出现于一场独特的面对面的交锋中，他们各自的博物馆正为美国第一博物馆的头衔展开竞争：

“大都会艺术博物馆”（MET）是最古老、最大、最富有、最私立的；而国家美术馆是“官方”美术馆，是联邦政府的美术馆。“大都会”对“国家”；纽约对华盛顿；私立博物馆对公立博物馆：似乎一切都将它们对立起来。然而，这两位负责人同时都是从精英艺术向大众文化过渡的推动者，他们分别是自己的博物馆里的“轰动性”展览的发明者。

托马斯·霍温的履历是博物馆馆长的典型履历：文学士（BA）、艺术学硕士（MFA），然后完成艺术史博士论文。他同样是在“大都会”一级一级慢慢升上来的，助理馆员、副馆员，然后是馆员。他本人体现着公私之间的过渡，1966 年至 1967 年他成为纽约城“公园、休闲和文化事务处”负责人，他主要领导事务处重要的文化部门，他的任务包括援助“大都会”。1967 年，他被博物馆董事会任命为大都会艺术博物馆
馆长，他那时 36 岁。在任命他的听证会上，他的话令人印象深刻：“大 547
都会需要改革。它濒临衰亡了，必须给它发电让它获得活力。它必须成为大众的。我们必须成为福音传教者。博物馆应当对外开放，走出象牙塔，通过教育和以人们能够理解的方式来解释那些重要的艺术品去迎接公众[1]。”刚刚受到任命，霍温便开始行动。他是第一个在大都会美术馆的正立面上悬挂巨大的紫色布幅的人，上面写着临时展览的名称，他让人重新规划博物馆门前的广场，在那里设置一些喷泉，允许卖热狗的摊商经营——现在想一想，当时这是多么出格的措施，但自那以后也就司空见惯了。他想唤醒“大都会”这个沉睡着的巨人，让它在这座城市苏醒过来，让它上报纸的头版，他认为这起码要通过一些表演成分才能进行。霍温在回忆录里讲述：“那时，我对一切能上报纸显要位置的、将‘大都会’与矫揉造作的老太太形象脱离开的东西都有兴趣。”

他出任“大都会”馆长的事情没有被忽视，而是引起了广泛关注：争议很多，人们指责他出于民粹主义的考虑而败坏艺术至上的传统，批评界的精英则批评他是暴发户的庸俗。在这些争议中，好坏参半，霍温对这个作为美国象征的博物馆进行了深度改造，创造出一类新的大众的场面巨大的展览，他似乎是第一个将这些展览称为“重磅展览”的人：《壁画的黄金时代》、《公元 1200 年》、《时尚艺术》。

为了每一次展览，他都会组织一次真正的表演：他让芭芭拉·斯特

赖桑德来演唱，将埃及侧楼改造为夜总会，为《俄罗斯服装的荣耀》的展览成功，他说服杰奎琳·肯尼迪穿着艾尔米塔什博物馆出借的亚历
548 山德拉女沙皇原版的白色长裙进行展示。霍温出于教育的考虑，还增加了许多简单的表述："玛雅人就是前哥伦布世界的希腊人。"（经常）挑衅、（有时）食言、（始终）沟通：在无声无息的美术馆的世界里，霍温发明了一套前所未有的秘诀。

在霍温的领导下，"大都会"这座已然极为庞大的博物馆变成了一个"巨无霸"：开始有了一些餐厅，安置一些咖啡厅和书店，尤其增加了卫生间的数量——霍温解释，当参观人数加倍的时候，这是一个大问题。领导这样的文化企业，必须成为一名经理人，而不再是普通的艺术史专家或者有品位的收藏家，甚至必须像在跨国大企业里一样成为一个"首席执行官"，一名总裁，也就是成为一个能谈论"票房"、"现金流"、"管理费用"和"筹款"的人。历史学家淡出了，超级经理人登台了。

很早，霍温便求助于企业赞助，随着海报和横幅上企业徽标的出现，企业开始留下它们不合时宜的印记。人们还指责他偷偷出售艺术品。多亏了募款，并不缺钱，"大都会"成功地增加了藏品，展览面积加倍，同时保持着独立。如今，"大都会"仍然是美国的头号博物馆，拥有17亿美元的基金（是美国的文化机构中最大的）和每年1.6亿美元的运营预算。这主要是一些私人资金，但也有纽约市的大量援助，虽然都是非直接的，此外有门票收入、书籍、T恤销售和餐厅利润作为补充。

托马斯·霍温是造成这次断裂的人。对于诋毁他的人来说，他是一
549 个自大狂和"多媒体狂"，但他确保并承担着艺术与大众文化之间的过渡。在这一过程中，博物馆也有了十倍的参观者，增加了其亚洲和当代艺术品的收藏，也加强了其社会和公民使命。至于作为从前"大都会"特色的那种精英主义的傲慢，那些只偏重白人男性大师的收藏，在民权运动的时代，这些都发生了改变，博物馆向现当代艺术开放，向少数民族艺术开放——这一次仍然是功过参半。

1969年的《我心中的哈莱姆区》展览是对这一演变的绝好概括。

这次展览旨在调和“大都会”与哈莱姆社区这个靠北一些的街区的关系，展览想成为哈莱姆黑人创作的编年史：一些照片全部是黑白的，展示该街区重要艺术家的面容，展示教堂、爵士乐俱乐部；一些比莉·哈乐黛和阿雷萨·富兰克林的歌曲得到传播；一些黑人舞蹈家的形象得到展示，一些政治文字包括马尔科姆 X 的文字被张贴在博物馆里。在展览目录里，霍温笨拙地描述了当他还是孩子的时候，哈莱姆对于他这个“蒂芙尼”老板的儿子代表着什么：这是他只能通过黑人保姆和司机才意识到的一处“遥远的地方的灯火”。在同一份目录中，一位黑人女艺术家也提到她对那个黑人女性为犹太人当“保姆”的时代的记忆，按照她的说法，这解释了黑人强烈的反犹思想。由于目录中这些脱离正轨之处，展览及其目录立刻引起丑闻：犹太社区的一些拉比在布道中开始要求禁展，一些有影响的慈善家威胁停止对“大都会”的资助。另一方面，“黑豹党”的一位领袖——不顾联邦调查局对他的监视——参观了展览，他觉得展览很出色。继他之后，成千的黑人去参观《我心中的哈莱姆区》，而“大都会”还从未接待过这么多黑人，虽然其他黑人领 550
袖同样批判白人精英的这种屈尊俯就的尝试。但最糟糕的还在后面：“大都会”的近十幅绘画，包括一幅伦勃朗的绘画，遭到损坏，一些参观者在画面上喷涂字母“H”。“H”并不是如人们认为的那样指的是“大都会”自大狂的馆长霍温，而是指哈莱姆[2]。

J．卡特·布朗也许与霍温正相反，但他有着相同的历程。如果说霍温是一个特立独行者，那么布朗就是一个富家公子。他是美国一个最大和最富有家族的后代：布朗家族在普罗维登斯（罗得岛州）创建了与家族同名的大学。他在哈佛毕业，拥有工商管理硕士（MBA）学位，在当时这对于未来的博物馆长来说还是相当稀有的。凭借他家族的关系网，他成为当时华盛顿国家美术馆馆长约翰·沃克尔的助手，很快被委托监督该馆东侧楼新建筑的建设，这座建筑被交给建筑师贝聿铭，以后将接待大型的临时展览。1969 年，国家美术馆主席慈善家保罗·梅隆任命他为新馆长，当年他 34 岁。

他的第一个“秀”是一次非洲雕塑展，这对于这家主要收藏西方古代大师作品的美术馆来说，是一个有意义的演变。他雇佣了一名设计师，让人重新将展厅漆成黑色，用白色聚光灯来突出雕塑。在开幕晚宴上，一些非洲舞蹈家进行了表演，宾客们品尝多种非洲传统菜肴，在国家美术馆也诞生了“轰动性展览”。参观者络绎不绝。

551 虽然是一位贵族，但J．卡特·布朗同样是一位真正的民粹主义者。那个时代和他那个阶层的人都重视吸引民众。人们甚至说昨日还很严峻的“国家美术馆”，现在却想变得“亲观光客”。它大量地吸引观光客，实际上，1978 年 62 万人参观了东楼的开幕展览《德累斯顿的辉煌》；1981 年至 1982 年有 100 万人观看了《重新发现罗丹》；1986 年 900 万人参观了国家美术馆。从《图坦卡门的宝藏》到《英国世家的宝藏》，美术馆里永远都不会空着。

在资金方面，J．卡特·布朗成功地说服了国会增加补贴给国家美术馆，因此它成为唯一直接由联邦资助的美术馆，在他的任期里从每年 320 万美元增加到 523 万美元（如今为 1.11 亿美元）。慈善业同样受到鼓励，特别是梅隆基金会的捐赠源源不断。尤其是博物馆的基金同样得到了私人资助，达到 1.36 亿美元（如今接近 6 亿）。这不能不算是美国文化生活的一个矛盾之处，正宗的公共博物馆却很大程度上受到私人基金会和个人的资助。

这种矛盾属性还存在于收藏品方面。在J．卡特·布朗任期内，国家美术馆获得了超过 2 万件的新作品，其中包括从杰克逊·波拉克的《薰衣草迷雾》到巴尼特·纽曼的《十字架苦路》等一整套现代绘画藏品。这种开放性证实了将混合古典与现代、新与旧、当代艺术与少数族裔艺术相混合的愿望，这样的多元主义时常令欧洲的参观者惊讶不已，他们习惯于一些按年代明确划分的、恰恰是避免门类混合的收藏品。

卡特·布朗是一个令人难以想象的人物，他成为文化民主化的代言
552 者：教育、普及、作品展示、轰动性展览。他在自己的地盘里行事，他受到的批评比霍温要少，虽然他对自己阶级的“背叛”同样具有象征意义。为了给自己说明理由，这位国家美术馆的馆长解释说：“我是牧师世家的后代。我相信艺术，我对拓展艺术的受众有着一种福音救世的热情。”一则轶事证实了这位富家公子与民众的奇特关系，有一天，他

在国家美术馆的一位合作者领着在午餐时间去一家麦当劳，他显然从未去过那种地方。卡特·布朗手里拿着一个巨无霸汉堡，显然是对汉堡的包装着迷了。他说他将这包装视为神话，按照他的说法，这是民众文化的一种伟大浓缩，据说他当时说道："我明白那些包装为何让艺术家们着迷了，我们应该对此做一个展览。"

1970 年代大都会艺术博物馆与国家美术馆的平行演进是具有启示性的。它反映了一个深层次的现象，超越了那些公立或私立的机构，超越了馆长的履历。如果说"大都会"必须增加参观者来增加门票收入，"国家美术馆"理论上却是免费进入的，它甚至不具备增加参观者的驱动力。所以，这是一次根本性的运动，将市场效应与大众文化混合起来，从更深处看，这应该是民主思想的产物[3]。

**走向文化超级市场**

美国两大标志性的美术馆为何在 1970 年代倾向于筹办轰动性展览？在努力理解市场效应与民主效应对这一演变的影响之前，不应该忽略国 553
会与联邦政府的作用。因为国家再一次以间接方式起到了重大作用。

1970 年代，当各博物馆正处于严重经济危机之时，托马斯·霍温和卡特·布朗却成功地说服了国会注资。在国家艺术基金会主席南希·汉克斯的支持下，得到当时任印第安纳州众议员的约翰·布拉德马斯的鼓励，美国议会以两种方式立法[4]。一方面，国会于 1976 年创立了一个新的联邦事务处——博物馆服务学院（Institute of Museum Services），其宗旨是直接补贴博物馆，帮助它们完成教育使命，但是对展览的资助仍然由国家艺术基金会负责。这个事务处最初附属于教育部，后来独立，虽然仍处于国家艺术基金会的保护之下，办公地点也在国家艺术基金会，但它的预算却在近 30 年内大增（如今每年约 2.62 亿美元）。当然，它帮助的是所有的博物馆，从植物园到美术馆，包括动物园，它后来还资助图书馆。不管怎样，博物馆和图书馆服务学院通过在全国鼓励美术馆进行现代化的有关举措对加强博物馆的教育和普及的使命起到了重要作用，而这些使命是颁发补贴的条件。

创建这个新的事务处的同时，国会还于 1975 年 12 月投票通过一个有决定性的法案，名字很玄秘——《艺术与工艺品赔偿法案》（Arts and Artifacts Indemnity Act）。这是一个什么法案呢？国会同意今后由联邦政府负责在临时展览中出借给美国的国外艺术品的安全。这一法案免
553 除了各博物馆对在美国领土上接纳的这些国际艺术品的保险费用。对于这些博物馆来说，这意味着节省了很多钱，对于国家来说，意味着冒了有限的风险（自从法案生效以来，鲜有艺术品损害或丢失），虽然这对于美国私营保险公司来说意味着失掉了一些重要的委托业务。1976 年以来，这一法案被适用于 800 个展览和近 8 万件艺术品，即为美国各博物馆节省了超过 1.6 亿美元。对有资格的展览的选择是由一个独立评委会做出的，这个评委会由一些博物馆馆长和展览策划人组成，他们是由国家艺术基金会主席任命的。被保险的艺术品的上限可达 80 亿美元，如今估计这一法案每年平均确保 30 个展览，每年让美国的博物馆节省约 1200 万美元（2005 年数字）[5]。让巨型的轰动性展览成为可能，这项聪明的法案起到了重大作用，同时它很好地说明了国家与非营利机构之间的间接合作。

这些巨型展览的目标显著而且受人欢迎，它们伴随着资金的涌动。因为它们带来了的成千上万的额外的门票收入，这种大规模的展览成为重要的财源，它们同样可以通过多种衍生品的售卖来获得收益（“捆绑售卖品”［merchandise tie-ins］或［product tie-ins］），一个重要的转变由此开始。

当然，在美国博物馆里，长久以来，一直出售一些明信片，有时出售一些艺术书籍。但是，真正的是从托马斯·霍温和卡特·布朗开始，
555 博物馆变成了名副其实的文化超级市场，而且从那以后，这个现象不断扩大。如今，就像一座美国影城的主要利润是依靠爆米花和可口可乐的售卖一样，博物馆的主要收入不是靠入场券，估计美术馆的一名参观者在衍生品、餐厅和咖啡馆上花的钱与他的门票一样多[6]。因为，美国的博物馆提供的不仅仅是明信片，它们出售成百上千的招贴画、地区纪念品、艺术品的小模型、印有梵高《星空》复制画的 T 恤、一些埃及首饰和印度手袋、一些给孩子的玩具和给家人的烹调书。它们提供一些巴

洛克音乐会，放映电影，组织戏剧演出。这不禁令人产生疑问，参观者在博物馆商品部和咖啡店里花的时间是否比观看艺术品的时间更多？

“大都会”的负责人菲利普·德·蒙泰贝罗为自己辩解：“我们的书店在艺术书籍方面是纽约最好的。现在那些不属于大的商业连锁集团的书店普遍出现倒闭，有谁能批评我们的书店呢？”蒙泰贝罗没有明确说出的是“大都会”的书店实际对应着分散在博物馆内的至少五家书店，它们每年的营业额约1.6亿美元，大致等于博物馆的运营预算！

一家书店吗，当然。但是那些博物馆并不止于此。它们如今变成了旅行社，组织豪华游轮埃及游或者圣彼得堡短期游，借口是参观金字塔或艾尔米塔什博物馆。它们同样变成了房地产代理，出租公寓、知名的Loft，有时甚至经营豪华旅店；作为婚庆公司，它们有成套的礼品，出 556
租大厅举办婚礼，不要忘了还有那些数不清的文艺晚会、鸡尾酒会和正装晚会。很久以来，博物馆一直拥有一些艺术学校，如今它们却在经营一些证券投资咨询事务所（因为这些事务所已经独立于博物馆基金管理）、一些运动俱乐部，当然还有数不清的昂贵的停车场。

美国税务部门曾长期对非营利机构的商业活动视而不见。但是，渐渐地，近40年来多次进行税收改革，那些与博物馆和乐团的使命不直接相关的活动也被征税。当然出售明信片或微型版艺术品仍然是被税收监察部门接受的，他们放过这些小偏差，主要针对那些最大的偏差，比如餐厅或博物馆周边的停车场。相反，从运动俱乐部、豪华公寓出租或豪华游轮旅游获得的收入今后必须作为完全的商业经营纳税。在美国的税收用语中，这叫作“与非营利地位无关的商业活动”。

博物馆从来不缺少想法来让它们丰富的文化遗产带来收益，随后它们又在两个方向上继续资金操作，即艺术品转卖及其在全世界的出租，这很快成为古根海姆博物馆的复合手段。因为，在美国博物馆的商业化方面，没有人走得比托马斯·克伦斯更远。

托马斯·克伦斯1988年至2005年间任纽约“古根海姆博物馆”的馆长。他拥有耶鲁大学非营利机构管理的MBA，曾经是篮球运动员， 557
这个张扬的人一上任就发起一次大规模的市场调研，此前这是只有商业企业才会做的事情。他在谈到夏加尔和克利的时候是作为“内容产品”来谈的，在谈到博物馆藏品的时候则是将它们视为一笔应该“获得收益”的“运营中的30亿美元”的资本的。他有三重目标：平衡古根海姆的资金；购买和出售作品；通过将博物馆改造成跨国企业，进行“特约授权经营”。一开始，必须修整破旧的弗兰克·劳埃德·赖特大楼，补足博物馆的赤字，获得进行新的扩张的资金：这是他的当务之急，托马斯·克伦斯在生意上很有进取心，他大力发起市场调研，同时从联邦税务部门获得发行由银行担保的免税债券的权利，即借款5500万美元。用这笔钱，他决定在“古根海姆”旁边建一座11层的新楼，就像一个房产开发商一样去出租和经营。他还在曼哈顿南边的苏荷区（SOHO）开设一个古根海姆微型博物馆（获得有限的成功，于2001年关闭）。很快，他计划在拉斯维加斯的一家赌场里开一个分馆，在那里展出原版的意大利画作，这种真品与赝品威尼斯的混合获得那些后现代主义的大学学者的赞赏。同时，他增加了文化多元主义的和巨型的展览，获得一定成功：《非洲：一个大陆的艺术》、《中国：5000年》、《阿兹特克帝国》，不要忘记还有《摩托艺术》，将一些“哈雷”摩托布置在整个古根海姆博物馆内——纽约的批评界揭露这次展览是“美国博物馆历史上的一个黑暗的日子”。但克伦斯同样组织了出色的詹姆斯·罗森奎斯特
558 和罗伊·利希滕斯坦的展览，更晚的时候，他还大胆地推介了马修·巴尼的作品。

这一切只是“古根海姆博物馆”深度转变的开始。因为缺少现金，尤其因为富有的捐赠者常常越来越满足于捐赠实物作品，经理人克伦斯决定解雇博物馆的80雇员，然后开始转卖一些常设收藏品来购买新藏品。因此，“古根海姆”的一幅康定斯基、一幅夏加尔、一幅布朗库西和一幅莫迪利亚尼在苏富比拍卖，为的是将地方腾出来让给一位意大利收藏家拥有的300件美国极简艺术作品。此后，在博物馆术语中，为了避免说“转卖”，这种操作有了一个名字，叫“de-accessioning”（这个凄惨的委婉说法字面意思是“减持”）。

在出售的同时，出租是另一种选择。考虑到“古根海姆”的展览空间有限，只能展出博物馆拥有的6000件藏品的3%，为了增加收入，

托马斯·克伦斯想到在国外开设“古根海姆”分馆，并发明了全球博物馆的概念。柏林、威尼斯和更晚一些的阿布扎比都是这种全球扩张的例子，虽然最有代表性的分馆是毕尔巴鄂的“古根海姆博物馆”。这座西班牙分馆是由弗兰克·格里在1997年修建的，它曾被批评是“古根海姆麦当劳”，博物馆按照麦当劳的授权经营模式在全球进行特约授权经营。人们认为媒体曝光率很高的出色的建筑设计盖过了收藏品。然而，一开馆，这一计划就获得成功：每年的参观者超过90万人，让西班牙巴斯克地区首府真正恢复了活力。受到批评，却经常被人效仿，今 559
后人们称之为“毕尔巴鄂效应”。

总之，这正是悖论之所在。一些有洞察力的评论家认为“古根海姆”的常设藏品成了一个“笑话”，因为多数藏品被出售或者打包去了国外[7]。相反，托马斯·克伦斯强调，让艺术品被全世界的人看到，而不是留在不对公众开放的仓库里，这既是更加民主的选择，又更加符合艺术家的愿望。再一次，这是卓越与平等之间的对立，是个人面对艺术的启示与大多数人接受艺术教育之间的对立。托马斯·克伦斯以他自己的方式成为托马斯·霍温和卡特·布朗的后继者，他比所有人都更好地理解了新的文化资本主义机器的运转方式，并百无禁忌地加速其运行。其实为什么要拒绝乔治·阿玛尼的一笔1500万美元的捐赠呢……尽管代价是为这位服装设计师举行一次展览？为什么不偷偷卖掉一些藏品，既然所有批评这种做法的人后来都急不可待地做同样的事？说得极端一些，古根海姆博物馆的选择不是绝无仅有的：惠特尼、休斯敦美术馆、现代艺术博物馆、格蒂还有许多其他美国博物馆都未逃脱这种文化商业化的现象[8]。

转卖藏品是一个重要的和具有前兆性的问题。现代艺术博物馆（MoMA）的负责人格伦·劳里为自己在这方面的举动辩解：“我们转卖的艺术品是赠送给我们全权处理的，即我们可以在某一天转卖它们来买 560
进其他的。这是那些向我们捐赠藏品的收藏家本人终生都做的事情。但是，最主要的一点是在别的地方：在欧洲人们常认为艺术品属于国家文化遗产，这解释了它们为何不被转卖。在MoMA，这不是我们看待问题的方式。我们并非国家文化遗产的保管人。我们是私立博物馆。我们有与公立博物馆不同的目的，不同的抱负。从根本上讲，我们是不同的，我们不具有相同的使命。一直以来，我们都在转卖艺术品，从1930年代以来这种做法就属于我们的政策，目的是能够不断更新我们的藏品。正是通过出售我们拥有的一些价值较小的作品，我们才于1939年获得了毕加索的《阿维尼翁女郎》，后来又获得了梵高的《星空》，我肯定其他欧洲博物馆会因为在藏品中拥有这些作品而感到骄傲。”

但是，这种出售可能是更易遭到批评的，比如纽约公立图书馆出售了《相近的灵魂》（*Kindred Spirits*），这是1849年的一幅美国绘画杰作，是纽约城的象征。因为不是公立博物馆，也因为相关的法律限制，“大都会”未能以优先购买权取得这幅画，这幅画在2005年以3500万美元被拍卖给一位私人收藏家，阿肯色州的沃尔玛的女继承人。纽约公立图书馆出售这幅有意义的作品是为了能购买图书和资助它的基金。这一点备受批评，因为转卖艺术品在美国通常被认为在道义上是合理的，条件是出售的所得必须用于购买其他作品。MoMA的馆长格伦·劳里对此再次做出回应：“对于这次出售的批评是人们将看到一件艺术品从纽约去往阿肯色。不言而喻，去了一个没有文化的州。这是纽约文化精英的一
561 种盛气凌人的看法。”一件艺术品被转到阿肯色，这说明了另一种演变，即美国文化版图的演变。当克利夫兰或匹兹堡的历史悠久的大博物馆正在衰落之际，得克萨斯州休斯敦和达拉斯的博物馆却成为如今美国最富有的博物馆。“博物馆随着城市，随着石油财富，随着少数族裔而扩张”，休斯敦美术馆的女馆长格温·戈夫证实说，这个博物馆的基金达到10亿美元。在MoMA关门翻修的时候，它的藏品就被出借到休斯敦，代价很高昂。

文化商业化的后果是复杂的，与文化民主化或文化在地理分布上的重新平衡存在着内在的联系。有时，这类商业化的后果却毫无理由。比如纽约的惠特尼现代艺术博物馆就有很多出格之举。因为基金较少，而美学上的使命不够明确（它针对的是美国20世纪艺术），“惠特尼”难以自我定位，尤其它面对着强大的MoMA，后者在美国现代艺术方面超

过了它。尽管有道义上的限制，但这个博物馆仍倾向于仅仅为了讨好董事会而举行一些展览，或者是为了炫耀他们的私人收藏。它的问题被人揭露出来之后，其运营的混乱也随之暴露出来。因为董事会不断干涉，博物馆的馆长不断辞职或被解雇。这里，我们进入了一个称作“利益冲突”的领域，这是美国常见的问题，因为博物馆董事会成员常常本人就是收藏家。他们可能因他们收藏的现代艺术家的作品而获得经济利益， 562
因为通过“惠特尼”的一次展览就可能让这些作品增值。我们看出由此引起的问题的复杂性。波士顿美术馆馆长马尔科姆·罗杰斯隐晦地评论说：“为了满足公众，一个博物馆不应该仅限于它喜好的东西，不应像‘惠特尼’那样宣扬自己确信的东西。它应该开放，培养公众，如果必须的话，可以操纵公众。对于我来说，领导一个博物馆，如果领导一个剧院，必须取悦公众。”罗杰斯经营着一个有1000名雇员的博物馆，他正在完成一次4200万美元的筹款来扩大展馆面积。他接着说：“我的职业是筹款。霍温和克伦斯将美国博物馆从僵化中拯救出来。我们必须有更多的教育、更多的普及、更多的娱乐、更多的晚会，甚至更多的卫生间提供给更多的公众。一个大博物馆的负责人不应该是一个主任馆员，他应该是一位企业主管。”

当然，这些演变和这些偏差引起了一些批评和纠正。比如，法国人菲利普·德·蒙泰贝罗在托马斯·霍温任职时从“大都会”辞职，他揭露其哗众取宠，如今他领导着同一家美术馆，他表明要避免轰动性展览，选择一些喜爱艺术史胜过大众化展览的有才华的策展人。菲利普·德·蒙泰贝罗押宝在传统上，他巧妙地说：“我既是托马斯·霍温的继任者，又是他的反例。我更保守，更精英主义。我相信‘大都会’，就像我相信一部大百科全书。”然而，他在“大都会”同样组织了一次杰基·肯尼迪的礼服展，多次组织有国外乐队的青年晚会，他甚至在城里 563
和机场开设了一些“大都会”纪念品商店，令人联想到迪斯尼商店。同样，来自哈佛博物馆领导层的詹姆斯·库诺（他的精英主义不言而喻），于2005年执掌芝加哥艺术学院，他拒绝支持某些同行的开发商业衍生品和哗众取宠的做法。但是他能够长期领导这座具有某种精英主义的巨大的博物馆，却不考虑衍生产品的收入、参观人数和卫生间数量吗？

对此，现代艺术博物馆又是一个很好的例子。依靠一次非凡的筹款攻势，MoMA 刚刚成功地筹到 8.5 亿美元用于翻修和在 2004 年大张旗鼓地重新开放。将近 5 亿美元是仅靠博物馆董事会成员提供的，6500 万由纽约市提供，其余部分又一次来自可免税债券，来自基金会和其他慈善家的捐赠。这笔巨款不仅仅让 MoMA 可以进行现代化和扩建，这是其历史上经常发生的情况，但这是它第一次能够改变其规模。当然会变得更多，但会更好吗？如何衡量成功呢？新 MoMA 能够每天接待 7000 名参观者，但奇怪的是，却几乎没有地方展出它令人炫目的 20 世纪上半叶的绘画与雕塑收藏。为什么？因为它的首要关注在别处：首先要满足假定中的观光者的需求，提供四个餐厅和咖啡馆、三个纪念品商店和书店，提供一些宏大的建筑效果。然后，所获得的新空间让董事会成员
564 受益：一些专门用于捐赠人的藏品的大厅、完全针对私人企业藏品的展览，尤其是一家精品餐厅“董事餐厅”，是董事们专用的，从那里可以看到中央公园。新 MoMA 当然是一个成功，但是从广告、所筹款项和受赞助的事件的角度来看，从其对藏品开发的质量来看同样是成功的。那么它的传统呢？MoMA 的一些展览如《立体主义与抽象艺术》或《毕加索与马蒂斯》曾经指出过另一条道路——让艺术变得大众化，同时不让它变得庸俗。大众化？如今，公众必须花 20 美元才能进入新 MoMA，虽然由于纽约市的施压（它补贴的条件是让大家都能进入），每星期五下午仍可免费进入，并且对不满 16 岁的青少年和纽约市的大学生长期免费。还存在一种 75 美元的年票，尤其对那些常客和现代艺术爱好者有益。一些评论家却将这种“固定价格”的套餐票比作“自助餐厅”，用来嘲笑这座富有的现代艺术博物馆的民粹主义。成功再一次如约而至：2005 年以来，新 MoMA 的参观者络绎不绝，按照《纽约时报》的一个很妙的表述，它变成了“现代艺术的大都会博物馆”[9]。

在这场博物馆向公众开放的运动之外，还有一种向民众言论扩张的企图。若非如此，我们便不能理解得克萨斯州非常精英主义的休斯敦美术馆的态度，该馆在 2001 年推出展览《星球大战：神话的魔力》，是完

全献给乔治·卢卡斯的电影的，展览中包括电影中演员的原版服装、活动机器人和某些特技效果的复原[10]。展览大获成功，以至于巡展到圣迭 565
戈美术馆、明尼阿波利斯艺术学院乃至非常古典的布鲁克林美术馆。这是出于金钱上的考虑，也是为了取悦大众，虽然从乔治·卢卡斯的角度看，这同样是为了在启动《星球大战》第五集之前制造声势。

MoMA 的负责人格伦·劳里则在 2006 年完成了一次献给皮克斯动画电影的回顾展，他解释说："我们有关注大众文化和动画片的悠久传统。这属于 MoMA 历史的一部分。'皮克斯'的数码影片令人着迷。无疑，他们关注更多的是成品，而非制作过程，这与现代艺术相反，但这总归让人着迷。""皮克斯"主要制作了电影《玩具总动员》和《海底总动员》。

在这一方向上，当然可以走得更远：波士顿美术馆的一次吉他展，博物馆改造成一座巨型"硬石"咖啡厅以吸引年轻人；迈阿密美术馆举行一次时装犬展，以取悦富有慈善家的太太们；休斯敦美术馆举行一次《棒球即美国》的展览。什么时候会举行沃尔特·迪斯尼的展览？我们真的看到了：堪萨斯城非常古典的纳尔逊—阿特金斯美术馆最近举行了一次迪斯尼主题公园展，由沃尔特·迪斯尼公司赞助。

这就是正在进行中的美国博物馆的演变。但是，这种商业化并不限于博物馆，它扩展到了整个非营利领域。对于交响乐团、剧院、歌剧院和芭蕾舞团，我们可以做相同的描述，《胡桃夹子》和《小妇人》成为年末巨献，更不用说帕瓦罗蒂—多明戈—卡雷拉斯"三大男高音"在 566
体育场的超级巡回演出。再一次，这些演变具有它们的矛盾后果："三大男高音"有助于让歌剧重获活力，与许多国家相反，这个艺术门类的观众今年在美国有所增加，虽然其代价往往是导演的大胆妄为。总之，美国文化机构虽然仍旧是非营利的，但已进入娱乐时代。今后重要的只是数量：参观人数、目录销售量、餐饮销量、筹款总额，当然也有中小学接触艺术的孩子的数量和敏感街区被"普及"活动影响到的黑人的数量。这些活动依然属于商业与民主的结合。

鉴于这种演变，是否还能将美国文化机构看作非营利的机构和公益机构？问题比表面上看起来要更加棘手。虽然市场渗透到了这些机构，但影响到它们的更多的是市场意识。正在建立起来的不仅是市场经济，我们将著名的“市场经济”的说法改写一下——这是一个市场社会。“市场社会”这个词应该理解为：在这个社会中，原则上一切皆有可能买到，一切都是商品，文化“产品”与其他产品同样是商品。

同时，美国文化机构保留着一种特性，形成了资本主义的一种非资本主义道路。董事会成员们继续捐赠，而没有股东分享利润，利润被重
567 新投入机构运营以及他们所关注的教育与普及，而志愿者的数量随着机构的壮大增加了十倍。根本上讲，这些机构很像大学，它们经常是以大学的模式被打造出来的。今后用来定义它们的最适当的表述是“非营利文化企业”或“非营利企业家协会”，这很好地反映出正在进行之中的混合。这种混合既是它们的力量又是它们的弱点，从而造成了它们难以置信的独特性。其实，美国文化体系的核心论题仍旧是艺术与市场、艺术与娱乐的界限何在，如果这个界限消失的话，那么托马斯·霍温和托马斯·克伦斯就不会引起争议了。

## 如何对一位富有的年迈寡妇献殷勤？

我们描述的美国博物馆的商业化现象，在乐团、芭蕾舞团和剧院同样可见，部分的解释在于美国文化部门整体运作的特点。现在应该算一算账，然后看一看文化机构的这些商业化现象如何同样出现于基金会与大学的演变之中，尤其更清晰地出现于企业赞助的演变之中。

美国非营利文化机构的预算一般与欧洲同类机构非常不同。在资金来源上一般分成两类。一部分是“挣得收入”：全国平均约 50%，其中
568 约 25% 是加盟费收入，25% 为转让收入，比如餐厅和书店。另一部分是“捐款收入”，同样约占 50%：一方面包括捐赠，其中 36% 是个人捐赠，5% 是基金会捐款，2% 为企业赞助；另一方面还有直接公共补贴，约 7%（其中 2% 来自联邦政府，2% 来自各州，3% 来自各城市）。

这一预算类型显然因机构不同而有所差异。在一个博物馆，产品售卖所得、作品出借的利润、不动产收入和富有慈善家的捐赠所占比例更高，而真正意义上的门票收入是有限的。在演艺行业则相反，票房的收

入经常超过50%：舞蹈和交响乐约61%，戏剧约62%，歌剧约50%[11]。相对于欧洲同类机构，这些比例在各个行业都是非常高的。

文化机构之间经常会有所不同，比如像纽约大都会博物馆获得的筹款占预算的65%，而芝加哥艺术学院却刚刚21%。同样，在基金金额上也有很大的不平均，这往往对整体预算有重大影响。像克利夫兰交响乐团这样的乐团，年预算的22%来自基金，而巴尔的摩交响乐团从它的基金中获得的收益极其微薄，但却得到了更多的公共资助：克利夫兰和巴尔的摩的乐团像是美国文化体系的两极。

1980年代以来，文化机构的预算改变了性质，规模也随之改变了。569
因为不可能无限地增加演出和博物馆门票的价格（博物馆长期以来是免费的），文化经理人发明了一些新的收入来源。纯粹商业活动进入非商业领域就是在此时开始的。以餐厅为例，这是博物馆和乐团非常典型的例子。最初，经常存在一些员工食堂，或者是为了给文艺晚会或鸡尾酒会准备菜肴的厨房，多数情况下是由“女士委员会”的志愿者们管理的。渐渐地，这些餐饮以咖啡厅的形式向公众开放，为的是满足参观者的需要，赚一些外快，始终是由志愿者经营的。随着文化经理人的到来，这些活动立刻得到了重新规划：卫生和安全规章的复杂性使得这样的餐厅无法靠志愿者或者半专业人员来维持。多数情况下，他们与一个外部的专门的餐饮企业签署合同，这让他们可以增加收入，同时也减少经营费用。如今，多数博物馆和乐团都有餐厅和咖啡馆，其经营是独立的，有时外包给跨国餐饮企业索迪斯或星巴克咖啡。结果有利有弊，当博物馆策划人自己组织开展仪式时，他们要为很高昂的鸡尾酒账单付费。

筹款本身也有很大发展，有时变得令人生厌。近30年来，文化机构一直绞尽脑汁，为的是给经典的筹款机制增加一些更精致且更有吸引力的捐赠方式。比如，资产分期捐赠，其中包含一份终生年金（“终生 570
入息计划”［Life Income Plan］和“公益遗赠年金”［Charitable Gift Annuities］）：即提供一笔大额捐赠给一个非营利组织，而每年收获利息。在这种情况下，赠款仍属于机构财产，但捐赠者却可以从自己的可征税收入中立刻扣除这一数额，甚至他将继续从所捐总额中提取利息。

与此相反，还存在一些计划，只将进行独立投资的一笔钱的利息捐出来，让捐赠者可以减少对他所收利息的缴税，同时保留本金。还存在一些退休金或人寿保险金计划，既对文化机构有利（文化机构在捐赠人去世时得到赔偿或捐赠），又对捐赠人有利（他获得减税）[12]。虽然人们鼓励所有潜在的捐赠者，但被献殷勤最多的主要是那些富人和老人，首先是60岁以上的寡妇。美国慈善业最令人着迷的一点，那就是对富有寡妇的遗赠的追逐成为了一项国民运动。不妨让我们与其中的一位谈一谈，她向我们介绍她的计划一览表，解释她的期待，并对歌剧院或芭蕾舞团根据她的寿命长短所能得到的资金的数额做着恐怖的计算。我们同样明白那些博物馆负责人在他们的日程表上不断有些“茶聚”和“下午茶”安排，他们在那里追随那些寡妇，颂扬她们已故的丈夫。为了她们中最富有的、最年迈的，这些馆长们有时会组织一些文化旅游，亲自陪同她们，随时准备向这些寡妇们最离谱的任性要求让步，她们很明白为何人家要向她们献殷勤，她们毫不犹豫地体验着自己的威力[13]。

571 为了从如此重大的责任中获得回报，文化机构的领导人必须因此而得到报酬，他们如今拥有令人瞠目的薪酬。在这一点上，虽然文化机构彼此差异很大，但是至少薪酬部分总是必须按照非营利组织的透明度的规定进行公布的。不管怎样，可以肯定的是，对于那些幸运儿，这种工作是获利颇丰的，估计一个博物馆馆长的平均年薪大约为税前16万美元，“大都会”、MoMA、“古根海姆”或“波士顿美术馆”的负责人的年薪达到约45万美元（休斯敦美术馆馆长的年薪达170万美元）。这还没有将实物、奖励等好处计算在内：比如“大都会”的负责人在2006年5月因任职到60岁和同样继续任职而得到一笔330万美元的奖金。再看看那些发展部的负责人，他们负责筹款，他们因此同样会得到很高的报酬。其他地方，乐团、芭蕾舞团和剧院里，行政领导人的薪酬因机构规模而有所不同，但始终是可观的[14]。

所有这些现象交织在一起：成本的升高要求更多的收益；筹款使得文化经理人的到来成为必然，他们使团队专业化；基金会和公权力的资助要求发展相关的专业知识的普及和教育；普及的发展必然要求更专业和人数更多的团队，让那些发展部的负责人更加耐心地对那些富豪寡妇逐日追随；文化经理人必须得到更好的培养，他们在商学院昂贵的学费必然让他们在得到雇佣时拥有更高的薪酬；薪酬大大增加之后，基金必 572
须有更多收益，必须有金融专业人士来更好地经营，凡此种种。最终，所有这些职业化、教育和商业化的进程相互强化。所有的一切都在同时纠正和滋生人们所说的美国文化模式的三个“不足”：艺术的不足、资金的不足、普及的不足。

当然，可以对这一系统的这种普遍偏差进行批判，因为在这一系统中非营利的精神的确被淡化了。但是，将这些机构与商业企业混同起来必然是错误的。这一模式的最新的盈利特点与纯粹的市场相差甚远。收益属于一个生存、职业化和扩展的进程。我们甚至可以更进一步地认识到：如今美国的博物馆、乐团、芭蕾舞团看起来比过去更加具有公益使命感。教育与普及从许多侧面，通过大众化和轰动性展览，体现出公益使命。过去的精英主义可以概括为那些白发苍苍的董事，他们总是坐在歌剧院相同的座位，跟周围的朋友打着招呼，不太考虑纲领。接替这种精英主义的是全面化的普及活动，其目的是让黑人聚居区的年轻人坐进乐团，也就是说坐在董事们的座位上[15]。

## 有强制权的慈善

阿肯色州，费耶特维尔。在美国内地，距俄克拉荷马州和密苏里州咫尺之遥，这座城市是人们所说的“大学城”。城市随着阿肯色州立大 573
学的扩大而发展起来，近年来又得益于前所未有的经济增长，也就是沃尔玛的增长。这个美国零售业巨头如今是世界第一（在美国有 3500 家门店，每天顾客达 2000 万，每年营业额 2580 亿美元），但却因其糟糕的社会和人文政策而备受指责，它的企业总部靠近费耶特维尔。作为美国超级资本主义的可憎象征，“沃尔玛”还代表着文化慈善的新面目。1992 年在费耶特维尔开设了一个庞大的文化中心，这是美国擅长的手段，那就是沃尔顿艺术中心。这一机构的资金构成令人困惑，也是对美国文化模式的很好概括，源于费耶特维尔社区的一些公民和大学的教师想让城里拥有一个一流的戏剧、舞蹈和交响乐的文化场所。同美国各地一样，他们想拥有自己的演艺中心（PAC）。经过他们自己发起的长期的政治与筹款攻势，费耶特维尔市最后决定给他们500万美元补贴，他们的领头人是沃尔玛的创建者的妻子、富有的慈善家海伦·沃尔顿。补贴的获得是通过增加地方税，由州议会通过，由州长签署，随后在全市全民公决通过。这笔钱得到沃尔玛创建者萨姆·沃尔顿捐赠的另外500万美元作为补充，全部预算被置于费耶特维尔的公立大学的庇护之下。大学修建了这个文化中心，从中享受到其非营利地位带来的大量免税，但这也同样是为了恢复周边街区的活力。沃尔顿艺术中心的负责人安妮
574 塔·西斯姆解释说："我们处于大学内，学生们每年有50来天可以免费进入。但我们是独立的：我们的董事会包括20名成员，其中5名是由市长任命的，5名由大学任命，没有任何沃尔顿家族的人。然而我们却冠有沃尔玛创始人的名字！"从行政上，他们具有独立的和非营利的地位，但董事会半数成员是由公共机构负责人来任命的。依靠萨姆·沃尔顿及其继承人，一份1400万美元的基金得以建立。如今，这个庞大的文化中心是整个地区领先的文化机构，每年举办700个活动，辐射到阿肯色州北部、俄勒冈州东部和密苏里州整个南部地区。如今这里是阿肯色州最有活力的文化场所。

萨姆·沃尔顿的女继承人艾丽丝打算走得更远，她计划在阿肯色州北部修建一个大学美国艺术博物馆，准备为此创建一个基金会。凭借雄厚的资金，以及为她提供建议的专家团队和艺术品商人，她成功地购买了一些一流的艺术品。她有明确的策略，有商业计划，有能干的律师，她的行动不仅仅出于对艺术的喜爱，同样是为了成就她的慈善事业。在这一点上，她代表着一种新姿态，与其前辈们不尽相同，前辈们的慈善捐款总给人以无聊的百万富翁太太在进行消遣这样一种有些不够高尚的印象。艾丽丝·沃尔顿最终希望在他父亲1951年开设第一家"沃尔玛"超市的地方建造一座国家知名的博物馆。

沃尔玛的例子是有趣的，因为它说明慈善在美国正在演变。在中西
575 部、南部，慈善家们同样梦想着一些国家水平的文化场所。他们对此不遗余力，时刻准备向纽约的大博物馆收购最具盛名的艺术品。在这种新的地理平衡之上也存在一种从族裔和宗教基础上的"人文主义的慈善"向更加务实的"风险慈善"的过渡，后者甘冒风险，追求实效。相对

于那些出于贵族和保守意识资助博物馆和交响乐团的稀少的富有捐赠人，代替他们的是一些具有“战略计划”的慈善家。从前，捐赠是因为热爱；如今捐献是根据税务专家的建议，他们帮助你更好地享受减税。

这一演变在基金会中更加明显。如今，基金会是一个拥有专业人士和高度职业化的评估的世界。近几十年在加州出现的整个慈善业都极其务实，依靠最新的手段，首先依靠的就是新技术。慈善业是在不断地发展之中的，经过了从钢铁（卡内基）、石油（洛克菲勒）和汽车（福特）富豪那里沿袭下来的慈善，又经过了中间一代的医药（莉莉）、保险（约翰·D.麦克阿瑟）、报业（安嫩伯格）和可口可乐（罗伯特·伍德拉夫）富豪的慈善，如今则由那些银行业（戴维·洛克菲勒）、电子信息业（比尔·盖茨、威廉·休利特、戴维·帕卡德、彼得·诺顿）甚至视听行业（CNN的创始人和“时代华纳”副总裁特德·特纳、著名流行音乐制作人与史蒂文·斯皮尔伯格一同建立“梦工厂”的大 576
卫·格芬）的富豪在资助文化。卡内基在美国建造了几千个图书馆之后的一个世纪，如今比尔·盖茨正在让这些图书馆全面进入新技术的时代！与这些基金会源头上的产业界一样，慈善业也一直在改变，不断重新勾画出美国文化体系的整体面目。

因为新的慈善业更关注效率，更加现代化，所以这种演变就成为问题吗？未必如此。不管怎样，如果基金会的资金得到更好的管理，如果它们的捐赠更加有效，只要基金会的精神与行动仍然是非营利的，情况通常如此，这便成为一种积极的演进。相反，由如今的基金会强加的那些新的强制形式和它们所产生的新的审查机制，这才是真正的问题所在。关于这种演变的愿意必须从经济的演变中去寻求。

美国慈善模式不仅仅因文化的商业化而改变，它同样受到全球化的影响。资本主义实际上在美国本身越来越受到国际大企业的主宰，这些企业的总部在东京、法兰克福或伦敦；即使这些企业仍然是本国的，它们也在不断随着并购、强制退休金制度和它们全球化的领导人多变的意愿而不断变化。主导华尔街的那些企业，包括美国文化产业界的企业，都丧失了“福特”和“洛克菲勒”的慈善关注。在克利夫兰或匹兹堡扶助艺术吗？没有任何企业家去关注，他们的时间花在了乘坐喷气式飞机穿梭于各个大陆之间，从手提电脑上看世界地图，用黑莓手机发邮
577 件。在底特律复兴艺术？当你考虑是否在世界范围内展开行动，考虑慈善关注地球变暖问题、非洲的艾滋病和最近的海啸，这就有些可笑了。企业集中化了，地方级的总部变少了，慈善成了牺牲品而已经被改变了。

由于它的关注范围更宽泛了，抑或是因为一些更小的偏差，总之，新的慈善业倾向于表现得更加苛求，更加考虑结果，产生了人们所说的“强制权的慈善”。基金会如今确实在期待着一些“可以衡量”的结果。这对于社会组织、教育和健康领域而言是有利的，因为在这些领域可以列出各种数据，然而艺术却很少能做到这样。这就成了大博物馆和乐团的教育与普及职能得以发展的一种解释，因为它们在这些领域的行动是出于基金会的压力，为了“创造数字”。更严重的是，在某些情况下，一些地方基金会厌倦了资助同一城市的几个文化机构，鼓励它们进行合并，就像普通企业的并购一样。它们因此滥用它们的资金，强制建立合作关系，有时候甚至违逆常理，这些基金会依靠的是董事会成员，这些人在地方一级可能同样是另一机构的董事。因此，在克利夫兰，两个歌剧院被要求合并，消灭了当地的一个文化特色。在犹他州，交响乐团和歌剧院不得不重组。同样，在费城，基金会鼓励交响乐团和流行乐团合并。至于新墨西哥州的圣菲和科罗拉多州的阿斯彭，虽然这两个城市远隔 500 公里，但它们今后将分享着圣菲·阿斯彭芭蕾舞团。

578 除了这些主要的偏差之外，还有其他一些相关的局面：我们看到一些勉强称职的基金会董事以他们能够提供金钱为借口，叫那些知名的乐队指挥亲自来进行周末“培训”，据说可以让他们改善与公众的关系（梅隆基金会）。另一些基金会利用它们的财富来让人进行数不清的一个比一个没用的研究，为的是重新发明教育与普及，而不是资助它们（华莱士基金会）。对想强迫“乔弗里芭蕾舞团”改名为哈克尼斯芭蕾舞团的哈克尼斯基金会又能说些什么呢？不要忘记，还有一种更为常见的倾向，这些基金会花更多的钱来抬高自己，而不是真正的有所作为

（华莱士基金会再次增加对国家公共广播网的捐助，就好像在购买广告时间一样）。

还有一些过分的行为，许多基金会按照一些严格的规章和项目计划行事，任何奖助申请的文件都要长篇累牍地起草，要有专门的团队为此进行准备，为那些文化机构增加了额外的成本。这是出于对合理性的考虑，但同样也是出于施加控制的意愿。

这种有强制权的慈善是在增加限制，而不是方便那些它们应该得到资助的机构的生存，此外还要加上它们堪与国家机关相比的官僚系统。从这个角度看，“福特”和“洛克菲勒”那样的老基金会如今变成了名副其实的行政部门，它们的运转并不比它们想要取而代之的那些公共行政部门更快更好。但无论如何它们仍然保留着一些昔日的辉煌。相反，在那些最新的基金会中，我们常惊讶于那些负责人甚至项目负责人的嚣张的生活方式，他们花大笔的钱到处周游。福特基金会麦克尼尔·劳里 579
和义务主持国家艺术基金会的罗杰·史蒂文斯的那种谦逊已然远去了，再也没有像劳里那样在艰苦条件下不断地在全国考察而从不要求头等舱的机票的人了。实际上，我们有时觉得基金会的钱常用在人们所说的“经常性开支”上面，而不是用在捐赠上面。至于它们的负责人的薪酬，与他们应该资助的那些艺术家的不稳定的生活相比是令人震惊的。

不论新旧，基金会正经历着这些演变，虽然在这个非常松散的领域中存在着各种情况。一类新的基金会同样建立起来，从其构成上看，与慈善关系相去甚远，这就是人们所说的“捐赠者顾问基金”或 DAF。从 1990 年代开始，这些 DAF 随着波士顿的互助基金公司“富达投资”（Fidelity Investment）发展起来，并获得了市场。总的说来，这些基金的组织分两步：第一步，捐赠者向 DAF 捐款，让他可以立刻得到减税；第二步，DAF 重新将捐款分配给一些非营利组织，但这一步是延期的。最初的捐赠者保留选择权，在他觉得合适的时候选择他捐赠的机构，他可以随时改变。在此期间，捐款由私人投资基金的银行家们管理，他们的利益在于让重新分配的时刻越晚越好，因为他们从管理中得到报酬。这一体系的辩护者们强调立即减税和捐款延期这一独特机制可以让慈善 580
事业增加捐款（“富达投资”十年来分发了超过 30 亿美元）。他们还提醒我们这些银行具有高质量的金融专业水平，由于它们对金融市场的了解，它们对资本的管理超过传统的基金会。而持批评观点的人却强调说，这一体系只部分属于非营利目的，它与主导慈善法律的那种精神相违背。

在美国慈善业这个极为复杂和“去中心化”的领域总是会存在各种情况，旧金山的“惠普基金会”、堪萨斯城或圣路易斯的社区基金会、辛辛那提的“美术基金”，人们设想出了一些有效的文化行动，似乎人们的慷慨无私总是会一如既往。

还有关于审查的问题。在这方面，本应保护艺术的基金会有时却起着一种暧昧的作用。问题不一定像“文化战争”期间那样关系到色情，虽然2002年司法部长约翰·阿什克罗夫特设法让人将1930年代以来一直放置在司法部大厅里的两座半裸体的“装饰艺术”风格的雕塑用布遮住了乳房。尽管存在着诸如此类的可笑之举，并且遭到报界的嘲笑，但是审查的进行通常更加隐晦或更多地属于警示范围。在发生了恐怖主义或生化恐怖主义的问题之后，审查更多地出于安全考虑。有时，一些基金会撤回对一些有关“黑豹党”或“马尔科姆 X”的展览的资助，虽然它们没有强迫一些图书馆执行《美国爱国者法案》(US Patriot Act)中那些备受争议的措施，法案允许联邦特工审查图书馆的图书借阅历史
581 记录，借口是反恐。但审查同样可以表现得更隐晦。比如女艺术家安德烈娅·弗雷泽在自己的录像带中表现了与一位收藏家的性关系，为的是揭露艺术品购买的标准；德国人汉斯·哈克揭秘古根海姆博物馆董事会内部的转让交易；迈克尔·阿舍列出被 MoMA 转卖的艺术品清单。所有敢于进行这样的冒险去揭露美国文化资助系统的艺术家，他们经常要为自己的大胆付出代价。

但是主要问题在于，文化机构负责人的自我审查或董事会成员内在的压力无所不在，尤其是在远离都市的地方，这些远甚于审查。一位地方慈善家资助一个剧院或芭蕾舞团时，当他要求“有舞蹈的舞蹈”和“说人话的戏剧”的节目安排，他所做出的重大选择体现为节目安排中当代创作更少、冒险更少、实验更少。这种演变是美国去中心化的文化

体系的一个重大问题。

很长时间以来，美国慈善系统的力量在于其相对于政治领域以及市场领域的独立性与自主性。错误与偏差被认为应该通过系统所偏重的自我规范来纠正，但我们却看到自我规范是不可行的。虽然诸如美国基金理事会（Council on Foundations）或负责任的慈善业中心（Center for Responsive Philanthropy）等机构颁布了一些良好行为准则，但是却没有任何措施能将这些准则得以推行。同样，税务部门的审查被认为是有效率的，但可以进行审查的国家税务稽查员的人数不足，这使他们的行动
不够充分。因此自我规范常常表现为缺少规范，这也就解释了众多偏差 582
产生的原因。

但是哪种偏差能够超过“企业资助”呢？虽然这是完全合法的。

## 企业赞助

“奥驰亚”（Altria）是一家美国跨国企业的“政治正确”的名字，之前它的名字是“菲利普·莫里斯”。考虑到对经营“万宝路”香烟的这一烟草巨头的不断批评，公司改了名字，为了改善形象而投入到艺术赞助之中。

本书至此已经谈论了很多慈善、基金会和富有捐赠者，但是却很少提到企业或企业赞助（“公司资助”）。这是因为在美国，赞助是相对较晚的一种做法，与捐赠完全不同。将慈善与赞助混在一起，这将会造成一种混淆，会令人无法理解美国的文化体制。

慈善、基金会、富豪捐赠、遗赠皆属于“捐赠”经济，就是向一个非营利机构提供金钱或艺术品，回报是能够获得由联邦政府批准的减税。捐赠不会伴随“交换”，这不是市场推广，也不是广告。这种慈善平均占据美国捐赠经济的94%。

而企业赞助依据的是一种非常不同的慈善。这是一种形象交易，它旨在通过向非营利部门捐赠来伴随企业的商业运作，目的是市场推广性
质的“交换”。美国企业很少进行捐赠却不期待显著回报，如果不期待 583
显著回报的话，那么它会去考虑创建一个基金会。通常，与广告和市场推广相同，赞助的花销记入企业账目，如果能够得到减税，那是因为这

笔钱在税前作为其他开支从营业额中扣除了，而不是作为慈善捐赠。然而自1935年以来，企业同样可以因为慈善而在税前将捐赠从企业收入中减去，限度是5%。所以，我们看到混淆资助与慈善不仅仅是企业，它们精于对市场推广活动加以伪装，混淆还来自于美国税收部门。总之，不论性质如何，企业捐赠在美国的文化资助中不太重要，约占文化机构预算的5%，占捐赠总额的5.6%。企业赞助从2000年以来正在衰落，越来越多的批评谴责企业赞助造成的偏差。

与人们通常认为的相反，企业赞助在美国文化资助中是一个边缘现象，也同样是一个近期出现的现象。在“奥驰亚—菲利普·莫里斯”公司，赞助开始于1958年。但是总体上看来，企业赞助是在1970年代末由一些国有大企业发展起来的，并从1980年代起在地方企业得到发展。企业对艺术的赞助1966年为2200万美元，如今达到约16亿。大幅的增长证明了其最近的发展，但是如果与其他形式的捐赠相比，这笔钱是很有限的。

584 这场运动起源于1965年洛克菲勒兄弟基金会关于演艺业的报告，报告鼓励企业增加对艺术的捐赠，因为这同样是一种“很好的商业实践”。为了鼓励企业捐赠，时任大通银行总裁的戴维·洛克菲勒建议在下一年按照这份报告的方针建立一个商业艺术委员会（Business Committee for the Arts）。在那些主要基金会的支持下，这个委员会意在鼓励企业资助文化，动机是这将会给企业带来回报，按照洛克菲勒的话说，这是一些“非货币性质的红利[16]”。这场运动在1970年代发动起来，赞助甚至成为时尚，当时人们经常谈到“2%或5%”企业俱乐部，它们将收入的2%或5%用于捐赠。

随后，一些类似的地区委员会逐渐在美国各地成立起来，运动通常围绕着工商会蔓延开来，越来越多的地方企业开始向博物馆、乐团和芭蕾舞团捐赠。但是所有这些委员会都明确定位于出资方，它们传播一种“亲商业”哲学，反对将艺术家纳入董事会，保持由企业老板组成的董事会。而且，这些团体的自然倾向始终是重视企业形象，吹嘘它们不断增长的公益捐赠，虽然一些更加客观的研究者证明其实对艺术的赞助正在停滞或衰退。这一切都格外地显示出了这些委员会的商业抱负，间接地反映出整个企业赞助的商业动机。

如今，企业的赞助偏重于体育（69%），以及教育和社会福利部门，艺术排在最后，不到捐赠总额的5%[17]。除了大城市的几个知名文 585
化机构，十年来美国企业的艺术赞助在衰退，在文化资助中只起到锦上添花的零星作用。

企业赞助如何运转？回到“奥驰亚”的例子，赞助的选择是由企业总裁一级来做的，中间人——这不是虚构的，是“综合公关主任”(director of packaging communication)。我们看到，赞助是作为一个商业问题，与独立的企业基金会的活动无关，基金会的使命通常与商业活动分离。赞助属于企业的公共关系和市场营销。

在“奥驰亚”存在几种类型的赞助计划。所谓“实物”计划旨在发放产品：但是如果给无家可归者或参观美术馆的儿童捐赠香烟的话那是很糟糕的，所以“奥驰亚”偏爱用它的食品加工子公司“卡夫食品”的产品来进行产品发放。在数不清的体育或文化事件中，他们向马拉松选手们或黑人街区的儿童提供咖啡、麦片、“苏查德”巧克力或瑞士三角巧克力，他们用黄色巴士载着这些孩子去参观美术馆。

接下来是那些传统的资助非营利组织的计划，主要是舞蹈或视觉艺术领域，通过奖助金或者捐赠，以广告为交换。通过这一手段，“奥驰亚”自1960年代以来向文化捐出超过2.1亿美元。此外还有一些由“奥驰亚”雇员们向他们自己选择的事业进行的直接捐赠（“奥驰亚雇 586
员基金”），随后企业再做出等额捐赠。最后，一个艺术品收购计划被设想出来，目的是让工作环境更加舒适。最令人困惑的是，在“奥驰亚”纽约总部内设有一个惠特尼博物馆的分馆。对此，欧洲观察者难以相信自己的眼睛：一家美国大博物馆在一家跨国公司内部建立一个分馆！门类的混合没有限度，“营利”与“非营利”的混淆也没有界限。

在美国企业中，存在多元的赞助计划，并非所有计划都像“奥驰亚”这样集权化：如果重点是在员工的社会和文化活动，赞助可能由人力资源部门进行；如果侧重协议赞助，那可能由“特殊事件”部门进行；如果涉及留住企业客户，那可能由“客户接待”部门负责。责任的分散就解释了为何难以统计企业向文化领域投入资金的具体金额，更难弄明白企业的真实目的。多数情况下，似乎所有的决策都上溯到总裁一级或者他们的直接合作者，企业通过赞助而展开企业之间针对独家权利的竞争。这里，我们再次看到赞助与慈善的明显区别：在赞助中，企业仍出于竞争的选择，并不关注文化机构的真实需要，而在慈善中，基金会和富有的捐赠人往往更偏重合作关系，目的是为当地的问题找到解决办法。

587 赞助的首要特点是旨在协同企业在各州和城市的经济活动，以及它们在那里所拥有的经济利益。比如“奥驰亚”赞助经理戴安娜·艾德曼在纽约总部的办公室（非吸烟区）对我们解释：“我们在那些我们拥有办公室或工厂的地区介入文化领域。为什么呢？因为我们首先关注让我们的员工快乐。我们在弗吉尼亚有分支机构，如果他们知道我们让弗吉尼亚州里士满的敏感街区恢复活力，资助那里的演艺中心，他们会认为这是一个可以生活的地方。而且，这有助于具体改善他们的社会环境，在自己的街区看到我们赞助行动的成果，他们会感到骄傲。”这一策略的另一个原因是戴安娜·艾德曼没有提及的，企业所有雇员都获得从在上游谈妥的许多特权，比如免费参观“奥驰亚”赞助的博物馆或对赞助的演出有很多折扣的票价。这类“回报”很难在慈善的框架内实现，在慈善业中捐献者必须支付演出入场券，而且票价通常很高。

如今，对于文化机构，这些回报或者交换越来越成为强制性的。比如，每年5月所有“美国银行”的银行卡持有人都能带一名客人免费进入纽约几家大博物馆。在其广告中，这家美国第一大银行明确地说，他们进行这一行动是“出于对客户和艺术的关怀”。他们忘记告诉我们，这种隐蔽的市场营销行动是“美国银行”积极与几家博物馆谈判
588 而得到的，是凭借着重大的减税才成为可能的。克利夫兰美术馆馆长玛乔丽·威廉斯评论说：“存在一些来自于企业的限制，它们通过赞助给我们提供资金，然后作为交换，要求我们去它们员工生活的街区从事普及工作，挥舞着企业的名字，以便让员工以在企业里工作为骄傲。这是常有的偏差。”

有些回报可能是不合理的。比如，“奥驰亚”资助一些博物馆，同时要求它们用赞助的资金来支付重要报刊上的关于展览的广告。自然，“奥驰亚”的徽标（或者“林肯中心”爵士乐广告中“美国运通”卡的徽标）随处可见，有时甚至比博物馆本身的名字更加显著。结果是，由博物馆以优惠价格购买广告空间来为“奥驰亚”的广告利益服务，因为博物馆以及所有非营利机构在媒体享受特别价格。对于“万宝路”香烟的制造商来说好处是显而易见的，通过支持戴安娜·阿布斯在“大都会”的展览，它可借此将自己的形象与她的摄影联系起来，通过支持国家美术馆丹·弗莱文的展览，将自己的形象与他的作品联系起来。我们可以举出许多其他的实例：博物馆必须在它们到中小学进行普及活动时派发“通用磨坊”的麦片；交响乐团必须在自己的网站里设置通向银行或移动通信公司的链接；还有那些“卡内基音乐厅万事达卡”；当然还有那些开幕式和文艺晚会的免费票的份额。“美国运通”更过分，它要求一些剧院或乐团将首场演出票只卖给能用“美国运通”卡支付的购买者！

在“奥驰亚”或其他私营公司与非营利文化机构之间的赞助合同 589
上，这些回报是明确界定的：广告规模、提及名称、显著程度，这一切都有明确条款，是经过激烈谈判得到的。明尼阿波利斯的沃克尔艺术中心发展部负责人克里斯托弗·史蒂文斯证实：“企业与基金会不同，它们想要将它们的徽标放得到处都是。而且要尽可能大。它们不仅想要这样，而且它们还将这些强加给我们。”

但还有更恶劣的。随着企业内的基金会的增加，慈善与赞助之间的区别倾向于模糊。企业的基金会经常为了企业的内在利益而工作，这曾经是长期被禁止的事，所以基金会越来越接近于赞助。明尼苏达州有“通用磨坊”、“塔吉特”百货和“2M”三家企业竞争在艺术领域大规模投入，圣保罗的明尼苏达州艺术委员会负责人罗伯特·布克证实：“企业的基金会现在也想让它们的名字越来越大。实际上，‘塔吉特’商店的基金会与企业内的赞助部门同时行动，从来不知道各自在做什么，界限是模糊的，‘塔吉特’的徽标往往必须在各处显示得越来越大。”美国税务部门则倾向于对这些做法视而不见，事实上给予了赞助

与慈善之间类别的混合以合法性。他们对应该被视作市场营销的东西批
590 准免税。企业的基金会则故意将自己的意图进行混淆，它们甚至介入一些它们公司经营的范围，这种做法在过去是遭到谴责的。如今，在赞助的时候，基金会与企业不再有所顾忌。最终，经过了这些复杂的演变进程，慈善业在精神上也受到影响。用《纽约时报》一篇评论员文章的讽刺的说法，慈善变成一种“带着非营利情感的商业投资”[18]。

## 公民社会的削弱

慈善业的转变和赞助的发展伴随着另一个现象，那就是公民社会的削弱。实际上，近年来的几份研究报告显示出美国社会的团结互助的精神在衰落，这是因为社区、工会、学生家长协会和街区居民组织的弱化。文化领域尤其在志愿者运动和业余爱好者活动方面受到影响。

很长时间里，美国的志愿参与的传统很活跃，从“红十字会”到“童子军”，包括图书馆员协会、合唱团联盟或基督教青年会，这些组织包括美国各地成百万的志愿者，他们聚集在一些“地区分部”里。在1980年代，数不清的社会和文化组织逐渐较少开展实地活动，倾向于重组为全国性的院外游说团体。这些团体活跃于华盛顿，它们变得职业化，而分散在全国的志愿者越来越仅限于支付会费，以收到一份“业务通讯”。重要的人权组织“美国公民自由联盟”的40万会员以言论
591 自由的名义写信与捐款，但他们在地方一级为了见面和辩论而进行的集会比从前少得多。

艺术不同程度地受到这些演变的影响，然而统计数字却是矛盾的。经常看到，博物馆和乐团中的志愿者数量在增加。但是，具体到实地，在丹佛、迈阿密或者凤凰城，多数文化机构负责人都承认踊跃的志愿者数量在减少，民主化的使命在减弱，为富有捐赠者的太太们服务的豪华俱乐部的精英主义的气氛在增长。至于那些退休女志愿者们的能力，以及她们的效率，都相对比较薄弱。显然，形势多种多样，但有一个事实是不可否认的，那就是博物馆和乐团表面上增加的志愿者数量的背后隐藏着一些起伏多变的现实。

公民社会的削弱可以从一个与之平行的我们在美国文化机构到处看

到的现象中看出来，这个现象可称为“谦恭的终结”。长时间里，这些非营利机构重视一种公益意识：它们的领导者与董事会将艺术与教育使命的重要性放在首位。如今，在美国的博物馆、乐团或芭蕾舞团，在各个级别都表现出一种持续的对于得到别人承认的需要，我们看到领导人中间名副其实的自我标榜的竞赛。这一深层次的现象带来了诸多后果，有时是正面后果，比如渴望创新以便留下自己的印迹或者体现某项行动的价值；有时是可能受到质疑的后果，比如对感恩回报的需求，这反映为薪酬的不断增高。博物馆和芭蕾舞团这样难以突出自我的地方，机构领导人再也找不到一个合作者或者副手来为他们准备应该签署的信件，
今后，合作者们自己签署自己的信件。这自然反映为文化场所内部的分 592
权，但同样显示出一种通过自我来体现存在而非借助机构来章显自我的渴望。雇员从一个地方到另一个地方的跳槽的频率在加快，机构的公民使命因此被减弱。这一深层次的现象出现于整个美国社会，但在非营利领域尤其显著。

在大学，形势更加严峻。在这里，公民社会的衰落与学费的暴涨有关，这迫使学生在校内打工，限制了他们的公民参与和业余爱好活动。出于资金的考虑，大学剧院和博物馆同样倾向于越来越多地向地区和当地公众开放，常常忘记它们的首要使命是为校内学生服务。在阿尔伯克基和普林斯顿，我们纠结地看到这些大学剧院对学生失去了关注。在肯塔基和厄巴纳—尚佩恩大学，虽然种种证据表明他们关注学生，但是业余活动在衰减，对艺术的兴趣同样如此。有时，为了让学生出席校内的音乐会或者话剧，甚至必须给他们额外学分，让他们可以完成学位。学生们偏重实习，而非业余剧团创作；偏重校内打工，而非合唱团：他们认为这在短期内更有回报，从长期看对于制作简历也更有用处。

大学本身正处于深层次转变的背景之下，在这里商业目标倾向于受
到重视。各大学为了吸引学生彼此之间展开竞争，因此高水平体育竞赛 593
和流行演出倾向于将校园变成巨型的“休闲场所”。

同样地，大学开始外包它们的商业的文化活动，在校园里，独立书店和小唱片店消失了，被大型商业连锁店代替，比如“巴诺”、“鲍德斯”或“塔沃斯唱片”。传统的“大学合作社”过去是非营利的，人们

在那里买书、本子、印有学校徽标的T恤，可如今却成为“巴诺”或另外某个全国连锁店的领地。学生的小空间也被星巴克咖啡代替。大学效仿企业，外部采办和外包已经成为校园内的常用规则。

大学渐渐向着越来越商业化的模式演变，大学校长的巨额薪酬肯定了这一点（公立大学或非营利大学的校长每年工资50万到60万美元）。沿着不断金融化的道路，某些大学授权最大的捐赠者利用大学的投资顾问的身份，在捐赠的同时以私人名义投资大学的一些投机性基金。虽然捐赠者的这些利息和红利收入是要缴税的（与大学相反，大学因为是非营利的，所以对此不付税），但他们从中获得了间接的好处。至于大学，它们以此拉拢捐赠者，用美国人的话说，这是一种“双赢局面”。所有人都得到好处。

面对美国大学的这种演变，同样也存在着输家。各州的公共补贴正
594 在减少，学费成本上升，因此民众阶层的学生，甚至中产阶级的孩子们越来越难以支付学业。如果这一倾向得到确立并延续下去，恐怕美国会越来越走向寡头统治，而美国却一直声称自己是最民主的国家。

## 破败城区的高档化改造

除了慈善领域、志愿者和大学，在城市中的文化问题同样遭遇到商业，尤其是在城中心。

欧洲的城市中心得到保护，敏感人群通常迁到了郊区，与此相反，美国的郊区更加富有。1950年代末以后，城中心被白人抛弃，随着“白人出逃”，城中心常常成为被抛弃给最贫穷的黑人的聚居区。然而，如今只要去一下堪萨斯城、达拉斯、丹佛、辛辛那提或者伍斯特的城中心，就会发现它们以文化街区或者艺术区的形式得到了更新。廉价的城中心给艺术家提供了巨大的荒弃的Loft（荒废的旧仓库）。到处，“仓库”和旧的“菜市场街区”被改造为画廊，改造成反现代体制（另类）戏剧的舞台，改造成艺术和实验电影院。

基金会、市政府和文化大机构经常在这些新“艺术区”发展一些“艺术孵化器”来吸引年轻艺术家，为他们提供工作环境和住房。许多人采取了各种各样的行动，比如“每月第一个周五”（或“每月第一个

周四”）行动，即每月第一个星期五将所有文化场所免费开放，为的是大量吸引公众。此举非常奏效，在堪萨斯城、休斯敦、沃斯堡，成百上 595
千的已经抛弃城中心的美国人回到那里参加晚会，或者定居。一些“酷城区”（Cool cities）重生了。

这一表述被美国无数的城市重复，每个市长都想要自己的“艺术区”，梦想按照洛杉矶的沃尔特·迪斯尼音乐厅或芝加哥的千禧公园的模式拥有一座由这一运动的具象征性的建筑师弗兰克·格里签名的建筑。“艺术区”一词在美国也成为一种间接的联邦规章，因为商务部下属的一个事务所——经济发展局（EDA）将依据“艺术区”的相关规章向其发放联邦资助。这一点至关重要，因为它显示出这些“艺术区”与人们在底特律或东巴尔的摩设想出的城区复兴计划之间在目标上的差别。街区复兴计划是帮助遭到抛弃的人们找到得体的住房，让破败的城区恢复活力，以便重新建立社区意识。介入其中的是住房和城市发展部（Housing and Urban Development）。而在“艺术区”中，思路是不同的，是要吸引那些反对现代体制（另类）的艺术家、时髦的大学生和富有阶层，总体上就是美国随笔作家戴维·布鲁克斯称为“波波族”（bobo，布尔乔亚和波希米亚）的人[19]。在艺术家之后，一些“时髦”的餐厅和“潮流”的咖啡厅相继开张，随即便是旅馆，而那些大企业因为由此获得重大的税收优惠而重新入驻那里，随之引起房租和车位价格的上涨。

目前，弗兰克·格里正在将洛杉矶的旧城区改造成为巨型的“艺术
区”。围绕着城市大道，一个约 18 亿美元的计划准备在这个纯粹无中心 560
的城市里创造一个市中心。在这个计划的中心是格里的招牌性建筑沃尔特·迪斯尼音乐厅，一座巨大的古典音乐厅，成为洛杉矶爱乐乐团的驻地。他设计将“红猫”放在这座建筑的地下室，这是一个实验剧院和视觉艺术的反现代体制（另类）的场所，与这个建筑咫尺之遥的是当代艺术博物馆、音乐中心和科尔本音乐学院，构成了这个艺术街区的全景。但是，艺术只是一个招牌，它呼唤着大规模的复兴计划：同样预计建设几家旅店、几十家豪华商店、2600 套豪华公寓和 150 多个 Loft。就像一个孩子惊喜于对最简单事物的发现，弗拉克·格里解释了自己的计

划，预计在2009年完成："我的目的是催生一个社区，让它拥有社区语言和社区规模……我们想用街景创造一个艺术区，有树木、石子路和照明效果。虽然我们没有中心城区，但是我们尝试找到一个[20]。"

自然，这些"艺术区"经常因它们造成的不良后果而受到批评，即"破败城区的高档化"。这种"资产阶级化"对于那些被迫离开城中心街区的最贫穷的家庭是不利的，这通常是一些黑人和拉美裔家庭，他们曾经因为房租低廉而寄居于此，如今他们被挤到一些更加凋敝和更加孤立的区域。因此，艺术家们常被黑人族群批评，他们将艺术家们的到来看作街区资产阶级化的前兆，预示着黑人的离去和当地文化认同的
597 毁灭。对于这些最贫困的居民来说，"破败城区高档化"意味着流亡和迁移。

但是，这一现象并不一定如同新泽西州黑人大城市纽瓦克前市长乔伊斯·W．哈利的粗率解释那样，它不一定是偶然的。这位美国非洲裔民主党人如今领导着纽瓦克城中心区，他认为："艺术区的想法是为了吸引艺术家。通过他们，人们希望让旅店、大房产开发商来这里，希望讨好观光客，我们想要的是这类的复兴。问题不是选择针对遭社会遗弃者的'社区发展协会'的模式，或者建设廉租屋。我们明确地将希望寄托于中产阶级或者富裕阶层。这里不再想要无家可归者，也不要快餐摊贩。到处都是同样的目标，无论是克利夫兰还是休斯敦。人们相信经济依靠市场来发展。艺术是一个好生意。我们想要大型的文化连锁店：鲍德斯、巴诺和星巴克。破败社区高档化不是一个问题，这甚至是我们的目标。"

两个正好对称的进程中存在某种奇怪的东西，用艺术来复兴中心城区是为了让黑人可以更好地生活，但建立"艺术区"却迫使他们离去。然而，在纽瓦克，全新的庞大的演艺中心正在尝试调和不可调和的东西。纽瓦克的新泽西演艺中心的负责人劳伦斯·戈德曼证实："观众非常有针对性。在我们举行'国际嘻哈音乐节'的时候，有大量黑人到来，尽管入场券很贵。当我们推出古典音乐的时候，来的则是白人。一方面，我们有蕾妮·弗莱明吸引郊区富人区的白人；另一方面，我们有阿尔文·艾利的美国非洲裔舞蹈团。我们的两难问题在于如何将两者调

和起来，在一个黑人城市为蕾妮·弗莱明吸引观众，同时继续用当地社群的语言说话。” 598

最令人感兴趣的是，公共资金再次大规模注入这些“艺术区”，市长、州长甚至国会都准备为文化出钱，条件是复兴某个敏感街区或建立一个“艺术区”。通过各州和城市批准的大额免税，依靠所得税或地产税的减免，通过联邦商务部的规划“分域”和直接补贴，这些文化街区寄望于艺术区域的集中来帮助商业、观光和经济发展。成百的艺术家定居于罗得岛州波塔吉特的“艺术区”，以及得克萨斯州的休斯敦、亚利桑那州的凤凰城、田纳西州的孟菲斯或科罗拉多州的丹佛市的城中心。通常，随着新技术带来的互联网上的创意工坊，建筑和设计工作室继之而来，大学也在那里开设分校，同样享受到大片可用的空间和税收优惠。

这一整体运动属于美国文化向“文化观光”的缓慢演变过程。他们用艺术来吸引观光客，但真实的目的不是关心创意，而是帮助地区经济发展。与艺术同时，市长们尤其努力吸引重要的专业大会、沙龙、医学研讨会以及律师大会，这是美国非常活跃的传统。常见的情形是，在演艺中心旁边，人们盖一个“会议中心或展览中心”，两者成对出现。
有时我们会觉得文化中心只是会议中心的附属品，它们旨在为那些医学 599
会议和华尔街上市企业的大会的参会者提供文艺晚会和休闲。估计离开自己的州外出旅行的人中间有三分之二在会议的闲暇会去休闲或参加文化活动，如果附近有足够多的文化活动，他们会决定延长逗留一晚或两晚[21]。沙龙或大会的组织者对城市的选择是关键性的，这很大程度上取决于城市所能提供的晚会和消遣。这就是人们所说的拉斯维加斯效应，这个高档的媚俗之都，中产阶级的赝造之都，的确是美国各州会议的首选之地。

这场依靠艺术家向城中心回归的运动，是近十年来美国的一个重大现象。如今有超过100个美国大城市建立了“艺术区”，常常成功如期而至，虽然在亚特兰大、纽瓦克或克利夫兰这些最困难的城中心形势依然棘手。凭借这些举措，艺术家们得到可观的帮助，而花的却是公共资金，这同样是矛盾之处。

罗伯特·林奇，人称鲍勃，是美国艺术协会（Americans for the Arts）的主席，在华盛顿，他的办公室距白宫只有两分钟的路，离美国国会也很近。今天，一如往常，他没时间吃午餐。于是，他在两场会议之间的空隙吃一个加番茄酱的印度三明治，喝一份健怡可乐。在他的日
600 程表上，他再次跳过了午餐。因为鲍勃·林奇是一个大忙人，面对艺术的商业化，他看护着美国文化。

50 岁年纪，这位非官方的“美国文化部长”是一个兴趣单纯的、不装腔作势的人。他出生于波士顿南部，是天主教徒，是一个爱尔兰家族的后裔。林奇曾经学习英国文学，上过“写作”和诗歌课。1969 年他 19 岁时，他同成千上万的美国青年一样来到伍德斯托克，他说是在那里发现了“摇滚乐的集体力量”。因此，他决定花一年时间去“西部”，他带着当时的女友，驾着“大众”汽车，去发现美国，发现民间文化，尤其是木雕传统——他将这个兴趣保留至今。稍后，在大学里，他真正接触了艺术，首选是诗歌，然后是钢琴和吉他，但也有电影：他很快在马萨诸塞州创立了一个电影节，然后领导该州公立大学的文化部门。如今，他继续关心民间艺术，关注爱尔兰文化传统，关注爵士乐，但也关注舞蹈，他的第二任妻子是一位芭蕾舞演员。

面对 1980 年至 1990 年代的商业化，面对“文化战争”和公民社会的削弱，美国艺术协会如今是美国主要的文化院外游说组织。这个协会创立于 1960 年代，在南希·汉克斯主持国家艺术基金会之前曾经由她领导，该协会组织艺术界在全国的抗争。协会有 1600 万美元的年预算和 80 名雇员，联合了 5000 个协会和文化分支机构，实际有超过 10 万名活跃会员。某种意义上，这个协会同样揭示了影响到美国社会与文化的那些深层变化。

601 过去，斗争活动的组织是在地方一级进行的，通过众多的会员，如今保护艺术的协会倾向于组织以纽约和华盛顿为基地的全国一级的职业的游说团体。属于这类情况的主要有美国舞蹈协会、美国歌剧协会、剧院通信集团以及其他文化游说组织。在多数情况下，它们不是大众组织，而是人们所说的新型的“推动团体”：这是一些有专业人士组成的

有效率的游说组织，有自己的律师可以进行长期诉讼，有公关专家来影响全国性的媒体，尤其有一些活动家和议会专家在国会中，在由数千名议员助理和部长顾问组成的丛林里进行长期斗争。

很大程度上，美国艺术协会属于新一代的游说团体。为了每年的艺术宣传日，协会都动员几十位参议员和众议员，在各州集合上百名的州议员，向他们宣传艺术事业。在“文化战争”时期，这种大胆之举是不可能的。

美国艺术协会的政治行动能力如今相当可观，胜过了那些福音主义协会的活动能力，在“文化战争”中这些协会曾经迫使国家艺术基金会瘫痪。在半官方意义上，这个协会是国家艺术基金会的维护机构，虽然它并不总是同意这个事务处的官方的路线方针，但至少与之并肩战斗来保护国家艺术基金会的预算。

但为了真正做到有效率，鲍勃·林奇知道仅仅成为华盛顿一个技术官僚型的游说团体是不够的：必须成为一场社会运动。林奇解释说：
“很早，我就确信，虽然艺术在美国如此多元，但它们同样脆弱，所以 602
必须得到一个传递统一信息的组织的支持。其力量在于数量、多元，但同样在于统一。”所以，他选择在地方一级组织美国艺术协会，为的是将之变成一场“草根运动”。一开始，他在1996年决定将一个曾经叫美国艺术委员会（American Council for the Arts）的组织改名为美国艺术协会。用这个有效率的、有号召力的名字，鲍勃·林奇可以在全国编织起一个网络。

为了做到这一点，他首先将协会建成一个真正的组织联盟，汇集各方士气，增加相关的分支机构，鼓励建立地方级的游说协会。在他的推动下，或者是出于自发，随着各州文化事务处的预算被压缩，在美国每个州都出现了这类协会，诸如亚利桑那公民支持艺术协会、伊利诺伊州艺术联盟、科罗拉多州艺术协会、得克萨斯艺术协会或新泽西州的艺术的自豪。这些地方游说协会为提交到当地事务处的预算而斗争，是美国艺术协会在当地的弥足珍贵的助手。随后，林奇成功地与各州的官方文化事务处谈成协作，它们同意成为美国艺术协会的外围——这种古怪的公私混合属于典型的美国现象。此外还有与企业和慈善界的合作，它们也与美国艺术协会结盟。公立事务处、私人企业、地区游说团体、地方事务处，所有人逐渐聚集到美国艺术协会的麾下，因为它的名字具有号召力，会给人以希望。

文化生活需要希望，还需要不断更新的希望。协会主席肯定地说：
603 “鼓励对艺术更多的捐款，鼓励更加多元，同时鼓励全体美国人更大的参与，这便是美国艺术协会的目标。”鲍勃·林奇与国家艺术基金会主席一起，从此成为美国文化界最重要的公众人物。美国艺术协会的麾下有一些明星来为艺术事业助阵，比如马丁·斯科塞斯或罗伯特·雷德福，协会还发起一场巨大的广告运动，用一些口号和路易·阿姆斯特朗、玛莎·格雷厄姆、柴可夫斯基和卡内基的头像来提醒大众文化的重要性——对艺术家人选的折中主义选择证明了协会精神的开放，它不赞成文化等级，也不赞成民族偏向。美国艺术协会还毫不犹豫地投入一些政治选战，支持那些“对艺术友好”的议员。这个协会以其超级专业的精神对应保守派右翼的粗暴。美国艺术协会很清楚，不能将斗争局限于国家艺术基金会的预算和筹码太小的问题方面，协会有更大的抱负。鲍勃·林奇不遗余力地进行游说，为了全国和地方的文化预算、旅游业的预算、艺术教育的预算，也为了发展经济、敏感街区的复兴、“艺术区”乃至由交通运输部资助的“公共艺术”。这种多样性和活力是有回报的。慈善捐款源源不断，网络拓展开来。这种成功无疑说明了美国文化体制的力量，也说明了它的弱点，那就是必须不断地斗争，但成功同样证明了一种令人难以置信的抗争能力。面对美国文化模式的问题和艺术的商业化，美国人努力重新站起来捍卫文化。

“独立”、“凝聚”、“自主”，在他可以看到白宫的办公室里，鲍勃·林奇不断重复着这些词。在美国，他守护着艺术。面对文化的商业化，他感到忧心忡忡，他进行抗拒，他具有战斗精神，也具备专业素养。然而林奇知道，美国文化只能依靠第四个词才能存活下去，今后这个词应当也是他必须不断重复的，这个词就是“多元”。

# 第十一章　文化多元性 605

……国家的文化多元性。

《最高法院决议》，1978

……文化多元。

《NEA 法令修正案》，1980

华兹是一个象征。这是黑人聚居区中的典型，这是洛杉矶沿中央大街向南的一大片黑人街区，是“中南区”最敏感的部分。在华兹文化中心的墙上，由街区的涂鸦艺术家们绘制了一幅巨型壁画。这幅出色的彩色壁画分为几部分，半是素朴艺术风格，半是民间艺术风格，带着乐观主义精神重新回顾了街区最近的历史：从地狱——骚乱、灰烬、死亡迈向复兴——儿童、妇女、和平和希望。

洛杉矶警局对一名黑人施暴并强行将之逮捕以后，1965 年 8 月在这里，在华兹区爆发了骚乱，多日暴行之后，留下 34 位死者（多数是被警察杀死的黑人），伤者超过千人，有 4000 人被捕，几百座建筑和住宅被毁。这是 1960 年代的重要转折点，华兹骚乱仍旧是美国皈化模式 606
失败的象征，是民权运动的障碍和黑人激进化的开端。27 年后，1992 年 4 月，发生了另一起警方对一名叫罗德尼·金的黑人实施暴力的事件，事情被一个业余电影爱好者记录下来，而 4 名白人警员无罪开释，这一事件引发 4 天的骚乱，38 人遇害，4000 人被捕，“中南区”3700 座建筑被毁。在华兹，人们不说“骚乱”，他们说“暴动”。

暴动之后，是重建。华兹社区组织起来，建立华兹社区委员会。这个社区组织是当地的政治机关；它是独立的，得到很多补贴。通过街区公共会议，在会上讨论与共同生活相关的问题，由选举出来的自主的黑人和西班牙语裔的委员会成员来日常执行政策。华兹区经历了巨大的人口结构的演变：黑人离开了街区，他们如今仅占人口的 35%，而拉美裔占据优势，约占 65%。

复兴华兹的文化行动属于整体的社会措施。华兹塔艺术中心是其象征：这是一个社区文化中心，建在华兹塔构成的两座巨型雕塑下面，华兹塔是非常典型的“原生艺术”。这个自主的空间被当地居民们从拆迁中挽救下来，如今是社区文化生活的半官方的总部。它受到一些基金会、一些知名的地区机构的支持，比如富有的“格蒂中心”和加州大学洛杉矶分校艺术学院，它还受到洛杉矶市文化事务处的支持，所有支持者都很谨慎，但它们在华兹随处可见。一些爵士乐和说唱乐音乐家在
607 那里演出，一些画家在那里办展览，一个诗人俱乐部在那里集会，一些涂鸦艺术讲习在那里举行，广泛的普及活动可以动员全街区的青少年。“中南区”依然是美国“嘻哈”文化的诞生地之一。

华兹塔艺术中心负责人罗茜·李·胡克斯解释说：“我是一个‘社区人’。我领导着一个具有社会视野的艺术机构。在华兹，我们被 17 个黑帮包围着：‘鲜血’和‘瘸子’最有名，但是每天都有新的，他们彼此交火。黑帮在社区中扮演重要角色：对于孩子们来说，这是真正的家族，因为黑帮对外来者敌视，而且暴力，但他们很庇护自己人。幸好，黑帮们将‘华兹塔’看作无人的中间地带，他们有时在我们的建筑上涂鸦，但他们不在这里交战。所以，我们的责任在于动员青少年，鼓励他们到我们这里来。我们要求他们尊重自己的社区和文化中心。这是华兹少有的宁静之地，这里跨越了黑帮的领地，我们处于文化的交叉地带，族群的交叉地带。”

如同华兹区之于洛杉矶，芝加哥“南区”号称“黑人大都会”，是这里的黑人大街区。这个街区被封锁在城南，处于富裕的国际化的市中心（界限是第 25 街）和拥有众多诺贝尔奖得主的芝加哥大学所在的海德公园高尚街区（界限是第 47 街）之间。正是在这个跨度达二十多条街的宽阔地带，成千上万的来自美国南部的黑人在第一次世界大战后迁

移进来。在那里，在第47街，雷加尔剧院或萨瑟兰旅店，从路易·阿姆斯特朗到“公爵”艾灵顿，包括纳特“金”科尔和后来的迈尔斯· 608
戴维斯，艺术家们从新奥尔良沿密西西比河逆流而上迁移至此，他们重新创造了爵士乐。

但是，在1960年代，梦想转变成噩梦，“南区”变成黑人聚居区。为了应对人口过剩的问题，市政当局建设了一些“火柴盒似的塔楼”和“廉租屋项目”。作为现代的象征，这些塔楼很快变成美国悲剧的象征：电梯故障、家庭解体、抢劫和卖淫蔓延，同时毒品经济开始垄断黑市。在聚居区里，年轻人将自己当作约翰·沙夫特，这是戈顿·帕克斯的电影《黑街神探》（1971年）中很酷的黑人主角，他发明了自己的法度。

为了面对问题，这些被简称为“项目”的塔楼的居民们渐渐组织起来，这是在芝加哥“南区”，通过社会、学校与文化行动而进行的一次复兴运动。在1930年代罗斯福时期建立的社区艺术中心，艺术家们一直在那里聚会。画家举行展览，作家进行文学讨论或朗读兰斯顿·休斯或理查德·赖特这样的黑人诗人的诗作。尤其，人们在那里接待街区的青少年，中心的负责人格雷格·斯皮尔斯解释说：“我们是一个社区中心。它可以让黑人们表现自己的艺术，因为他们不能在闹市区这么做。所有人都可以在这里展出，不论作品质量如何。”比如画家迈克尔·莱恩，他在与敌对帮派冲突时失去一只眼睛，他正在那里做展览：“我是‘廉租项目’的产儿。是艺术将我从聚居区、毒品、帮派中拯救 609
出来。”这个中心自筹资金，依靠拍卖艺术品和一些赞助行动和筹款，在这个大贫民区始终难以进行筹款，企业对这里不感兴趣。

距离几个街区，在第47街与马丁·路德·金路的交叉路口，哈罗德·华盛顿剧院推出一些黑人作家的剧作。旁边，“诗喃”咖啡厅是一个聚会和交流的地方，它连着一个画廊（“钢铁艺廊”）和一家书店（“非洲裔中心书店”）。几步之遥，芒图舞蹈剧院是一个400座位的舞蹈剧场，小黑珍珠工坊是一个小型的视觉艺术综合建筑，在那里可以学习陶瓷艺术，当然还可以学习“嘻哈”和涂鸦艺术的技巧。在芝加哥“南区”有其他几十个文化组织，只要读一下免费报纸《创意》就能得到这些组织的清单以及这一街区的文化活动[1]。

## 社区

洛杉矶的“中南区”和华兹区，芝加哥的“南区”，纽约的南布朗克斯，费城西区，巴尔的摩东区，纽瓦克，底特律：这些是大型的黑人聚居区。它们的破败的主街都以马丁·路德·金命名，那里的楼宇破旧且封闭，凶手案发率高，它们象征着美国模式的失败之处。同时，它们也提供了对社区精神的图解，显示出人们按照有建设性的价值观重建城市的愿望。在这种整体活力中，文化起着核心作用。

610 在美国社会的所有推动力中，社区概念或许是最难以理解的。从这个词的起源看，具有一种简单的认识：集合起来，想要做些什么事来帮助“自己人”。这个词在美国被人不断使用，对应着的是地理空间，在谈到城市、村庄甚至某个街区时，人们说“社区”；另外一些时候，这个词对应于生活在这些地方的人，它此时指的是族群或宗教的归属（黑人族群、拉美裔族群、印第安人部族）。多数情况下，它指人们与之分享共同生活的、一起生活的地方。这是一个集体，有时是一个当地的集体。

社区胜过那些基金会、大机构和大学，社区是美国文化体系的一个重要的推动力，是理解其活力的一个关键。为了把握社会运行及其影响，我们可以从不同的角度着手：当地社区的团结互助、更具有机构性的“社区发展协会”的诞生、基金会和州政府在社区复兴中的作用。在各个层面上，文化都是处于中心地位，其中的基本背景是黑人问题。

社区首先是集体的支持。它依靠的是这样的想法，即女性与男性的生命、他们的文化、他们的解放不能仅仅靠个人。集体维度应该被考虑在内，伴随着各种必要的社会合作与互动。在各种情况下，教育活动、
611 团结互助、向成年的过渡、宗教、解放、文化都被人们共同理解为既是每个人特有的，又是要求集体参与的进程。这是一种奇怪的混合，是由自主与依赖共同构成的。既渴望为自己做些什么，并且为此负责，同时又想要为他人服务，为团体所代表的族群认同服务，同时又从中解放出

来。这一独特的框架重视具体、实际和基础，侧重普通民众胜过领袖，人们以此构成一种非常民主的自下而上的运动，这是社会与艺术新形式的无限源泉。

从文化的角度看，社区的核心思想是自主和拒绝任何由外部强加的标准，社区生活不是因为州和慈善而存在的。我们因此理解为何“亚文化”的概念在这里如此重要。面对“主流”的、压迫和摧毁身份认同的商业文化，面对将其标准强加于所有人的权力集中的精英主义的文化，“亚文化”提供了一种由自己特有规则和语言构成的特殊文化。社区因地制宜地用自己的语言自由定义这种文化。对此，人们谈到“自基层而上的文化”，或者说文化“自下而上”。正是从基层创造的东西在指导着社区生活，并通过毛细血管渗透效应引导着整个美国文化体系。

这种“亚文化”不是凭空出现，也不是来源于孤立的个人，它通常诞生于一些或松散或有组织的小团体内部。人们称此为“街道文化”，是人们生活所在的街区的一些分散的地方。这与纽约林肯中心这类文化大机构“推出”和“计划”的文化正好相反。这更倾向一种 612
“进行中的”和“即时的”文化。它出现于一些互动和独立的中间地带，往往是在混合区域里，比如混合着商业化的咖啡馆和非营利的画廊，一家书店和一个小剧场，一个音乐厅和一个夜总会。多数情况下，这些机构没有合法地位，在美国人们将它们定性为“非社团”组织，因为它们没有正式申报。街区小剧场、业余合唱团、商店后间、读书俱乐部、华人帮会、嘻哈团体，所有这些地方都是自生自灭的。这代表着真正的“第四产业”，它是自主的，没有公共补贴也没有正规董事会，也不可能因捐赠而获得免税。有时，是一个自学成才的团体在推动一系列的教学法讲座；有时，是一些孤独的母亲在诗歌俱乐部或写作工坊里聚会；另一些时候，是一些“老大哥”在用类似学校的课程负责教育“高危青少年”，特别是在学校放学后和家长回家前15点至18点的敏感时段，因为在美国学校放学很早。

在这一框架下，必须为教堂留有一席之地，在美国各地，教堂都非常重要。社会活动和教育活动常常围绕着某个教堂进行组织。教堂的这种核心作用在黑人社区中更为显著，文化在那里特别受重视。

2004 年 9 月，北卡罗来纳州达勒姆“教众礼拜堂”。在“中北区”
613 的黑人聚居区，教堂是整个社区集会的场所。教堂媚俗且“破烂”，有耶稣行于水上的绘画，一些瀑布的色粉画和仿造的彩窗，这里是恶劣品位的集大成者。但这里的音乐却很美妙。信徒们像是进了一座流行乐的音乐厅，因为有一个了不起的黑人女性唱诗班，她们的歌唱就像是“最高权利”（Supremes）乐队，类似马文·盖伊的乐队，这里几十位信徒合唱着歌词，就像是“库尔伙伴合唱团”（Kool & the Gang）的音乐会。牧师（一位女性）在信徒中间，所有人都穿着得体：男人穿白色正装，女人戴彩色帽子，小姑娘结着发辫，小男孩穿黑色礼服，头发卷曲如同漂亮的羊毛卷，样子就像 1972 年摩城唱片公司的专辑《收获》（*Got to be there*）封面上的“杰克逊五兄弟”。

在底特律黑人街区的“埃比尼泽第二教堂”，这里同样每周七天开放，是许多社会、学校和文化计划的实行平台。同其他地方一样，这是美国平民宗教的理念，教堂是社会活动场所，它帮助人们对抗贫穷，扶助那些条件差的学校，重视社区文化。互联网上的图形制作课程、有阅览室的图书馆（在那里可以读报）、涂鸦艺术课程、“spoken word poetry”（这个表示包含诗歌与“饶舌乐”的“诗喃”［slam］）音乐节，整个文化生活都围绕着教堂展开。这些新教牧师的目标是激励年轻人，让他们负起责任，使他们更强大，让他们能够通过重新掌握自己的人生来获得解放。因此，那些自嘲为“高危青少年”的孩子在教友们中间成长，每个人都通过教堂和“友爱的伦理观”参与社区生活。

614 亚拉巴马州首府蒙哥马利的年青爵士乐手提摩太·佩顿讲道：“我们每天晚上都去教堂。星期一是去唱诗，星期二去同乐队排练，星期三参加青少年晚会，其他晚上做圣事或上圣经课。教堂就是第二个家，是黑人孩子名副其实的替代学校。我在那里学会演奏爵士乐。如今，是教堂让我活下去，因为我每次参与圣事都有报酬。”在密西西比州牛津的“第二浸礼教堂”，我们看到类似的气氛，那里的文化活动同样得到很好的发展，是围绕着一个 16 位歌手的合唱团、一个电钢琴、爵士鼓、吉他和贝司组成流行乐队。在田纳西州孟菲斯南边的黑人街区的“全备福音帐幕堂”同样有音乐的专业精神，那里的牧师正是阿尔·格林本人，阿尔·格林牧师是著名的“灵歌”歌手。阿雷萨·富兰克林和“猫王”普雷斯利就是在附近开始他们的职业生涯的。

教堂处于黑人社区文化生活的中心。当然，信徒们来教堂参加圣事，但他们同样与自己人分享这一时刻，参与街区生活，为事业动员起来。教堂代表着一些核心概念，比如居民对“自治”、“自主”的集体参与：居民们自己负责，自己组织起来。他们的社会和文化活动常常是在一个“社区发展团体”（CDC）带领下进行组织的。

**社区发展团体**

1977 年夏：“布朗克斯焚城”。在纽约的一次停电中，南布朗克斯
燃烧起来，情况与“华兹”相似，骚乱爆发。结果，一些街区整个被 615
毁，一派废墟和荒败的景象。吉米·卡特总统不久后赶到，他走在瓦砾中，意识到联邦政府变得软弱无力。与从罗斯福到约翰逊的那些重大的民主党政策相反，卡特不再相信联邦政府能够从华盛顿通过给那些敏感街区投入几百万美元而起到作用。相对于政府的责任和义务，他更倾向寄希望于社区的良好愿望、市场和自主。在约翰逊之后，在里根和克林顿之前，卡特号召由社区自己来负责街区（“社区控制”），建议联合私人投资者和基金会成立“社区发展团体”（CDC）。他并非第一个设想这些社区发展团体的人，因为这个想法在 1960 年代初就成型了，当时最早的社区发展团体是由福特基金会在黑人街区试行的。1964 年，约翰逊本人设想过一些这类社区组织，让人通过最早的成立社区行动事务处的法案。但是，在卡特任期，社区发展团体的性质改变了。这不再是一些仍然由城市或议员间接控制的准市政性质的委员，它们变成完全自主的法人团体。社会保障及住房问题、老年人救助、夜校计划、反帮会的任务甚至与警方和消防队合作的街区安全问题都完全交给社区发展团体。在纽约的东哈莱姆和贝德福德—施托伊夫桑特区，底特律的 8 英里街道和芝加哥的伍德劳恩，在 1970 年代末期涌现出一些社区发展团体。如今全美有 2000 个社区发展协会。

纽约南布朗克斯的最著名的社区发展团体叫作“尖角”（Point）。 616
这个社区发展团体于 1994 年成立于布朗克斯最“热”的街区“亨茨

角”，它是一个向所有人开放的社区文化中心，黑人和拉美裔都有，在那里这两个族群算是相安无事。这里有职业艺术家的讲习和艺术班，有职业培训餐厅和掺杂在一起的商业企业，这种模式非常独特。这正是社区发展团体的理念，这是一个深植于社区的非营利机构，依靠一些基金会和商业企业。为了完成使命，社区发展团体享受到扶助和重大的免税。一个社区发展团体不是由市政府、企业或基金会建立，而是由决定为自己社区负责的居民团体建立的。

虽然对于多数社区发展团体来说，街区的振兴是通过地产项目进行的，或者通过开设一些商业企业或超市，但对于“尖角”来说，南布朗克斯的振兴是通过文化。这或许并非偶然：在1970年代末在这个街区出现了“嘻哈”和“饶舌”音乐。街区组织不愿看到这里等同于犯罪、抢劫和黑帮，他们力图通过社区文化生活来打造一种新的正面意义的认同。孩子们是社区发展团体的首要目标，它鼓励他们在那里做作业，同时上绘画或“嘻哈乐”的讲习班，而不是将他们从街上拽回学校。同时，一个名为“生活在边缘”（Live from the Edge）的220个座位的剧院被用于戏剧表演讲习、电影放映或当地艺术家的音乐会。钱特勒·汤森负责剧院讲习的协调工作，他解释说：“如果孩子们的闲暇太
617 多，他们会陷入暴力。在这里，他们有事情做，他们重新投入工作，为某个项目负责。我们尝试赋予他们责任感，让他们关注他人，帮助他们在街区更好地生活。”

在“尖角”内，青少年能免费进入一个摄影中心，那里提供一些课程和暗房，提供一个举办短期展览的画廊和一个充当录音棚的当地社区电台。舞蹈方面，“尖角”与布朗克斯艺术与舞蹈学院（BAAD）合作，这是由波多黎各裔年轻舞蹈家阿瑟·阿维尔斯建立的一个当地舞蹈团，他曾经在比尔·T.琼斯的舞团里呆过八年，如今创作自己的演出项目，生活在南布朗克斯离“尖角”很近的地方。除了这些非商业活动，这家社区发展团体有一些企业在这里租房：一家“灵歌”风格的餐厅、一个提供计算机辅助设计和图像制作实习的互联网中心、一个专门代理“嘻哈”艺术家的公关代理公司、一家电视制作公司（“奇异果电视”），这里还有最著名的“涂鸦党”（Tats Cru），这个街头涂鸦艺术

家的商业团体为“可口可乐”和其他知名品牌设计广告。最后，由志愿者组成的邻里沟通团体（Activist Coming to Inform Our Neighbor，ACTION）负责南布朗克斯社区的社区发展团体的普及活动，通知家长们有关他们的孩子可以参加的讲习，传播社区的自豪感。总之，所有活动都是互补的：艺术家们进行涂鸦，由摄影讲习班的年轻人拍摄下来，互联网俱乐部将照片在网络上发帖，少年们用计算机学习和观看这些涂鸦，然后依次类推。“尖角”的前负责人，现在负责造型艺术计划的凯里·克拉克解释：“整体上，小孩子们对所有活动都很着迷。我们让他 618
们画些静物画，这将他们迷住了。在这个街区没有什么别的事情好做，他们呆在这里胜过呆在街上。困难是从少年时期开始的：他们拒绝画静物，他们更愿意涂鸦。他们想出去，到街上去，活动活动，想改变些什么，他们更关心政治。于是，我们告诉他们教育和文化将给他们更好的生活，他们偏重技术、互联网、DVD，他们在寻求与外部世界的联系。因此，我们给了他们一些常常是实现不了的希望。他们来这里，因为他们认为，或者他们的父母认为，他们可以改变自己的生活。但是，现实并不符合我们通过课程和艺术中让他们抱有的梦想。到了中学毕业，当他们上不了大学时，我们创造的梦想便破灭了。往往在这个时候，他们转向暴力。”

在资金上，社区发展团体的存活依靠着场所内商业企业的房租、基金会捐赠、与纽约文化大机构的合作中得到的企业赞助，还有国家艺术基金会、纽约艺术委员会、纽约市文化事务处的资金，以及人们称作经济发展协会的负责社区发展团体的事务处的资金。甚至著名波普艺术画家罗伊·利希滕斯坦直到他死前一直在资助“尖角”，他定期提供捐赠。

总之，想法是将南布朗克斯，这个昔日的美国颓败的黑人聚居区的典型，改造成“SoBro”（南布朗克斯的缩写），纽约的新潮的街区。

## 麦乔治·邦迪或白人的负疚感 619

如今，基金会在社区发展团体和美国黑人聚居区中尤其活跃。它们相信依靠社区和文化能够振兴街区。但是情况并非总是如此：精英主义的慈善业进入了黑人聚居区，这甚至构成一个重大转折。基金会曾经代表着美国的当权阶层，由阔人和“高加索人种”（在美国以此称白人）占主导。它们曾经代表着东海岸的白人清教徒精英，如果它们在美国其他地方也有发展，它们则代表着当地的精英阶层，他们是传统的白人的富裕清教徒。这些人相互认识，上过同样的知名大学，在贵族俱乐部里碰面。在1960年到1970年代，几乎所有的基金会中，这一模式都发生了扭转，首先是在福特基金会。

1966年麦乔治·邦迪进入福特基金会领导层的时候，他是一个备受争议的人物。这位年轻的政治学系教授在哈佛开始了他最辉煌的职业生涯。他来自波士顿一个富裕的贵族家庭，他以创纪录的速度爬过了这所美国最著名大学的所有等级，在34岁时成为研究生院院长，这是最有威望的职位之一。多亏了肯尼迪当选总统，他以同样的高速在1961年被推上总统国家安全顾问这一敏感职位，他在约翰逊总统任期依然占据这一岗位，他因而成为越南战争的主要筹划者之一。渐渐地，他的职业生涯首次变成噩梦：随着战争变成灾难，他左派的朋友疏远了他，他对中央情报局的监管引起一些紧张关系，他的权力衰弱了。面对如日中
620 天的国防部长罗伯特·麦克纳马拉，他被削弱，他与约翰逊之间没有他与肯尼迪之间的那种默契，他受到共和党与民主党的批判，遭到左派憎恨，他离开白宫是迟早的事情，任命他到福特基金会类似于提前退休，至少是一种体面的下台。

但是，当他1966年3月到“福特”的时候，麦乔治·邦迪很快证明他到那里是要有所作为的，或许是出于负疚感，甚至是“白人的负疚感”，他采用一种非常左倾的姿态，一反他支持越战的形象。当然，任命一个美国安全政策的制定者到福特基金会，这同样证实了基金会与政治军事当权派甚至中央情报局保持着联系，显示出国际事务在基金会执行主席的人选上的决定性影响。但是，麦乔治·邦迪如今感觉自己更自由了，表现出对新思想更加开放的立场。

在华兹骚乱后不到一年，他的注意力转向人们所说的“美国黑人”(American Negroes)。“黑人”一词的确在福特基金会1960年代末的文件中经常被使用，在报纸上也一样。随后，“black”一词和“非洲裔美

国人”（African-American）的说法在1960年代末和1970年代变得普遍。

早在第一年，邦迪就宣布基金会将投入支持少数族裔，在讲话中不断提到“黑人”和“被忽略的”民众。第二年，他专注于黑人参与选举的问题，资助了大多数黑人大协会，比如全国有色人种协进会（NAACP）、城市联盟以及马丁·路德·金的南方基督教领袖会议 621
（SCLC）。但麦乔治·邦迪的基金会的创新之处主要在公立学校方面，他们从1969年起争取一种彻底的去中心化的政策，旨在将对中小学系统的责任重新交给本地社区。此后他更进一步，他很快表示支持中小学种族混校，支持少数族裔的就业比例，支持给黑人的大规模的社会保障房计划。基金会的政策伴随着为达到这些目标而投入的许多资金，忽略一些经典的计划，如国际援助或对著名大学的支持。虽然他是东海岸的当权阶层造就的典型，但当权阶层因为他显著缩减对著名大学的资助而情绪激动，尤其因为邦迪以重新交权给社区为借口，竟无意中资助了一些帮会！然而，争议并未吓住“福特”的这位新老板。

福特基金会这些年的矛盾之处就是拥有麦乔治·邦迪这样一位典型的“自上而下”的领导人，他是精英阶级的产物，对“自下而上”的政策尤为着迷。随着麦乔治·邦迪与黑人领袖的不断交往，有时与“黑人权力”（Black Power）的那些民族主义者也有来往，他邀请他们去纽约的非常挑剔的“世纪俱乐部”，基金会的非种族歧视政策得到更明确的肯定。这位外交上的越战“鹰派”，在内政上变成一位社会改革派。早在1972年，为了遵守尼克松任期内颁布的联邦法令，基金会本身开始重新审视自己的雇佣政策，目的是在雇员中招收更多的黑人（和女性），而薪酬上的差别也得到纠正。同时，“福特”的董事会，这个传统上仅限于富有的白人商人的机构对黑人开放了。麦乔治·邦迪的这种 622
“平权法案”政策的最好说明就是1980年他任命一位黑人法学家富兰克林·托马斯接替他来领导基金会，他曾经是警长，后来当过布鲁克林一个社区发展团体的负责人。

在文化方面，这种演变比任何地方都更加巨大。虽然在麦乔治·邦迪任期里艺术仍旧是福特基金会的一个首要关注，但目标发生了根本改变，预算以一种新方式重新分配。在他到任几个月后，基金会开始资助一些黑人文化团体，在负责艺术问题的副总裁 W．麦克尼尔·劳里领导下发起一个重大的支持“黑人戏剧”的计划：黑人剧团、新拉法耶特剧院、哈莱姆舞蹈剧院的发起都是靠“福特”此时的支持，当时几乎没有什么黑人剧团。基金会的艺术团队对这种新导向有些疑虑，他们继续以卓越品质为标准精选一些机构。出于同样的考虑，基金会开始增加对名牌大学提供奖学金，目的是让它们的艺术学院招收一些黑人学生。同样，他们颁发一些补助给一些大博物馆和乐团，为的是让它们在黑人街区进行一些推广活动：比如 1972 年 MoMA 接受 6 万美元用来在哈莱姆举办一次狂欢节，目的是“让黑人青少年入门艺术”，林肯中心接受 4.5 万美元举办黑人戏剧节。所有这些行动中，基金会的艺术方针仍然是将文化民主化的思路与追求卓越的思路混合起来。

623 但是，渐渐地，出于对黑人聚居区里实效性的考虑，基金会被迫放弃了卓越标准。基金会不按照艺术标准来资助文化机构，它开始侧重社区和社会的角度，目的是在青少年中发展“对自我的表达”。基金会的部分预算被重新命名为“社会发展”预算。

卓越与雅文化，曾经是福特基金会 1950 年代以来的标准，在 1970 年代初突然被一些具有街区社会发展目的的业余活动代替。新的想法是鼓励黑人在社区一级创造自己的文化，重视这种文化，福特基金会的目的是赋予这种文化以合理性。早在 1972 年，福特基金会艺术部的一份内部报告承认[2]：“所有人参与艺术是值得肯定的，但这对我们的团队造成一些困难，因为艺术、手工艺和专业实践之间的区别倾向于变得模糊。”

在几年时间里，“福特”的艺术使命全面转向。基金会的文化董事从前支持大都会歌剧院、纽约城市芭蕾舞团和波士顿交响乐团，如今他们开始介入波士顿罗克斯伯里的黑人街区，支持一些黑人青年的音乐会，在费城西区的黑人聚居区支持社区音乐学校，在华兹和洛杉矶中南区支持内城文化中心，在旧金山的菲尔莫尔黑人区支持演艺工坊，还支持新泽西州纽瓦克黑人街区的中小学，开办纽瓦克社区文化中心——都是这一时期骚乱多发的一些城市[3]。

“福特”不去帮助名牌大学和芭蕾舞团，如今却宣布意欲在美国各地创建社区发展协会（CDC），决定兑现诺言，投入大笔金钱，1966 年 624
至 1986 年间，福特基金会资助了近千个社区发展协会，金额高达 2 亿美元。

在大规模投资改善社会住房和吸引企业进入这些街区的同时，“福特”的文化部门被要求支持这些社区发展团体，目的是通过艺术建立起社区的自豪感，人们要求他们开始用“社区的语言”说话。麦克尼尔·劳里领导的艺术部按要求执行，他们资助了众多黑人剧团、非洲裔舞蹈工作室和社区发展团体内的聚居区艺术学校。黑人并非唯一得到资助的少数族裔，“福特”还尝试弥补“白人”文化与拉美裔和印第安人（原住民美国人）文化之间的差距。他们发起一些重大的计划，支持墨西哥人文化。接下来还有波多黎各裔，他们不想与墨西哥裔混为一谈，别忘记阿拉斯加州，它 1959 年成为美国第 49 个州，有一些奖学金被发给爱斯基摩人。

这场底层运动并非不受批评。文化大机构和名牌大学被剥夺了金钱，它们谴责福特基金会为了社会福利而放弃了艺术。但是，这些演变主要是在基金会内部受到批评，有时还有人辞职。首先是亨利·福特二世离去，他是亨利·福特的孙子，他离开以表示自己不同意基金会的新方针，他尤其解释说“福特基金会是资本主义创造的，从基金会今后的行动看，我们很难记得这一点[4]”。麦克尼尔·劳里热爱古典芭蕾和交响乐，他从未真正同意基金会面向社区艺术的演变，他也辞职离去。他在 625
基金会艺术部的继任者理查德·谢尔顿不久之后也辞职以表示不同意这种文化行动新政策[5]。

尽管存在这些不同意见以及所引起的众多争议，麦乔治·邦迪始终捍卫自己的“路线”，得到了董事会的支持，并且在 20 年后的今天仍然是“福特”艺术行动的模板。在任期结束时给《大西洋月刊》的一篇文章里，邦迪用一句话概括了自己的断言：“正因为在美国作为一个黑人在种族层面上还不是一件中立的事情，所以种族中立的规则并不能导向机会平等[6]。”

福特基金会进入黑人社区标志着一个重要转折，同时也说明了慈善界的一种普遍方向。洛克菲勒兄弟基金在1960年代已经向马丁·路德·金和他的民权组织提供过秘密支持，在艺术领域，这个基金会从1970年代初开始发生了与“福特”类似的演变。在1972年7月的一份内部通报中，基金会的文化负责人提议大力资助四个进行夏季艺术计划的社区组织。渐渐地，洛克菲勒兄弟的慈善机构资助黑人剧院，帮助美洲印第安人博物馆、哈莱姆的画室博物馆、波多黎各旅行剧团或纽约哈莱姆西班牙语裔的历史博物馆西班牙文化博物馆。如今，洛克菲勒兄弟基金在艺术领域的很多资助仍然是针对少数族裔。

626 洛克菲勒基金会也有相同的动向，虽然这个基金会在这些问题上更加谨慎，演变得更加缓慢。直到1960年代末，“洛克菲勒”都专注于非常精英主义的林肯中心和美术，但这个基金会开始资助一些黑人组织，如新奥尔良的自由南方剧院，让它可以在黑人乡村地区和南部各州的聚居区里进行免费演出。这个支持黑人的计划在1970年代逐渐加速，乃至在1980年代成为核心计划，并且扩展到拉美裔和亚裔美国人。如今，曾经在1982年至1996年领导这些文化计划的艾伯塔·阿瑟斯证实：“对于洛克菲勒基金会来说这一演变是彻底的变化，但它同时反映着时代精神。”此后，计划由亚裔美国人琼·重川（Shigekawa）重新命名为创新与文化计划，她说自己想“扩大对文化的定义”。

在卡内基基金会、梅隆基金会和麦克阿瑟基金会可以感到同样的演变，“麦克阿瑟”负责芝加哥“南区”的黑人聚居区。

## 黑人街区的振兴

发起社区发展协会和基金会大规模介入黑人聚居区之后的四十多年，如今情况已经有所改善，但仍然艰难。有时候情况甚至是可怕的。

底特律是一个极端的城市，黑人占83%，让人感觉整个城市就是一个大聚居区。我们在那里看到破败的街道，交通指示灯失灵；看到肯德基和汉堡王在供应垃圾食品；看到巨大的废弃的停车场；由于缺少有
627 效的公共交通，我们看到一些妇女和儿童沿着破损的人行道行走；我们看到一些教堂用护栏网来保护它们的彩窗不被石头打破；一些破旧的中

小学校里孩子们无法集中注意力，据说他们患上了“注意力缺乏症”（ADD）；这里有一些“一元店”，里面出售的所有东西都不到一美元，这里有一些“二手”店和一些旧车行，在车子被烧的时候，可以在那里买到旧车；一些毒贩在两次瘾发之间到处转悠；几百座建筑和大楼完全砌在墙内；一些黑人活动家在向其他无家可归的黑人提供“食品救济”；这里没有电影院，旅店很少，晚上几乎没有咖啡馆或饭馆开门，在这个曾经是世界汽车之都的大都市里几乎没有白人；当然这里有一些地下隧道，白人们驾着 SUV 快速穿过这里，回到北郊的富人区，他们在 8 英里路标之外，这是底特律黑人聚居区和贫穷的界限。

虽然并非所有美国城市都处于底特律这样情况，但许多城市仍有黑人聚居区，如今也经常像洛杉矶东区一样有拉美裔聚居区。在这些街区进行了一些大型的振兴计划，特别是在市中心，从亚特兰大到圣路易斯，从堪萨斯城到克利夫兰，市中心都被白人抛弃。对于美国的这一悲剧，人们再次求助于文化，将文化当作社会转变的杠杆和进行复兴的驱动力。

为何在黑人聚居区人们常常突出艺术的作用？有许多理由，其中包括艺术相对于其他城市政策成本较低，但同样因为艺术有益于个人认同和社区自豪感。特别是，艺术让人们可以强调那些具有建设性的侧面：不去突出有问题的东西，比如毒品或黑帮，可以去肯定那些行得通的东 628
西，比如“嘻哈”或“诗喃”（饶舌乐诗）。最近，人们提出另外一些优点，已经得到社会学家研究的证实：文化参与在社区中产生一种不断增加的公民意识，产生更多的团结互助和更好的学习成绩。文化舞台越活跃，暴力水平和贫困率下降越大。社会福利和艺术界的活动家希望围绕着一种积极意义的文化来倡导一些有效的团结互助的新模式[7]。

“大城区”（Grand Center）是密苏里州黑人大城市圣路易斯的一个历史街区。这个市中心在 1970 年至 1980 年代完全被白人抛弃，这里每况愈下，毒品开始主导地下经济，凶杀率上升，这是美国大城市的典型悲剧。

如今，“大城”成为一项庞大振兴计划的目标，这一计划完全围绕着艺术与文化。圣路易斯前任市长文森特·舍莫尔领导着“大城协会”这个独立的非营利机构，它负责协调振兴街区的公共和私人的力量。舍莫尔解释说：“艺术是一个锚点，我们可以以此为出发点来吸引一些经济活动，鼓励人们来这里生活。我逐渐明白提供文化不仅仅是提供慈善活动，这同样是发展经济。”他的使命却不是领导整个机构，他做不到这一点，因为每个合作者、机构、企业以及公共事务处都是独立和自由的，他对他们没有任何权力。他的任务更加复杂，他的任务是建立他所
629 说的“政治经营能力”，这个表述能够说明问题，很难翻译，意思是在政治层面上本着一种企业精神，在一些利益各异的自主的合作者之间建立一种共识。圣路易斯市的这位前市长证实：“我的工作是让不同的人拥有一种共同的看法，确立一个让他们进行合作的共同使命。”

在公共资金这方面，这个计划之所以成为可能是依靠城市和州的多种税收减免，依靠对旅馆和汽车旅店的一项有利于文化的税收，依靠一些大规模的联邦财政补助，主要来自每年由国会通过的支持“社区发展基金”（Community Development Block Grants）的50亿美元。这些补贴通常被称为CDBG，是由各州的住房和城市发展部颁发的，它们根据联邦主义思想自由选择它们对补贴的使用，通常各州将管理权交给各城市。这类援助代表着文化资助的一种重要形式，不太为人所知，但却是有效的。在基金会这方面，街区振兴得到艺术与教育委员会的大力资助，这个机构按照社区基金会的模式，面向圣路易斯各企业的雇员，获得他们的捐赠，每个月直接从他们的工资单里扣取，由他们的企业按照称为“工作单位捐赠”的体制提供同等数额。美国的这一经典慈善机制让圣路易斯市能够每年有120万美元资助艺术活动。如同美国经常发生的情况，是通过一种公私合作的方式让计划得以发展。

在私人资金方面，1920年代曾经是电影城的庞大的传奇狐狸剧院
630 （Fabulous Fox Theatre）在1980年代末期由一位投资者花巨资翻新：它具有媚俗的所谓“柬埔寨—哥特式”风格，拥有160枚灯泡的印度—巴比伦风格的烛台，门口有眨眼睛的巨狮，这个“传奇”剧院可以接纳4500人的摇滚音乐会（过去有弗兰克·辛纳屈，如今有布鲁斯·斯普林斯汀），可以容纳百老汇所有的音乐剧，容纳大场面的舞蹈表演（从

俄国“基洛夫”剧院到玛莎·格雷厄姆的芭蕾舞）或猪肠院线（Chitlin Circuit）的演出（半福音歌曲、半肥皂剧的歌舞剧，受到黑人观众喜爱）。受到市政府的积极的吸引政策的鼓励，受到免税的鼓励，狐狸剧院的翻新工程启动了，这是这个街区复兴的象征，如今整个地区有几千人回到了圣路易斯市的市中心。

除了作为吸引群众的象征场所之外，剧院的目标是再造街区生活，增加日间的活动和晚间的演出。为了让市中心重新变成人们的目的地，必须首先增加停车场的数量，为的是人们能更方便地在安全的地方停车。这些停车场的管理和监控被交给一些私人公司，甚至街上停车计时器的收入被交给根据市政府的授权来振兴“大城”的协会。

在文化方面，“大城中心”支持创建三个重要的博物馆和一些针对观光客的艺廊，鼓励开设一家非营利的餐吧，推出一些爵士音乐会。一所大学同样选址在“大城”，一家电影院正在那里建设，各种剧团和舞团今后以那里为基地（主要是黑人保留剧目剧院和圣路易斯舞蹈团）。

但是，在振兴过程中问题不仅仅是吸引艺术进入这个聚居区，还必 631
须让艺术在那里存活下去。教育与普及是进入“大城”的所有文化机构的首要使命，包含很大的社区参与部分。社会与艺术鼓动的重要工作是由“城市联盟”来对聚居区的黑人青少年进行的，他们仍旧生活在距“大城”几条街的马丁·路德·金大道上。还有几家民权团体介入到附近的未成年人羁押中心：圣路易斯的知名大学的学生给囚犯们上课；一些剧团对狱中黑帮青少年提供一些培训。文化行动无所不在，因为对于这些活动人士来说时间紧迫：这个羁押中心的137个年轻人都未成年，95%都是黑人；重复犯罪率达80%。应该尽力让他们重回正道，避免他们陷入毒品与暴力，避免在他们下次被捕的时候转入成年人的监狱（等他们超过17岁）。歌唱课、合唱团、写作、圣经学习、视觉艺术计划、嘻哈和饶舌乐，人们在尝试不可能完成的事情：避免重新犯罪。跟随着一个这类团体，我们意识到“监狱演艺中心”的重要性，领导这个协会的一位精力充沛的小个子的妇女阿格尼斯·威尔科克斯解释说：“我干这个工作已经15年了。我们帮助他们更好地阅读，集中注意力，自我控制，对别人宽容，文化让这一切成为可能。随着时间的推移，我们发现这些年轻人有些东西要告诉别人。听听这盘 CD：他们用诗喃来朗读自己的诗，这是非常有创意的。我觉得他们的音乐很美，他
632 们的歌词很出色。”在被问到的时候，一个黑人年青囚犯解释说：“我是一个饶舌/诗人。”他突出“slash”这个词，英文中指两个词之间的斜线。监狱的文化协调员内森·格雷夫斯证实：“他们对艺术计划的反应很好，这几乎是奇迹。”至于阿格尼斯·威尔科克斯，她快步穿越“大城区”，因为有太多事情要做，她突然停下来，用询问的蓝眼睛望着对话者：“你听了他们的 CD 是吧？你应该听。因为他们可以写出这些，他们将会摆脱困境。”

圣路易斯并非美国唯一将艺术用于困难的黑人街区的振兴的城市。纽约布鲁克林音乐学院、芝加哥的剧院区、借助剧院和迪斯尼进行重建的时代广场、在丹佛、纽瓦克和堪萨斯城创建的大型演艺中心、纽黑文的创意文化节、哈莱姆的博物馆、奥斯汀和孟菲斯的音乐节、克利夫兰剧院广场演艺中心、匹兹堡文化信托等都是具有社会福利性质的重大文化项目。所有计划的资金都有联邦对街区振兴的资助、各州和城市的大量的税收减免和一些公私掺杂的商业活动。多数情况下，这些非营利项目包含着一些商业活动，比如旅店管理、住房建设、停车场、餐厅和百老汇大型音乐剧的演出。常常借助社会与社区的参与方式，可以让他们获得联邦补助：费城大型的基梅尔演艺中心的建设最初有资金困难，因
633 为它仅仅依靠一个精英主义文化计划，这是富有的慈善家们想要的，他们想为费城交响乐团找一个新的常驻地；最近，因为计划重新定位于费城老城区的振兴，公共资金才被解禁。

总之，可以假设，如今美国的文化政策很大程度是在振兴旧城区的框架下建构的，拥有大量的直接公共补贴和更大数量的间接的减税。要想对公共投入有清楚的认识，必须考虑到这种文化行动的政策是在没有文化部的情况下进行的。

人们可能质疑这种社区方式、这些城市振兴计划，或者批评艺术家进入这些过去的黑人聚居区，但必须看到在街区振兴方面，这些手段慢

慢地在起作用。居住在这些街区的穷困者人数在1990年至2000年间下降了24%（即250万人走出了聚居区）。长久看来，近30年来，美国的这种混合的和社区的体系，结合快速的经济发展，使三分之二的黑人得以走出贫困：如今，他们中大约三分之一属于中产阶级、工薪阶层，另外三分之二仍然困在聚居区，处于贫困状态。一些街区如哈莱姆或布鲁克林，从前是破败街区，如今得到复兴，富有相当的活力[8]。

在发展过程中，社区问题深刻地改变了美国看待文化的方式。精英主义艺术与民众文化之间的等级被推翻，标准发生了演变，对某种东西 634
是否构成“艺术”的定义发生了变化。精英阶层过去依靠“艺术”来维护其社会地位，他们变成了少数。一定程度上，“共同文化”或公共空间的概念同样被削弱。一种多元主义得以确立：文化可以是身份认同、生活方式、对少数族裔的接纳、个人与集体解放的工具。这是“雅文化”的终结吗？我们不要夸大事实：艺术与精英主义在黑人与少数族裔崛起后依然存在。但是，这肯定是一个时代的终结。

在公民社会内部，社区与基金会、大学和非营利机构代表着一种美国的文化形态。它们体现着自主的概念、由自己和团体对个人负责以及巨大的团结互助精神。对于这些社区内产生的艺术的质量与影响力可能存有争论，但不应忘记从爵士乐（新奥尔良、芝加哥南区、哈莱姆）到布鲁斯音乐（密西西比三角洲地区），从“比博普”到“嘻哈”（南布朗克斯），从“饶舌”到涂鸦艺术（南布朗克斯、底特律、洛杉矶中南区），还有“灵歌”（南孟菲斯、底特律、洛杉矶中南区）和R&B或迪斯科（底特律），美国流行音乐正是在这些黑人街区里诞生的。流行音乐是在这些社区里诞生的，远离国家和市场，是在新奥尔良的黑人教堂里、圣路易斯市封门堵窗的大街上、芝加哥的塔楼里或布朗克斯聚居区里产生的。文化成为黑人社区对奴役或种族隔离的记忆，成为对种族骚乱流行而残存的灰烬瓦砾的现实所能创造的最佳象征。

## 文化多元性的发明 635

1978年是美国大学生活的一个转折点，这一改变对整个教育体系和整个文化体系具有深远的影响。这一年，高等法院的一位法官的书面意见让法院转变了方向，他建议取消自动的少数民族的配额。在与一位白人学生艾伦·巴基在加州公立大学戴维斯分校的录取有关的事件中，法院以所有公民一律平等的名义取消了有利于少数族裔和种族的配额系统。为了避免“区别对待”白人，《巴基决议》拒绝了已经建立的倾向少数族裔的体系。虽然，这一决议并未提出重新审视之前的称为“不考虑候选人的族裔出身”的录取制度：一所大学有权考虑学生的“种族”和其他因素，以“多元性”的名义决定录取。“平权法案”旨在推动那些少数族裔出身的学生，法案在原则上得到维护，但在个案中却受到批评。高等法院的《巴基决议》在 1978 年使录取系统从配额制度过渡到“多元性”：这是对少数族裔自动进行优待政策的结束，有利于让美国社会更加“多元”。法官明确使用了“文化多元性”的概念本身。这一表述将逐渐成为美国新的信念，先是在高等教育中，然后在文化中，最后扩展到整个社会。

在巴基案之前，在教育界人们将“多元”一词用作“多样”或
636 “多样化”的同义词，比如维护多样的、公私共存的大学体系，而非一律的体系。必须侧重学生来源的社会和地域的多样。如果谈到族裔的平等，人们更倾向用“机会平等”的表述。在巴基案之后，“多元”一词越来越成为“族裔多元性”的同义词：不再仅仅涉及大学招收艾奥瓦农民子弟，还必须招收黑人、拉美裔和亚裔。因此，“文化多元性”逐渐成为注册文件、各种宣传册和如今所有大学网站中必须出现的表述。但是这一表述传奇性的成功不限于学校机构，它渐渐地扩及整个文化领域，乃至于从 1980 年代开始，美国各博物馆、乐团、芭蕾舞团或剧院都将文化多元树立为它们绝对的首要关注，至少字面上如此。

1978 年的这种向着“文化多元”的象征性转折同样有事实为依据。因为尽管这种关于“多元”的共同话语后来成为约定俗成，得到整个民族的采用和鼓励，但最关键的一点是美国在此期间变成了全世界最多元的社会[9]。

历史上看，美国一直由多个民族构成，但在 1970 年代之前这种文化多元性从未在如此程度上成为一种意识形态，这是因为国家本身彻底

转变了。人口上的重大转折始自 1965 年，《移民改革法》生效，这项有关移民问题的法案在林登·约翰逊任期获得通过。当时，这一法案没有
得到太多的评论，法案旨在废除以民族来源为基础的配额，配额按照来 637
源国家来管理移民潮。当然，新法案维持一些最大限额，但它结束了种族的等级制度：各个国家的移民从此在理论上都受到欢迎，条件是每个国家每年不超过 2 万人。在法令签署时象征性地在自由女神像脚下举行的一次演讲中，约翰逊总统将这次改革当作美国历史的一段插曲：他邀请来自共产党国家的难民到自由国度定居，让移民们到美国来与家人团聚，欢迎因为反对卡斯特罗而逃到迈阿密的古巴人，尤其恳请有资质的工程师以及艺术家移民美国，因为美国需要他们。对于约翰逊与许多美国人来说，移民被看作一张王牌，看作国家活力的一个因素和发展经济的工具。当然，移民必须得到调控，但移民参与了美国模式的打造。直到此前，来自欧洲国家的移民，首先偏重英国人和德国人，那些来自拉美和亚洲的人在美国的定居大受限制，因此，几十年来，移民的数量在减少。

然而，1965 关于移民的法案造成了一些重大的后果。在数量方面，配额很快被超过，因为美国这一时期的巨大经济吸引力，没有人能阻止新移民潮的到来。1970 年代，超过 400 万移民合法进入美国。在 1980
年代，这一数字达到 730 万，在 1990 年代达到 900 万。仅 2001 年一 638
年，就有超过 100 万合法移民进入美国[10]。

但是这些数字掩盖着移民来源方面的一个重大演变：亚洲人从前被海岸警卫队拒绝入境，他们在 1970 年代大量进入美国，一开始是菲律宾人、华人、朝鲜人、越南人和印度人。至于拉丁美洲移民，首先是墨西哥和古巴移民，他们比任何时候都多，主要是因为家庭团聚，尤其还要加上成百万的非法移民。当然，不要忘记那些可以自由出入美国的波多黎各人，因为波多黎各是美国在加勒比海地区的地盘。因此，1965 年的法案标志着美国的“欧洲中心主义”开始结束：那一年 90% 的移民仍然来自欧洲，如今欧洲人却不足 10%。效仿伊利亚·卡赞电影《美国、美国》中那些欧洲前辈前往美国的这些人如今来自远东和拉美。

移民同样开始来自非洲。在因为奴隶制而进行的强制移民之后，到美国来的非洲人从来没有现在这么多。1990 年以来到来的非洲人数量超过上两个世纪。如今，超过 7% 的美国黑人是在非洲出生的，这再次引起了关于非洲裔美国人身份认同的争论，非洲裔分为占多数的奴隶后代的“历史悠久的”黑人和占少数的更近的自由移居的黑人[11]。

“文化多元”并不仅仅代表一种意识形态：它首先依据一些事实。如今美国有 4000 万拉美裔（美国人口的 14.2%，今后是美国第一大少
639 数族裔）、3500 万黑人（12%）、1200 万亚裔（4.2%）、210 万美国原
住民（0.8%），估计还有 1000 万到 1500 万非法移民，美国本来就是多元的。洛杉矶如今是继首尔之后最大的韩国裔城市，还是最大的越南裔城市；纽瓦克是最大的葡萄牙裔城市；明尼阿波利斯是重要的索马里人城市；科罗拉多州是继蒙古国之后世界上蒙古人最多的地方。美国不仅是一个国家，也不仅是一块大陆，合众国就是世界，或者至少是缩小版的世界。

任何国家都没有这样的多元性，任何地方，即使是有 27 个国家的欧洲，都不能以如此高的程度代表一个“普世性”民族。美国过去接纳来自欧洲的人，如今变成了首个代表全世界所有族裔的民族，或许只有阿拉伯族裔除外——只有 120 万美国人自我认同为阿拉伯裔美国人。多元性因素在美国文化体制以及文化产业和非营利领域具有绝对的决定性作用，它是美国文化成为全球文化的实力所在。

这里涉及的不仅仅是一些数字和族裔来源，在美国的融入模式中具有某种特别的东西，这解释了这种多元性与族裔文化力量之间的联系。这一模式重视这样一种融入，即移民带着自己的文化、历史甚至语言融入其中，没有过多考虑将他们同化。如同哲学家汉娜·阿伦特的有力表
640 述所归纳的：美国“给予公民权而不要求以同化为代价”。实际上，这
里的融入机器的独特之处是因其务实精神。移民们想要成为美国人，从自由、安全的理想和国家经济活力中受益，尤其因为他们可以保留自己的传统和文化。虽然少数族裔常常生活在一起，并不一定共同生活于一个共同的美国，但至少这一模式是灵活的。成为美国人，并不是将自己

的文化和语言的传统留在边境上。虽然这可能显得令人惊讶，因为西班牙语族裔的存在，英语的世界霸权正是在美国最先受到彻底的质疑。在几个州，西班牙语是官方语言，如得克萨斯州、新墨西哥州、佛罗里达州、加利福尼亚州或亚利桑那州，在事实上并往往在法律上是双语州。当然，因为想要将英语强加为优先使用的语言的“英语为第一语言”运动，这种现实引发了暴力的反应。作为回应，拉美裔在2006年多次示威游行，开始用西班牙语唱国歌《星条旗永不落》，将之改名为“我们的国歌”（Nuestro Himno），他们招致乔治·W．布什的抨击。一些拉丁裔剧团的演员和西班牙语裔视觉艺术家发起坚决的反英语霸权和反美国（Estados Unidos）的斗争。

民族融入属于长期进程。短期中，这些移民潮有时导致自我封闭，好的方面是造成社区的强化，坏的方面是产生一些与美国共同生活隔绝的巨大聚居区。新移民知道他们是在为自己的孩子做出牺牲。

长期地看，用一代人的时间将一个秘鲁农民或一个班加罗尔的失业 641
者改造成一个郊区的中产阶级，美国在这方面拥有惊人的成功率。到了第二代和第三代人，向其他少数族裔和其他文化的开放随之开展。比如亚裔美国人目前成功进行了快速融入，这种融入通常的代价是为了成为“百分百的美国人”而牺牲家族源生地的传统，英语得到了偏重。在拉美裔中，特别是墨西哥裔中，这种现象不显著，但是同样在进行中。虽然1965年的法案让美国成为世界上最多元的国家，但这一法令如今却让人难以弄清楚到底美国人是什么。

## 伊朗音乐与日本戏剧

1980年12月，吉米·卡特执政末期，国会决定修正关于国家艺术基金会的法令，对这一事务处增加一项强制性的表述，它成为事务处的首要关注：那就是“文化多元性”[12]。这一表述被加入法令的开首部分，它是一种象征：通过两个单词，国家艺术基金会（NEA）整个的历史转向了。

因为受到来自少数族裔的批评，他们认为自己在国家艺术基金会的领导机构中未得到充分代表，认为得到的公共补贴太少，所以吉米·卡特任期对这一法令加入了上述更改内容。尤其是一些黑人和拉美裔游说团体在1970年代末激烈地批评国家艺术基金会，指责它是为白人统治
642 阶级服务的文化事务处。所以，国会决定通过立法来提醒这个事务处必须遵守多元主义，对所有美国人平等对待。在事实上，在法律上，文化多元性在1980年随着这次法案修正而成为美国的文化政策。

国家艺术基金会肯定没有料到这一立法措施会让多元性成为首要关注，但从那以后，这个事务处增加了支持黑人、拉美裔和亚裔的行动，包括在罗纳德·里根的任期。在国家艺术基金会的档案中，我们发现几十份有关“多元性”的回忆记录，找到一些由关注少数族裔办公室发布的有关民族文化的小册子、一些有关最高法院“巴基案”决议的详细报告、一些分发给事务处所有负责人的“有关文化多元性问题”的参考书目、一个有国家艺术基金会主席参加的文化多元工作组和一些追踪调查颁发给属于少数族裔的艺术家的补贴和奖助金数量的“少数族裔报告”[13]。

在1978年“巴基案”决议之后，在1980年象征性地且具体地在国家艺术基金会法令中加入“文化多元性”之后，美国文化政策肯定了它的新战略，几乎完全倒向了“文化多元性”。这一运动真实体现于各州和城市的文化事务处、各大博物馆、乐团、剧院，但同样并首先体现于大学。

从“巴基案”之后，美国大学大规模地向少数民族开放：美国大学有330万拉美裔、220万黑人和130万亚裔学生，如今明显地成为多肤色的大学。新的有色人种学生不断到来，加上对霸权的西方的白人文
643 化的批评，这导致了一些重大改变。必须在实地看到校园艺术生活的转变，才能意识到要求多元性的力量。在本科阶段，约22%美国大学生（或他们父母）出生于国外，在研究生阶段约27%。这些数字在校园里是显著可见的：加州大学洛杉矶分校的电影系和南加州大学有很多亚裔；在各个戏剧系有很多黑人和拉美人；获得艺术学硕士（MFA）的少数族裔学生的数量不断增加。

此外还有美国对全世界年轻艺术家的巨大的吸引力，特别是美国大学的吸引力，他们中许多人申请艺术学院，常常会被录取。每年在美国

的大学注册的外国学生估计约有60万人，约为大学学生总数的3.4%，这是全世界最高的比率。这些学生中35.6万人是亚裔：有3.3万名年轻艺术家来美国学习。还应该指出外国教师数量众多，他们中有很多艺术家。总之，这是美国体制的力量所在，它的吸引力远远超过其他国家，可以选择最优秀的申请人[14]。

最后，这一转变对于校园文化活动具有很大影响。实际上，所涉及的不仅是黑人文化的崛起，虽然黑人文化崛起构成一种模式，同时也鼓励了许多对于认同与文化的需求：朝鲜裔、日本裔、华裔、泰国裔、印度裔的学生，非洲裔和拉美裔的学生，他们同样在校园里推崇自己的文 644
化。他们有自己的纯人声合唱团，自己的非洲或日本圣歌乐队，自己的拉美摇滚或华文文学。少数族裔或同性恋电影节数量众多，做讲座的人来自全国各地，虽然多数发言都是用英文进行。

少数族裔在校园随处可见，它们有助于美国向许多国家开放，同时减少了直到此前一直具有决定性作用的欧洲的影响。

相同的运动发生于各州和各城市的文化事务处，在那里多元性被树立为正式规则。最初涉足于此的是纽约州的事务处，仅仅在事务处创立几年之后，那里就出现了少数族裔问题。早在1967年，这个州事务处就尝试针对黑人艺术家的要求，资助一个黑人聚居区的文化计划，这在当时是前所未有的选择。按照这个“黑人区艺术计划”负责人的说法，他们所追求的目标不仅仅是与贫困斗争，或避免青少年“夏天晚上在街上闲逛”，目标首先是重新赋予黑人街区的居民一种身份认同和种族自豪感（在事务处年度报告中，我们读到“扶持族裔的自豪感”）。同时，计划旨在增加少数族裔对文化的参与，尤其鼓励聚居区的艺术家按照他们自己认为成其为艺术的标准来从事艺术。要点在于这种对自我表达的关注：放手让黑人青年进行自己的计划。事务处给这项计划以合理解释，认为这可以让人们重新找回“族裔或种族文化遗产的根”，这是曾经被“统治阶级有系统地进行忽略或诋毁的”的东西。

在发起这一计划的基础上，纽约州文化事务处继续投入贫困街区和 645
社区，资助波多黎各人的西班牙语戏剧演出、贫困街区的一个流动木偶剧团和一辆专门露天放映由街区青少年制作的电影的“电影巴士”。多种行动大获成功，以至于纽约州议会早从1968起就在增加对这些“社会文化计划”的财政支持。

这种推动黑人贫民区的前所未有的努力对国家艺术基金会和其他各州文化事务处产生了多重影响，为它们提供了一个模式。1970年至1980年代，所有这些事务处都采取了许多类似的行动，一直延续至今，特别地重视[15]。

但是，与美国博物馆、剧院、乐团和芭蕾舞团的演变相比，大学和各州事务处里发生的事情仍旧是象征性的，从1970年代末开始，这些机构将多元性树立为它们的首要关注。透过展览、电影院放映场次安排、少数族裔文化节、雇员以及董事会成员的选择，一切都是从多元性的角度来考量的。从今往后，多元性成为日常文化活动的一部分，有时多元性是由想象和效率制造出来的。

俄亥俄州的克利夫兰美术馆是美国精英主义博物馆的典型，其财富上溯到工业革命时代，这里如今推出一些非洲艺术展览、伊朗或古巴音乐会，但它的电影资料馆里放映亚洲电影。底特律最大的美术馆底特律
646 艺术学院曾经长久局限于这个黑人城市里的少数白人，在2001年揭幕了通用汽车非洲裔美国人艺术中心。这个部门完全专注于非洲艺术和非洲裔美国人艺术，如它的名字所指示的，它是由汽车巨头资助的，被委托给了新任黑人策展经理瓦莱里·默瑟，她解释说：“如果想要让黑人来美术馆，必须不再让他们觉得底特律艺术学院是一个局限于欧洲艺术的白人精英机构。除了迭戈·里韦拉的巨幅拉美风格的壁画，美术馆墙上必须有一些黑人的作品。就这么简单。”美国各处都存在一些相似的例子，1970年代人们称为“非西方艺术”的展览得到很大发展，这些展览入选第一流的画廊，由学者进行编目，受到评论家的好评，享有众多的关注。民间艺术或者自学成才艺术、非主流艺术和原始艺术快速发展。当然，黑人艺术家以及拉美裔和亚裔艺术家的展览众多，从克里·詹姆斯·马歇尔在芝加哥当代艺术博物馆的展览到罗马尔·比尔登在惠特尼美术馆的展览都是。但是，这种演变不仅限于这些重要艺术家：

“惠特尼”2002年组织一次名为《拼花被》的具有转折意义的展览，展出由亚拉巴马州一个黑人小社区的一名女性以传统方式制作的纺织工艺品。甚至乐团也追随这一运动：洛杉矶爱乐乐团与达卡嘻哈乐队在晚会上一起演奏，晚会叫作《市声》；同样，华盛顿肯尼迪演艺中心这座美国精英主义的圣殿也投入大规模的黑人青少年艺术教育计划，多个非常国家化的演出安排都是关于少数族裔。在布鲁克林美术馆也发生同样的 647
演变：1930年美术馆的正式使命是围绕着美术、艺术研究和保存的概念确立的；2001年，董事会采纳了新的使命，强调收藏品与“每个参观者的独特经验”之间的联系，确定美术馆的目标是为“多元公众”服务[16]。如今，布鲁克林美术馆大获成功的展览不再像“大都会”和MoMA一样是马蒂斯或梵高，而是《嘻哈民族》展览或生于布鲁克林的半波多黎各半海地裔画家让—米歇尔·巴斯奎特的回顾展。而这真的行得通，美术馆的参观者40%至50%由黑人构成。

这种新的多元化并不全部体现为博物馆墙上的作品，董事会也有越来越多的有色人种。布鲁克林美术馆董事会成员的20%是黑人或拉美裔，路易斯安那州新奥尔良美术馆37位董事中6人为黑人。在得克萨斯州休斯敦当代美术馆董事会26名成员中已经有6名黑人，如今努力向拉美裔和亚裔开放，以便适应该城新的社会构成。如果简要看看纽约的几个文化大机构，我们统计的结果为：阿尔文·艾利非洲裔舞蹈团35名董事会成员中有14名黑人；大都会艺术博物馆的39名董事中有3名黑人；纽约公立图书馆45名董事中有四人；卡内基音乐厅60人中一人；MoMA的40名董事中一人。这些数字本身就能说明问题。

为了推进多元化的成功，这些成功常常是在新近富裕起来的黑人小社群基础上取得的，虽然有限但却真实，文化机构又开辟了新的道路，它们将董事会扩至两倍：平行建立第二个董事会以便更好地体现社区的 648
多元，以便致力于发展教育与普及。亚特兰大高等艺术博物馆的例子是有趣的，因为这个美术馆选择将董事会向黑人社区成员开放，以便体现该城的社会构成。如同博物馆的副馆长菲利普·韦尔解释的：“有更多黑人在董事会里，这帮助我们将博物馆向黑人社区开放。没有他们，我们的发展计划就毫无意义。”在芝加哥艺术学院，在这座黑人为重要少数族裔的城市，这座博物馆建立了一个精英咨询委员会，由一些黑人构成，他们的使命是与自己的社区沟通。这一切的发生伴随着贵族文化机构的模式的削弱，同时又将之多元化。

## 白头发的白人受众

罗纳德·高尔曼是美国人所说的那种“好孩子”。所有人都叫他的绰号“罗恩”，他是旧金山交响乐团负责教育和普及计划的年轻黑人董事。他出生于北加州罗利的黑人街区，那里当时仍然存在种族隔离，他很早就对古典音乐感兴趣，在少年时期成为爵士萨克斯乐手，随后在大学学习音乐，获得音乐学硕士。他的经验主要是在大学业余乐团里获得的，多亏了这种资助他才能于1983年加入旧金山交响乐团。这座城市的公立学校里的学生说着超过50种的语言，这里有众多亚裔和西班牙
649 语裔民众定居在此，还有生活在海湾另一侧的一些弱势群体黑人的街区，比如奥克兰，因此对于旧金山交响乐团来说，增加针对这些社区的活动似乎是自然的事情。

罗恩·高尔曼从1995年以来任教育主管，他协调着十来个普及计划。对他而言，“普及”这个词不仅仅意味着教育或想要达到更广大的受众：在字面意义上，这个词实际上是“达到”的意思，所涉及的是通过在教堂、中小学、社区和他们生活的聚居区里“达到”公众。罗恩·高尔曼肯定说：“普及的实地进行是通过各种可能的渠道，我们去敲所有的门，给所有信箱和互联网的电子邮箱里发材料。”这类动员活动的目的不是出售产品，而是提供一种审美和一种文化经验。目的同样是打破艺术大机构的精英主义形象，笼络新受众，让他们终生继续支持交响乐。除了这些受到感染的公众，这场运动的另一优势是产生某种“环绕立体声回响效果”，这可能是具有决定性的，可以让人了解一个新的文化机构，激励作为中介者的听众，产生一种“反响”让全城人都谈到你。普及活动的这种渲染效果是人们极力追求的。

“普及”的概念概况了美国的文化行动：艺术大机构、基金会、州事务处和国家艺术基金会（NEA），近年来所有人都将此作为首要关注，但罗恩·高尔曼补充说：“人们不太喜欢‘普及’这个词。从历史

上看，这个想法是随着纽约大都会歌剧院的夏季露天音乐会产生的。这个概念有些高高在上，有些传教的意思：乐团将福音和伟大的音乐带到 650
纽约州的村庄和城市。在1980年代，‘普及’这个词得到普遍使用。当我们意识到我们乐团的听众正在老龄化，意识到受众群在社会阶层和族裔方面不够多元，我们便开始进行普及。人们设想了一些越来越专业化的计划，人员越来越多，思想上也有超越。‘普及’是现代的，应该是有实效的，被人们看作支持多元性的最佳手段。比如在旧金山，我们的想法是让所有人都能为本城的乐团自豪，即使是在那些困难街区，即使人们自己不去听乐队演出。让所有人都知道乐团，让所有人都支持它，就像这是本城的篮球队。但是如今，人们有了很大改变，大家更愿意谈‘社区参与’或者‘服务社区’，而不是‘普及’。人们是作为邻居而参与其中。不能因为我们遇到的人没有接触过好的音乐就采取居高临下的态度。我们尝试更多定位于一种平等格局。我们既付出又接受，事情应该从两个方向进行。”

为了领导旧金山交响乐团“社区与教育”部门的行动，罗恩·高尔曼拥有400万美元的年预算和6名全职雇员的团队，由3名长期实习的音乐系学生提供有偿帮助；他还可以依靠乐团1500名志愿者中的一部分人。他有成百的CD，成千的小册子要分发，还有给志愿者的小礼品和一些证书要发。尤其是，他提供一些音乐会的入场券。

罗恩·高尔曼解释：“志愿者们为付出时间而感到自豪，因为他们
得到一些东西作为回报：我们培训他们，教会他们欣赏音乐，重视他 651
们，他们的名字在我们的计划、《年度报告》中被提到，在乐队指挥出席的晚宴上他们受到笼络。我们甚至用一些礼品或花束来奖励那些最有成绩的志愿者。”

罗恩·高尔曼于1988年建立“音乐冒险”计划，每年为旧金山地区93所公立学校的所有小学毕业班提供4场音乐会。深入班级的这些音乐家们是专门招募的专业人士，他们的专业是古典音乐，但也有爵士乐、福音歌曲和中国传统音乐。罗恩·高尔曼肯定说：“我们的目标是向孩子们显示所有音乐是互补的，它们之间有一些桥梁，如果他们愿意的话，我们通过饶舌和爵士乐来引领他们接近古典音乐。在各种音乐形

式之间，我们不做价值区分。”在年底，小学生乐队受邀去交响音乐厅去听一场由迈克尔·蒂尔森·托马斯亲自指挥的旧金山交响乐团的免费音乐会。

迈克尔·蒂尔森·托马斯，绰号 MTT，是一位典型的美国指挥，富有活力，熟悉各种门类的混合，极其喜欢与公众和社区交流。他自我定位于阿尔图罗·托斯卡尼尼和伦纳德·伯恩斯坦的风格类型，托斯卡尼尼通过广播电台数以千计的广播节目帮助拓宽美国古典音乐的观众群，指挥纽约爱乐乐团的伯恩斯坦善于动员整个城市在背后支持他。MTT 还记得芝加哥交响乐团，在 1971 年，当这个乐团世界巡演归来时受到市长的盛大欢迎，有贵族头衔的乐队指挥格奥尔格·索尔蒂爵士在花车
652 车队的第一辆车上，如今在美国只有迎接篮球队或棒球队才能目睹这种场景。蒂尔森·托马斯正是因为回忆起这个时代才展开了行动，他懂得让乐队在这座城市里居于醒目位置，将古典音乐美国化，并让它成为时尚。

同样是因为 MTT 是社区中无所不在的乐队指挥，罗恩·高尔曼的工作才更加容易，这与纽约爱乐乐团和芝加哥交响乐团的情况相反，这两个乐团的指挥是洛林·马泽尔和丹尼尔·巴伦勃依姆，不太能指望他们来进行教育活动。纽约著名音乐学院——朱莉亚音乐学院的校长约瑟夫·波利西评论说：“迈克尔·蒂尔森的人生与旧金山交织在一起，这个城市与他共生；洛林·马泽尔与纽约没有任何联系。因此，公众信任蒂尔森，但尽管洛林·马泽尔是一个杰出的音乐家，他却不太能成功地领导纽约爱乐乐团。在美国，伟大的指挥是一个让他的乐团能够在城市里生存的伟大的音乐家，他属于自己的社区。”

旧金山交响乐团的教育与普及活动还有其他许多计划。一个业余乐团可以让人们看到该城街区内的一些年轻乐师，而每年夏天公园里的免费音乐会旨在扩大古典音乐的听众群。老年人、少数族裔社区、大学生都有专门针对他们的计划。与美国各地一样，一些音乐会前的预先宣传或演出后的问答往往以免费教学的讲座形式进行，用来讲解音乐会。美国乐团的这种老传统如今得以现代化，宣传借助字幕系统或显示乐队指挥形象的大屏幕、一些演出期间的 iPod（著名的 Coco，即“音乐会伴

侣”［Concert Companion］，类似“掌中宝”，逐个段落地解说音乐家想要表达的内容和指挥的动作），当然还有互联网站，网站本身就是培训 653 和陪伴公众学习古典音乐的空间（旧金山交响乐团网站的“探索音乐”、“与音乐家相会”、“听音乐”栏目尤其受人喜爱）。最后，旧金山交响乐团的音乐会定期在三个当地电台向全美国转播。

用这类普及计划，旧金山交响乐团目前成功地阻止了听众数量的下滑，吸引了青少年和亚裔，有时还吸引了一些黑人，在美国黑人很少去交响音乐厅。

别的地方，情况似乎更糟。虽然，各处都有普及计划让它们能吸引许多亚裔，但在拉美裔和黑人中却显然失利。康涅狄格州纽黑文交响乐团的负责人迈克尔·麦克劳德解释：“美国乐团的问题在于它们所生存的城市不再是白人城市。然而，非洲裔美国人社区的居民不去古典交响音乐会，不去任何这类地方。就这么简单。”

因此，从芝加哥到波士顿，当我们看到乐团出于振兴的考虑而增加对黑人聚居区的行动，我们不禁要问这是否是乐队本身试图通过这一途径来自我复兴。面对它们的白头发的白人听众在波士顿交响乐团或大都会歌剧院的音乐会上昏昏欲睡，形势经常是令人绝望的。纽约林肯中心的负责人雷诺德·列维对此不太乐观，他不知道怎么办才好，他解释说：“在大都会歌剧院，长期观众的平均年龄为 72 岁；在纽约爱乐乐团 654 则小 5 岁。一些人选择住在林肯中心附近：这变成了类似提前退休的社区[17]。”所以，普及与教育同样是希望的福音：与社区接触，乐团将做出改变，将能够演进，避免随着观众而衰老和睡去。

这些针对黑人、拉美裔或亚裔社区的普及计划存在于美国所有的城市、所有的文化机构，无疑构成了美国文化体制最积极的一点。在克利夫兰美术馆，他们每年组织一次街区内 2000 名少数族裔的盛大游行，在年内他们与美术馆的员工一起制作面具和服装，然后在市中心街道游行，这里主要是一个黑人街区。还是在克利夫兰美术馆，有 1.8 万件艺术品专用于培训：一些志愿者用手提箱装走这些欧洲、非洲或西班牙语区的艺术品，常年在少数族裔社区的中小学里展出。在巴尔的摩交响乐团，乐团的乐师分成小的室内乐培训小组，每组在一些学校演出，主要是在东巴尔的摩的黑人聚居区——美国最糟糕的黑人聚居区之一，活动是以义工为基础的，但对此有一些额外报酬。另外，巴尔的摩交响乐团建立了“灵歌交响乐队”，这是一个主要由黑人组成的乐队，被动员起来常年在街区中为乐团做普及工作。

美国文化机构针对黑人少数族裔的文化工作是一个非常普遍的现
655 象。这一现象出现于1970年代，在1980和1990年代普及开来。后来随着美国成为文化多元国家而扩展到其他少数族裔。

## 各种肤色的美国

黑人与白人之间典型的两极对立塑造了1970年代前的美国历史，如今因为其他少数族裔的增多，这种对立在很大程度上被扰乱了。今后，亚裔美国人在加州，印度裔在俄克拉荷马州、达科他州和亚利桑那州开始发挥重要作用，但最大程度上打乱了美国民族分布格局的显然是拉美裔。如同美国几个州和许多大城市已经发生的情况，有色人种在几年后将会构成这个国家的多数。白人的美国，或者说欧洲裔的美国人将会成为少数，与其他族裔一样成为少数族裔。

在这方面，新墨西哥州具有代表性。这个州的文化分为三种极不相同的文化，而三者却又相互混合在一起，这三种文化分别是：西班牙语裔文化、印第安文化和白人文化。这些文化各自又分为许多“亚文化”，比如每个印第安部族都有自己的历史、艺术、传统甚至语言。新墨西哥州印第安人事务部长本尼·申多解释：“在印第安人的语言中不存在‘艺术’这个词。对于我们来说，很长时间里文化是由日用品、宗教和一些实用的物品代表的。但1960年代以来，我们明白了‘艺术’这个词意味着什么，那是观光客在圣菲和阿尔伯克基的集市上向印第安
656 人购买的各种陶制品。但矛盾的是，如今这些陶制品不再具有实用性，因为印第安人与所有人一样去超市买东西，这些陶制品仅仅用于做旅游生意了。”

印第安文化的发展将从属于发展经济，部族在这一思路引导下展开的运动开始于1980年代，当时里根总统批准印第安人开设赌场，本尼·申多解释：“对于印第安人而言，这等于黑人的社区发展协会。这是给

印第安人自己帮助自己，自己提供资金的手段。如今，靠着赌场，印第安人在新墨西哥州生活得还算不错。”除了这种观光和经济发展的目的之外，印第安部族首领们还试图将文化用于身份认同的目的，为的是保护传统和保存自己的历史。一块印第安人保留地“阿科马普韦布洛”，是一个了不起的印第安村庄，位于新墨西哥州沙漠中的丘陵上，那里文化活动多种多样，将经济发展和传统保护融和起来。这个村庄的历史可以上溯到公元680年，为了取悦游客而改名为“天空城”。在赌场的礼品店里，能买到陶器、篮子、服装。领导阿科马文化中心的布莱恩·瓦罗解释说：“我们非常乡村化，非常依恋土地，我们对太阳有很多依赖。我们的陶器、编织、鹿皮鞋属于生活在美国的6000名阿科马人的记忆。我们保留下的文化是一种口语文化，深受宗教和家族生活的影响。现在村庄里只剩下13个家庭和7000头奶牛，而维持传统是我的工作。我尝试继续说阿科马语，这是我的母语，这种语言在本地区的大学里被教授，我努力在联邦政府、本州印第安人事务部和国家艺术基金会的帮助 657
下建设一座阿科马博物馆。”

这一地区的大学叫美国印第安艺术学院。这一机构是根据肯尼迪执政时期的一个法令在圣菲附近创立的，如今由美国联邦政府直接出资。黛拉·沃瑞尔，领导这所大学的一位精力充沛的印第安女性骄傲地告诉我们：“我们的董事会是由美国总统任命的。我们的学生很出色：他们获得艺术学学士，他们从事印第安嘻哈音乐和饶舌音乐，同时他们学习如何保护我们的传统。”

向西朝着亚利桑那州方向走，来到阿帕切堡的“白山”保留地的博物馆。我们在那里看到一顶“gowa”，即传统的阿帕切人的帐篷，看到一些华丽的服装和一些收藏品，这些藏品通常是很贵重的。还有许多羽毛和箭，是这个游牧部落的象征，他们过去经常被联邦政府要求迁移。作为补偿，阿帕切人的博物馆如今很大程度由亚利桑那州文化事务处和国家艺术基金会（NEA）为首的联邦文化事务处资助。博物馆的负责人卡尔·赫里希解释说：“因为商业的压力，保存传统是非常难的。因为印第安艺术卖得很好，阿帕切艺术更好。观光和博彩业比传统更重要。对于所有这些问题，部族本身意见不同，尤其因为存在几种阿帕切语，他们有时难以互相弄明白。”

更向西一些，跨过亚利桑那沙漠，到达州首府凤凰城，我们看到一座专门献给印第安人的大博物馆——赫德博物馆。这座博物馆很大程度上由国家艺术基金会、国家人文学科基金会、亚利桑那州文化事务处和凤凰城的文化事务处资助，博物馆专注于亚利桑那州 21 个印第安部族
658 和俄克拉荷马州和达科他州的其他部族。这里有纳瓦霍印第安人的编织品、夏延人的彩绘陶罐、印第安人的典礼服装、战鼓、阿帕切木笛。博物馆首席馆员乔·贝克解释：“适当的词是‘工艺’。在印第安文化中，人们不区分工艺与艺术，不区分艺术品与手工艺品。这是一种无名无姓的传统，印第安人不加个人的区别，他们不在自己的东西上署名。对于我来说，同样不存在雅文化与俗文化之间的区别。这是印第安人教会我的。”

印第安人比美国任何族裔都更加关注保持自己的传统，但他们同样想生活在现代。我们明白这场过去与现在之间的对话将如何造成紧张同时又如何造成可能。美国文化的活力与多元性可以从这种不断更新的需求中部分得到解释，他们需要重新找回自己的族群，同时又需要从中解放出来，其背景是美国式的必然复杂的关系。

休斯敦“双语达人”剧院的经理乔治·皮纳解释说：“直到 1960 年代，在得克萨斯州的餐馆都能看到这样的牌子：黑人、狗、墨西哥人勿入（No Blacks, No Dogs, No Mexicans）。这种过去对于墨西哥人仍然是现实，特别是在这里，在东休斯敦的拉美裔街区。他们想把我们从自己的土地上赶走，那些得克萨斯牧场主、州警察过去常常杀害墨西哥人。但我们始终生活在这里，我们和印第安人一样是土著美国人。我们在美国人到来之前就在这里了，我们没有跨越国界，是国界穿过了我
659 们。如今，仍有墨西哥的移民来到这里，不计其数。像我们这样的剧院在这里是为了让这些一直以来就定居于此的墨西哥人与那些刚刚到来一个星期的墨西哥人对话，而这并不容易。我们推出一些西班牙语剧作，有一些用英语，有时候采用‘语言代码切换’的方式在两种语言之间进行自由转换。这种双重语言构成我们的认同。”

在美国各地，拉美裔文化在西班牙语裔社区很兴旺，尤其因为这种文化得到了这些社区的人们生活中特有的素材的滋养。领导波士顿“文化之家”的萨布里娜·阿维莱斯解释说：“拉美裔为了更好的生活而离开故土来到美国。他们怀念他们离开的故乡，但他们同样想成为美国人。与黑人相反，黑人与美国拥有共同的历史，但是让西班牙语裔团结在一起的东西还不如让他们分裂的东西多。根据不同的来源国，他们有着不同的历史，他们甚至并不全都说西班牙语。”

从今往后，这个国家的第一大少数民族是拉美裔，他们深深地搅乱了美国模式：他们说另一种语言，常常属于另一种宗教，不具有黑人那样的历史的合法性，虽然那是以奴隶制的代价获得的。在东洛杉矶，从皮尔森到芝加哥，在纽约皇后区，这些拉美裔街区是当今最敏感的聚居区。

在威斯康星州密尔沃基，“南区”是位于市中心南部的一个复兴中的街区，一个重要的拉美裔社区。“拉美裔街区”的生活主要围绕着“社区中心”（Centro de la Comunidad Unida），这是一个非营利的大型社
区文化中心，这里有一所学校、一个社会福利中心、一个医疗中心、一 660
个养老院、一些夜校、许多体育运动和一个提供多种文化活动的艺术场所。“社区中心”是按照社区自主的模式建立的，旨在独立负责公权力机关以及街区内西班牙语裔人口的生活。为了做到这一点，他们拥有自己的公交车，出版自己的西班牙语报纸，管理廉租房，拥有自己的图书馆（实际是密尔沃基公立图书馆的西班牙语分馆）。他们获得联邦和当地的公共资助，通常是根据他们的计划进行间接资助。但是私营商业同样得到鼓励，市场被看作社区自主的驱动力，在密尔沃基的这个街区有几百家拉美裔商店。这种受重视的拉美裔文化模式在这里相对比较开放，曾经作为唯一的“美国化”道路被抛弃，在这里经常见到英语的使用，但是英语仍然属于可选语言，让每个人自由确定自己的需要和自己的文化。

在纽约的“西班牙语哈莱姆”，同样在开展一次大规模的重视拉美裔文化的复兴进程。随着西班牙语裔的许多艺术表达、一些街区文化节、彩车游行和一些剧团的发展，这个街区正在经历真正的复兴。所有

人都来到街上，踏着街区的节奏《随它下雨还是晴天》（*rain or shine*）。胡利安·祖加扎各伊佳出生于墨西哥，他领导着拉美裔街区博物馆，而这个街区西班牙语裔的大博物馆，他说："最初，在1969年，这个博物馆是由一些艺术家和教师在一间教室里建立的，目的是让波多黎各裔的孩子们有一个属于自己的文化场所。渐渐地，它变成社区的博物馆，仍是以邻里关系为基础，以波多黎各人为主，现在这个街区也是如此。
661 1977年，纽约市提供给我们现在这个好地方，让我们可以得到发展，并间接得到补贴。但直到1994年，我们才想要代表所有的西班牙语裔，我们不再仅仅是一个波多黎各裔博物馆，而是要真正成为拉美裔博物馆。我是第一个墨西哥裔馆长，这就是一个象征。这是了不起的演变，是不可估量的交流对话的源头。这同样代表着街区里人口结构的演变，波多黎各裔在这个街区不再占多数。当然，各人口之间仍然存在着紧张关系，特别是在已经完全美国化的波多黎各裔与那些墨西哥移民之间。有时，波多黎各裔会怀念他们当初的博物馆。但这里有许多跨种族的婚姻，人们更多地说英语，许多第三和第四代拉美裔相互通婚。街区博物馆反映了他们新的关注，如今代表着所有西班牙语裔文化。"随着一些重大展览，特别是献给弗丽达·卡罗和她丈夫伟大的墨西哥壁画家迭戈·里韦拉的展览，这个博物馆如今是纽约最重要的博物馆之一，它位于著名的博物馆大道以北，这是第五大道的一部分，这里有"大都会"、"古根海姆"和纽约的多数博物馆。

对于很多第二代或第三代的年轻拉美裔或亚裔来说，与美国的关系和"刚刚下船"（fresh off the boat）到达美国的他们的父辈全然不同。他们不再是因为经济原因来美国定居，不必再为此牺牲身份认同、家庭和文化。回归不再是一种选择，虽然他们的来源不尽相同，但他们的抱
662 负却如此相似——他们想要作为美国人并获得成功。

在洛杉矶的"小东京"或纽约的日本街，美国被证明是出色的归化机器。艺术尤其是一个令人难以置信的实验场，多元性在那里令人惊讶，混合成为无穷的灵感源泉。

加州或内华达州的年青亚裔往往一进入大学就发生彻底改变，他们

通常会获得优异的成绩。加州大学洛杉矶分校的一个年轻日本女艺术家解释说："我离开日本，因为在那里我永远不能跨出自己的世界。日本文化太具有同质性了，太传统和具有道德感，只有在美国，亚洲文化才真正成为多元的。因此，学生们放弃了日本风格：他们染头发，文身和穿耳环，女孩们较少化妆，不再染指甲。在校园里，他们变成美国人。日本社会很接受传统文化，但根本不接受前卫艺术。为了从事日本当代艺术，必须来美国。"一位全国知名的华裔艺术家张平（Ping Chong）在纽约建立了一个亚洲戏剧剧团，他肯定了这种说法："我是在唐人街，在华语小影院、餐馆乐队和幽默的社区幽默剧'杂碎院线'（chop-suey circuit）环境中长大。同时，我受到美国流行文化、路易斯·阿姆斯特朗、《蜘蛛侠》连环画和百老汇音乐剧的影响。我是美国人！某一天，我必须离开唐人街。华人社区非常千篇一律，非常传统，不关心后现代戏剧。华人社区不喜欢前卫，看重中国艺术、宗教。为了创新，我必须 663
从自己的社区里解放出来，定居到更加波西米亚风格的东区。在与白人、黑人、反文化潮流的接触中，我才能进一步创作。"

社区的渴望与拒绝和主流的吸引与排斥之间的这种张力是美国少数族裔文化活力的主要推动力。洛杉矶附近有一个旨在对拉美裔进行艺术培训的计划——邻里威尼斯艺术，该计划的负责人林恩·沃肖斯基评论说："洛杉矶的拉美裔年轻人不想从事墨西哥民间舞，他们想创作嘻哈。"这种两难选择也是理解美国文化同质化进程的一个关键。为了变成美国人，第二代或第三代拉美裔或亚裔年轻人从自己的社区解放出来，开始说英语，试图获得艺术学硕士，想要成为成功的艺术家，总之，他们希望吸引超出自己少数族群之外的公众，成为主流。在旧金山，教授戏剧课的卡伦·岛川（Shimakawa）解释说："第二代或第三代美国亚裔艺术家不愿意再像父辈那样扮演外国人的角色，他们想成为真正的美国人，甚至过度看重这种美国性。这必然要依靠更加大众化、更加商业化的文化。简言之，他们必须进入主流。"

情况远非如此，这种观点并非所有艺术家都赞同，也并非所有拉美裔或亚裔文化机构都赞同。相反，许多人看重自己社群的文化，拒绝用英语来展现他们的艺术，拒绝向大众文化演变。领导新墨西哥州阿尔伯

克基“全国西班牙语裔文化中心”的卡特琳娜·阿库莱塔解释说：“直
664 到1960年代，拉美裔都想成为美国人。但是后来，拉美裔文化得到重视。在各个地方，比如奥斯汀、圣安东尼奥、达拉斯和迈阿密，人们建立起一些西班牙语裔博物馆。问题已经不再是如何成为主流，问题是如何保护和重视我们的文化。”

爱德华·林（Yim）是韩国裔第二代，大约35岁，他是洛杉矶爱乐乐团的艺术经理：“我们的角色是扩大古典音乐的疆界。一方面，我们提供约翰·亚当斯的歌剧《基督的诞生》，这是深受西班牙语裔文化影响的当代音乐；另一方面，我们爱乐乐团同别人一起举办一些嘻哈音乐会。同时，我们还是美国最著名的交响乐团之一。我看不出有什么问题，从事嘻哈音乐，并不是搞俗文化。门类的混合是可贵的，因为所有音乐都属于文化。在洛杉矶，一切皆有可能。”

这些门类混合、这些社群文化与大众之间的沟通，表现出美国文化论争的复杂性。走向主流的运动不是有系统的选择，也不一定是人们想要的。对话与交流是无止境的，在纯粹的族群文化形式、根植于社区的多元文化形式、交叉的文化多元性和美国化与商业化的形式之间存在着各种变化的文化形式。

从根本上看，美国文化多元性的力量与实效性不一定在于少数族裔本身所产生的文化。这些少数族裔文化有时显得累赘，而且封闭于僵化的身份认同，虽然它们也可能提供有活力的拉美裔文化节和有斗争性的
665 黑人戏剧。形成整体活力的主要是少数族裔之间的沟通、对话、融合，在美国称为“交叉”和“跨文化”。当然，这些混合同样产生一些紧张关系、族群封闭，有时让某种“共同文化”无法存在，不要忘记还有强烈的种族主义，比如在得克萨斯州对墨西哥非法移民的歧视，他们被称作“wetbacks”（字面意思是“湿背”，因为他们被认为是游泳跨越格兰德河的）。这些人大概最能说明对美国的渴望，在休斯敦的一部用英文上演的拉美裔剧作中，他们做出回答：“即使他们抓住我100次，我终归会成功渡过布拉沃河。”布拉沃河是格兰德河的墨西哥名字。

但是，在青少年、大学生，尤其是艺术家中间，这些交流常常产生一些正面效果，他们不断翻新，打造自己的认同，更自由地选择成为自

己想要成为的人。这种沟通与交流构成美国文化体制的主要推动力。族群催生一些独特的文化，大学和反对现代体制（另类）的街区使交流与对话成为可能，而主流文化则从中抽取最商业化的部分，将之传播给所有人。

因为这些原因，美国很可能正处于文化崛起的起点上。随着每一波新的移民潮的到来，随着每一代自我解放的新亚裔的诞生，随着黑人的融入，美国都在自我更新，因为美国懂得重视这些差异，承认自己国土上的多元文化，美国的实力将会持续。如果美国如此改造它的移民和有色人种的后代，那么美国同样将改变自己，虽然这不一定是它所愿。 666

我们的这次漫长的调研到此告一段落。因为多元性，美国文化已经改变，在改变的过程中，它找到自己新的事业。这一事业甚至成为这个国家认同的核心，成为美国新信念的有机构成。在结束本书之前，应该阐明多元性对于艺术家的作用以及对于美国文化实践的具体后果。在美国，艺术家是什么人？他们如人们所说的那样“多元”吗？他们有多少人？至此为止，这一问题还没有太多涉及，虽然我们透过社区、独立文化机构和大学对他们已经有长时间的关注。这一问题现在应该谈一下，可以让我们对经济发展和多元性做一个综述。接下来的问题是，美国文化实践的状况怎样，这些实践反映出表面的文化多元吗？本书从对阿瑟·施莱辛格的描述入手，他代表1950年代和1960年代的新教徒白人精英，同样应该用最后一篇对当代人的描述来结束这本书，她就是玛丽·坎贝尔，一位黑人女性，她在已经大为转变的美国文化生活中逐级而上。

### 新兴的创意阶层

《创意阶层的崛起》（*The Rise of the Creative Class*），近年来，很少有哪本书比经济学家理查德·弗罗里达的这一著作在文化领域产生的影响更大。该书于2002年出版，这部精辟的论集以比较的方法，依据几个标准分析了美国各城市的发展：依据它们的艺术家数量、族裔多元 667
性、同性恋社群的活力，还有它们在新技术方面的创新和活力。理查德·

弗罗里达最终定义了三种划分：第一种根据多元化和宽容（包含同性恋者数量、出生于国外的人的数量和对种族的统计）；另一种反映创新才能（主要根据艺术家数量和广义的创作者的数量，被称作“波西米亚指数”），最后一种根据技术创新（以高科技企业、大学和研发集群的集中或有竞争力的部类来衡量）。这三个轴心称为“三个 T”（技术、宽容、才能），用这三个轴心，他对一些问题提出了解释，为何北加州的罗利或科罗拉多州的丹佛这样的城市得到了发展，为何莫比尔（亚拉巴马州）或拉皮德城（南达科他州）这样的一些城市却衰落了，甚至仅仅徒然留下城市的名字而已。按照这样的思路，这部著作最后按照称为“创意指数”的这些标准提出一个几百座城市排行榜，占据首位的是得克萨斯的奥斯汀，接着是旧金山，然后是西雅图。

因为鼓励市长们吸引大学、少数族裔和同性恋者，因为重视新技术，人们理解了这本书为何在全国取得巨大成功，明白它如何会有助于加速支持旧城区振兴或创建艺术区的运动。我们同样可以想象，市长们、少数族裔社区和同性恋社群的领袖，当然还有那些信息产业领域的跨国公司和大学的负责人，他们从这部著作中找到一个与他们为之奋斗或为之开展市场营销的计划相一致的主题。

这里，我们不是要评判这部获得巨大成功的著作，它因为方法论上
668 的原因或因为排行榜与创意行业的就业统计数据不太吻合而受到激烈批评，不要忘记保守派不想看到有人用波西米亚、拉美裔移民和同性恋者数量的增加来解释城市的发展！

这部著作的要点在于，在美国被统计为艺术家的人数众多，实际上他们可能是一个经济发展的因素。该书的要点阐明了美国创意人员的数量不断增长，如今达到 3800 万就业者（即就业人口的 30%）。这个创意阶层今后将成为这个国家的主导阶层，这些就业者比其他人薪酬更高，他们更加自主，注重多元性，而非千篇一律和从众，他们中获得学位的人更多，他们拥有建立在个人主义、冒险和成效基础上的共同的创意伦理。这一阶层代表着当今美国经济最有活力的部分，以至于这些工薪的创意族不需要搬家去迁就工作，因为企业将趋向聘用这些雇员，经济发展、美国城市之间的竞争和具有竞争力的行业将由此而来。

当然，所涉及的不仅是艺术家，作为著作中最受争议的一点，理查德·弗罗里达补充说信息专家和建筑师，还有教师、工程师和社会教育工作者都属于新的创意阶层。这些人被贴上了“超级创意族”的标签，而其他的普通的“创意族”如律师、商人或经理人也同样被纳入新的创意阶层之内。

不管怎样，艺术家的人数的确很多，甚至代表着这个新阶层的核心
与精神。如果将弗罗里达的排行榜存而不论，现在集中看看不受美国劳 669
工部和官方统计机构（美国人口普查局）左右的那些统计数字，我们将获得一些非常能说明问题的数字。

如今，在美国就业人口中约有200万名职业艺术家，不论他们是在文化产业还是在非营利部门。他们中有3万名电影和戏剧演员，3.2万名舞蹈家和编舞，17.9万名乐师和歌手，19万名作家和21.2万名造型艺术家（但还有一些建筑师和设计师，用“艺术家”来形容他们，或许对于他们中的某些人是颇有争议的[18]）。

总之，与预料的相反，在美国艺术家的数量被证明非常之高。当然，这个数字用“艺术家”这个名称包含了那些从事“雅艺术”的艺术家和那些文化产业中的艺术家与民间艺术家（欧洲的统计方法也一样，但统计出的艺术家数量却更少）。将建筑师与设计师直接归入艺术门类，这也是颇有争议的，但数字总归是非常高的。艺术家在就业人口中的比例在美国占1.5%（美国总的就业人口1.365亿），相比较而言超过小学教师数量（1.1%），大大超过警察数量（0.42%），当然也超过了农业人口（0.32%）。如果将百分比细分，我们看到就业艺术家的0.8%在非营利艺术领域工作，这大概更加符合对艺术家工作的狭义的定义（这仍旧有约100万艺术家）。

这些数据非常重要。它们使我们首先能看出美国文化体制尽管有缺陷并且直接的公共补贴不足，但却成功地将众多艺术家推向了就业市
场。依靠社区和大学在上游产生或培养创意者，依靠非营利机构和文化 670
产业在下游雇佣他们，这些统计数字证明在美国这样的现代的巨大的民主国家中对艺术家的需求不断增加，因为他们的数量在40年来不断增长（1965年56万，1970年70万，1980年100万，1990年160万），

相对于欧洲的就业情况，这些数字很能说明问题。

这些统计数字也使我们得出一些不那么正面的教训。首先，应该看到美国“艺术”范围的广义。对这些数字的具体分析显示出，艺术家在整个就业市场上更加活跃，不仅限于古典音乐乐师、戏剧演员或舞蹈演员这样“高贵”的职业。这里应该指出，美国的全职的电影和戏剧演员的数量很少（3万人），但却有13.3万制作人、电影和戏剧导演！在奥斯汀、洛杉矶、旧金山、西雅图、纽约和其他上百个的城市里，我们看到，凭借上百家的视频制作公司、广告代理、成千家的互联网站、几十家的有线电视、数码音乐或电子游戏公司，美国经济给艺术家提供了成千上万的工作机会。如今大多数艺术家在这些领域里大量就业，或许是因为他们不能出人头地，不能靠写作或绘画谋生。

再者，失业当然存在。在200万就业的艺术家的基础上，应该加上那些没有工作的人。这部分失业率达6%，比美国总人口的平均失业率
671 5.5%略高。但对于这一点，具体的统计数字提供了一些珍贵的启示：如果不去看艺术家整体的数据，而仅限于电影和戏剧演员，那么失业率达35%——这绝对破了美国的记录，美国的失业率是很低的。所以，我们明白现行的机制：由于在他们偏爱的行业里没有工作，戏剧演员，或许还有造型艺术家、舞蹈家和作家，他们被迫进行兼职，在设计、互联网和电视剧脚本这些行业里工作，那里的就业市场更加广阔。对于那些想留在纯艺术领域的人，另一种选择是双重职业的，这在演员中很常见。数字本身再一次说明了问题：25%的戏剧演员有第二职业，主要是在咖啡馆和餐厅当服务生。当文化领域遥不可及的时候，洛杉矶或纽约这样的一些城市为他们提供了数以千计的当侍者的工作机会，有丰厚的小费，而且这里的等级是一成不变的：经理永远是全职工作的白人，大学生、年轻人、艺术家和同性恋者打半工，拉美裔充当传菜员（busboys），他们帮助服务，却不同顾客讲话，最后是在厨房里工作的黑人。这里的种族隔离和等级制度为艺术家维持着一种幻象，以为事业上的成功只是时间问题。

最后，美国劳工部的统计数字带给我们另外一系列的能够说明问题的信息，那就是如此被人看重的多元性在就业统计数字中不太能看出

来。非洲裔占美国人口的12%，却只有2.6%的建筑师、3.6%的作家和2.2%的电影和戏剧演员。拉美裔或亚裔的统计数字也好不到哪里去，只有古典音乐除外，亚裔在这一领域有很多突破。至于女性，她们 672
的比例较好一些，在所有艺术门类里达到均势，只有建筑师、摄影和音乐的职业例外。社区的文化活力特别强，但不一定反映为就业。黑人和拉美裔中业余文化得到很大发展，但职业化仍然困难。文化多元性仍旧是一个美好的理论，其具体实现还将有待于未来。

## 美国人的文化实践

美国文化生活看起来活跃、有活力、非常多元，但是如今存在怎样的文化的民主化呢？在福特基金会涉足文化领域五十多年后，在国家艺术基金会和各州文化事务处诞生四十多年后，支持艺术的公共和慈善投入取得了民主化的成果了吗？是，也不是。在美国，人民可以有一些文化活动，这与世界其他地方一样，但是如果按照各自不同的角度进行国际间的比较并且持有不同的倾向的话，人们会做出否定或肯定的解读。

首先是数字。凭借美国的有关统计，凭借这种可靠而且信息丰富的工具，我们对美国人的文化实践有了一种照相式的精确了解。我们知道各个时期、各个城市和各个族群社区的一切。大致上看，就2002年而言，40%的18岁以上的美国人至少有过一次文化活动，不论是歌剧院 673
(3%的美国人)、非音乐剧的剧院（12%）、古典音乐会（12%）、古典芭蕾（12%），他们去参观美术馆（27%）或者去爵士音乐会（11%）。这六项活动被称为“艺术坐标”，在保守的分类中是“艺术”的标志，它排除了民间艺术、游艺、流行舞蹈、摇滚、手工艺甚至电影。

如何解释这些数字？相对于具有可比性的西方国家，特别是相对于欧洲国家，这些数字是比较接近的，有时甚至完全一样。不论是参观美术馆、话剧、芭蕾舞或歌剧（美国人3%，意大利人2%，法国人2%，英国人3%，德国人5%），美国人的文化活动在比例上与欧洲人相同。差别出现在几个领域：在美国，人们去听爵士音乐会比欧洲人多（美国民众的11%，而法国为8%），原因是这种音乐的起源，它诞生在新奥尔良、圣路易斯，然后转到芝加哥和纽约。同样，美国人更愿意去看音乐剧，这曾经长期是美国特色。相反，我们惊讶地看到美国人比欧洲人更常去古典音乐会（美国人 12%，对英国人的 8%，法国人 8%，意大利人 5%），虽然他们似乎不经常演奏乐器（美国人的 8% 对法国人的 19%）。电影构成另一差别，他们比欧洲人更频繁地去影院：74% 的美国人在一年内去影院看一次电影，而法国人有 49%。应当注意到，对
674 影院出入频率的统计研究没有考虑到人们所看影片类型，与其他艺术形式的统计数字一样，数字不是由国家艺术基金会得出的，而是由电影产业的游说团体得出的。这是一个有价值的细节。

虽然电影在美国人的生活中很常见，但是最受威胁的文化活动却是文学阅读。虽然 57% 的美国人每年读一本书，欧洲人平均为 57.9%，数字几乎相同，但差距在文学方面拉开：美国人中只有 47% 读文学书。美国人乐于将文学称作“written word”，在写作的时候称为“creative writing”，这些正在衰落。根据国家艺术基金会一份详细的研究报告，阅读已经与美国人的现代生活不太兼容，这是因为他们的活动多样和缺少时间。从这一角度看，人们可以在车里听作者朗读的 CD 的发展现状是有意义的。文字作为讲述故事的手段在美国同样在丧失其领地。虚构故事更多是通过视觉文化获得，诸如家庭影院的大屏幕或 iPod 的小屏幕、在线的电子游戏，宽带互联网给梦想带来了无限可能。随着新技术的发展，我们可能正处于已经显露出的一次重大的文明断裂的起点上，这并非是普通的时代的改变。不管怎样，文字在美国的衰退也许预示着欧洲也会有类似的情况，这是一个信号。

这些普遍的全国性的文化实践显然掩盖着地域上的不均衡，虽然这
675 些差异不一定与我们所想的一样。比如，最具艺术性的实践在美国西部最常见，如在爱达荷、蒙大拿、怀俄明、内华达、亚利桑那、科罗拉多、新墨西哥和犹他等州，总之是一些人们最没有料到的州。在加州和俄勒冈州，文化节的参观率最高。在得克萨斯州，虽然歌剧院的上座率如人们所料是美国最低的，但传统舞蹈和音乐剧的上座率也同样低。不管怎样，在南方，首先在亚拉巴马州，在密西西比州、田纳西州和肯塔基州，艺术实践最为薄弱，也许是因为布鲁斯和摇滚乐没有被包含在艺术的统计里，这两种音乐是在南方诞生的。更多属于意料之中的是，新

英格兰地区是话剧、古典音乐和古典舞蹈的首要地区，纽约州在音乐剧方面名列前茅。

文化实践在地区上的这种分布并没有给我们带来完整的信息。最有价值的当然是城市与村庄之间的对立，还有城市与郊区之间的对立。文化实践最发达的地方总是在大城市，不论哪个州都一样：波士顿的古典音乐、旧金山的歌剧、纽约的音乐剧（但还有芭蕾舞）、芝加哥的戏剧和文学、迈阿密的爵士乐、洛杉矶的歌剧、芭蕾，当然还有电影。即使在南方和中西部的大都市，文化参与程度也很高。与人们所想的相反，文化实践在黑人或拉美裔聚居区里一样强劲，甚至在那些大城市的中心也一样，这主要因为那里的业余活动很发达。尽管有社会问题，纽约哈莱姆、芝加哥南区和费城西区在文化方面仍然具有活力。 676

相反，在近郊，文化参与较薄弱，在远郊就更加薄弱。从各个标准看，大城市居民的艺术实践大大高于住在远郊的居民（比如古典音乐的比例是 15% 对 10%，歌剧是 4% 对 1%，芭蕾是 6% 对 2%）。在艺术方面，远郊实际接近于乡村地区，虽然那里的经济水平更高些。所以，美国的文化问题不在于城市，而是集中于大型超市与高速路之间的乡村，首先在于远郊。美国真正的文化荒漠不是少数族裔的社区，而是艾奥瓦州或肯塔基州的乡村、中西部和南方的城市郊区，那里的教堂数量比泰国餐馆还要多[19]。

关于个人的实践，同别处一样，确定美国文化参与度的最为公正的标准仍旧是年龄、性别，尤其是学历水平。34 岁以下未婚的年轻人、离婚者和年轻的退休者（称作“empty nesters”，即儿女离开的空巢老人），拥有的文化实践高于 35 到 44 岁的已婚者。相反，如果仅限于最古典的艺术——音乐和芭蕾，我们得到的受众群会更老。对于所有艺术门类，爵士乐除外，女性的文化实践始终高于男性（平均少 5 个百分点[20]）。尤其是，文化参与仍然在很大程度上取决于学历水平，这仍然是最强的社会学的界标：拥有大学文凭者明显比那些没有文凭的更多地 677
去剧院和博物馆；至于歌剧、古典音乐和芭蕾，差距就更惊人了（歌剧观众中 89% 对 11%，而大学毕业生在美国人口中只占 54%，没有文凭者占 46%）。与教育相比，工资水平的界标功能较低，虽然考虑到入场券的价格，工资水平对于民众阶层具有阻碍作用（尤其是歌剧和芭蕾舞）。不管怎样，富裕阶层或非常富裕的人的文化参与总是高于他们在美国社会中的实际比例，非常显著的当然仍然是在歌剧和芭蕾舞方面。

最后，如何能够不用族裔问题来解释这一章呢。在文化参与方面，在爵士乐之外的各个艺术门类中的黑人在比例上低于白人。而且，黑人对爵士乐的喜爱程度也在下降，在美国及其他国家常见的现象是，由黑人乐师为白人听众演奏爵士乐。去歌剧院、古典音乐会或交响音乐会的黑人是白人的一半。去剧院或歌剧院的拉美裔是非西班牙语裔白人的一半。在博物馆方面，白人去的更多，更能说明问题的是白人比拉美裔多，而拉美裔则多于黑人。古典音乐也一样，黑人对此不太有兴趣，拉美裔稍好，白人更多些，亚裔比其他族群都要多。在阅读方面的差距较不明显，特别是诗歌，对于绘画和摄影也是。美国的统计数字证实，少
678 数族裔一般较少参与“学院派”艺术活动，但反而更多地参与社区文化生活，拥有非常活跃的业余实践。结果是，虽然黑人和拉美裔普遍较少而且被动地参与文化，但他们似乎更加积极地自己成为艺术家。毫无意外，乡村音乐是白人音乐（首先是贫穷白人），布鲁斯和福音歌曲是黑人音乐（首先是贫穷黑人）。所谓“轻音乐”和“时尚爵士”音乐深受近郊和远郊白人的喜爱。这些反差因统计的不同而有所减弱，布鲁斯、爵士乐和乡村音乐越来越属于所有美国人共同的音乐遗产。

一些更详细的分析同时考虑到种族、学历和工资水平，这些研究仍倾向于证明，拉美裔的文化参与不足以及黑人更少的参与，更多的是与社会和经济因素相关，并超过了种族的因素（白人的古典音乐、歌剧和黑人的爵士乐除外）。因为在工资与学历相同的情况下，黑人的文化实践更接近白人；在男性与女性的差别方面，黑人和白人的差别不大。只有拉美裔，在工资和学历相同的情况下，他们的文化实践同样接近白人，戏剧和阅读除外，他们对英语的掌握程度不够仍旧是一个障碍。肤色作为文化界限的作用越来越小，相对于其他变量如工资、年龄、性别，特别是教育水平，肤色的作用在下降。

这些结果，特别是各族裔文化参与的差异的这些结果，看起来可能令人惊讶。实际上的确如此，特别是对于不断地希望成为世界第一民主

的国家，不断增加教育和开展普及行动的美国来说，这些差异确实令人惊讶。当然，随着时间的推移，演变的结果更加具有正面意义。1982 679
年，5.8%的黑人至少每年去一次剧院；1992年，这一数字升到12%。同样，拉美裔对剧院的光顾从5.5%升到8.6%。所以，从1970年代以来，在少数族裔不断增加的文化参与中，文化多元化是显而易见的。在各个艺术门类，除了歌剧和古典音乐，黑人也有所进步，不论是参观博物馆、看芭蕾舞和阅读都是如此。文化多元性，美国的这种新意识形态仍然是脆弱的，不断受到威胁，但它似乎在慢慢地不动声色地前进着[21]。

“需要改变的生活”：很长的时间里，玛丽·施密特·坎贝尔认为她的生活需要改变。很长的时间里，她梦想更好的生活，为的是忘记她成长的黑人街区，为的是能够掌握自己的命运。如今，她已经修成正果，她领导着纽约大学的艺术学院“蒂施学院”，这所美国最好的艺术学院的多元性令她着迷。她回顾自己走过的人生道路：一些年轻黑人在有斯派克·李任教的学院里学习成为电影导演；一些拉美裔在从事职业戏剧，准备去百老汇碰运气；有许多亚裔学习古典音乐；不要忘记女性，她们过去在男女分校的大学里处于边缘地位，如今她们在艺术学硕士的计划中占多数。仅仅回顾一下自己的人生历程，玛丽·坎贝尔就揭示出了美国文化带来的希望与困难。

二次大战刚结束的时候，玛丽·坎贝尔出生在费城的黑人聚居区。 680
她讲述说：“我父亲是个普通邮政职工，他靠上夜校成为律师。因为当时黑人不能在费城商业区拥有办公室，因为种族隔离，他进行了很多诉讼来纠正这种状况。他因此成为一位民权活动家。多亏了他，我才学会绝不满足现状。”她是女子学校里的优秀生，那是黑人女子学校，玛丽·坎贝尔喜爱文化，却对艺术和娱乐不加区分，从未有过面对欧洲人的劣势感：“我喜欢流行文化。我是听着雷·查尔斯和妮娜·西蒙娜长大的。摩城唱片对我来说是第二个家。那个时代，费城是一个舞蹈城，在那里人们到处都跳舞，随时随地都在跳。我同时学习钢琴和大提琴，我爱上了博物馆。不管雅俗，所有文化形式我都喜欢。”作为当时社会地位晋升的象征，玛丽·坎贝尔进入了一所好大学：她得到艺术学学士、艺术学硕士、艺术史博士的学位，这是过去艺术精英的典型历程，如今一个年青的黑人女孩也可以实现了。多亏了“福特”和“洛克菲勒”基金会的奖学金，靠着在一个博物馆里兼职馆员的工作，她得以完成关于非洲裔艺术家罗马尔·比尔登的博士论文。这位画家的拼贴作品如今享誉世界，由于她与这位画家的友谊，她很快被聘请去领导哈莱姆第125街上的“画室博物馆”。在那里，在这种回顾几个世纪以来黑人历史和纽
681 约贫困街区历史的出色的博物馆里，她不断地安排增加了一些独特的展览，逐渐成为这座城市的一个代表人物。

在此期间，哈莱姆的“画室博物馆”变成纽约文化的一个官方场所。在黑人社区的压力下，在1970年代末，该市决定将栖身于公共建筑内得到大量补贴的一小批颇受青睐的文化机构的规模进行扩大。为了不再仅限于大都会博物馆和卡内基音乐厅的白人精英艺术，市政府将西班牙语裔哈莱姆区的博物馆街区博物馆、皇后区美术馆、皇后区剧院和布朗克斯美术馆（它们代表黑人和拉美裔文化）、牙买加艺术与学习中心（完全针对牙买加裔）和画室博物馆纳入纽约的“官方”机构。

1987年，纽约的民主党的市长提议玛丽·坎贝尔担任他的助手，负责文化事务，这是一个令人眼红的职位，支配着美国最大金额的公共文化预算。作为多元性的象征，纽约新任“文化专员”由首位黑人女性来担任，从而增加这个文化之都中针对黑人、拉美裔和亚裔少数族裔的文化行动，以此证明这里不再是一座白人城市。

当肯尼迪未来的文化幕僚和美国白人新教徒贵族的代表人物阿瑟·施莱辛格于1950年代来到纽约的时候，这座城市的白人占90%，黑人占9.5%，亚裔占0.3%，拉美裔甚至被忽略不计。当玛丽·坎贝尔成为纽约的文化的核心人物的时候，这座城市的白人只占45%，今后黑
682 人占27%，亚裔占11%，而拉美裔占28%[22]。如同美国的许多城市一样，按照人们约定的说法，纽约变成了“少数族裔占多数的城市”。

玛丽·坎贝尔住在哈莱姆区，她继续生活在黑人文化的核心，她读托尼·莫里森的小说，看她朋友斯派克·李的电影，出席美国著名黑人戏剧家奥古斯特·威尔逊剧作的首场演出。她随着她的街区发展，这里

有为年轻饶舌歌手举办音乐会的阿波罗剧院、完全由黑人组成的哈莱姆舞蹈剧院和国家黑人剧院、专门针对黑人文化的哈莱姆市立图书馆，还有多个唱诗班、合唱团和福音歌曲团体，这些团体全部立足于街区内的教堂。不久，在画室博物馆，出生于洛杉矶“中南区”聚居区的一名年轻黑人艺术家克海恩德·威利被接纳，他的色彩艳丽的画作表现一些年轻的穿篮球鞋、戴棒球帽的黑人嘻哈乐手，他们是哈莱姆区、华兹区和底特律的黑人子弟。几年之后，布鲁克林美术馆为他举办了一次重要的回顾展，标志着“嘻哈街区风格”进入正统艺术。

1991 年以来，玛丽·坎贝尔成为纽约大学负责文化的副校长，她领导着“蒂施学院”，这大概是美国最优秀的电影和戏剧学院。过去这里白人学生占 90%，如今由于玛丽·坎贝尔支持“平权法案”，黑人、拉美裔和亚裔占 40%。回顾自己的历程，玛丽·坎贝尔为自己的成就感到骄傲。她品味着她喜爱的舞蹈家比尔·T．琼斯和特丽莎·布朗的成功，她出席《爵士乐在林肯中心》音乐会去回顾她的朋友温顿·马 683
萨利斯的辉煌生涯，她去观看《天使在美国》的黑人导演乔治·C．沃尔夫的戏剧首场。黑人文化实践的进步向她证明她的斗争是有意义的。诞生于南布朗克斯区的嘻哈和饶舌音乐在全世界的成功令她倍感振奋。她解释说：“与我父亲一样，我一生都对自己和黑人怀有远大抱负：我从不认为只存在有限的可能。”在办公室的墙上，她挂了一幅罗马尔·比尔登的题目为《巫女》的黑白拼贴、一件莎士比亚戏剧人物魔法师普洛斯彼罗的斗篷和她三个孩子的几十幅照片，他们的名字都是津巴布韦和几内亚人的。

但她比任何人都了解，黑人的处境仍然艰难，多元性在美国仍旧是一个未完成的理念。在底特律、亚拉巴马、布朗克斯或华兹，黑人仍然常常封闭于聚居区里，几乎不存在融合、交流。她同样知道，在这些聚居区里有四分之一的黑人青年进监狱、缓期服刑或在 30 岁之前死于暴力。但是，她拥有托尼·莫里森小说和奥古斯特·威尔逊的戏剧女主人公那样令人难以置信的乐观精神。

半个多世纪以来，美国尝试着克服它面对欧洲文化的劣势感。美国长期捍卫其文化例外，重视自己的文化差异。过去，阿瑟·施莱辛格节俭地去欧洲旅行，去发现文化的奥秘。艺术在他看来必然应该从欧洲引进。如今，玛丽·坎贝尔接待着几十个欧洲、亚洲、俄罗斯和澳洲的代表团，他们来征询她对于艺术赞助、筹款的建议，他们试图理解美国文
684 化的活力和多元从何而来。她平静地接待他们，带着些许傲慢，自豪地展示自己作为出生于费城聚居区的黑人女性的身份。当欧洲访问者询问她关于文化多元性在美国受到的威胁的问题，她停下来。她的目光移开去，从她办公室的大观景窗，从大厦的13层望着纽约市，她长久注视着多族裔的人群在楼下的百老汇大街上穿行。她知道今后美国在全世界将在文化领域“一统天下”，美国是正在运行中的多元文化主义的实验室。欧洲与美国，施莱辛格与坎贝尔，构成对称。玛丽·坎贝尔微笑着看着欧洲在捍卫自己的文化例外，看着欧洲在努力突出自己的差别或者企图用文化多元性来与美国抗衡。

# 结　论

# 美国的文化例外

685

# 结论 美国的文化例外

重大的权力伴随着重大的责任。

——《蜘蛛侠》

美国没有文化部，但却存在着一种文化体制。这一体制是独特而复杂的，是去中心化的和不平衡的，是有活力的和非理性的，是多元主义的和分散的，拥有巨大的优势和众多不良的后果，它是国家历史的产物，是这片广袤的国土以及来自各个国家和各种文化的移民的产物。因此，它本身蕴含着一个充满矛盾的世界。如同美国本身是一个改良主义的国家一样，这一文化体制也在不断地翻新，在近 50 年来发生了很大的演变。

如果想理解这一体制以及随之而来的 20 世纪的全球文化的美国化，那就应该摆脱那种意识形态上的反美主义，避免局限于美国的资本主义，虽然这是决定性的因素，但却不是唯一的因素。美国文化在全世界的急剧扩张既不是巧合，也不是充满玄机的阴谋的结果，或者仅仅是美国的经济实力的结果，虽然很大程度上是因为这一点。这种文化霸权的解释在于多重原因：在上游，独特地交织着大学艺术实践的卓越水平、
686 特别活跃的“亚文化”和社区、比欧洲更确定的公共关注。此外还有几百个基金会对文化的不懈支持、激励性的税收政策、工会的积极支持、非营利机构的核心作用和更近时期的企业文化赞助。最后，不论是否显著，这一体制得到几十个事务处和联邦政府、各州和各城市的直接和间接支持，主要是间接的支持。这些公共部门和非营利部门是本书研究的对象，它们构成出色的下层基础，构成不为人们了解的真正的“生

态系统”，构成一种非常独特的模式。

与此同时，美国善于创造强大的商业文化产业，它与非商业的体系既分离又交织。它是分离的，因为它在法律上和经济上是以根本不同的方式构成的，它服从于不同的逻辑。同时，它又与非营利的创意系统保持着联系，这些联系远比人们所想的更深，仍有待于分析。这里，我们姑且说，在美国市场属于整体的文化体制。非营利文化及其艺术家和机构与商业文化彼此互动，商业文化从非营利文化中得到启发、滋养和修复，如果有必要，商业文化也大规模地传播非营利部门创作的文化产品。

本书研究的对象是分析美国文化体制的基础，大体上来说，就是它所依赖的“基金”，分析专注于这一体制的公共的和非商业的部分，从而阐明其复杂性。本书的描述再现了这些分析的同时必然地摆脱了已有的对于美国文化体制的陈见。在欧洲的那些试图对抗美国文化体制或者欲求自我保护，并避免与之千篇一律的人，应该了解它的复杂性，理解 687
它的强大动力，目的是能够根据现实来采取行动，而不是像衰落的西班牙的失意者堂吉诃德那样继续大战风车。

在三个既分离又融合的领域，即公共领域、公民社会和市场，这一文化体制结合了：处于弱势地位的国家，但国家以间接方式介入，有极强的规范能力；市场之外的独立机构，但它们受市场经济的影响愈来愈明显；活跃的基金会和有效的院外游说团体，它们有助于不断纠正这一体制；拓展多元化的社区；产业界，所有的一切都在这个产业里被摧毁同时又被再造，从这里生产并传播了全球商业文化中的绝大部分产品；富有的捐赠者，面对流行文化，他们捍卫产出精英主义文化的文化。总之，这一体制看起来既不完全独立于国家，也不完全受市场的主宰，一切皆处于稳定的平衡之中。

## 看不见的却又无所不在的政府

政府在文化部门中的作用，在20世纪的美国已经被多次重新表述：历史上联邦政府介入文化是不合法的和不存在的，政府在1929年危机之后，在罗斯福“新政”时期，首次以突然的方式大力度介入文化，这更多出于社会福利的考虑而非艺术，目的是给创意工作者提供工作。

在冷战期间，这一角色发生改变，文化成为一种对抗苏联的宣传工具。社会与政治，这两种思路在冷战最甚嚣尘上的年代，在肯尼迪和约翰逊
688 的任期内，被结合起来，加上对卓越艺术的支持，终于在1965年创建了一个联邦文化事务处，即国家艺术基金会（NEA）。在尼克松任期，国家的角色被再次重新表述，随着“去中心化”，联邦的预算被转给各州和城市，构成了在美国全境的各个政治层级上的文化事务处。在吉米·卡特任期，艺术不再是文化政策的事务，而是属于城市政策的事务，因为此后帮助黑人社区肯定自己的身份认同和运用文化来平息种族骚乱成为首要问题。作为反击，里根政府批评文化多元主义，认为政府的角色不是负责艺术，当然也不是少数族裔的文化，政府发起了解除政府管制的行动，大大影响了艺术的面貌，尤其伴随着文化产业与媒体的集中化。1990年代的转折关头，在老乔治·布什总统任期，“文化战争”让国家艺术基金会这个微不足道的事务处变成全国的斗争舞台，并造成它的衰落。涌现出来的激烈反对不仅涉及某些受补贴作品的色情性质，而是触及联邦政府直接补贴的原则本身。这个事务处被部分肢解，雇员被裁，预算被大大削减，并被下发给各州。比尔·克林顿任期奠定了联邦直接文化政策的失败基础，这个事务处被交给了国会中占多数的共和党进行选择和约束。从此以后，国家艺术基金会摇摇欲坠，各州和各城市的事务处也在2000年之后成为严格削减预算的受害者。美国联
689 邦政府对公共文化的直接介入是慢慢建立起来的，却被粗暴地瓦解了，使得联邦的直接投资缩小到了微不足道的程度。

如今，在巴拉克·奥巴马的领导下，联邦政府、各州和城市直接用补贴进行的行动，在各个层级累加起来，占文化预算中的7%。国家艺术基金会的预算占不到1%——2005年为1.25亿美元。这代表着每个美国人每年负担不到0.5美元。与此相对比，2006年巴黎这一座城市的文化预算就高达2.6亿欧元。

国家艺术基金会（NEA）的衰落具有重要意义。官方的解释认为这只是共和党的责任，与此相反，本书指出这种失败是精英主义和民粹主义、左派与右派的自相矛盾的批评导致的。在吉米·卡特任期，民主

党和少数族裔指责国家艺术基金会维护精英主义的欧洲文化，而不考虑黑人。在里根和布什任期，共和党拒绝华盛顿的权力集中，拒绝资助被他们视作亵渎神圣或色情的当代艺术，拒绝对少数族裔的文化支持和将公共资金用于艺术这一原则本身。博物馆和乐团这些文化重镇同样不断指责国家艺术基金会因支持民间艺术或乡村与社区文化而分散力量，它们担心艺术的民主化和民粹主义，它们情愿继续借助慈善也来保护它们隐蔽的精英主义。各州和各城市的文化事务处批评国家艺术基金会的“东海岸”的精英主义本质，指责它介入各州，它们不断施压让国会直接将资金提供给它们。至于艺术家们，他们自然不接受一个怀疑他们的自由并想要审查他们的事务处。这是前所未有的时刻：围绕国家艺术基 690
金会的冲突向我们展示了一个非同寻常的局面，这是那些因为正确的理由而做错事的人与那些因为错误的理由而做对事的人之间的交锋。因此，国家艺术基金会突然间招致了众口一词的反对。

文化多元主义的左派与保守的右派因为一些相似的动机而削弱了国家艺术基金会（NEA），这些动机都与民主有关：将文化还给“所有人”，避免让一个中央的公权机关来定义“文化”应该是什么，同时拒绝一个有权势的、中央化的并可能成为仲裁者的决策精英阶层出现。战胜国家艺术基金会的正是这种腹背受敌的局面，不仅有社区主义的左派（右派知识分子的说辞），而且有仇视同性恋的保守的右派（这是左派知识分子的说法）。

人们可能认为这些批评是合理的或者可质疑的，但应该看到这些批评相当普遍而且深植于美国社会。即便对于所提出的问题的解决，即国家艺术基金会（NEA）的部分肢解，未必是最终的办法，但是对于国家干预文化这个原则本身提出的问题在美国的语境中是恰当的。从根本上，我们从中看到对于权力集中的恐惧，集权会阻碍让所有美国人都接触到文化；我们看到对官僚化的恐惧，官僚化会产生一种上层建筑，将导致文化部门变成职能机关，取消每个人的责任，限制公民社会的作用，更多关注自身的职能，而非鼓励文化部门的活力；我们看到对于国家的恐惧，国家会颁布唯一的艺术标准，导致文化的停滞；我们看到对于政治上的任人唯亲的恐惧；我们看到人们深信国家不能保证让每个人都接触文化，因为国家受制于一些当选者、院外游说集团或者艺术家；我们看到政治与文化交织在一起的危险，自从美国人看懂了苏联共产主
691 义，他们就一直担心这种危险。从各个角度来看，国家艺术基金会的衰落就显得更加可以理解了，或许甚至是不可避免的。

应该提醒大家，即便是在它们的黄金时代，国家艺术基金会和各地方文化事务处仍与欧洲人的文化部相去甚远，使这些事务处得以成立的那些论据，几乎始终与欧洲国家干预文化的理由不同，与法国尤其不同。国家艺术基金会的模式及其纲领是仿效慈善业、基金会和非商业部门，而未被设想为一种真正的国家政策。而且，这些文化事务处建立起了一些按州、城市或人口数来分配资源的公平的分配机制，这证明了一种发展到极致的平均主义。不要忘记，在美国一项公共政策总是从属于一个透明的项目选择框架，其中含有众多职业道德准则、独立评审团和回避评委利益冲突的条款。对于地理分配与职业道德的双重关注之外，从吉米·卡特任期开始，又加上了族裔平等意识，旨在让不同种族，首先是黑人，得到平等的资助。从 1970 年代末开始，女性、老年人以及残疾人同样得到优惠。最后，那些艺术事务处几乎从未局限于“雅文化”，而是将预算中很大的份额给了地方文化、传统艺术和民间艺术。遭遇抛弃的正是在联邦一级由艺术方面唯一的权力机构来确定艺术标准的想法，正是在国家确定的文化意识形态基础上建立文化政策的想法，
692 这样的想法在美国没有市场。在欧洲对卓越的考虑经常优先于补贴的民主分配，与欧洲相反，将平等原则按照地理和族裔应用于文化，这是国家艺术基金会的独特之处，但很快就成为它的薄弱之处。在美国，一个国家事务处不可能仅仅扶助大城市、“雅文化”和东海岸的新教徒精英阶层；但是，虽然它公平地分配补贴，但由于缺少资金和选择标准，它同样注定会陷入困境。国家艺术基金会的衰落证明了意图定义文化并用公共资金来资助文化的举措，在美国这样一个民粹主义的民主国家是一个巨大的困难。

更有甚者，在美国不仅仅不可能建立起来一种中央化的联邦政策，而且各州和各城市的艺术事务处的情况同样也不比国家艺术基金会更好。州长和市长并没有更大的权力，他们不能引导文化政策的方向，也

不能任命他们自己城市中随便哪个博物馆或者乐团的负责人。在美国总统的日程表上，留给文化的位置并不比州长和市长们更多。

国家艺术基金会的衰落和拒绝在联邦、州和城市级别建立任何有影响力的文化行政机构，这是理解美国文化体制的一些关键因素。这一现象的根源极其深远，很大程度上属于美国社会的共识，它被人们一再重复，我们可以将它视为规则：联邦或地方的直接的、有意义的文化政策过去不曾长期存在过，未来也不会存在。国家艺术基金会证明了，由联邦政府来负责艺术的模式在深层次上与美国精神不兼容。在美国，未来 693
也不会有文化部。

虽然没有人颁布文化标准，也没有人去补贴按标准选择出来的艺术，但不应该从中得出结论认为在美国没有文化，或者在美国存在一种对文化的蔑视，甚至，也不应该得出结论认为美国不存在“文化行动”。

### 以公民社会来代替国家

在美国如果文化不是“国家事务”，那么它是什么呢？由谁来负责呢？对于一个欧洲人来说，这些问题的答案更令人错愕：没有人负责，或者不如说由所有人来负责。

美国文化的神秘之处，诚如批评它的人看到的，文化的活力来自于某个精于计算的行动者、一些战略的选择以及某种被描述成的政治意愿——如果从中看不出什么中央情报局的阴谋的话，这一体制的力量在于它很大程度上是靠自己在运转的。在美国文化的飞机上没有驾驶员。没有权威，也没有核心行动者。但这里有更好的东西，有成百上千的独立的行动者，所有人彼此联系在一起，他们各自是孤立的，但是他们头脑中深深地印着的甜蜜而苦涩的孤独感促使他们为了公益而行动，促使他们团结在美国价值观的周围。他们是自私自利者，又是慈善家，这就是美国公民人文主义的“奇迹”。

文化体制是由数不清的独立行动者共同经营的，他们按照由各自选择的原则行事，按照他们自由定义的各自不同的首要关注事项展开行动。从众多行动者及其行动中产生出一些计划。所以，不应将美国文化体制视为一种政策，而应看作是一场运动，它自发地触动社会的一部分，在无心中形成“政策”。公民社会在艺术中的这种作用构成一种前所未有的模式，从深层次看它是独特的，在世界上几乎没有与之相同的
694 模式。参与、自主和志愿精神的主要动力在于它将产生我们可以称作的“文化公民权利”。

如同我们在本书中所见到的，这一体制的运行依靠的是一种激励性的税收政策、一些非营利的特殊机构、大学、社、院外游说团体和工会。围绕着文化的非商业领域组织起来的这种公民社会被设想用以保护艺术免遭国家和市场的侵害——面对大众文化，精英阶层想以此来捍卫他们的社会地位。美国文化体制并不像人们经常所认为的那样仅仅依靠市场，美国文化并不像人们所认为的那样被抛弃到美国人所说的“放任”的资本主义经济的“看不见的手”里。我们甚至可以肯定地说事情正好相反：艺术在美国并不比在别处更多地被当作商品，或者其他任何一种类似商品的东西，而是在公益的逻辑基础上，设想出了一个庞大的体系来保护艺术。基本上，“文化例外”是被理解为艺术应该与市场分开的一种事实，但矛盾的是，“文化例外”在美国与在欧洲都是一样的事实。确实，娱乐产业的经济实力和文化帝国主义在很大程度上向外国人掩盖了“文化例外”这一因素。但是，将美国文化体制归结为娱乐产业是完全错误的。很大程度上，舞蹈、歌剧、古典音乐、有影响力的戏剧、造型艺术，以及今天的爵士乐和少部分的电影、出版和流行音乐是存在于市场经济之外的——这与欧洲国家相同。这是至关重要的一点。

这一体制所赖以运行的庞大的非营利机构享受政府给予的重大税收
695 减免。税收缺口的很大部分由联邦和地方政府予以间接的公共补贴。此外还有许多其他的扶助，因此要想分析国家对于美国文化体制运行的间接作用，必须避免局限于那些微不足道的文化事务处，而应该将视线扩展到那些旨在振兴黑人聚居区的计划、各州和各城市的税收政策、区域划分、电影业的就业法案、对少数族裔社区的直接援助、“艺术区”的预算。实际上这些是我们未曾意料到的资助，数百条法令以及说不出名目的“保留款项”为联邦政府、各州和各城市提供了相当多的扶助文化的手段，而这些扶助手段都不必签署任何支票。通过上述这些杠杆，

美国联邦政府介入文化，但它的这种扶助却与我们通常所理解的扶助非常不同，它是被动的和非主动的，因为国家在任何情况下都不能决定应该帮助哪些机构和艺术家。

文化资助的这种彻底的隐身性是美国文化体制的标志。在美国，这种对艺术预算的掩盖与欧洲的张扬截然不同。事务处的减少、间接补贴、免税、预算项目、专项基金、市政债券、旅店与汽车旅馆税、个性化车牌、公立大学，所有这一切借用肯尼迪曾经用过的一个能说明问题的表述就是，一切帮助艺术的东西都应该看起来“不大事宣扬”。在欧洲，人们常常乐于扩大文化预算，添加一切人们所能想到的东西，“大事宣扬”地去展示；而在大西洋的另一边，美国人却用惊人的法律上的繁复手段来掩盖这些。一方是为对文化所做的事情而倍感自豪；而另一方却小心谨慎，注重向议员，特别是向选民们掩盖为艺术所做成的努 696
力。一方张扬一种公共政策；而另一方则奉行一种无名的政策。这是有趣的矛盾，令人惊奇的矛盾。

之所以在欧洲人们不太理解美国文化体制，几乎从不对之进行全盘考虑，那首先是因为美国的这种掩盖。国家干预的最主要内容在于间接的税收政策。虽然被掩饰了，有利的税收政策虽然从外部看是隐而不见的，但对于那些行动者却是结构性的。虽然没有文化部，但是却有一些间断的和非直接的文化政策，这些政策定期地由国会通过立法程序以授权减税的方式产生效力。

在这种税收减免体制中，能够享受这种有利条件的独特的机构形式，即“501c 3”社团，它们的非营利性以及公益目的，是根据税法的“501c 3”条款认定的。所有的基金会、博物馆、乐团、芭蕾舞团、剧院（除了百老汇），以及大学和图书馆（如果它们不是公立的），都是非营利机构。这并非一些旨在营利的公司，而是独立于国家却为“公众”服务的机构。我们因此理解了它们为何有可能完成那些市场所不愿意承担的教育以及其他具有风险的公益使命。它们的集体责任感常常与欧洲的公共机构同样的显著。因为它们的使命，我们可以将它们视为公共的机构，因为它们的税收身份要求它们必须是公众可以企及的。它们 697
通常在美国被看作“公共”的，在美国一个机构被视为“公共”机构，不是因为它们与国家有关，而是因为它们向所有人开放。美国的博物馆、乐团、芭蕾舞团、基金会或大学，同我们这里的“红十字会”或“医生无疆界组织”一样，并非那么“私立”。这是一些非政府组织，有时就像那些大基金会或某些博物馆的情况一样，甚至是一些准政府组织。

此处，必须指出另一个矛盾之处，多数艺术与实验电影影院、某些独立书店、大学出版社和前卫艺术画廊同样具有这种非营利地位，而在欧洲，这些活动是在商业框架内实现的。美国人拥有的商业文化领域不如欧洲的广大，而拥有的非营利文化领域却比欧洲宽广，这同样是美国体制的矛盾之处。

正是因为这些“501c 3”社团具有公益使命，所以它们才享有特殊的税收身份，它们被免征大多数的税项，同时那些给它们捐款的个人和企业也能因此得到大额的税收减免。非营利领域的关键及其财务独立的秘诀都在于此，这些社团没有或者不需要公共补贴，因为它们可以自己获得它们需要的运营资金甚至是开发资金。

虽然这些机制是所有教堂、体育机构、中小学、医院、大学和社会福利机构共有的，但文化领域有一种特殊性，即主要是富有的捐赠人在资助文化领域。教堂与中小学往往得到民众的资助，大学时常由校友资助，医院经常由过去的患者或者他们的家人资助，而文化却主要由商业精英阶层资助。这便是艺术在美国的现实：企业老总，常常是他们的妻
698 子，不论他们是共和党还是民主党，他们捐出财产，交换条件是社会地位、刻在建筑物上的名字、文艺晚会，这些都要付出很大的金钱上的代价。

得益于这种独立性、彼此之间的竞争以及当地富人们捐赠的数量可观的资金，美国的独立文化机构以惊人的速度发展。从乔治亚州到亚利桑那州，数十家博物馆和乐团的面积每年都在翻倍，大学里也建起了音乐厅和剧院，这种发展的进程、扩展的场所以及持续的动力对于外国观察者来说是非常着迷的。

在整个体制中，必须为基金会、大学、社区、院外游说集团和工会分别留有一席之地，它们是这个公民社会的主要的齿轮。如果说基金会

让人们能够帮助艺术机构进行教育或进行有针对性的创新行动，那么大学在教育公众、培训艺术家、为职业创意者提供工作这些方面，作为美国文化体制的核心而起着更广泛的作用。与此同时，艺术学硕士（MFA）正在成为美国在创意方面的参照学位，有可能与商业方面的MBA学位一样，渐渐地在全世界被树立为所有艺术家的参照学位。至于社区，它们同样起着决定性作用，它们在实际生活中在各地鼓励广泛的文化多元性，以至于美国未来的文化常常是在黑人和拉美裔聚居区里创造出来的。院外游说团体和工会，如美国艺术协会，它们的会员有几万人，能够进行艰难的诉讼，在国会进行长期的斗争，努力改善艺术家 699
的工作条件和社会保险。

从美国文化体制的这种独特性中，从对美国公民社会的概览中，我们可以得出以下几点见解。首先，理解美国文化体制的关键不在于国家与市场之间的对立（如欧洲常见的情况），而在于商业与非商业的划分，即营利与非营利的划分。这个大分界线是这个体制独特的区别因素。

文化生活被交到公民社会手中，完全地去中心化，没有公共控制，但文化生活却不一定独立于市场，也不一定会不再产生高质量的文化。相反，我们看到这一非营利体制致力于维护多样和多元的文化。虽然它的确无法对“文化”形成全国性的“话语”，也无法定义这种文化，但它却产生了多种文化行动和多种独特的艺术计划。

公民社会的另一个好处在于它将文化变成社会运动。民族的全部活跃力量，不论是大学还是教堂，社区还是商业企业，全部自发地为文化体制做出贡献。在欧洲，特别是在法国，文化成为福利国家的一个元素，而在美国，存在许多中介结构，它们各自都自认为是对文化负责的。从这一角度看，在文化方面，美国大概是最接近于自我组织的社会模式的国家——矛盾的是，在1970年代，欧洲左派将此称为“自治”。而这也正是在并不久远的时代的欧洲一些中介机构所起的作用，这些机 700
构各不相同，包含天主教会、共产党、工会的企业委员会或者那些“文化之家”，这些机构如今被大加削弱，尤其在法国，国家到处独自地进行第一线的工作。

最后，这一体制无限地增加了财源，在这一体制之上，人们很少缺乏资金。不论什么样的计划，古典的或是前卫的，国际的或是地方的，欧洲中心的或是少数族裔的，都能得到资助。文化的不同使命，不论是卓越水平、文化保留、大众平权、多元性、创新、教育乃至参与，全都由不同的机构和资金来承担。这是一个效率加倍的体制，相对于中央集权的文化政策，它证明了问题不一定在于是否拥有文化的公共预算或者预算增加与否，而可能更多地在于政府应该建立起来哪些能有效地推动有活力的多元文化的机制、哪些间接补贴、怎样的杠杆效应、哪些管制措施，即使政府并不直接补贴文化。一个富有而积极的文化部并不意味着是一个关心文化的政府，同样，一个受到限制而只能间接地、不动声色地资助文化的政府也不一定意味着是一个冷漠的政府。

这一模式看起来非常适应艺术的本质，在艺术中很难确定绩效，直到艺术品质被确立之前，都是难以发现的。而且，这一模式在不断适应新的文化，适应少数族裔，适应那些有时甚至非常分散的新技术。资助的这种多元性是非常不平均的，常常是不公正的。但是这一体制中众多
701 的评价失误或者不良后果多数都被众多的竞争机构加以纠正：就像在“文化战争”期间经常发生的，当政府审查某个艺术家或博物馆时，一些基金会就立刻接手。如果某个美术馆拒绝当代艺术，那么隔一条街就会开设一个当代艺术博物馆。如果一个基金会不再资助舞蹈，那么一个新的基金会就会将舞蹈当作自己的首要关注。

这种无组织的文化生活得到人们有意识的偏重，尤其受到国会的偏爱，目的是避免形成有组织的、中央集权的和国家化的文化生活的危险。人们常常用这一体制的不稳定性来强调这种资助多元化的负面。但是，公共资金同样具有自身的不稳定性，实践表明美国模式的交叉和多元的资金在整体上确保了文化机构的相对稳定，常常确保了它们预算的发展。总之，这种多元的但经常短期失衡的资助体系从长期来看却有着惊人的稳定性。还可以补充一点，这种资助的多元虽然不利于选择最具实验性或最前卫的艺术家和项目，但至少有助于追求专业品质，有时有助于追求独创性，最大的独创性。实际上，当一个计划接受多方支持

时，不同的资金来源互相补充，最后的选择是妥协的结果，这种妥协体现了不得不找到共同利益时各个利益之间的力量对比关系。

因此，去中心化的和多元主义的美国文化，它的秘密在于它的体制构成的相对性。尽管坚持的往往是一些孤立且单独的行动者，尽管所做出的是一些自由但却相互矛盾的决策，尽管所吸引的资金及其目标具有难以置信的多元性，尽管所实施的是一些没有连贯性的局部政策，但是 702
美国成功建立起了一套有效的、比较稳定和协调的文化体制。特别是，这一体制能够不断地自我纠正，对于外国观察者来说，这经常被看作是美国文化的一个主要品质，即纠正错误的活力和实效性。

总之，虽然美国人将热情用于社团和个人志愿行动，依靠私人领域和慈善业的资金，但是不依靠国家的美国文化体制却并未导致无政府状态，而是与欧洲公共政策治理下的文化体制产生了相似的结果。考虑到直接和间接的，可见的和不可见的公共资助，尤其考虑到国家因为重大免税而造成的税收缺口，作为结论我们可以提出，美国用于支持文化的公共资金，以及人均美元数量，大致相当于欧洲国家。

## 文化的民主化

在描述美国多元主义模式下所产生的文化实力的不同侧面之前，在谈论美国文化体制的弱点以及当代的问题之前，我们应该在横向的层面上深入地了解文化的民主化和多元性，这两点足以解释美国文化体制的特殊属性。

在美国，民主理念在文化中的作用是一个深层次而且长期存在的现象。长期以来，美国文化面临的问题是与被视作精英主义的欧洲文化决裂。近年来，民主的理念开始怀疑“风雅的”、“附庸风雅的”、“自大的”、“虚饰过度的”或“超智能化的”文化。有时候决策与怀疑同时 703
存在！在美国，不断重复的理念是“艺术与文学属于人民，因为终究是人民创造文化”（这是林登·约翰逊的表述），从那以后的所有美国总统都重复这一点。国家艺术基金会（NEA）将文化民主化的理念加入它的章程的开篇部分，所有地方文化事务处都将文化民主化视为它们的当务之急。这种“民主意识形态”，如果可以这么说的话，不仅仅渗透在各位总统的演讲中，它也成为所有文化机构、基金会、工会的理想。从更广泛的意义上来看，出于“民主意识形态”的原因，公众被要求越来越广泛地置于文化行动的核心，因此美国的博物馆曾经长期在原则上是免费的，如今图书馆仍然如此（不要借书证也没有有偿借阅的规则）。更重要的是，如我们所见，对教育与普及的关注一直主宰着博物馆、乐团、歌剧院和芭蕾舞团的政策。最后，文化中的志愿者行动是美国一个非常显著的现象，这被认为能够让所有人切实动员起来。

其实，无论是资助艺术机构和列席它们董事会的地方精英，还是领导这些机构的各项计划的经理人，或者教育计划所针对的问题青少年以及作为志愿者主要组成部分的“年长者”，从中可以看出，美国的文化机构倾向于动员比较多元化的公众和不同年龄段的人。

但是对于文化民主化的全民的热情我们不要产生错觉，虽然文化民主化常常受到一些非常精英主义的机构和一些富有的慈善家的维护，但更多的是遭遇失败。这种热情虽然受到鼓励，并且不断被重复，但实际
704 上却很少能看到。所以，不断捍卫“给所有人的文化”的理念，存在着某种盲目的理想主义的色彩。交响音乐会、歌剧院甚至爵士乐音乐会中黑人的完全缺席，当代艺术博物馆或现代舞演出中民众阶层的缺席，还有青少年对“雅文化”的冷漠，这些仍然是美国文化实践的特点。尽管有一些著名的例外，但舞蹈、歌剧、古典音乐会、当代艺术在美国与在别的国家一样，仍然局限于“内行的圈子”。

尽管遭遇失败，但是文化民主化的口号不变，因为这种口号属于民族的意识形态，对于一个精英主义机构来说，出于对自身的合理性的考虑，重视这种文化民主化，重视这种反精英主义的使命，是尤为重要的。文化不应该被看作一个“郊外富人区”的概念，即便文化局限于富裕郊区的有钱人阶层，几乎从来不是黑人聚居的“老城中心区”的事情。

美国文化体制充分表明了它的矛盾，在富豪慈善家、精英机构和赞助商的支持下，艺术得到支持、创造和展览，这证实了“雅文化”与金融贵族之间的有些奇怪的关系，因为美国富人在董事会中所起的作用，这种关系非常明显。如果美国没有将文化民主化树立为绝对价值，

以区别于欧洲的贵族文化，那么将美国说成是接近于旧政时期的法国或者美第奇家族的意大利并不会令人感到惊讶。同时，由于美国文化体制本身的属性，由于慈善业和精英主义，美国向我们显示，文化在美国比在任何其他地方都更多地属于阶层和社会地位的问题。因此，我们可以看到美国文化体制的双重面孔。

无疑，不应过分夸大美国文化体制的双重面孔：当看到它为了民主化而展现出来的活力以及可以有效利用的资金来源的时候，当了解到这 705
些文化参与的模式与利用公共资金的欧洲模式比较相近的时候，就很难仅仅责难美国人了。我们甚至可能在怀着极大的忧虑的同时赞同它的举措，相信它的真诚。如果文化民主化在美国尚且无法发动的话，那么在别处又怎么可能行得通？难道文化民主化是不可能的吗？

## 文化多元性

文化多元性是当代美国以自己的方式对这种失败做出的回应。从一种表述向另一种表述的过渡是令人惊讶的，1970 年代末这一概念在美国被发明出来是具有预兆性的。如果说民众、青少年和黑人不喜欢美术和古典音乐，那就应该调整文化概念本身，去除“以欧洲为中心”的母体，去除社会“区分”的功能，维护真正的文化多元主义。这正是“文化多元性”的概念在美国语境中致力于完成的东西。

谈到国家、慈善、大学以及非营利文化大机构，就不能不提到 1960 年到 1970 年代之间美国文化体制发生的一次重大转折，那是源于黑人问题的转折。紧接着，特别是从 1978 年最高法院做出“巴基案”的裁决和 1980 年国家艺术基金会（NEA）法令的修订开始，“文化多元性”这个具有魔力的新表述被采用为美国文化的核心概念。民主的意识形态已经在文化领域占据主导，“多元性”的理念随之而来。

那么美国精英阶层又当如何？阿瑟·施莱辛格在肯尼迪手下任职， 706
麦克尼尔·劳里执掌“福特基金会”，哈佛大学捍卫“纯艺术”，安德鲁·梅隆的“国家美术馆”和阿尔弗雷德·斯特雷特领导 MoMA，那些贵族富家子弟——迈克尔·斯特雷特、奥古斯特·赫克舍、利文斯通·比德尔等人，直到此前，一直是由他们制定美国的文化政策的时代，如今这个时代完全结束了。在200年的历史中，存在一种新式贵族，他们具有某种文化理念，往往是欧洲裔的精英阶层，一些从最优秀的大学出身的新教徒，占据着文化体制中的领导岗位。他们代表着东海岸的当权阶层，想要将伟大的思想与艺术作品传播给所有美国人——通常是欧洲裔美国人。

突然，在1965年到1980年之间的某个时候，这一白人精英阶层的霸权终止了，它的正统性坍塌了。这场运动具有不同形态，但它的时代顺序令人惊讶。在政治上，吉米·卡特负责改造国家艺术基金会，以消除它的精英主义，将它用于自己的城市政策；各州的文化事务处开始维护“民间艺术”和少数族裔艺术；国会本身强制要求国家艺术基金会首先关注“美国的创造力和文化多元性”，修订了界定这个事务处使命的法令；纽约市曾经仅限于资助大都会艺术博物馆和卡内基音乐厅的白人精英艺术，如今开始帮助哈莱姆的黑人博物馆和拉美裔的街区博物馆；在福特基金会，新总裁麦乔治·邦迪取消了对大博物馆、乐团和精英大学的资助，转而资助黑人聚居区的“嘻哈”乐队（同样的事情发生在洛克菲勒基金会和卡内基基金会）；在大学里，文化多元性被树立
707 为绝对价值；最后在大博物馆，托马斯·霍温将艺术向所有人开放，在大都会艺术博物馆开始“轰动性”特展，确定了文化多元的地位。

在近15年时间里，作为1960年代的直接影响，白人、富裕、受教育的美国文化精英不仅丧失了权力，而且放弃了自己的历史、语言代码和规则，乃至自己的意识形态，承认了文化多元。这一巨大转变的冲击波至今难以平息，这场巨变中最令人着迷的是这场斗争的失败是因为缺少为之战斗的人，文化的“当权派”经过十来年的时间就投降了，没有进行哪怕一场战役。由于形势的一个奇怪逆转，精英阶层在享受了一个多世纪以后开始放弃精英主义，此时正值美国人开始发展他们曾经回避的民粹主义。当罗纳德·里根当选时，“文化战争”可以解读为文化遭遇失败之后在后卫线上取得的胜利，由白人新教徒精英、知名大学、大基金会构成的美国文化体制变得无法辨识了，文化多元性已经成为美国的新信条。

这种根本性的断裂的根源是黑人问题（约翰逊的重大平权法案的背

景以及后来的黑人骚乱），又因印第安人（土著美国人）、拉美裔、亚裔的问题以及更近的同性恋问题（曾经处于“文化战争”论争的核心）而更新。这使得文化多元性的理念在20年来不断得到加强，成为美国文化体制中最常使用的表述，而巴拉克·奥巴马于2008年的成功当选则确认了多元化的范围。虽然这并不总是现实，但这几乎成为一种意识形态。

这同样是欧洲用来对抗美国的一种意识形态。“文化多元性”的理 708
念在美国被发明出来，却奇怪地成为欧洲文化政策和联合国教科文组织用以对抗美国的武器。此处存在着巨大的矛盾：对于美国人来说，对他们国家的批评中，最容易理解的当然就是批评多元性的缺乏。什么是文化多元性？在美国，这首先是一种现实。包括几个标准：外国学生数量、外国艺术家数量、少数族裔创作作品数量、少数族裔文化节数量、在家中说一门非英语的语言的美国人的比例、黑人或拉美裔剧院的数量。在对文化多元性的分类上美国居于首位，这与欧洲正好相反。同时，这种“多元性”主要依靠一种族裔—种族标准。“审美”的多元性较少受到重视。而且，这是一种内部的多元，较少重视外部的多元，比如翻译著作的数量的不足就证明了这一点。

从美国的角度来看，美国表现为世界上最多元的国家，这是因为它是由各个来源的族群构成，也同样因为美国各族群融入美国社会的方式在很大程度上让人们能够保护自己族群的文化。从世界其他国家的角度看，美国文化却是文化霸权的同义语，意味着民族文化的消亡（不要忘记美国文化产业的名副其实的商业进取形式，加上一些不正当的垄断的技术将它们的产品强加于人，比如在拉丁美洲，他们正依靠这些来打击当地文化的多元）。在内部，博物馆、乐团、造型艺术、流行音乐尤其 709
是族群的多元性立即让人受到触动。在国外，由好莱坞输出的文化产品和大众文化反而因为它们的千篇一律而令人惊讶。在内部，美国继续产出世界上最多元的文化。在外部，文化产业输出的却并非这种多元性。

内部的多元、外部的帝国主义，一方面它是只顾自己家里的门神杰纳斯，另一方面它在国外削弱那里的民族文化，美国的这种双重面目值得我们通过关于文化多元性的话语来加以考虑，出于无知或出于算计，文化多元性的字面意思显然低估了美国文化的双重性。因为欧洲人应该担心——而美国人应该期待——美国的文化多元性在未来得以确立，就如同百老汇的商业剧所表明的那样，近年来最重要的剧作（虽然稀少）是：一部同性恋戏剧（《天使在美国》）、一部拉美裔剧作（《热带的安娜》）、一部亚裔剧作（《蝴蝶先生》），当然还有众多富有热情的黑人剧作（从《太阳下的一粒葡萄》到奥古斯特·威尔逊的剧作）。我们甚至可以假设，黑人社区走向成熟并大举进军中产阶级甚至富裕阶层，拉美裔的崛起（此后 14% 的美国人是拉美裔），亚裔的美国化以及同性恋得到接受，这些将大大增加少数族裔在美国主流文化中的影响力。这种演变是混合的源头，或许是对艺术整体的一种出色的推动力，并且肯定是
710 对文化产业的推动力。从这一角度看，这种族群文化的力量就是它的杂合性，尤其是从移民的第二代和第三代开始。随着同质性的增加，加上消弭各种创新或多元形式的商业文化的力量，不能排除有一种反向的演变。但是这种假设的可能性不大，因为在美国的资本主义文化体制中存在着一种常态，那就是各种文化总是被及时地再创造，并且不断地从别处获得灵感以避免文化的枯竭。

这里就出现了一个前所未有的逆转的形势，那些批评美国缺乏多元性的人，他们的主要错误是忽视了越来越多元的美国文化所带来的风险。因为如果来自美国的艺术和娱乐太过于千篇一律的话，只要欧洲人真的想进行自我保护，无疑还是有办法的。例如，设计一些新的措施来激励对法国电影产业的保护（例如预支收入），十几个欧洲国家通过书籍统一定价的方法来保护本国的出版商和书店，以及通过配额机制来保护欧洲的音乐家。但是如果美国更加多元的话，欧洲人恐怕就难有应对之策了。

然而，随着美国在欧洲理想之外的自我建构，它正在越来越多地向亚洲、非洲和拉丁美洲开放。增强多元性并且将多元性输出，不管欧洲人怎么看，对于美国而言，这符合一种忠实于普世主义的方式，自美国独立以来，这就是美国的特性。更进一步说，文化多元性是这种美国式的新普世主义的发明，与欧洲的传统相抗衡。如果分析迈阿密的唱片产

业（很大一部分拉美音乐今后在那里制作，从那里输出到整个拉丁美洲、墨西哥、古巴乃至西班牙和葡萄牙），我们便很快意识到这种多元性的实力。美国不仅仅因为拥有一种帝国主义文化而称霸全球，同样因 711
为它随着众多的少数族裔而变成一个微型版的世界。因此，应该担心对欧洲人构成问题的是美国文化多元主义，而非多元性的缺乏。此外，美国主流文化（占主导地位的所有人共有的文化）正在繁荣昌盛，这得益于文化多元主义的成功、黑人问题的影响、拉美裔和亚裔移民的重要性不断增加，此外还尤其得益于两个重要现象：首先是文化产业的大发展，文化产业从类似好莱坞黄金时代的大众文化过渡到一些小众文化，各自的市场越来越专门化和分离化；第二，因为新技术所提供的无数分化与互动的可能性，这一专门化和分离化的运动得到加强。从这一点来看，一个能够将产品适应于全球各个文化人群的特殊期待的多元的美国，要比旧式的千篇一律的好莱坞的美国更加具有霸权性，这是正在发生的事情。文化多元性至少是美国人所看重的文化多元性，因为美国人常常维护的是“自己”的多元性，族裔的考虑多于审美，他们不考虑其他人的多元性，这正是美国能够用来加强其在世界文化中的霸权的手段。

### 美国文化体制中的不同层面

美国文化体制运行的成功来自于本书此前所描述的模式。美国文化之所以称霸全世界，这不仅因为它的产业实力，这一体制的力量存在于多个层面，它们在不同的层面上发挥作用。甚至可以说，标志美国模式 712
的正是这种“梯级”概念。如果把握不住这个特点，而只看到在世界层面上同质化的文化产业，就很难把握美国占据优势的真正原因。

美国文化通过娱乐产业和大众文化获得了最显著而且数量最多的影响力，主要归功于好莱坞电影、流行音乐、百老汇商业戏剧和文学畅销书。大众文化起作用的这个层面，是当代大公司的层面，它们过于庞大，不可能满足于当地认同，它们又太小了，生怕不能获得足够的市场份额。因为其所针对的是美国与世界的受众，大众文化从本质上难以产出不是千篇一律的产品，它利用大家的最小公约数来与所有人交流。这种商业文化在国际上能够站住脚，是依靠美国的经济实力，它使得大规模生产和发行成为可能，但同样依靠好莱坞向世界多数民众讲故事的技巧，依靠电影大片通过特效和那些“富有传奇色彩”的明星传播的梦想，依靠好莱坞所承载的美国价值观的威望。而且，这种大众文化在上游使用了构成美国的族裔的多元性，如同利用微型版的世界来替代整个世界，让他们可以在向世界传播之前先检测这种“样本”。在下游，大众文化依靠民主的论据来自我推广，因为大众文化的合理性很大程度上来自它大幅度吸引公众的能力。

但是，与人们通常所认为的相反，美国文化强大并且在全世界传播，并非仅仅因为其营销的力量，而是美国文化知道如何利用不同的梯级层面。由独立机构中的非营利的大交响乐团、当代艺术博物馆、舞蹈
713 团、大学和大学出版社所产出的以卓越为标志的“雅文化”也同样供应给全世界的音乐厅、文化中心和图书馆，这些文化是非商业的和非娱乐的。而在电影节和独立电影领域，美国的影响力也是被大大低估的。在国外的电影节、电影俱乐部和剧院反复出现的也是美国的实验电影。美国的精英主义文化和卓越文化也同样占据主导地位。

在另一个梯级层面上，凭借前卫、反文化和反对现代体制（另类）文化的活力，美国也在产生影响。在威廉斯堡的独立画廊里，在“外外百老汇”的剧院里；在布鲁克林的敦博的舞蹈机构；在洛杉矶的银湖的反对现代体制（另类）的场所；在得克萨斯和明尼苏达大学；在休斯敦或迈阿密的社区，如今成为另一种反文化方式的还有纳什维尔的“福音摇滚”，看到这些地方产出的艺术，欧洲人会多么惊讶？美国同样以“前卫”在影响全世界的反对现代体制（另类）艺术家。有时美国文化被斥责为一种欧洲文化的化石形式，然而，与化石相比，美国文化的活力恰恰是令人震惊的，因为我们看到这种活力出现于一个极端资本主义的经济体系中，近几年一直由共和党在这个国家执政，他们是不会去捍卫那些“反文化”的，因此这种活力既没有依赖于国家，也没有依赖于市场。

为何美国艺术家如此富于创新，如此“反文化”，甚至在科罗拉多、堪萨斯和得克萨斯也是如此？很难回答这个问题。这是否因为虽然

政府对这些叛逆性的实践很少支持，但美国文化多元主义能够让个人自由实践自己的艺术（即便是非从众的）？是否因为美国体制不确定任何文化价值，不赋予任何东西以正统性，其结果是不会产生“行内人” 714
与“行外人”之间的隔绝（而在欧洲行外人总是有些被边缘化的）？是否因为艺术家的言论自由，这是美国绝对的原则，是由著名的宪法第一修正案确定的？美国是否比其他国家更加懂得，一方面重视雄心与自尊的混合，另一方面又重视对于新事物、创新以及质疑既定秩序和价值的热情，这一系列的推动社会前进与创意的元素？是否因为这个国家产生和接纳的艺术家的数量极高？是否如那些最玩世不恭的人所说的，这是因为艺术家们可悲的社会处境，这促使他们进行斗争？是否因为美国保守派的影响力、国家政策、秩序感、家庭感和爱国主义，它们通过一种反作用鼓励人们拒绝无条件的忠诚，从而产生了与这个社会的价值观的内部的对立？是否因为大众文化在美国本身如此占据主导，比其他任何国家都有过之而无不及，以至于产生了一种标新立异的愿望，同时大众文化被这种反对现代体制（另类）文化不断融入、争论、批评？是否因为高雅文化与流行文化之间的联系赋予了艺术家和观众自由从而较少地固化艺术的模式？是否因为这个国家令人难以置信的族裔多元性和少数族裔之间出现的不断的混合？总之，美国“反文化”的创新与活力立刻吸引了笔者的注意，尤其是在南方和中西部的各州的这些人们意料 715
不到的地方。本书尝试阐明能够解释这种另类美国的源头和力量的一些侧面。

社区文化的潜力分析起来并不复杂，但同样令人惊讶。借助那些少数族裔的“亚文化”，美国对全球的各个少数民族尤其具有影响力，在那里它们象征着黑人、拉美人或同性恋者的自由。因此，法国的阿拉伯裔在听美国的饶舌乐、德国的同性恋者得到美国同性恋文化的滋养、英国的女权主义者阅读美国女权主义著作、西班牙人听美国拉美裔音乐（或者如我们所说，南美音乐经常是在迈阿密制作的）。这种影响力的解释当然在于美国移民的财富和族裔的多元，但同样在于独特的融入系统，在接纳个人的时候连同他们的身份认同一起，不试图去消除他们的文化。通过这些社区文化的渠道，随着美国文化脱离欧洲的理想而形成，我们可以假设美国在未来将更大地影响世界文化。

在这些“雅文化”、“反文化”和“亚文化”旧有的影响之外，自1990年代以来，随着新技术的发展，还要加上美国在高速发展的数码技术领域的影响力，不论是“视觉艺术”、电子音乐还是新形式的电影。在这些领域，大学和当代艺术博物馆、时尚街区与黑人聚居区里表现出的活力真的令人惊讶。物质与资金手段、对创新永无止境的渴望，
716 以及自我更新的能力，都令笔者惊讶。未来文化的重要部分已经显露雏形。未来在于创新、研发、新技术、互联网、家庭影院，美国在这些领域的好多方面领先于欧洲，部分是因为美国的大学。考虑到所谓“视觉文化”所占的份额，我们可以假设，美国在这一领域的影响才刚刚开始。

最后，好像上述各个梯级层面上的这些影响力还不够似的，美国对于自身的文化霸权也同时提供了进行批评的各个梯级层面。正是在美国，我们遇到了那些对好莱坞电影和大众文化持最严厉的批评立场的活动家，他们积极动员起来捍卫独立电影和世界文化，组织伊朗或日本电影节，揭露印第安人身份认同的丧失，为民间音乐或“乡村”音乐斗争。正是在美国，让—吕克·戈达尔的反美主义引起最多关注，欧洲人正是将迈克尔·摩尔当作佐证，听他讲述那个出了问题的美国。此外，正是在大学的“文化研究”系（通常提供对美国模式的左派批评）、保守派的基金会（提供一种右派批评，注重精英主义和从索尔·贝娄到艾伦·布鲁姆的欧洲文化），以及黑人、拉美裔、亚裔和同性恋的社群中，那些反对美国文化帝国主义的论据被人发明出来。因此，即便外国人，包括欧洲人，想分析或批评这一体制，他们也必须借助一些美国作者的著作。这是最大的反讽——或者说是对美国的几乎完全的霸权的一种图解。

717 总之，在各个梯级层面上，由美国文化体制产出的艺术与娱乐作品在全世界的霸权比那些国家统计数字中所反映出来的要更为严重。在比尔·克林顿任期内曾经做过部长的大学学者约瑟夫·奈称此为“软实力”，它借助于价值观、生活方式、文化和新技术，它让美国在军事“硬”实力之外，能够更大程度地主宰世界。

虽然这些反对现代体制的、社区的和“雅”的文化相对于娱乐业不一定具有很大的影响力，但必须看到，它们经常被商业领域拿去使用。布鲁斯、爵士乐、灵歌、R&B 或饶舌乐是由黑人族群发明的，如今它们被列入音乐产业的核心；在非营利剧院制作的戏剧不断滋养着百老汇；在知名大学中实现的新的特效或数码创新相当大地更新了电影产；大出版社有时候依靠大学出版社来发现新作者。这意味着非营利部门具有决定性的作用，既因为它们本身的分量、在国外的影响力，也因为它们的“前瞻市场”的功能。

当我们深入细致地研究美国劳工部的统计数字，我们会惊讶地发现另一个令人错愕的结果，美国文化体制能够产生和养活数量众多的艺术家。实际上，如我们所看到的，如果考虑到非营利机构和文化产业，从事文化工作的人数超过美国统计的那些 200 万就业人口。与其他西方民主国家相比，这个数字是独一无二的，这说明欧洲的问题不在于艺术家太多，或者演艺界的临时演员太多，而在于艺术家人数不足。美国体制
的力量在于能够通过其产业界、非营利机构、大学和社区给艺术家提供 718
工作。从纽约到洛杉矶，在成百座城市里，依靠数以百计的视觉制作公司、互联网公司、有线电视、数码音乐制作公司、衍生品和软件制作的创业企业，美国经济为艺术家们提供了成千上万的就业机会。如今艺术家大规模地在这些领域就业，也许是因为他们未能出人头地，而靠写作或绘画维持生计。不管怎样，美国经济最具活力的领域提供了数以万计的职位，如今人们称这个领域为“创意产业”。

最后，必须给各个梯级层面和各种性质的这些文化的累积作用留有一席之地，因为这种累积作用有助于为美国文化创造国际影响力。今后依靠类似世界共通语言的英语，依靠在全世界有巨大影响力的美国媒体，依靠互联网的实力，美国的作家、编舞或导演拥有超过欧洲艺术家的巨大优势，因为美国人可以立即造成世界性的影响力。这就是所谓的美国“周边效应”，是美国文化的回音室，这让它能够立刻在世界上引起争论。

应该怎么办？如果美国文化只是商业的、千篇一律的和帝国主义的，那么对抗美国文化虽然不容易，但至少有可能。但对抗一种将商业

与“反文化”、前卫和雅文化、数码艺术和全面的无限丰富的族群“亚
719 文化”联合起来的文化，这是更加困难的。所以，我们明白为何至今所有对抗美国文化霸权的尝试都失败了。这是因为，在很大程度上，这些尝试依靠着对美国文化体制的错误分析，依靠一种严重脱离现实的意识形态性的看法。面对这一高效而多元但并非毫无缺陷的复杂体制的现实，我们能够明白为何反抗美国文化的脆弱性和局限性的力量，最终能够与那些希望抵制新的现代化的欧洲文化的力量相抗衡。

## 美国文化体制的局限

评判美国，并不是将我们的标准加之于它，也不是采用某种假设中的欧洲模式来对它的文化予以纠正。很大程度上，美国人并不操心建立文化部，也不关心树立一种联邦文化政策，他们不担心欧洲的重要艺术作品丧失影响力，也不关注保持“雅”文化与流行文化之间的界限，甚至出于国家利益——出于经济上的爱国主义，他们并不想结束好莱坞或者百老汇的主宰地位。

对美国文化体制的评判，某种程度上是从它自身确定的标准来做评价的。我们分析美国人所选择的模式，与他们所希望的理想模式进行比较，从而看到他们的选择并没有忠实于当代的现实或者说有一些是任性的选择。曾经，我们指责美国文化是一种适合所有人的娱乐园式的、各
720 种风格类型混合的、平庸的文化；而今天，我们应该指责美国文化并没有像他们自己所宣称的那样。非营利机构丧失本义、公民社会遭到侵蚀、市场侵入非商业领域的恶果、文化民主化的失败、文化多元主义的偏差、新的审查制度，这一切在本书中已有过分析。面对“勇敢与自由者的家园”，这个自诩世界上最自由的国家，正面对一个曾经在很长时间里都产出最佳作品的文化体制的弱化，我们可以与伟大的黑人诗人兰斯顿·休斯一起期待：“让美国重新成为美国”。

**文化商业化和公民社会的侵蚀。**商业领域与非商业领域的划分是美国文化体制中的核心划分，这种划分如今受到市场对非营利领域的影响以及公民社会被削弱的威胁。主要危险并不一定来自市场本身，常常来

自商业领域向其他领域的扩张，特别是向非营利艺术机构和大学扩张。不应怀疑在美国社会的很多局部，一些活动家希望反对这种商业殖民，许多机构为了保持自我而不断做出牺牲，但从许多方面看，在这个主张企业自由和过度看重资本主义的国家，这是一场实力过于悬殊的斗争。

如我们所见，这种商业化可能采取多种形式，从乐队指挥和女歌手的巨额酬金（这是几个歌剧院和交响乐团濒临破产风险的主要原因）到那些非营利机构的负责人堪与私人企业老板媲美的薪酬，包括那些在 721
垄断权谈判中获益的工会，它们每年到在为不断增加中的戏剧演员酬金进行谈判。这同样关系到一些博物馆，它们想变得更大，关系到一些音乐厅，它们必须适应新技术；关系到一些大学，它们需要建立一些更现代的摄影棚。美国向我们显示，因为商业化的需要或者单纯为了保持“竞争力”而进行创新或扩张，如今成为其公民社会的一个普遍特征。

在这方面，市场风险或者说负面效果最为严重的一个显著领域是戏剧。直到1980年代之前，艺术与市场之间的平衡在美国还算正常，但突然因为制作成本而失调。因此，反对现代体制的戏剧如今没有了资金来源，地区和大学戏剧网络成为百老汇的排练场所，而百老汇则落入了房地产经纪人、好莱坞演员以及“娱乐”的迪斯尼和清晰频道这样的跨国公司手中。整个戏剧领域处于失衡状态，职业艺术制作受到不利的影响。所谓的“文学”戏剧、前卫戏剧、青年剧作家作品因为市场的原因而无法生存，它们一直存在于大学、社区或者没有很多资金的小机构里，但由于缺乏管理而常常无法具备职业水准，因为没有人能够援助它们。百老汇则仅仅为主要由观光客和中西部家庭构成的观众群体制作一些音乐剧，那里的座位要每人100美元——包括儿童。

虽然没有这么严重，但交响乐团的情况也类似，听众减少和老龄化，成本增加，却没有人能够做出反应。在博物馆也有同样的问题，资 722
金压力很大，以至于它们的负责人采用了企业的方法，甚至将门票价格加到20美元，比如MoMA和大都会，而为了在这样的票价基础上吸引参观者，它们根据公众的期待来选择展览，这导致关于电影《星球大战》的展览在许多著名的美国美术馆里巡回。

至于慈善业，它由过去的一种公民参与文化的方式过渡到今天的一种既可以逃税同时又可以抬高自己社会地位的手段。在文化方面，美国不仅是一个巨大的民主国家——在民粹主义和主流文化方面具有不良后果，还是一个巨大的贵族国家——有一个精英主义的慈善家阶层在保护自己的文化、社会地位和税收优惠。对于一个想与欧洲贵族决裂的国家而言，这是一种矛盾。

通过这些例子，我们看到在美国建立起来的可以纠正市场对文化领域的影响的那些机制越来越不灵了。这些“非政府文化机构”过去主要是通过它们的非营利地位来定义的，如今它们倾向于变成“企业式的非营利社团”或者“非营利文化企业”，它们的行动、资助机制的“商业”性，以及它们的筹款和基金管理，都超越了非商业的使命和规则。由于缺少监管，缺少能够提出问题并提供解决问题办法的核心行动者，艺术界无可奈何地看着企业精神和人们所说的“实用的资本主义”进驻非商业文化体制。

723 在这种飞速的商业化之上，还有对公民社会的侵蚀，这两者当然有联系。我们有时觉得非营利机构丧失了它的使命感，相关负责人的薪酬不断增加，志愿者运动停滞，普及计划失败，人们不禁疑惑建造新建筑或者进行扩张还有什么用？将服务于什么艺术和什么样的公众？

最后，不应低估这一体制深层的达尔文主义的本质，没有国家直接补助、没有社会保障、微不足道的不持久的失业补贴，在美国只有最优秀的艺术家才能保持在专业水平，其他人则难见踪影。这就是法则，如果不是最有天才者生存，那么至少是最有韧性者才能生存。有时为了批评这一体制，人们说美国文化体制是建立在“强逼”（hustle）基础上的，在通俗语言中，这个词同时指艰苦劳作——苦干、努力、必须时刻出去找钱——和卖淫。

当然不可否认，非营利的美国文化体制仍然是世界上最发达的文化体制。至于非营利机构与市场经济之间的法律和税收上的分别，这种划分仍然是清晰的，而且不断地被法庭和税务部门重新肯定。这一体制仍然有很大的余力。

**让所有人都能接触到文化的问题**。甚至那些美国模式的支持者，那些强调美国公民社会的力量和活力的人，他们也不得不承认，虽然这一体制成功地保护了高品质文化，但它却未能做到让所有美国人都能够企及艺术。尤其是社会中最具民众性的那部分人，是学历最低、最乡土的，他们在文化实践方面是被动的。即便美国一直以来都看重的中产阶 724
级，他们也很少能够接触到艺术，特别是如果他们生活在——今后这是他们中多数人的情况——美国各地的城市周围的巨大的郊区、远郊区。

对这一问题的玩世不恭的回答是，美国为这部分民众提供了娱乐文化。情况大致如此，这是许多美国人的思路。但是如果这种文化不提供反现代体制的舞台演艺、世界音乐、独立电影或文学，那么它又有何价值？对任何文化体制进行评判的最具决定性的测验，是看它能否将文化本身变成普通人的持续的创新。虽然美国文化体制拥有许多动力和成果，但必须看到它并不比欧洲体制更多地面向大多数人。

特别是，美国体制已经不再针对普通阶层。工人？农民？麦当劳的店员或者沃尔玛的收银员？他们在文化机构的教育政策中完全缺席，在志愿者运动中更加看不到他们，而这并不会令任何人吃惊。或许应该开始对这种僵局进行思考了？至于少数族裔，让他们加入文化生活，这种愿望仍然存在，但结果如我们所见，很长时间才有所显现。最后，那些远郊区，确切地说——并非偶然——就是 1950 年代汽车影院诞生的大面积的郊区和 1980 年代的那些综合建筑，如今这里代表着美国真正的文化荒漠。

对于扩大向民众阶层、少数族裔和郊区居民的文化供给，有必要进行新的思考。无疑，20 年后，根据针对这些民众进行的新的动员的成 725
功或失败，我们将看到美国文化微笑或悲伤的面孔。

**文化多元主义的局限。**文化多元主义的问题在美国文化中起着重大作用，扮演着一种矛盾的角色。美国是一个始终向世界其他部分越来越开放的社会，又是一个自我封闭的社会。这种两种运动同时发生。

文化多元主义积极的一面是显著的，它让每个人能够拥有一种认同，能够属于一个社群（族群），并从中得到一些“好处”，减少孤立感和劣势感，造就一些更坚强的个体的稳定的社会归属感，以及一些对抗歧视的手段。社群重新将权力交给个人，为他提供一些参与和“共同生活”的机会，尤其让个人能够以一种体现他的价值的“亚文化”活下去。这是一些价值不可估量的功效，社群带来一种集体维度，与美国社会的个人主义基础和人人靠自己的理念决裂：解放同时被理解为一种个人解放和一种群体解放。这些元素的价值是不可估量的。

还必须指出，这些社群文化常常受到威胁。面对娱乐文化，保存社群文化是至关重要的，只要与纳什维尔的乡村歌手、密西西比三角洲地区的布鲁斯乐手和亚利桑那州阿帕切堡的印第安人谈一谈，就能意识到他们为了抗拒丧失自身少数族裔文化认同所进行的斗争。所以，文化多
726 元主义可能是一场为了自尊、认同和多元性的斗争，这场斗争是为了纠正美国在成为自身最坏的敌人时所造成的后果。

但文化多元主义还可能有一些相反的后果。非但不促成多元化，它可能鼓励单一文化主义、分离主义，导致文化的支离破碎。这样的文化多元主义将同一社群的个人汇集起来，却将美国人分化和分散。因此，那些重要的大众性的个人主义社会之间的联系至关重要，风险的存在来源于“共同空间”的削弱。美国“去中心化”的多元化的文化体系的一个重大问题正在于此，这里缺乏集体代表性、共同语言元素、公共空间以及整体框架。美国如今面临的问题不再仅仅是推崇一些强大的认同和创造多元性，问题是创造一个共同世界，即一种“共同文化”。

这正是美国文化体制的复杂性，一切都交织在一起，负面效果常常可能被证明具有正面意义，而正面效果却可能变得成了问题。基本看来，当然这并不是我们判断出来的，可以肯定的是当为一个共同的空间而开展运动的时候会增强一个族群的归属感，同时既可以保持与众不同的自我，又可以与他人共享一种文化。如何从自己的族群中解放出来，同时又不会彻底脱离？如何在构建一种共同文化的同时，又不会摧毁那些身份认同？美国不断面临这些两难问题，每一天都在尝试着设想出一些道路来达到一种合理的平衡。

727 **审查制度与保守主义的问题。**对于欧洲人来说，美国的审查制度像是一种极为落后于时代的现象。这并不因为在欧洲没有偏差或类似的问

题，而是在欧洲更加宽容，虽然欧洲拥有一些由国家资助的公共政策。至于“文化战争”的歇斯底里，这在欧洲是完全无法想象的。

如何解释美国的审查制度？这是基督新教精神在时不时地浮现？这是作为从麦卡锡主义的美国发展到“文化战争”时期的美国的主要特征，对于不同观点、不同政见的恐惧在民族主义回潮的时候重复显现出来？这是宗教力量与近30年来福音教派复兴的结果？如同保守派声称的，这仅仅说明民主在美国运转得“更好”，因为它是大多数美国人的愿望，因此对色情、同性情色或淫虐（马普尔索普事件由此而来）进行审查是正常的吗？总之，这些审查是粗暴的，它们应当被认真对待。

甚至应该扩大视角，关注美国文化生活中的“软性”审查形式和自我审查的方式。我们看到文化机构相对于国家的独立性，美国人曾想以这种自主来阻止公权力强加选择或审查作品。但是，这种独立性却伴随着对于富有捐赠人的不断增加的依赖，这些捐赠人构成这些机构的董事会，他们常常是共和党人。这些董事会的自然倾向可能是推崇一种可靠的“中产阶级”文化。这就解释了为什么在歌剧和芭蕾舞界普遍存在像大都会歌剧院这样的令人痛心的审美保守主义，尽管它们有最优秀的歌唱家和最好的乐团。问题常常不在于审查，而在于自我审查。当乐 728
团、博物馆和地区剧院为了取悦特权阶级、世故的观众和当地资产阶级而量身定制艺术的时候，就可能产生这样的风险，那就是艺术体验仅仅成为一种社交仪式，这种风险不会因为一丝模糊不清的负疚感而减小，艺术如果不是一种居高临下的形式，又为何要开展那些关于艺术的教育和普及计划呢？

此处的问题在于这样的事实，为了避免依附国家，非营利艺术领域与当地金融精英联合起来。然而，虽然国家可能审查马普尔索普，但那些富有捐赠人同样可能因为他们对前卫艺术的厌恶或者对引起争议的担心而从内部审查很大一部分可供选择的艺术品。

的确，美国体制是在限制此类后果的预防措施的基础上建立起来的。通常，那些领导博物馆和乐团的文化经理人具有很大的独立性，他们能够做到在安排计划时在经典目录和冒险之间做出平衡。而且，机构的众多及其彼此之间的竞争通常引起系统的一种自我纠正。但是在21世纪的美国，审查与自我审查仍然一再令人惊讶。我们不能忘记美国著名的谚语，它常常被用于文化：“He who pays the piper calls the tune”（字面的意思是：出钱买笛子的人，选他喜欢的曲子）。用法语，我们可以说：谁付钱，谁说了算。

要想总结美国文化体制在商业化与间接的审查意愿之间的局限，必须指出美国的某种伪善，基于此，欧洲人才有可能在世贸组织、经济合
729 作和发展组织和联合国教科文组织的国际谈判中获益。实际上，本书阐明和描述了美国对文化的许多间接的公共支持机制。百老汇商业剧院或好莱坞电影业的演员工会常常因为它们的垄断权而阻碍非美国籍演员在美国从业。同样，在美国各州和多数大城市，存在一些支持电影业的公共事务处，它们提供数量可观的减税。我们还看到专项基金、直接预算项目、公立大学文化预算和介于公私领域之间各种“桥梁”的重要性。所有这些直接与间接的资金构成了对文化的公共资助。应该揭示出这些补贴，目的是让我们可以要求美国人在他们明确的原则和对外提出的商业诉求方面言行一致。美国人不应出于全球化时代市场自由化的考虑而力图消除欧洲人对文化的直接补贴，而应该首先承认他们与欧洲人一样在补贴文化。通过合法地掩盖他们巨额的间接补贴、鼓励公民参与的那些内在的配额和文化领域存在的许多管制措施，美国人以为能够让人忘记他们同样也建构了一种名副其实的“文化例外”。在本书中描写的所有这类资助都可能用来反驳美国在国际谈判中对文化自由化的要求。

730 **孤岛与主流**

历史并不会就此停下脚步。在分析了美国文化体制中国家与公民社会的作用之后，应该对其商业文化进行详细描述。美国文化体制最令人着迷、最行之有效和最应加以批评的侧面在于其商业文化。应当看看大众文化是如何在20世纪上半叶的美国诞生的，它是如何构成的，随后在二次世界大战以来又是如何不断调整的。应当追踪美国文化产业在全球化时代的转变，理解它们如何融入一些常常并非美国公司的跨国企业（庞大的索尼是日本的，贝塔斯曼是德国的，新闻集团是由澳大利亚裔美国人鲁珀特·默多克领导的，西格拉姆是加拿大的）。

要想理解娱乐产业，同样必须描述美国的大片郊区住宅区，娱乐文

化是在那里发展起来的，跟随着中产阶级文化的演变，这是美国活力的
另一核心元素。应该看看这个国家是如何限定和扶助好莱坞、百老汇、
书籍以及音乐产业（比如各州和城市的“电影处”），应该研究非商业
的公民社会——这是本书的研究对象——和商业产业之间的无数桥梁。
这样做，我们可以看到这些私人媒体和娱乐企业同样受到管制，甚至常
常由联邦和各州间接补贴。尤其，它们充分利用非营利的文化系统，而
非营利领域同样是由公共资金间接资助的。在这种整体活力中，同样应 731
该考虑到数量效应、大众、听众与票房赋予市场以强大的合理性，这些
因素在某种程度上用“民主效应”肯定了大众文化。还应该看看 1960
年代以来，市场如何从美国的文化多元和各社区中得到滋养，其受益程
度远远超过人们的想象。最后，我们可以追踪美国文化批评的演变，从
1970 年代起文化批评渐渐接受了流行文化，同样出于一种深层次的民
主的理由，文化批评赋予流行文化以合理性。

美国商业文化看起来显然比人们认为的要复杂得多，具有比人们所想象的更强大的动力。但是，不应忽视文化产业不断运用所谓的民主论据来树立或者加强一些经济和商业的思想路线。因此，商业文化的一种主要的伪饰就是成功地混淆了大众文化和商业文化。这种战略性的刻意的混淆，其结果是著名的“流行文化”，让人们可以将一种纯粹商业的文化作为民众的选择来加以合理化。所有这一切都已经成为对在全球化和娱乐之间文化发展的新研究的主题，也就是我的新书《主流——谁将打赢全球文化战争》的主题（弗拉马里翁出版社，2010 年）* 。

在对于美国文化的这本长篇调查报告的结尾，存在两种可能的解
读。正面的解读是强调公民教育，对人文主义和文化美国的强调则以巴
拉克·奥巴马的当选作为象征。多元主义的和“去中心化”的美国体 732
制将主动权留给每个人，因为艺术不附属于技术官僚的逻辑，不附属于
官僚机构，也不附属于预算的束缚。行动者是独立的和负责的，大学可
以有所作为，社区可以自由创造。这一体系尤其让一些无限“去中心
化”的评判机制成为可能。这一切之所以成为可能，是因为资金的多

* 该书中文版已由商务印书馆于 2012 年 4 月出版。——译者

元，是因为国家在“文化”应该是什么这一问题上保持中立这一根本思想。在美国，没有文化的宗教，更没有关于休闲的说教。很大程度上，美国体制的这些不可估量的核心价值解释了它的成功和普遍的吸引力。

同时还可以进行另一种解读。这种解读强调美国文化仍然受制于清教思想和开拓者精神，它们充其量将文化当作消遣，或者更糟，将文化当作一种肤浅的活动和无益的奢侈。虽然另一个美国更倾向于理想主义而非实用主义，更倾向于1960年代而非1950年代，优先关注前卫和创新，他们对这些过去的文化遗存进行抑制和有力的打击，但是这些陈旧思想却仍然定期在国会中浮现：“文化战争”的集体歇斯底里和那些董事会的自我审查形式证明了这一点。因此，在美国即便对于艺术的同盟者——他们人数众多，艺术也必须具有某种“使命”。这种功利主义赋予文化一种社会、教育或认同功能。如果艺术并非“有用”，那么艺术，即纯艺术，在美国生活中就会被边缘化，对此感兴趣的人属于少数，以至于在很大程度上艺术成为彻头彻尾的孤岛。当然，纯艺术在大学、独立文化机构和社区里还存活着，但它却难见天日。艺术处于社会
733 边缘，而非中心。在这一点上，美国与其他国家完全相同。

对于欧洲人来说，这正是欧洲人对美国文化的矛盾看法：一方面，欧洲人反感这个体制，这里的艺术掌握在金融精英手中，必须具有某种“目标”；另一方面，对正在进行中的文化民主的发现却令笔者着迷。一方面，这个国家输出的文化千篇一律；另一方面，这个国家鼓励、践行和捍卫文化多元性。一方面，是对国家的恐惧和对市场力量的信心；另一方面，是公民社会、基金会、非营利机构、大学和社区。一方面，是文化行动的民主理想；另一方面，是国家的脆弱和商业文化帝国主义的现实。

总之，也许不应该在这两种解读之间做出选择。美国是这一切的一切，这两种解读构成了同一模式的双重面孔。正是在这一点上，我们可以说美国文化创造了一切及其反面，总之，它创造出最好的，也创造出最坏的。

虽然与我们的愿望相矛盾，我们无法区分或选择这正反两面及其相关的积极评论，也无法将两者综合起来从而呈现美国文化的奇异性。然而，在神话与具体现实之间的这些矛盾必将成为我们自己国家文化体制的镜鉴。

# 附　录

加　拿
西雅图
华盛顿
波特兰
蒙大拿
北达科他
俄勒冈
爱达荷
怀俄明
南达科他
萨克拉门托
内华达
盐湖城
夏延
内布拉斯加
奥马哈
旧金山
犹他
丹佛
科罗拉多斯普林斯
劳伦斯
堪萨斯城
北卡罗来纳
科罗拉多
堪萨斯
拉斯维加斯
洛杉矶
长滩
欧文
陶斯
埃斯帕尼奥拉
圣菲
亚利桑那
阿尔伯克基
阿科马普韦布洛
森城
阿帕切堡
凤凰城
坦佩
梅萨
新墨西哥
俄克拉荷马
达拉斯
得克萨斯
科利奇站
奥斯汀
休斯敦
圣安东尼奥
墨　西　哥
本书提及的
主要城市

1. 美国地图

大
明尼苏达
明尼阿波利斯
圣保罗
威斯康星
密尔沃基
密歇根
底特律
芝加哥
得梅因
艾奥瓦
厄巴纳-尚佩恩
伊利诺伊
印第安纳
俄亥俄
克利夫兰
辛辛那提
欧弗兰帕克
圣路易斯
密苏里
法兰克福
列克星敦
哈泽德
怀特堡
肯塔基
纳什维尔
田纳西
费耶特维尔
阿肯色
小石城
牛津
克拉克斯代尔
密西西比
杰克逊
亚拉巴马
蒙哥马利
亚特兰大
佐治亚
南卡罗来纳
北卡罗来纳
达勒姆
查珀尔希尔
罗利
弗吉尼亚
西弗吉尼亚
华盛顿特区
华盛顿
巴尔的摩
马里兰
特拉华
费城
宾夕法尼亚
新泽西
纽瓦克
普林斯顿
纽约
纽黑文
康涅狄格
普罗维登斯
罗得岛
伍斯特
马萨诸塞
波士顿
康科德
米德尔伯里
佛蒙特
新罕布什尔
缅因
波特兰
巴港
布法罗
路易斯安那
新奥尔良
佛罗里达
迈阿密
迈阿密滩
科科纳特格罗夫

## 738 2. 今日美国文化的概况

（3.08 亿人口，国土面积 930 万平方公里，人口为法国的 5 倍，面积为其 17 倍）

| | |
|---|---:|
| 美国的艺术家数量（2002 年） | 200 万 |
| 艺术家在美国就业人口中百分比 | 1.5% |
| ——其中在非营利领域就业的有 | 0.78% |
| 非商业文化支出（以美元估计） | 1340 亿 |
| ——其中非营利文化机构总支出 | 532 亿 |
| ——其中公众参与非营利文化活动的支出 | 808 亿 |
| 美国各州文化事务处数量（美国全部领土每州统计一个） | 56 |
| 美国各城市文化事务处数量 | 4000 |
| 与艺术领域相关组织和企业数量 | 580000 |
| （非营利和营利的合在一起：“创意产业”） | |
| 图书馆数量 | 123000 |
| 博物馆数量 | 17500 |
| ——其中美术馆（包括 177 个被视为全国性的美术馆） | 1000 |
| ——免费博物馆百分比 | 36% |
| 职业舞蹈团数量 | 250 |
| 交响乐团数量（估计） | 1800 |
| ——其中常设乐团 | 900 |
| ——其中青少年乐团 | 600 |
| ——其中职业乐团 | 350 |
| ——其中享有国际声誉的乐团 | 20 |
| 歌剧团数量 | 96 |
| 739 非营利职业剧院数量 | 1274 |
| 每年制作数量（非营利职业剧院） | 4787 |
| 每年演出数量（非营利职业剧院） | 81828 |
| 百老汇商业剧院制作数量 | 28 |
| 社区剧院数量 | 7000 |

统计来源：US Bureau of Labor Statistics, 2003; US Census, 2006; NEA; American for the Arts; American Symphony Orchestra League; American Association of Museum; National Assembly of State Arts Agencies; Opera America; TCG (2001); Dance USA; American Association of Community Theaters; Institute of Museum and Library Services (2011).

## 3. 国家艺术基金会预算，以百万美元为单位（1966—2011）

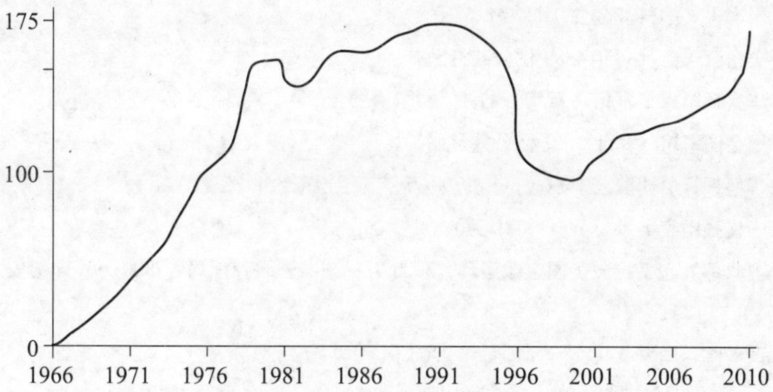


## 4. 历届国家艺术基金会主席 740

| 主　席 | 任命总统 | 任　期 |
|---|---|---|
| 罗杰·史蒂文斯 | 林登·约翰逊 | 1965年9月至1969年3月 |
| 南希·汉克斯 | 理查德·尼克松 | 1969年10月至1977年8月 |
| 利文斯通·比德尔 | 吉米·卡特 | 1977年11月至1981年夏季 |
| 弗兰克·霍德索尔 | 罗纳德·里根 | 1981年11月至1989年2月 |
| 约翰·弗龙迈耶 | 老乔治·布什 | 1989年9月至1992年4月 |
| 简·亚历山大 | 比尔·克林顿 | 1993年10月至1997年10月 |
| 比尔·艾维 | 比尔·克林顿 | 1998年1月至2001年10月 |
| 迈克尔·哈蒙德 | 乔治·W.布什 | 2002年1月* |
| 达纳·焦亚 | 乔治·W.布什 | 2003年1月至2009年1月 |
| 罗科·兰德斯曼 | 巴拉克·奥巴马 | 2009年8月 |

* 哈蒙德在接受任命7天后去世。

## 5. 对文化中的公共财源的估值
## （每年的美元数，2005年至2011年）

### 联邦政府

国家艺术基金会（每年1.67亿）。

博物馆和图书馆服务学院（每年2.42亿）

国家人文学科基金会（每年1.67亿）

史密森学会（每年4.89亿公共补贴）

华盛顿国家美术馆（每年1.11亿公共补贴）

国会图书馆（每年3.62亿公共补贴）

华盛顿肯尼迪演艺中心（每年1700万，其年预算约1.25亿）

华盛顿国家美术委员会（110万）

内政部（包括抢救美国宝藏运动，3000万；国家公园管理局，7900万；印第安人事务局*）。

741 国务院、国家文化交流（约每年2.05亿）

住房与城市发展部（社区发展专款补助计划：约每年50亿，用于振兴街区，其中有很多文化份额*）。

健康和社会事务部（尤其针对老年人和医院的文化行动：50%的美国医院拥有文化计划*）。

教育部：艺术教育计划由各州管理，有一些对项目的联邦资助*。

商务部：在其内部，经济发展管理局资助创建"艺术区"*。

运输部：主要管理"公共艺术计划"*。

司法部：两个计划与艺术有关："高危青少年艺术计划"和"监禁与教养中青少年违法者艺术计划"*。

艺术品赔偿法案：这个联邦法案使国会可以间接资助博物馆那些临时展览的保险费，每年估计约1200万。

Earmarks（国会议员的专项基金，比如2005年有85万美元给佛罗里达美术馆）。这是一些大额资金*。

联邦"预算项目"：联邦的直接预算，不由国家艺术基金会（NEA）中转*。

将近200个其他部委和联邦事务处介入文化（比如：劳工部、阿巴拉契亚地区委员会、国家档案馆、国防部等）*。

各州和城市

各州文化事务处：每年3.28亿。

艺术教育：巨额资金（各州公共预算，因为巨大的去中心化，这项难以估计*）。

各城市文化事务处：每年7.7亿，其中纽约城市文化事务发展处（DCA，每年约1.31亿）。

各州和城市公共建设中“百分之一支持艺术”计划。 742

地区、县、自治市和其他非中央级的文化事务处。

各州和城市的直接预算项目：不通过州和城市文化事务处中转的直接预算，这占了很大的资金份额*。

Earmarks：议员、州长、市长的专项基金，很大的财源*。

其他专门用于艺术部门的税收：比如丹佛的营业税的一些比例拥有艺术，田纳西州的汽车税，密西西比的六合彩等等。

用于建设或翻新文化场所的市政债券：比如仅纽约一座城市在2006—2009年就发行8.03亿*。

各州和城市因地产税减免而进行的间接资助（不掌握估值*）。

通过公共建筑中提供免费场所而提供的间接资助（比如在纽约，大都会艺术博物馆、卡内基音乐厅、布鲁克林音乐学院等34个文化机构）*。

对旅店和汽车旅馆征税：全美50个最大城市中20个有这种间接用于文化的征税，比如在旧金山，这项税收相当于每年1400万美元的额外文化补贴*。

公立大学的文化预算：比如每年加州大学戴维斯分校仅仅对舞台艺术的预算就有700万*。

公民社会

慈善业：对艺术的捐赠包括个人捐赠和遗赠（对艺术的总捐赠额估计为每年134亿，国家税收少了约54亿）。

基金会：对文化的捐赠约36亿，而国家的税收因此而减少的数额很难估计*。

企业文化赞助：每年约15.6亿，税收少了6亿。

非营利大学的文化预算：因专门用于这些大学的艺术活动的慈善捐赠造成的税收损 743
失，很难估计数值*。

对每年公共资助的估值：260—500亿[1]

*因为公共资金的复杂性，无法推导出国家少收税款或者因为预算不仅仅关系到文化，所以很难估值。

统计来源：Americans for the Arts；NEA：*How the US Funds the Arts?*, 2004；*The Chronicle of Philantropy*；Business Committee for the Arts, 2004；NEA，2011.

## 6. 非营利文化机构财源（2005 年平均估值）

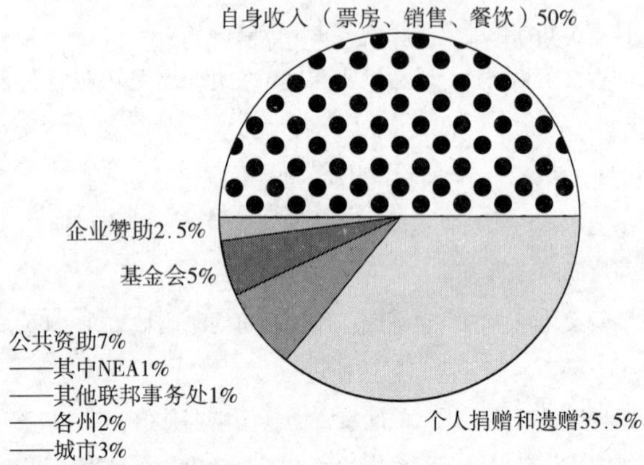


统计来源：Americans for the Arts, 2005；NEA, *How the US Funds the Arts?*, 2004.

## 744 7. 非营利部门

| | |
|---|---|
| 社团数量 | 114 万 |
| ——其中非营利艺术组织数量 | 40000 |
| 非营利部类占国民生产总值份额<br>（在法国为4.2%，德国为3.7%） | 8.5% |
| 雇员数量（就业人口的9.3%） | 1100 万 |
| ——其中仅在非营利艺术和文化部门就有<br>（即工薪族人口的0.78%） | 920000 |
| 志愿者（按全职工时换算） | 900 万 |
| 基金会数量 | 62000 |
| ——其中定期介入艺术的基金会 | 1000 |
| ——社区基金会（通常活跃于艺术） | 650 |
| 按基金会本金的总额估计累计资本 | 4770 亿 |
| 法律规定的基金会每年必须分发的资本份额 | 5% |

| | |
|---|---|
| 仅在地方介入文化的基金会比例 | 95% |
| “美术基金”（类似“联合艺术基金”或“联合劝募”）数量 | 100 |

统计来源：*New York Times*；*Giving USA* 2004；*The Chronicle of Philanthropy*；Americans for the Arts，2005—2011.

## 8. 捐赠经济学（2003 年） 745

| | |
|---|---|
| 个人捐赠（含所有事业，以美元计） | 2500 亿 |
| 对艺术和文化的捐赠（每年） | 135 亿 |

**按照捐赠者统计的分布状况（含所有事业）**

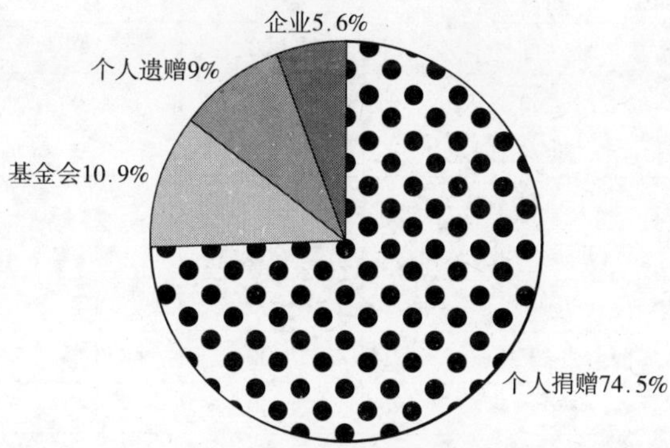


**慈善捐赠的对象**

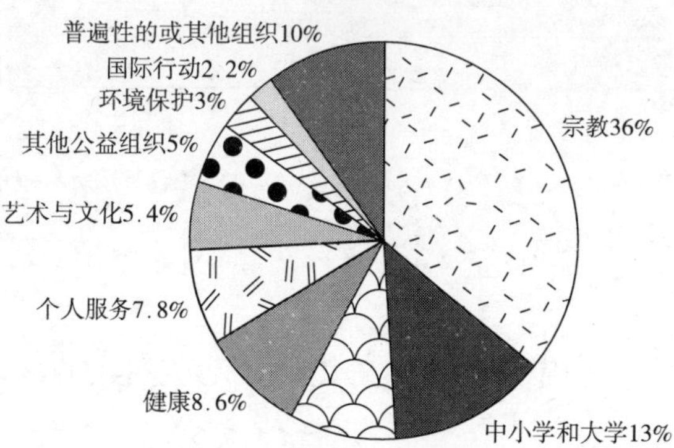


统计来源：*Giving USA* 2004；*The Chronicle of Philanthropy.*

## 746 9. 如今介入艺术的主要基金会（2002年，以百万美元计）

| 基金会 | 基金 | 运转预算 | 进行捐赠 |
| --- | --- | --- | --- |
| 盖茨基金会（西雅图） | 26700 | 79 | 1100 |
| 福特基金会（纽约） | 10000 | 93 | 431 |
| 休利特基金会（加州） | 6000 | 15 | 258 |
| 帕卡德基金会（加州） | 6000 | 26 | 278 |
| 麦克阿瑟基金会（芝加哥） | 4400 | 25.5 | 203 |
| 皮尤慈善基金会（费城） | 4000 | 24 | 143 |
| 梅隆基金会（纽约） | 4000 | 12 | 177 |
| 洛克菲勒基金会（纽约） | 3000 | 34 | 134 |
| 伍德拉夫基金会（亚特兰大） | 2400 | 1.6 | 102 |
| 安嫩伯格基金会（宾夕法尼亚） | 2300 | 7.3 | 192 |
| 杜克基金会（北卡，夏洛特） | 2200 | 15 | 105 |
| 747 麦克奈特基金会（明尼阿波利斯） | 1900 | 13 | 75 |
| 奈特基金会（迈阿密） | 1800 | 10 | 90 |
| 卡内基基金会（纽约） | 1800 | 14 | 64 |
| 温格基金会（马里兰州） | 1790 | 15 | 100 |
| 考夫曼基金会（堪萨斯城） | 1500 | 37 | 58 |
| 克利夫兰基金会 | 1500 | 9 | 73 |
| 波士顿基金会 | 571 | 6.5 | 47 |
| 旧金山基金会 | 392 | 8 | 65 |

统计来源：*The Chronicle of Higher Education/ The Chronicle of Philanthropy*，基金专刊，2003年5月27日。（捐赠涉及所有领域，不仅仅是艺术）。

## 748 10. 福特基金会文化计划的关键时期

1936年：亨利·福特创建福特基金会。

1947年：亨利·福特（生于1863年）去世。

1949年：盖瑟委员会，这是福特真正的开端。

1951 年：保罗 · 霍夫曼成为总裁。

1953 年：罗恩 · 盖瑟成为总裁。

1953 年：麦克尼尔 · 劳里来到福特基金会。

1955 年：麦克尼尔 · 劳里领导“艺术与人文计划”，直到 1963 年。

1956 年：亨利 · 希尔德成为总裁。

1957 年：麦克尼尔 · 劳里发起第一个关于艺术的计划。

1962 年：麦克洛伊委员会的报告是艺术转机。

1964 年：麦克尼尔 · 劳里被任命为基金会副总裁。

1966 年：麦乔治 · 邦迪成为总裁，基金会的文化多元主义新轴心。

1974 年：麦克尼尔 · 劳里辞职，针对街区的文化行动增多。

1980 年：非洲裔美国人富兰克林 · 托马斯成为总裁。

## 11. 洛克菲勒王朝 749

老约翰 · D . 洛克菲勒
（1839—1937）
石油巨头，洛克菲勒基金会创始人

小约翰 · D . 洛克菲勒
（1874—1960）
洛克菲勒基金会主席
洛克菲勒中心创始人

阿比 · 奥尔德里奇（洛克菲勒）
（1874—1948）
MoMA的创建者

阿比 · 洛克菲勒
（1903—1976）

约翰 · D . 洛克菲勒三世
（1906—1978）
洛克菲勒基金会主席、林肯中心创建者

纳尔逊 · A. 洛克菲勒
（1908—1979）
纽约州州长、美国副总统

劳伦斯 · 洛克菲勒
（1910—2004）
洛克菲勒中心负责人

温思罗普 · 洛克菲勒
（1912—1973）
阿肯色州长

戴维 · 洛克菲勒
（1915）
银行家（大通银行）、慈善家

## 750 12. 一些文化机构的基金（2003 年，以百万美元计）

| | |
|---|---|
| 纽约大都会艺术博物馆 | 1700 |
| 休斯敦美术馆（得克萨斯） | 1000 |
| 克利夫兰美术馆 | 658 |
| 殖民时期威廉斯堡基金会 | 634 |
| 国家美术馆（华盛顿） | 600 |
| 芝加哥艺术学院 | 595 |
| 纽约公共图书馆 | 462 |
| 波士顿交响乐团 | 280 |
| 伍德拉夫艺术中心（亚特兰大） | 245 |
| 纳尔逊—阿特金斯博物馆（堪萨斯城） | 200 |
| 沃克尔艺术中心 | 185 |
| 费城美术馆 | 183 |
| 芝加哥交响乐团 | 178 |
| 纽约爱乐乐团 | 164 |
| 亨廷顿图书馆—美术馆（加州） | 132 |
| 卡内基音乐厅 | 124 |
| 柯里尔美术馆（新罕布什尔） | 63 |
| 休斯敦大歌剧院 | 45 |
| 旧金山歌剧院 | 42 |
| 纳什维尔交响乐团 | 34 |
| 塔夫脱美术馆（辛辛那提） | 24 |
| 美国艺术协会 | 20 |
| 美国保留剧目剧院（哈佛） | 18 |
| 沃尔顿艺术中心 | 14 |
| 蒙哥马利美术馆（亚特兰大） | 13 |

统计来源：*The Chronicle of Higher Education/ The Chronicle of Philanthropy*，基金专刊，2003 年 5 月 27 日，以及各机构的《年度报告》。另见本书第九章。

## 13. 美国主要全国性的文化院外游说团体 751

美国艺术协会：成员有5000个组织，10万人从事实地斗争，80名雇员，年预算1600万美元

全国州立艺术事务处联盟：集合了50个州文化事务处，约15名雇员，预算200万美元

美国交响乐团联盟：650个交响乐团参加，37名雇员，预算600万美元

剧院通信集团：449个非营利剧院参加，50名雇员，预算650万美元

美国歌剧协会：200个歌剧院参加，20来个雇员，预算250万美元

美国舞蹈协会：450个芭蕾舞团和舞蹈团参加，10来个雇员，预算200万美元

美国艺术联盟：舞台艺术的游说团体（前面四个组织也支持舞台艺术），有4000会员，在国会有一名常设的游说者

美国图书馆协会：集中了66000名图书馆员，有250名雇员，总部在芝加哥，预算456万美元

美国博物馆协会：支持美国17500个博物馆，有60来个雇员，预算1100万美元 752

美国美术馆馆长协会：集中了177个主要美术馆的馆长

美国电影协会（MPAA）：是好莱坞电影六大公司的游说团体，约200雇员，预算未作公布。在国外有5个办事处。

统计来源：Americans for the Arts，NASSA，ASOL，TCG，Opera America，Dance USA，AAA，ALA，AAM，AAMD，MPAA.

## 14. 美国大学中的文化

| 美国高等教育机构数量 | |
|---|---|
| （包括分校） | 4182 |
| ——其中本科学院 | 3500 |

——大学 1400

——著名研究型大学 248

国民生产总值用于高等教育的份额 3%

(欧洲平均为1.4%)

大学的基金和运转预算举例（以10亿美元计，2006年，基金/预算）

——哈佛大学（非营利地位） 25.9/2

——耶鲁大学（非营利） 11/1.6

——得克萨斯大学系统（奥斯汀，公立） 8.7/7.2

高等教育学生数量 1660万

753 教师数量（教授、助教） 110万

结构比例（教师/学生） 1/15

同龄人进入高度教育的比例 81%[2]

(与法国的54%相比，这一比例极高)

公立大学比例（在约1400大学的基数上） 77%

非营利大学比例 23%

私立大学比例（营利） 不足0.5%

(按类统计学生数量的分布与此相同)

平均学费（每年，以美元计，2004年）[3]：

——平均花费（各级别和各类大学） 9200

——本科级别（公立4年制/非营利） 8900/16200

——研究生（公立/非营利） 10000/22000

获得全额或部分奖学金学生比例

——本科/研究生 39.1%/47%

大学每年研发开销（包括文化研发） 360亿

进行艺术和文化研究的学生的比例（艺术学硕士或以上学位） 4.9%

在学期间曾选修艺术的学生数 184万

754 获得“视觉与演艺”大学学位的学生数

(不包括电影、文学)，

所有学位加起来（2003年） 115318

| | |
|---|---|
| 每年获得“视觉与演艺”的美术学士/美术硕士（2003 年） | 77200/13000 |
| 颁发美术硕士的大学数量 | 213 |
| “创意写作”计划数量 | 330 |
| 大学图书馆数量 | 3527 |
| ——其中藏身超过 250 万册的 | 68 |
| 大学出版社数量 | 110 |
| 大学出版社在出版行业中的份额： | |
| ——品种/印数/销售 | 8%/1.25%/2% |
| 校园书店数量（不论是独立还是有大学或商业经营） | 1500—2500 |
| 演艺中心数量（戏剧、音乐、舞蹈） | 2300 |
| 美术馆和专业画廊 | 多于 700 |
| ——其中第一流专业美术馆 | 265 |
| 摇滚与流行音乐厅 | 多于 345 |
| 大学广播电台 | 多于 300 |
| 校园独立唱片店 | 多于 320 755 |

统计来源：Census Bureau，Statistical Abstract of the US，2006；US Department of Education；*The Chronicle of Higher Education*；*The Chronicle of Philanthropy*；US News，2004；*The Musician's Atlas*，2005；Association of American University Presses；American Library Association；American Assembly；Book Industry Trends 2001；National Association of College Stores——见第九章。

## 15. 艺术家与就业市场（2002 年）

| 艺术职业 | 就业艺术家 | 失业艺术家（失业率） |
|---|---|---|
| 建筑师 | 180000 | 4000（2%） |
| 艺术经理人、造型艺术家 | 212000 | 12000（5%） |
| 设计师、舞美、平面设计 | 793000 | 41000（5%） |
| 电影与戏剧演员 | 30000 | 16000（35%） |
| 制作人、导演 | 133000 | 13000（9%） |
| 舞蹈家和编舞 | 32000 | 3000（8%） |

| | | |
|---|---|---|
| 乐师和歌手 | 179000 | 10000（5%） |
| 播音员[5] | 61000 | 4000（6%） |
| 作家 | 190000 | 14000（7%） |
| 职业摄影师 | 146000 | 8000（5%） |
| 其他艺术家和类似人员[6] | 30000 | 3000（8%） |
| 总计 | 198 万 | 128000（6%） |
| 艺术家总数 | 210 万 | |

*“艺术家就业大军”（artists labor force）包括 11 个从业的专业分类：建筑师、艺术
756 经理人、视觉艺术家、设计师、电影和戏剧演员、电影和戏剧导演和制作人、舞蹈家和编舞、乐师和歌手、作家、摄影师、播音员（节目主持人）和非营利领域和娱乐业的其他职业艺术家。

统计来源：US Bureau of Labor Statistics, 2003；NEA, Artist Employment 2003（Research Note n° 87, 2004）；Americans for the Arts, *Arts & Economie Prosperity*, 2002（所有这些数据均来自 US Census；16 岁以上就业人口）。

## 16. 美国人的文化实践

| 本年内曾参与文化活动的美国（成人）比率 | 1982 年（%） | 1992 年（%） | 2002 年（%） |
|---|---|---|---|
| 艺术活动（雅文化、评效活动[7]） | 39 | 41 | 40 |
| 年内阅读（随便）一本书籍 | — | 61 | 57 |
| ——文学书 | 57 | 54 | 47 |
| ——诗歌 | 20 | 20 | 14 |
| 参观美术馆或画廊 | 22 | 27 | 27 |
| 参观艺术/手工艺节 | 39 | 41 | 33 |
| 年内至少看电影一次 | — | — | 74 |
| ——经常（至少每月 1 次） | — | — | 28 |
| ——偶然（每年 1 到 11 次） | — | — | 34 |
| ——很少（每年不足 2 次） | — | — | 11 |
| ——从不（年内） | — | — | 26 |

| | | | | |
|---|---|---|---|---|
| 戏剧（非音乐剧） | 12 | 14 | 12 | |
| 音乐剧 | 19 | 17 | 17 | |
| 古典音乐会 | 13 | 13 | 12 | 757 |
| 爵士音乐会 | 10 | 11 | 11 | |
| 芭蕾舞（古典） | 4 | 5 | 4 | |
| 现代或民间舞演出 | — | 7 | 6 | |
| 歌剧 | 3 | 3 | 3 | |
| 读书俱乐部成员 | — | — | 3 | |
| 自己参与写作 | | | | |
| （诗歌、小说、中短篇） | 7 | 7 | 7 | |
| 演奏乐器 | — | — | 8 | |
| （至少每星期 2 次） | — | — | 3 | |
| 演奏古典音乐 | — | 4 | 2 | |
| 演奏爵士乐 | — | 2 | 1 | |
| 在乐队、合唱团和唱诗班演唱 | — | 6 | 5 | |
| 出演戏剧（非音乐剧） | — | 2 | 1 | |
| 出演戏剧（音乐剧） | — | 4 | 2 | |
| 自己绘画或素描 | — | 10 | 9 | |

统计来源：US Census Bureau，*Statistical Abstract of the US*，1982，1992，2002；NEA，*Survey of Public Participation in the Arts*（*SPPA*），2003；NEA，*Reading at Risk*，2004（所有这些数据来自统计；排除了中小学校演出，只涉及 18 岁以上美国人）。关于电影，NEA 并未统计，数字来源于 MPAA，2002 年（12 岁以上人口，抽样统计）。关于文化实践，另参见本书第十一章。

## 17. 美国的文化多元性 758

现今美国少数族裔

| | |
|---|---|
| ——西班牙语裔（以百万计，相对美国人口%） | 4500 万（15%） |
| ——非洲裔美国人 | 3700 万（12%） |
| ——亚裔美国人 | 1300 万（4.2%） |
| ——美国土著居民 | 240 万（0.8%） |

| | |
|---|---|
| 非法移民数（尤其是拉美裔和亚裔，估值） | 1000—1500万 |
| 每年合法移居美国人数 | 800000 |
| 每年非法移民数（估计） | 500000 |
| 家庭语言非英语的美国人比率（主要为西班牙语） | 19% |
| （这一比率在加州达39.5%，新墨西哥州36.5%，得克萨斯31.2%） | |
| 每年美国大学外国学生比率 | 3.4% |
| 每年美国大学（非移民）外国学生数 | 573000 |
| ——亚裔 | 356000 |
| ——欧洲 | 74000 |
| ——每年艺术专业外国学生（估计6%） | 33000 |
| 美国大学（本科/研究生）出生地在外国的学生比率 | 10.3%/18% |
| 出生于国外或者父母出生在国外的学生（本科/研究生） | 22%/27% |
| 759 每年属于少数族裔的美国大学生数 | |
| ——拉美裔 | 330万 |
| ——黑人 | 220万 |
| ——亚裔 | 130万 |
| 每年在国外学习美国大学生数 | 206000 |
| 每年美国接待外国籍艺术家[8] | 44000 |
| 黑人剧院数（其中包括约40个职业剧院） | 300 |
| 每年外国书籍译本数 | 约1500 |
| （以每年150000种新书为基数） | （即不到1%） |
| 纽约几个文化机构董事会中黑人、拉美裔和亚裔数量（2004）： | |
| ——阿尔文·艾利美国舞蹈剧院（14位黑人） | 14比35 |
| ——林肯中心爵士乐团（9位黑人） | 9比34 |
| ——大都会艺术博物馆（其中3位黑人） | 9比39 |
| ——纽约公共图书馆（其中4位黑人） | 6比45 |
| ——卡内基音乐厅（其中1位黑人） | 5比60 |
| ——现代艺术博物馆MoMA（其中1位黑人） | 4比40 |

统计来源：US Census, Statistical Abstract of the US, 2007；关于非法移民，《纽约时报》2005年的估计数字；关于外国学生，Institute of International Education, 2006；关于董事会黑人成员，《纽约时报》2004年5月25日；另外参见本书第十一章。

# 附　篇

本书基于笔者在美国所进行的为期四年的研究，从档案以及在美国 763
35 个州和 110 个城市所进行的 700 次访谈着手。本书中所列的每个信息、引文或文献都对应着精确的资料，但本书的篇幅和体例不可能让我们总能进行引用。如果研究者需要更完备地参考 140 页的参考资料、访谈目录以及所收集的 434 份原始档案文献，可以参阅作者在社会科学高等研究学院所做的研究，那是本书的依据，请参见 F. Martel，*Politique publique*，*philanthropie privée et intérêt général dans le système culturel américain*（EHESS，2006，6 vol.，3888p，在法国国家图书馆可借阅，或者通过网站www. fredericmartel. com）。

# 764 参考书目

关于美国文化的参考书目在美国很多，但几乎没有法文译本。相反，与“文化政策”有关的参考书目很少，即便是英文著作也同样：没有关于肯尼迪、卡特、里根和布什时期文化政策的书，也没有关于各州与城市文化事务处的，同样没有关于福特基金会或大学文化计划的（但罗斯福、约翰逊时期和洛克菲勒基金会却更加为人所了解）。甚至在美国也没有对美国文化体制的综述著作，没有著作将各个时期勾连在一起并长期追踪这个复杂而独特的体制，而这正是本书的计划。由于缺少参考书，没有关于各个时期的著作，本书的参考书目局限于作者所使用过的著作，按章节分类，追随本书的进程。首先是一些总体研究：

关于美国的任何研究都很大程度地获益于两部社会学奠基之作：托克维尔的《论美国的民主》（1835—1840）和马克斯·韦伯的《清教伦理与资本主义精神》（1904—1905）。因为这两部著作同样论及文化，所以对本书尤其具有意义。关于美国通史，我主要使用 Alan Brinkley, *The Unfinished Nation*（Knopf）, 1997, 以及 Richard Hofstadter 的两部重要作品，*The American Political Tradition and the Men who made it*, Vintage Books, 1948 和 *Anti-Intellectualism in American Life*（Vintage Books, 1962）。对于杜鲁门以来所有总统演说，我使用 *Public Papers of the Presidents of the United States*, United States Government Printing Office，每位总统都有几卷。

765 关于“雅文化”与“俗文化”的经典区分，参考 Lawrence W. Levine, *Highbrow/Lowbrow : the Emergence of Cultural Hierarchy in America*（Harward University Press, 1988）。

关于黑人问题，书目很丰富，包括黑人文化问题。这里有两部主要作品，我经常使用：James 和 Lois Horton 的出色综述作品 *Hard Road to Freedom, The Story of African America*（Rutgers University Press, 2001）和 Taylor Branch 通过马丁·路德·金的一生讲述民权运动历史的巨著 *America in the King Years, 1954—1968*（3 卷，Simon & Schuster, 1988—2006）。还可以参阅 Kwame Anthony Appiah 和 Henry Louis Gates 的词典 *Africana, The Encyclopedia of the African and African-American Experience*（Running Press, 2003）。

关于“美国文化政策”的整体历史，只存在一些质量不一的不完整的集体著作。见：Joni Cherbo 和 Margaret Wyszomirski 主编 *The Public Life of the Arts*（Rutgers University Press, 2000）；Stephen Benedict 主编 *Public Money and the Muse, Essays on Government Fun-*

*ding for the Arts*（Norton，1991）；Kevin Mulcahy 和 Margaret Wyszomirski，*America's Commitment to Culture，Government and the Arts*（Westview Press，1995）。对于美国体制的拥戴观点，见 Tyler Cowen 的短篇：*Good and Plenty，The Creative Successes of American Arts Funding*（Princeton University Press，2006）；关于公共资助的批评，见：Edward Banfield，*The Democratic Muse：Visual Arts and the Public Interest*（Basic Books，1984）。最后参阅由 Donna Binkiewicz 所著的：*Federalizing the Muse：United States Arts Policy and the National Arts for the 1165—1980*（University of Carolina Press，2004）。

关于时代广场（本书前言部分所提及的），见 Alexander J. Reichl，*Reconstructing Times Square，Politics and Culture in Urban Deverlopment*（University Press of Kansas，1999）；James Traub，*The Devil's Playground，A Century of Pleasure and Profit in Times Square*（Random House，2004），特别是 Lynne Sagalyn 引人入胜的著作：*Times Square Roulette：Remaking the City Icon*（MIT press，2002）。

## 第一章　美国的文化部？ 766

关于施莱辛格，见他引人入胜的回忆录 *A Life in the Twentieth Century*（Houghton Mifflin，2000）。关于知识分子对大众文化的恐惧，见 Bernard Rosenberg 和 David White 的文集 *Mass Culture：the Popular Arts in America*（Free Press，1957）。关于 1960 年代的通论，参见 Maurice Isserman 和 Michael Kazin，*America Divided，The Civil War of the 1960s*（Oxford University Press，2000）。

关于肯尼迪，我主要使用他的主要合作者施莱辛格所写的传记，Arthur Schlesinger，*A Thousand Days，John F. Kennedy in the White House*（Houghton Mifflin，1965），以及 Robert Dallek 写的传记 *An Unfinished Life，John F. Kennedy，1917—1963*（Little Brown & Company，2003）。还参考了肯尼迪三位合作者的回忆录，他们在肯尼迪的艺术"政策"中扮演过重要角色：Richard Goodwin，*Remembering America，A Voice from the Sixties*（Little Brown & Company，1998）；Pierre Salinger，*With Kennedy*（Doubleday，1966）；Theodore Sorensen，*Kennedy*（Harper & Row，1965）。

关于肯尼迪和艺术，见 Milton Cummings，"To Change a Nation's Capital Policy：the Kenneydy Administration and the Arts in the United States，1961—1963"，载 Kevin V. Mulcahy 和 Margaret Jane Wyszomirski，*America's Commitment to Culture，Government and the Arts*（Westview Press，1995）和肯尼迪的劳工部长 Arthur J. Goldberg 的文件，*The Defenses of Freedom：The Public Papers of Arthur J. Goldberg*（Harper & Row，1966）。关于赫克舍提交肯尼迪的报告，见：August Heckscher，*The Arts and the National Government，Report to the President*（美国国会，1963）。

关于肯尼迪与马尔罗，见 Jean Lacouture，*Mona Lisa's Escort，André Malreaux and the*

*Reinvention of French Culture* (Cornell University Press, 1999) 和 Olivier Todd, *André Malreaux*, *Une vie* (Gallimard, 2001)。

## 767 第二章 艺术事务处的诞生

关于林登·约翰逊，见 Robert Caro 的长篇传记，*The Years of Lyndon Johnson*（3 卷，Alfred Knopf, 1990—2002），覆盖其总统任期的篇幅较短的版本见 Robert Dallek, *Lyndon Johnson and his Times*（2 卷，Oxford University Press, 1991 和 1998）。

关于罗杰·史蒂文斯，参阅集体著作 *Roger L. Stevens Presents* (Library of Congress, 2002)。关于国家艺术基金会的初期，见：Charles Christopher Mark, *Reluctant Bureaucrats*, *The Struggle to Establish the National Endowment for the Arts* (Kendall, 1991)，及更小篇幅的 Fannie Taylor, Anthony L. Barresi, *The Arts at a New Frontier*, *The National Endowment for the Arts* (Plenum Press, 1984)。

关于约翰逊任期内建立国家艺术基金会（NEA）的官方历史，参阅有价值的文献：Roger Stevens 主编，*The National Council on the Arts and the National Endowment for the Arts during the Administration of President Lyndon B. Johnson*, *The History*（油印件，3 卷，1968，奥斯汀，约翰逊档案馆）。

关于越战时期约翰逊与知识分子之间的紧张关系，见 Eric Goldman, *The Tragedy of Lyndon Johnson* (Alfred A. Knopf, 1969)。整体视角，见 David Marannis, *They Marched into Sunlight* : *War and Peace*, *Vietnam and America*, *October* 1967 (Simon & Schuster, 2003)。关于德怀特·麦克唐纳，见 Michael Wreszin 的出色传记 *A Rebel in Defense of Tradition*, *The Life and Politics of Dwight MacDonald* (Basic Books, 1994)。

## 第三章 美国文化政策的源起（1960 年之前）

关于 1930 年代之前美国政府与文化的历史，见 Alan Howard Levy, *Government and the Arts*, *Debates over Federal Support of the Arts in America from George Washington to Jesse Helms* (University Press of America, 1997)。

768 关于罗斯福与公共事业振兴署的文化计划，有丰富的书目：Richard D. McKinzie, *The New Deal for Artists* (Princeton University Press, 1973)；Harry Hopkins, *Spending to Save*, *the Complete Story of Relief* (Norton, 1936)；特别是 William F. McDonald 的重要著作 *Federal Relief Administration and the Arts*, *The Origins and Administrative History of the Arts Projects of the Works Progess Administration* (Ohio State University Press, 1969)。关于联邦艺术计划的专论，见 Francis O'Connor 主编，*Art for the Millions* : *Essays from the 1930's by Artists and Administration of WPA Project* (New York Graphic Society, 1973)。关于联邦作家计划：Jerrold Hirsch, *Portrait of America*, *A Cultural History of the Federal Writer's Project* (University of North

Carolina, 2003)。关于联邦戏剧计划及其负责人哈莉·弗拉纳根，见 Joanne Bentley, *Hallie Flanagan, A Life in the American Theatre* (Knopf, 1988); John O'Connor, Lorraine Brown 主编, *Free, Adult, Uncensored : the Living History of the Federal Theatre Project* (New Republic Books, 1978), 以及哈莉·弗拉纳根的感人的回忆录, *Arena, The History of the Federal Theatre* (Arno Press, 1980)。

关于二战期间美国文化宣传，见 Emily S. Rosenberg, *Spreading the American Dream : American Economic and Cultural Expansion, 1890—1945* (Hill and Wang, 1982) 和 Allan Winkler, *The Politics of Propagande : the Office of War Information, 1942—1945* (Yale University Press, 1978)。

关于杜鲁门和艾森豪威尔任期的冷战文化政策，在公共政策方面参考 Gary O. Larson 的引人入胜的著作 *The Reluctant Patron, The United States Government and the Arts, 1943—1965* (University of Pennsylvania Press, 1983)。关于外交的文化政策和 CIA 的角色，参考书目丰富，见 David Caute, *The Dancer Defects : the Struggle for Cultural Supremacy during the Cold War* (Oxford University Press, 2003); Pierre Grémion, *Intelligence de l'anti-communisme, Le Congrès pour la liberté de la culture à Paris, 1950—1975* (Fayard, 1995); Frances Stonor Saunders, *Qui mène la danse ? La CIA et la guerre froide culturelle* (Denoël, 2002); Richard Pells, *Not Like Us, How Europeans Have Loved, Hated and Transformed American Culture since* 769
*World War II* (Basic Books, 1997)。三篇文章同样至关重要：Jason Epstein, The CIA and the Intellectuals, *New York Review of Books*, 1967/4/20, Louis Menand, Unpopular front, American Art and the Cold War, *The New Yorker*, 2005/10/17, 特别是 Eva Cockcroft, Abstract Expressionism, Weapon of the Cold War, *Art Forum*, 1974/6。

关于 MoMA 的角色，参考书目很多，见 Sybil Gordon Kantor, *Alfred H. Barr Jr. and the Intellectuals Origins of the Museum of Modern Art* (MIT-Press, 2002); Russell Lynes, *Good Old Modern, An Intimate Portrait of the Museum of Modern Art* (Atheneum, 1973) 和 Alice Goldfarb Marquis, *Alfred H. Barr Jr : Missionary for the Modern* (Contemporary Books, 1989)。

关于艾森豪威尔任期公开发布的有关文化的两份报告，见 Commission of Fine Arts, *Art and Government, Report to the President on Activities of the Federal Government in the Field of Art* (Government Printing Office, 1953), 以及赫克舍的文章 "The Quality of American Culture", 载于 President's Commission on National Goals, *Goals for Americans, Programs for Action in the Sixties* (Prentice-Hall, 1960)。

## 第四章　国家艺术基金会的黄金时代

关于南希·汉克斯，见 Michael Straight 写的质量不均的传记, *Nancy Hanks, An Intimate Portrait, The Creation of a National Endowment for the Arts* (Duke University Press,

1988）。另见 Cary Reich 撰写的传记，*The Life of Nelson Rockefeller, Worlds to Conquer 1908—1958*（Doubleday, 1996，特别是关于南希·汉克斯的一章）。

关于理查德·尼克松，书目很多，参阅他的幕僚伦纳德·加门特的回忆录 *Crazy Rhythm, From Brooklyn and Jazz to Nixon's White House, Watergate and beyond*（Da Capo Press, 2001）。从整体观点看，还可参考亨利·基辛格的两卷回忆录 *White House Years* 和 *Years of Upheaval*（Little Brown & Company, 1979 和 1982）。关于尼克松任期的国家艺术基金会（NEA），见 Michael Straight, *Twigs for an Eagle's Nest : Government and the Arts, 1965—1978*（Devon Press, 1979）。

770 关于吉米·卡特与艺术，最完整但不一定最客观的著作是国家艺术基金会（NEA）主席的书：Livingston Biddle, *Our Government and the Arts : a Perspective from the Inside*（American Council for the Arts, 1988）。更广阔的视角，可参阅 Joseph A. Califano Jr 回忆录，*Inside, A Public and Private Life*（Public Affairs, 2004）。关于吉米·卡特总统任期，见 Gary M. Fink 和 Hugh Davis Graham 主编的集体作品，*The Carter Presidency, Policy Choices in the Post-New Deal Era*（University Press of Kansas, 1998）。

## 第五章　地方的文化普及

关于纽约州艺术委员会，见 Anthony L. Barresi, *The History and Programs of the New York State Council on the Arts*（University of Michigan, 1973），以及纳尔逊·洛克菲勒的讲演和文件，*Public Papers of Nelson A. Rockefeller, 53rd Governor of the State of New York, 1959—1953*（State of New York, 14 卷）。另见 Robert Connery 和 Gerald Benjamin 写作的纳尔逊·洛克菲勒传记，*Rockefeller of New York, Executive Power in the Statehouse*（Cornell University Press, 1979），以及 Joseph Persico 所写的，*The Imperial Rockefeller, a Biography of Nelson Rockefeller*（Simon & Schuster, 1982）。

关于很少有人触及的各州与城市文化政策问题，见 Dick Netzer 著作中关于这些问题的章节，*The Subsidized Muse, Public Support for the Arts in the United States*（Cambridge University Press, 1978）和 Edward Arian, *The Unfulfilled Promise, Public Subsidy of the Arts in America*（Temple University Press, 1987）。对于华盛顿州的有益的个案研究：J. Mark Schuster, *Mapping State Cultural Policy : the State of Washington*（University of Chicago, 2003）。

关于纽约市的文化事务处，见 Ryna Appleton Segal, *The New York City Department of Cultural Affairs, 1962 to 1973 : A Record of Government's Involvement in the Arts*（Department of Cultural Affairs, 1976）。

## 771 第六章　“文化战争”

关于“新右翼”的起源，见 Lisa McGirr 的出色著作，*Suburban Warriors, The Origins of the New American Right*（Princeton University Press, 2001）和左派观点的两部政治参与的作品：Todd Gitlin, *The Twilight of Common Dreams*：*Why America is Wracked by Culture Wars*（Metropolitan Books, 1985）。

关于右翼的纲领，见 Charles L. Heatherly 主持的意识形态长篇巨著，*Mandate for Leadership*：*Policy Management in a Conservative Administration*（Heritage Foundation, 1981；特别参阅 Michael Joyce 写的那一章：The National Endowment for the Humanities and the Arts）。与此相似，见 Barry Goldwater, *The Conscience of a Conservative*（Regnery Gateway, 1990）。

关于"文化战争"，见 James Hunter, *Culture Wars*：*the Struggle to Define America*（Basic Books, 1991），及 Richard Bolton 主编的宝贵著作，*Culture Wars*, *Documents from the Recent Controversies in the Arts*（New Press, 1992，包含许多论战资料）。支持国家艺术基金会（NEA）的视角，见 Michael Brenson, *Visionaries and Outcasts*：*the NEA*, *Congress and the Place of the Visual Artist in America*（New Press, 2001）；Robert Brustein, *The Siege of the Arts*：*Collected Writings*, *1994—2001*（I. R. Dee, 2001）。约翰·弗龙迈耶的观点，见他的令人着迷的悲惨回忆：John Frohnmayer, *Leaving Town Alive*：*Confessions of an Art Warrior*（Houghton Mifflin, 1993）。反对国家艺术基金会（NEA）的观点，见 Joseph Wesley Zeigler, *Arts in Crisis*, *The National Endowment for the Arts versus America*（A Cappella Books, 1994）。

关于"文化战争"期间艺术家们的观点，见 Nan Goldin, *Witnesses*：*Against our Vanishing*（Artists Space, 1989，同名展览的目录）；Tim Miller, *Body Blows*：*Six Performances*（University of Wisconsin Press, 2002，Tony Kushner 作序）；*Andrew Serrano*, *Le Sommeil de surface*（Actes Sud-Yvon Lambert, 1994）；以及 David Wojnarowicz 的故事和小说，*Au bord* 772
*du gouffre*（Le Serpent à plumes, 2004），*In the Shadow of the American Dream*：*the Diaries of David Wojnarowicz*（Grove Press, 1999）及 *Chronique des quais*（Désordres, 2005）。对罗伯特·马普尔索普作品的总览见惠特尼美术馆的展览目录：Richard Marshall, *Robert Mapplethorpe*（Little, Brown & Cie, 1990）。

关于克林顿任期的国际艺术基金会（NEA），见 NEA 前主席 Jane Alexander 的回忆，*Command Performance*：*An Actress in the Theater of Politics*（Public Affairs, 2000），以及更宽泛的关于克林顿任期的著作，Benjamin Barber, *The Truth of Power*：*Intellectual Affairs in the Clinton White House*（Norton, 2001）；Sidney Blumenthal, *The Clinton Wars*（Farrar, Strauss and Giroux, 2003）；Bill Clinton, *Ma vie*（Odile Jacob, 2004），以及 John Harris 所写的出色传记，*The Survivor*, *Bill Clinton in the White House*（Random House, 2005）。

关于"文化战争"期间提交给三位美国总统的关于艺术问题的官方报告，里根时期见：Presidential Task Force on the Arts and the Humanities, *Report to the President*（United States Government Printing Office, 1981）；布什时期：The Independant Commission, *A Report to Congress on the National Endowment for the Arts*（1990），克林顿时期：President's Committee on the Arts and the Humanities，*Creative America*（1997）。

关于奥巴马政治的通论，见：John Heilemann 和 Mark Halperin 的 *Game Change*，*Obama and Clintons*，*McCain and Palin*，*and the Race of a Lifetime*（Harper，2010，我推荐此书）；Evan Thomas：*A Long Time Coming*，*The Inspiring*，*Combative* 2008 *Campagn and the Historic Election of Barack Obama*（PublicAffairs，2009）；Dan Balz 和 Haynes Johnson：*The Battle for America*，*The Story of an Extraordinary Election*（Penguin Books，2009）；David Plouff：*The Audacity to Win*，*How Obama Won and How We Can Beat the Party of Limbaugh*，*Beck and Palin*（Penguin Books，2009）。关于奥巴马任期之初的情况，还请参阅 Jonathan Alter：*The Promise*，*President Obama*，*Year One*（Simon & Schuster，2010）。

关于奥巴马与文化多元性，参见总统本人的著作：Barack Obama：*Dreams from My*
773 *Father*，*a Story of Race and Inheritance*（Three Rivers Press，1995；法译本 *Les Rêves de mon père*，Presse de la cité，2008）；*The Audacity of Hope*，*Thoughts on Reclaiming the American Dream*（2006；法译本 *L'Audace d'espérer*，Presse de la cité，2009）；以及他著名的以《论美国的种族》为题发表的演讲（Grasset，2008）。同样请参阅一部出色的全方位的传记：David Remnick：*The Bridge*，*The Life and Rise of Barack Obama*（Picador，2010）。

关于奥巴马任期的 NEA，目前唯一有价值的著作是比尔·艾维的作品，他曾领导奥巴马过渡时期的艺术基金会的团队（是在他于克林顿任期内担任 NEA 的主席之后）：Bill Ivey：*Arts*，*Inc.*：*How Greed and Neglect Have Destroyed Our Cultural Rights*（Unversity of California Press，2008 年 5 月）。

## 第七章　慈善业

关于慈善业和捐赠，可以从 Waldemar A. Nielsen 的两部著作入手，*The Big Foundations*（Columbia University Press，1972）和 *The Golden Donors*，*A New Anatomy of the Great Foundations*（Truman Talley Books，1985）。另见 Milton Katz，*The Modern Foundation*：*its Dual Character*，*Public and Private*（Foundation Library Center，1968）和 Peter Dobkin Hall，*The Organization of American Culture*，*1700—1900*：*Private Institutions*，*Elites and the Origins of American Nationality*（New York University Press，1982）。

关于安德鲁·卡内基，见他著名的著作：Andrew Carnegie，*The Gospel of Wealth*（1889，Carnegie Corporation of New York 再版，2001）。Ellen Condliffe Lagemann，*The Politics of Knowledge*：*the Carnegie Corporation*，*Philanthropy*，*and Public Policy*（Wesleyan University Press，1989）。另见卡内基基金会主席的回忆：Vartan Gregorian，*The Road to Home*：*My Life and Times*（Simon & Schuster，2003）。

关于洛克菲勒家族、洛克菲勒基金会和洛克菲勒兄弟基金，参考书目众多，按照家族谱系，见 Ron Chernow，*Titan ：The Life of John D. Rockefeller，Sr.*（Random House，1998）；Raymond B. Fosdick，*The Story of the Rockefeller Foundation*（Harper and Brothers，1952），和同作者的 *John D. Rockefeller Jr.，A Portrait*（Harper and Brothers，1956）；Peter 774
Collier，David Horowitz，*The Rockefellers ：An American Dynasty*（Holt，Rinehart and Winston，1976，见"the Brothers"一章）；John Ensor Harr，*The Rockefeller Conscience，an American Family in Public and in Private*（Scribner，1991，参阅关于林肯中心建设的一章），David Rockefeller，*Mémoires*（De Fallois，2006）。我们不要忘记洛克菲勒兄弟基金的具有影响力的报告 *The Performance Arts ：Problems and Prospects ：Rockefeller Panel Report on the Future of Theatre，Dance，Music in America*（McGraw-Hill，1965）。

关于梅隆基金会，见 David Cannadine，*Mellon ：An American Life*（Knopf，2006）

关于福特基金会，尚没有任何关于其文化行动的著作和文章，整体背景见：Allan Nevins，*Ford，The Times，the Man，the Company*（3 卷，Scribner，1954—1962）；Richard Magat，*The Ford Foundation at Work，Philanthropic Choices，Method and Styles*（Plenum Press，1979）；更具批评性的观点，见 Dwight MacDonald，*The Ford Foundation ：the Men and the Millions*（Reynal，1956）。关于麦克尼尔在福特基金会的情况，见他主持的三份文件：*The Arts and Philanthropy*（Poses Institute of Fine Arts，1963），*The Performing Arts and American Society*（Prentice-Hall，1978）和 *The Arts and Public Policy in the United States*（Prentice-Hall，1984）。

关于慈善在艺术方面的运作，参考书非常有限：参阅关于税收的陈旧但仍然有益的著作，Alan Feld，Michael O'Hare 和 J. Mark Schuster，*Patrons Despite Themselves ：Taxpayers and Arts Policy*（New York University Press，1983）。

## 第八章　美国税法"501c 3"条款

关于非营利文化部门的运作，一部著作是不可或缺的：Paul DiMaggio 主编，*Nonprofit Enterprise in the Arts，Studies in Mission and Constraint*（Oxford University Press，1986）。关于董事会的角色，见 Francie Ostrower 的小书，*Trustees of Culture ：Power，Wealth and Status on* 775
*Elite Arts Boards*（University of Chicago Press，2002）。

关于捐赠的整体数据，主要见由 American Association of Fundraising Counsel 出版的年度研究 *Giving USA*。Foundation Center 同样每年出版 *Foundation Giving Trends：Update on Funding Priorities*。双月刊 *Chronicle of Philanthropy* 提供了关于这一问题的大多数的有益信息。

关于各交响乐团的资料：Philip Hart，*Orpheus in the New World ：The Symphony Orchestra as an American Cultural Institution*（W. W. Norton，1973）。

## 第九章　大学校园

关于美国大学体系的历史与独特性，参阅有些陈旧但仍然重要的著作，Laurence Veysey, *The Emergence of the American University*（University of Chicago Press, 1965）；更近的研究见 Hugh Davis Graham 主编，*The Rise of American Research Universities：Elites and Challengers in the Postwar Era*（John Hopkins University Press, 1997）。关于大学文科基础的模式，见 James O. Freedman, *Idealism and Liberal Education*（University of Michigan Press, 1996）。

关于文化在大学中的地位，这个问题几乎无人涉足，见 American Assembly, *The Creative Campus, The Training, Sustaining and Presenting of the Performing Arts in American Higher Education*（American Assembly, 2004）；Lawrence E. Dennis, Renate M. Jacob 主编，*The Arts in Higher Education*（Jossey-Bass Inc.，1968）和 Jack Morrison, *The Rise of the Arts on the American Campus*（McGraw-Hill, 1973）。

关于麻省理工的新媒体实验室：Stewart Brand, *The Medialab, Inventing the Future at MIT*（Viking, 1987）和有关媒体实验室奠基人的有趣著作：Walter A. Rosenblith 主编，*Jerry Wiesner：Scientist, Statesman, Humanist：Memories and Memoirs*（MIT-Press, 2003）。

关于新技术与艺术，特别是大学中的情况，见 William J. Mitchell 主编的参考书，*Be-*
776 *yond Productivity：Information Technology, Innovation and Creativity*（National Academies Press, 2003）；另见 Neil Gershenfeld, *When Things Start to Think*（Henry Holt, 1999，是媒体实验室 Center for Bits and Atoms 主任对未来社会的整体思考）；John Maeda, *Creative Code*（Thames and Hudson, 2004，作者领导麻省理工 Aesthetic + Computation 小组），即媒体实验室前任负责人 William J. Mitchell 的三本书，*Me++, The Cyborg Self and the Networked City*（MIT-Press, 2003），*City of Bits：Space, Place and the Infobahn*（MIT-Press, 1995）和 *E-topia, Urban Life, Jim—but not as we know it*（MIT-Press, 1999）。更广泛的视角，见 Jeremy Rifkin, *L'Âge de l'accès, La révolution de la nouvelle économie*（La Découverte, 2000）和 Manuel Castells 的三部曲，*L'Ère de l'information*（Fayard, 1998—1999）。

关于大学出版社，见 Max Hall, *Harvard University Press：a History*（Harvard University Press, 1986）；Lindsay Waters, *Enemies of Promise：Publishing, Perishing and the Eclipse of Scholarship*（Prickly Paradig Press, 2004）。

## 第十章　文化的商业化

关于轰动性展览、大都会艺术博物馆和国家美术馆，见 Thomas Hoving 的吸引人的但受到争议的回忆录，*Making the Mummies Dance：inside the Metropolitan Museum of Art*（Simon & Schuster, 1993）；相反观点，见芝加哥艺术学院负责人 James Cuno 主编的集体作品，*Whose Muse？Art Museums and the Public Trust*（Princeton University Press, 2004）。关于

处于欧洲传统与市场倾向之间的美国博物馆的独特历史，见三部经典之作：Steven Conn, *Museums and American Intellectual Life, 1876—1926* (University of Chicago Press, 1998), Francis Haskell, *The Ephemeral Museum : Old Master Paintings and the Rise of the Art Exhibition* (Yale University Press, 2000), 和 Karsten Schubert, *The Curator's Egg : the Evolution of the Museum Concept from the French Revolution to the Present Day* (Christie's Books, 2000)。

关于非营利组织的衍生产品，这一主题的资料很多，见 Burton Weisbrood 主编的总览 777
性的集体著作，*To Profit or not to Profit : the Commercial Transformation of the Non-Profit Sector* (Cambridge University Press, 1998)。关于古典音乐的困境，见两部有益的著作：Norman Lebrecht, *Who killed Classical Music ? Maestros, Managers and Corporate Politics* (Carol Pub Group, 1997), 和 Michael Walsh, *Who's Afraid of Opera ?* (Simon & Schuster, 1994)。

关于基金会最新的演变，见 Marc Abélès, *Les Nouveaux Riches, Un ethnologue dans la Silicon Valley* (Odile Jacob, 2002)；Charles Clotfelter, Thomas Ehrlich, *Philanthropy and the Non-Profit Sector in a Changing America* (Indianapolis University Press, 1999)；Lester Salamon 主编，*The State of Non-Profit America* (Brookings Institution Press, 2002)。

关于企业赞助，见 Business Committee for the Arts, *The BCA Report : 2001 National Survey of Business Support to the Arts* (BCA, 2001)；Sophia A. Muirhead, *Corporate Contributions : the View from 50 years* (Conference Board, 1999), 及同作者的 *Corporate Citizenship in the New Century : Accountability, Transparency and Global Stakeholder Engagement* (Conference Board, 2002); Chin-Tao Wu, *Privatising Culture, Corporate Art Intervention since the 1980's* (Verso, 2002)。

关于公民社会的侵蚀，见 Robert Putnam, *Bowling Alone, the Collapse and Revival of American Community* (Touchstone Book, 2000) 和同作者的 *Better Together : Restoring the American Community* (Simon & Schuster, 2003)。另见 Theda Skocpol, *Diminished Democracy : from Membership to Management in American Civil Life* (University of Oklahoma Press, 2003) 和 *Civic Engagement in American Democracy* (Brookings Institution Press, 1999)。

关于面对商业化的美国大学体系的变迁，见 Derek Bok, *Universities in the Marketplace : the Commercialization of Higher Education* (Princeton University Press, 2003)；David Kirp, *Shakespeare, Einstein and the Bottom Line, The Marketing of Higher Education* (Harvard University Press, 2003) 和 Donald Stein 主编，*Buying in or Selling out ? The Commercialization of the* 778
*American Research University* (Rutgers University Press, 2004)。

相反的拥护文化商业化的观点，见 Tyler Cowen, *In Praise of Commercial Culture* (Harvard University Press, 1998), 关于公与私的对话，见 Richard E. Caves, *Creative Industries : Contracts between Art and Commerce* (Harvard University Press, 2000)。最后，关于戏剧的商业化，烦请参考我的书：F. Martel, *Theater, Sur le déclin du théatre en Amérique et comment il peut résister en France*（La Découverte, 2006）。

## 第十一章　文化多元性

对社区问题与公民社会的整体视角，见 Robert Putnam 的著作，*Bowling Alone, the Collapse and Rivival of American Community*（Touchstone Book, 2000），关于城市政策的更多内容，见 Paul S. Grogan, *Comeback Cities：a Blueprint for Urban Neighborhood Revival*（Westview Press, 2000）。关于教会在文化中的作用，见 Mark Chaves 著作中"艺术"一章，*Congregation in America*（Harvard University Press, 2004）。

关于社区发展团体（CDC）和社区一级的动员，见 Xavier De Souza Briggs, Elizabeth J. Mueller, *From Neighborhood to Community：Evidence on the Social Effects of Community Development*（New School of Social Research, 1997）和 Neal R. Pierce, Carol F. Steinbach, *Corrective Capitalism：the Rise of America's Community Development Corporations*（Foundation Ford, 1987）。关于社区艺术委员会，见 Nina Freelander Gibans, *The Community Arts Council Movement, History, Opinions, Issues*（Praeger, 1982）。

关于基金会随着黑人问题发生的演变，特别是福特基金会的演变，见 Kai Bird 写的传记，*The Color of Truth：McGeorge Bundy and William Bundy, Brothers in Arms：A Biography*（Simon & Schuster, 1998）。

关于在美国文化多元性的发明，及最高法院的巴克决议，见 Peter Wood 的决定性的
779 著作，*Diversity, the Invention of a Concept*（Encounter Books, 2003，尤其是第五章，关于"Bakke"和第七章关于艺术），还可以参考 Peter H. Schuck, *Diversity in America：Keeping Government at a Safe Distance*（Harvard University Press, 2003）。

关于移民问题和 1965 年法令，见 Laurence Fuchs, *The American Kaleidoscope：Race, Ethnicity and the Civic Culture*（Wesleyan University Press, 1990）；Reed Ueda, *Postwar Immigration America：a Social History*（Bedford Books, 1994）；James Stuart Olson, *The Ethnic Dimension in American History*（St. Martin's Press, 1979）；David Reimers, *Still the Golden Door：the Third World Comes to America*（Columbia University Press, 1985）。

关于文化多样性在美国各事务处特别是各州文化事务处中的普及，见 David Pankratz, *Multiculturalism and Public Arts Policy*（Bergin and Garvey, 1993）。关于美国大博物馆和乐团的"扩展"和教育，见 Joseph Horowitz, *Understanding Toscanini：How He Become an American Culture-God and Helped Create a New Audience for Old Music*（Knopf, 1987）。

关于文化多元主义，见 Nathan Glazer, *We are all Multiculturalists now*（Harvard University Press, 1997）和 David A. Hollinger, *Postethnic America, beyond Multiculturalism*（Basic Books, 1995）。批评观点，见 Arthur Schlesinger, *The Disuniting of America：Reflections on a Multicultural Society*（Norton, 1998）和 Allan Bloom, *L'Âme désarmée*（Julliard, 1987）。关于

西班牙语裔问题，参考书目很多，见 John Higham, *Hanging Together*: *Unity and Diversity in American Culture* (Yale University Press, 2001); Ilan Stavans, *The Hispanic Condition*: *Reflections on Culture and Identity in America* (Rayo, 2001); Marcelo Suárez-Orozco 和 Mariela Páez 主编, *Latinos*, *Remaking America* (University of California Press, 2002), 尤其是 Richard Rodriguez, *Brown*: *The Last Discovery of America* (Viking, 2002)。关于亚裔问题：Josephine Lee, *Performing Asian America*: *Race and Ethnicity on the Contemporary Stage* (Temple University Press, 1997); James Moy, *Marginal Sights*: *Stageing the Chinese in America* (University of Iowa Press, 1993); Amy Ling, *Yellow Light*, *The Flowering of Asian-American Art* (Temple Uni- 780
versity Press, 1999)。关于同性恋文化，见 Charles Kaiser 对同性恋文化与历史的综述, *The Gay Metropolis*, *1940—1996* (Harvest Book, 1997)。

关于新创意阶层，见 Richard Florida, *The Rise of Creative Class and How it's Transforming Work*, *Leisure*, *Community and Everyday Life* (Basic Books, 2002), 虽然值得商榷，但该书引人入胜。见同一作者的 *The Flight of the Creative Class*, *The New Global Competition for Talent* (Harper Business, 2005), 作者将前书的分析国际化了。

关于文化实践，主要的信息来源来自国家艺术基金会（NEA）从美国官方统计（可访问 www. nea. gov）着手进行的许多所谓的“Survey of Public Participation in the Arts”(SPPA)。关于阅读的衰退的研究题目为 *Reading at Risk*, *a Survey of Literary Reading in America* (NEA, 2004)。另见：Terry Lynn Cornwell, *Democracy and the Arts*: *the Role of Participation* (Praeger, 1990) 和 J. Mark Schuster, *The Geography of Participation in the Arts and Culture* (NEA, 2000)。

最后，Joseph S. Nye Jr 的两本著作（我在结论中引用过）：*The Paradox of American Power*: *Why the World's only Superpower Can't Go it Alone* (Oxford University Press, 2002) 和 *Soft Power*, *the Means to Success in World Politics* (Public Affairs, 2004)。

## 参阅的档案

本书的写作根据来自全美 19 个档案中心的档案。下面的目录是作者梳理过的主要资料，并从中得到了 434 份原始的未出版过的文献，构成本书的主要原始材料：

——纽约州海德公园罗斯福档案（收藏：President's Personal Files, Official Files; Harry L. Hopkins 文件；Hallie Flanagan 文件）。

——堪萨斯阿比林艾森豪威尔档案（收藏：White House Central Files, Official Files; John Foster Dulles 文件）。

——马萨诸塞波士顿肯尼迪档案（收藏：就任总统前文件。总统文件：Presidents Of- 781
fice Files, White House Central Subject Files, White House Staff Files; McGeorge Bundy; Arthur Goldberg; Richard Goodwin; August Heckscher; Pierre Salinger; Arthur Schlesinger Jr.;

Theodore Sorensen；William Walton；Jacqueline Kennedy 文件）。

——得克萨斯奥斯汀林登·约翰逊档案（收藏：总统文件。White House Central Files：Office of President Files，Arts 系列，Federal Government/Arts；Joseph Califano；Douglas Cater；Abe Fortas；Eric Goldman；Richard Goodwin；Bill Moyers；Roger Stevens；Jack Valenti）。

——马里兰学院公园（College Park）国家档案馆尼克松档案（收藏：White House Central Files：Haldeman；Leonard Garment；White House Subject Files：Arts。有几件是限制阅览级的）。

——佐治亚亚特兰大吉米·卡特档案（收藏：总统文件。Office of the President；White House Central Files/Arts；Rosalyn Carter；Stuart Eizenstat；Alfred Stern；Jack Watson；White House Name Files：Livingston Biddle，Joseph Califano，Joseph Duffey，Patricia Harris 和 Joan Mondale）。

——得克萨斯科利奇站乔治·布什档案（收藏：Presidential Subject Files：Federal Government/NEA 系列；White House Staff 和 Office Files：Andrew Card；Bill Kristol；Sununu 州长文件；某些收藏为限制阅览级）。

——阿肯色小石城克林顿档案（收藏：President Subject Files，Carol Rasco 文件；其他档案尚未开放）。

——纽约州波基普西瓦萨学院哈莉·弗拉纳根档案（收藏：Hallie Flanagan 文件和 WPA files）。

——北卡罗来纳达勒姆杜克大学南希·汉克斯档案（收藏：Nancy Hanks 文件）。

——马萨诸塞剑桥威德纳（Widener）图书馆哈佛大学档案馆（收藏：许多洛克菲勒
782 基金会、洛克菲勒兄弟基金、福特基金会、卡内基基金会和 WPA 的档案）。

——华盛顿特区老邮局（Old Post Office）National Endowment for the Arts 档案（一）（收藏：Council on the Arts 的原本；讲演；Research Reports；Annual Reports）。

——马里兰学院公园（College Park）国家档案馆 National Endowment for the Arts 档案（二）（收藏：National Foundation on the Arts）。

——华盛顿国会图书馆史蒂文斯档案（收藏：Roger Stevens 文件）。

——纽约福特基金会档案（收藏：W. McNeil Lowry；McPeak；董事会报告；董事会会议和备忘录；Rowan Gaither，Henry Heald，McGeorge Bundy 和 Franklin Thomas 的主席办公室文件；McCloy Committee）。

——纽约州 Sleepy Hollow 洛克菲勒基金会档案（收藏：John D. Rockefeller Sr.；John D. Rockefeller Jr.；Abby Aldrich Rockefeller；洛克菲勒基金会档案；John D. Rockefeller III；Nelson Rockefeller）。

——纽约州 Sleepy Hollow 洛克菲勒兄弟基金档案（收藏：Studies Project Collection 特

别档案；Office of the President)。

——纽约哥伦比亚大学卡内基基金会（收藏：Andrew Carnegie 文件；Carnegie Corporation 档案)。

——巴黎法国国家电影中心档案（收藏：布鲁姆—拜内斯协定)。

## 进行的访谈

本书的调查基于在美国35个州110个城市进行的700多次访谈。

亚拉巴马（蒙哥马利）；亚利桑那（阿帕切堡，Hon Dah/阿帕切保留地、梅萨、凤凰城、斯科茨代尔、森城、坦佩）；阿肯色（费耶特维尔、小石城）；加利福尼亚（伯克利、欧文、长滩、洛杉矶、奥克兰、萨克拉门托、旧金山、圣安娜）；北卡罗来纳（查珀尔希尔、达勒姆、罗利）；科罗拉多（科罗拉多斯普林斯、丹佛、马尼图斯普林斯、斯泰普尔顿）；康涅狄格（哈特福德、纽黑文）；哥伦比亚特区（华盛顿）；佛罗里达 783
（科科纳特格罗夫、迈阿密、迈阿密滩）；佐治亚（亚特兰大）；伊利诺伊（芝加哥、厄巴纳—尚佩恩）；艾奥瓦（得梅因）；堪萨斯（阿比林、堪萨斯城、莱克基维拉、劳伦斯、欧弗兰帕克）；肯塔基（巴里克、坎普顿、弗莱明—尼恩、法兰克福、哈泽德、列克星敦、派帕帕西斯、普雷斯顿斯堡、沃特克斯、怀特堡）；路易斯安那（新奥尔良）；缅因（巴港、约克港、奥甘奎特、波特兰）；马里兰（巴尔的摩、科利奇帕克）；马萨诸塞（贝基特、波士顿、剑桥、莱诺克斯、新贝德福德、北安普顿、普罗温斯敦、伍斯特以及其他中等城市）；密歇根（底特律）；明尼苏达（明尼阿波利斯、圣保罗）；密西西比（克拉克斯代尔、克利夫兰、杰克逊、牛津）；密苏里（堪萨斯城、利伯蒂、圣路易斯）；内布拉斯加（奥马哈）；内华达（拉斯维加斯）；新罕布什尔（康科德、汉诺威、曼彻斯特以及其他中等城市）；新泽西（纽瓦克、帕特森、普林斯顿、特伦顿）；纽约州（布法罗、海德公园、纽约市、波基普西、斯利皮霍洛）；新墨西哥（阿科马普韦布洛、阿尔伯克基、埃斯帕尼奥拉、圣菲、陶斯）；俄亥俄（辛辛那提、克利夫兰）；宾夕法尼亚（费城）；罗得岛（普罗维登斯）；田纳西（布伦特伍德、孟菲斯、纳什维尔）；得克萨斯（奥斯汀、科利奇站、达拉斯、休斯敦、圣安东尼奥）；佛蒙特（米德尔堡、蒙彼利埃）；威斯康星（密尔沃基）。

尝试去理解过去的历史学家，努力研究现在的研究者，在他们研究和探索的漫长道路上，他们依赖信任他们的人们所给予的合作，虽然多数情况下他们甚至看不到研究的最终成果。对我而言亦是如此，只有依靠美国艺术界的慷慨支持、几百位文化界人士所提供的信息和时间，完成这样庞大的调查研究工作才成为可能。在此允许我一并感谢他们，向他们致以诚挚的谢意。

在这700次访谈中，由于在此无法一一提及，我要特别感谢这些给予我最大帮助的

人。接受访问的人有：美国总统幕僚（肯尼迪身边的 Arthur Schlesinger，约翰逊身边的
784 Jack Valenti，尼克松身边的 Leonard Garment 和 Raymond Price，吉米·卡特身边的 Stuart
Eizenstat 和 Al Stern，老布什身边的 Bill Kristol，克林顿身边的 Ellen McCulloch-Lovell），几位 NEA 主席（Frank Hodsoll，Jane Alexander，Bill Ivey，Dana Gioia），国家人文学科基金会的主席（Joseph Duffey，Sheldon Hackney，William Ferris），还有美国文化政策历史上的一些重要人物（John Brademas，Joan Mondale Michael Straight）。关于各州和城市的文化事务处，35 个州的文化事务处的八十多位负责人接受了访问。我会见了美国主要的艺术院外游说团体的负责人，特别是：Americans for the Arts 的主席 Robert Lynch；Motion Picture Association of America 的主席 Dan Glickmann；Theatre Communications Group 的主席 Ben Cameron；National Assembly of State Arts Agencies 的主席 Jonathan Katz；Dance-USA 的主席 Andra Snyder；American Symphony Orchestra League 的主席 Henry Foge；American Library Association 的副总裁。基金会方面，不论是在纽约（福特、洛克菲勒、卡内基、梅隆）和芝加哥（麦克阿瑟），还是在克利夫兰、辛辛那提、堪萨斯城、阿尔伯克基、圣路易斯和其他几个美国城市，我与一些基金会的负责人进行了访谈。与全国许多文化机构的负责人进行了访谈：约 70 位美国博物馆负责人（从大都会艺术博物馆的负责人 Philippe de Montebello 到 MoMA 的负责人 Glenn Lowry，还有芝加哥艺术学院的负责人 James Cuno 和洛杉矶州立艺术馆的 Andrea Rich）；三十来位交响乐团和歌剧院的负责人（从休斯敦大歌剧院的 David Gockley 到洛杉矶爱乐乐团的 Edward Yim）；一百来位剧院负责人（明尼阿波利斯的 Guthrie，芝加哥的 Steppenwolf 和 Goodman，小石城的阿肯色保留剧目剧团，明尼阿波利斯的 Walker Art Center，New York Theatre Workshop，Wooster Group，La Matna，
785 Alabama Shakespeare Festival，等等）；25 位芭蕾舞和当代舞团负责人（从非常现代的
Jacobs Pillow Dance Festival 的负责人到亚拉巴马的 Montgomery Ballet）；四十来位独立电影影院或电影资料馆负责人、图书馆员（比如肯塔基州“book mobile”的负责人），许多大学出版社的负责人，还有：华盛顿肯塔基中心的主席 Michael Kaiser；国会图书馆的主席 James Billington；布鲁克林音乐学院的校长 Harvey Lichtenstein：演员工会 Actors' Equity 的负责人 Alan Eisenberg：百老汇的迪斯尼的总裁 Thomas Schumacher。大学方面，我与大学校长或文化场所的负责人进行了五十多次访谈，不论是最知名的如哈佛、耶鲁或普林斯顿，或是威斯康星、亚利桑那和得克萨斯的州立大学，以及亚拉巴马、密歇根和密苏里的众多职业学校。同样，许多艺术家也接受了访问，他们中有舞蹈家（Bill T. Jones），剧作家（Edward Albee，Tony Kushner，Donald Margulies），导演（Anne Bogart，Richard Foreman，Travis Preston），卷入“文化战争”的艺术家（NEA 四人的 John Fleck，Tim Miller 和 Holly Hughes），画家和音乐家。二十来位批评家接受了访问，从《纽约客》的前任总编 Tina Brown，到《纽约书评》的 Bob Silvers，以及许多地方大报的文化版记者。最后，在

黑人、拉美裔、亚裔或印第安人社区进行的访问最多：仅是社区访谈就进行了一百来个，不论是底特律、芝加哥南区、洛杉矶华兹、东巴尔的摩、西费城或南布朗克斯的黑人聚居区，还是阿尔伯克基的拉美裔，洛杉矶的亚裔和阿科马普韦布洛的阿帕切、纳瓦霍、易洛魁印第安人。我要感谢所有接受访问的人所提供的时间和信息，没有他们，这本书就无法完成。

787

# 致 谢

本书在结论中突出了美国社会的力量，特别是美国能够信任公民社会，信任非营利领域和志愿者运动。印证于此，本书本身就说明了美国和法国许多人的慷慨与志愿精神，他们证明了他们对我的支持。本书的调查是所有这些朋友给的持之以恒的帮助的结果，他们由衷地信任我，并在数年间帮助我。在完成这本书的过程中，我意识到由于他们，我认识到“给予”与互助的真实含义。

本书的历史上溯到2000年秋，我感谢 Pierre Rosanvallon 鼓励我投身这项研究，接纳我以研究员的身份到巴黎的社会科学高等研究学院进行这项工作：没有他的热情和不懈支持，这本书便不会存在。在社会科学高等研究学院，Jacques Revel 和 François Hartog 同样对这项工作有所贡献。我感谢 Martine Aubry，Olivier Schrameck，David Kessler，Yves Saint-Geours 和 Renaud Vignal，他们使我去美国生活四年成为可能，从而发现美国文化体制的规模及其复杂性。

788 这份研究的主要部分是在哈佛大学实现的，多亏了威德纳图书馆的收藏。我能在便利的条件下在几年中通行于这个图书馆，多亏了欧洲研究中心、Stanley Hoffmann，Peter Hall 和 Patricia Craig，我感谢他们接纳我成为他们中的一员。Ed. Berenson 和 Frédéric Viguier 同样于2005年接纳我为纽约大学的访问学者，让我可以利用纽约大学的博布斯特图书馆。

虽然“文化政策”不一定是美国大学中研究得较多的学科，但作为研究者的他们仍然对我有所助益：麻省理工学院的 Mark Schuster；宾夕法尼亚大学的 Mark Stern；加州大学洛杉矶分校的 Gabriel Rossman；NEA 的研究处负责人 Tom Bradshaw；美国艺术协会的副会长 Andy Finch；纳什维尔的范德比尔特大学文化政策研究中心的主任 Bill Ivey 和 Steven Tepper，还有特别感谢领导芝加哥大学文化政策中心的 Caroll Joynes，从一开始，他就相信这个研究项目，不断给予我帮助。我还要特别感谢 Zachary Lerner，他为我筹备了在新墨西哥州、堪萨斯州和密苏里州的研究。最后，我一定要感谢由乔治·W．布什任命的国家艺术基金会现任主席 Dana Gioia，他指示手下各部门帮助我，允许我陪同他前往国会进行支持艺术的游说工作。

我还要感谢那些在研究中曾经陪伴我的知识分子和记者：波士顿学院的社会学家 Alan Wolfe；《纽约时报杂志》的记者 Alex Star；哥伦比亚大学的 Warren Breckman；普林

斯顿大学的 Ezra Suleiman；芝加哥大学教授 Mark Lilla；《纽约客》的主编 Henry Finder；哈佛大学的哲学教授 Michael Sandel；Paul Berman；还有 *Dissent* 的负责人 Michael Walzer 789
和 Mitchell Cohen，他们接纳我去他们刊物的编委会。

在这些年里，有十几个人愿意做我的半正式的顾问，在他们各自的领域里给予我很大的帮助。这本书也要归功于他们：当代艺术方面，Nicolas Baume（Institute of Contemporary Art 的策展人）和 Scott Rothkopf（*Art Forum* 的主编）；电影方面，John Gianvito（哈佛电影资料馆）和 Dudley Andrew（耶鲁电影系的负责人）；关于戏剧，Gideon Lester（哈佛美国保留剧目剧院）、Tom Sellar（耶鲁《戏剧》期刊的主编）和 Alan Brody（麻省理工负责艺术的副校长）；古典音乐方面，Anthony Fogg 和 Alex Steinbeis（波士顿交响乐团艺术总监），及 Eric Latzky（纽约爱乐乐团）；舞蹈方面，Ella Baff（Jacobs Pillow Dance Festival 的负责人）；建筑方面，Joseph MacDonald（哈佛设计学院研究生部的教授）；出版方面，William Sisler（哈佛大学出版社负责人）；拉美裔问题，Julian Zugazagoitia（El Museo del Barrio 的馆长），尤其是黑人问题方面的 Wesley Morris（*Boston Globe* 的电影评论人）。

一些大学学者和专业人士曾以各种方式帮助过我：加州大学洛杉矶分校的 Michael Storper；哈佛大学的 Jonathan Lawrence ；麻省理工的 Suzanne Berger；普林斯顿大学的 Yves-Alan Bois；哈佛大学负责艺术的副校长 Sean Buffington；*Boston Globe* 的文化版主编 Scott Heller；纽约州立大学的 Dick Howard；布鲁克林音乐学院的艺术负责人 Joe Melillo，特别是芝加哥大学出版社的 Paula Duffy 和美国出版界的前辈 Michael Denneny。这本书还借助于三位朋友，他们在我访美期间陪同过我：纽约艺术家 Brett Gleason，戏剧演员和好 790
莱坞电影演员 John Dewis 以及波士顿的不可或缺的忠诚的 Ron Miller。

在法国，我要特别感谢以下这些人的珍贵建议或对本书的部分段落的审读：Martin Hirsch，Jacques Julliard，Pierre Lascoumes，Marc Lazar，Denis Olivennes，Philippe Urfalino，Patrick Viveret。另外特别感谢：Stanley Hoffmann，Emmanuelle Loyer，Pierre-Michel Menger 和 François Weil。

在伽俐玛出版社，本书编辑 Eric Vigne 从一开始就相信这一野心勃勃的项目，鼓励我，指导我，帮助我，同时给我自由。Antoine Gallimard 立刻就同意了在他的出版社出版我的书。Corinne Molette 仔细审阅了书稿。

最后，我在美国和巴黎的朋友们，他们带着关切，审读手稿、鼓励我、随我去探险去发现美国文化，他们以各种方式对本书均有贡献。这本书更多地还要归功于他们，没有他们，这本书便不会存在：Stéphane Foin，Nicolas Gaudemet，Arthur Goldhammer，Ivan Jablonka，David Jacobson，Pierre Lungheretti，Thierry Pech，Morgan Poulizac，Aron Rodrigue，Nicolas Véron，Scott Wilson，Henri Zerner，Benny Ziffer，以及我的父母和 David Kessler，Tyler McEvoy，Pierre Rosanvallon。我将此书献给所有这些关心它的人们。

791 # 注 释

## 第一章　美国的文化部？

1. John F. Kennedy, “Remarks at Amherst College Upon Receiving an Honorary Degree”, 1963/10/26。所有就职的美国总统的讲演（除了特别注明的）都来自于 *Public Papers of the Présidents of the US*（见前文参考书目；所有演讲均发表于 F. Martel, Politique publique, philanthropie privée et intérêt généeral dans le système culturel américain, 前引书）。在本文注解中仅列出书目中未收录的书籍和文件完整出处。

2. Arthur Schlesinger, *A Life in the 20th Century*, 前引书, p. 140 et p. 47。

3. “The US Communist Party”, *Life*, 1946/7/29。

4. *The Age of Roosevelt*（3 卷, 1957—1960）和 The Vital Center（1949）。

5. “Our country, our culture” 专号, *Partisan Review*, 1952/9—10 月。

6. “Entertainment vs. the People”, The Reporter, 1951/2/6。

7. Pierre Grémion, *Intelligence de l' anticommunisme*, 前引书, 和 Arthur Schlesinger, *A Life in the 20th Century*, 前引书, p. 130 及 507—509。

8. 见波士顿肯尼迪档案馆中 P23 和 P24 编号的施莱辛格与阿德莱·史蒂文森通信，和 Arthur Schlesinger, *A Thousand Days*, 前引书, p. 7—32。关于肯尼迪对史蒂文森的评价，见 Robert Dallek, *An Unfinished Life*, 前引书, p. 259。

9. Arthur Schlesinger, *A Thousand Days*, 前引书, p. 17—18 和同作者的 *Robert Kennedy and His Times*, 前引书, p. 203—204。

10. 根据施莱辛格的说法（引文见 Robert Dallek, *An Unfinished Life*, 前引书, p. 299）。

11. Arthur Schlesinger, *A Thousand Days*, 前引书, p. 731。Theodore Sorensen, *Kennedy*, 前引书, p. 386—388。Arthur Heckscher, “Remembering JFK”, *Saturday Review*, 1963/11/26。

792 12. “Party Platforms and the Arts”, 载于 Judith Balfe 和 Margaret Wyszomirski, *Art, Ideology and Politics*, Praeger, 1985, p. 249。另见 “National Policy on the Arts : the Candidate' s Views”, *Cultural Affairs*, n° 4, 1968, 和 “The Presidential Candidates : Vice-president Nixon and senator Kennedy discuss the theatre' s problems”, *Equity Magazine*, 1960/11。

13. Robert Dallek, *An Unfinished Life*，前引书，p. 323—324；Arthur Schlesinger, *A Thousand Days*，前引书，p. 731 ；Arthur Schlesinger, *A Life in the 20th Century*，前引书，p. 383—386，以及赫克舍文件，见波士顿肯尼迪档案馆第 1 柜，哈利文件见第 3 柜。引文见 Hannah Arendt, *La Tradition cachée*, Christian Bourgois, 1987（见谈话“Seule demeure la langue maternelle”），p. 252。

14. “Inaugural address of President John F. Kennedy”，1961/1/20（原始讲稿见波士顿肯尼迪档案馆 POF 系列，Speeches）。

15. 资料取自“洛克菲勒兄弟基金”的报告 *The Performing Arts* ：*Problems and Prospects*, McGraw-Hill, 1965（纽约洛克菲勒档案馆，Sleepy Hollow）。

16. “The Arts in America”，*Look Magazine*，1962/12/18。

17. Schlesinger 文件，WH16 和 WH66 柜，Heckscher 文件，30 和 40 柜（波士顿肯尼迪档案馆）。

18. Kennedy，“Special Message to the Congress on Education”，1962/2/6。

19. “Remarks at Amherst College Upon Receiving an Honorary Degree”，1963/10/26。

20. 引文见 Arthur Schlesinger, *A Thousand Days*，前引书，p. 356。

21. 见波士顿肯尼迪档案馆施莱辛格文件中马尔罗文件，编号 Private Files，n° P6。

22. 引文见 Olivier Todd, *André Malraux*, *Une vie*，前引书，p. 454。

23. 马尔罗致肯尼迪手书，信件抬头为华盛顿的法国驻美使馆，1962/5/15（总统文件，波士顿肯尼迪档案馆 POF，116 柜）。

24. 见施莱辛格文件中的讲演，波士顿肯尼迪档案馆 WH15（及 ORTF 原始录音，法国 INA 档案，n° KB 28200）。

25. 白宫新闻处以“Remarks of the President at Ceremony in Honor of the *Monna Lisa* at the National Gallery of Art”为题目发表的肯尼迪讲话，华盛顿，Washington，1963/1/8（波士顿肯尼迪档案馆 Heckscher 文件，第 40 柜）。

26. 关于马尔罗来访和《蒙娜丽莎》，见施莱辛格文件，WH15，WH34，WH41 柜和 793
总统文件 POF，116 柜（波士顿肯尼迪档案馆）。

27. 见法国文化部秘书长给肯尼迪新任文化幕僚 Richard Goodwin 的重要信件，信件日期 1963/11/9（Goodwin 文件，波士顿肯尼迪档案馆，2 柜）。

28. Arthur Schlesinger，“What can be done about TV ? Notes on a National Cultural Policy”，*Daedalus*，1960 春。

29. 见施莱辛格文件，4，40，65 和 WH16 柜。尤其是 Max Isenberg 的关键咨文，“A National Cultural Policy”，1961/9/11，WHCF，4 柜（波士顿肯尼迪档案馆）。

30. “Cultural Chief”，*The New Yorker*，1962/3。

31. Raymond Aron 和 August Heckscher, *Diversity of Worlds*, *France and the United States*

*look at their common problems*, Reynal, 1957。

32. 奥古斯特·赫克舍实际是“公园、休闲和文化事务委员”，当时这些不同使命仍然是结合在一起的。

33. August Heckscher, “The Quality of American Culture”，载于 *Goals for Americans*, 前引书，p. 127—146。

34. 见施莱辛格给肯尼迪的重要报告“Moving ahead on the Cultural Front”，1961/11/22，证实了赫克舍投靠了肯尼迪（波士顿肯尼迪档案馆 POF 文件，bo? te 65 柜）。

35. August Heckscher, “Remembering JFK”, *Saturday Review* 1963/11/26。

36. 施莱辛格文件，65 柜（波士顿肯尼迪档案馆），以及 Arthur Schlesinger, *A Thousand Days*, 前引书，p. 734。还有本书作者与施莱辛格的会谈。

37. 肯尼迪 1961/12/5 致赫克舍信件和赫克舍回信 1961/12/12（波士顿肯尼迪档案馆 WHCF，第 4 柜）。

38. *New York Times*, 1962/2/17。

39. August Heckscher, “Remembering JFK”, *Saturday Review*, 1963/11/26。这次会谈由阿瑟·施莱辛格在他为肯尼迪写的传记中几乎一字不差地加以确认，他参加了这次会见（见 A Thousand Days，前引书，p. 734）。

40. John Kennedy, “The Arts in America”, *Look Magazine*, 1962/12/18，以及肯尼迪关于教育问题的讲话 1962/2/6。

41. 见“Letter accepting Resignation of August Heckscher as Special Consultant for the Arts”, 1963/6/10（发表于赫克舍报告的开头部分，p. 8，前引书）。

794 42. 肯尼迪“State of the Union Address”1962/1/11。

43. 关于戈德堡决议，见 Daniel Patrick Movnihan（主编），*The Defenses of Freedom : the Public Papers of Arthur J. Goldberg*, 前引书，p. 117—121。

44. “Statement by the President establishing the President' s Advisory Council on the Arts”, 1963/6/12（赫克舍文件，波士顿肯尼迪档案馆，第 40 柜）。

45. Hubert H. Humphrey 的发言，*Congressional Record*, 参议院，1963/6/13。

46. August Heckscher, *The Arts and the National Government*, *Report to the President*, 1963/5/28 提交给肯尼迪的报告（油印的原始文件，National Endowment for the Arts 档案，华盛顿）。

47. Kennedy, “Letter accepting the Resignation of August Heckscher as Special Consultant for the Arts”, 1963/6/17（施莱辛格文件，波士顿肯尼迪档案馆，WH66 柜）。

48. 施莱辛格给肯尼迪总统的报告 1963/4/15（施莱辛格文件，波士顿肯尼迪档案馆，WH66 柜）。

49. 见分类为“机密”的 FBI 局长埃德加·胡佛给施莱辛格的信件，1963/6/10 和

24，以及施莱辛格给肯尼迪的报告，1963/5/17，报告提及了这段插曲（施莱辛格文件，波士顿肯尼迪档案馆，WH1 和 WH66 柜）。

50. 肯尼迪参议员致 *Musical America* 报刊编辑 Theodate Johnson 的信件，1960/9/13，刊载于 *Musical America*，1960/10。

51. Livingston Biddle，*Our Government and the Arts*，前引书，p. 19。

## 第二章 艺术事务处的诞生

1. 关于罗杰·史蒂文斯，见 Duncan Norton-Taylor，“Roger Stevens，A Performing Art”，*Fortune*，1966/3，以及史蒂文斯在 *New Yorker*（1954/10/9）上的一次访谈和该刊上对他的长篇描述（1954/2/13 和 20）。另见史蒂文斯在 Washington Post 上的访谈，1969/1/10。关于 The Nation 对任命的反应，见“The Real Conflict”，1964/11/18。

2. “Future of the Arts Program”，施莱辛格致约翰逊总统的报告，1963/11/29（施莱辛格文件，波士顿肯尼迪档案馆，WH12A 柜）。

3. 见 Abe Fortas，“Oral History”；Fortas 致 H. Humphrey 的信件，1964/2/7，致 Heck-
scher 信件，1964/1/13（奥斯汀约翰逊档案馆，White House Central Files，1 和 395 柜）。以 795
及本书作者与杰克·瓦伦蒂和阿瑟·施莱辛格的访谈。

4. Richard J. H. Johnston，“Heckscher says Arts are Lagging”，*New York Times*，1964/3/5。

5. Abe Fortas 给约翰逊的报告，“Cultural Program”，1964/1/29（奥斯汀约翰逊档案馆，White House Central Files，395 柜）。

6. William J. Baumol 和 William G. Bowen，*Performing Arts*：*the Economie Dilemma*，*A Study of Problems Common to Theatre*，*Opera*，*Music and Dance*（The Twentieth Century Fund，1966；赫克舍为报告撰写的序言）。

7. 洛克菲勒兄弟基金［洛克菲勒三世主持］，*The Performing Arts*：*Problems and Prospects*：*Rockefeller Panel Report on the Future of Theatre*，*Dance*，*Music in America*，McGraw-Hill，1965（纽约洛克菲勒档案馆，Sleepy Hollow）。

8. Peter Spackman，“Building a Cultural Democracy”，*ALF-CIO American Federationist*，1970/3。

9. 在安阿伯的密歇根州公立大学的人称“伟大社会”的讲演，1964/5/22。

10. 约翰逊，“Letter to the Speaker of the House of Representatives”，1964/8/18。

11. Jack Valenti，“Oral History”（得克萨斯州奥斯汀，约翰逊档案馆）。

12. 关于杰克·瓦伦蒂，见 Jack Valenti，“Oral history”；Valenti，Stevens 和 Fortas 文件（奥斯汀约翰逊档案馆）。以及本书作者与杰克·瓦伦蒂的访谈。

13. Roger Stevens，“Oral History”，约翰逊档案馆，奥斯汀。

14. Jack Valenti，“Oral History”，前引书。

15. 引文见 Robert Dallek, *Lyndon Johnson and his Times*, 卷 2 : *Flawed Giant*, 前引书, p. 63。

16. 引文见 Eric Goldman, *The Tragedy of Lyndon Johnson*, 前引书, p. 334。

17. Jack Valenti, "Oral History", 前引书。

18. House Report n°1476, *United States Code Congressional and Administrative News*, 88th Congress, 2nd Session, 1964。关于全体讨论，见 *Congressional Record*, 88th Congress, 2nd Session (1964), p. 20664 及 20923—20925。(奶酪蛋糕 " cheese-cakes" 俗语中影射脱衣舞女)。

19. 民主党大会上的宣言，"One Nation, One People", 大西洋城，新泽西，1964 (得克萨斯，奥斯汀，约翰逊档案馆)。

20. Roger Stevens, *The National Council on the Arts...*, 前引书, p. 10。

21. 引文见 Roger Stevens, The National Council on the Arts..., 前引书, p. 20。

796 22. 见 *Congressional Record*, Proceedings and Debates of the 89th Congress, 1st Session, 1965/9/15, vol. III, n°170, p. 23078—23124 及 23937—23984。

23. 约翰逊总统 1965/9/20, "Remarks at the signing of the Arts and Humanities Bill"。

24. *New York Times* 评论员文章, 1965/3/11。

25. Roger Stevens, *The National Council on the Arts...*, 前引书, p. 13—14。

26. Roger Stevens, 引文见 *Fortune*, 1966/3。

27. National Foundation on the Arts and the Humanities Act of 1965 (Public Law 89—209)。

28. 关于白宫艺术节，见两份意见相反的报告，约翰逊的幕僚 Eric Goldman, "The White House and the Intellectuals", *Harper's*, 1969/1, 及 Dwight MacDonald, "A Day at the White House", *New York Review of Books*, 1965/7/15。另见麦克唐纳的传记, Michael Wreszin, *A Rebel in Defense of Tradition*, 前引书, p. 399 及下文。约翰逊档案馆中，参见瓦伦蒂给总统的报告 1965/6/8, 瓦伦蒂和贝西·埃布尔的《口述史》(洛厄尔致约翰逊总统信件的抄件, 1965/5/30, 见埃布尔文件，第 11 柜)。关于约翰逊的致辞，见 "Remarks of the President at the White House Festival of the Arts", 1965/6/14。

29. 罗杰·史蒂文斯致约翰逊总统的信, 1968/11/1, 奥斯汀约翰逊档案馆。约翰逊总统对全国艺术委员会成员的致辞, 1968/11/21。另见 Roger Stevens, *The National Council on the Arts...*, 前引书。

## 第三章　美国文化政策的源起 (1960 年之前)

1. Michael Straight, *Nancy Hanks, An Intimate portrait*, 前引书, p. 130。所涉及的书籍是 Francis O'Connor, *Art for the Millions*, 前引书。(他得到 NEA 的奖助金，书籍到 1973 才出版，但在 1969 年发表了一份油印件)。

2. 关于爱默生，见“Culture”，载于 *The Conduct of Life*，1860，修订本 1876，以及 *Essays*：*First Series*，Houghton & Mifflin，1903，p. 368。关于惠特曼，见 *Democratic Vistas and other papers*，1871，再版，Fredonia Books，2002。关于这一重要文学传统，另见 Francis Otto Matthiessen，*American Renaissance*：*Art and Expression in the Age of Emerson and Whitman*， 797
Oxford University Press，1941。

3. 罗斯福的引文见 Richard Hofstadter，“Franklin D. Roosevelt，The Patrician as opportunist”，载 *The Atnerican Political Tradition*，前引书，p. 409 及 414。

4. 引文见 Jerre Mangione，“Federal Writer's Project”，*New York Times*，1969/5/18。

5. 关于此次会见和埃莉诺·罗斯福的话，见 Hallie Flanagan，*Arena*，*The History of the Federal Theatre*，前引书，p. 10—12。

6. 关于哈里·霍普金斯的话，见 Hallie Flanagan 在国会的证言（弗拉纳根文件，纽约，瓦萨学院档案，26 柜）以及 Hallie Flanagan，*Arena*，*The History of the Federal Theatre*，前引书，p. 20。

7. 引文见 Hallie Flanagan，*Arena*，*The History of the Federal Theatre*，前引书，p. 35。

8. 罗斯福的话见 Michael Denning，*The Cultural Front*，*The Laboring of American Culture in The Twentieth Century*，Verso，1997，p. 45。

9. 对弗拉纳根的攻击，见 Joseph Wesley Zeigler，*Arts in crisis*，前引书，p. 9；委员会主席的话引自 Jerre Mangione，*The Dream and the Deal*，前引书，p. 308。

10. 弗拉纳根在国会的发言，1938/2/8（弗拉纳根文件，纽约州瓦萨学院档案馆，第 26 柜）。

11. 埃莉诺·罗斯福致弗拉纳根信件，1939/7/17，及弗拉纳根致所有地方负责人的信件，1939/7/11（弗拉纳根文件，纽约州瓦萨学院档案馆，第 5 柜）。见弗拉纳根给罗斯福的报告“Plan for a Government Department of Art”，1939/5/23（弗拉纳根文件，微缩胶片，第 3 卷，纽约海德公园罗斯福档案馆）。

12. Franklin Roosevelt：“Address at the Dedication of the National Art Gallery”，华盛顿，1941/5/17（海德公园罗斯福档案馆，General Files）。

13. 国务卿助理威廉·本顿的话，引自 Gary Larson，*The Reluctant Patron*，前引书，p. 24。

14. 引自 Louis Menand，“Unpopular Front，American Art and the Cold War”，*The New Yorker*，2005/10/17。可将这一表述翻译为“资本主义艺术”。

15. 唐德罗的话引自 William Hauptman，“The Suppression of Art in the McCarthy Decade”，*Artforum*，1973/10。

16. 引自 William Hauptman，“The Suppression of Art in the McCarthy Decade”，前引文章。

798 17. 阿尔弗雷德·巴尔的序言，见 MoMA，*The New American Painting, as shown in Eight European Countries, 1958—1959*，由 MoMA 出版，纽约，1959，p. 18（哈佛大学档案，美术图书馆）。

18. 关于这一主题，见 Russell Lynes，*Good old Modern, an Intimate Portrait of the Museum of Modem Art*，前引书，p. 385 ；Steven Henry Madoff，“Sending US Art Abroad : Federal Ways and Means”，*Art in America*，1982/9 ；Eva Cockcroft，“Abstract Expressionism，Weapon of the Cold War”，前引文章，p. 128，以及本书作者与2005 年双年展美国展策划人琳达·诺登和国务院布赖恩·塞克斯顿的访谈。

19. Thomas Braden，“I'm glad the CIA is 'immoral'”，*Saturday Evening Post*，1967/5/20。关于中情局的“文化”政策，从整体角度看，见 Jason Epstein 重要文章，“The CIA and the Intellectuals”，前引文章。

20. 关于抽象表现主义的争论，见 Annie Cohen-Solal，*Un jour, ils auront des peintres, L'avènement des peintres américains*，Gallimard，2000 ；Serge Guilbaut，*Comment New York vola l'idée d'art moderne : Expressionnisme abstrait, liberté et guerre froide*，Jacqueline Chambon，1988 ；以及下列文章 : William Hauptman，“The Suppression of Art in the McCarthy Decade”，前引文章 ；Eva Cockcroft，“ Abstract Expressionism，Weapon of the Cold War”，前引文章 ；Louis Menand，“Unpopular Front，American Art and the Cold War”，前引文章。关于 MoMA 的历史和美国外交政策，见本书参考书目。

21. 参见 1946 年 5 月在法国签署的《布鲁姆—拜尼斯协定》（巴黎，国家电影档案馆）。

22. 杜鲁门的话引自 *New York Times Magazine*，1952/10/26 和杜鲁门的新闻发布会 1946/4/21。

23. 艾森豪威尔的话引自 Alan Brinkley，*The Unfinished Nation*，前引书，p. 820—821。

24. Art and Government，前引书，p. 5（堪萨斯，阿比林，艾森豪威尔档案馆，White House Central File，OF，543 柜）。

25. 詹姆斯·赖特（南方民主党人）的话引自 Gary Larson，*The Reluctant Patron*，前引书，p. 135—136。

26. 艾森豪威尔的话发表于 *College Art Journal*，vol. 14，n° 2，1955 冬（哈佛大学档案馆和堪萨斯州阿比林艾森豪威尔档案馆）。

27. Eisenhower，“State of the Union Address”，1955/1。

28. 引自 Edward Banfield，*The Democratie Muse : Visual Arts and the Public lnterest*，前引书，p. 45。

799 29. August Heckscher，“The Quality of American Culture”，载于 Presidents Commission on National Goals，前引书，p. 127—146。

## 第四章 国家艺术基金会的黄金时代

1. 吉米·卡特在华盛顿国家美术馆的讲演，1978/6/1（亚特兰大，卡特档案馆）。

2. 北卡罗来纳州，杜克大学南希·汉克斯档案，第140柜，文件袋“Stock N. Hanks”。

3. 亨利·基辛格的话引自 Michacl Straight，*Nancy Hanks*，*An Intimate Portrait*，前引书，p. 57。另见基辛格致汉克斯信件，1959/12/7（北卡罗来纳，杜克大学，汉克斯档案，第124柜）。

4. Leonard Garment，“Oral History”，p. 2 及 Henry Kissinger，“Oral History”，p. 4（北卡罗来纳，杜克大学，汉克斯档案）。

5. Michael Straight，*Nancy Hanks*，*An Intimate Portrait*，前引书，p. 107。另见弗拉纳根致尼克松团队里的加门特报告，1969/7/25 和 1969/8/9（马里兰州，帕克学院，尼克松档案，加门特文件）。

6. Leonard Garment，“Oral History”，p. 7（北卡罗来纳，杜克大学，汉克斯档案）及本书作者与伦纳德·加门特的访谈。

7. 尼克松说这话大约是在1971年（引文见 Nathan Glazer，*We are all multiculturalists now*，哈佛大学出版社，1997，p. 1）。

8. Leonard Garment，“A Song of Themselves”，*The New York Times*，2003/2/8.（关于这部分内容，见本书作者与伦纳德·加门特的访谈）。

9. Henry Kissinger，*Years of Upheaval*，前引书，p. 90。

10. Mark Feeney，*Nixon at the Movies*，芝加哥大学出版社，2004。

11. 谈话由福特基金会副主席麦克尼尔·劳里记录于他的“Oral History”（杜克大学，汉克斯档案，p. 11）。

12. 尼克松的话见“Candidates on the Arts”，Boston Globe，1976/7/11。

13. 吉姆·基奥致总统报告，1969/2/6（马里兰州国家档案馆尼克斯档案，White House Subject Files/AR，第1柜）。

14. 南希·汉克斯致总统报告，1969/10/20；伦纳德·加门特致理查德·尼克松报 800
告，1969/10/23（马里兰州国家档案馆尼克松档案，加门特文件，第2和4柜）。

15. 查尔斯·麦克沃特致加门特的报告，转给理查德·尼克松，1969/10/22（马里兰州国家档案馆尼克松档案，加门特文件，Memos，第1柜）。

16. 另见伦纳德致尼克松的综述报告，1969/12/1（马里兰州国家档案馆尼克松档案，加门特文件，Memos，第1柜）。见 Michael Straight，*Nancy Hanks*，*An Intimate Portrait*，前引书，p. 133。以及本书作者与加门特和雷·普赖斯的访谈。

17. 谈话收录于 Michael Straight，*Nancy Hanks*，*An Intimate Portrait*，前引书，p. 120，同

样南希·汉克斯在1974/9/3给尼克松的信件中也提到（北卡罗来纳，杜克大学，汉克斯档案，第44柜）。尼克松档案证实总统未参加1969/12/8新闻发布会，但发布会的录音特别是汉克斯的讲话明确说出了汉克斯和尼克松的谈话内容（马里兰州，国家档案馆，尼克松档案，录音H－107）。

18. “Statement by the President on the Appointment of Nancy Hanks as Chairman of the National Endowment for the Arts”, Press Release, The White House, 1969/9/3（马里兰州，国家档案馆，尼克松档案，加门特文件，第43柜）。

19. Richard Nixon, “Special Message to the Congress About Funding and Authorization of the National Foundation on the Arts and the Humanities”, 1969/12/10（马里兰州，国家档案馆，尼克松档案，加门特文件，第43柜）。

20. 作者与加门特的访谈。

21. 引自Michael Straight, “Government's Contribution to Creative Expression”, *The New Republic*, 1974/11/16（会谈时他在场）。

22. 引自Michael Straight, *Nancy Hanks*, *An Intimate Portrait*, 前引书, p. 106。

23. 引自Michael Straight, *Nancy Hanks*, *An Intimate Portrait*, 前引书, p. 192。

24. “Nancy Hanks, 55, Ex-Chairman of NEA”, *New York Times*, 1983/1/9，及Andrew Glass, “She's an Artist at Getting Money for the Arts”, *New York Times*, 1975/12/14。

25. 主要是参议院中的克莱本·佩尔（罗得岛州民主党人）和雅各布·贾维茨（纽
801 约州共和党人），众议院的约翰·布拉德马斯（印第安纳州民主党人）和西德尼·耶茨
（伊利诺伊州民主党人）。

26. Richard Nixon, “Special Message to the Congress About Funding and Authorization of the National Foundation on the Arts and the Humanities”, 1969/12/10。

27. 关于“艺术列车”，见NEA, *Annual Report* 1973和1974年，以及NEA关于这一计划的整体报告（北卡罗来纳州，杜克大学，汉克斯档案，“Artrain”）。

28. 关于这一计划，见*Folk Arts*, *Application Guidelines*, p. 2和“Nation's Folk Arts Gain New Impetus”, News, Press Release, NEA, 1978/5/26。

29. 关于艺术家驻校计划，见NEA, *Artists in schools*, *Background Information*, 1980/4/7, 宣传册, 31页；NEA, *Artists in schools*, *Application Guidelines*, 1975。

30. Leonard Garment, *Crazy Rhythm*, 前引书, p. 166—167。关于秘密报告，见霍尔德曼给加门特的报告1969/11/20，该报告被分类为“机密”，1989年解密（马里兰州，帕克学院，尼克松档案，加门特文件，第2柜）。

31. 尼克松与基辛格谈话1972/4/18（国家档案馆，尼克松档案）。另见James Warren, “More Nixon Tapes”, *The Atlantic Montly*, 2004/9。

32. 尼克松发言片段与艺术家的反应，见Steven R. Weismann, “Arts Officials Deplore

Nixon comment", *New York Times*, 1974/8/7。

33. NEA, Press Release, 1974/8/6（华盛顿，NEA 档案，VF-Nixon）。

34. Henry Kissinger, *Years of Upheaval*，前引书，p. 100。

35. 杰拉尔德·福特在国会的讲话，引自"32 Cents for Arts", *Washington Post*, 1973/6/18。另见 Gerald Ford, "Remarks by Rep. Gerald R. Ford at the Dedication of 'the Calder'", 1969/6/14。以及福特总统给肯尼迪中心的意见 1974/9/4（北卡罗来纳，杜克大学，汉克斯档案）。

36. 引自"Nancy Hanks honored for Arts Role", *New York Times*, 1977/11/11。

37. *TCG Newsletter*, 1976/10/15；以及南希·汉克斯的信件，1977/3（北卡罗来纳，杜克大学，汉克斯档案）。

38. *New York Times*, 1976/7/9。

39. 吉米·卡特的话引自 *Washington Post*, 1977/3/31（引文另见 Livingston Biddle, *Our Government and the Arts*，前引书，p. 342 和 *New York Times* 1978/4/22）。

40. 引自 Gary M. Fink 和 Hugh D. Graham, *The Carter Presidency, Policy Choices in the
Post-New Deal Era*，前引书，p. 117。关于卡特的战略，见帕特里克·卡德尔给吉米·卡特 802
的报告"An Initial Working Paper on Political Strategy", 1976/12/20, 60 页（亚特兰大，卡特档案馆，卡德尔文件）。

41. 利文斯顿·比德尔的话引自 *Cultural Post*, n° 15, 1978/1—2, p. 13。另见 Livingston Biddle, *Our Government and the Arts, a Perspective from the Inside*，前引书，p. 359。

42. 引文见 Livingston Biddle, *Our Government and the Arts*，前引书，p. 369—370。

43. "The New Partnership to conserve America's Communities", 1978/5/27。见这份文件的预备报告："Urban Policy Memorandum to Carter", 1978/3/21，报告包含一个副篇"Culture and Recreation"，卡特给艾森豪威尔的手写信，1978/3/23（亚特兰大，卡特档案馆，DPS/Eizenstat，第 306 和 307 柜）。

44. Arts and Humanities Act de 1980, Public Law n° 96—496, § 102（a）(1980) 1982 年重新编号为 n°20 USC § 954（c）( I )。

45. Arts and Humanities Act de 1980, Public Law n° 96—496, § 107（a）(1980)。

46. NEA 的小册子，"The Arts and 504, A 504 Handbook for Accessible Arts Programming"（华盛顿，NEA 档案）。

47. 引自 Richard Steele, "Culture：Populism vs. Elitism", *Newsweek* 1977/10/31。

48. 数据：Americans for the Arts et US Census of Service Industries。

## 第五章　地方的文化普及

1. 约翰逊在签署建立 NEA 的法令时的讲话，1965/9/29。

2. Nelson A. Rockefeller，讲话，59e Annual Meeting of Governors，1967/10/16。

3. 引自 Nancy Hanks，“Overview from thc Federal Chair ：The Arts in the Changing Decade of the Seventies”，讲演，威斯康星大学，夏季论坛，麦迪逊，1980/7/21（华盛顿，NEA 档案）。

4. 关于纽约州艺术委员会的历史，见 New York State Council on the Arts，*Annual Reports*，1969—2006 以及本书参考书目。

5. 罗杰·史蒂文斯给各州长的信件，1965/10。见 Roger Stevens（主编），*The National Council on the Arts and the National Endowment for the Arts during the Administration of President Lyndon B. Johnson*，*The History*，vol. 1，前引书，p. 34。

6. 2003 数据，American Library Association。

803 7. J. Mark Schuster 主编，*Mapping State Cultural Policy*：*the State of Washington*，前引书，第 8 章“Behind the Scenes”，p. 189—207。

8. 数据 ：Americans for the Arts，2005。

9. 2003 数据，据 Travel Industry Association of America。

10. 此章主要资料来源为与市长、美国 35 个州各州县文化事务处正副负责人的 80 次访谈。关于州立艺术委员会与当地事务处的历史，见 NEA，“The State Arts Agencies in 1974：all present and accounted for”，*Research division report*，n°8，1978/4 ；June Batten Arey，*State Arts Agencies in Transition*，*Purpose*，*Program and Personnel*，Spring Hill，1975 ；Paul DiMaggio，“Decentralisation of Arts funding from the Federal Government to the States”，载 Stephen Benedict 主编，*Public Money and the Muse*，*Essays on Government Funding for the Arts*，前引书。

## 第六章　“文化战争”

1. Michael S. Joyce，“The National Endowments for the Humanities and the Arts”，载 Charles L. Heatherly 主编，*Mandate for Leadership*，前引书。

2. 关于唐纳德·怀尔德蒙与“美国家庭协会”，见 Bruce Selcraig 调查，“Reverend Wildmon’s War on the Arts”，*New York Times Magazine*，1990/9/2。关于“新右翼”，见 Lisa McGirr，*Suburban Warriors*，前引书。

3. Ronald Reagan，“Opinions on the Arts”，*American Arts*，1980/5。另见 John Friedman，“A Populist Shift in Federal Cultural Support”，*New York Times*，1979/5/13 和 Caria Hall，“Reagan and the Endowments”，*Washington Post*，1980/11/23。

4. *The Star*，1981/3/1。

5. Elisabeth Bumiller，“Even Bush，no Movie Buff Enjoys Getting Big Picture”，*New York Times*，2005/3/7。

6. 见里根1981/5/6发言和1981/6/5行政命令（华盛顿，NEA档案）；比德尔的回忆，*Our Government and the Arts*，前引书，p. 492—513，及作者与弗兰克·霍德索尔（里根的幕僚和里根任期内NEA主席）的谈话。

7. Presidential Task Force on the Arts and the Humanities, *Report to the President*, United States Government Printing Office，华盛顿，1981/10，40页（华盛顿，NEA档案）。

8. 托尼·莫里森证言，1981/8/16（华盛顿，NEA档案）。

9. 与西蒙兹的访谈，"Amounting to something", *National Review*, 1981/8/20。 804

10. 霍德索尔对"独立调查委员会"的书面证言，1990/7/25（"The Independent Commission"，前引书，p. 14—15）。

11. 霍德索尔的话引自Richard Goldstein, "A James Watt for the Arts", *Village Voice*, 1982/2/10。

12. *Congressional Record*，参议院，1989/5/18.

13. 信件收录于Richard Bolton, *Culture Wars*，前引书，p. 27。

14. 杰西·赫尔姆斯的发言，见*Congressional Record*，参议院，1989/5/18。Slade Gorton, "On the Official Funding of Religious Bigotry", Statement to the Senate, 1989/5/31。

15. "美国家庭协会"的新闻通稿，1989/7/25（刊载于Richard Bolton, *Culture Wars*，前引书，p. 27及下文）。

16. *Washington Post*, 1989/6/13和16。

17. 塞拉诺的发言，1989/4/24（NEA档案）。

18. Samuel Lipman, "Say no to trash", *New York Times*, 1989/6/23。另见同一作者的"Backward and Downward with the Arts", *Commentary*, 1990/5。

19. Robert Brustein, "Don't punish the arts", *New York Times*, 1989/6/23。

20. John Frohnmayer, *Living Town Alive*，前引书，p. 162。另见乔治·布什与弗龙迈耶的通信（得克萨斯，科利奇站，布什档案，第1柜，serie FG 203—02）。

21. 乔治·布什给弗龙迈耶的手写信，1989/7/26（得克萨斯州，科利奇站，布什档案，第1柜，serie FG 203—02）。

22. Nan Goldin, "In the Valley of the Shadow"，惠特尼美术馆展览目录：*Witness: Against our Vanishing*，前引书，p. 4—5。

23. David Wojnarowicz, "Postcards from America : X-rays front Hell"（文字发表于展览目录，前引书）。我们应指出这段文字再刊于*Au bord du gouffre*，前引书。

24. 这一逸事载于John Frohnmayer, *Living Town Alive*，前引文，p. 80。

25. *New York Times*和*Washington Times*, 1991/3/2。

26. Bruce Selcraig, "Reverend Wildmon's War on the Arts", *New York Times Magazine*, 1990/9/2。

27. 引自 John Updike，*Odd Jobs*，Knopf，1991，p. 121—122。

28. *Washington Times* 曾经是宗教右翼的主要支持者。但"基督教联盟"同样在 *Wash-*
805 *ington Post* 购买广告空间，这是一份政治精英报纸（比如 1990/6/20 出版的附页）。

29. 得克萨斯，科利奇站，布什档案，第 8 柜，Beverly Wards 文件。

30. 引自 Brian Wallis，"Bush's Compromise ：a Newer Form of Censorship ?"，*Art in America*，1990/11。

31. George Bush，"Press Conference"，1990/3/23，见 *Weekly Compilation of Presidential Documents*，n. 12，1990/3/26，p. 474—475。

32. 布什总统与约翰·弗龙迈耶的几封手写信，比如 1990/6/5 和 1990/6/15 的信件（得克萨斯州，科利奇站，布什档案馆，serie FG 203—02）。

33. 作者与比尔·克里斯托尔的访谈。关于整个会议，见 John Frohnmayer，Living Town Alive，前引书，p. 99 及下文；关于整个时期，见得克萨斯州科利奇站布什档案馆，苏努努、克里斯托尔、苏珊·波特和巴里·麦克比文件。

34. 得克萨斯州，科利奇站，布什档案馆，第 8 柜，安德鲁·卡德文件，和第 8 柜，巴里·麦克比文件。

35. Rowland Evans 和 Robert Novak，"The NEA's Suicide Charge"，*Washington Post*，1990/5/11。

36. 施莱辛格在纽约的关于艺术政策的独立调查委员会的一次辩论中的发言，1989/12。

37. 引自 *New York Times*，1990/6/6。

38. The Independent Commission，*A Report to Congress on the National Endnwment for the Arts*，1990/9，124 页，华盛顿（NEA 档案）。

39. 得克萨斯州，科利奇站，乔治·布什档案，12 柜，约翰·加德纳文件。

40. 引自 Maureen Dezell，"Helms' New Pals"，*Boston Phoenix*，1991/10/25。

41. "National Endowment for the Arts vs. Karen Finley et al"，决议 524 US 569［1998］n° 97—371 1998/6/25。

42. John Frohnmayer，*Living Town Alive*，前引书，p. 147。

43. *Washington Times*，1992/2/21。

44. 得克萨斯州，科利奇站，布什档案，第 3 柜，President Subject File，Serie KG 203—02。

45. 1992/9（报刊名与日期看不清楚；得克萨斯州，科利奇站，布什档案，第 12 柜，加德纳文件）。

46. 引自 Frank Rich，"George W. Bush and the Poet"，*New York Times*，2003/6/1。在与作者的访谈时，有类似言论。

## 第七章 慈善业 806

1. Henry Heald，“Decade of Philanthropy：the Ford foundation 1951—1960”，p. 10 和 16（Annual Report，1960；纽约，福特基金会档案）。

2. 托克维尔，《论美国的民主》，前引书，卷 1，p. 114。

3. 对卡内基的所有引用都出自 *The Gospel of Wealth*，前引书。他给纽约公共图书馆馆长的信和有关他所建图书馆的信息，见纽约哥伦比亚大学卡内基档案。

4. 1905/6/3 信件（纽约州，Sleepy Hollow，洛克菲勒档案馆，第 3 柜，collection F. T. Gates）。

5. Deborah Solomon，“Lincoln Center's Culture Gap”，*New York Times Magazine*，2003/10/5。

6. 关于洛克菲勒家族各基金会的文化历史，见洛克菲勒基金会和洛克菲勒兄弟基金档案，老约翰·D．洛克菲勒文件，小约翰·D．洛克菲勒文件、洛克菲勒三世文件、纳尔逊·洛克菲勒文件（纽约州，Sleepy Hollow）。

7. *Giving USA 2004*，前引书。

8. 此处可看出马克斯·韦伯在《清教伦理与资本主义精神》一书中的思辨，前引书。

9. Bankers Life 公司的 M. Ewing 是基金会最早的董事会的成员（引自 Waldemar Nielsen，*The Golden Donors*，前引书，p. 103）。

10. *Giving USA 2004*，前引书；“Giving in '04 was up 2，3 % in rebound”，*New York Times*，2005/6/14。

11. 见“Giving”，增补，*New York Times*，2003/11/17。

12. *Giving USA* 2004，前引书，和 *The Chronicle of Philanthropy*。其他数据见《附录》。

13. 关于非营利部类的整体：*Giving USA* 2004，前引书；“Giving in '04 was up 2，3 % in rebound”，*New York Times*，2005/6/14；*The Chronicle of Higher Education*，1990/1/9；The Foundation Center，*Foundation Giving Trends*，2004。

14. 关于麦克尼尔·劳里，见劳里文件，《口述史》和他在堪萨斯城密苏里大学的演讲“The Arts and the Society”1974/5/7（福特基金会档案）。另见 Jack Anderson，“W. McNeil Lowry is dead. Patron of the arts was 80”，*New York Times*，1993/6/6。

15. 关于福特基金会初期，见盖瑟和霍夫曼文件中的内部报告，比如 H. Rowan Gaither Jr.，“The Study of the Ford Foundation on Policy and Program”，1950（纽约，福特基金会档案）。另见 Waldemar Nielsen，*The Big Foundations*，第 5 章“Coming of Asie in the Ford Foundation”，前引书，及 Francis Sutton，“The Ford Foundation：the Early Years”，Daedalus，1987 冬。 807

16. “A Cultural Affairs Program”, Rowan Gaither 给福特基金会董事会的报告，1955/12，及麦克尼尔·劳里《口述史》(纽约，福特基金会档案)。

17. 劳里的话引自 *Washington Post*，“The Ford Foundation's Lowry”，1973/3/4。

18. 见纽约福特基金会档案中的两个框架性报告：“An Enlarged Program in the Arts — Humanities and the Arts Program，Policy Discussion Paper”，1960（给董事会的报告 n° 2782)，及给福特基金会主席的报告：“Humanities and the Arts Program”，1958/2/18（第 5 柜，President Office File [Heald]）.

19. 大会“The Arts and Philanthropy”，1962/12/10（纽约，福特基金会档案）。

20. 同前注。

21. 所谓的麦克洛伊报告“Directives and Terms of Reference for the 1960's”，1962/6（纽约，福特基金会档案）。

22. 劳里和希尔德的言论取自劳里《口述史》（纽约，福特基金会档案）。

23. 关于福特戏剧计划，见几十份内部报告中，劳里给董事会的报告 1961/11/7（第 5 柜，希尔德文件)，1961 年的小册子 *The Ford Foundation and the Theatre* 和劳里《口述史》（纽约，福特基金会档案）。

24. 劳里《口述史》，p. 552—553（纽约，福特基金会档案）。

25. The Foundation Center，Arts Funding Update，2002。

26. 关于“Community Foundations”：见作者与全美十几位社区基金会负责人的访谈。

27. Americain for the Arts，2006。

28. NEA，*How the United Arts Funds the Arts*，前引书，p. 17 及 *Giving USA 2004*，前引书。

29. 关于各基金会，见“Giving”，*New York Times*，2003/11/17 ；*The Chronicle of Philanthropy*资料丰富的文章；另见本书参考书目；以及作者与美国 20 来个州 33 位基金会负责人的访谈。

## 808 第八章　美国税法“501c 3”条款

1. 托克维尔《论美国的民主》，卷 2，第 2 部分，第 5 章，前引书，p. 140。

2. 引自 Jean Lacuuture，*André Malraux*，*Une vie dans le siècle*，前引书，p. 361。

3. 关于这一主题，见经典之作，Lawrence Levine，*Highbrow/Lowbrow* ：*the Emergence of Cultural Hierarchy in America*，前引书。

4. 关于这些最早的文化机构，见 Paul DiMaggio 主编，*Non-profit Entreprise in the Arts*，*Studies in Mission and Constraint*，前引书（尤其参见文章：“Cultural Entrepreneurship in Nineteenth-Century Boston”，p. 41—61 和“Can Culture survive the Marketplace ?”，p. 65—92)。

5. 见 Americans for the Arts，*Arts & Economie Prosperity*，*The Economie Impact of Non-profit*

*Arts Organization and Their Audiences*, *Summary*, 2002，共 19 页。

6. 关于董事会，见 Karl Meyer, *The Art Museum*, *Power*, *Money*, *Ethics*, Morrow, 1979, p. 219—227 ；Paul DiMaggio, “Elitists & Populists, Politics for Art's Sake”, *Working Papers for a New Society*, 1978/9—10（NEA 档案）；Lisa Gubemick, “ Buying your Way on to a Board”, *Wall Street Journal*, 1989/5/7。关于这些主题，见作者与 35 个州 100 多位博物馆、剧院、芭蕾舞团和乐团负责人和几位董事会成员的访谈。

7. Gretchen Ruethling, “Almost all libraries in US offer free access to Internet”, *New York Times*, 2005/6/24。

8. 数据来自 *The Chronicle of Higher Education / The Chronicle of Philanthropy*，基金专号，2003/5/27，和各机构的年度报告。

9. Robert Putnam, *Bowling Alone*, *The Collapse and Revival of American Community*，前引书，p. 121。

10. *Giving USA 2004*，前引书，及 Americans for the Arts, 2005。这些文化方面的捐献数字与各类捐献混合的数字稍有不同。

11. *Giving USA 2000*，前引书。

12. J. Mark Schuster 等，*Patrons despite Themselves*，前引书，p. 36—37（1973 的研究得到更近的 Americans for the Arts 的研究的证实）。

13. “The Wealthiest Benefit from the Recent Tax Cuts”, *New York Times*, 2005/6/5。

14. Robin Pogrebin, “New York Philanthropy embraces a Charismatie French Executive”, *New York Times*, 2002/5/28。

15. 关于文化经理人的产生，见 Richard Pcterson, “From Impresario to Arts Administra- 809
tor”，载于 Paul DiMaggio, *Non-profit Enterprise in the Arts*，前引书，p. 161—183。

16. “Salaries and Benefits”, *The Chronicle of Philanthropy*, 2003/1/23。

17. “Salaries and Benefits”，同前注，以及 2003/4/17。

18. 见本书第 11 章。

## 第九章　大学校园

1. 引自 James O. Freedman, *Idealism and Liberal Education*，前引书，p. 1。

2. 关于哈佛大学的文化行动，见 Committee on the Visual Arts, *Report of the Committee on the Visual Arts at Harvard University*（Harvard University, 1956，这份奠基性的报告确定了艺术在哈佛的角色）；The President's Committee on the Practice of the Arts, *Practice of the Arts at Harvard*, 1973，以及 Faculty of Arts and Sciences, *A Report on the Harvard College Curricular Review*, 2004/4（特别是“Arts in the Curriculum”这部分，p. 48—49）。另见：“The Practice of the Arts at Harvard”, *Harvard University Gazette*, 1973/6/1。

3. 数据：*Statistical Abstract of the United States*：*Education*, 2000；National Endowment for the Arts, *How the United States funds the Arts*, 2004/10；*US News*, 2004；*The Musician's Atlas* 2005, *The Music Industry Ressource Guide*, Montclair, 2005；Association of American University Presses；American Library Association；以及"The Creative Campus：the Training, Sustaining and Presenting of the Performing Arts in American Higher Education", American Assembly 的报告, 2004/3。

4. US Census Bureau, *Statistical Abstract of the United States*, 2000 数据（第四部分,《教育》, 图 217 和 219）。另见 *The Chronicle of Higher Education*, 2004/8/27。

5. *The Chronicle of Higher Education*, 2004/8/27。

6. 同上；US Census, *Statistical Abstract of the US*, 前引书。

7. 只有韩国的水平与美国相当。教科文数据, 2001—2002（Institut de statistique de l'Unesco）。这些数据之后有其他统计指标：见"Pocket World in Figures", *The Economist*, 2005。中等家庭子女的大学就学率, 见"The Brains Business, A Survey of Higher Education", *The Economist*, 2005/9/10。

810 8. Michael Denning, *The Cultural Front*, *The Laboring of American Culture in the Twentieth Century*, 前引书, p. 44—48；另见 Edward Lindeman, "Farewell to Bohemia", *Survey Graphic*, n° 26, 1937, p. 207。

9. Clark Kerr, *The Uses of the University*, Harvard University Press, 1963。

10. Waldemar Nielsen, *The Big Foundations*, 前引书, p. 92。

11. Alvin Toffler, *The Culture Consumers*, *A Study of Art and Affluence in America*, 前引书（见"Culture on the Campus"一章, p. 73—91）。

12. Dartmouth, "Facts at a Glance", 2003—2004。关于达特茅斯的数据有副校长舍尔提供。

13. 关于这一点, 见 David Hajdu, *Positively 4th Street*：*the Lives and Times of Joan Baez*, *Bob Dylan*, *Mimi Baez*, *Farina and Richard Farina*, Farrar, Straus & Giroux, 2001。

14. 关于文化实践, 见本书参考书目和第 11 章。关于音乐厅的数量, 见 *The Musician's Atlas* 2005。

15. Brenda Jubin, *Program in the Arts*, 1911—1967, Carnegie Corporation, 1968（纽约哥伦比亚大学, 卡内基基金会档案）。

16. *Dance Magazine*, 特刊, 1976/1, "Directory of College and University Dance"。

17. *US News*, 2003。

18. 见 Vannevar Bush 报告, *Science*, *the Endless Frontier*（1945；哈佛大学档案）。另见 Louis Menand, "College：the End of the Golden Age", *New York Review of Books*, 2001/10/18; 及 Morton Keller 和 Phyllis Keller, *Making Harvard Modern*: *the Rise of America's*

*University*, Oxford University Press, 2001。

19. 见 Stewart Brand, *The Medialab, Inventing the Future at MIT*, 前引书, 及 Walter A. Rosenblith 主编, *Jerry Wiesner : Scientist, Statesman, Humanist : Memories and Memoirs*, 前引书（特别是下列文章, Catherine Stratton, "A Passion for the Arts", p. 89—97 ; Nicholas Negroponte, "The Origins of the Medialab", p. 149—156 ; Jerry Wiesner, "Creating with Computing", p. 389—397）。

20. 关于数据: *Book Industry Trends*, 2001, 及 Association of American University Presses。

21. *Book Industry Trends*, 2001, p. 91。

22. 关于美国的大学出版社, 见 Walter W. Powell, "Should University Presses compete with Commercial Scholarly Publishers?", 载于 Paul DiMaggio 主编, *Nonprofit Entreprise in the Arts, Studies in Mission and Constraint*, 前引书, p. 270—278。数据另见 *Book Industry Trends*, 2001 ; American Library Association ; Association of American University Presses。以及作者与 811
十几位大学出版社社长的访谈。

## 第十章 文化的商业化

1. Thomas Hoving 的话引自 *New York Times*。他自己的报告比较接近, 见 *Making the Mummies Dance*, 前引书, p. 32—33。

2. 见 Hoving 的回忆录 *Making the Mummies Dance*, 前引书, p. 164—180 以及展览目录 *Harlem on my Mind : Cultural Capital of Black America, 1900—1968*（哈佛大学档案）。

3. 关于卡特・布朗, 见 "J. Carter Brown transformed Museum World", *New York Times*, 2002/6/19。关于今日的大都会艺术博物馆, 见 Michael Kimmelman, "An Enduring Elitist and his Popular Museums", *New York Times*, 2002/11/3。

4. 南希・汉克斯档案证实 NEA 的这位主席和布拉德马斯介入这份文件。另见卡特・布朗的一份报告, 日期为 1975/5/30, 是关于同一问题以及南希・汉克斯在国会的听证（北卡罗来纳, 杜克大学, 汉克斯档案, 第 51 柜）。

5. Arts and Artifacts Indemnity Act, 1975/12/20 的 n° 94—158 法令; Museum Services Act, 1976/10/8 的 94—462 法令。数据来自 Indemnity Administrator, NEA。

6. 关于补充花费基础上的非营利活动的整体统计数据（Americans for the Arts, Arts & Economie Prosperity, 2000—2002）。

7. Charles Rosen 和 Henri Zerner, "RedHot MoMA", *New York Review of Books*, 2005/1/13。

8. 关于 Thomas Krens, 见 Alex Prud'homme, "The CEO of Culture Inc. ", Time, 1992/1/20, 及 Deborah Solomon, "Is the Go-Go Guggenheim Going Going. . . ", *New York Times*, 2002/6/30。

9. 关于新 MoMA，见 Arthur Lubow，“ Re-moderning”，*New York Times Magazine*，2004/10/3 ；Hugh Eakin，“A Very Modern Art，indeed”，*New York Times*，2004/11/6 ；Charles Rosen 和 Henri Zerner，“Red-Hot MoMA”，*New York Review of Books*，2005/1/13 ；Jed Perl，“Arrivederci MoMA”，*New Republic*，2006/2/6。

10. 见展览目录，Mary Henderson 主编，*Star Wars* ：*the Magic of Myth*（Bantam Books，1997）。

11. 数据来自 Americain for the Arts，Dance USA，Opera America，American Symphony Orchestra League 和 Theatre Communications Group。另见 NEA，*How the United States Funds the Arts*，2004。

812 12. 见 MoMA 的小册子，“Ways of giving to MoMA” ，及 Art Institute of Chicago，“ Annual Contributions”，2001。

13. 关于这一主题，见 Karen Alexander，“ With Ward Cleaver Gone，Institutions are reaching out to June”，*New York Times*，2003/11/17。

14. Association of Art Museum Directors 和 *Art Business News*，2002/1。

15. 关于整体演变，见 Karl Meyer，*The Art Museum* ：*Power*，*Money*，*Ethics*，Morrow，1979 ；NEA，*Museums USA* ：*Highlights*，1973 ；Stephen E. Weil，*Making Museums Matter*，Smithsonian Institution Press，2002。

16. Business Committee for the Arts 的历史，见洛克菲勒兄弟基金档案（1972/2/11 给劳伦斯和戴维·洛克菲勒的报告，Sleepy Hollow 洛克菲勒档案馆，第 171 柜）。

17. BCA，2005 和 Americans for the Arts，2006。

18. *New York Times*，2002/11/9。关于 Philip Morris/Altria 的赞助，见小册子 *Philip Morris and the Arts*，35 Year Report，1993（由 Altria 交给作者）。关于赞助的数据，见 William J. Baumol 和 William G. Bowen，*Performing Arts* ：*the Economic Dilemma*，前引书，p. 329 ；C. Dillon，“Business and the Arts”，*Cultural Affairs*，n° 5，1969 ；最新数据：BCA，2005，和 Americans for the Arts，2006。对文化赞助的整体观察，见 Michael Useem 和 Stephen Kutner，“Corporate Contributions to Culture and the Arts”，载于 Paul DiMaggio，*Nonprofit Entreprise in the Arts*，前引书，p. 93—112。

19. David Brooks，*Bobos in Paradise* ：*The New Upper Class and how they got there*，Simon & Schuster，2000。

20. Robin Pogrebin，“Los Angeles with a Downtown? Gehry' s Vision”，*New York Times*，2006/4/25。

21. Travel Industry Association of America 2002 和 Americans for the Arts，Arts Facts，2001。

## 第十一章 文化多元性

1. 关于华兹和芝加哥南区，关于各大黑人聚居区，见 Sudhir Alladi Venkatesh, *American Project*, *The Rise and Fall of a Modern Ghetto*, Harvard University Press, 2000 ; William Julius Wilson, *The Truly Disadvantaged* : *the Inner City*, *the Underclass and Public Policy*, University of Chicago Press, 1987。

2. "Pattern of Objectives and Grant Actions The Arts", 董事会报告 n° 2852, 1972/6（纽约福特基金会档案）。

3. 见 1970 年代进行的行动的回顾，"Activities in the Creative and the Performing Arts : 813
Social Development Grants", 1980/9（董事会报告 n° 11647，纽约福特基金会档案馆）。

4. Waldemar Nielsen, *The Golden Donors*, 前引书, p. 72。

5. 见 Richard Sheldon 的辞呈, 1976/12/17（纽约福特基金会档案馆，第 2 柜，谢尔顿文件）。这同样是对麦乔治 · 邦迪的管理风格的一种批评。

6. McGeorge Bundy, "The Issue before the Court : who gets ahead in America", *Atlantic*, 1977/11。关于邦迪管理下的福特基金会，见 David Halberstam, " The Very Expensive Education of McGeorge Bundy ", *Harper's*, 1969/7 和 Jason Epstein, "The CIA and the Intellectuals", *New York Review of Books*, 1967/4/20。

7. 见 Social Impact of the Arts Project（U-Penn）; "Leveraging Assets" : Cultural Policy Center（芝加哥大学）和 Amcricans for the Arts/NEA/司法部关于"高危青少年"的内容。

8. 数据根据 William Julius Wilson, "There goes the Neighborhood", *New York Times*, 2003/6/16。

9. 1978/6/28 的"Bakke"决议（"Régents of the University of California vs. Bakke", n° 438 US 265, 1978）。关于"多元性"概念的发明，见 Peter Wood, *Diversity*, *the Invention of a Concept*, 前引书, p. 100 ; Peter H. Schuck, *Diversity in America*, 前引书, p. 160—169; William G. Bowen 和 Derek Bok 主编, *The Shape of the River* : *Long-Term Consequences of Considering Race in College and University Admissions*, Princeton University Press, 1998, 以及 Ronald Dworkin, "The Bakke Decision : did it decide anything ? ", *New York Review of Books*, 1978/8/17。

10. US Census Bureau, *Statistical Abstract of the US*,《人口》部分, 2003。

11. Sam Roberts, "More Africans enter US than in days of slavery", *New York Times*, 2005/2/21。

12. Arts and Humanitics Act, 1980/12/4, Public-Law n° 96—496, § 102（a）（1980），重编号 n° 20 USC § 954（2000）。

13. NEA, Minority Report, 1979 ; "Bibliography on Issues in Cultural Diversity", 1989/

12/15；及“Cultural Diversity Working Group”，1993/1/4—5（华盛顿，NEA 档案）。

14. US Census，US Departement of State 和 *New York Times*，2004/5/5。

15. 关于纽约州艺术委员会的这些计划，见 *Annual Report*，1968—1969（纽约 NYSC
814 档案），以及 Junius Eddy，“Government, the Arts and Ghetto Youth”，*Public Administration Review*，n° 4，1970/7。

16. 1930 和 2001 年“Mission Statement ”（由博物馆馆长提供给作者）。

17. 引自 Deborah Solomon，“Lincoln Center' s Culture Gap”，*New York Times Magazine*，2003/10/5。

18. US Bureau of Labor Statistics，2003；NEA，*Arts Research Note*，n° 84，2003；Americans for the Arts，*Arts & Economic Prosperity*，2002。应该指出 US Census 所统计的艺术工作者包含就业的 11 类专业人员：建筑师、艺术经理人、视觉艺术家、设计师、戏剧/电影演员、导演和制作人、舞蹈演员和编舞、乐师和歌手、作家、摄影师与非营利门类和娱乐业的其他专业人员。

19. 在费城、旧金山、亚特兰大和芝加哥进行的几个研究肯定了在多元化程度与文化组织数量之间的密切关联（Social Impact of the Arts Project，University of Pennsylvania，Philadelphie，1999—2001）。

20. 这一差别考虑到在美国女性（52.1 %）多于男性（47.9 %）（SPPA/NEA，2002）。

21. 关于文化实践，主要信息来源为国家艺术基金会以美国官方统计为基础进行的许多“Survey of Public Participation in the Arts”（SPPA）（可查阅 www.nea.gov）。关于阅读的衰退的研究题目为 *Reading at Risk, a Survey of Literary Reading in America*（NEA，2004）。与欧洲的比较来自 Philippe Coulangeon，*Sociologie des pratiques culturelles*，La Découverte，2005，p. 106，以及欧洲统计局的综述，*La Participation des Européens aux activités culturelles*，Eurobaromètre，2001。

22. US Census Bureau，*Statistical abstract of the US*，2005。数字超过 100 %，因为拉美裔可能属于多个种族，从 2000 年起，他们被允许报两次，比如同时是拉美裔和黑人，或者拉美裔和白人。

## 附录

1. 这个区段每年至少 260 亿到 500 亿。“低”的估值来自最少估值，考虑到直接和间
815 接补贴，包含了政府少收的税（来源：NEA，2004；Americans for the Arts）。“高”的上限考虑其他公共财源，包括更难估值的，比如捐赠、艺术区、经济发展局、住房与城市发展部、雇佣立法、文化专属区、电影办事处、类似于千禧年公园或圣路易斯大中心这样的大型项目、大学文化预算、整笔补助款、专用款、预算项等（估值为作者进行，根据 Americans for the Arts）。应该注意 Tyler Cowen，*Good and Plenty*，前引书. p. 34，估计仅

仅是文化慈善，仅在联邦一级每年就少收税260亿至410亿美元。另见Charles Clotfelter, *Federal Tax Policy and Charitable Giving*, University of Chicago Press, 1985, 第2章和p. 274, 以及Mark Schuster等人, *Patrons Despite Themselves*, 前引书。

2. 这是世界上最高的比率：瑞典76 %，西班牙、英国和丹麦59 %，法国54 %，德国48 %（来源：Unesco, 2001—2002）。

3. 不包含膳宿和按平权法案标准给予的奖学金。

4. 在这一分类中，2000年后失业率增加很快（2000年20 %，2001年33 %，2002年30 %）。而且，按照劳工统计局的数字，25 %的电影和戏剧演员有第二职业（许多人当侍应生）。

5. 在舞台演艺行业，是一些主持人（在爵士乐、音乐厅里很多）。将他们归为艺术家是值得商榷的。

6. 不包含图书管理员，他们的数字为217000人。

7. 属于被看作“艺术活动”的6个标志性的活动：古典音乐会、歌剧、芭蕾舞、戏剧、参观博物馆、现场爵士音乐会。“雅文化”的标志的确立同时排除民间艺术、手工艺、历史名胜参观、节庆和传统舞蹈。

8. 此处是2005年发放给“艺术家”的签证的数量。

817 # 词汇表

为明确清晰起见，本词汇表对本书使用过的主要美国词汇和表述提供释义，尤其是那些没有法语对应词或者难以翻译的词。

501c 3：对应于美国联邦税法的这个条款，条款界定承认为公益的非营利机构它的使用很频繁（“501c 社团”、“501c 3 组织”），相当于法文表述中“1901 年法令社团”。所有非公立大学、博物馆、乐团和芭蕾舞团和很多剧院（出了百老汇）都是非营利社团，而非私人企业。

Accountability：这是美国的核心概念，意思是“责任”。这个预算概念在基金会和非营利机构的管理中尤其重要。

Alumni：一所学校或大学的校友（来自拉丁文：阳性单数为“alumnus”，复数为“alumni”：阴性为“alumna”，阴性复数“alumnae”）。主要是校友们用他们的捐赠来资助大学。

Bible Belt：美国南部州的区块，主要是南卡罗来纳、佐治亚、田纳西、阿肯色、亚拉巴马、密西西比（构成类似腰带形状），那里的宗教活动尤其活跃。

Blockbuster：在军事用语里，这是用来摧毁堡垒的重磅炸弹。通过延伸，指大获成功
818 的一部电影或一个展览、一部畅销书甚至一种大量销售的药物。

Board：董事会。美国非营利社团都由一个董事会（“board of trustees”或“board of governors”）和其他几个更加专门的董事会或辅助董事会来领导（负责募款的董事会，负责基金投资的董事会等）。这些董事会通常分成专门委员会，各自召开会议，向主董事会汇报（发展委员会进行募款，执行委员会进行管理和整体事务，金融委员会进行预算，采购委员会购置艺术品）。

Bottum-up：指一个文化、一个行动或一种政策从底层得到确定，向社会上层自上而下的演进。这与称“top-down”（自上而下）的中央集权的政策相反。

Box Office：电影和舞台演艺的票房。

Capital campaigns：为重大投资（建设楼宇、发展基金）获得资金的募款行动。

Commission：这个词用作名词（“a commission”）或动词（“to commission”），指给艺术家的委托和奖助。比如，一个剧作家受到一所大学的委托来写作一个剧作。

Community Development Corporation（CDC）：由敏感街区居民建立的非营利组织，目的是振兴街区。这些 CDC 同时受公共和私人资助，是自主的，常常发展一些文化活动。

Conflict of interest：在文化机构、公共事务处和大学中，为了避免利害冲突（即回避制度），采用许多职业操守规则，比如在补贴的发放或评委会的构成中进行回避。 819

Corporate funding：企业赞助。同样用“corporate contribution”或“sponsorship”的表述。这种赞助与慈善大为不同。

County：县。一个州内的司法和政治实体（法文“comté”），通常在教育和文化方面有广泛责任。虽然这些县在美国东北部不太有影响力，但在西部、中西部和南部却通常是主要政治实体。尤其在郊区和远郊，县有时近似于居民社区。

Creative Writing：写作讲习，通常是以文学创作形式（诗歌、小说、歌谣）。

Crossover：文类混合、风格交叉、杂合文化。

De-accession：隐语，字面意思是减持。在文化行话中，指一个博物馆转卖属于自身收藏的艺术品。

Docent：博物馆解说员（通常是志愿者）。

Department of State：美国国务院或外交部（部长称国务卿“Secretary of State”）。

Earmarks：这是一些供联邦国会议员、州长和市长使用的“专门费”。款项由市长或州长，或议会领袖们使用，是文化的重要财源，因为不经公开讨论（与预算项不同）。

Empowerment：即赋予责任，委托权力，赋予权力；也可以有解放的意思。

Endowment：进行金融投资的本金（或基金），每年带来收益。一些文化大机构和大 820
学有基金来确保年预算的很大部分。

Entertainment：字面意思是“娱乐”。有时用“娱乐产业”来指“文化产业”。

Extra-curricular：通常用来指业余活动，特别是由大学生在校园以“课外”方式进行的业余艺术活动。人们也说“non-curricular”。

Exurbia：这个词通常用来指大城市外围的外圈的郊区，更多指远郊，那里的居民的交通不再通过城市。比如加州的奥兰治，堪萨斯的约翰逊县。人们也称“exurb”，“edge city”，有时称“technopole”（甚至“cluster”），虽然这些概念可以覆盖一些不同的意思。

Fellowship：奖学金。这个词经常用于大学的学生（有时“scholarship”用于这个意思）、研究者，有时用于获得帮助他们创作的奖助金的艺术家。

Fundraising：募款。

Gentrification：资产阶级化。常用于指那些称为艺术区的困难街区，它们吸引艺术家，变得资产阶级化。

Highbrow，Highbrow culture：雅文化。字面意思是“高额头”，意思是聪明脑袋，在美国这是用来界定知识分子（“highbrows”）或精英文化和学者文化的典型表述。通常与俗文化（“lowbrow culture”或“low culture”）对立，也有用“middlebrow culture”指两者之间的中产阶级文化。

High culture：学者文化或有修养的文化，精英文化（与俗文化对立）。

821 Information Technology（IT）：这个通行的说法指信息技术或新技术。

Information Technology and Creative Practices（ITCP）：这个缩写用于定义艺术与设计中用新技术实现的所有实践，有时超出这个界限。

Inner cities：字面意思是内城，城市核心。在美国环境中指城中心，在二战后因中产阶级离去（“white flight”）而贫困化。这里经常是黑人聚居区，更近时期是拉美裔街区。对应于法国的“郊区”。

IT Arts：用新技术实现的艺术。

Ivy League：用来指“常青藤联盟”的大学（这个词在1954年前后因为体育运动而被采用），指美国东北部的8所大学的集团，它们被看作最有声誉、最悠久和最精英的（它们都是私立的，即非营利和独立的）。常青藤联盟的大学是：布朗、哥伦比亚、康奈尔、达特茅斯、哈佛、宾夕法尼亚、普林斯顿、耶鲁。如今，这一分类不太完备，一些大学如麻省理工、芝大、UCLA、斯坦福或伯克利与“常青藤”同样知名，具有同等水平。（有时说Ivy Plus，在8所常青藤之上加入麻省和斯坦福）。

Leverage：字面意思是“杠杆效应”。这个词常用于慈善业，指让人增加财源的一种技巧。比如，一个基金会出最初的资助，引发其他公共或私人机构的补充资助，让一个机构能够得到资金。

Line Item：在联邦、各州或城市整体预算中专用于某个特殊补贴的预算项。这通常
822 是由国会、州长或市长进行的直接补贴，钱不必经过部委或专门的事务处。

Low culture：俗文化（与雅文化对立）。

Mainstream：字面是指占主导的或大众的。指任何旨在普遍接受和针对大众的演出。人们也说主流文化（“mainstream culture”），但这一表述可能具有一种正面意义，指“适合所有人的文化”，在负面意义上则指“占主导的文化”。“亚文化”（subculture）一词在某种意义上与“主流”对立，因为这是专属某个少数社群的文化。

Master class：大师班。由一位职业艺术家在大学校园巡回中零星开设的课程。

Master of Fine Arts（MFA）：在进入职业前的最高学位，通常是本科之后两年，相当于法国高中会考之后5年，或者6年。虽然这个学位最初只关系到造型艺术，但它已经普及到所有艺术，包括戏剧、舞蹈和电影，乃至于这个学位同MBA一样被树立为美国所有艺术家的参照学位。或许预示着将会在全世界普及？

Matching fund：按比例配捐。这个技术表述来自美国慈善业，被联邦政府采用，用来促使资金多元化。一项补助或补贴发放给一个文化机构的条件是它同时找到一笔数目相当的金钱来进行共同资助。

Middlebrow culture：见“Highbrow”。它不是“雅文化”也不是“俗文化”，而是居

于两者之间，相当于中产阶级的文化。“middlebrow”这个词通常的意思是“平庸”或“没有知性追求”。 823

National Endowment for the Arts（NEA）：联邦政府的艺术事务处，由约翰逊总统建于1965年。它的“姐妹”事务处同时成立，专力于文学和社会和人文科学研究，“国家人文学科基金会”National Endowment for the Humanities（NEH）。关于艺术问题的幕僚组织“国家艺术问题委员会”（National Council on the Arts）和文学问题幕僚机构“国家人文学科委员会”（National Council on the Humanities）建立起来，用来为两个事务处服务。在1965年还建立了“联邦艺术与人文学科委员会”（Federal Council on the Arts and the Humanities），不太活跃，它是用来协调两个事务处及其幕僚机构的。

NEA 4：国家艺术基金会四人。这个表述对应于四位女权和同性恋艺术家，他们最初得到国家艺术基金会的奖助，但他们的奖助金在1990年被国家艺术基金会撤销。这一事件最后上诉到最高法院。在此期间，这一事件造成“文化战争”。

Non-profit：非商业的或非营利的。“非营利部门”、“非营利组织”，还可说“non commercial”，“not-for-profit”或“501c 3”。

Outreach：美国文化体制的关键词，“普及”在于开展教育行动、培养受众和文化参与（to reach out 意思是达到或伸手给某人）。它将文化带给没文化的大众，近年来，为了避免这个太盛气凌人的词，美国人倾向于用“cultural participation”（文化参与）这个词，意思是推崇人们以自己的方式定义的文化。

Panel：经常用于文化政策，在基金会、州事务处或大机构均如此，指的是负责发放补助或奖学金的评委会（称“panel of experts”专家评委会）。

Performing arts：在美国经常使用，这个表示指舞台演出或舞台艺术。人们用“per- 824
forming arts center”来指一个文化中心。

Projects：通用于“low income housing”，租金低廉的住房。常常指黑人聚居区和城中区的破败的塔楼。

Research and Development（R&D）：用于研究和发展的预算或部门。在大学、企业和文化机构中，“研发”经常用来指科研。

Seed money：用来开展新项目或新组织的奖助金。也称“start-up funds”（启动金）。

Showcase：从字面上讲“to showcase”是指展示、呈现、推崇好的东西。常用于演艺，指一些演出短剧、实验剧或即兴作品的小剧场。

State Arts Agency：州文化事务处。在全美各州存在50来个公共文化事务处。这些事务处是去中央化的，完全独立与“国家艺术基金会”。

Subculture：字面意义“亚文化”，这个词不具有法语中的负面意义。通常指少数族裔、宗教或性文化的含义，有时指乡村或前卫文化。

Suburb：字面意义为“郊区”。这个词常与一些富裕的或中产阶级的郊区有关，穷困和黑人区在美国常常位于城中心（“inner cities”）。

Sport Utilities Vehicle（SUV）：这个品类名词指大排量的汽车，通常是四轮驱动，在美国西部与南部很受喜爱（比如大型的切诺基和福特“探险者”）。

825 Undergraduate：大学最初四年的学生，本科生（也称“College”）。其上为研究生（graduate student）。

Visual arts：这个常用的表述字面上指“视觉艺术”，主要指当代艺术，特别是视觉装置艺术和与新技术相关的艺术。这个表述同样可用于指整个美术的类名词。

WASP（White Anglo-Saxon Protestant）：这个常用表述用于定义祖籍英国的白人新教徒精英阶级，他们通常是属于美国东北部。在文化方面，当谈到 WASP 文化，通常指受欧洲影响的东海岸名校的知识精英和雅文化艺术家。

Welfare State：福利国家。

White Flight：指 1960 和 1970 年代，城中心区的白人人口离开，前往郊区。这通常被解读为在黑人街区骚乱后白人的出逃，这是白人中产阶级的迁移，如今则是希望拥有独栋住房的黑人的运动。

Works Progress Administration（WPA）：公共事业振兴署。这是罗斯福在“新政”期间实施的重要社会计划，具有很大的文化成分（Federal One）。

# 人名索引

（索引后的页码为原书页码，即本书边码。）

**图书在版编目(CIP)数据**

论美国的文化:在本土与全球之间双向运行的文化体制/(法)马特尔著;周莽译. —北京:商务印书馆,2013
(国际文化版图研究文库)
ISBN 978-7-100-09650-8

Ⅰ.①论… Ⅱ.①马… ②周… Ⅲ.①文化事业—管理体制—研究—美国 Ⅳ.①G171.2

中国版本图书馆 CIP 数据核字(2012)第 273416 号



**论美国的文化**
**在本土与全球之间双向运行的文化体制**
〔法〕弗雷德里克·马特尔 著
周莽 译

商 务 印 书 馆 出 版
(北京王府井大街36号 邮政编码100710)
商 务 印 书 馆 发 行
北京鑫海达印刷有限公司印刷
ISBN 978-7-100-09650-8

2013 年 1 月第 1 版 开本 700×1000 1/16
2013 年 1 月北京第 1 次印刷 印张 35¼

定价: 65 元